U0865729

和改革委员会

2006年是“十一五”规划开局之年，也是省委确定的项目建设年，要切实转变观念、创新模式、提高质量、完善体制机制，努力实现又快又好发展。着力做好以下几方面的工作：

（一）保持经济平稳较快增长的良好势头

全省国内生产总值增长11%，全社会固定资产投资完成2300—2500亿元，财政收入增长15%，价格总水平上涨控制在3%，单位生产总值能耗降低4%，城镇新增就业26万人，城镇登记失业率控制在4.6%，人口自然增长率控制在5.5‰以内。

（二）积极推进社会主义新农村建设

（三）加大项目带动战略实施力度

（四）促进产业结构优化升级

（五）加强资源节约和环境保护工作

（六）深化体制改革，扩大对外开放

（七）加快社会事业发展，促进和谐社会建设

（八）加强能力建设，不断提高工作质量和水平

大力弘扬求真务实的工作作风，加强内部管理和制度建设，认真学习贯彻《建立健全教育、制度、监督并重的惩治和预防腐败体系实施纲要》，形成监督机制，练就一支政治坚定、纪律严明、作风过硬的发展改革队伍。

陕西省人民政府国有资产监督管理委员会

根据省政府授权，省国资委成立时监管120户企业。按照省委、省政府决定，实行属地化管理，下划了一批企业，截止2005年底，共监管65户，这65户企业2005年累计实现销售收入851.9亿元，比2004年增加220.0亿元，增长34.8%；利润总额112.9亿元，增加54.7亿元，增长93.9%；资产总额1448.2亿元，增加216.8亿元，增长17.6%；负债总额929.9亿元，增加103.3亿元，增长12.5%；所有者权益总额（不含少数股东权益）450.3亿元，增加90.5亿元，增长25.2%。平均资产负债率为64.2%同比下降2.9个百分点；总销售成本624.6亿元，同比增长26.2%，增幅低于销售收入3.7个百分点。营业费用、管理费用、财务费用三项合计98.1亿元，增长16.2%，增幅低于销售收入13.7个百分点。平均销售利润率13.8%，同比上升4.5个百分点；实现工业总产值740.6亿元，同比增加271.9亿元，增长58.0%。

“十五”以来，在省委、省政府的正确领导下，我省国企改革按照“有进有退、有所为有所不为”的基本思路，因企施策，分类推进，取得了显著成效。特别是2003年省委、省政府出台《关于进一步深化我省国有企业改革的意见》（即16号文件）以来，我省国企改革力度明显加大，在诸多方面取得了新突破、新进展。

“十一五”期间，我委要继续深入贯彻党的十六届五中全会和省委十届八次全会精神，树立和落实科学发展观，坚持进而有为、退而有序的原则，以产权结构调整为中心，以培育和发展具有国际国内竞争力的大公司大集团为重点，优化国有经济布局和结构，进一步推动国有资本向重要领域和优势产业集中，使国有资本能够集中在产权链的核心部位，集成在产业链的关键部位，积聚在价值链的高端部位，增强国有经济的控制力、影响力和带动力。加快股份制改革，积极引进战略投资伙伴，推进投资主体多元化，建立和完善公司法人治理结构，深化企业内部三项制度改革，理顺和完善国有资产监督管理体制，强化投资回报，确保国有资产保值增值。大力推进技术创新，着力培育自主知识产权和核心竞争力，加快推动产业和产品升级，切实转变经济增长方式，提高经济增长质量和效益。

展望未来，我们规划新的目标是：国有经济分布的行业大类由目前的40多个减少到20个左右；国有经济年均增长15%左右。净资产收益率达到8%左右；打造4-6个中国驰名商标和15-20个名牌产品，形成30-50项具有自主知识产权的核心技术，涌现一批新的专利和国内先进水平的工艺、装备和生产技术；完成国有企业改革，基本建立现代企业制度；培育5-10个产值超100亿元和10-15个产值超50亿元的龙头产业；打造规模大、实力强、具有国际竞争优势的企业集团1-2户，具有国内竞争优势的企业集团8-10户；形成4-6个产业链条长、配套能力强的产业集群，力争10-12户企业进入全国500强；增加新的就业岗位，循环经济生产方式有大的突破。

陕西省食品药品监督管理局

局长　李荣杰

2005年全省食品药品监督管理工作取得新成效，全省食品药品监管系统认真贯彻落实党中央、国务院和省委、省政府关于加强食品药品监管的一系列重要指示和工作部署，全面落实科学发展观，团结奋斗，开拓创新，顽强拼搏，各项工作迈出了新步伐，食品药品监管工作呈现出良好的发展势头。

一、食品综合监管取得新突破。

制定了陕西省食品安全专项整治工作方案和陕西省食品安全责任制。开展了对学校和幼儿园周边、社区周边、旅游景点周边、农村和城乡结合部等重点区域、大中城市和重大节日期间食品安全专项整治，进一步规范了全省食品生产经营秩序，大中城市食品安全状况得到改善。制订了陕西省重大食品安全事故应急救援预案，组织应急演练和现场观摩，建立了应急救援工作专家库和事故报告系统，组织查处4起重大食品安全事故。食品安全信用体系建设稳步推进。对部分重点食品进行了综合监测。组织对延安、西安食品安全工作进行综合评价，对9个市(区)食品安全管理指标进行了检查考评。

二、药品监管工作不断加强。

落实监管责任制，强化药品日常生产监督管理。加强对认证企业的跟踪检查，全省通过GMP认证药品生产企业累计达181家。贯彻《麻醉药品和精神药品管理办法》，加强特殊药品监管工作。推行药物临床研究机构资格认定。开展药品再评价工作。

加强药品经营管理。全面完成县以下药品零售企业的GSP认证工作。开展药品经营企业专项检查和计生用品市场专项整顿。加强药品广告管理，大力整治虚假违法广告。全面推行药品分类管理，引导群众合理用药。

加强医疗器械生产监管。全面清理医疗器械产品，规范了一、二类医疗器械注册。制订了医疗器械质量考核操作规范，强化产品质量的监控。开展产品标准执行专项检查，规范医疗器械说明书、标签和包装。开展“百家获证企业质量体系跟踪检查活动”。

加强药品注册工作。启动了医疗机构制剂和保健食品广告审批工作，积极开展省级药品、保健食品注册受理。贯彻《医疗机构制剂注册管理办法》，开展医疗机构制剂注册工作。

开展《药品管理法》执法自查，配合省人大在全省范围内开展了药品管理法执法检查活动。积极配合做好立法工作，《陕西省保健用品监管条例》经省人大常委会审议通过，2005年12月1日起正式施行。

三、药械市场秩序明显好转。

保持高压态势，狠抓大案要案。坚持日常监管与专项整治相结合，深入开展中药材市场、邮售假劣药品、非法委托加工和异地包装药品、中成药非法添加化学药品、非法回收药品、药品生产企业办事机构及经销商违法经营药品等六项专项整治活动，查处了一批制假售假大案要案，严厉打击违法违规行为，药械市场秩序明显好转。

四、中药材基地GAP认证稳步推进。

加快陕南现代中药产业基地建设。以GAP认证为方向，大力推进中药材规范化种植，制定了全省中药饮片发展规划，启动中药饮片企业GMP认证工作，制定了150个品种314个规格的中药饮片炮制规范和部分中药材标准。完成了元胡、水飞蓟等9个基地GAP认证初审上报。

五、农村“两网”建设成效显著。

按照“融入新农合、服务新农合，同步促发展”的工作思路，积极推进“两网”与“新农合”的有机结合。不断完善监管网络的运行机制，运用竞争机制确定药品批发配送主体，重点推进偏远山区供应网点建设，规范药品配送中心和中心药店，大力开展“规范化药房”创建活动。目前，监管网络覆盖面达到100%，100%的县实现了药品连锁配送进县到乡，93.6%的行政村实现了药品配送供应进村。两网建设使农民得到安全、便捷、经济的用药服务。

六、科学编制“十一五”规划。

编制了《陕西省食品药品监督管理系统“十一五”发展规划(草案)》，并列入全省经济和社会发展总体规划。围绕全国《食品药品监督管理系统基础设施建设规划》，积极实施项目建设工作，系统基础设施建设取得突破性进展。

陕西省环

何发理局长在纪念六五世界环境日大型宣传活动现场发表讲话

何发理局长在陕北检查石油污染治理工作

2005年，陕西省环保局全面贯彻落实党的十六大精神，围绕建设西部经济强省的战略，以科学的发展观统揽全局，积极组织实施城市环保、企业污染治理、绿色生态、水环境保护、能力提升五大环境工程，着力解决人民群众关心的热点环境问题，在经济快速增长和城市化进程加快的情况下，全省环境质量总体好转，主要污染物排放总量快速增长的趋势得到遏制，生态环境保护和建设得到加强，部分城市和地区生态环境质量有所改善，生态治理取得成效，全社会环境意识明显增强，有力推动了经济、社会和环境的协调发展。

五大环境工程整体提升环境质量。一是城市“创模”工程。城市空气质量保持持续好转势头；宝鸡市成为西北首批、我省首个国家环保模范城市，西安、咸阳分别完成“创模”28项考核指标的24项。二是生态保护工程。新建国家级自然保护区1个，省级12个，国家级生态示范区2个；完成《秦岭保护纲要》和《秦岭北麓保护与利用规划》编制。三是工业污染源治理工程。全省挂牌督办了132家污染企业；对18企业实行强制清洁生产审核；关闭85家造纸企业。四是水污染防治工程。渭河污染治理工程启动；西安市第三污水处理厂工程过半，咸阳市东郊污水处理厂基本建成，治理投入达到3亿元；渭河13个断面水质明

全省环境保护暨渭河流域污染治理工作会议

陕北石油开发企业环境污染专项整治工作总结会议

境保护局

显好转，基本维持在Ⅴ类水质以内；六条主要河流的污染综合指数下降2.67，主要污染物排放量减少11%；全省51个饮用水源地保护得到加强。五是能力提升工程。陕南三市的城市空气自动监测站建设启动；渭河市界断面水质自动平台建设正在实施；给57个县统一配发了执法车辆；省政府发布了《突发环境事件应急预案》。

五个专项行动强化了环境监管。一是“整治违法排污企业，保障群众健康”环保专项行动。二是陕北石油开发企业环境污染专项整治。三是陕北能源开发中突出环境问题专项整治。四是西安地区造纸行业违法排污企业专项整治。五是矿山开采和黄姜加工皂素污染专项整治。

五大环境文化品牌基本形成。6.5世界环境日期间举办多项大型宣传活动；68个单位被省政府授予绿色文明示范单位。全省建成大型环保国策牌113块，宣传灯箱400多个。环境节日文化、新闻文化、道德文化、公众文化、广场文化品牌基本形成，公众参与意识明显增强。

循环经济试点深入推进。组织编制《榆林锦界经济开发区循环经济园区规划》。在韩城龙门工业园区进行龙钢内部“四闭路一循环”示范点。在造纸、果汁、黄姜加工过程中研究利用循环经济理念取得初步成效。

省委副书记袁纯清、副省长洪峰视察环保工作

世界环境日新闻发布会

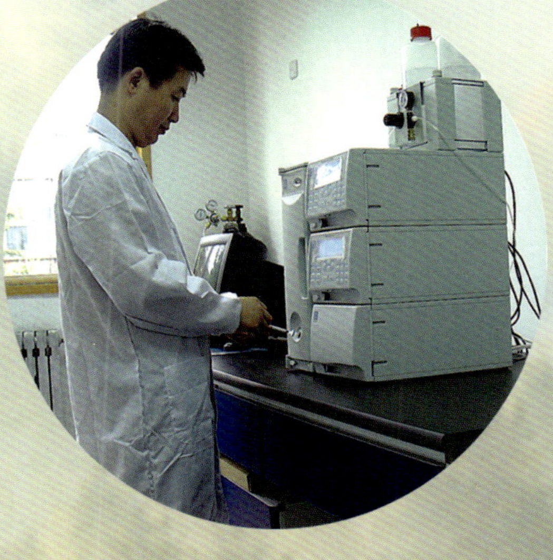

2006年元月12日新加坡资源股份有限公司来我局围绕垃圾处理、污水处理等进行考察交流。

陕西汽车集

张玉浦董事长在生产一线指导生产

陕西汽车集团有限责任公司（以下简称陕汽集团）以实现企业可持续发展为目标，大力开展对外合资合作，通过广泛吸收社会资本，使集团生产能力迅速提升，规模不断壮大，现已达到年产重型卡车5万辆，中型卡车2万辆，大客车（底盘）1500辆，重型车桥8万根的能力，并拥有散热器、油箱、传动轴及其它汽车零部件生产能力5亿元以上。

陕汽集团占地面积326万平方米，拥有固定资产19.8亿元，职工近11000人，其中工程技术人员和专业管理人员2000余名，公司具有完整的产品开发、生产制造、检测调试、市场营销和零部件生产制造体系，并首批通过了中国国家强制认证（3C）、GJB9001A—2001国军标认证及ISO9001：2000质量体系认证。通过与德国曼公司的长期合作，陕汽集团独家引进畅销全球的MAN F 2000系列重卡技术，从而形成了中国重型汽车升级换代新产品。目前陕汽集团产品覆盖重型军用越野车、重型卡车、大客车(底盘)、中型卡车、重型车桥、康明斯发动机等领域，具有特色鲜明、规格齐全、性能可靠的四大类一千多个品种序列。并在重型军用越野汽车、大吨位商用车和高档大客车（底盘）制造领域具有独特的优势，技术水平始终保持国内领先，成为国家选型对比试验后保留的唯一指定装备我军的重型军用越野车生产基地。

陕汽集团拥有自营进出口权，产品出口亚洲、欧洲、美洲、大洋洲、非洲等十几个国家和地区，被国务院批准为扩大出口企业。产品SX2150及SX2190型军用越野车先后参加了举世瞩目的建国35周年及50周年国庆阅兵仪式，以庞大的阵容壮我军威，为国争光，受到国务院及中央军委的多次嘉奖。

近几年陕汽集团以每年平均40%的高增长速度成长为国内知名的汽车企业集团，并连续多年进入中国500强企业；综合实力在中国机械500强企业中排名39位，居陕西省入围企业之首，创造了典型的国有企业跨越式发展模式。并荣获全国五一劳动奖状、全国精神文明建设工作先进单位、国内“最有影响力企业”殊荣，张玉浦董事长也被评为全国劳动模范、最受关注企业家和陕西十大经济风云人物。

团有限责任公司

陕汽集团经过近几年不断的技术改造，深化体制和机制改革，已拥有陕西重型汽车有限公司、陕西宝鸡华山工程车辆有限责任公司、陕西欧舒特汽车股份有限公司、西安康明斯发动机有限公司、陕西汉德车桥有限公司、陕西重汽汽车零部件有限责任公司、陕西通力专用汽车有限责任公司、陕西华亨汽车散热器有限责任公司、陕西万方汽车零部件有限公司、陕西华臻三产工贸有限责任公司、陕西蓝通传动轴有限公司、陕西金鼎铸造有限公司、陕西三园汽车标准件有限责任公司、陕西重型客车联营公司、陕西通汇物流有限公司等15个参股控股子公司，形成了以八百里秦川为链条的“三地四块”产业带。

2005年，陕汽集团新基地建设进展迅速，占地2700亩，国内一流并与世界接轨的商用汽车产业园一期工程顺利投产，该产业园包括投资5000万美元的康明斯发动机合资项目、重卡公司、车桥公司、车架工厂、汽车工程研究院、管理中心等，拥有具备轿车涂装水平的驾驶室涂装生产线、国内重卡行业首次开发应用的德国AFT驾驶室内饰装配宽滑板全自动流水线、德国引进的全套一级整车安全检测线等9条现代化流水生产线，工艺装备精良、自动化程度高，保证了产品质量整体达到国际先进水平，形成双班年产重型车3万辆的生产能力。与此同时，集团公司零部件企业同步发展，产业集群初具规模，一个座落在西安北郊、占地4000亩的汽车城已拔地而起。

面对经济全球化的挑战，陕西汽车集团有限责任公司将遵循全面打造“双优”品牌，建设大型企业集团的工作方针和目标，以高瞻远瞩的战略眼光，与时俱进的创新勇气、真抓实干的务实精神，创造更加辉煌灿烂的明天。

陕汽集团参加品牌宣言活动

陕汽集团北郊新基地下线剪彩仪式

陕汽集团北郊新基地汽车总装配线

董事长：张玉浦
总经理：方红卫
地　址：西安市幸福北路39号
邮　编：710043
电　话：029-83388331
传　真：029-82527664
网　址：www.sxqc.com

陕 西 省

省委常委、政法委书记兼公安厅党委书记　宋洪武

省公安厅党委副书记、厅长　王锐

2005年,陕西省公安厅在省委、省政府和公安部的正确领导下，全省各级公安机关紧紧围绕创建“安全陕西”的目标，在社会治安管理，侦破刑事案件、公安队伍建设、重大警卫和重要节会活动安全保卫、公安科技和基层基础设施建设等方面均取得了显著成绩。

一、2005年，全省各级公安机关全力开展了侦破命案、打击“两抢一盗”等专项斗争，重点打击对群众安全感影响较大的严重暴力犯罪和侵财类犯罪，先后破获了西安市“4·4”抢劫杀害“西洽会”代表案、西潼高速公路“6·13”特大系列持枪抢劫案，商洛陈氏家族黑社会性质组织案，陕西理工大学女大学生被杀案等一批公安部、省公安厅督办和社会影响较大的大要案件，得到了省委、省政府、公安部的肯定和广大群众的赞扬。经过持续不断的严打斗争，全省刑事案件呈下降之势，全年共立刑事案件65596起，同比下降8.8%，其中投放危险物质、毒品犯罪、杀人、爆炸、强奸、诈骗、放火等主要案件，同比分别下降43.3%、34.6%、13%、7.1%、6.8%、6.5%和2.8%。破案攻坚能力有所提高，全年共破获刑事案件38188起，同比上升1%。刑事办案质量继续保持较高水平，刑事案件批捕率达到96.69%，同比基本持平；起诉率达到97.92%，同比上升0.03个百分点；退查率降至7.91%，同比下降0.46个百分点。人民群众的安全感持续提升，据全省公众安全感调查显示，2005年群众对社会治安状况的满意率达到84.66%。侦破命案工作取得明显成效，全年共发“八类”命案864起，同比下降5.1%；共有网上故意杀人逃犯1178名，比上年减少了13名；破获命案744起，破案率为86.11%，比上年提高了2.59个百分点，超过了公安部提出的破案率85%的目标；全年共立破坏社会主义市场经济秩序类案件1101起，同比下降2.6%；破获此类案件1099起，同比上升2.4%，抓获作案成员872名，挽回经济损失6931.1万元。

二、重大警卫和重要节会活动安全保卫：2005年，全省各级公安机关先后完成了吴邦国、温家宝、曾庆红等中央领导同志来陕视察和连战、宋楚瑜来陕访问等重要警卫任务，以及亚欧财长会议、世界文物遗址保护大会、第十二届“农高会”、“一村一品。国际研讨会，首届欧亚经济论坛等重大节会警卫任务，共计364批次，比上年增加69次，均做到了万无一失，受到了省委、省政府和公安部的多次表扬。

集中向全省公安机关配发警用车辆，改善基层公安机关装备水平

精心组织，周密部署，确保重大节庆期间社会治安稳定

公 安 厅

三、社会治安管理：2005年，全省各级公安机关紧紧围绕创建“安全陕西”的目标，切实加强各项社会治安管理工作，先后组织开展了一系列社会治安清查整治统一行动，改变了一大批治安复杂场所、部位的治安面貌。全年共发现受理治安案件113737起，同比基本持平；共查处治安案件104337起，同比上升1.3%。先后组织开展了整顿校园及周边治安秩序、整治青少年违法犯罪、火车站及周边地区治安秩序整治和打击制贩假证等一系列专项行动，有效净化了社会治安环境，特别是校园及周边和火车站及周边地区治安秩序整治活动，受到了公安部专项督导组和省上领导的肯定和表扬。

省委常委、政法委书记宋洪武同志在省公安厅机关视察工作

四、公安科技和基层基础设施建设：进一步加快“金盾工程”建设步伐，以人口信息系统为龙头的“金盾工程”一期23项应用系统建设进展顺利，省厅和市级公安信息中心基本建立，8大信息资源库中除省级安全重点单位管理系统外，均已建成；公安综合信息查询系统已进入安装调试阶段，10个市(区)已完成了公安语音专网的开通工作；初步建成了集语音、数据、图像为一体的应急通信保障系统，并完成了全国一级网西北大区节点的升级改造任务。大力加强公安科研项目的开发和推广应用，全年共申报科研项目7项，已批准立项5项，其中联合第四军医大学等社会科研力量完成的《警视-1探人雷达》项目达到国际先进水平，受到了公安部的表扬。

狠抓公安基层基础工作

五、公安队伍建设：2005年，制定下发了《全省公安机关贯彻落实《2004-2008年全国公安队伍正规化建设纲要的实施意见》，深入开展了正规化示范单位建设和西安等重点城市公安特警队组建工作，大力推进派出所内部管理和统一外部标识工作，截至5月15日，完成了全省派出所的外观标识安装任务，成为全国12个先期完成的省份之一。积极开展了机关民警下基层、组建防控巡逻队等工作，推进了警力下沉。大力加强改进干部人事管理工作，进一步完善了竞争上岗、公示、试用期、热点岗位交流等6个方面的管理办法和制度规定。继续深化大练兵活动，制定完善了《陕西省公安机关人民警察训练工作暂行办法》和《陕西省公安机关人民警察训练手册》，进一步规范了民警教育训练工作。

厅长接访

2005年，公安部授予1人一级英模称号，批准1个集体、7名个人荣立一等功，省厅批准6个集体、37名个人荣立二等功，省厅和各市(区)公安局批准282个集体、605名个人荣立三等功，528个集体、2124名个人受到嘉奖，涌现出了张本树等一大批先进典型，树立了陕西公安队伍的新形象。省公安厅连续十五年荣获最佳厅局称号。

认真开展“大接访”活动，着力解决突出群众信访问题，进一步树立执法为民思想

用开发性金融 助力

——记国家开发银行陕西省

国家开发银行陕西省分行行长　尚韬

国家开发银行是直属国务院领导的具有法定国家信用的开发性金融机构，成立于1994年3月，注册资本金500亿元人民币，在全国设有32家分行和5个代表处。作为政府的开发性金融机构，国家开发银行立足于社会主义初级阶段经济社会发展的瓶颈制约和市场缺损的国情特点，坚持与时俱进，把融资优势与政府的组织优势相结合，按照科学发展观的要求和宏观调控政策目标，运用开发性金融的建设市场方法，建立长期稳定的资金来源，筹集和引导社会资金，重点支持“两基一支”和高新技术产业及其配套工程建设，以及政府急需发展的其他领域，完善风险约束机制，推进市场建设，促进城乡、区域、经济社会、人与自然、国内和对外开放的协调发展，实现政府持续稳定发展和安全的目标。

国家开发银行陕西省分行成立于1999年3月。成立以来，分行在陕西省委、省政府的大力支持下，扎实有效的开展工作，不断扩大对陕西经济社会发展的支持力度。

“十五”期间，开发银行陕西省分行坚持富国与富民的原则，累计发放贷款600多亿元。截止2005年底，开发银行陕西省分行贷款余额达到406.98亿元，重点投向了公路、电力、铁路、城市公共设施等基础行业，有力支持了陕西省高速公路主骨架建设、蒲城电厂、宝鸡二电厂、西康铁路、神延铁路、西安、咸阳、渭南、宝鸡、榆林、延安、汉中、安康、商洛、西安高新技术产业开发区、西安经济技术开发区、曲江新区、杨凌

开发银行贷款支持的西安经济技术开发区基础设施建设

陕西"十五"发展

分行支持陕西"十五"建设

国家开发银行行长陈元与陕西省原省长陈德铭座谈

农业示范区城市公共设施等国家和陕西省重点项目建设。"十五"期间，开发银行立足于"政府热点，雪中送炭、规划先行、信用建设、融资推动"的开发性金融指导思想，主动服务实现国家经济社会发展战略和政策目标，深入开展与各级政府的开发性金融合作，并积极支持中小企业、小城镇、农村医疗卫生、三农、农村教育等社会瓶颈领域的发展，仅2005年就承诺贷款14.19亿元。促进了经济社会协调发展。

"十五"是国家开发银行陕西分行快速发展壮大的五年，也是开发性金融实践与理论开拓创新的五年。我们以出色的成绩为"十五"划上了圆满的句号，有力地支持了陕西省经济社会的发展。2006年是"十一五"的开局之年，也是一个新的起点。开发银行陕西分行将继续按照科学发展观的要求及国家经济社会发展战略和政策的目标，紧紧围绕陕西省"十一五"规划，进一步加强与地方政府的合作，将融资推动优势和政府的组织协调优势紧密结合，以办国际一流开发性金融机构为目标，继续支持陕西公路、铁路、电力、电信、煤炭、水利、城市公共设施等基础行业的重大项目，积极探索支持社会主义新农村建设、县域经济、中小企业、教育、医疗等社会发展的瓶颈领域及政府关心的难点、热点问题，为建设陕西健康企业、健康产业、健康财政、健康金融并最终实现富裕陕西、和谐陕西做出更大的贡献。

开发银行贷款支持的宝鸡二电厂建设

西安财经学院

党委书记　杨学义

院长　胡健

西安财经学院是西北地区目前规模较大，以经济和管理类学科为主，经、管、理、工、文、法互相支撑、协调发展的普通高等学校。

学院位于古都西安南郊高校聚集区，与驰名中外的人文名胜“大雁塔”和壮丽典雅的“陕西历史博物馆”毗邻，地理位置优越，环境优雅，历史沉淀丰厚。学院校舍建筑面积50余万平方米，藏书123万册，中外期刊3000多种，仪器设备值7194万元，占地1300亩的新校区正在建设之中。

学院设有经济、管理、会计、统计、信息、文法、政治与行政、高等职业暨继续教育、国际教育9个二级学院、1个独立二级学院(行知学院)及3个教学部。拥有统计学、企业管理、财政学、产业经济学、经济法5个学科的硕士学位授予权，拥有统计学、信息管理与信息系统、财政学、经济法学4个省部级重点学科和统计学、金融学2个省级名牌专业。现开设经济学、金融学、统计学等24个本科专业和18个高职专业，涉及一级学科13个，二级学科21个。目前各类在校生23313余人，其中全日制在校生19129人。

学院拥有一支结构较为合理的教师队伍，现有专职教师874人，其中具有副教授以上职称的教师338人，博士生导师4人、硕士研究生导师41人，有32名外籍专家和42名国内著名经济学家、统计学家、人

文社会学家受聘担任学院兼职教授。学院拥有与国家统计局联合共建的“西安统计研究院”、与陕西省科技厅共建的“陕西国防科技与经济发展研究中心”和“陕西统计研究中心”、陕西省人文社会科学重点研究基地“ 现代企业管理研究中心 ”以及“网络与现代教育技术中心”、“法学实验中心”、“市场调查研究中心”、“数学建模实验室”等教学辅助设施，还建有多个具备先进设备的多媒体教室，为课堂教学、实验（实习）、科学研究提供了良好的条件。近年来，先后在国内外学术刊物上发表论文4500余篇，出版专著、教材260多部，完成各类科研项目1300余项，有30余项科研成果获省部级科研成果奖及全国优秀成果奖。学院办有《统计与信息论坛》、《西安财经学院学报》2种学术期刊，面向国内外公开发行，多次被评为全国优秀期刊。

学院广泛开展国际与交流与合作活动，与32个国家和地区的35所高等院校建立了校际友好合作关系， 并与英国布莱德福大学 、哥拉莫根大学、美国库克大学、比利时安特卫普大学等国外院校签订了联合培养协议。

学院始终坚持“巩固成果、深化改革、提高质量、持续发展”的方针，育人为本、质量优先、人才强校、特色发展，以社会需求为导向，努力培养适应社会经济与科学技术发展、富有实践能力和创新能力的应用型高级专门人才。

院领导研究规划学院新未来

朝气蓬勃的毕业生走出校门

西安财经学院大学生暑期社会实践小分队

陕西秦龙电力股份有限公司

陕西秦龙电力股份有限公司（以下简称秦龙公司），是经陕西省人民政府“陕政函（1997）269号”文批准，由陕西省电力建设投资开发公司等七家发起人以发起方式设立的股份有限公司。公司成立于1997年12月31日，注册资本5亿元人民币。公司以电力的生产和开发为主，并在能源、房地产及煤化工领域积极拓展业务。目前拥有水电、火电总装机容量40.85万千瓦，主要资产包括：二郎坝水力发电公司、陕西秦华发电有限责任公司（60%股权）、陕西渭河发电有限责任公司（19%股权）、陕西秦达房地产开发有限公司（60%股权）、陕西神木化学工业有限公司（20%股权）、陕西汇森煤业开发有限责任公司（10%股权）、陕西省天然气有限责任公司（约3.76%股权）。

二郎坝水力发电公司是秦龙公司的全资分公司，该公司卧龙台电站总装机容量3.05万千瓦，年发电量1亿千瓦时。陕西秦华发电有限公司是由秦龙公司控股60%，该公司年发电量13亿千瓦时，总资产5.79亿元。按照加强专业化管理的要求，秦龙公司目前正在积极开展火力发电资产的置换和重组工作，致力于不断强化公司的主营业务。陕西渭河发电有限责任公司是目前西北地区较大的火力发电企业之一，拥有4台30万千瓦发电机组，总装机容量120万千瓦，年发电量60亿千瓦时，秦龙公司拥有其19%股权。陕西秦达房地产开发有限公司成立于1999年9月，秦龙公司控股60%。秦达房地产公司近年来通过“秦达创业中心”项目（规模为10万平方米）的策划和建设实践，促进了企业不断发展壮大，为今后在房地产市场进一步投资开发打下了坚实基础。陕西神木化学工业有限公司60万吨/年煤转甲醇项目，是陕西省重点建设项目，工程全部建成投产后，将成为我国最大的煤化工甲醇生产基地之一，经济效益和社会效益十分可观。为了抓住陕北能源化工基地建设的重要机遇，秦龙公司参股陕西神木化学工业有限公司，并拥有其20%股权。陕西汇森煤业开发有限责任公司是集煤炭项目开发建设、经营管理、运输及销售为一

秦达创业中心鸟瞰

体的专业化公司，它为陕北煤化工、煤电项目等相关产业提供可靠、稳定的原（燃）料供应。秦龙公司着眼于火力发电业务发展的需要，积极推进煤电一体化进程，参股陕西汇森煤业开发有限责任公司，并拥有其10%股权。陕西省天然气有限责任公司成立于2001年8月，注册资本2.58亿元，经营范围主要包括天然气管道输送及天然气相关产品的开发经营等。公司经营状况良好，利润稳步攀升，秦龙公司拥有该公司3.76%股权。

近年来，秦龙公司通过投资和资产重组，进一步优化了资产结构，提高了资产盈利能力和行业竞争力。2005年，公司总资产13亿元，净资产8.2亿元。公司全年实现销售收入3.8亿元，实现利润0.25亿元。2006年，公司将在董事会的正确领导下，树立科学发展观，按照专业化发展的具体要求，积极做好发电资产的置换及重组工作，不断加大在火电领域的投资力度，突出主营业务，努力打造火电企业的投资经营平台，增强公司的市场竞争能力和盈利能力，努力开创秦龙公司发展的新局面。

电力车间

电厂集控室

电厂全景

陕西省地方电力（集团）公司

陕西省地方电力（集团）公司为陕西省人民政府直属大型供电企业，承担着榆林市和高陵等66个县（区）工农业生产和城乡居民生活的供电任务，电网覆盖全省总面积的72%，供电人口占全省总人口的51%。资产总额118亿元，员工12004人。具有较强的综合实力，具备为我省社会经济提供优质服务的能力。

2005年、省地电集团公司一手抓系统稳定，一手抓生产经营，突出工作重点，狠抓措施落实，保持了稳步发展。全年售电量完成110亿千瓦时，销售收入超过43亿元，各项经济指标与2004年相比，增幅均达到30%以上。　目前，省地电集团公司拥有35-110千伏线路8000公里，变电站350座；10千伏及以下线路20万公里，占全省总量的83%。在榆林拥有完善的110千伏及以下各电压等级的电网，在关中、汉中形成了坚强的县域电网，在陕南形成了完整的巴山电网，拥有了布局合理、结构优良的城市化、工业化供电网络，具备了很强的供电能力、竞争能力和经济实力，能够为地方经济建设提供可靠的电力保障。

"十一五"期间，省地电集团公司将积极服务省委、省政府确定的全省经济社会发展战略，按照科学发展观要求，以满足我省"工业强省"、城镇化建设、县域经济持续发展和服务"三农"为目标，在扩大电网覆盖面、提高电网供电能力和可靠性方面加大投资力度，抓住机遇，扩大投资，建设安全、可靠、经济、服务的坚强配电网。规划投资108亿元，全面加快电网建设。通过电网的新建和完善，使高、中、低压配电网协调发展，保证榆林能源化工基地建设、延安西部油气田开发和各级地方政府招商引资项目用电，解决陕南小水电上网和区域内就地消化问题，满足经济相对发达地区城镇化建设、工业化和县域经济持续快速发展的用电需要。积极服务"三农"，满足农村小工业和特色产业开发、农副产品深加工和城镇化建设的用电需求，提高经济欠发达地区农户通电率和农网的供电能力和可靠性。公司供电能力在现有基础上再提高一倍，现有电网资产翻一番，发挥最大的经济效益和社会效益，为实现可持续发展和构建和谐陕西做出新的贡献。

党委书记王鹏在佛坪电力局城关35KV变电站检查指导工作

党委书记王鹏在高陵电力局优质服务宣传月活动仪式上讲话。

副总经理戚晓耀在凤翔电力局南指挥35KV变电站检查指导工作。

省地方电力（集团）公司2006年度工作会议

中国一航

西安航空发动机(集团)有限公司

董事长、总经理　蔡毅

中国一航西安航空发动机(集团)有限公司(简称:西航集团公司)建于1958年，是中国大型航空发动机制造基地和国家1000家大型企业集团之一，公司有工程技术人员2500多名，拥有各种国内外先进的冷、热加工设备和计量测试设备4000余台(套)，先后取得了150多项省、部级以上科研成果奖。研制生产了涡轮喷气发动机、涡轮起动机、涡轮发电装置、涡轮风扇发动机，工业用和舰用燃气轮机，承担过航空、航天、核工业等多项尖端科研试制任务。2001年公司改制组建为由中航一集团控股的，华融资产管理公司参股的有限责任公司，并成立了以西航集团公司为母公司、以资产为纽带，母子公司体制的西安航空发动机集团。西航集团公司以“航空报国，追求第一”为己任，坚持“军品第一”，国内外市场并重，形成了以航空产品为主导，国际航空零部件生产、多元化民品和第三产业共同发展的格局。

“秦岭”发动机

公司还分别与英国罗罗公司、美国普惠公司和以色列叶片技术公司、德国巴克杜尔公司建立了三家合资公司：与众多国际著名的航空企业建立了稳固的合作关系，外贸创汇连续多年位居国内同行业首位。公司民品发展形成了以剑杆织机、高速线材精轧机组、燃气轮机、风力发电机组、石化设备、铝型材等为主导，涉及众多行业的高技术、高附加值、多元化的民品群。公司的质量体系通过了ISO9000系列标准认证。公司被列为国家863计划CIMS工程应用示范企业。

中国 陕西省 西安市 北郊 徐家湾
电话：029-86151888
传真：029-86614019
邮编：710021
http:www.xaec.com
E-mail:Office@xael.com

西航幕墙代表之作—西安城运村综合体育馆

风力发电机

高速线材精轧机

Jz2型挠性剑杆织机

庆安集团有限公司

董事长兼总经理　曹怀根

庆安集团有限公司（简称庆安公司），隶属于中国航空工业第一集团公司，是我国“一五”时期的156项重点建设项目之一；是我国航空工业最大的机载设备研制、生产厂家；是国家重点支持的512家国有优势的大型企业；建有国家级企业技术中心和两个博士后科研工作站，先后荣获全国思想政治工作先进单位、国家“五一”劳动奖状等荣誉称号。

庆安公司主要承担航空航天机载设备(机械、液压、气动、电子、电气装置及控制系统)系列产品的研制和生产。在机、电、液一体化、机载武器外挂和飞机操纵控制系统开发及橡胶密封件、精密机械、工程塑料、特种焊接、特种铸造、异型复杂工模具和自动化非标设备制造方面都有较强的研制、开发、制造能力。庆安公司拥有先进完善的计量、检测、试验设施，建有国家一级计量中心、国家一级理化试验室，有国家认可的环境试验室及航空系统西北地区三防试验站，可满足航空、航天产品及民用产品的气候、机械环境试验。此外，企业在特种铸造、板金、冲压、特种钎焊、各型齿轮加工、液压密封等技术领域都有独特的技术诀窍。庆安公司具有雄厚的科研、开发、设计、生产能力和健全的质量保证体系并通过ISO9001质量认证。已形成以飞机武器外挂装置、飞机操纵控制系统为主导的航空、航天产品体系和以空调压缩机产品为主导的民用制冷产品体系。

庆安公司在西安高新技术产业开发区建立了庆安制冷工业园，具备年产各型空调压缩机480余万台的生产能力，成为国内领先的空调压缩机研制、生产、服务基地之一。2005年空调压缩机荣获“中国名牌产品”称号，“庆安”商标被陕西省工商局认定为陕西著名商标。

庆安牌压缩机

压缩机生产线

西安庆安制冷设备股份有限公司

西安北方惠安化学工业有限公司

总经理刘建民在五十年庆典上讲话

党委书记　刘忠社

中国兵器工业集团公司西安北方惠安化学工业有限公司是国家“一五”期间建设的156个重点项目之一。为国家大型企业、高新技术企业。公司占地面积775万平方米，拥有总资产25亿元，员工6000余名，其中各类专业技术人员1800余人，共有12个生产经营单位，2个专业研究所以及13个控股、参股企业。

经过50余年的发展，形成了纤维素及其衍生物、有机溶剂、聚氨酯涂料和机械加工四大系列等多个品种的民用化工产品，先后有30多项科研成果获得全国科学大会奖、国家科技进步奖、国家发明奖；有12个品种分别获得省、部优质产品奖和优秀产品奖。主要产品包括：

精制棉：亚洲最大的精制棉生产基地，年生产能力达2万吨，拥有国内最完备、最先进的理化检测机构。90年代初引进日本技术，建成两条国内自动化程度最高的精制棉生产线，采用先进的技术、合理的流程，产品质量达到国内外产品的先进水平，已远销欧洲、美洲、东南亚等地。产品质量精良，其中X30-I品号、M100-I品号分别荣获部、省优质产品称号。近年来研发的特低品号（10品号）和特高品号（1000品号）以满足纤维素醚行业同国际接轨的要求。“惠安牌精制棉”荣获“陕西省著名商标称号”，并在2000年通过ISO9001国际质量体系认证。产品用于制造纤维素酯类和纤维素衍生物及其他产品。纤维素衍生物用途极为广泛，可制造枪炮及导弹的发射药、赛璐珞、硝基漆涂料、电影胶片、照相胶片、香烟过滤嘴、眼镜框、人造丝、人造毛、高强纤维、轮胎强力帘子线、玻璃纸以及牙膏用的粘结剂、纺织上用的浆剂、石油钻井用的泥浆剂、医药上的溶解剂等产品。

羧甲基纤维素钠（简称CMC）：是一种水溶性的纤维素醚，具有一般天然胶和合成胶所没有的优点，故可作为粘合剂、增稠剂、乳化剂、稳定剂、上浆剂、上光剂、凝缓剂等，广泛应用于食品、医药、化妆品、牙膏、印染、纺织、造纸、陶瓷、选矿、烟草、涂料、油漆、饲料、电焊条、石油钻井、合成洗涤剂、日用化工等部门，俗称“工业味精”。公司生产的“惠安牌”CMC，是按照自己研制的特定配方，选用优质原料，采用先进工艺生产而成，具有足够高的化学均一性和纯度，其质量和使用性居全国领先水平。目前，公司一条具有5000吨生产能力的高精制CMC生产线即将建成投产。

涂料：惠安集团纤维素化工涂料制造厂是西安北方惠安化学工业有限公司控股企业。主要生产鹿牌聚氨酯漆、金属闪光漆、原子

袁纯清视察惠安公司

灰、建筑用乳胶漆、地坪涂料等多个品种。其中，主导产品——聚氨酯漆系列产品是引进德国Bayer公司技术，用进口原材料生产。其特点是漆膜丰满光亮，耐候性优异，广泛用于飞机、雷达、导弹、汽车、军事装备、铁路机车、建筑机械、印染机械、油田设施等领域。该产品曾被评为陕西省优质产品及兵器工业部优质产品，并被推荐为出口车辆及设备指定用漆。产品自投放市场以来行销全国二十四个省、市、自治区，受到用户广泛好评。

公司奉行员工满意、顾客满意的经营理念，团结、精干、务实、高效的工作作风，爱岗敬业、争创一流、为国奉献、报效社会的企业精神。公司通过了ISO9001-2000质量体系认证。先后被评为A级纳税企业、省市重合同守信用企业、陕西省及西安市文明单位。

进入“十一五”，公司按照兵器集团公司建设具有国际竞争力大公司和高科技现代化兵器工业的“三步走”战略构想，制定了“三步走”发展战略目标。到“十一五”末，实现销售收入50亿元。将公司建成具有“尖端军品、强大民品、结构合理、效益良好、科技领先”的兵器十强企业；到2020年，企业销售收入力争过100亿元。建成以军民结合、数字军工为特征，拥有自主知识产权和知名品牌、国际竞争力较强的现代化、国际化高新技术企业。

西光集团
SICONG GROUP

董事长　高汝森

总经理　刘建国

西光集团位于古城西安，始建于 1953年，是国家“一五”期间156个重点建设项目之一。集团拥有西光高科技生态产业园、朝阳工业园和云南天达光伏科技产业园等三大园区，占地121万平方米，资产约13亿元，员工5000余人。

进入新世纪以来，西光有计划、分步骤地实施了组织创新、制度创新、管理创新三步创新战略，成功打造了战略决策、管理实施、核心技术和企业文化四大核心能力，提升了企业的竞争力。卓有成效的创新与变革使企业实现了跨越式的高速发展，成为以光电应用技术为主导、具有较强竞争能力的国防高科技光电企业、国家重点保军企业。

集团拥有一批达到国际水平的数控加工中心、光学镀膜中心等先进的科研、生产设施，形成了较为完备的超精密光学加工、精密机械加工能力。集团建有兵器工业第一环境模拟与可靠性试验中心、国防科工委西北地区区域计量站、国家批准的博士后科研工作站、国家高技能人才培训基地、特有工种职业技能鉴定站等。

集团具备较强的光电应用技术综合性科研开发能力，初步形成了以西光防务、西光太阳能、西光仪器、西光数码、西光眼镜为主体的五大产品群。

敬业 创新 力行 责任 荣誉 国家

西光大门

西光集团以成就充满生机和创造力的国际知名光电企业为发展愿景，秉承“敬业、创新、力行、责任、荣誉、国家”的企业精神，凭借“直面生存、智慧超越”的核心理念，始终致力于为用户提供最新、最好的产品和服务。

站在新的起点，西光肩负着民族责任，与时俱进，乘风破浪，奋力前行！和着时代的呼声，西光发出历史最强音：让成功作证！

舒适的办公环境

西光一角

宝鸡石油机械有限责任公司

宝鸡石油机械有限责任公司（英文缩写BOMCO）是我国目前规模最大、实力最强的石油机械制造基地。公司现有员工3200余名，占地面积近80万平方米，资产23亿元，专业技术人员740余人，拥有各类设备2500余台，制造陆地和海洋成套钻机、泥浆泵、井控设备、特种车辆等50多个类别、1000多个品种规格的石油钻采设备及配件。其中9大类64项产品获美国石油学会API会标使用权，是国际上获得API会标使用权最多的企业之一。

宝石机械是世界上年产钻机、泥浆泵最多的厂家。主导产品石油钻机和F系列泥浆泵是深受国际石油业界欢迎的中国名牌产品。目前，公司与美国、加拿大、挪威、意大利以及南美、中东、中亚等二十多个国家和地区的50多家外国公司保持着商务技术往来。2006年上半年已签订外贸合同9亿多元。

企业自主研制开发的交、直流钻机国内领先，与国际先进水平同步发展。“宝石”牌电驱动钻机和F系列泥浆泵获得“陕西省名牌产品”。公司被陕西省认定为“高新技术企业”；还被评为“全国实施卓越绩效模式先进企业”；并被中国石油和化工设备工业协会评定为“中国石油钻采设备制造业十强企业”，排序第一位；连续四年荣登中国机械500强，并被评为《中国机械工业最具成长性公司》之一。

石油钻机

宝石机械通过了ISO9001、ISO14001和OHS18001、HSE等管理体系认证。有完整的技术研究开发中心，拥有大型钻机部件实验台、泥浆泵实验台、防喷器和井口

公司领导班子

等高压密封实验间、万米钻机试验场、成套负荷检测试验装置以及大型拉力、压力、传动试验台等试验检测装置。

2005年研制成功的9000米超深井电驱动钻机是国家重大技术装备项目，它的研制成功打破了国外企业对超深井石油钻机的垄断，代表着我国目前钻机研发的最高水平。高速发展是宝石机械公司最显著的标志，各项主要指标连续八年以25%以上的速度递增。2006年主要指标的增幅将超过30%以上。

宝鸡石油机械有限责任公司愿在合作、互利的基础上与国内外公司、企业、科研院所进行广泛的、多形式的技术和经贸合作，优势互补，共谋发展。

公司全貌

宝鸡石油钢管有限责任公司

总经理　钟裕敏

宝鸡石油钢管有限责任公司，其前身宝鸡石油钢管厂始建于1958年，是我国第一个五年计划期间156个重点建设项目之一，也是我国第一个生产大口径螺旋埋弧焊管的厂家，是中国石油天然气集团公司所属的集科研、制管、防腐、套管和辅料加工于一体的国家大型一类企业，是中国石油管道建设的骨干企业。

公司生产规模为年产焊接钢管62万吨（其中，套管10万吨），钢管防腐630万平方米，年销售收入14亿元以上。除公司本部外，现拥有两个控股的中外合资企业。即，与世界500强企业日本住友金属、住友商社合资组建的宝鸡住金石油钢管有限公司和与马来西亚UMW公司合资组建的上海宝世威石油钢管制造有限公司。

公司技术力量雄厚，公司焊接钢管研究所是我国焊接钢管技术装备、生产工艺、质量检测和科技情报研究中心。公司主办的《焊管》杂志是面向国内外发行的焊管行业唯一国家级技术期刊。公司还是中国石油天然气集团公司焊接钢管标准的起草单位。

公司十分重视产品质量，钢管质量始终保持国内领先地位。在同行业中率先获得美国石油学会颁发的API会标使用证书，率先获得中国船级社和挪威船级社ISO9000质量体系认证。公司始终坚持“与管同行，以优制胜”的经营理念，建厂至今，共生产钢管500多万吨，铺设长输管线160多条，产品还出口到20多个

生产指挥中心大楼

国家和地区，为我国石油工业的发展和国民经济建设做出了突出贡献。2003年荣获“国家西气东输管道工程先进集体”称号；2005年荣获国家质检总局颁发的“国家免检产品”称号；2006年初一举中标印度管线40万吨钢管订货合同，创汇3.5亿美元，创造了集团公司制造企业产品出口的最高记录。

构建和谐社会，三个文明建设协调发展，企业先后荣获首批“全国文明单位”，“全国模范职工之家”等荣誉称号。

党和国家领导人对企业的发展极为关心。1993年6月10日，时任中共中央总书记、国家主席、军委主席江泽民同志来企业视察工作，并为企业题词：“生产优质钢管，支援四化建设”。

公司文化广场

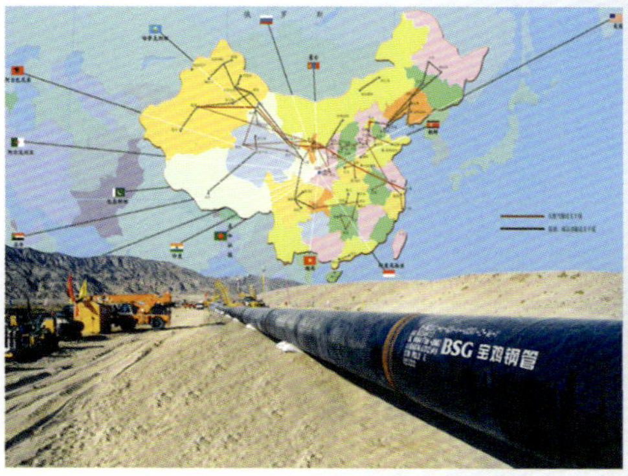

哪里有石油，哪里就有BSG

公司大门

陕西省散装水泥办公室

发展散装水泥 实施可持续发展战略

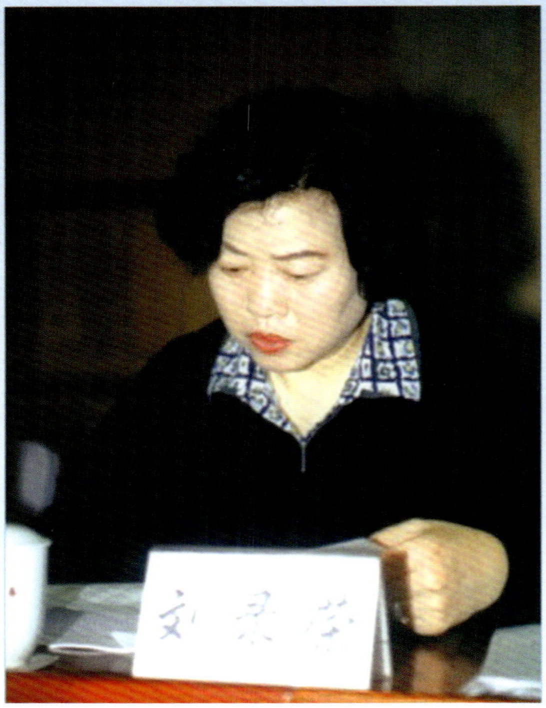

主任 刘录荣

2005年，我省散装水泥继续保持快速增长的强劲态势，全年完成散装水泥586.46万吨，同比净增103.41万吨，同比增长了21.61%，散装率达到32.69%。实现综合社会经济效益2.35亿元。

各地散装水泥供应量增长较大，其中宝鸡完成了167万吨，同比增长了66.97%，西安完成了91.09万吨，同比增长了6.45%，汉中完成60.07万吨，同比增长了32.6%，渭南完成了40.36万吨。同比增长了32.07%，铜川完成了26万吨，同比增长了3.83%，咸阳完成了56.1万吨，同比增长了60.93%，商洛完成了11.86万吨，同比增长了6.85%，榆林完成了4.5万吨，同比增长了12.5%。冀东水泥扶风公司完成了103万吨，散装率达到了64.38%，泾阳声威建材有限公司水泥完成了33.6万吨，散装率达到了46.34%，秦岭水泥股份有限公司完成了90.98万吨，散装率达到了44.38%。

2005年，全省新建散装水泥发放库13座，新增一次性库容19500万吨，新增散装水泥专用汽车19辆，新增散装水泥流动罐72台。截止“十五”末，全省拥有散装水泥发放库307个，全省拥有商品混凝土搅拌站56座，设计能力1400万吨，实际产出700万吨，中转库48座，年中转能力达60万吨，固定接收库77个，散装水泥流罐1825个，散装水泥专用汽车985辆，散装水泥专用火车113节，形成散装水泥设施设备综合能力达700多万吨。

“十五”末，全省共完成散装水泥供应量1985.53万吨，比“九五”期间的883.43万吨净增1102.1万吨，增长了124.75%，实现综合社会经济效益达7.94亿元。通过水泥企业结构的改造，“十五”其间全省新建了3条日产2500吨新干法生产线，3条日产5000吨新干法生产线，现全省回转窑生产线的产量占到全省水泥产量的45%。

全省拥有散装水泥专用汽车958辆

全省拥有搅拌站56座

陕西统计年鉴

STATISTICAL YEARBOOK OF SHAANXI

2006

（总第 21 期）

陕西省统计局编

中国统计出版社
China Statistics Press

（京）新登字 041 号

ISBN 7-5037-4886-9

9 787503 748868 >

图书在版编目（CIP）数据

陕西统计年鉴.2006/陕西省统计局编.—北京：中国统计出版社，2006.6

ISBN 7-5037-4886-9

Ⅰ.陕… Ⅱ.陕… Ⅲ.统计资料-陕西省-2006-年鉴 Ⅳ.C832.41-54

中国版本图书馆CIP数据核字（2006）第026169号

陕西统计年鉴—2006

作　　者/ 陕西省统计局
责任编辑/ 蔡启新
E-mail / yearbook@stats.gov.cn
责任校对/ 孙士梅 薛小艳
封面设计/ 宋克卿
出版发行/ 中国统计出版社
通信地址/ 北京市西城区三里河月坛南街75号 中国统计出版社
邮　　编/ 100826
电　　话/（010）63376907
印　　刷/ 西安合鑫统计资料印刷厂
经　　销/ 新华书店
开　　本/ 890×1240毫米 1/16
字　　数/ 124万
印　　张/ 39
印　　数/ 1—5000册
版　　别/ 2006年9月第1版
版　　次/ 2006年9月第1次印刷
书　　号/ ISBN 7-5037-4886-9/F・2233
定　　价/ 260.00元

中国统计版图书，版权所有，侵权必究。
中国统计版图书，如有印装错误，本社发行部负责调换。

《陕西统计年鉴》编委会

主任委员　王莉霞

副主任委员　刘鸿儒　李铁兵　张晓光　王运林　段东学
杨天祥　王俊民

委　员　（以姓氏笔画为序）
王　琦　刘松年　孙保平　孙立志　陈纲正
张　虹　张　蕾　张志安　赵全宝　郑省华
晁文庆　梁　玲　常录寿　程军虎

《陕西统计年鉴》编辑部

主　编　王莉霞

副主编　王　琦　陈纲正　张　蕾　余子荣

责任编辑　孙士梅　薛小艳

编　辑　（以姓氏笔画为序）
马　靖　王冬羽　王顺强　王献宝　艾　军
司选辉　江　洪　孙士梅　孙立志　刘志勇
任宽荣　成建荣　李　艳　何永生　何晓红
何颖洁　张　兵　张　巧　张红霞　杨小侠
邵晓绒　陈兴峰　赵　娟　赵　翔　胡清升
党海燕　梁玉萍　薛小艳

英文翻译　马　靖

统计制图　孙士梅

编 者 说 明

一、《陕西统计年鉴－2006》是一部全面系统反映陕西省经济、社会、科技发展状况的资料性年刊。书中资料根据全省各专业统计年报加工而成，并收录了各地、市、县及省级有关部门的统计数据。

二、全书内容分为22部分：1. 行政区划和自然资源；2. 综合；3. 国民经济核算；4. 人口；5. 从业人员和职工工资；6. 固定资产投资；7. 能源生产和消费；8. 财政；9. 物价指数；10. 人民生活；11. 城市概况；12. 农业；13. 工业；14. 建筑业；15. 运输和邮电；16. 国内贸易；17. 对外经济贸易和旅游；18. 金融和保险；19. 教育、科技和文化；20. 体育、卫生、社会福利和其他；21. 企业调查资料；22. 全国各省、市、自治区主要指标。附录为2005年陕西省统计大事记。为便于使用，各篇前面列示主要统计指标提要和统计图，后面附主要统计指标解释。

三、本年鉴数据以2005年为主，每部分主要指标列示建国以来重点年份及改革开放以来的资料。

四、本年鉴依据全国第一次经济普查结果对生产总值、工业总产值、工业增加值、社会消费品零售总额的历史数据进行了调整，以前公布的有关数据凡与本年鉴有出入的，均以本年鉴为准。

五、本年鉴全国及各省、市、自治区主要指标资料来源于《中国统计摘要－2006》，数据多为初步统计数，正式数据以《中国统计年鉴－2006》为准。

六、本年鉴表中的符号使用说明："…"表示数据不足本表最小单位；"空格"表示该项统计指标数据不详或无该项数据；"#"表示其中项。

PREFACE

Ⅰ. *Statistical Yearbook of Shaanxi Province -2006* is an annual statistical publication, which reflects various aspects of province's economic, social science and technology development.

The major data sources of the publication are statistical annual report of different sectors. Also some other statistical data of city, county, and relevant departments are filled.

Ⅱ. The yearbook contains the following twenty - two chapters:

1. Divisions of Administrative Areas and Natural Resources;
2. General Survey;
3. National Accounts;
4. Population;
5. Employment and Wages;
6. Investment in Fixed Assets;
7. Energy;
8. Government Finance;
9. Price Indices;
10. People's Livelihood;
11. General Survey of Cities;
12. Agriculture;
13. Industry;
14. Construction;
15. Transport, Post and Telecommunication Services;
16. Domestic Trade;
17. Foreign Economy Trade and International Tourism;
18. Banking and Insurance;
19. Education, Science, Technology and Culture;
20. Sports, Public Health, Social Welfare and Others;
21. Census of Enterprise;
22. Main Indicators of National Economy by Countrywide, Province, Municipality and Autonomous Region.

An appendix is about Statistical Events of Shaanxi Province in 2005.

As a matter of convenience for readers, we make abstract of major indicators and statistical charts at the beginning of each chapter and explanatory notes on main statistical indicators at the end of each chapter.

Ⅲ. The yearbook is based on data of 2005. Each part of the main indicators should focus on year since the founding of New China and reform and opening up.

Ⅳ. The yearbook is based on data of the first national economic census results, gross product, gross industrial output value ,value - added of industry and total retail sales of consumer goods of historical data has been adjusted previously published some relevant data. If there are some differences between this yearbook with others, refer to this yearbook please.

Ⅴ. The rough data of the nation and other provinces are taken from *China Statistical Digest -2006*. The official data should refer to *China Statistical Yearbook -2006* later.

Ⅵ. Explanatory symbol for notations used in this yearbook:

"..." indicates that the figure is not large enough to be measured with the smallest unit in the table;

" " (blank) indicates that the data not available;

"#" indicates that the major items of the total.

目　录

七、能　　源

八、财　　政

九、物价指数

十、人民生活

十一、城市概况

十二、农　　业

十三、工　　业

十四、建筑业

十五、运输和邮电

十六、国内贸易

十七、对外经济贸易和旅游

十八、金融和保险

十九、教育、科技和文化

二十、体育、卫生、社会福利和其他

二十一、企业调查资料

二十二、全国各省、市、自治区主要指标

CONTENTS

1 Divisions of Administrative Areas and Natural Resources

2 General Survey

3 National Accounts

4 Population

5 Employment and Wages

6 Investment in Fixed Assets

7 Energy

8 Government Finance

9 Price Indices

10 People's Livelihood

11 General Survey of Cities

12 Agriculture

13 Industry

14 Construction

15 Transport, Post and Telecommunication Services

16 Domestic Trade

17 Foreign Economy Trade and International Tourism

18 Banking and Insurance

19 Education, Science, Technology and Culture

20 Sports, Public Health, Social Welfare and Others

21 Census of Enterprise

2006 統計年鑒

行政区划和自然资源

XINGZHENGQUHUAHEZIRANZIYUAN

资料整理：艾 军 张 巧

一、行政区划和自然资源

陕西位于东经105°29′－111°15′和北纬31°42′－39°35′之间，东隔黄河与山西相望，西连甘肃、宁夏，北临内蒙古，南连四川、重庆，东南与河南、湖北接壤。2005年全省设西安、铜川、宝鸡、咸阳、渭南、延安、汉中、榆林、安康、商洛10个省辖市和杨凌农业高新技术产业示范区，有3个县级市，80个县和23个市辖区，1597个乡镇，148个街道办事处。

全省面积为20.58万平方公里。地势南北高、中间低，西部高、东部低，地形复杂多样，北部为陕北黄土高原，中部为号称"八百里秦川"的关中平原，南部为陕南秦巴山地。

全省以秦岭为界南北河流分属长江水系和黄河水系。主要有渭河、泾河、洛河、无定河和汉江、丹江、嘉陵江等。陕西属大陆性季风气候，年平均气温9－16摄氏度，年降水量248－968毫米，南北差异明显。

全省自然资源丰富，矿产多，储量大，探明矿产居全国前十位的矿种50多种，探明矿产保有储量潜在价值为42万多亿元，居全国第一位。

主要城市年平均气温

（2005年）

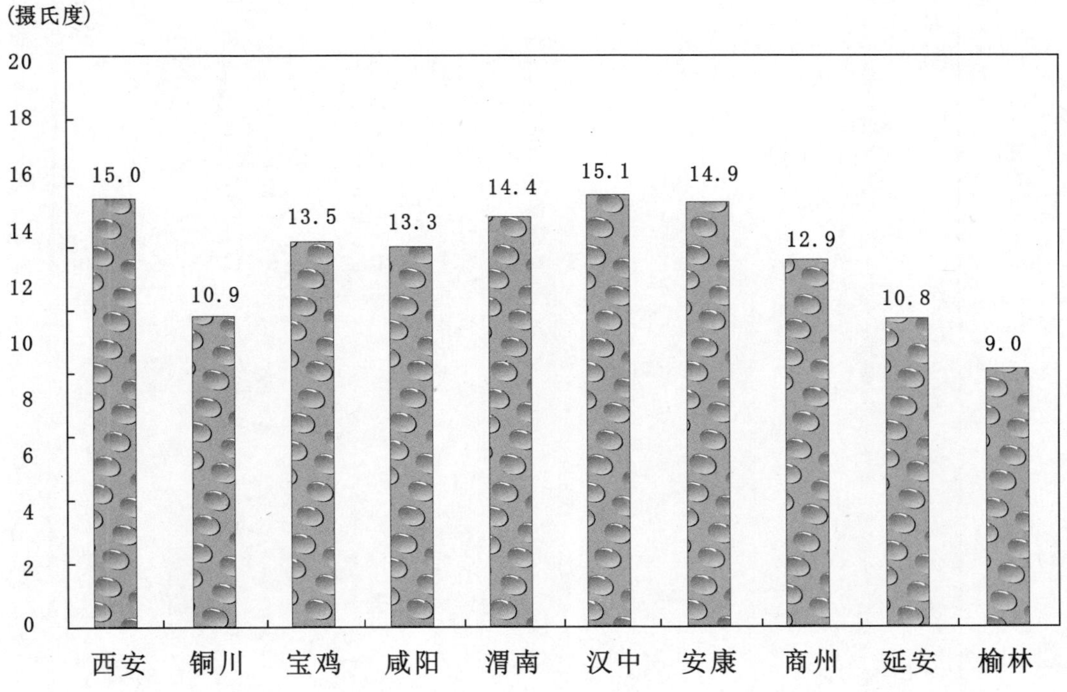

1－1　陕西省行政区划

（2005年）　　单位:个

地　区	地级市	县级市	县	市辖区	镇	乡	街道办事处
全　省	**11**	**3**	**80**	**23**	**917**	**680**	**148**
西安市	1		4	9	50	52	74
铜川市	1		1	3	23	11	10
宝鸡市	1		9	3	101	37	12
咸阳市	1	1	10	2	107	62	13
渭南市	1	2	8	1	108	75	13
延安市	1		12	1	82	81	3
汉中市	1		10	1	132	94	8
榆林市	1		11	1	112	110	7
安康市	1		9	1	109	88	3
商洛市	1		6	1	92	67	4
杨凌示范区	1				1	3	1

1-2 陕西省行政区划一览

(2005年)

单位:个

地 区	镇	乡	街道办事处	村民委员会	社区居委会
全 省	**917**	**680**	**148**	**27888**	**1592**
西安市	**50**	**52**	**74**	**3161**	**568**
新城区			9	13	90
碑林区			8	13	103
莲湖区			9	35	107
灞桥区			9	229	30
未央区			10	212	47
雁塔区			8	120	85
阎良区	2		5	80	20
临潼区	10	7	6	285	21
长安区	4	11	10	671	24
蓝田县	10	12		519	5
周至县	9	13		379	12
户 县	11	5		518	21
高陵县	4	4		87	3
铜川市	**23**	**11**	**10**	**543**	**56**
王益区	1	2	4	39	19
印台区	7	2	2	107	23
耀州区	10	2	4	219	12
宜君县	5	5		178	2
宝鸡市	**101**	**37**	**12**	**2108**	**171**
渭滨区	5	1	5	104	56
金台区	2	3	7	103	54
陈仓区	17	1		338	13
凤翔县	12	5		233	8
岐山县	11	3		178	14
扶风县	9	3		185	4
眉 县	9	1		123	5
陇 县	10	5		240	3
千阳县	6	5		75	2
麟游县	5	5		163	4
凤 县	10	2		300	8
太白县	5	3		66	
咸阳市	**107**	**62**	**13**	**3141**	**140**
秦都区	6		6	148	49
渭城区	6		4	149	30
三原县	10	4		319	9
泾阳县	12	4		229	9

1－2 续表1　　(2005年)　　单位:个

地　区	镇	乡	街道办事处	村民委员会	社区居委会
乾　县	12	8		415	7
礼泉县	11	4		321	5
永寿县	7	6		252	3
彬　县	8	8		291	4
长武县	5	6		233	1
旬邑县	10	4		276	2
淳化县	5	10			
武功县	8	4		262	6
兴平市	7	4	3	246	15
渭南市	**108**	**75**	**13**	**2955**	**159**
临渭区	15	7	6	495	51
华　县	10	4		242	15
潼关县	4	4		83	9
大荔县	13	13		415	10
合阳县	12	4		353	9
澄城县	8	6	2	14	2
蒲城县	14	10		361	8
白水县	6	8		194	4
富平县	15	9		337	12
韩城市	7	7	2	275	23
华阴市	4	3	3	186	16
延安市	**82**	**81**	**3**	**3374**	**79**
宝塔区	11	9	3	611	31
延长县	6	6		288	4
延川县	8	6		346	7
子长县	8	5		353	9
安塞县	7	5		204	4
志丹县	6	5		203	5
吴起县	4	8		164	3
甘泉县	3	5		120	
富　县	8	5		241	3
洛川县	7	9		371	3
宜川县	5	7		202	3
黄龙县	3	7		80	2
黄陵县	6	4		191	5
汉中市	**132**	**94**	**8**	**2842**	**125**
汉中经济开发区			1	10	4
汉台区	7	2	7	206	39
南郑县	18	12		495	13

1-2 续表2 (2005年) 单位:个

地 区	镇	乡	街道办事处	村民委员会	社区居委会
城固县	18	6		392	17
洋 县	16	10		367	6
西乡县	15	8		270	10
勉 县	17	8		242	5
宁强县	12	14		269	8
略阳县	11	10		183	17
镇巴县	11	13		251	4
留坝县	5	4		98	1
佛坪县	2	7		59	1
榆林市	**112**	**110**	**7**	**5504**	**140**
榆阳区	12	12	7	486	43
神木县	15	4		664	14
府谷县	7	13		331	12
横山县	10	8		358	6
靖边县	9	13		211	6
定边县	11	14		334	7
绥德县	11	9		661	12
米脂县	7	6		396	12
佳 县	8	12		653	8
吴堡县	4	4		221	5
清涧县	8	7		639	4
子洲县	10	8		550	11
安康市	**109**	**88**	**3**	**2394**	**111**
汉滨区	20	23	3	810	47
汉阴县	12	6		182	7
石泉县	8	7		202	10
宁陕县	10	4		98	4
紫阳县	15	10		212	20
岚皋县	8	9		188	6
平利县	9	3		190	4
镇坪县	4	6		78	1
旬阳县	14	14		310	9
白河县	9	6		124	3
商洛市	**92**	**67**	**4**	**1795**	**35**
商州区	16	10	4	409	13
洛南县	15	10		376	7
丹凤县	11	10		202	6
商南县	11	5		164	3
山阳县	15	15		320	2
镇安县	14	11		204	3
柞水县	10	6		120	1
杨凌示范区	**1**	**3**	**1**	**71**	**8**

1-3 自然状况及资源

项　　目	单　位	2005年
一、自然状况		
1、土　地		
土地总面积	万平方公里	20.58
2、气　候		
全省年平均降水量	毫　米	576.9
全省年平均气温	摄氏度	13.0
全省年平均日照时数	小　时	2118.0
全省年平均风速	米/秒	1.8
全省年平均无霜期	天	473.5
气候带面积比例(土地面积=100)		
湿润地区(干燥度<1.0)	%	39.2
半湿润地区(干燥度=1.0-1.5)	%	26.7
半干旱地区(干燥度=1.5-2.0)	%	34.1
二、自然资源		
1、土地资源		
耕地面积	万公顷	408.9
园地面积	万公顷	68.7
林地面积	万公顷	1028.5
草地面积	万公顷	311.7
其它农用地	万公顷	30.3
居民点及工矿用地	万公顷	69.7
交通运输用地	万公顷	6.2
水利设施用地	万公顷	4.0
未利用土地面积	万公顷	129.9
2、林木资源		
森林面积	万公顷	767.56
森林覆盖率	%	37.26
林木蓄积量	亿立方米	3.61
3、水利资源		
全年自产河川年径流总量	亿立方米	468.44
黄河流域	亿立方米	83.75
长江流域	亿立方米	384.69
平原区地下水资源总量	亿立方米	52.92
#可开采的	亿立方米	35.98
水力资源理论蕴藏量	万千瓦	1438.46
黄河流域	万千瓦	580.37
长江流域	万千瓦	858.09
水力资源的可开发量	万千瓦	666.66
黄河流域	万千瓦	234.06
长江流域	万千瓦	432.60
4、矿产资源		
保有储量潜在价值	亿　元	424439

1-4 土地状况

(2005年)

项目	面积(万公顷)	占总面积%
总面积	**2058.0**	**100.0**
1.按地形分		
山地	741.0	36.0
高原	926.0	45.0
平原	391.0	19.0
2.按特征分		
耕地	408.9	19.9
水田	19.6	1.0
旱地	300.5	14.6
水浇地	87.0	4.2
林地	1028.5	50.0
#灌木林地	235.5	11.4
疏林地	32.4	1.6
未造成林林地	94.0	4.6
草地	311.7	15.1
#人工改良草地	23.7	1.2
园地	68.7	3.3
其他	240.1	11.7

1-5 主要山脉

名称	海拔高度(米)
太白山	3767
化龙山	2917
首阳山	2719
终南山	2604
华山	2160
白于山	1823
巴山	1500~2000
子午岭	1400~1600

1-6 主要河流

名称	流域面积(平方公里)	河长(公里)
无定河	30261	491.2
延河	7687	284.3
泾河	45421	455.1
渭河	62440	818.0
北洛河	26905	680.3
嘉陵江	9930	244.0
汉江	61959	652.0
丹江	7551	244.0

1－7　主要矿产保有储量及潜在价值

（2005 年）

矿　　种	储量单位	保有储量	潜在价值（亿元）
钠　盐	亿吨	8857.43	332153.60
煤	亿吨	1660.86	84770.26
石油（剩余可采储量）	万吨	16972.88	458.27
石油（探明储量）	万吨	140986.53	3806.64
天然气（剩余可采储量）	亿立方米	5450.02	817.50
天然气（探明储量）	亿立方米	10212.24	1531.84
金	金属吨	225.50	67.65
钼	金属万吨	109.68	208.40
铅　锌	金属万吨	475.36	27.37
汞　锑	金属万吨	9.98	3.20
水泥用石灰岩	矿石亿吨	64.98	1299.74
玻璃用石英岩	矿石亿吨	1.85	92.70
铁	矿石亿吨	6.54	256.64

1－8　陕西矿产保有储量居全国前十位的矿种

位　次	矿　　种	矿 种 数
1	铼矿、盐矿、制碱用灰岩、透辉石、水泥用灰岩、水泥配料用黄土、饰面用板岩、片麻岩	8
2	汞矿、锶矿、海泡石粘土、毒重石、电石用灰岩、透闪石、高岭土、陶粒用粘土	8
3	煤、天然气、钒矿、钼矿、伴生硫、石棉、蓝石棉、长石、蛭石、玻璃用石英岩	10
4	碲矿、矽线石、化肥蛇纹岩、镁盐、石榴子石、隐晶质石墨、饰面用大理岩	7
5	油页岩、重晶石、冶金用脉石英	3
6	石油、铌矿、冶金用白云岩	3
7	石煤、锑矿、稀土、磷矿、冶金用石英岩、云母	6
8	铅矿、镍矿、金矿、硒矿、玻璃用白云岩	5
9	锰矿、铬矿、饰面用辉长岩、红柱石	4
10	钛矿、锌矿	2

1－9　陕西重要矿产保有储量在全国和西部的位次

矿　　种	位　次		矿　　种	位　次	
	全 国	西 部		全 国	西 部
煤	3	2	铝土矿	11	6
石　油	6	2	金　矿	8	4
天然气	3	3	硫铁矿	20	7
铁　矿	18	7	磷　矿	7	4
铜　矿	18	8	盐　矿	1	1
铅　矿	8	5	水泥用石灰岩	1	1
锌　矿	10	6			

1-10 主要城市气候基本情况

(2005年)

城市	平均气温（摄氏度）	日照时数（小时）	平均风速（米/秒）	相对湿度（%）	无霜期（天）	气压（百帕）	降水量（毫米）
西安	15.0	1949.4	1.6	60	219	969.9	544.5
铜川	10.9	2606.9	2.2	63	225	905.5	516.7
宝鸡	13.5	1681.5	1.4	62	250	945.9	610.2
咸阳	13.3	2026.9	1.8	65	198	961.4	497.2
渭南	14.4	2201.6	1.3	66	246	975.1	465.5
汉中	15.1	1344.2	1.2	74	255	956.7	822.2
安康	14.9	1642.0	1.3	70	266	981.9	967.6
商州	12.9	2059.3	2.3	60	198	931.1	655.2
延安	10.8	2808.4	1.7	52	196	907.6	441.2
榆林	9.0	2860.1	2.7	47	205	885.5	248.7

1-11 主要城市平均气温

(2005年) 单位:摄氏度

月份	西安	铜川	宝鸡	咸阳	渭南	汉中	安康	商州	延安	榆林
一月	0.0	-3.7	-0.6	-1.6	-0.8	2.7	3.0	-0.4	-5.7	-10.4
二月	1.9	-1.5	1.3	0.6	1.5	4.4	3.9	1.0	-2.2	-6.4
三月	10.1	5.9	8.9	7.8	9.2	10.9	10.3	8.1	5.5	3.0
四月	19.0	14.4	17.5	16.3	17.8	18.4	17.8	16.3	14.5	12.8
五月	22.3	18.0	20.2	20.6	21.7	20.7	20.2	19.3	19.0	17.9
六月	28.0	23.2	25.9	26.6	27.3	25.1	24.8	23.8	23.8	23.9
七月	28.0	23.5	26.1	26.7	27.6	25.9	25.7	24.4	24.6	24.9
八月	24.5	20.6	22.3	23.2	24.3	23.4	23.4	21.6	22.1	21.5
九月	22.1	17.9	20.0	20.8	21.2	21.7	21.9	19.5	18.8	17.4
十月	14.1	10.5	12.7	12.5	14.0	14.4	14.4	12.6	9.9	9.3
十一月	9.8	6.0	8.7	7.7	9.0	10.2	10.0	8.3	4.5	2.9
十二月	0.7	-3.5	-0.5	-1.4	-0.5	3.6	3.6	0.6	-5.7	-8.7
极端最高	41.7	37.4	40.2	41.6	41.2	34.7	37.1	38.6	39.3	39.0
极端最低	-8.9	-14.8	-10.1	-13.0	-10.1	-5.5	-6.1	-12.3	-18.3	-25.3
年平均	15.0	10.9	13.5	13.3	14.4	15.1	14.9	12.9	10.8	9.0

1－12　主要城市降水量

（2005年）　　单位:毫米

月　份	西　安	铜　川	宝　鸡	咸　阳	渭　南	汉　中	安　康	商　州	延　安	榆　林
一　月	0.0	0.3	0.9	0.1	0.4	2.7	0.0	0.4	0.0	0.2
二　月	9.1	9.2	13.3	9.8	4.4	6.8	3.5	6.8	4.4	4.3
三　月	5.6	6.4	17.0	7.2	6.7	7.9	19.2	10.1	4.2	2.5
四　月	19.2	23.9	19.3	15.0	15.5	24.3	35.1	5.8	21.4	8.0
五　月	46.2	52.9	54.2	50.8	39.7	115.1	85.1	33.5	69.9	39.8
六　月	67.1	61.3	51.7	56.9	59.2	77.3	132.5	63.9	33.6	24.4
七　月	45.6	56.1	82.7	56.0	39.5	139.0	185.5	108.9	115.7	24.3
八　月	127.4	116.6	135.4	124.3	86.6	117.9	225.1	192.4	48.2	85.3
九　月	104.2	129.0	146.0	87.2	105.3	146.2	80.0	91.4	116.3	45.1
十　月	117.9	51.9	83.0	86.4	104.6	158.5	169.6	140.5	27.1	11.3
十一月	2.2	6.8	6.7	3.3	3.5	26.5	31.0	0.4	0.0	0.1
十二月	0.0	2.3	0.0	0.2	0.1	0.0	1.0	1.1	0.4	3.4
全　年	544.5	516.7	610.2	497.2	465.5	822.2	967.6	655.2	441.2	248.7

1－13　主要城市日照时数

（2005年）　　单位:小时

月　份	西　安	铜　川	宝　鸡	咸　阳	渭　南	汉　中	安　康	商　州	延　安	榆　林
一　月	82.3	205.1	58.1	122.9	151.4	35.3	77.0	170.3	212.6	195.7
二　月	76.9	146.5	80.2	103.9	123.3	49.8	74.5	107.0	166.9	151.6
三　月	198.2	248.2	179.8	203.1	209.7	133.6	160.0	188.7	281.2	264.2
四　月	228.3	284.0	231.7	240.5	253.1	178.5	234.3	235.5	283.2	265.0
五　月	207.8	250.0	182.9	191.6	202.2	143.6	143.7	180.2	289.1	289.9
六　月	253.0	293.0	217.8	239.1	264.8	200.2	212.0	244.4	284.4	301.2
七　月	190.6	219.6	143.9	188.4	213.5	151.8	173.7	179.0	257.2	273.7
八　月	143.3	198.2	82.4	138.9	165.2	107.1	133.0	140.7	219.1	251.3
九　月	153.4	172.6	116.9	154.2	151.4	124.4	163.6	144.8	173.5	189.8
十　月	131.9	172.6	119.3	140.0	143.7	61.9	86.6	141.8	185.2	218.6
十一月	129.2	194.6	119.7	129.1	128.0	68.4	71.4	141.1	228.8	229.4
十二月	154.5	222.5	148.8	175.2	177.3	89.6	112.2	185.8	227.2	229.7
全　年	1949.4	2606.9	1681.5	2026.9	2201.6	1344.2	1642.0	2059.3	2808.4	2860.1

1-14 历届陕西省人民代表大会代表人数

单位:人

届　　次	代表人数	#女代表		#少数民族代表	
		人　数	占代表总数%	人　数	占代表总数%
第一届(1954年)	386	51	13.2	9	2.3
第二届(1958年)	400	67	16.8	12	3.0
第三届(1963年)	520	84	16.0	15	2.9
第四届(1968年)					
第五届(1977年)	1186	234	19.7	26	2.2
第六届(1983年)	727	168	23.1	29	4.0
第七届(1988年)	600	117	19.3	19	3.2
第八届(1993年)	602	118	19.6	22	3.7
第九届(1998年)	566	129	22.8	19	3.4
第十届(2003年)	565	117	20.7	18	3.2

1-15 历届陕西省政治协商会议委员人数

单位:人

届　　次	委员人数	中国共产党党员代表		民主党派和无党派爱国人士代表	
		人　数	占总数%	人　数	占总数%
第一届(1955年)	165	42	25.5	123	74.5
第二届(1958年)	262	85	32.4	177	67.6
第三届(1963年)	275	91	33.1	184	66.9
第四届(1977年)	420	205	48.8	215	51.2
第五届(1983年)	428	162	37.9	266	62.1
第六届(1988年)	502	191	38.0	311	62.0
第七届(1993年)	506	244	48.2	262	51.8
第八届(1998年)	539	216	40.1	323	59.9
第九届(2003年)	590	235	39.8	355	60.2

主要统计指标解释

行政区划　指国家对行政区域的划分。根据宪法规定，我国的行政区域划分如下：⑴全国分为省、自治区、直辖市；⑵省、自治区分为自治州、县、自治县、市；⑶自治州分为县、自治县、市；⑷县、自治县分为乡、民族乡、镇；⑸直辖市和较大的市分为区、县；⑹国家在必要时设立的特别行政区。

气候　指地球与大气之间长期能量交换与质量交换所形成的一种自然环境状态，它是多种因素综合作用的结果。气候既是人类生活和生产的环境要素之一，又是供给人类生活和生产的重要资源。气温、降水、湿度等气象要素的多年平均值是用来描述一个地区气候状况的主要参数，而各种气象要素某年、某月的平均值（或总量）则可以反映出该时期天气气候状况的重要特征。

自然资源　指人类可以直接从自然界获得，并用于生产和生活的物质资源。自然资源一般可以分成可再生资源和非再生资源两大类。可再生资源指在较短时间内可以再生、可以循环利用的资源，包括土地资源、水资源、气候资源、生物资源和海洋资源等。非再生资源指在使用后不能再生的资源，包括矿产资源和地热能源。

土地资源　土地指陆地的表层部分，它主要由岩石、岩石的风化物和土壤构成。土地资源按利用类型可以分为农用地、建筑用地和未利用地。农用地包括耕地、园地、林地、牧草地和水面。建筑用地包括居民点及工矿用地、交通用地和水利设施用地。未利用地指农用地和建筑用地以外的土地，包括滩涂、荒漠、戈壁、冰川和石山等。

森林资源　指森林、林木、林地以及依托森林、林木、林地生存的野生动物、植物和微生物。林木指树木和竹子。森林指以乔木为主体的植物群落，是集生的乔木及与共同作用的植物、动物、微生物和土壤、气候等的总体。

森林面积　指由乔木树种构成，郁闭度0.2以上（含0.2）的林地或冠幅宽度10米以上的林带的面积，即有林地面积。森林面积包括天然起源和人工起源的针叶林面积、阔叶林面积、针阔混交林面积和竹林面积，不包括灌木林地面积和疏林地面积。

森林蓄积量　指一定森林面积上存在着的林木树干部分的总材积。它是反映一个国家或地区森林资源总规模和水平的基本指标之一，也是反映森林资源的丰富程度、衡量森林生态环境优劣的重要依据。

森林覆盖率　指一个国家或地区森林面积占土地总面积的百分比。森林覆盖率是反映森林资源的丰富程度和生态平衡状况的重要指标。在计算森林覆盖率时，森林面积包括郁闭度0.2以上的乔木林地面积和竹林地面积，国家特别规定的灌木林地面积、农田林网以及四旁（村旁、路旁、水旁、宅旁）林木的覆盖面积。计算公式为：

森林覆盖率（%）= 森林面积 / 土地总面积 × 100%

径流　指陆地上接受降水后扣除损耗外，从地表和地下向流域出口断面汇集的水流。径流可分为地表径流、地下径流和壤中流。地表径流指沿地表向河流、湖泊、沼泽、海洋等汇集的水流；地下径流指沿潜水层或隔水层间的含水层，向河流、湖泊、沼泽、海洋等汇集的地下水水流。

径流量　指在一定时段内通过河流某一过水断面的水量，用以反映一个国家或地区水资源的丰歉程度。计算公式为：

径流量 = 降水量 - 蒸发量

矿产资源　矿产指由地质作用形成，富集于地壳中或出露于地表达到工农业利用要求的有用矿物。矿产是一种重要的自然资源，是社会发展的重要物质基础。

矿产保有储量　指探明的矿产储量（包括工业储量和远景储量），扣除已开采部分和地下损失量后的年末实有储量。

气温　指空气的温度，一般以摄氏度（℃）为单位表示。气象观测的温度表是放在离地面约1.5米处通风良好的百叶箱里测量的，因此，通常说的气温指的是离地面1.5米处百叶箱中的温度。其统计计算方法为：

月平均气温是将全月各日的平均气温相加，除以该月的天数而得。

年平均气温是将12个月的月平均气温累加后除以12而得。

降水量　指从天空降落到地面的液态或固态（经融化后）水，未经蒸发、渗透、流失而在地面上积聚的深度。其统计计算方法为：

月降水量是将全月各日的降水量累加而得。

年降水量是将12个月的月降水量累加而得。

日照时数　指太阳实际照射地面的时间。其统计方法与降水量相同。

2006

統計年鑑

综　合

ZONGHE

资料整理：薛小艳　张　巧　孙士梅

二、综　　合

从 2005 年统计数据看改革开放以来陕西经济发展

生产总值	3675.66	亿元	比 1978 年增长	12.5 倍
#第三产业	1390.61	亿元	比 1978 年增长	24.2 倍
工业总产值	4109.32	亿元	比 1978 年增长	18.9 倍
农林牧渔业总产值	730.72	亿元	比 1978 年增长	3.3 倍
全社会固定资产投资	1982.04	亿元	比 1978 年增长	96.4 倍
财政收入	529.02	亿元	比 1978 年增长	25.8 倍
社会消费品零售总额	1322.41	亿元	比 1978 年增长	38.6 倍
出口总额	30.76	亿美元	比 1978 年增长	257.5 倍
城镇居民人均可支配收入	8272	元	比 1978 年增长	4.3 倍
农民人均纯收入	2052	元	比 1978 年增长	2.2 倍

生产总值增长速度

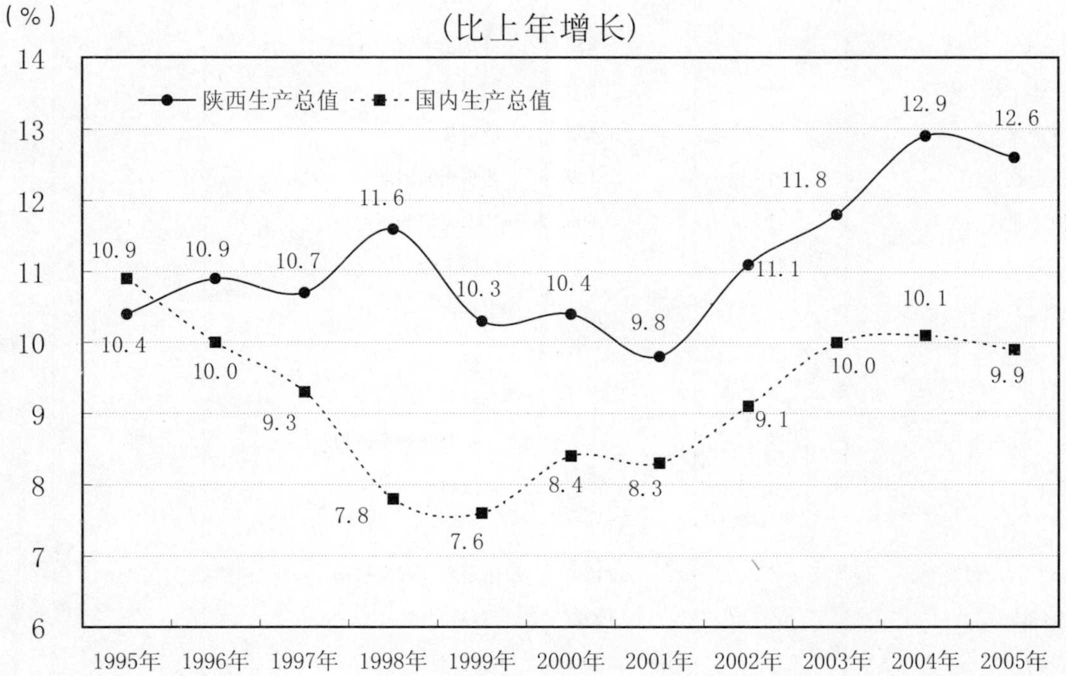

2－1　各部门机构数

部　　门	单　位	2005年	部　　门	单　位	2005年
农村基层组织			卫　生		
基层组织			卫生机构	个	5366
乡政府	个	678	#医　院	个	2674
镇政府	个	843	门诊部	个	231
村民委员会	个	27801	社区卫生服务中心	个	422
乡村户数	万户	705	疾病预防控制中心	个	125
乡镇企业	万个	91	妇幼保健院(站、所)	个	115
国营农场	个	5	社会福利单位	个	1348
			#社会福利事业单位	个	600
工业企业			社会福利企业单位	个	547
#规模以上工业	个	2997			
内资企业	个	2828	教育事业		
国有企业	个	684	普通高等学校	所	72
集体工业	个	307	中等学校	所	3290
其他工业	个	1837	#普通中学	所	2727
港、澳、台商投资企业	个	53	小　学	所	20711
外商投资企业	个	116	幼儿园	所	2433
#国有及国有控股企业	个	945			
			文化事业		
建筑施工企业	个	830	群众艺术馆	个	1732
#内资企业	个	830	图书馆	个	111
国有企业	个	135	博物馆	个	82
集体企业	个	189	艺术表演团体	个	113
其他企业	个	506	艺术表演场所	个	107
			广播电台	座	11
运输邮电业			电视台	座	11
铁　路	个	3			
公　路	个	1	体育事业		
民　航	个	2	少年儿童业余体校	所	91
邮电局所	个	5728	重点体校	所	63
批发零售贸易业、餐饮业	个	529940	科学研究与开发机构	个	745
批发贸易业	个	44093	#科研院所	个	123
零售贸易业	个	387958	高等院校	个	73
餐饮业	个	97889	大中型工业企业	个	293

2-2 陕 西 一 日

指　标	单 位	1978年	1990年	1995年	2000年	2004年	2005年
一、每天创造的财富							
生产总值	万元	2221	11077	28407	49425	87002	100703
第一产业	万元	677	2892	5953	7075	10199	11939
第二产业	万元	1154	4574	12101	21441	42551	50665
第三产业	万元	390	3611	10354	20910	34252	38099
财政收入	万元	541	1128	2608	5123	11384	14494
粮　食	万吨	2.19	2.93	2.50	2.98	3.18	3.12
棉　花	吨	289	213	109	75	225	213
油　料	吨	155	915	1045	1062	1262	1242
肉　类	吨	389	1282	2172	2524	3358	3674
布	万米	159.16	199.78	216.16	196.71	204.66	217.26
原　煤	万吨	4.56	9.12	11.64	9.57	23.08	29.62
发电量	万千瓦小时	1811	4102	6487	7460	13177	13834
原　油	吨	165	1921	4575	20450	41863	48717
钢	吨	666	1344	1470	1470	6047	8419
二、每天消费量							
居民总消费	万元	1322	12304	13788	21987	32638	36561.10
农村居民	万元	848	6504	7242	9760	13178	15378.90
城镇居民	万元	473	5800	6545	12228	19460	21182.19
能源消费量	万吨标煤	3.19	6.13	7.86	7.17	12.86	14.82
社会消费品零售额	万元	914	4375	10928	19880	31857	36230
三、每天其他经济活动							
货 运 量	万吨	19.62	59.21	80.09	82.12	112.71	125.27
客 运 量	万人次	15.42	55.35	66.48	78.61	97.76	107.16
邮电业务总量	万元	13.77	46.40	398.38	2329.84	6705.93	9072.12
进出口总额	万美元		158.16	474.86	586.33	997.91	1253.93
#出口总额	万美元	3.26	126.19	351.40	358.91	656.60	842.69
国际旅游人数	万人	…	0.07	0.12	0.20	0.22	0.25
居民储蓄额	万元	213.55	5604.75	20110.68	41713.15	80776.44	96821.10
四、每天人口变动和婚姻							
出　生	人	1306	2115	1527		1074	1019
死　亡	人	524	587	630		641	611
结　婚	对	373	720	662	557	562	571
离　婚	对			56	71	109	64

注:1. 邮电业务总量1990年以前按1980年不变价计算,1990-2000年按1990年不变价计算,2001年及以后各年按2000年不变价计算,其余指标均按现价计算。

2. 财政收入为老口径。

3. 工业产品产量2000年及以后各年为规模以上企业数。

2-3 陕西省主要社会经济指标占全国比重

指 标	单 位	2004年			2005年		
		陕 西	全 国	陕西占全国%	陕 西	全 国	陕西占全国%
一、年底总人口	万人	3705	129988	2.9	3720	130756	2.8
二、从业人员	万人	1941	75200	2.6	1942	75825	2.6
#职工人数	万人	319	10576	3.0	323	10942	3.0
三、生产总值	亿元	3175.58	159878	2.0	3675.66	182321	2.0
第一产业	亿元	372.28	20956	1.8	435.77	22718	1.9
第二产业	亿元	1553.10	73904	2.1	1849.28	86208	2.1
#工 业	亿元	1306.50	65210	2.0	1553.60	76190	2.0
第三产业	亿元	1250.20	65018	1.9	1390.61	73395	1.9
四、全社会固定资产投资总额	亿元	1544.19	70477	2.2	1982.04	88604	2.2
五、地方财政收入	亿元	214.96	11893	1.8	275.32	15092	1.8
六、主要产品产量							
粮 食	万吨	1160	46947	2.5	1140	48402	2.4
棉 花	万吨	8.23	632.4	1.3	7.78	571.4	1.4
油 料	万吨	46.06	3065.9	1.5	45.35	3077.1	1.5
水 果	万吨	735.61	15340.9	4.8	765.74	16120.1	4.8
原 煤	万吨	10770	199200	5.4	10811	219000	4.9
原 油	万吨	1531.51	17587	8.7	1778.16	18084	9.8
发电量	亿千瓦小时	493.63	22033	2.2	504.94	24747	2.0
粗 钢	万吨	225.52	28291	0.8	307.28	35239	0.9
水 泥	万吨	1840.21	96682	1.9	1972.13	106400	1.9
化 肥	万吨	117.85	4804.8	2.5	122.86	5219.7	2.4
纱	万吨	18.37	1291	1.4	19.43	1440	1.3
布	亿米	7.55	482	1.6	7.93	470	1.7
家用电冰箱	万台	11.11	3007.6	0.4	8.08	2985.8	0.3
汽 车	万辆	4.88	509.1	1.0	4.26	570.5	0.7
七、货物周转量	亿吨公里	1031.83	69445	1.5	1115.31	80257	1.4
八、邮电业务总量	亿元	244.77	9712.3	2.5	331.13	12198.9	2.7
九、社会消费品零售总额	亿元	1162.80	59501	2.0	1322.41	67177	2.0
十、进出口总额	亿美元	36.42	11546	0.3	45.77	14219	0.3
#出口额	亿美元	23.97	5933.2	0.4	30.76	7619.5	0.4
十一、国际旅游人数	万人次	80.02	10903.8	0.7	92.84	12029.2	0.8
十二、大学生在校学生数	万人	58.39	1333.5	4.4	66.69	1561.8	4.3
十三、图书出版量	亿册	1.62	64.1	2.5	1.76	64.0	2.8
杂志出版量	亿册	0.64	28.4	2.2	0.65	27.5	2.3
报纸出版量	亿份	6.90	402.4	1.7	6.82	404	1.7

注：生产总值按当年价格计算。

2-4 国民经济和社会发展总量指标

指　标	单　位	1978 年	1995 年	2000 年	2004 年	2005 年
人口与就业						
人　口						
年底总人口	万人	2780	3513	3644	3705	3720
市镇人口	万人	455	1738	1176	1347	1385
乡村人口	万人	2325	1775	2468	2385	2335
男性人口	万人	1444	1836	1896	1905	1914
女性人口	万人	1336	1677	1748	1800	1806
就　业						
从业人员	万人	1078	1748	1813	1941	1942
#职工人数	万人	257	395	328	319	323
城镇登记失业人数	万人		8.6	11.4	18.5	21.5
宏观经济						
国民经济核算						
生产总值	亿元	81.07	1036.85	1804.00	3175.58	3675.66
第一产业	亿元	24.70	217.27	258.22	372.28	435.77
第二产业	亿元	42.13	441.67	782.58	1553.10	1849.28
第三产业	亿元	14.24	377.91	763.20	1250.20	1390.61
支出法生产总值	亿元	81.07	1036.85	1804.00	3175.58	3675.66
#最终消费	亿元	52.74	627.00	1042.94	1503.13	1684.12
居民消费	亿元	48.24	449.10	802.54	1191.30	1334.48
政府消费	亿元	4.50	177.90	240.40	311.83	349.64
资本形成总额	亿元	30.45	483.80	856.63	1722.17	2112.14
固定资本形成总额	亿元	23.18	358.80	796.21	1597.24	2035.20
存货增加	亿元	7.27	125.00	60.24	124.93	76.94
固定资产投资						
全社会固定资产投资总额	亿元	20.35	324.33	745.85	1544.19	1982.04
#国有单位	亿元	17.20	226.61	473.53	814.51	1017.13
集体单位	亿元	1.91	21.53	41.66	71.15	77.63
个体经济	亿元	1.24	55.54	93.54	143.20	133.11
财　政						
财政收入	亿元	19.76	95.19	187.00	415.50	529.02
财政支出	亿元	18.30	102.69	271.76	516.31	638.96
物价指数(上年=100)						
商品零售价格总指数	%	100.5	117.0	98.3	102.5	100.1
居民消费价格总指数	%	100.6	119.0	99.5	103.1	101.2

2-4续表1

指 标	单 位	1978年	1995年	2000年	2004年	2005年
利用外资						
签订利用客商直接投资协议额	万美元		41521	49931	104877	158237
实际利用客商直接投资额	万美元		32407	30042	52664	62839
能源生产与消费(标准煤)						
能源生产总量	万吨标准煤	1223	3311	3805	12480	14466
能源消费总量	万吨标准煤	1165	2869	2617	4693	5410
产 业						
农 业						
耕地面积	千公顷	3854	3393	3114	2796	2788
农林牧渔业从业人员	万人	780	1049	1002	957	949
农林牧渔业总产值	亿元	36.27	381.65	464.89	651.21	730.72
主要农产品产量						
粮 食	万吨	800	913	1089	1160	1140
棉 花	万吨	10.54	3.99	2.74	8.23	7.78
油 料	万吨	5.56	38.15	38.76	46.06	45.35
烤 烟	万吨	1.38	6.34	7.36	5.32	5.88
茶 叶	吨	1408	5252	6126	10239	11382
水 果	万吨	33.41	283.96	493.79	735.61	765.74
肉 类	万吨	14.20	79.26	92.12	122.55	134.11
工 业						
工业总产值	亿元	96.48	1068.71	1714.18	3389.88	4109.32
主要工业产品产量						
纱	万吨	13.85	14.02	15.68	18.37	19.43
布	亿米	5.81	7.89	7.18	7.55	7.93
家用洗衣机	万台		13.58	3.94	13.77	18.37
家用电冰箱	万台		63.92	37.56	11.11	8.08
原 煤	万吨	1666	4248	3493	10770	10811
原 油	万吨	6.03	167.00	746.44	1531.51	1778.16
发电量	亿千瓦小时	66.10	236.77	272.28	493.63	504.94
粗 钢	万吨	24.29	53.67	53.65	255.52	307.28
钢 材	万吨	17.38	58.78	57.70	199.62	337.10
水 泥	万吨	210.66	851.50	989.44	1840.21	1972.13
化 肥	万吨	13.69	68.46	93.90	117.85	122.86

2－4 续表 2

指　　标	单 位	1978 年	1995 年	2000 年	2004 年	2005 年
国有经济独立核算工业企业						
年底固定资产原价	亿 元	116.50	843.50	987.66		1448.47
固定资产净值年平均余额	亿 元	84.19	468.72	646.97	769.79	883.50
利润和税金总额	亿 元	16.52	37.24	54.60	167.99	438.14
交通运输						
货物运输量	万 吨	7160	29234	29973	41139	45724
#铁　路	万 吨	2400	3629	4697	10985	12123
公　路	万 吨	4733	25560	25200	30038	33483
货物周转量	亿吨公里	176.11	505.82	593.24	1031.83	1115.31
#铁　路	亿吨公里	165.58	400.68	448.15	835.17	905.76
公　路	亿吨公里	10.39	104.23	143.64	195.16	207.85
旅客运输量	万 人	5628	24267	28693	35682	39114
#铁　路	万 人	2009	2773	2661	3231	3600
公　路	万 人	3605	21252	25600	31763	34780
旅客周转量	亿人公里	60.73	273.19	376.99	517.13	571.60
#铁　路	亿人公里	47.56	145.02	178.89	255.45	279.08
公　路	亿人公里	12.95	97.76	151.04	194.30	206.54
邮电通信业						
邮电业务总量	万 元	5025	145408	850392	2447665	3311322
函　件	万 件	9188	24277	17444	19915	15119
报刊期发数	万 份	319	1017	454	283	286
固定电话	万 户		67.94	345.25	791.94	859.32
城　市	万 户		60.11	252.86	541.22	561.84
农　村	万 户		7.82	92.39	250.72	297.47
移动电话	万 户			151.67	788.69	938.10
无线寻呼	万 户			147.73	0.67	0.40
数字数据用户	万 户			1.02	1.19	1.22
国际互联网用户	万 户			29.43	180.12	198.57
国内商业						
社会消费品零售总额	亿 元	33.37	398.87	725.64	1162.80	1322.41
对外经济贸易						
进出口总额	万美元		173323	214009	364238	457684
进口额	万美元		45062	83006	124580	150103
出口额	万美元	1190	128261	131003	239658	307581
国际旅游						
旅游人数	万人次	1.37	44.23	71.28	80.02	92.84
旅游外汇收入	万美元	177	14090	28025	36000	44600

2－4续表3

指　标	单 位	1978年	1995年	2000年	2004年	2005年
金融保险						
金融机构各项存款	亿元		1097.21	2663.00	5380.27	6446.48
金融机构各项贷款	亿元		1132.55	2193.12	3829.57	3983.19
国家银行各项存款	亿元	35.33	814.93	1753.09	3605.61	4268.20
国家银行各项贷款	亿元	51.74	943.56	1655.30	2521.46	2416.33
教育·科技·文化						
教　育						
专任教师数	万人	27.87	32.44	34.70	40.33	41.72
普通高等学校	万人	1.07	2.02	2.07	3.71	4.29
中等学校	万人	9.50	12.10	14.40	17.81	18.77
小　学	万人	17.30	18.32	18.23	18.81	18.66
在校学生数	万人	650.19	636.49	771.99	782.80	760.56
普通高等学校	万人	3.44	12.83	24.17	58.39	66.69
中等学校	万人	196.24	172.08	266.89	353.44	353.78
小　学	万人	450.51	451.58	480.93	370.97	340.09
科　技						
地方国有企事业单位专业技术人员	万人		53.71	63.76	69.36	58.54
全省从事科技活动人员数	万人		16.49	15.51	13.31	13.49
#科学家和工程师	万人		8.82	8.58	8.05	8.44
研究与发展经费支出	亿元		13.47	57.14	83.64	92.15
文　化						
出版数量						
图　书	万册	7661	17005	15958	16245	17628
杂　志	万册	1423	4280	4944	6374	6450
报　纸	万份		46508	70389	69029	68219
制作电视节目	小时		8152	16174	60039	71983
家庭·生活·环境						
家　庭						
家庭总户数	万户	560.82	878.08	948.06	1029.31	1055.74
城镇居民平均每户家庭人口	人		3.17	3.08	3.01	2.96
农村居民平均每户家庭人口	人		4.65	4.43	4.29	4.36
婚　姻						
结婚数	对	136230	241894	203598	205605	208421
离婚数	对		20488	26031	40505	23447

2－4续表4

指　　标	单　位	1978年	1995年	2000年	2004年	2005年
居　住						
城镇居民人均住房使用面积	平方米		12.84	16.08	17.87	18.54
农村居民人均住房面积	平方米		18.42	22.87	26.85	26.01
生　活						
城镇居民人均可支配收入	元	310	3310	5124	7492	8272
农村居民人均纯收入	元	134	963	1470	1867	2052
城乡居民储蓄存款余额	亿元	7.79	734.04	1522.53	2948.34	3533.97
工　资						
工资总额	亿元	16.44	172.26	257.28	416.18	477.97
职工平均工资	元	654	4396	7804	13024	14796
卫　生						
医院数	个	3064	3313	2779	2710	2674
医生数	万人	3.43	6.28	6.43	5.97	6.03
医院床位数	万张	4.99	9.05	9.26	9.97	10.34
市政建设						
自来水供应量	万吨	21119	70949	67062	75340	71170
下水道长度	公里	431	1858	1856	2919	3250
城市天然气供应量	万立方米			17770	60565	76285
铺装道路长度	公里	639	2027	2537	3060	3191
绿地面积	公顷	488	10164	9079	13895	15003
环境、灾害						
环境污染治理投资总额	万元		16855	44053	54014	126946
环境污染事故数	次		69	79	41	27
环境污染事故罚款金额	万元		17	41	68	46.5
火灾发生数	起		737	3818	6954	7490
火灾损失	万元		1862	2613	2448	4683
交通事故发生数	件	3979	9554	11846	13348	12011
交通事故损失	万元	165	3395	3978	6243	6241

注:1. 本表价值量指标中,除邮电业务总量1990年以前按1980年不变价格计算,1990年及以后各年按1990年不变价格计算,2001年及以后各年按2000年不变价格计算,其余指标均按当价格计算。

2. 1998年及以后各年从业人员、职工人数、工资总额、职工平均工资中,不含离开单位仍保留劳动关系的人员。

3. 财政收入为老口径数字,按新口径计算的财政收入请参阅8－1表。

4. 1998年及以后各年工业产品产量、财务指标为规模以上企业数字。

2-5　国民经济和社会发展速度指标

指　标	2005年为下列年份%				1979-2005年平均增长%
	1978年	1995年	2000年	2004年	
人　口					
年底总人口	133.9	105.9	102.1	100.4	1.1
市镇人口	305.1	79.7	117.8	102.8	4.2
乡村人口	100.4	131.5	94.6	99.0	…
男性人口	132.5	104.2	100.9	100.5	1.0
女性人口	135.2	107.7	103.3	100.3	1.1
宏观经济					
国民经济核算					
生产总值	1350.1	289.3	173.4	112.6	10.1
第一产业	377.2	153.1	128.4	107.7	5.0
第二产业	1791.9	356.2	197.3	115.8	11.3
第三产业	2523.6	288.8	163.7	110.1	12.7
支出法生产总值				112.6	
#最终消费				108.2	
居民消费				110.1	
政府消费				101.5	
资本形成总额				120.2	
固定资本形成总额				125.0	
存货增加				56.7	
固定资产投资					
全社会固定资产投资总额	9739.8	611.1	265.7	128.4	17.8
#国有单位	5913.5	448.8	214.8	124.9	16.0
集体单位	4064.4	360.6	186.3	109.1	14.7
个体经济	10734.7	239.7	142.3	93.0	21.6
财　政					
财政收入	2677.2	555.8	282.9	127.3	11.9
财政支出	3491.6	622.2	235.1	123.8	13.7
物价指数					
商品零售价格总指数	397.3	102.0	100.8	100.1	5.4
居民消费价格总指数	473.5	116.7	106.0	101.2	6.1
利用外资					
签订利用客商直接投资协议额		381.1	316.9	150.9	
实际利用客商直接投资额		193.9	209.2	119.3	

2-5 续表 1

指　标	2005 年为下列年份%				1979-2005 年平均增长%
	1978 年	1995 年	2000 年	2004 年	
能源生产与消费(标准煤)					
能源生产总量	1182.9	436.9	380.2	115.9	9.6
能源消费总量	464.4	188.6	206.7	115.3	5.9
产　业					
农　业					
耕地面积	72.3	82.2	89.5	99.7	-1.2
农林牧渔业从业人员	121.7	90.5	94.7	99.2	0.7
农林牧渔业总产值	432.7	172.4	135.1	108.1	5.6
主要农产品产量					
粮　食	142.5	124.9	104.7	98.3	1.3
棉　花	73.8	195.0	283.9	94.5	-1.1
油　料	815.6	118.9	117.0	98.5	8.1
烤　烟	426.1	92.7	79.9	110.5	5.5
茶　叶	808.4	216.7	185.8	111.2	8.0
水　果	2291.9	269.7	155.1	104.1	12.3
肉　类	944.4	169.2	145.6	109.4	8.7
工　业					
工业总产值	1989.4	292.1	189.7	109.8	11.7
交通运输					
货物运输量	638.6	156.4	152.6	111.1	7.1
#铁　路	505.1	334.1	258.1	110.4	6.2
公　路	707.4	131.0	132.9	111.5	7.5
货物周转量	633.3	220.5	188.0	108.1	7.1
#铁　路	547.0	226.1	202.1	108.5	6.5
公　路	2000.5	199.4	144.7	106.5	11.7
旅客运输量	695.0	161.2	136.2	109.6	7.4
#铁　路	179.2	129.8	135.3	111.4	2.2
公　路	964.8	163.7	135.9	109.5	8.8
旅客周转量	941.2	209.2	151.6	110.5	8.7
#铁　路	586.8	192.4	156.0	109.3	6.8
公　路	1594.9	211.3	136.7	106.3	10.8
邮电通信业					
邮电业务总量	36895.0	2277.3	389.4	135.3	24.5
函　件	164.6	62.3	86.7	75.9	1.9
报刊期发数	89.7	28.1	63.0	101.1	-0.4
固定电话			248.9	108.5	
#城　市			222.2	103.8	
农　村			322.0	118.6	
移动电话			618.5	118.9	
无线寻呼			0.3	59.7	
数字数据用户			119.6	102.5	
国际互联网用户			674.7	110.2	
国内商业					
社会消费品零售总额	3962.87	332.27	181.41	113.73	14.6

2－5续表2

指　　标	2005年为下列年份%				1979－2005年平均增长%
	1978年	1995年	2000年	2004年	
对外经济贸易					
进出口总额		264.1	213.9	125.7	
进口额		333.1	180.8	120.5	
出口额	25847.1	239.8	234.8	128.3	22.8
国际旅游					
旅游人数	6776.6	209.9	130.2	116.0	16.9
旅游外汇收入	25197.7	316.5	159.1	123.9	22.7
金　融					
金融机构各项存款		587.5	242.1	119.8	
金融机构各项贷款		351.7	181.6	104.0	
国家银行各项存款	12081.0	523.8	243.5	118.4	19.4
国家银行各项贷款	4670.1	256.1	146.0	95.8	15.3
教育·科技·文化					
教　育					
专任教师数	149.7	128.6	120.2	103.4	1.5
普通高等学校	400.9	212.4	207.2	115.6	5.3
中等学校	197.6	155.1	130.3	105.4	2.6
小　学	107.9	101.9	102.4	99.2	0.3
在校学生数	117.0	119.5	98.5	97.2	0.6
普通高等学校	1938.7	519.8	275.9	114.2	11.6
中等学校	180.3	205.6	132.6	100.1	2.2
小　学	75.5	75.3	70.7	91.7	-1.0
科　技					
地方国有企事业单位专业技术人员		109.0	91.8	84.4	
全省从事科技活动人员数		81.8	87.0	101.4	
#科学家和工程师		95.7	98.4	104.8	
研究与发展经费支出		684.1	161.3	110.2	
文　化					
出版数量					
图　书	230.1	103.7	110.5	108.5	3.1
杂　志	453.3	150.7	130.5	101.2	5.8
报　纸		146.7	96.9	98.8	
电视节目制作时间		883.0	629.0	119.9	
家庭·生活·环境					
家　庭					
家庭总户数	188.2	120.2	111.4	102.6	2.4
城镇居民平均每户家庭人口		93.4	96.1	98.3	
农村居民平均每户家庭人口		93.8	98.4	101.6	

2－5续表3

指　标	2005年为下列年份%				1979－2005年平均增长%
	1978年	1995年	2000年	2004年	
婚　姻					
结婚数	152.7	86.1	102.4	101.4	1.6
离婚数		114.0	89.7	58.4	
居　住					
城镇居民人均居住面积		144.4	115.3	103.7	
农村居民人均住房面积		141.2	113.7	96.9	
生　活					
城镇居民人均可支配收入	534.9	219.6	156.8	109.4	6.4
农村居民人均纯收入	321.1	172.4	123.0	106.9	4.4
城乡居民储蓄存款余额	45365.5	481.4	232.1	119.9	25.4
工资和福利					
工资总额	2907.4	277.5	185.8	114.8	13.3
职工平均工资	452.2	294.8	183.6	112.6	5.7
卫　生					
医　院	87.3	80.7	96.2	98.7	-0.5
医　生	175.8	96.0	93.8	101.0	2.1
医院床位数	207.2	114.3	111.7	103.7	2.7
市政建设					
自来水供应量	337.0	100.3	106.1	94.5	4.6
下水道长度	754.1	174.9	175.1	111.3	7.8
城市煤气供应量			429.3	126.0	
铺装道路长度	499.4	157.4	125.8	104.3	6.1
绿地面积	3074.4	147.6	165.3	108.0	13.5
环境、灾害					
环境污染治理投资总额		753.2	288.2	235.0	
环境污染事故数		39.1	34.2	65.9	
环境污染事故罚款金额		273.5	113.4	68.0	
火灾发生数		1016.3	196.2	107.7	
火灾损失		251.5	179.2	191.3	
交通事故发生数	301.9	125.7	101.4	90.0	4.2
交通事故损失	3782.4	183.8	156.9	100.0	14.4

注：本表国民经济核算指标、物价指数、农林牧渔业总产值、工业总产值、邮电业务总量、城乡居民收入、平均工资指标的发展速度均按可比价格计算。

2-6　国民经济主要结构指标

单位:%

指　标	1978年	1995年	2000年	2004年	2005年
人口与就业					
人　口					
城乡结构					
城　镇			32.3	36.4	37.2
乡　村			67.7	63.6	62.8
性别结构					
男	52.0	52.3	52.0	51.4	51.5
女	48.0	47.7	48.0	48.6	48.5
就　业					
产业结构					
第一产业	71.1	60.4	55.7	49.7	49.3
第二产业	17.9	19.5	16.5	17.2	18.6
第三产业	11.0	20.1	27.8	33.1	32.1
宏观经济					
国民经济核算					
生产总值产业结构					
第一产业	30.5	21.0	14.3	11.7	11.9
第二产业	52.0	42.6	43.4	48.9	50.3
第三产业	17.5	36.4	42.3	39.4	37.8
投　资					
固定资产投资结构					
第一产业			2.7	3.2	2.7
第二产业			36.2	32.8	34.1
第三产业			61.1	64.1	63.2
固定资产投资经济类型结构					
国有经济	84.5	69.9	63.5	52.7	51.3
集体经济	9.4	6.6	5.6	4.6	3.9
其他经济		6.4	18.4	33.4	38.1
个　体	6.1	17.1	12.5	9.3	6.7
能　源					
能源生产总量结构					
原　煤	97.3	91.6	70.9	74.8	75.3
原　油	0.7	7.2	21.2	17.5	17.5
天然气	0.1	0.1	6.7	7.2	6.8
水　电	1.9	0.9	1.2	0.5	0.4
能源消费总量结构					
煤　炭	90.8	86.5	71.3	69.0	79.6
石　油	8.8	12.0	23.3	22.0	15.2
天然气	…	0.2	3.1	8.5	4.2
电　力	0.4	1.2	2.3	0.5	1.1
产　业					
农　业					
农林牧渔业产值结构					
农　业	85.2	67.6	70.5	63.5	64.7
林　业	3.2	4.4	5.8	4.0	3.4
牧　业	11.5	27.4	22.9	27.6	27.2
渔　业	…	0.6	0.8	0.8	0.8
农林牧渔服务业				4.1	3.9
工　业					
轻重工业产值结构					
轻工业	44.6	37.3	35.4	27.5	24.0
重工业	55.4	62.7	64.6	72.5	76.0

2-6续表　　　　单位:%

指　标	1978年	1995年	2000年	2004年	2005年
交通运输业					
货运量结构					
铁　路	33.5	12.4	15.7	26.7	26.5
公　路	66.1	87.4	84.1	73.0	73.2
水　运	0.4	0.2	0.2	0.3	0.2
航　运	…	…	…	…	…
国内商业					
社会消费品零售总额构成					
市	35.8	60.9	62.7	65.1	65.7
县	29.3	20.1	18.7	17.8	17.4
县以下	34.9	19.0	18.6	17.2	16.9
国际旅游					
国际旅游人数结构					
外国人	83.9	90.2	82.0	76.1	80.3
港澳台同胞	16.1	9.8	18.0	23.9	19.7
教育·科技·文化					
教　育					
在校学生结构					
大学生	0.5	2.0	3.1	7.5	8.8
中学生	30.2	27.0	34.6	45.2	46.5
小学生	69.3	71.0	62.3	47.4	44.7
专任教师结构					
大学生	3.8	6.2	6.0	9.2	10.3
中学生	34.1	37.3	41.5	44.2	45.0
小学生	62.1	56.5	52.5	46.6	44.7
生活·环境					
生　活					
城镇居民消费结构					
食品类		47.2	35.8	35.9	36.1
衣着类		13.6	9.4	9.8	10.1
用品及其他		33.1	43.8	44.0	44.0
居　住		6.1	11.0	10.4	9.8
农村居民消费结构					
食品类	59.0	59.3	43.5	42.4	42.9
衣着类	13.3	6.8	6.6	5.7	6.6
用品及其他	12.4	18.9	33.9	37.2	39.4
居　住	15.3	15.0	16.0	14.7	11.2
福　利					
离退休退职人员结构					
离休人员		8.0	5.3	3.6	3.0
退休人员		87.5	92.2	94.6	97.0
退职人员		4.5	2.5	1.8	
离退休退职人员保险福利费结构					
离休金		12.8	5.7	10.3	4.2
退休金		60.5	80.0	78.3	86.8
退职生活费		1.2	0.6	0.7	
医疗卫生费		13.9	9.5	8.0	7.6
其　他		11.6	4.2	2.6	1.4
环　境					
治理污染资金使用结构					
治理废水		39.6	60.8	28.9	65.3
治理废气		39.6	31.2	60.0	17.2
治理固体废物		17.7	3.7	2.0	1.0
治理噪音		1.4	0.3	0.8	0.1
其　他		1.7	4.0	8.3	16.4

注:本表指标均按当年价格计算。

2－7　国民经济和社会发展比例与效益指标

指　　标	单 位	1978 年	1995 年	2000 年	2004 年	2005 年
人　　口						
出生率	‰	17.24	15.93		10.59	10.02
死亡率	‰	6.92	6.57		6.33	6.01
自然增长率	‰	10.32	9.36		4.26	4.01
就　　业						
就业者负担人口	人	1.58	1.01	1.01	0.91	0.92
三次产业就业者比例（第一产业＝100）						
第一产业	%	100.0	100.0	100.0	100.0	100.0
第二产业	%	25.2	32.3	29.6	37.4	37.8
第三产业	%	15.5	33.2	49.9	63.7	65.1
城镇登记失业率	%		3.2	2.7	3.8	4.2
国民经济核算						
一、二、三产业增加值比例（第一产业＝100）						
第一产业	%	100.0	100.0	100.0	100.0	100.0
第二产业	%	170.6	203.3	303.1	417.2	424.4
第三产业	%	57.7	173.9	295.6	335.8	319.1
人均生产总值	元	291	2965	4968	8587	9899 、
固定资产投资						
全社会固定资产投资相当于生产总值比例	%	25.1	31.3	41.3	48.6	53.9
全社会房屋建筑面积竣工率	%	46.4	70.1	75.5	53.6	49.2
财　　政						
财政收入相当于生产总值比例	%	24.4	9.2	10.4	13.1	14.4
财政支出相当于生产总值比例	%	22.6	9.9	15.1	16.3	17.4
利用外资						
实际利用外资额相当于签订利用外资额比例	%		78.0	60.2	50.2	39.7
能　　源						
能源生产增长系数	%	0.98	1.62	0.89	3.76	1.24
能源消费弹性系数	%	0.24	1.15	0.14	1.53	1.08
每万元生产总值消耗的能源	吨标煤	14.32	2.86	1.58	1.69	1.73
农　　业						
人均耕地面积	公 顷	0.14	0.10	0.09	0.08	0.07
农业从业者人均耕地面积	公 顷	0.49	0.32	0.31	0.29	0.29
每公顷耕地农业机械总动力	千 瓦	1.01	2.30	3.36	4.68	5.04
每公顷耕地用电量	千瓦小时	287	1134	1878	3006	3164

2-7 续表1

指　标	单　位	1978年	1995年	2000年	2004年	2005年
每公顷耕地化肥施用量	公斤	62	330	421	512	527
每公顷耕地生产的农业产值	元	941	11247	14929	23295	26205
农业从业者人均农产品产量						
粮　食	公斤	1026	871	1065	1193	1196
棉　花	公斤	14	4	3	8	8
油　料	公斤	7	36	38	47	48
水　果	公斤		271	483	756	803
肉　类	公斤	18	76	90	126	141
水产品	公斤	0.3	3.6	5.9	7.0	7.7
每公顷播种面积农产品产量						
粮　食	公斤	1785	2399	2850	3452	3300
棉　花	公斤	420	548	911	1027	1107
油　料	公斤	435	1263	1277	1626	1638
工　业						
规模以上工业企业效益						
固定资产利税率	%			8.99		19.66
总资产贡献率	%			7.83	12.39	15.38
产值利税率	%			13.13	17.79	19.90
国有工业企业效益						
固定资产利税率	%	14.18	4.41	5.53		19.66
总资产贡献率	%			5.12	11.90	16.51
产值利税率	%	20.54	6.20	9.80	18.45	21.70
建 筑 业						
技术装备率	元/人		4375	6108	11258	9505
产值利润率	%		0.3	0.6	1.3	1.5
全员劳动生产率	元/人		35466	59672	121522	135356
运输邮电通信业						
铁路网密度	公里/平方公里	0.009	0.010	0.011	0.016	0.016
公路网密度	公里/平方公里	0.187	0.193	0.214	0.256	0.265
铁路货运密度	万吨公里/公里		1764.3	1634.6	2487.2	3095.5
电话普及率	部/百人		2.67	9.67	21.37	23.10
城市电话普及率	部/百人		8.93	31.01	58.62	59.60
移动电话普及率	部/百人			4.25	21.29	25.22
国内商业						
人均消费品零售额	元	121	1057	2008	3145	3562
金　融						
金融机构存款相当于生产总值比例	%		105.8	147.6	169.4	175.4

2－7续表2

指 标	单 位	1978年	1995年	2000年	2004年	2005年
金融机构贷款相当于生产总值比例	%		109.2	121.6	120.6	108.4
金融机构现金支出相当于收入比例	%	102.7	97.4	100.0	98.3	99.0
教 育						
学龄儿童入学率	%	95.7	99.0	99.4	99.1	99.2
小学升学率	%	95.6	90.1	91.9	95.6	96.5
初中升学率	%	51.7	34.4	39.1	44.8	45.8
学校教师负担系数						
高等学校	人	3.2	6.4	11.7	15.7	15.6
中等学校	人	20.7	14.2	18.5	19.8	18.9
小 学	人	26.0	24.7	26.4	19.7	18.2
科 技						
研究与发展经费支出相当于生产总值比例	%		1.3	3.2	2.6	2.5
文 化						
每万人有艺术表演团体	个	0.05	0.03	0.03	0.03	0.03
每万人有公共图书馆	个	0.02	0.03	0.03	0.03	0.03
每万人有博物馆	个	0.01	0.02	0.02	0.02	0.02
生活、福利						
城镇与农村居民收入增长率比例	%		1.67	1.50	1.94	1.97
（以农村居民收入指数为1，1978年＝100）						
离退休退职人员相当于在职人数比例	%		19.5	29.3	37.1	43.5
卫 生						
每万人医院数	个	1.1	0.9	0.8	0.7	0.7
每万人医生数	人	12	18	18	16	16
每万人医院病床数	张	18	26	25	27	28
市政建设						
城市自来水普及率	%		96.0	96.5	94.4	93.2
城市用气普及率	%		52.4	74.5	76.7	79.8
每万人绿地面积	公顷	0.18	2.89	4.22	4.51	5.11
环境、灾害						
平均每起环境污染事故罚金	元		2464	5190	16585	17222
平均每起火灾损失	元		25265	7028	3520	6253
平均每起交通事故损失	元	415	3553	3358	4677	5197

注：1. 本表价值量指标均按当年价格计算。
2. 1998年以前工业指标为独立核算企业数。
3. 2001年及以后各年市政建设指标按新口径计算，与以前年份不可比。

2-8 “九五”、“十五”时期国民经济和社会发展情况

指　　标	单　位	“九五”时期合　计	“十五”时期合　计	“九五”时期年均增长(%)	“十五”时期年均增长(%)
国民经济核算					
生产总值	亿元	7434.48	13702.97	10.8	11.6
第一产业	亿元	1285.71	1656.55	3.6	5.1
第二产业	亿元	3153.35	6509.93	12.5	14.6
第三产业	亿元	2995.42	5536.49	12.0	10.4
人均生产总值				9.9	11.1
固定资产投资					
全社会固定资产投资总额	亿元	2706.11	6630.24	17.6	19.8
#房地产开发	亿元	258.23	942.04	20.8	30.5
能　源					
能源生产总量	万吨标准煤	18813.42	46132.68	2.8	30.6
能源消费总量	万吨标准煤	14195.53	20503.97	-1.8	15.6
财　政					
财政收入	亿元	774.17	1749.73	14.5	23.1
#地方财政收入	亿元	466.43	953.71	17.5	19.1
财政支出	亿元	910.80	2328.43	21.5	18.6
人民生活					
城镇居民人均可支配收入				7.0	9.4
农村居民人均纯收入				7.0	4.2
农　业					
农林牧渔业总产值	亿元	2300.75	2881.10	5.0	6.2
粮食产量	万吨	5735.50	5250.47	3.6	0.9
棉花产量	万吨	12.16	30.56	-7.2	23.2
油料产量	万吨	180.29	211.37	0.3	3.2
水果产量	万吨	2106.75	3234.03	11.7	9.2
工　业					
工业总产值	亿元	6986.71	14360.99	9.0	13.7
原煤产量	万亿吨	17765.66	37020.66	-3.8	25.4
原油产量	万吨	2217.68	6553.09	34.9	19.0
发电量	亿千瓦小时	1311.76	2044.08	2.8	13.1
天然气产量	亿立方米	39.10	281.44	149.7	30.7
国内贸易					
社会消费品零售总额	亿元	3012.56	5213.11	12.7	12.8
对外经济					
进出口总额	亿美元	97.18	152.93	4.3	16.4
出口总额	亿美元	61.39	96.95	0.4	18.6
进口总额	亿美元	35.79	55.97	13.0	12.6
实际利用外商直接投资额	亿美元	18.24	23.83	-1.5	15.9
国际旅游					
入境旅游人数	万人次	292.33	380.37	10.0	5.4
旅游收入	亿美元	12.22	16.63	14.7	9.7
教　育					
普通高等学校招生数	万人	29.53	83.96	18.5	17.0
普通高等学校在校学生数	万人	85.11	247.95	13.5	22.5
普通高等学校毕业生数	万人	17.86	42.65	-1.3	32.0

注：本表价值量指标按当年价格计算，国民经济核算指标、农林牧渔业总产值、工业总产值、城乡居民收入年均增长速度按可比价格计算。

2－9　社会经济主要指标平均每人水平

单位:元

年份	生产总值	工农业总产值	工业总产值	农林牧渔业总产值	社会消费品零售总额	职工平均工资	城镇居民人均可支配收入
1952	85	104	33	71	41		
1957	144	163	64	100	65		
1962	135	189	91	97	70		
1965	169	251	140	112	66		
1970	196	326	216	110	86		
1975	243	409	282	127	101		
1978	291	480	349	131	121	654	310
1980	334	539	390	149	154	785	407
1985	604	910	644	267	268	1122	650
1990	1241	1881	1359	522	490	2042	1369
1991	1402	2079	1524	555	529	2198	1498
1992	1571	2379	1772	607	672	2434	1705
1993	1981	3050	2318	732	759	2890	2102
1994	2424	3790	2917	873	921	3803	2684
1995	2965	4147	3056	1091	1141	4396	3310
1996	3446	4583	3312	1271	1346	4882	3810
1997	3834	4892	3611	1281	1553	5184	4001
1998	4070	5019	3681	1338	1680	6029	4220
1999	4415	5416	4162	1254	1824	6931	4654
2000	4968	6001	4721	1280	1998	7804	5124
2001	5506	6643	5332	1311	2216	9120	5484
2002	6145	7405	6017	1388	2476	10351	6331
2003	7028	8746	7357	1389	2746	11461	6806
2004	8587	10929	9168	1761	3145	13024	7492
2005	9899	13037	11069	1968	3562	14796	8272

年份	城镇居民家庭生活消费支出	农民家庭人均纯收入	农民家庭生活消费支出	城乡居民年末储蓄存款	每万人有		
					大学生（人）	医院床位（张）	医生数（人）
1952				2	3	2	3
1957		76	77	7	14	5	9
1962		109	105	7	18	8	10
1965		106	87	10	15	9	10
1970		110	111	13	…	12	9
1975		117	118	20	9	16	11
1978	268	133	134	28	12	18	12
1980	371	142	139	48	19	19	13
1985	585	295	233	149	27	22	17
1990	1117	530	477	617	29	24	18
1991	1276	534	487	783	28	24	17
1992	1405	559	498	967	30	25	18
1993	1714	653	560	1173	34	26	17
1994	2246	805	737	1572	36	26	18
995	2838	963	914	2089	37	26	18
1996	3211	1165	1097	2659	38	26	18
1997	3462	1285	1215	3054	39	25	17
1998	3539	1406	1181	3453	42	25	17
1999	3953	1456	1162	3792	50	26	18
2000	4277	1470	1251	4178	66	25	18
2001	4638	1520	1331	4833	87	26	18
2002	5378	1596	1491	5737	112	26	16
2003	5667	1676	1455	6829	135	27	16
2004	6233	1867	1618	7974	158	27	16
2005	6656	2052	1896	9500	179	28	16

注:本表按当年价格计算。

2－10 人均工农业主要产品产量

单位:公斤

年份	粮食	棉花	油料	糖料	水果	肉类	禽蛋	水产品
1952	263.9	4.9	4.6	0.6	6.7	1.5	0.7	…
1957	249.5	6.5	3.6	0.3	8.1	2.2	0.7	…
1962	201.2	2.3	1.0	0.2	4.7	0.5	0.5	…
1965	286.3	5.4	2.6	0.3	7.5	2.9	0.6	…
1970	251.0	3.8	2.0	0.3	6.6	2.1	0.6	…
1975	303.1	3.2	2.8	0.8	6.7	4.2	0.7	0.1
1978	289.3	3.8	2.0	0.7	12.1	5.1	0.9	0.1
1980	268.5	2.9	3.9	1.1	9.9	8.2	1.1	0.1
1985	319.0	1.4	10.0	2.6	11.2	10.1	3.8	0.2
1990	328.7	2.4	10.3	1.8	19.0	14.4	5.7	0.6
1991	313.5	2.7	10.6	2.8	24.0	16.1	7.6	0.7
1992	304.8	1.6	10.5	2.2	33.9	17.6	8.6	0.8
1993	355.0	1.5	11.9	2.0	49.1	19.2	10.1	0.9
1994	272.8	1.2	9.9	1.5	63.5	21.2	11.7	1.0
1995	261.2	1.1	10.9	0.3	81.2	22.7	11.5	1.1
1996	345.0	0.9	10.6	0.8	102.7	19.3	10.2	1.2
1997	293.7	0.6	10.3	1.0	91.8	20.8	11.2	1.3
1998	363.7	0.6	9.9	1.4	120.2	23.8	11.1	1.4
1999	300.0	0.5	8.8	0.5	136.8	23.8	11.1	1.6
2000	299.9	0.8	10.7	0.5	136.0	25.4	11.7	1.7
2001	267.5	1.4	10.3	0.5	146.3	26.4	11.6	1.7
2002	274.3	1.2	11.2	0.8	157.5	28.9	12.6	1.7
2003	263.0	1.4	11.2	0.2	168.7	30.9	13.3	1.8
2004	313.8	2.2	12.5	0.2	198.9	33.1	13.1	1.9
2005	307.1	2.1	12.2	0.1	206.3	36.1	13.1	2.0

年份	纱	布（米）	机制纸及纸板	原煤	原油	发电量（千瓦小时）	钢	水泥
1952	1.2	5.4	…	68.6	0.1	4.0		
1957	3.3	17.0	0.1	101.2	0.4	15.6	…	
1962	2.0	8.6	0.6	211.1	0.5	45.2	0.4	9.0
1965	4.3	20.5	0.6	185.8	0.6	68.2	0.6	25.9
1970	5.3	21.0	0.9	282.2	0.7	112.6	1.9	31.2
1975	4.9	19.9	1.7	426.2	1.7	164.1	5.7	60.5
1978	5.0	21.0	2.4	602.4	2.2	239.1	8.8	76.2
1980	5.3	23.4	3.2	635.6	3.0	280.7	8.7	81.4
1985	5.3	21.5	6.3	902.5	7.4	364.5	11.6	128.6
1990	4.6	22.4	12.9	1021.5	21.5	459.7	15.0	162.7
1991	4.8	20.9	13.5	985.2	25.5	492.0	15.3	177.3
1992	5.0	21.4	15.1	1011.5	30.1	558.8	17.1	199.2
1993	4.7	22.9	13.4	934.6	33.0	630.8	19.6	206.8
1994	4.6	20.8	18.2	1072.8	39.0	642.5	17.9	265.7
1995	4.0	22.6	24.6	1214.8	47.8	677.1	15.4	243.6
1996	3.6	20.8	24.2	1307.8	62.6	761.6	15.3	259.6
1997	3.9	22.2	25.5	1391.5	80.4	758.6	13.5	327.8
1998	3.8	18.4	6.0	631.6	161.0	690.4	14.7	240.2
1999	4.0	19.1	6.5	674.2	178.3	707.1	14.1	274.4
2000	4.3	19.8	6.6	962.0	205.6	749.9	14.8	272.5
2001	4.3	18.9	7.8	1241.1	250.8	831.1	19.0	304.0
2002	4.8	19.8	6.6	1598.0	290.1	936.9	24.0	362.3
2003	4.9	20.1	8.6	2007.8	344.2	1116.8	47.2	416.7
2004	5.0	20.2	14.2	2278.8	413.2	1300.7	59.7	487.0
2005	5.2	21.4	10.8	2912.0	479.0	1360.1	82.8	531.2

注:1998年及以后各年工业产品产量为规模以上企业数。

2－11　工农业总产值

单位:亿元

年　份	工农业总产值	农林牧渔业总　产　值	工　业总产值	轻工业总产值	重工业总产值
1952	15.70	10.75	4.95	3.77	1.18
1957	29.06	17.72	11.34	8.33	3.01
1962	37.50	19.36	18.14	9.90	8.24
1965	53.31	23.66	29.65	14.82	14.83
1970	77.77	26.16	51.61	19.82	31.79
1975	109.31	33.95	75.36	31.95	43.41
1978	132.75	36.27	96.48	43.06	53.42
1980	151.84	41.88	109.96	55.10	54.86
1985	271.66	79.58	192.08	80.11	111.97
1990	612.54	169.96	442.58	188.03	254.55
1991	694.18	185.37	508.81	214.41	294.40
1992	804.88	205.34	599.54	239.85	359.69
1993	1044.27	250.49	793.78	281.03	512.75
1994	1312.14	302.38	1009.76	370.68	639.08
1995	1450.36	381.65	1068.71	398.13	670.58
1996	1617.00	448.46	1168.54	426.52	742.02
1997	1739.73	455.59	1284.14	490.41	793.73
1998	1798.15	479.34	1318.81	508.72	810.09
1999	1953.52	452.47	1501.05	584.77	916.28
2000	2179.07	464.89	1714.18	607.27	1106.91
2001	2425.78	478.84	1946.94	684.06	1262.88
2002	2715.06	509.08	2205.98	750.84	1455.14
2003	3220.11	511.25	2708.86	835.68	1873.18
2004	4041.09	651.21	3389.88	932.13	2457.75
2005	4840.04	730.72	4109.32	988.16	3121.16

注:本表工业按当年价格计算;农业按当年农户生产者价格计算,不含农民家庭兼营工业。

2-12 “一线两带”区域占全省比重

（2005 年）

指　　标	单　位	“一线两带”区域	全　省 总　计	“一线两带”区域占 全省比重(%)
一、土地面积	平方公里	55477	205795	27.0
二、年底总人口	万 人	2326.88	3719.80	62.6
三、在岗职工人数	万 人	229.35	323.23	71.0
在岗职工工资总额	亿 元	344.69	477.97	72.1
四、生产总值	亿 元	2517.57	3675.66	68.5
第一产业	亿 元	258.09	435.77	59.2
第二产业	亿 元	1161.01	1849.28	62.8
第三产业	亿 元	1098.47	1390.61	79.0
五、全社会固定资产投资总额	亿 元	1314.40	1982.04	66.3
#国有单位	亿 元	568.40	1017.13	55.9
集体单位	亿 元	61.01	77.63	78.6
六、地方财政收入	亿 元	108.81	275.32	39.5
地方财政支出	亿 元	193.89	638.96	30.3
七、农林牧渔业总产值	亿 元	435.91	730.72	59.7
主要农产品产量				
粮　食	万 吨	773.09	1139.5	67.8
棉　花	吨	73166	77766	94.1
油　料	吨	153394	453545	33.8
八、规模以上工业总产值	亿 元	2146.02	4109.32	52.2
九、邮电业务总量	亿 元	239.83	331.13	72.4
固定电话	万 户	622.86	859.31	72.5
移动电话	万 户	657.58	938.10	70.1
十、社会消费品零售总额	亿 元	1057.62	1322.41	80.0
十一、对外经济				
进出口总额	万美元	451982	457684	98.8
#出　口	万美元	302288	307581	98.3
外商直接投资	万美元	61196	62839	97.4
十二、卫生机构数	个	3188	5366	59.4
床位数	张	72528	106705	68.0
卫生技术人员	人	91852	136550	67.3

2－13　各市国民经济主要指标

（2005年）

指　　标	单　位	关　中	西安市	铜川市	宝鸡市	咸阳市	渭南市	杨　凌示范区
一、年底总人口	万人	2326.88	806.81	82.99	376.39	498.07	547.11	15.51
二、在岗职工人数	万人	229.35	119.73	9.17	29.27	36.02	32.65	2.51
三、生产总值	亿元	2517.57	1270.14	69.52	415.79	432.52	312.42	17.18
四、全社会固定资产投资总额	亿元	1314.40	772.51	34.20	186.86	202.19	107.76	10.88
#国有单位	亿元	568.40	338.38	20.15	81.95	66.97	57.46	3.48
集体单位	亿元	61.01	39.46	1.54	5.56	12.79	1.61	0.04
五、地方财政收入	亿元	108.81	73.05	3.02	11.97	10.78	9.01	0.98
地方财政支出	亿元	193.89	97.82	7.90	26.45	30.38	29.40	1.94
六、在岗职工工资总额	亿元	344.69	211.14	11.90	37.66	41.15	39.14	3.70
在岗职工平均货币工资	元		17728	12668	12846	11388	11822	14684
七、农林牧渔业总产值	亿元	435.91	106.54	10.62	75.08	145.34	96.02	2.31
粮食产量	万吨	773.09	205.53	23.70	150.56	199.14	190.28	3.88
棉花产量	吨	73166	4515	12	129	617	67884	9
油料产量	吨	153394	11554	9162	19458	44582	68411	227
八、规模以上工业总产值	亿元	2146.02	952.18	70.49	409.95	359.16	337.71	16.53
九、邮电业务总量	亿元	239.83	149.06	6.42	24.40	30.12	29.83	
固定电话	万户	622.86	324.04	17.99	95.94	84.85	100.05	
移动电话	万户	657.58	372.61	19.03	68.52	93.88	103.54	
十、社会消费品零售总额	亿元	1057.62	666.48	22.33	139.53	135.09	90.48	3.71
十一、对外经济								
进出口总额	万美元	451982	390146	3443	14721	26183	9768	7721
#出　口	万美元	302288	263441	1314	6984	18095	6195	6260
外商直接投资	万美元	61196	57112		60	1954	1725	345
十二、卫生机构数	个	3188	1478	152	677	437	433	11
床位数	张	72528	32323	3698	11995	13393	10680	439
卫生技术人员	人	91852	42241	3927	15152	16381	13730	421

2－13 续表　　　　　　　　　　　（2005 年）

指　　标	单　位	陕　南	汉中市	安康市	商洛市	陕　北	延安市	榆林市
一、年底总人口	万人	851.18	348.46	264.81	237.91	541.78	211.85	329.93
二、在岗职工人数	万人	44.69	21.97	11.89	10.83	38.21	18.99	19.22
三、生产总值	亿元	454.59	216.58	137.85	100.16	690.66	370.62	320.04
四、全社会固定资产投资总额	亿元	164.56	63.67	60.57	40.32	312.69	158.22	154.47
#国有单位	亿元	71.42	25.69	24.64	21.09	254.44	145.15	109.29
集体单位	亿元	5.83	1.02	2.57	2.24	10.79	6.39	4.40
五、地方财政收入	亿元	12.32	6.40	3.46	2.46	68.92	45.08	23.84
地方财政支出	亿元	59.54	25.02	19.16	15.36	101.76	56.36	45.40
六、在岗职工工资总额	亿元	52.54	27.07	14.22	11.25	56.94	29.84	27.10
在岗职工平均货币工资	元		12248	11953	10426		15864	14257
七、农林牧渔业总产值	亿元	188.89	83.22	62.34	43.33	100.83	51.99	48.84
粮食产量	万吨	282.19	111.69	99.88	70.62	180.72	74.49	106.23
棉花产量	吨	88	37	26	25	252	191	61
油料产量	吨	231277	146944	72788	11545	66781	19376	47405
八、规模以上工业总产值	亿元	241.74	165.41	43.57	32.76	897.03	537.00	360.04
九、邮电业务总量	亿元	39.33	19.40	12.46	7.47	50.35	21.38	28.96
固定电话	万户	137.36	66.61	40.46	30.29	99.10	43.29	55.81
移动电话	万户	124.47	60.80	40.26	23.42	156.04	62.42	93.63
十、社会消费品零售总额	亿元	147.14	64.15	46.38	36.61	117.64	46.09	71.55
十一、对外经济								
进出口总额	万美元	2508	2267	119	122	3204	1295	1909
#出　口	万美元	2153	1913	118	122	3143	1236	1907
外商直接投资	万美元	541	541					
十二、卫生机构数	个	1295	523	448	324	883	397	486
床位数	张	19907	10194	5281	4432	14270	6385	7885
卫生技术人员	人	26891	12916	7739	6236	17792	8368	9424

注：1. 年底总人口为常住人口。

2. 本表价值量指标中，除邮电业务总量按 2000 年不变价计算外，其余均按当年价格计算。

3. 农林牧渔业总产值不含农民家庭兼营工业。

主要统计指标解释

可比价格　指计算各种总量指标所采用的扣除了价格变动因素的价格，可进行不同时期总量指标的对比。按可比价格计算总量指标有两种方法：一种是直接用产品产量乘某一年的不变价格计算；另一种是用价格指数进行缩减。

指数　是一种表明社会经济现象动态的相对数。运用指数可以测定不能直接相加和直接对比的社会经济现象的总动态，可以分析社会经济现象总变动中各因素变动的影响程度，可以研究总平均指标变动中各组标志水平和总体结构变动的作用。它是在把各个年份的数值换算成可比价格的基础上，根据定基指数等于相应各个环比指数的连乘积这个换算关系计算出来的。

平均增长速度　我国计算平均增长速度有两种方法：一种是习惯上经常使用的“水平法”，又称几何平均法，是以间隔期最后一年的水平同基期水平对比来计算平均每年增长（或下降）速度；另一种是“累计法”，又称代数平均法或方程法，是以间隔期内各年水平的总和同基期水平对比来计算平均每年增长（或下降）速度。在一般正常情况下，两种方法计算的平均每年增长速度比较接近；但在经济发展不平衡、出现大起大落时，两种方法计算的结果差别较大。

本《年鉴》内所列的平均增长速度，除固定资产投资用“累计法”计算外，其余均用“水平法”计算。从某年到某年平均增长速度的年份，均不包括基期年在内。如改革开放以来的平均增长速度是以1978年为基期计算的，则写为1979-2005年平均增长速度，其余类推。

企业（单位）登记注册类型　是以在工商行政管理机关登记注册的各类企业为划分对象，以工商行政管理部门对企业登记注册的类型为依据，将企业登记注册类型分为内资企业、港澳台商投资企业和外商投资企业三大类。内资企业包括国有企业、集体企业、股份合作企业、联营企业、有限责任公司、股份有限公司、私营公司和其他企业；港澳台商投资企业和外商投资企业分别包括合资经营企业、合作经营企业、独资经营企业和股份有限公司。对不在工商行政管理部门进行登记注册的行政机关、事业单位和社会团体，主要按其经费来源和管理方式进行划分。

国有企业　指企业全部资产归国家所有，并按《中华人民共和国企业法人登记管理条例》规定登记注册的非公司制的经济组织。不包括有限责任公司中的国有独资公司。

集体企业　指企业资产归集体所有，并按《中华人民共和国企业法人登记管理条例》规定登记注册的经济组织。

股份合作企业　指以合作制为基础，由企业职工共同出资入股，吸收一定比例的社会资产投资组建，实行自主经营，自负盈亏，共同劳动，民主管理，按劳分配与按股分红相结合的一种集体经济组织。

联营企业　指两个及两个以上相同或不同所有制性质的企业法人或事业单位法人，按自愿、平等、互利的原则，共同投资组成的经济组织。联营企业包括国有联营企业、集体联营企业、国有与集体联营企业和其他联营企业。

有限责任公司　指根据《中华人民共和国公司登记管理条例》规定登记注册，由两个以上、五十个以下的股东共同出资，每个股东以其所认缴的出资额对公司承担有限责任，公司以其全部资产对其债务承担责任的经济组织。有限责任公司包括国有独资公司以及其他有限责任公司。

股份有限公司　指根据《中华人民共和国公司登记管理条例》规定登记注册，其全部注册资本由等额股份构成并通过发行股票筹集资本，股东以其认购的股份对公司承担有限责任，公司以其全部资产对其债务承担责任的经济组织。

私营企业　指由自然人投资设立或由自然人控股，以雇佣劳动为基础的营利性经济组织。包括按照《公司法》、《合伙企业法》、《私营企业暂行条例》规定登记注册的私营有限责任公司、私营股份有限公司、私营合伙企业和私营独资企业。

其他企业　指上述企业之外的其他内资经济组织。

港澳台商合资经营企业　指港澳台地区投资者与内地企业依照《中华人民共和国中外合资经营企业法》及有关法律的规定，按合同规定的比例投资设立、分享利润和分担风险的企业。

与港澳台商合作经营企业　指港澳台地区投资者与内地企业依照《中华人民共和国中外合作经营企业法》及有关法律的规定，依照合作合同的约定进行投资或提供条件设立、分配利润和分担风险的企业。

港澳台商独资经营企业　指依照《中华人民共和国外资企业法》及有关法律的规定，在内地由港澳台地区投资者全额投资设立的企业。

港澳台商投资股份有限公司　指根据国家有关规定，经外经贸部依法批准设立，其中港、澳、台商的股本占公司注册资本的比例达25% 以上的股份有限公司。凡其中港、澳、台商的股本占公司注册资本的比例小于25%的，属于内资企业中的股份有限公司。

中外合资经营企业　指外国企业或外国人与中国内地企业依照《中华人民共和国中外合资经营企业法》及有关法律的规定，按合同规定的比例投资设立、分享利润和分担风险的企业。

中外合作经营企业　指外国企业或外国人与中国内地企业依照《中华人民共和国中外合作经营企业法》及有关法律的规定，依照合作合同的约定进行投资或提供条件设立、分配利润和分担风险的企业。

外资企业　指依照《中华人民共和国外资企业法》及有关法律的规定，在中国内地由外国投资者全额投资设立的企业。

外商投资股份有限公司　指根据国家有关规定，经外经贸部依法批准设立，其中外资的股本占公司注册资本的比例达25% 以上的股份有限公司。凡其中外资股本占公司注册资本的比例小于25%的，属于内资企业中的股份有限公司。

行政机关、事业单位和社会团体　参照企业登记注册类型，主要按其经费来源和管理方式划分。具体规定如下: ⑴行政机关: 包括国家机关和政党机关，原则上均列为“国有”。但有特殊规定的，如供销社等，则列为“集体”。

⑵事业单位: 包括经国家机构编制部门和有关业务主管部门批准成立的各类事业单位，不包括实行企业化管理的事业单位。事业单位的划分办法如下:

①由国家财政预算拨款或列入财政预算外资金管理以及经费主要来源于国有主管部门或国有上级单位的事业单位，列为“国有”。

②经费主要来源于集体单位的事业单位，列为“集体”。

③公民个人（或个人合伙）开办的事业单位，列为“私营”。

④上述以外的其他事业单位，如果其经费来源不明确，按管理方式进行归类。

⑶社会团体: 包括经民政部门批准成立以及未纳入社会团体管理条例范围的工会、妇联等各类社会团体。社会团体的划分办法如下:

①未纳入民政部社会团体管理条例范围的工会、妇联、共青团、青联、工商联、科协、侨联等社会团体，国家拨款设立的基金会或基金管理组织以及经费主要来源于国有业务主管部门或国有上级单位的社会团体，列为“国有”。

②经费主要来源于集体单位的社会团体，列为“集体”。

③公民个人（或个人合伙）开办的社会团体，划为“私营”。

④上述以外的其他社会团体，如果其经费来源不明确，改按管理方式进行归类。

2006 統計年鑒

国民经济核算

GUOMINJINGJIHESUAN

资料整理：贾志让　张志安　杨遐龄
萨　慧　何晓红　耿文平
李　艳　张西莉　郭秦川

三、国民经济核算

2005 年全省				
生产总值	3675.66	亿元	比上年增长	12.6%
第一产业	435.77	亿元	比上年增长	7.7%
第二产业	1849.28	亿元	比上年增长	15.8%
第三产业	1390.61	亿元	比上年增长	10.1%
人均生产总值	9899	元	比上年增长	12.1%

生产总值构成

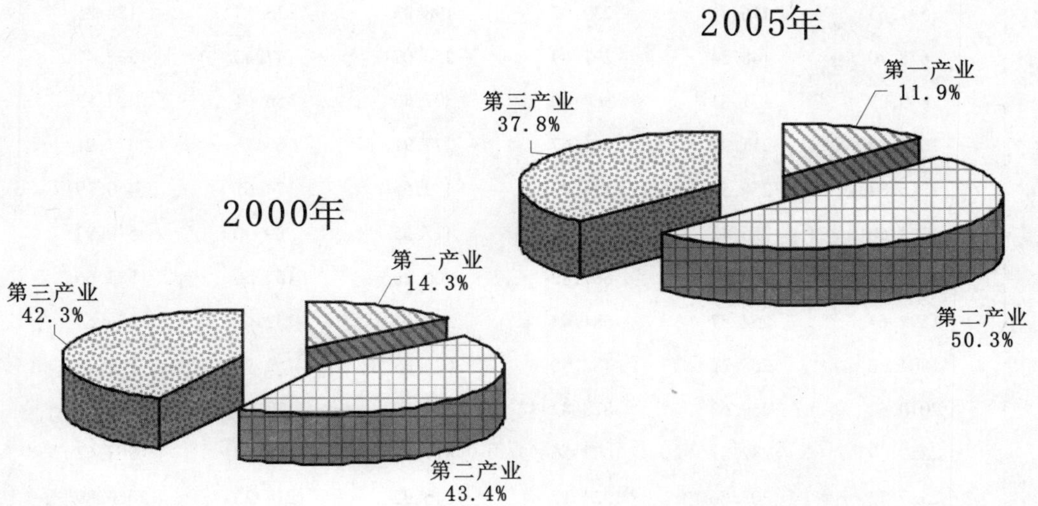

3-1 生 产 总 值

年 份	生产总值	第一产业	第二产业	工 业	建筑业	第三产业	人 均 生产总值
1952	12.85	8.40	1.92	1.70	0.22	2.53	85
1957	25.58	13.17	6.06	4.44	1.62	6.35	144
1962	26.85	13.35	7.30	6.27	1.03	6.20	135
1965	35.93	17.51	11.78	10.01	1.77	6.64	169
1970	46.84	18.89	20.42	16.62	3.80	7.53	196
1975	64.92	23.76	29.87	25.18	4.69	11.29	243
1978	81.07	24.70	42.13	36.52	5.61	14.24	291
1979	94.52	32.52	44.67	39.38	5.29	17.33	336
1980	94.91	28.47	47.74	42.22	5.52	18.70	334
1981	102.09	35.40	46.25	40.08	6.17	20.44	356
1982	111.95	37.02	50.36	43.31	7.05	24.57	385
1983	123.39	40.00	55.15	47.48	7.67	28.24	420
1984	149.35	51.05	63.12	53.82	9.30	35.18	504
1985	180.87	53.39	81.96	68.81	13.15	45.52	604
1986	208.31	58.00	93.48	78.81	14.67	56.83	688
1987	244.96	67.84	108.20	90.47	17.73	68.92	794
1988	314.48	82.69	138.58	117.77	20.81	93.21	1004
1989	358.37	91.28	158.50	136.40	22.10	108.59	1124
1990	404.30	105.56	166.95	143.28	23.67	131.79	1241
1991	468.37	116.88	197.54	168.28	29.26	153.95	1402
1992	531.63	116.71	232.07	198.93	33.14	182.85	1571
1993	678.20	148.24	297.49	250.07	47.42	232.47	1981
1994	839.03	171.81	364.40	307.46	56.94	302.82	2424
1995	1036.85	217.27	441.67	377.91	63.76	377.91	2965
1996	1215.84	250.58	514.27	439.66	74.61	450.99	3446
1997	1363.60	255.42	567.25	477.35	89.90	540.93	3834
1998	1458.40	266.92	607.82	500.26	107.56	583.66	4070
1999	1592.64	254.57	681.43	549.01	132.42	656.64	4415
2000	1804.00	258.22	782.58	629.88	152.70	763.20	4968
2001	2010.62	263.63	878.82	706.62	172.20	868.17	5506
2002	2253.39	282.21	1007.56	819.51	188.05	963.62	6145
2003	2587.72	302.66	1221.17	1006.92	214.25	1063.89	7028
2004	3175.58	372.28	1553.10	1306.50	246.60	1250.20	8587
2005	3675.66	435.77	1849.28	1553.60	295.68	1390.61	9899

注:1.本表按当年价格计算。

2.2005 年按新国民经济行业分类,农、林、牧、渔服务业从第三产业划归第一产业。

3.人均生产总值 1991 年及以后各年按常住人口计算。

3-2 生产总值指数

（上年=100）

年份	生产总值	第一产业	第二产业	工业	建筑业	第三产业	人均生产总值
1978	111.0	98.4	114.7	114.7	114.7	122.2	115.5
1979	107.5	109.1	102.7	102.7	102.7	123.7	110.0
1980	107.3	109.0	106.4	106.4	106.4	107.9	98.0
1981	104.5	113.7	96.3	96.2	96.3	108.1	103.5
1982	109.1	106.5	108.5	108.5	108.4	115.3	107.6
1983	107.3	101.5	109.5	109.5	109.6	112.7	106.3
1984	117.8	112.5	120.0	120.0	119.9	121.9	116.9
1985	116.5	99.3	121.9	121.9	122.0	131.0	115.1
1986	108.7	104.6	105.9	105.9	105.0	118.2	107.7
1987	110.0	101.8	110.8	110.8	110.2	116.6	107.8
1988	121.0	105.3	125.0	125.0	121.0	127.9	119.2
1989	103.3	106.5	102.8	104.0	95.4	101.6	101.4
1990	103.4	105.3	101.8	102.2	96.1	104.5	101.3
1991	107.2	106.8	105.2	105.3	104.6	110.2	105.7
1992	108.3	103.0	110.4	111.2	105.7	109.9	106.9
1993	112.1	108.1	115.0	116.1	107.8	111.5	110.8
1994	108.6	97.0	116.4	118.1	104.9	106.9	107.4
1995	110.4	104.0	115.2	116.4	106.2	108.0	109.3
1996	110.9	109.6	112.8	113.8	104.5	108.9	109.9
1997	110.7	99.7	112.6	112.7	111.5	114.8	109.8
1998	111.6	107.3	113.8	113.6	115.4	110.7	110.8
1999	110.3	97.7	112.4	111.6	119.7	113.7	109.6
2000	110.4	104.0	111.1	111.3	109.3	112.1	109.6
2001	109.8	101.9	111.2	111.8	108.6	111.2	109.2
2002	111.1	103.5	113.4	115.2	106.0	111.0	110.6
2003	111.8	104.1	115.8	116.8	111.2	109.8	111.3
2004	112.9	108.6	116.7	118.6	107.7	109.7	112.4
2005	112.6	107.7	115.8	115.9	115.6	110.1	112.1

注:1. 本表按可比价格计算。

2. 2005 年按新国民经济行业分类,农、林、牧、渔服务业从第三产业划归第一产业。

3-3 生产总值指数

(1978 年 =100)

年 份	生产总值	第一产业	第二产业			第三产业	人 均 生产总值
				工 业	建筑业		
1979	107.5	109.1	102.7	102.7	102.7	123.7	110.0
1980	115.3	118.9	109.3	109.3	109.3	133.5	107.8
1981	120.5	135.2	105.3	105.1	105.3	144.3	111.6
1982	131.5	144.0	114.3	114.0	114.1	166.4	120.1
1983	141.1	146.2	125.2	124.8	125.1	187.5	127.7
1984	166.2	164.5	150.2	149.8	150.0	228.6	149.3
1985	193.6	163.3	183.1	182.6	183.0	299.5	171.8
1986	210.4	170.8	193.9	193.4	192.2	354.0	185.0
1987	231.4	173.9	214.8	214.3	211.8	412.8	199.4
1988	280.0	183.1	268.5	267.9	256.3	528.0	237.7
1989	289.2	195.0	276.0	278.6	244.5	536.4	241.0
1990	299.0	205.3	281.0	284.7	235.0	560.5	244.1
1991	320.5	219.3	295.6	299.8	245.8	617.7	258.0
1992	347.1	225.9	326.3	333.4	259.8	678.9	275.8
1993	389.1	244.2	375.2	387.1	280.1	757.0	305.6
1994	422.6	236.9	436.7	457.2	293.8	809.2	328.2
1995	466.6	246.4	503.1	532.2	312.0	873.9	358.7
1996	517.5	270.1	567.5	605.6	326.0	951.7	394.2
1997	572.9	269.3	639.0	682.5	363.5	1092.6	432.8
1998	639.4	289.0	727.2	775.3	419.5	1209.5	479.5
1999	705.3	282.4	817.4	865.2	502.1	1375.2	525.5
2000	778.7	293.7	908.1	963.0	548.8	1541.6	575.9
2001	855.0	299.3	1009.8	1076.6	596.0	1714.3	628.9
2002	949.9	309.8	1145.1	1240.2	631.8	1902.9	695.6
2003	1062.0	322.5	1326.0	1448.6	702.6	2089.4	774.2
2004	1199.0	350.2	1547.4	1718.0	756.7	2292.1	870.2
2005	1350.1	377.2	1791.9	1991.2	874.7	2523.6	975.5

注:1.本表按可比价格计算。

2.2005 年按新国民经济行业分类,农、林、牧、渔服务业从第三产业划归第一产业。

3-4 三次产业贡献率

单位:%

年 份	生产总值	第一产业	第二产业	#工 业	第三产业
2000	100.0	5.9	54.5	49.7	39.6
2001	100.0	2.8	49.1	41.7	48.1
2002	100.0	4.2	53.4	48.8	42.4
2003	100.0	4.3	60.1	52.5	35.6
2004	100.0	7.7	60.4	55.7	31.9
2005	100.0	7.2	60.5	51.1	32.3

注:1.本表按可比价格计算。产业贡献率指各产业增加值增量与生产总值增量之比。

2.2005年按新国民经济行业分类,农、林、牧、渔服务业从第三产业划归第一产业。

3-5 三次产业拉动率

单位:%

年 份	生产总值	第一产业	第二产业	#工 业	第三产业
2000	10.9	0.6	6.0	5.4	4.3
2001	9.9	0.3	4.9	4.1	4.7
2002	10.2	0.4	5.5	5.0	4.3
2003	11.9	0.5	7.2	6.2	4.2
2004	12.9	1.0	7.8	7.2	4.1
2005	12.6	0.9	7.6	6.4	4.1

注:1.本表按可比价格计算。产业拉动率指生产总值增长速度与各产业贡献率之乘积。

2.2005年按新国民经济行业分类,农、林、牧、渔服务业从第三产业划归第一产业。

3-6 分行业生产总值

行业	增加值(亿元)		构成(%)		2005年比2004年增长%
	2004年	2005年	2004年	2005年	
生产总值	**3175.58**	**3675.66**	**100.0**	**100.0**	**12.6**
第一产业(农业)	387.85	435.77	12.2	11.9	7.7
第二产业	1553.13	1849.28	48.9	50.3	15.8
工业	1306.50	1553.60	41.1	42.3	15.9
建筑业	246.63	295.68	7.8	8.0	15.6
第三产业	1234.60	1390.61	38.9	37.8	10.1
交通运输、仓储和邮政业	204.88	242.12	6.5	6.6	8.5
批发和零售业	264.80	293.83	8.3	8.0	10.9
住宿和餐饮业	64.60	74.67	2.1	2.0	13.1
金融业	90.10	97.04	2.8	2.6	7.5
房地产业	95.90	105.53	3.0	2.9	6.4
其他服务业	514.32	577.42	16.2	15.7	11.0
营利性服务业	154.38	178.52	4.9	4.9	14.2
非营利性服务业	359.94	398.90	11.3	10.8	9.7

注:本表采用新国民经济行业分类。增加值及构成按当年价格计算,增长速度按可比价格计算。

3-7 按支出法计算的生产总值

单位:亿元

指标	2000年	2001年	2002年	2003年	2004年	2005年
生产总值	**1804.00**	**2010.62**	**2253.39**	**2587.72**	**3175.58**	**3675.66**
最终消费	1042.94	1132.20	1228.67	1353.91	1503.13	1684.12
居民消费	802.54	886.15	965.89	1065.00	1191.30	1334.48
农村居民	356.23	387.94	400.24	432.44	481.01	561.33
城镇居民	446.31	498.21	565.65	632.56	710.29	773.15
政府消费	240.40	246.05	262.78	288.91	311.83	349.64
资本形成总额	856.63	980.59	1117.42	1423.95	1722.17	2112.14
固定资本形成总额	796.21	887.20	1016.90	1338.71	1597.24	2035.20
存货增加	60.42	93.39	100.52	85.24	124.93	76.94
货物和服务净出口	-95.57	-102.17	-92.70	-190.14	-49.72	-120.60

注:1. 本表按当年价格计算,"-"表示净流入。

2. 按支出法计算的生产总值=最终消费+资本形成总额+货物和服务净出口。

3-8 资本形成总额

单位:亿元

指　　标	2004年	2005年
资本形成总额	**1722.17**	**2112.14**
固定资本形成总额	1597.24	2035.20
第一产业	106.10	109.93
1. 农林牧渔业	106.10	109.93
第二产业	495.72	655.72
2. 采掘业	129.91	217.70
3. 制造业	226.35	271.56
4. 电力、煤气及水的生产和供应业	115.26	145.10
5. 建筑业	24.20	21.36
第三产业	995.42	1269.55
6. 交通运输、仓储和邮政业	198.68	244.56
7. 信息传输、计算机服务和软件业	44.09	46.35
8. 批发和零售业	40.22	66.03
9. 住宿和餐饮业	20.19	22.96
10. 金融业	3.36	5.16
11. 房地产业	298.37	364.56
12. 其它行业	390.51	519.93
存货增加	124.93	76.94
第一产业	29.62	-8.52
1. 农林牧渔业	29.62	-8.52
第二产业	73.15	63.66
2. 工　业	46.73	34.62
3. 建筑业	26.42	29.04
第三产业	22.16	21.80
4. 交通运输、仓储和邮政业	0.80	0.56
5. 批发和零售业	13.40	10.93
6. 住宿和餐饮业	4.01	6.09
7. 其它行业	3.95	4.22

注:本表采用新国民经济行业分类。按当年价格计算。

3-9 各市生产总值

地区 年份	生产总值（亿元）	第一产业	第二产业	工业	建筑业	第三产业	人均生产总值（元）
西安市							
2000	646.13	44.65	277.13	218.44	58.69	324.35	9484
2001	734.86	45.87	312.90	246.90	66.00	376.09	10628
2002	826.68	47.77	353.58	280.20	73.38	425.33	11831
2003	946.66	50.72	407.38	324.88	82.50	488.56	13341
2004	1102.39	60.21	476.92	383.46	93.46	565.26	15294
2005	1270.14	66.01	539.61	419.99	119.62	664.52	15859
铜川市							
2000	34.55	4.02	15.53	12.96	2.57	15.00	4171
2001	37.08	3.85	16.42	13.86	2.56	16.81	4448
2002	40.90	4.12	18.50	15.58	2.92	18.28	4889
2003	48.69	4.10	23.26	19.89	3.37	21.33	5804
2004	59.49	5.20	30.56	26.54	4.02	23.73	7069
2005	69.52	5.67	36.14	31.24	4.90	27.71	8384
宝鸡市							
2000	195.34	25.18	98.32	78.89	19.43	71.84	5425
2001	221.88	25.59	114.88	91.60	23.28	81.41	6097
2002	250.37	27.07	132.18	105.22	26.96	91.12	6863
2003	287.35	30.66	154.30	121.56	32.74	102.39	7847
2004	353.24	40.06	196.67	157.47	39.20	116.51	9594
2005	415.79	42.57	240.37	195.52	44.85	132.85	11065
咸阳市							
2000	234.46	52.45	102.33	86.10	16.23	79.69	4980
2001	257.08	53.62	109.26	90.61	18.65	94.20	5402
2002	281.89	55.36	122.17	100.93	21.24	104.37	5879
2003	316.77	60.43	140.82	116.39	24.44	115.52	6564
2004	374.77	74.82	169.77	140.15	29.62	130.18	7698
2005	432.52	85.65	192.55	158.77	33.78	154.32	8700
渭南市							
2000	165.47	37.43	60.41	51.81	8.60	67.63	3149
2001	179.56	39.45	64.15	55.39	8.76	75.96	3389
2002	197.40	41.55	72.98	61.66	11.32	82.86	3712
2003	223.22	44.34	89.40	75.77	13.63	89.48	4186
2004	269.99	52.96	117.18	101.77	15.41	99.85	5043
2005	312.42	56.77	144.31	127.33	16.98	111.34	5713
延安市							
2000	130.63	19.13	78.69	74.65	4.04	32.81	6690
2001	158.33	22.68	98.38	93.30	5.08	37.27	8021
2002	179.71	24.94	113.35	107.50	5.85	41.42	9010
2003	218.33	23.03	151.00	143.37	7.63	44.30	10746
2004	265.19	27.03	188.99	180.55	8.44	49.17	12798
2005	370.62	29.47	285.19	276.44	8.75	55.96	17531

注:1. 本表按当年价格计算。

2. 人均生产总值2004年及以前采用户籍人口计算，2005年采用常住人口计算。

3-9 续表

地区 年份	生产总值 (亿元)	第一产业	第二产业	工业	建筑业	第三产业	人均 生产总值 (元)
汉中市							
2000	119.23	31.41	38.41	26.77	11.64	49.41	3250
2001	129.32	31.55	42.28	28.79	13.49	55.49	3503
2002	141.31	32.91	47.45	32.48	14.97	60.95	3819
2003	163.44	36.79	56.57	39.02	17.55	70.08	4402
2004	192.94	43.01	75.49	56.45	19.04	74.44	5172
2005	216.58	46.09	85.49	64.85	20.64	85.00	6205
榆林市							
2000	105.05	13.98	46.60	40.25	6.35	44.47	3264
2001	129.31	13.03	62.10	56.45	5.65	54.18	3942
2002	162.83	17.68	83.37	77.67	5.70	61.78	4953
2003	204.76	19.31	113.30	106.73	6.57	72.15	6176
2004	278.53	26.24	171.05	164.00	7.05	81.24	8310
2005	320.04	27.47	199.84	191.11	8.73	92.73	9723
安康市							
2000	74.80	22.76	20.29	12.41	7.88	31.75	2561
2001	80.74	23.50	21.33	12.72	8.61	35.91	2758
2002	91.08	24.59	24.42	14.97	9.45	42.07	3107
2003	105.03	26.61	28.72	18.25	10.47	49.70	3577
2004	121.97	32.56	35.18	23.14	12.04	54.23	4141
2005	137.85	35.56	39.56	26.19	13.37	62.73	5191
商洛市							
2000	56.35	16.66	20.08	8.22	11.86	19.61	2382
2001	59.52	17.29	17.88	6.94	10.94	24.35	2529
2002	67.10	17.29	21.74	9.36	12.39	28.07	2842
2003	77.02	20.31	25.76	11.21	14.55	30.95	3251
2004	89.05	23.63	30.48	13.96	16.52	34.94	3725
2005	100.16	24.61	35.28	16.35	18.93	40.27	4201
杨凌示范区							
2000	6.20	0.83	2.06	0.61	1.45	3.30	4941
2001	7.71	0.89	2.63	1.03	1.59	4.20	5887
2002	9.29	0.94	3.47	1.34	2.13	4.88	6796
2003	12.33	1.06	5.22	3.47	1.76	6.04	8805
2004	15.39	1.31	7.19	5.36	1.83	6.89	10915
2005	17.18	1.42	8.03	5.75	2.28	7.73	11168

3－10 各市生产总值指数

（上年＝100）

地区 年份	生产总值	第一产业	第二产业	工业	建筑业	第三产业	人均 生产总值
西安市							
2000	113.0	103.5	115.1	113.8	120.1	111.5	111.4
2001	113.1	102.5	115.3	116.3	111.8	112.6	111.4
2002	113.3	103.1	115.0	116.4	109.3	113.0	112.1
2003	113.5	101.8	117.5	115.7	125.0	111.2	111.7
2004	113.5	106.7	115.9	115.5	117.3	112.0	111.7
2005	113.1	107.5	114.3	112.1	122.8	112.5	111.4
铜川市							
2000	108.3	108.1	108.5	108.8	107.3	108.1	107.7
2001	107.2	98.5	105.8	107.8	99.2	110.9	106.5
2002	110.0	104.8	111.8	111.0	114.6	109.5	109.6
2003	111.5	105.8	113.2	113.5	112.3	111.3	111.2
2004	112.4	116.1	113.9	113.8	114.3	110.3	112.0
2005	112.7	106.9	113.1	113.2	117.5	113.3	112.5
宝鸡市							
2000	110.5	100.6	112.4	112.2	114.1	111.1	109.1
2001	109.7	101.9	110.2	109.4	113.6	111.3	107.0
2002	110.5	103.8	113.0	112.9	113.5	109.0	110.2
2003	112.9	107.2	116.3	115.6	119.3	109.7	112.5
2004	115.1	112.0	119.2	120.6	113.8	109.7	114.4
2005	113.2	110.0	115.9	117.3	110.1	109.8	112.9
咸阳市							
2000	111.7	106.5	111.3	110.6	117.6	115.4	107.8
2001	109.0	104.3	105.7	104.8	110.7	116.2	107.8
2002	112.0	102.5	117.9	119.2	111.7	110.6	111.3
2003	113.2	107.6	117.5	117.9	115.0	110.8	112.0
2004	114.9	110.6	119.3	119.5	118.1	111.2	113.5
2005	112.6	108.1	113.3	114.0	110.2	113.9	112.2
渭南市							
2000	108.2	104.3	107.5	107.6	105.9	112.0	107.2
2001	107.0	104.4	106.7	106.6	105.4	109.1	106.2
2002	109.1	104.1	113.2	111.8	118.6	108.4	108.8
2003	108.2	101.5	115.7	116.1	112.1	105.0	107.9
2004	111.2	106.3	118.6	121.7	105.1	106.3	110.8
2005	111.7	105.5	117.7	119.4	106.0	108.0	111.6
延安市							
2000	109.8	103.1	114.9	115.4	109.0	109.5	108.7
2001	112.4	101.0	116.4	116.2	121.0	109.5	111.2
2002	112.3	104.0	114.9	115.1	111.2	109.9	111.2
2003	115.5	102.0	121.5	121.1	127.9	106.6	113.3
2004	119.8	105.7	126.0	127.4	101.9	107.7	117.5
2005	115.9	110.2	118.8	119.7	99.5	108.5	115.4

注:本表按可比价格计算。

3-10续表

（上年=100）

地区 年份	生产总值	第一产业	第二产业	工业	建筑业	第三产业	人均 生产总值
汉中市							
2000	108.2	103.8	109.3	106.0	113.8	110.2	107.5
2001	106.6	102.5	108.0	107.6	110.4	109.0	105.9
2002	107.2	101.7	108.7	109.5	107.0	109.2	107.0
2003	109.1	105.9	111.8	113.3	108.4	108.4	108.7
2004	110.9	109.1	115.9	123.0	99.8	107.8	110.4
2005	110.6	109.2	112.1	114.3	105.3	109.8	110.9
榆林市							
2000	114.3	128.0	113.3	113.8	108.1	109.1	112.5
2001	114.2	92.4	116.3	120.8	87.6	118.9	112.4
2002	112.7	115.9	116.2	117.9	101.1	108.3	112.1
2003	117.5	120.3	121.9	122.6	114.8	112.0	116.6
2004	117.9	104.2	125.3	126.8	107.9	112.9	116.6
2005	118.1	103.1	124.1	125.8	101.7	110.6	117.9
安康市							
2000	105.8	106.0	102.8	101.4	110.0	108.9	105.6
2001	106.4	104.6	102.9	102.0	104.4	109.9	106.1
2002	108.6	101.3	110.9	114.9	104.9	112.1	108.5
2003	108.6	98.8	113.1	117.9	104.9	112.1	108.4
2004	109.2	109.2	113.2	116.8	106.4	106.7	108.9
2005	109.6	110.4	108.5	109.3	106.9	109.8	110.3
商洛市							
2000	111.2	104.5	118.5	115.0	121.0	110.8	110.9
2001	110.5	102.3	114.6	108.9	118.6	113.3	110.4
2002	111.0	104.0	113.6	126.1	105.7	113.6	110.6
2003	109.8	105.4	114.0	115.4	112.9	108.5	109.4
2004	109.4	107.7	109.0	112.9	106.2	110.8	108.4
2005	109.6	107.7	110.2	110.3	110.2	110.0	110.0
杨凌示范区							
2000	117.7	105.3	110.9	135.8	99.9	125.0	113.4
2001	123.8	105.9	127.3	166.4	110.8	126.2	118.5
2002	117.5	104.2	127.8	128.9	127.0	113.8	112.6
2003	121.0	106.7	131.8	211.0	80.7	116.1	118.1
2004	116.7	115.5	127.0	143.9	98.6	108.6	115.9
2005	113.9	114.0	117.4	116.2	120.3	110.5	112.0

主要统计指标解释

三次产业 根据《国民经济行业分类》（GB/T 47542002）规定，三次产业划分范围如下：

第一产业是指农、林、牧、渔业。

第二产业是指采矿业，制造业，电力、燃气及水的生产和供应业，建筑业。

第三产业是指除第一、二产业以外的其他行业。第三产业包括：交通运输、仓储和邮政业，信息传输、计算机服务和软件业，批发和零售业，住宿和餐饮业，金融业，房地产业，租赁和商务服务业，科学研究、技术服务和地质勘查业，水利、环境和公共设施管理业，居民服务和其他服务业，教育，卫生、社会保障和社会福利业，文化、体育和娱乐业，公共管理和社会组织，国际组织。

国内生产总值（GDP） 指按市场价格计算的一个国家所有常住单位在一定时期内生产活动的最终成果，它反映了一个国家经济的总规模，是反映经济运行状况最重要的指标。国内生产总值有三种表现形态，即价值形态、收入形态和产品形态。从价值形态看，它是所有常住单位在一定时期内生产的全部货物和服务价值超过同期投入的全部非固定资产货物和服务价值的差额，即所有常住单位的增加值之和；从收入形态看，它是所有常住单位在一定时期内创造并分配给常住单位和非常住单位的初次收入之和；从产品形态看，它是所有常住单位在一定时期内最终使用的货物和服务价值减去货物和服务进口价值。

国内生产总值的三种表现形态在实际核算中形成了不同的核算方法，即生产法、收入法和支出法。按生产法核算，国内生产总值等于三次产业增加值（总产出 - 中间投入）之和。按支出法核算，包括最终消费、资本形成总额及货物和服务净出口三部分。按收入法核算，包括劳动者报酬、生产税净额、固定资产折旧和营业盈余四个部分。

地区生产总值 指一个地区所有常住单位在一定时期内生产活动的最终成果。它与国内生产总值的区别在于地域范围不同，国内生产总值的范围是全国，地区生产总值的范围是本地区。

总产出 指一定时期内一个国家（或地区）常住单位生产的所有货物和服务的价值，既包括新增价值，也包括转移价值。它反映常住单位生产活动的总规模。总产出按生产者价格计算。

中间投入 指常住单位在生产或提供货物与服务过程中，消耗和使用的所有非固定资产货物和服务的价值，中间投入也称为中间消耗。一般按购买者价格计算。

增加值 指常住单位生产过程中创造的新增价值和固定资产的转移价值。它可以按生产法计算，也可以按收入法计算，按生产法计算，它等于总产出减去中间投入；按收入法计算，它等于劳动者报酬、生产税净额、固定资产折旧和营业盈余之和。

劳动者报酬 指劳动者因从事生产活动所获得的全部报酬。包括劳动者获得的各种形式的工资、奖金和津贴，既包括货币形式的，也包括实物形式的，还包括劳动者所享受的公费医疗和医药卫生费、上下班交通补贴、单位支付的社会保险费、住房公积金等。对于个体经济来说，其所有者所获得的劳动报酬和经营利润不易区分，这两部分统一作为劳动者报酬处理。

生产税净额 指生产税减生产补贴后的余额。生产税指政府对生产单位从事生产、销售和经营活动以及因从事生产活动使用某些生产要素（如固定资产、土地、劳动力）所征收的各种税、附加费和规费。生产补贴与生产税相反，指政府对生产单位的单方面转移支出，因此视为负生产税，包括政策亏损补贴、价格补贴等。

固定资产折旧 指一定时期内为弥补固定资产损耗按照规定的固定资产折旧率提取的固定资产折旧，或按国民经济核算统一规定的折旧率虚拟计算的固定资产折旧。它反映了固定资产在当期生产中的转移价值。各类企业和企业化管理的事业单位的固定资产折旧是指实际计提的折旧费；不计提折旧的政府机关、非企业化管理的事业单位和居民住房的固定资产折旧是按照统一规定的折旧率和固定资产原值计算的虚拟折旧。原则上，固定资产折旧应按固定资产的重置价值计算，但是目前我国尚不具备对全社会固定资产进行重估价的基础，所以暂时只能采用上述办法。

营业盈余 指常住单位创造的增加值扣除劳动者报酬、生产税净额和固定资产折旧后的余额。它相当于企业的营业利润加上生产补贴，但要扣除从利润中开支的工资和福利等。

最终消费 指常住单位为满足物质、文化和精神生活的需要，从本国经济领土和国外购买的货物和服务的支出；不包括非常住单位在本国经济领土内的消费支出。最终消费分为居民消费和政府消费。

居民消费 指常住住户在一定时期内对货物和服务的全部最终消费支出。居民消费按市场价格计算，即按居民支付的购买者价格计算。购买者价格是购买者取得货物所支付的价格，包括购买者支付的运输和商业费用。居民消费除了直接以货币形式购买货物和服务的消费支出外，还包括以其他方式获得的货物和服务的消费支出，即所谓的虚拟消费支出。居民虚拟消费支出包括以下几种类型：单位以实物报酬及实物转移的形式提供给劳动者的货物和服务；住户生产并由本住户消费了的货物和服务，其中的服务仅指住户的自有住房服务和付酬的家庭雇员提供的家庭和个人服务；金融机构提供的金融媒介服务；保险公司提供的保险服务。

政府消费 指政府部门为全社会提供的公共服务的消费支出和免费或以较低价格向住户提供的货物和服务的净支出。前者等于政府服务的产出价值减去政府单位所获得的经营收入的价值，后者等于政府部门免费或以较低价格向住户提供的货物和服务的市场价值减去向住户收取的价值。

资本形成总额 指常住单位在一定时期内获得的减去处置的固定资产加存货的净额，包括固定资本形成总额和存货增加。

固定资本形成总额 指生产者在一定时期内获得的固定资产减处置的固定资产的价值总额。固定资产是通过生产活动生产出来的，且其使用年限在一年以上、单位价值在规定标准以上的资产，不包括自然资产。可分为有形固定资本形成总额和无形固定资本形成总额。有形固定资本形成总额包括一定时期内完成的建筑工程、安装工程和设备工器具购置（减处置）价值，以及土地改良、新增役、种、奶、毛、娱乐用牲畜和新增经济林木价值。无形固定资本形成总额包括矿藏的勘探、计算机软件等获得减处置。

存货增加 指常住单位在一定时期内存货实物量变动的市场价值，即期末价值减期初价值的差额，再扣除当期由于价格变动而产生的持有收益。存货增加可以是正值，也可以是负值；正值表示存货上升，负值表示存货下降。存货包括生产单位购进的原材料、燃料和储备物资等存货，以及生产单位生产的产成品、在制品和半成品等存货。

货物和服务净出口 指货物和服务出口减货物和服务进口的差额。出口包括常住单位向非常住单位出售或无偿转让的各种货物和服务的价值；进口包括常住单位从非常住单位购买或无偿得到的各种货物和服务的价值。由于服务活动的提供与使用同时发生，一般把常住单位从非常住单位得到的服务作为进口，非常住单位从常住单位得到的服务作为出口。货物的出口和进口都按离岸价格计算。

2006

统计
年鉴

人 口

RENKOU

资料整理：邵晓绒　方　志

四、人　口

2005 年全省			
年底总人口	3720 万人	比上年增长	0.4%
人口自然增长率	4.01‰	比上年下降	0.25 个千分点
男女性别比(以女性为 100)	105.93		
人口密度	181 人/平方公里		

人口年龄构成

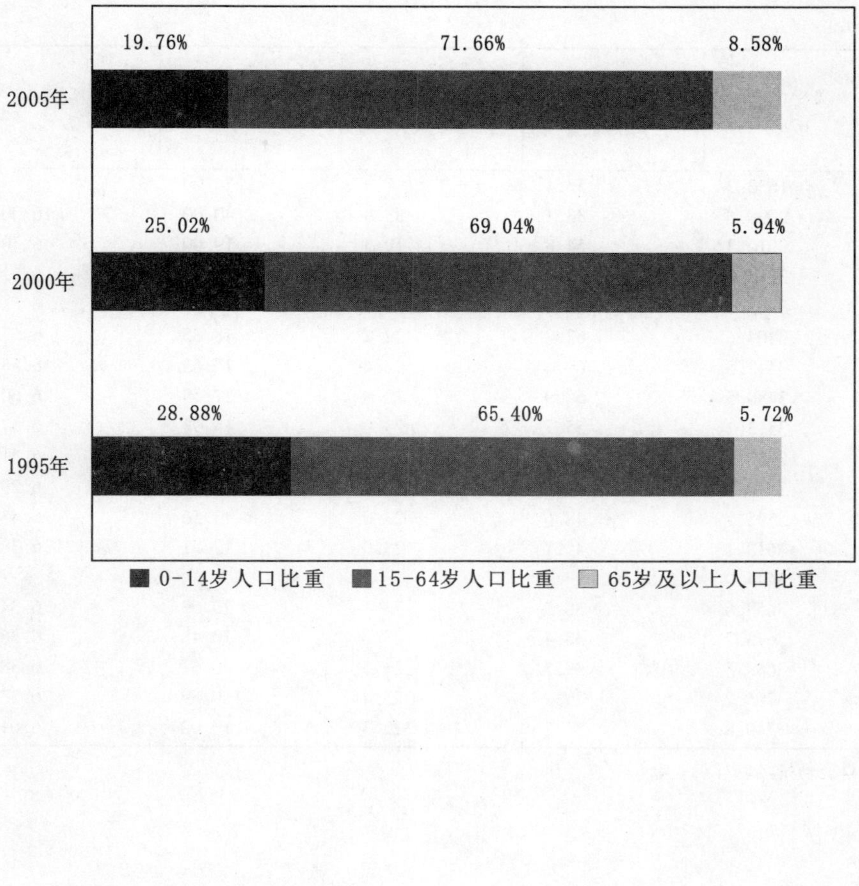

4-1　人口数和构成

单位:万人

年份	年底总人口	按性别分		按城乡分		按农业、非农业分	
		男	女	市镇人口	乡村人口	农业人口	非农业人口
1978	2779	1444	1335	454	2325	2371	408
1980	2831	1468	1363	522	2309	2390	441
1985	3002	1566	1436	1167	1834	2462	540
1990	3316	1727	1589	1501	1815	2699	617
1991	3363	1754	1609	1539	1824	2730	633
1992	3405	1777	1628	1576	1829	2748	657
1993	3443	1799	1644	1654	1789	2769	674
1994	3481	1819	1662	1668	1813	2784	697
1995	3513	1836	1677	1738	1775	2791	722
1996	3543	1842	1701	1939	1604	2799	744
1997	3570	1866	1704	2279	1291	2803	767
1998	3596	1879	1717	2547	1049	2812	784
1999	3618	1892	1726	2593	1025	2816	802
2000	3644	1896	1748	1176	2468	2812	832
2001	3659	1882	1777	1230	2429	2807	852
2002	3674	1888	1786	1272	2402	2796	878
2003	3690	1892	1798	1311	2379	2786	904
2004	3705	1905	1800	1347	2358	2783	922
2005	3720	1914	1806	1385	2335	2777	943

注:1. 1990 年以前各年的人口数为公安年报数,1990 年及以后为人口普查及人口变动情况抽样调查推算数。

2. 城乡人口 2000 年及以前按行政区划统计,2001 年及以后为人口变动抽样调查推算数。

4-2　人口数和自然变动情况

年份	总人口（万人）	出生人口（万人）	死亡人口（万人）	出生率（‰）	死亡率（‰）	自然增长率（‰）
1953	1632.2	53.4		34.00		
1964	2098.6	83.1	33.3	40.00	16.00	24.00
1982	2910.3	54.8	19.3	19.00	6.70	12.30
1990	3316.0	77.2	21.4	23.48	6.52	16.96
1991	3363.1	66.2	21.7	19.82	6.51	13.31
1992	3404.6	63.8	22.2	18.85	6.57	12.28
1993	3442.5	60.4	22.4	17.63	6.55	11.08
1994	3480.5	60.9	22.9	17.59	6.60	10.99
1995	3513.1	55.7	23.0	15.93	6.57	9.36
1996	3543.0	52.9	23.0	14.99	6.51	8.48
1997	3570.1	49.5	22.4	13.91	6.29	7.62
1998	3595.7	48.6	23.0	13.56	6.43	7.13
1999	3618.1	45.1	23.0	12.51	6.38	6.13
2000	3644.0					
2001	3658.6	38.3	23.1	10.50	6.34	4.16
2002	3673.7	38.4	23.3	10.48	6.36	4.12
2003	3689.5	39.3	23.5	10.67	6.38	4.29
2004	3705.2	39.2	23.4	10.59	6.33	4.26
2005	3719.8	37.2	22.3	10.02	6.01	4.01

注:本表为人口普查、人口变动情况抽样调查数。

4-3　人口年龄构成和抚养比

单位:%

年　份	0-14岁人口比重	15-64岁人口比重	65岁及以上人口比重	总抚养比	少年儿童抚养比	老年人口抚养比
1953	36.71	59.25	4.04	68.78	61.96	6.82
1964	41.26	55.23	3.51	81.06	74.71	6.35
1982	33.06	62.40	4.57	60.30	52.98	7.32
1990	28.88	65.98	5.15	51.57	43.77	7.80
1991	30.21	64.07	5.72	56.08	47.15	8.93
1992	30.15	64.19	5.66	55.78	46.96	8.82
1993	29.30	65.09	5.61	53.64	45.02	8.62
1994	28.31	66.43	5.26	50.53	42.62	7.91
1995	28.88	65.40	5.72	52.90	44.16	8.74
1996	28.90	65.11	6.00	53.59	44.38	9.21
1997	27.63	66.52	5.85	50.33	41.54	8.79
1998	27.15	66.15	6.70	51.16	41.04	10.12
1999	26.28	66.58	7.14	50.21	39.48	10.73
2000	25.02	69.04	5.94	44.84	36.24	8.60
2001	24.49	68.78	6.73	45.39	35.61	9.78
2002	22.35	69.64	8.01	43.60	32.09	11.51
2003	20.90	71.35	7.75	40.15	29.29	10.86
2004	19.81	72.54	7.65	37.86	27.31	10.55
2005	19.76	71.66	8.58	39.55	27.57	11.97

注:本表为人口普查、人口变动情况抽样调查数。抚养比指0-14岁、65岁以上人口占15-64岁人口的比重。

4-4　各市计划生育情况

(2005年)

地　区	已婚育龄妇女人数(人)	早婚率(%)	晚婚率(%)	领取独生子女证人数(人)	节育率(%)	绝育率(%)	上环率(%)
全　　省	**6615670**	**0.21**	**56.44**	**1145291**	**91.37**	**50.44**	**34.86**
西 安 市	1169129	0.03	67.98	300012	91.95	42.94	40.75
铜 川 市	141706		55.93	39663	92.52	40.48	42.56
宝 鸡 市	669137		55.27	99545	90.84	54.67	31.97
咸 阳 市	897153	0.18	76.68	100339	90.79	57.59	29.30
渭 南 市	1078258		64.61	184365	90.70	49.56	33.74
延 安 市	382388	0.02	40.94	66459	90.22	54.05	30.53
汉 中 市	713077		58.98	170970	92.77	34.76	52.25
榆 林 市	649204	1.46	30.89	111483	89.55	56.91	25.92
安 康 市	479739	0.02	51.78	44482	92.77	57.26	31.82
商 洛 市	418890	0.13	34.13	25271	92.84	60.35	26.98
杨凌示范区	16989		94.39	2702	95.94	54.08	35.03

注:本年为人口计生年报数据。

4－5　各市县总户数和总人口数

(2005 年)　　单位:人

地　区	总户数(户)	总人口			总人口中	
		合　计	男	女	非农业人口	市镇人口
全　省	**10557429**	**37042863**	**19254201**	**17788662**	**9389110**	**30032512**
西安市	**2030472**	**7417263**	**3820141**	**3597122**	**3331440**	**6739419**
市辖区	1471213	5332127	2733603	2598524	3094267	5332127
新城区	156464	493822	253385	240437	481551	493822
碑林区	186810	725947	384551	341396	716375	725947
莲湖区	193401	613008	314344	298664	575842	613008
灞桥区	139632	476301	241303	234998	200807	476301
未央区	130291	422591	213993	208598	205212	422591
雁塔区	169843	743586	383045	360541	583938	743586
阎良区	66278	246470	126253	120217	85970	246470
临潼区	176604	670161	339888	330273	111372	670161
长安区	251890	940241	476841	463400	133200	940241
蓝田县	163603	627101	325457	301644	50236	393898
周至县	160859	634369	335240	299129	49782	392786
户　县	168696	576845	301299	275546	99909	462426
高陵县	66101	246821	124542	122279	37246	158182
铜川市	**253028**	**843985**	**443268**	**400717**	**399296**	**808307**
市辖区	225574	750361	393775	356586	385874	750361
王益区	68444	213842	110435	103407	174641	213842
印台区	67949	235301	126099	109202	140134	235301
耀州区	89181	301218	157241	143977	71099	301218
宜君县	27454	93624	49493	44131	13422	57946
宝鸡市	**1040206**	**3695294**	**1914083**	**1781211**	**905345**	**2582609**
市辖区	392198	1351761	693542	658219	616029	1351761
渭滨区	121785	395230	199058	196172	281723	395230
金台区	118017	366043	185880	180163	244489	366043
陈仓区	152396	590488	308604	281884	89817	590488
凤翔县	142378	507019	260623	246396	49625	411472
岐山县	130955	458506	236164	222342	80901	409951
扶风县	114733	456797	239683	217114	37234	375667
眉　县	85311	304307	158604	145703	33202	285354
陇　县	68282	250277	131589	118688	27547	202444
千阳县	36061	127005	67257	59748	16009	87910
麟游县	24658	87321	45750	41571	11775	55127
凤　县	29304	100305	53076	47229	21391	92664
太白县	16326	51996	27795	24201	11632	45991
咸阳市	**1341943**	**4942590**	**2556796**	**2385794**	**1030715**	**4034529**
市辖区	243675	856236	436897	419339	529492	856236
秦都区	130805	457302	232743	224559	280553	457302
渭城区	112870	398934	204154	194780	248939	398934

注:本表为公安年报统计数。市镇人口为市辖区、县级市和镇所辖行政区域的所有人口。

4－5 续表 1　　(2005 年)　　单位:人

地　区	总户数（户）	总人口			总人口中	
		合　计	男	女	非农业人口	市镇人口
三原县	123291	399910	202478	197432	77397	318032
泾阳县	125286	500962	255977	244985	51836	419052
乾　县	144941	562794	292578	270216	48158	420677
礼泉县	136346	463507	241204	222303	52355	358178
永寿县	52408	197768	102523	95245	19329	147407
彬　县	84140	326594	170478	156116	31158	227527
长武县	50135	173027	91064	81963	15737	86993
旬邑县	69024	273054	144911	128143	22040	221473
淳化县	56081	201703	103688	98015	21232	102306
武功县	107214	421798	219544	202254	44272	311411
兴平市	149402	565237	295454	269783	117709	565237
渭南市	**1534558**	**5370644**	**2729620**	**2641024**	**991737**	**4237262**
临渭区	268206	920273	464366	455907	250162	920273
华　县	99197	342337	173618	168719	71214	264855
潼关县	44278	159018	80419	78599	35111	103290
大荔县	181145	702292	353798	348494	72931	427983
合阳县	123530	436595	223007	213588	46541	408536
澄城县	118900	388662	198089	190573	80275	270519
蒲城县	206240	745565	377183	368382	101013	487413
白水县	83866	276849	142633	134216	49280	145479
富平县	216047	755694	384596	371098	88176	565555
韩城市	117821	387247	200638	186609	126508	387247
华阴市	75328	256112	131273	124839	70526	256112
延安市	**652822**	**2107003**	**1099466**	**1007537**	**544414**	**1579199**
宝塔区	151123	403738	209007	194731	196049	403738
延长县	44837	143623	75754	67869	28319	100833
延川县	49602	183173	96085	87088	35334	132556
子长县	67549	245425	126911	118514	54745	194076
安塞县	48928	164406	85511	78895	19930	120472
志丹县	38132	133880	70144	63736	25379	95549
吴起县	34167	121904	63666	58238	17899	61647
甘泉县	26180	78041	40636	37405	22277	48624
富　县	44487	147512	77224	70288	30437	112969
洛川县	58115	200107	105320	94787	32913	117026
宜川县	33259	114593	59751	54842	19120	70832
黄龙县	16172	48713	26749	21964	12562	25470
黄陵县	40271	121888	62708	59180	49450	95407
汉中市	**1134509**	**3765641**	**1975420**	**1790221**	**734526**	**3109298**
汉台区	175400	530734	270976	259758	247119	530734
南郑县	172754	552880	285147	267733	76353	445164

4－5 续表 2 （2005 年） 单位:人

地区	总户数（户）	总人口			总人口中	
		合计	男	女	非农业人口	市镇人口
城固县	151690	519925	269673	250252	82493	440917
洋 县	133663	438515	233603	204912	66769	363749
西乡县	128104	403658	216011	187647	52297	350401
勉 县	122570	424693	222094	202599	76641	366559
宁强县	91972	336669	177878	158791	35395	246724
略阳县	57387	201252	107425	93827	56939	148713
镇巴县	76110	279345	150488	128857	26331	170407
留坝县	14110	44674	23882	20792	7661	31815
佛坪县	10749	33296	18243	15053	6528	14115
榆林市	**967389**	**3383799**	**1763471**	**1620328**	**575544**	**2375742**
榆阳区	148398	460643	237663	222980	157510	460643
神木县	119919	376850	198612	178238	99441	312017
府谷县	56900	213168	111410	101758	39138	112475
横山县	84415	333547	174263	159284	31187	229023
靖边县	77789	291442	151197	140245	39265	184228
定边县	75457	315851	164643	151208	40461	191056
绥德县	109928	349264	181226	168038	51428	211825
米脂县	62742	208428	108774	99654	29321	141485
佳 县	67813	245258	127770	117488	23719	131663
吴堡县	25943	77747	40278	37469	13327	52335
清涧县	58238	208093	109892	98201	23691	139899
子洲县	79847	303508	157743	145765	27056	209093
安康市	**880505**	**2949358**	**1588777**	**1360581**	**450737**	**2445938**
汉滨区	283984	949608	506933	442675	206484	949608
汉阴县	90417	292384	158629	133755	29076	250430
石泉县	58532	183628	99228	84400	30904	134511
宁陕县	23438	74465	39463	35002	14450	63770
紫阳县	94762	335103	182757	152346	37421	255212
岚皋县	53093	170186	93882	76304	21602	104646
平利县	73074	229212	124056	105156	31763	199004
镇坪县	18126	57641	30975	26666	8268	33241
旬阳县	128251	451264	242617	208647	51045	302358
白河县	56828	205867	110237	95630	19724	153158
商洛市	**687825**	**2419811**	**1284761**	**1135050**	**363781**	**1972734**
商州区	144370	552917	291759	261158	155907	552917
洛南县	143116	450975	234663	216312	56119	354174
丹凤县	83715	302019	159169	142850	38723	229953
商南县	69564	234755	123017	111738	26072	188718
山阳县	118039	439310	236315	202995	36680	300198
镇安县	83271	284971	156251	128720	31173	221347
柞水县	45750	154864	83587	71277	19107	125427
杨凌示范区	**34172**	**147475**	**78398**	**69077**	**61575**	**147475**

主要统计指标解释

人口数　指一定时点、一定地区范围内的有生命的个人的总和。年度统计的年末人口数指每年12月31日24时的人口数。年度统计的全国人口总数内未包括台湾省和港澳同胞以及海外华侨人数。

城镇人口和乡村人口　城镇人口是指居住在城镇范围内的全部人口，乡村人口是除上述人口以外的全部人口。

城镇人口和乡村人口本年鉴有两种口径:

第一种口径（按行政建制）

城镇人口是指市辖区、县级市和县辖镇的全部人口;

乡村人口是指县辖乡人口。

第二种口径（按常住人口划分）

城乡人口的划分是按照国家统计局1999年发布的《关于统计上划分城乡的规定（试行）》计算的。本规定具体为:

城市：指经国务院批准设市建制的城市市区。包括设区市的市区和不设区市的市区。

设区市的市区是指：（一）市辖区人口密度在1500人/平方公里及以上的，市区为区辖全部行政区域；（二）市辖区人口密度在1500人/平方公里及以上的，市区为市辖区人民政府驻地和区辖其他街道办事处地域；（三）前款市辖区人民政府驻地的城区建设已延伸到周边建制镇（乡）的部分区域，其市区还应包括该建制镇（乡）的全部行政区域。

不设区市的市区是指：（一）市人民政府驻地和市辖其他街道办事处地域；（二）市人民政府驻地的城区建设已延伸到周边建制镇（乡）的部分区域，其市区还应包括该建制镇（乡）的全部行政区域。

镇：是指经批准设立的建制镇的镇区。包括：县及县以上（不含市）人民政府、行政公署所在的建制镇的镇区和其他建制镇的镇区。镇区是指：（一）镇人民政府驻地和镇辖其他居委会地域；（二）镇人民政府驻地城区建设已延伸到周边村民委员会的驻地，其镇区还应包括该村民委员会的全部区域。

乡村：是指本规定划定的城镇地区以外的其他地区。

出生率(又称粗出生率)　指在一定时期内(通常为一年)一定地区的出生人数与同期内平均人数(或期中人数)之比。一般用千分率表示。本年鉴中的出生率指年出生率，其计算公式为:

出生率 = 年出生人数 / 年平均人数 × 1000‰

式中：出生人数指活产婴儿，即胎儿脱离母体时(不管怀孕月数)，有过呼吸或其它生命现象。年平均人数指年初、年底人口数的平均数，也可用年中人口数代替。

死亡率(又称粗死亡率)　指在一定时期内(通常为一年)一定地区的死亡人数与同期内平均人数(或期中人数)之比，一般用千分率表示。本年鉴中的死亡率指年死亡率，其计算公式为:

死亡率 ＝ 年死亡人数 / 年平均人数 × 1000‰

人口自然增长率　指在一定时期内(通常为一年)人口自然增加数(出生人数减死亡人数)与该时期内平均人数(或期中人数)之比，一般用千分率表示。计算公式为:

人口自然增长率 ＝（本年出生人数 － 本年死亡人数） / 年平均人数 × 1000‰

＝人口出生率 － 人口死亡率

总抚养比　也称总负担系数。指人口总体中非劳动年龄人口数与劳动年龄人口数之比。通常用百分比表示，说明每100名劳动年龄人口大致要负担多少名非劳动年龄人口，用于从人口角度反映人口与经济发展的基本关系。计算公式为：

总抚养比 ＝（0～14岁少年儿童人口数 + 65岁及以上老年人口数） / 15-64岁劳动年龄人口数 × 100%

老年人口抚养比　也称老年人口抚养系数。指人口中老年人口数与劳动年龄人口数之比。通常用百分比表示，用以表明每100名劳动年龄人口要负担多少名老年人。老年人口抚养比是从经济角度反映人口老化社会后果的指标之一。计算公式为：

老年人口抚养比 ＝ 65岁及以上老年人口数 / 15-64岁劳动年龄人口数 × 100%

少年儿童抚养比　也称少年儿童抚养系数。指人口中少年儿童人口数与劳动年龄人口数之比。通常用百分比表示，以反映每100名劳动年龄人口要负担多少名少年儿童。计算公式为：

少年儿童抚养比 ＝ 0-14岁少年儿童人口数 / 15-64岁劳动年龄人口数 × 100%

2006 統計年鑒

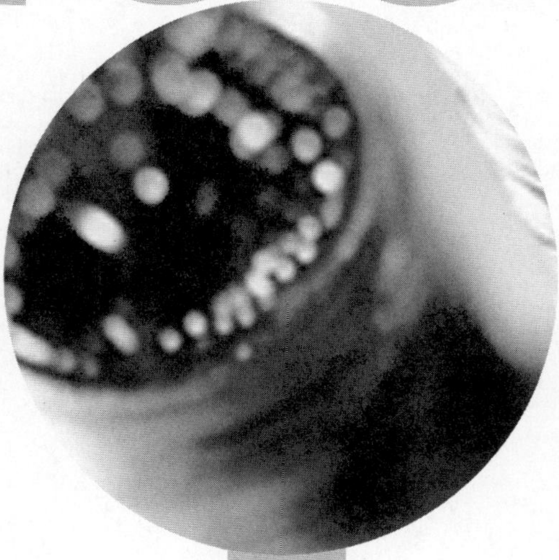

从业人员和职工工资

CONGYERENYUANHEZHIGONGGONGZI

资料整理：王顺强　何永生

五、从业人员和职工工资

2005 年全省

年底从业人员	1942	万人	比上年增长	0.1%
#在岗职工人数	323	万人	比上年增长	1.3%
在岗职工工资总额	477.97	亿元	比上年增长	14.8%
在岗职工平均工资	14796	元	比上年增长	12.6%
离休、退休、退职人员数	140.42	万人	比上年增长	18.7%

职工平均工资

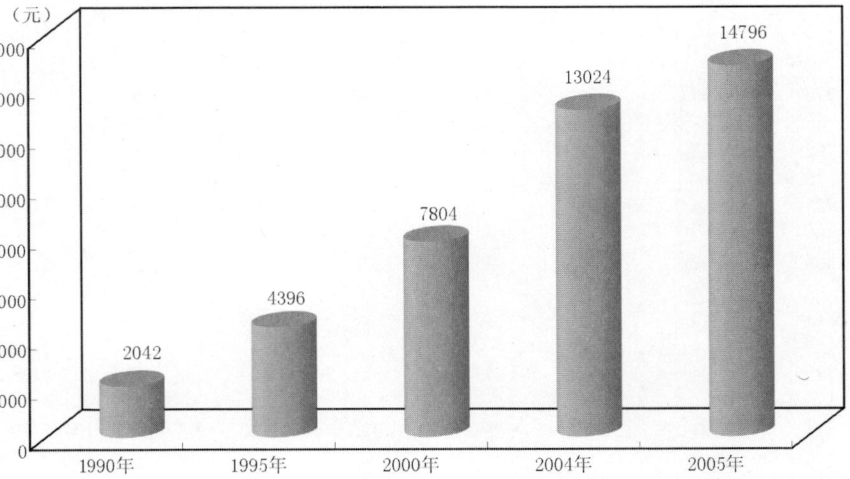

5-1 从业人员人数

单位:万人

年份	从业人员人数	第一产业	第二产业	第三产业	年末职工人数	#国有单位	#城镇集体单位	城镇私营及个体从业人员	乡村从业人员	其他从业人员
1978	1078	766	193	119	257	222	35	…	821	
1979	1105	794	191	120	264	225	40		840	
1980	1158	831	199	128	282	239	43	1	875	
1981	1202	874	188	140	297	250	47	2	903	
1982	1250	904	198	148	309	258	50	3	939	
1983	1285	925	199	161	312	261	51	4	969	
1984	1337	936	217	184	324	260	63	7	1007	
1985	1375	888	287	200	337	271	65	9	1029	
1986	1409	874	303	232	350	282	67	10	1049	
1987	1449	905	311	233	358	289	68	14	1077	
1988	1494	950	299	245	366	298	68	15	1112	
1989	1529	973	298	258	374	304	68	17	1138	
1990	1576	1010	302	264	379	311	67	17	1180	
1991	1640	1054	314	272	390	321	68	18	1232	
1992	1672	1069	321	283	395	326	67	19	1258	
1993	1708	1061	335	312	398	326	66	24	1272	14
1994	1720	1055	333	332	392	327	60	32	1283	13
1995	1748	1056	341	351	395	333	56	42	1298	13
1996	1776	1053	341	382	398	336	54	59	1308	11
1997	1792	1053	339	400	396	335	52	63	1322	11
1998	1788	1055	300	433	335	270	36	99	1342	12
1999	1808	1052	304	452	335	271	32	109	1353	11
2000	1813	1010	299	504	328	265	29	133	1343	9
2001	1785	994	297	494	324	258	27	118	1333	9
2002	1874	1003	308	563	322	253	25	179	1363	10
2003	1912	997	364	551	319	246	23	185	1397	11
2004	1941	965	361	615	319	243	22	184	1425	13
2005	1942	957	362	623	323	242	21	171	1437	11

注:本表职工人数1998年及以后为在岗职工数。

5 -2　企业、事业、机关人数和工资

(2005 年)

指　　标	合　计	企　业	事　业	机　关
一、城镇单位从业人员年末人数(人)	3341875	2021974	923010	396891
#女　　性	1187774	679294	407452	101028
#在岗职工人数	3232313	1943114	897878	391321
1. 国有单位	2490922	1202313	892668	395941
2. 城镇集体单位	224049	203751	19348	950
3. 其他单位	626904	615910	10994	
二、城镇单位从业人员劳动报酬(万元)	4869675	3071828	1263801	534046
#在岗职工工资总额	4779663	3000788	1249741	529134
三、城镇单位从业人员平均劳动报酬(元)	14562	15122	13792	13611
四、在岗职工平均工资(元)	14796	15399	14025	13685
1. 国有单位	15223	16530	14153	13697
2. 城镇集体单位	7926	7905	8113	8663
3. 其他单位	15465	15586	13565	

5 -3　分行业从业人员人数

(2005 年)　　单位:万人

行　　业	合　计	国有单位从业人员	城镇集体从业人员	其他单位从业人员	城镇私营企业从业人员	城镇个体从业人员	乡　村从业人员
总　　计	**1942.4**	**249.1**	**22.4**	**62.7**	**108.8**	**62.4**	**1437.0**
第一产业	957.1	6.1	0.3	0.1	1.3	0.1	949.2
农、林、牧、渔业	957.1	6.1	0.3	0.1	1.3	0.1	949.2
第二产业	362.0	74.9	11.3	46.9	25.9	5.5	197.5
采矿业	19.2	15.3	0.2	2.7	1.0	0.1	
制造业	202.0	41.7	6.2	38.2	19.7	5.2	90.9
电力、燃气及水生产和供应业	9.7	7.4		1.8	0.4		
建筑业	131.1	10.5	4.9	4.2	4.7	0.2	106.6
第三产业	623.3	168.1	10.8	15.7	81.6	56.8	290.3
交通运输、仓储和邮政业	65.8	18.6	0.5	1.3	2.7	1.5	41.2
信息传输、计算机服务和软件业	10.5	2.2		1.2	2.9	0.9	3.3
批发和零售业	141.2	10.2	5.0	4.8	45.0	31.4	44.8
住宿和餐饮业	50.4	1.9	0.5	2.4	8.0	11.1	26.5
金融业	9.9	6.2	1.9	1.8			
房地产业	6.4	1.2	0.1	1.1	3.8	0.2	
租赁和商务服务业	11.9	2.0	0.4	0.5	7.4	1.6	
科学研究、技术服务和地质勘查业	12.6	11.7		0.9			
水利、环境和公共设施管理业	5.3	5.2	0.1				
居民服务和其他服务业	13.0	0.9	0.5	0.7	4.0	7.0	
教　育	51.1	50.2	0.2	0.7			
卫生、社会保障和社会福利业	14.7	12.6	1.3	0.1		0.7	
文化、体育和娱乐业	6.3	3.5	0.2	0.2	1.6	0.8	
公共管理和社会组织	41.8	41.7	0.1				
其他行业	182.5				6.3	1.7	174.5

5-4 分行业在岗职工年末人数

(2005年) 单位:人

行业	年末人数	国有单位	城镇集体单位	其他单位
总计	**3232313**	**2420103**	**207300**	**604910**
农林牧渔业	62786	59367	2864	555
采矿业	178279	150048	2041	26190
制造业	844403	411730	57598	375075
电力、燃气及水的生产和供应业	90643	72856	208	17579
建筑业	180991	98103	44274	38614
交通运输、仓储和邮政业	190807	174617	4835	11355
信息传输、计算机服务和软件业	32440	20660	18	11762
批发和零售业	194550	99386	47262	47902
住宿和餐饮业	45436	17409	4497	23530
金融业	88241	55639	17790	14812
房地产业	22390	11174	1311	9905
租赁和商务服务业	27723	19233	3709	4781
科学研究、技术服务和地质勘查业	122131	113690	164	8277
水利、环境和公共设施管理业	50702	49729	603	370
居民服务和其他服务业	19570	8699	4303	6568
教育	495141	488712	843	5586
卫生、社会保障和社会福利业	135850	122982	12341	527
文化、体育和娱乐业	37399	34554	1416	1429
公共管理和社会组织	412831	411515	1223	93

5-5 在岗职工中分行业专业技术人员数

(2005年) 单位:人

行业	总计	#女性	国有单位	城镇集体单位	其他单位
总计	**1063188**	**431472**	**868994**	**39083**	**155111**
农林牧渔业	20001	6082	18988	867	146
采矿业	35157	6851	31685	237	3235
制造业	226790	64505	117824	5020	103946
电力、燃气及水的生产和供应业	22035	7699	16402	24	5609
建筑业	37946	9885	24958	5234	7754
交通运输、仓储和邮政业	26661	8429	23781	732	2148
信息传输、计算机服务和软件业	12025	4515	7255	5	4765
批发和零售业	25524	11868	14056	4394	7074
住宿和餐饮业	5435	2155	1915	402	3118
金融业	42744	17156	27164	10251	5329
房地产业	4677	1428	2179	364	2134
租赁和商务服务业	6274	2368	4526	548	1200
科学研究、技术服务和地质勘查业	53315	18265	49630	92	3593
水利、环境和公共设施管理业	11809	4139	11546	166	97
居民服务和其他服务业	3178	1624	1367	189	1622
教育	376578	184262	373018	765	2795
卫生、社会保障和社会福利业	95262	57890	85743	9114	405
文化、体育和娱乐业	13826	5664	13245	452	129
公共管理和社会组织	43951	16687	43712	227	12

5-6 各市在岗职工年末人数

(2005年) 单位:人

地区	总计	国有单位	城镇集体单位	其他单位	#港澳台投资	#外商投资
全省	**3232313**	**2420103**	**207300**	**604910**	**15912**	**17480**
西安市	1197302	795149	92493	309660	6595	9263
铜川市	91735	77063	4743	9929	10	
宝鸡市	292713	198768	24056	69889	2361	590
咸阳市	360216	271938	21343	66935	6275	5308
渭南市	326487	266994	17699	41794	190	1099
延安市	189858	174989	8436	6433		64
汉中市	219654	162772	16439	40443	412	
榆林市	192220	168066	8225	15929		15
安康市	118918	100740	7512	10666		804
商洛市	108306	85248	5976	17082	69	
杨凌示范区	25133	12723	378	12032		337
其他单位	109771	105653		4118		

5-7 从业人员分行业劳动报酬

(2005年) 单位:万元

行业	总计	国有单位	城镇集体单位	其他单位
总计	**4869675**	**3733655**	**175195**	**960825**
农林牧渔业	65933	63189	2334	410
采矿业	353815	293128	3518	57169
制造业	1156522	562040	46340	548142
电力、燃气及水的生产和供应业	191011	154007	185	36819
建筑业	220587	137942	35323	47322
交通运输、仓储和邮政业	368718	342863	4111	21744
信息传输、计算机服务和软件业	106110	54702	26	51383
批发和零售业	190406	105633	30985	53788
住宿和餐饮业	42873	14200	2877	25796
金融业	212451	126691	26239	59521
房地产业	29935	14374	1471	14091
租赁和商务服务业	34158	26580	3588	3990
科学研究、技术服务和地质勘查业	254566	241426	127	13012
水利、环境和公共设施管理业	56801	55865	608	328
居民服务和其他服务业	24625	11025	3929	9671
教育	764614	750998	873	12744
卫生、社会保障和社会福利业	199804	187966	10680	1157
文化、体育和娱乐业	51248	46740	892	3617
公共管理和社会组织	545501	544286	1091	124

5-8 从业人员分行业平均劳动报酬

(2005年)　　单位:元

行业	总计	国有单位	城镇集体单位	其他单位
总计	**14562**	**15021**	**7735**	**15202**
农、林、牧、渔业	10218	10390	7402	7318
采矿业	19671	19351	15961	21833
制造业	13334	13408	7413	14213
电力、燃气及水生产和供应业	20735	20804	8833	20590
建筑业	11064	13243	6997	10581
交通运输、仓储和邮政业	17953	18307	7520	17223
信息传输、计算机服务和软件业	31667	25983	1488	41832
批发和零售业	9332	10078	6242	10847
住宿和餐饮业	9130	7689	5939	10909
金融业	21421	20388	13696	33289
房地产业	13468	13913	10597	13410
租赁和商务服务业	11934	13393	9199	8183
科学研究、技术服务和地质勘查业	20110	20494	7721	15095
水利、环境和公共设施管理业	10776	10801	9805	8857
居民服务和其他服务业	11004	10990	6866	14598
教育	15004	14984	5761	18542
卫生、社会保障和社会福利业	14288	14908	8479	9954
文化、体育和娱乐业	13240	13218	6004	19425
公共管理和社会组织	13266	13280	8634	12753

5-9 在岗职工人数、工资总额和平均工资

(2005年)

指标	在岗职工人数(人)		工资总额(万元)		平均工资(元)	
	2004年	2005年	2004年	2005年	2004年	2005年
总计	**3185430**	**3232313**	**4161773**	**4779663**	**13024**	**14796**
国有单位	2425588	2420103	3242895	3673128	13333	15223
城镇集体单位	220537	207300	1648390	165896	7373	7926
其他单位	539305	604910	754039	940639	13973	15465
(一)内资	507346	571518	694363	871806	13678	15166
1.股份合作制	34866	76154	29257	137964	8381	18245
2.联营	6325	7691	6626	9301	10611	12552
3.有限责任公司	309653	344654	421735	491728	13620	14138
4.股份有限公司	137644	123543	214208	207776	15488	16714
5.其它	18858	19476	22537	25038	12149	12705
(二)港、澳、台投资	14888	15912	20780	24829	14158	15718
(三)外商投资	17071	17480	38878	44005	22508	24994

5－10 职工平均工资和指数

单位:元

年 份	职 工 平均工资	指数(1978年=100)		国有单位 职 工 平均工资	指数(1978年=100)		城镇集体 单位职工 平均工资	指数(1978年=100)	
		货 币 工 资	实 际 工 资		货 币 工 资	实 际 工 资		货 币 工 资	实 际 工 资
1978	654	100.0	100.0	669	100.0	100.0	558	100.0	100.0
1979	705	107.8	106.3	728	108.8	107.3	570	102.2	100.7
1980	785	120.0	112.3	811	121.2	113.4	636	114.0	106.6
1981	780	119.3	107.7	812	121.4	109.6	609	109.1	98.6
1982	797	121.9	109.1	831	124.2	111.2	619	110.9	99.3
1983	824	126.0	111.0	857	128.1	112.9	652	116.8	102.9
1984	973	148.8	126.7	1024	153.1	130.4	757	135.7	115.6
1985	1122	171.6	135.8	1182	176.7	139.9	869	155.7	123.3
1986	1291	197.4	146.7	1363	203.7	151.4	987	176.9	131.4
1987	1409	215.4	146.6	1493	223.2	151.8	1054	188.9	128.5
1988	1680	256.9	145.5	1788	267.3	151.4	1206	216.2	122.5
1989	1856	283.8	136.7	1975	295.2	142.2	1319	236.4	113.9
1990	2042	312.2	146.6	2174	325.0	152.6	1425	255.4	119.9
1991	2198	336.1	147.1	2332	348.6	152.6	1554	278.5	121.9
1992	2434	372.2	146.5	2594	387.7	152.6	1634	292.8	115.2
1993	2890	441.9	152.5	3077	459.9	158.8	1918	343.7	118.6
1994	3803	581.5	156.6	4050	605.4	163.0	2299	412.0	110.9
1995	4396	672.2	153.4	4639	693.4	158.2	2795	500.9	114.3
1996	4882	746.5	154.4	5142	768.6	159.0	3082	552.3	114.3
1997	5184	792.7	155.9	5452	814.9	160.2	3177	569.4	111.9
1998	6029	921.9	185.5	6257	935.3	188.2	3823	685.1	137.9
1999	6931	1059.8	219.4	7162	1070.6	221.6	4318	773.8	160.2
2000	7804	1193.3	246.3	8043	1202.2	248.2	4920	881.7	182.0
2001	9120	1394.5	287.6	9440	1411.1	291.0	5293	948.6	195.6
2002	10351	1582.7	332.4	10700	1599.4	335.9	6080	1089.6	228.8
2003	11461	1752.4	365.1	11833	1768.8	368.5	6858	1229.0	256.0
2004	13024	1991.4	402.8	13333	1992.9	403.1	7373	1321.3	267.2
2005	14796	2262.3	452.2	15223	2275.5	454.8	7926	14204.0	283.8

注:本表1998年及以后数据为在岗职工平均工资,指数据此推算。

5－11 在岗职工分行业工资总额

（2005 年） 单位：万元

行业	工资总额	国有单位	城镇集体单位	其他单位
总计	**4779663**	**3673128**	**165896**	**940639**
农林牧渔业	65060	62390	2261	410
采矿业	350489	290427	3349	56714
制造业	1140113	554779	44222	541112
电力、煤气及水的生产和供应业	189248	152719	185	36344
建筑业	208959	131738	32206	45015
交通运输、仓储和邮政业	354577	330097	3840	20639
信息传输、计算机服务和软件业	103849	53006	11	50833
批发和零售业	187092	103861	29937	53294
住宿和餐饮业	41616	13721	2750	25145
金融业	203561	121741	25094	56726
房地产业	28797	13767	1403	13627
租赁和商务服务业	33689	26262	3463	3965
科学研究、技术服务和地质勘查业	247983	235295	127	12561
水利、环境和公共设施管理业	56115	55188	600	328
居民服务和其他服务业	24075	11000	3509	9567
教育	756154	745191	548	10415
卫生、社会保障和社会福利业	196506	185382	10455	670
文化、体育和娱乐业	50139	46106	876	3157
公共管理和社会组织	541641	540460	1062	119

5－12 在岗职工分行业平均工资

（2005 年） 单位：元

行业	平均工资	国有单位	城镇集体单位	其他单位
总计	**14796**	**15223**	**7926**	**15465**
农林牧渔业	10323	10492	7536	7327
采矿业	19912	19557	16677	22231
制造业	13422	13405	7674	14318
电力、煤气及水的生产和供应业	20906	20969	8833	20786
建筑业	11418	13520	7059	11268
交通运输、仓储和邮政业	18595	18907	7869	18408
信息传输、计算机服务和软件业	33726	27660	6000	43780
批发和零售业	9452	10196	6353	10888
住宿和餐饮业	9366	8033	6064	11021
金融业	23128	21959	14092	38419
房地产业	13956	14553	10501	13851
租赁和商务服务业	12080	13572	9349	8200
科学研究、技术服务和地质勘查业	20053	20437	7721	15016
水利、环境和公共设施管理业	11099	11130	9894	8899
居民服务和其他服务业	11263	11004	7284	14577
教育	15310	15284	6502	19009
卫生、社会保障和社会福利业	14495	15104	8473	13500
文化、体育和娱乐业	13429	13374	6116	22094
公共管理和社会组织	13351	13365	8644	12806

5－13 各市城镇单位从业人员报酬及在岗职工工资总额

（2005 年）　　单位：万元

地区	从业人员劳动报酬	在岗职工工资总额					
			国有单位	城镇集体单位	其他单位	#港澳台投资	#外商投资
全　　省	**4869675**	**4779663**	**3673128**	**165896**	**940639**	**24829**	**44005**
西 安 市	2156676	2111433	1486970	71285	553178	13711	32201
铜 川 市	121752	119011	107819	2714	8478	13	0
宝 鸡 市	381342	376562	260067	22760	93734	2398	1121
咸 阳 市	415403	411497	303383	14412	93702	8191	7955
渭 南 市	398616	391431	326865	15151	49415	182	978
延 安 市	302164	298374	278888	6246	13239		91
汉 中 市	277872	270713	215815	13105	41793	279	
榆 林 市	277137	271044	223965	7333	39746		177
安 康 市	144126	142176	125601	7145	9429		878
商 洛 市	117182	112477	94465	5353	12660	55	
杨凌示范区	37208	36952	23651	391	12910		604
其 他 单 位	240197	237994	225640		12354		

5－14 各市城镇单位从业人员平均报酬及在岗职工平均工资

（2005 年）　　单位：元

地区	从业人员平均报酬	在岗职工平均工资					
			国有单位	城镇集体单位	其他单位	#港澳台投资	#外商投资
全　　省	**14562**	**14796**	**15223**	**7926**	**15465**	**15718**	**24994**
西 安 市	17503	17728	18872	7612	17876	21521	34147
铜 川 市	12432	12668	13845	5675	7507	12500	
宝 鸡 市	12590	12846	13110	9429	13274	10062	18870
咸 阳 市	11329	11388	11131	6807	13861	12937	14981
渭 南 市	11655	11822	12049	8378	11836	9600	9582
延 安 市	15578	15864	16124	7346	20002		9628
汉 中 市	11920	12248	13245	7880	10082	6308	
榆 林 市	13695	14257	13490	8647	25469		117800
安 康 市	11861	11953	12483	9421	8775		10898
商 洛 市	10221	10426	11122	9077	7428	8000	
杨凌示范区	14658	14684	18521	10317	10745		17976
其 他 单 位	21544	21892	21239		30414		

5-15 就业人员来源和安置去向

（2005年）　　单位:万人

指　标	2000年	2001年	2002年	2003年	2004年	2005年
总　计	**42.90**	**33.34**	**78.60**	**21.85**	**17.53**	**16.96**
1、按来源分						
城镇劳动力	30.99	19.30	65.71	11.06	5.85	8.96
农村劳动力	2.02	1.99	1.83	2.27	4.02	2.72
大学、中专、技校毕业生	5.40	5.61	6.39	5.36	5.30	4.18
复员转业军人	1.35	1.18	0.97	0.93	0.81	0.76
其　他	3.14	5.26	3.71	2.23	1.55	4.52
2、按安置去向分						
国有单位	14.96	20.56	13.83	11.90	12.43	11.35
城镇集体单位	1.71	3.46	0.76	0.51	0.62	0.56
其他单位	2.53	2.85	3.11	4.46	3.68	4.52
城镇私营及个体劳动者	23.70	6.47	60.90	4.90	0.80	0.53

5-16 城镇登记失业人数及失业率

单位:人

年　份	城镇失业人员总数	年末实有失业人数	失业率（%）
1980	373083	216209	7.1
1985	201841	67044	1.9
1990	280553	112345	3.0
1991	279301	100790	3.0
1992	283228	90844	3.0
1993	285993	108306	3.0
1994	275100	99800	3.3
1995	231800	85700	3.2
1996	273800	125700	3.3
1997	303700	151600	3.4
1998	217900	122100	3.1
1999	117000	107000	2.6
2000	127448	113861	2.7
2001	239720	140082	3.2
2002	223808	135094	3.3
2003	278080	139490	3.7
2004	291401	184617	3.8
2005	301358	215414	4.2

5-17 离休、退休、退职人数

单位:人

指　标	2001 年	2002 年	2003 年	2004 年	2005 年
总　计	**1011260**	**1026170**	**1125385**	**1183289**	**1404203**
1. 离休职工	48060	44197	44202	42664	42395
2. 退休职工	939070	958207	1055269	1119088	1361808
3. 领取定期生活费退职职工	24130	23766	25914	21537	-

5-18 国有单位离退休退职人员保险福利费

单位:万元

指　标	2001 年	2002 年	2003 年	2004 年	2005 年
总　计	**394176**	**479605**	**579200**	**593635**	**771141**
离休金	22274	31418	32243	61397	32743
退休金	320532	388754	472795	464809	669023
退职生活费	3114	4132	4067	4108	-
医疗卫生费	32524	40667	47449	47659	58644
其　他	15732	14634	22646	15662	10730

5-19 社会保障基本情况

单位:万人

指　标	2001 年	2002 年	2003 年	2004 年	2005 年
城镇居民最低生活保障人数	31.30	73.50	76.10	77.95	79.80
参加失业保险职工人数	304.93	315.72	323.31	325.53	326.66
参加养老保险职工人数	262.00	261.30	265.00	266.80	268.36
参加医疗保险职工人数	221.50	260.00	301.00	323.00	348.77

5-20 养老基金缴拨情况

(2005 年)

单位:万元

指　标	缴　纳			拨　付
		单　位	个　人	
总　计	**659203**	**452886**	**206317**	**822182**
企　业	622283	452886	169397	817521
其　他	36920		36920	4661

5-21 参加基本养老保险的职工及离退休人员

(2005年)

单位:人

指标	职工人数	离退休职工
总计	**2683591**	**1065890**
一、企业	2376351	1057262
(一)内资企业	2337837	1056128
1. 国有企业	1863633	892759
2. 集体企业	204348	131992
3. 其他	269856	31377
(二)港澳台及外资企业	38514	1134
二、其他	307240	8628

5-22 失业保险基本情况

单位:人

指标	2001年	2002年	2003年	2004年	2005年
参加失业保险人数	3049314	3157222	3233138	3255321	3266621
一、企业	2493623	2545631	2571399	2518619	2519112
(一)内资企业	2466072	2511249	254298	2486218	2486560
1. 国有企业	2101876	2118875	2119745	1980298	1969238
2. 集体企业	288030	311419	316499	287717	286062
3. 其他	76166	80955	98054	218203	231260
(二)港澳台及外资企业	27551	34382	37101	32401	32552
二、事业单位	551481	593718	643652	713353	724160
三、其他单位	4210	17873	18087	23349	23349
领取失业保险金人数	38000	88000	115400	119625	85926

5-23 职业介绍工作情况

指标	数量	指标	数量
一、职业介绍机构(个)	2251	失业人员	14.87
1. 劳动保障部门办	1665	获得职业资格人员	12.24
2. 其他组织办	148	四、本年介绍成功人数(万人)	56.56
3. 公民个人办	438	#女性	21.84
二、本年登记招聘人数(万人)	89.11	#下岗职工	4.89
三、本年登记求职人数(万人)	105.28	失业人员	7.86
#下岗职工	10.27	获得职业资格人员	10.09

5-24 各市县城镇单位从业人员、职工人数及工资

(2005 年)

地 区	城镇单位从业人员(人)	#在岗职工	在岗职工工资总额(万元)	在岗职工平均工资(元)
全 省	**3341875**	**3232313**	**4779663**	**14796**
西安市	**1236555**	**1197302**	**2111433**	**17728**
中省市属单位	590878	567314	1056798	18680
市辖区	513695	503450	909753	17629
新城区	107819	104884	184410	17301
碑林区	103067	101798	217509	22057
莲湖区	125214	122029	209144	17195
灞桥区	40409	40047	51880	12950
未央区	28062	26949	49837	18491
雁塔区	62343	61470	133084	21661
阎良区	8493	8455	14477	17169
临潼区	38288	37818	49412	13223
长安区	38781	35977	43349	12062
蓝田县	18686	18279	19247	10553
周至县	22083	21207	21490	9857
户 县	34032	33247	39592	11877
高陵县	18400	17828	21205	11960
铜川市	**95633**	**91735**	**119011**	**12668**
市直单位	63282	60107	85837	13733
市辖区	25834	25180	26831	10717
王益区	3848	3841	3681	9548
印台区	4973	4973	5694	11474
耀州区	17013	16366	17456	10763
宜君县	6517	6448	6342	9898
宝鸡市	**302218**	**292713**	**376562**	**12846**
中省市属单位	139424	133538	205406	15292
市辖区	48665	47691	54118	11425
渭滨区	6912	6867	9613	13985
金台区	12413	12129	13169	11191
陈仓区	29340	28695	31336	10908
凤翔县	17000	16559	15624	9574
岐山县	22795	22271	23590	10586
扶风县	19915	19851	18750	9459
眉 县	16100	15428	16265	10450
陇 县	10671	10180	11089	10909
千阳县	6636	6514	7764	11899
麟游县	4467	4466	4824	10574
凤 县	8998	8953	10916	12078
太白县	7547	7262	8216	11482
咸阳市	**365498**	**360216**	**411497**	**11388**
市辖区	155323	153059	202979	13258
秦都区	92132	90811	126982	13951
渭城区	63191	62248	75997	12241

5－24续表1　　(2005年)

地　区	城镇单位从业人员（人）	#在岗职工	在岗职工工资总额（万元）	在岗职工平均工资（元）
三原县	23495	23375	24795	10581
泾阳县	17693	17630	16407	9127
乾　县	18037	17346	15043	8672
礼泉县	20786	20786	16223	7865
永寿县	10351	10309	7546	7326
彬　县	18482	17726	20056	11541
长武县	7845	7839	8056	10293
旬邑县	13954	13365	12358	9300
淳化县	9720	9715	9768	10080
武功县	23162	23121	24291	10506
兴平市	46650	45945	53976	11812
渭南市	**337476**	**326487**	**391431**	**11822**
开发区	11683	11366	12266	10789
临渭区	69917	68168	82874	12129
华　县	24345	23484	42384	17980
潼关县	12581	12449	12387	9798
大荔县	25090	24163	25541	10502
合阳县	19214	18041	17490	9744
澄城县	24863	23866	27043	11400
蒲城县	34522	34315	37918	10635
白水县	14594	12815	12995	10062
富平县	28790	27787	33234	11717
韩城市	43050	41879	59878	14390
华阴市	21899	21265	24093	10199
延安市	**196614**	**189858**	**298374**	**15864**
宝塔区	50548	48860	67359	13939
延长县	7939	7599	8782	11779
延川县	24749	24196	58735	24401
子长县	15036	12530	18474	14576
安塞县	11336	11136	15858	14630
志丹县	11108	11108	18423	16627
吴起县	11296	10979	17065	16471
甘泉县	8428	8401	11824	14706
富　县	9979	9979	10607	10615
洛川县	15322	15322	28010	18107
宜川县	6627	6599	7442	11122
黄龙县	5777	4771	5751	12084
黄陵县	18469	18378	30046	16394
汉中市	**231443**	**219654**	**270713**	**12248**
汉台区	70116	65750	87606	13137
南郑县	24780	23232	27983	12090
城固县	29362	28769	32408	11257
洋　县	22840	22372	28142	12394

5－24 续表 2 (2005 年)

地　区	城镇单位从业人员（人）	#在岗职工	在岗职工工资总额（万元）	在岗职工平均工资（元）
西乡县	12710	12137	14733	12067
勉　县	27166	25522	25439	9945
宁强县	11263	10992	13169	12044
略阳县	15488	15277	23088	14959
镇巴县	10912	9733	11310	11628
留坝县	3737	3104	3485	11431
佛坪县	3069	2766	3352	12131
榆林市	**201978**	**192220**	**271044**	**14257**
榆阳区	47521	45633	70050	15389
神木县	24149	23537	51088	22096
府谷县	13607	13342	16397	12310
横山县	15494	15372	17540	11312
靖边县	20944	19302	27391	14824
定边县	17540	16568	21733	13508
绥德县	15586	14622	18004	12361
米脂县	10141	9658	11534	12325
佳　县	10277	9501	10598	11083
吴堡县	5744	5495	5998	10956
清涧县	9611	8802	9081	10311
子洲县	11364	10388	11630	11275
安康市	**121478**	**118918**	**142176**	**11953**
汉滨区	50176	49161	60768	12356
汉阴县	8547	8532	9096.6	10549
石泉县	7591	7219	9606	13330
宁陕县	3662	3647	4335	11959
紫阳县	10061	9977	11061	11350
岚皋县	7477	7399	6676	9007
平利县	8495	8462	9487	11248
镇坪县	3831	3752	4421	11804
旬阳县	14957	14772	18793	12765
白河县	6681	5997	7624	12741
商洛市	**115056**	**108306**	**112477**	**10426**
商州区	34214	32980	35431	10790
洛南县	19665	18491	18850	10215
丹凤县	9114	8980	9666	10817
商南县	10014	9334	10582	11401
山阳县	17660	17592	16956	9645
镇安县	13705	11926	12120	10285
柞水县	10684	9003	8871	9853
杨凌示范区	**25361**	**25133**	**36952**	**14684**
其他单位	**112565**	**109771**	**237994**	**21892**

主要统计指标解释

从业人员 指在16周岁以上，从事一定社会劳动并取得劳动报酬或经营收入的人员。这一指标反映了一定时期内全部劳动力资源的实际利用情况，是研究我国基本国情国力的重要指标。

单位从业人员 指在各级国家机关、政党机关、社会团体及企业、事业单位中工作，取得工资或其他形式的劳动报酬的全部人员。包括在岗职工、再就业的离退休人员、民办教师以及在各单位中工作的外方人员和港澳台方人员、兼职人员、借用的外单位人员和第二职业者。不包括离开本单位仍保留劳动关系的职工。各单位的从业人员反映了各单位实际参加生产或工作的全部劳动力。

城镇私营和个体从业人员 城镇私营从业人员指在工商管理部门注册登记，其经营地址设在县城关镇(含城关镇)以上的私营企业从业人员，包括私营企业投资者和雇工。城镇个体从业人员指在工商管理部门注册登记，并持有城镇户口或在城镇长期居住，经批准从事个体工商经营的从业人员，包括个体经营者和在个体工商户劳动的家庭帮工和雇工。

职工 指在国有、城镇集体、联营、股份制、外商和港、澳、台投资、其他单位及其附属机构工作，并由其支付工资的各类人员，不包括：（1）乡镇企业从业人员；（2）私营企业从业人员；（3）城镇个体劳动者；（4）离休、退休、退职人员；（5）再就业的离、退休人员；（6）民办教师；（7）在城镇单位中工作的外方及港、澳、台人员；（8）其他按有关规定不列入职工统计范围的人员。（1998年以后的数据均为在岗职工数据，其他相关指标如职工工资总额，职工平均工资等指标也从1998年按此口径进行了相应调整）。

国有单位职工 指在国有经济单位及其附属机构工作，并由其支付工资的各类人员。

城镇集体单位职工 指在城镇集体经济单位及其管理部门工作，并由其支付工资的各类人员。

其他单位职工 指在联营经济、股份制经济、外商投资经济、港、澳、台投资经济单位工作，并由其支付工资的各类人员。

在岗职工 指在本单位工作并由单位支付工资的人员，以及有工作岗位，但由于学习、病伤产假等原因暂未工作，仍由单位支付工资的人员。

专业技术人员 指从事专业技术工作的人员以及从事专业技术管理工作且已在1983年以前评定了专业技术职称或在1984年以后聘任了专业技术职务的人员。

专业技术人员具体指工程技术人员、农业技术人员、科研人员（自然科学研究、社会科学研究及实验技术人员）、卫生技术人员、教学人员（含高等院校、中等专业学校、技工学校、中学、小学）、民用航空飞行技术人员、船舶技术人员、经济人员、会计人员、统计人员、翻译人员、图书资料、档案、文博人员、新闻、出版人员、律师、公证人员、广播电视播音人员、工艺美术人员、体育人员、艺术人员及政工人员。

工资总额 指各单位在一定时期内直接支付给本单位全部职工的劳动报酬总额。工资总额的计算原则应以直接支付给职工的全部劳动报酬为根据。各单位支付给职工的劳动报酬以及其他根据有关规定支付的工资，不论是计入成本的还是不计入成本的，不论是按国家规定列入计征奖金税项目的，还是未列入计征奖金税项目的，不论是以货币形式支付的还是以实物形式支付的，均包括在工资总额内。

平均工资 指企业、事业、机关单位的职工在一定时期内平均每人所得的货币工资额。它表明一定时期职工工资收入的高低程度，是反映职工工资水平的主要指标。

平均工资指数 指报告期职工平均工资与基期职工平均工资的比率，是反映不同时期职工货币工资水平变动情况的相对数，计算公式为：

平均工资指数 ＝ 报告期职工平均工资 / 基期职工平均工资 × 100%

平均实际工资指数 职工平均实际工资指扣除物价变动因素后的职工平均工资。职工平均实际工资指数是反映实际工资变动情况的相对数，表明职工实际工资水平提高或降低的程度。计算公式为:

平均实际工资指数 ＝ 报告期职工平均工资指数 / 报告期城镇居民消费价格指数× 100%

离休、退休、退职人员 指正式办理了离休、退休、退职手续，并享受相应的离休、退休、退职待遇的人员。

保险福利费用 指企业、事业、机关单位在工资以外实际支付给职工和离休、退休、退职人员个人和用于集体的劳动保险福利费用。不包括用于职工的劳动保护费用，由保险福利费用开支的医务人员工资，集体福利机构工作人员和病伤休息期满6个月以上人员的工资。

(1)职工保险福利费用包括:

①医疗卫生费：指实行公费医疗企业的职工及其供养的直系亲属的医疗费、医务经费、职工因工负伤就医路费以及住院伙食补助费等；卫生部门开支的事业及机关单位职工的公费医疗经费；未参加公费医疗的企业、事业和机关单位职工的医药费。

②文体宣传费：指企业、事业和机关单位实际支付的文体宣传费，不包括学习费。

③集体福利事业补贴费：指对职工浴室、理发室、洗衣房、哺乳室、托儿所等集体福利设施各项支出与收入相抵后的差额补助费。

④集体福利设施费：指按照国家规定开支的集体福利设施费用，如职工食堂炊事用具的购置费、修理费、职工宿舍的修缮费用。不包括由企业、事业、机关单位自筹经费开支的职工福利设施的基本建设费用。

⑤其他：指上述费用以外，单位支付给职工的保险福利费。

(2)离休、退休、退职人员保险福利费用包括：

①离休金：指发给离休人员的工资和按1982年国务院发布的“关于老干部离职休养制度的几项规定”，发给符合规定的离休干部相当于1-2个月标准工资的生活补贴及1988年增发的生活补贴费。

②退休金：指按照国家有关规定发给退休人员的退休费及1988年增发的生活补贴费。

③退职生活费：指按照1978年国务院《关于工人退休、退职的暂行办法》规定，定期发给退职人员的生活费及1988年增发的生活补贴费。

④医疗卫生费：指离休、退休、退职人员的医疗费、住院费以及住院伙食补助等费用。

⑤其他：指上述费用以外的其他保险福利费用，如丧葬抚恤救济费、交通费补贴、冬季取暖补贴等。

城镇登记失业人员 指有非农业户口，在一定的劳动年龄内(16岁以上至退休年龄)，有劳动能力，无业而要求就业，并在当地就业服务机构进行求职登记的人员。

城镇登记失业率 城镇登记失业人员与城镇单位就业人员(扣除使用的农村劳动力、聘用的离退休人员、港澳台及外方人员)、城镇单位中的不在岗职工、城镇私营业主、个体户主、城镇私营企业和个体就业人员、城镇登记失业人员之和的比。计算公式为：

城镇登记失业率 ＝ 城镇登记失业人数 / [（城镇单位就业人员 - 使用的农村劳动力 - 聘用的离退休人员 - 聘用的港澳台及外方人员）+ 不在岗职工 + 城镇私营业主 + 城镇个体户 + 城镇私营企业及个体就业人员 + 城镇登记失业人数] × 100%

2006

年鑑
統計

固定资产投资

GUDINGZICHANTOUZI

资料整理：王冬羽　刘吉庆　张　虹
袁军会　陈晓峰　赵　翔

六、固定资产投资

2005 年全省				
全社会固定资产投资	1982.04	亿元	比上年增长	28.4%
#国有经济单位	1017.13	亿元	比上年增长	24.9%
集体经济单位	77.63	亿元	比上年增长	9.1%
#房地产开发	298.95	亿元	比上年增长	29.3%
全社会新增固定资产	1258.49	亿元	比上年增长	42.4%
全社会竣工住宅建筑面积	3292.40	万平方米	比上年增长	-0.3%

全社会固定资产投资

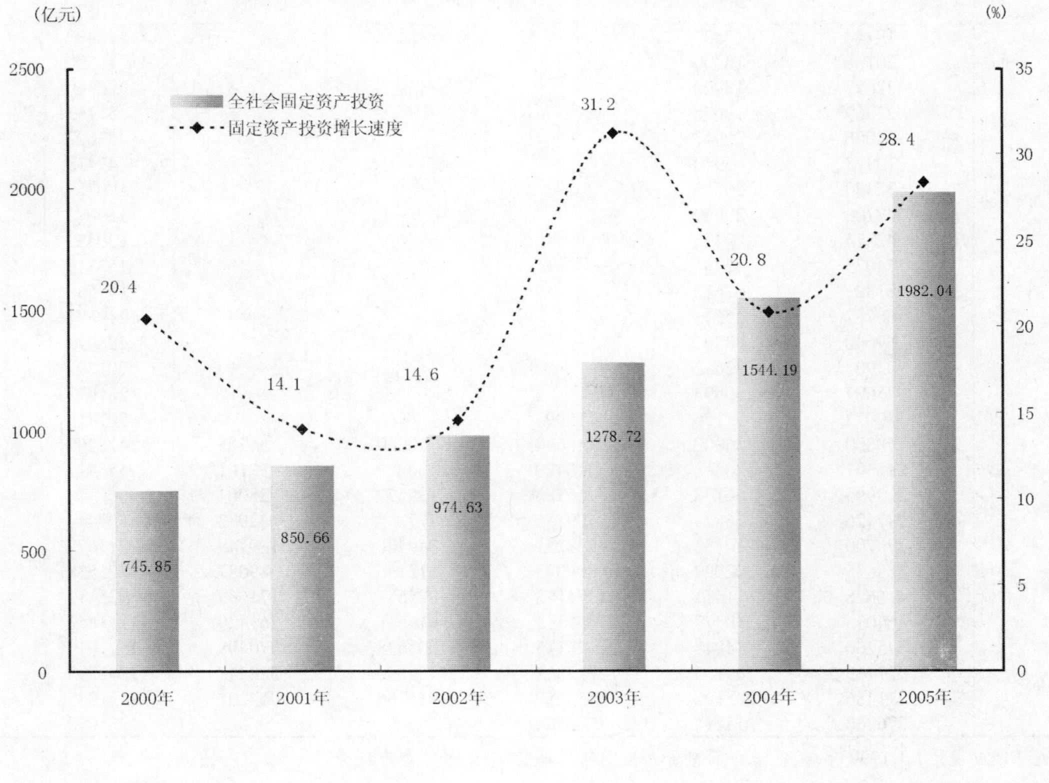

6-1 全社会固定资产投资

单位:万元

年 份	合 计	国有经济单 位	基本建设	更新改造	其他固定资产投资	房地产开 发
1978	203548	172004	159104	12900		
1979	211622	174656	156916	17740		
1980	278020	232468	205241	27227		
1981	229244	174732	133373	41359	…	
1982	294805	233192	166718	66474	…	
1983	308266	249870	165200	77665	7005	
1984	403864	280735	186105	77192	17438	
1985	579881	398109	252243	124141	21725	
1986	635300	472526	290702	163638	18186	
1987	808912	581118	343640	207063	30415	
1988	947210	670827	393011	241020	36796	
1989	951793	671345	401423	222124	47798	
1990	1037154	738541	427635	231948	78958	
1991	1249323	853623	506297	242730	104596	
1992	1424653	1087073	647390	335921	103762	
1993	2282062	1718582	998278	550215	71983	98106
1994	2832912	2029222	1256693	522544	123896	126089
1995	3243250	2266117	1402705	634948	81812	146652
1996	3719955	2564807	1506426	759975	128785	169621
1997	4240987	2876361	1853788	674034	182805	165734
1998	5448916	3828888	2435733	745904	324694	322557
1999	6192743	4077637	2556405	814439	308100	398693
2000	7458497	4735314	2936598	1191810	140378	466528
2001	8506562	5239223	3602016	1124026	123445	389736
2002	9746298	5554064	4050849	878378	136790	488047
2003	12787197	7133707	5297254	1117917	231952	486584
2004	15441935	8145105	6035247	1544633	264864	300361
2005	19820389	10171268				321272

年 份	集体经济单 位	#农 村	其他经济单 位	#基本建设	#更新改造	城乡个人	#农 村
1978	19144	17500				12400	12300
1979	20166	18200				16800	16600
1980	22652	18900				22900	22500
1981	23369	19676				31143	30497
1982	28006	20947				33607	32174
1983	10978	5940				47418	45337
1984	32370	26783				90759	87621
1985	42700	29629				139072	133478
1986	42385	27495				120389	111942
1987	74075	56291				153719	143355
1988	81821	62618				194562	181510
1989	60757	45545				219691	204099
1990	69640	53797				228973	215107
1991	93903	72682				301797	288933
1992	75607	50593				261973	240887
1993	140072	97226	115993			307415	269274
1994	178850	135000	146640	40960	54765	478200	432000
1995	215301	126318	206420	56329	37101	555412	513176
1996	219995	156178	266783	139577	28004	668370	618875
1997	247426	176874	409756	277294	32072	707444	673989
1998	270700	210133	638251	349426	109748	711077	556967
1999	389635	302229	899933	512146	89087	825538	637437
2000	416628	311411	1371143	823687	171669	935412	703183
2001	464095	340477	1691391	814617	261420	1111853	765412
2002	545200	334848	2129115	1008638	570498	1517919	864338
2003	627769	309133	3732828	1479694	588241	1292893	987251
2004	711486	285192	5153359	1915766	1004201	1431985	1019100
2005	776260	313414	7541788			1331073	1099766

注:按照国家统计制度规定,自1999年起,全社会固定资产投资包括私营、个体固定资产投资 。

6-2 全社会新增固定资产

单位:万元

年份	合计	国有经济单位	基本建设	更新改造	其他固定资产投资	房地产开发
1978	306592	279677	273277	6400		
1979	166626	134528	125763	8765		
1980	183920	143679	124740	18939		
1981	186900	137735	108760	28975		
1982	278208	223060	176985	46075		
1983	265055	207231	147240	52986	7005	
1984	340505	217725	137584	66850	13291	
1985	413505	236663	144227	76652	15784	
1986	483223	325006	198149	116107	10750	
1987	627094	402508	234783	145351	22374	
1988	720909	448912	263583	169651	15678	
1989	709572	432089	247026	146033	39030	
1990	971952	674200	370526	227366	76308	
1991	1024825	638164	353506	197166	87492	
1992	1290871	965763	630747	260585	74431	
1993	1446400	988503	523698	368949	59444	36412
1994	2018204	1344305	685447	450919	114088	93851
1995	2479568	1617723	966578	503846	53461	93838
1996	2782014	1892545	1105938	619224	71310	96073
1997	2889199	1894881	1165480	469326	114403	145672
1998	3749762	2559559	1478363	762641	159283	159272
1999	5208689	3492085	2034141	706903	357064	393977
2000	6072715	4039635	2775213	760068	118431	385923
2001	6834613	4299989	3040046	817146	77156	365641
2002	7171710	3410984	2292959	676390	141835	299800
2003	8515381	4476270	3182996	770684	167992	354598
2004	8835471	4480213	3148913	912706	185102	233492
2005	12584901	6120456				171540

年份	集体经济单位	#农村	其他经济单位	#基本建设	#更新改造	城乡个人	#农村
1978	14515	13300				12400	12300
1979	15298	13800				16800	16600
1980	17341	14400				22900	22500
1981	18022	14953				31143	30497
1982	21541	15710				33607	32174
1983	10406	5940				47418	45337
1984	32021	26783				90759	87621
1985	37770	29629				139072	133478
1986	37828	27495				120389	111942
1987	70867	56291				153719	143355
1988	77435	62618				194562	181510
1989	57792	45545				219691	204099
1990	68779	53797				228973	215107
1991	84864	72468				301797	288933
1992	63135	46148				261973	240887
1993	118049	89645	32433			307415	269274
1994	112986	77452	82713	22016	24976	478200	432000
1995	167873	112359	138560	47513	51648	555412	513176
1996	172863	127928	74737	11303	24065	641869	592374
1997	214206	160570	72668	8680	22947	707444	673989
1998	231641	177029	304602	108846	82654	653960	499850
1999	374059	303465	583920	303700	73680	758625	570524
2000	379607	284822	792180	399756	140561	861293	629064
2001	400108	281634	1161873	614142	169344	972643	683464
2002	450567	311498	1898300	1124620	436812	1411859	853463
2003	462639	283943	2303126	1044441	535591	1273346	971966
2004	506764	263375	2433412	911589	638700	1415082	1010503
2005	507523	233861	4534019			1422903	1189367

6-3 全社会竣工住宅建筑面积

单位:万平方米

年 份	合 计	国有经济单 位	基本建设	更新改造	其他固定资产投资	房地产开 发
1978	706.09	135.61	127.33	8.28		
1979	951.05	187.73	176.39	11.34		
1980	1277.11	249.08	228.62	20.46		
1981	1627.18	250.48	218.54	31.94		
1982	1598.73	289.49	227.82	61.67		
1983	2400.03	304.84	221.80	83.04		
1984	1930.28	290.78	229.78	59.35	1.65	
1985	2622.98	339.80	284.22	43.00	12.58	
1986	2336.38	350.84	270.73	74.40	5.71	
1987	2295.25	305.51	223.77	63.26	18.48	
1988	2943.49	263.75	196.45	57.70	9.60	
1989	1630.46	224.30	166.57	49.82	7.91	
1990	2257.86	250.12	155.19	44.83	50.10	
1991	2583.58	267.14	179.09	36.86	51.19	
1992	1943.91	309.04	206.43	45.16	57.45	
1993	2072.95	372.39	259.74	42.26	6.06	64.33
1994	2613.12	434.00	290.99	40.00	3.68	99.33
1995	3111.15	485.16	339.36	35.79	0.03	109.98
1996	2814.39	462.62	320.64	26.25	2.30	113.43
1997	2581.69	529.29	348.04	45.43	0.33	135.49
1998	2645.52	549.82	358.81	44.01		147.00
1999	3133.31	961.31	513.56	35.27	0.53	411.95
2000	4947.36	942.36	532.16	33.89	0.14	376.17
2001	4990.18	813.17	541.03	2.04	0.40	269.70
2002	4317.24	712.33	450.72	19.37	0.68	241.56
2003	4269.44	805.99	564.74	6.34	10.27	224.64
2004	3301.31	507.95	368.05	7.01	9.28	123.61
2005	3292.40	544.63				103.96

年 份	集体经济单 位	#农 村	其他经济单 位	#基本建设	城乡个人	#农 村
1978	32.61	30.33			537.87	535.55
1979	35.90	31.47			727.42	722.78
1980	39.08	32.84			988.95	979.67
1981	39.13	34.10			1337.57	1322.56
1982	32.65	21.77			1276.59	1242.54
1983	17.81	9.31			2077.38	2032.45
1984	70.40	63.07			1569.10	1521.75
1985	84.86	77.06			2198.32	2136.94
1986	110.02	97.91			1875.52	1801.08
1987	110.66	103.67			1879.08	1796.30
1988	65.49	56.85			2614.25	2534.19
1989	48.26	37.48			1357.90	1290.77
1990	94.12	85.82			1913.62	1850.44
1991	60.15	54.00			2256.29	2202.00
1992	5.32				1629.55	1566.80
1993	25.93	10.90	2.97		1671.66	1561.00
1994	29.61	11.35	14.09	0.62	2135.42	2009.83
1995	45.28	10.56	29.86	2.70	2550.85	2470.00
1996	51.86	15.44	29.97	1.65	2269.94	2198.42
1997	39.67	9.29	40.19	3.95	1972.54	1899.26
1998	52.54	20.90	71.73	10.60	1971.43	1641.62
1999	79.30	42.00	120.57	13.69	1972.13	1531.00
2000	88.87	44.85	157.30	17.67	3758.83	3246.86
2001	75.31	18.45	233.44	18.30	3868.26	3311.05
2002	87.16	10.99	241.10	51.98	3276.65	2649.75
2003	104.63	17.88	466.63	84.57	2892.19	2379.92
2004	76.78	28.35	406.56	95.07	2310.02	1625.09
2005	78.65	6.29	662.86		2006.26	1451.64

6-4 全社会固定资产投资主要指标及构成

（2005 年）

单位:万元

指　标	合　计	内　资				港澳台商投资	外　商投　资	个　体经　济
			国　有	集　体	其　他			
一、投资总额	19820389	17936384	10171268	776260	6988856	312021	240911	1331073
1. 按隶属关系分								
中　央	2714695	2696835	1941988	896	753951		17860	
地　方	17105694	15239549	8229280	775364	6234905	312021	223051	1331073
2. 按构成分								
建筑工程	11940121	10890516	6359398	497418	4033700	142555	98101	808949
安装工程	1340584	1281552	670546	47178	563828	42751	15738	543
设备工器具购置	4043308	3451303	1489917	143831	1817555	120699	86588	384718
其他费用	2496376	2313013	1651407	87833	573773	6016	40484	136863
#土地购置费	546762	526027	109751	4269	412007	4358	16335	42
3. 按建设性质分								
#新　建	8500167	8313275	5585185	196462	2531628	60095	116888	9909
扩　建	3626305	3606101	2381804	39073	1185224	13350	6380	474
改　建	2172472	1961024	1442923	31616	486485	141510	69438	500
4. 按产业构成分								
第一产业	538232	340334	223469	37063	79802			197898
第二产业	6759978	6452422	3130926	311200	3010296	64651	133892	109013
第三产业	12522179	11143628	6816873	427997	3898758	247370	107019	1024162
二、本年新增固定资产	12584901	10849948	6120456	507523	4221969	235494	76556	1422903
三、房屋建筑面积及竣工价值								
本年施工房屋面积(万平方米)	9174.70	7066.76	2922.92	439.43	3704.41	174.07	65.04	1868.83
#住　宅	5813.38	3859.77	1360.42	190.15	2309.20	137.07	8.29	1808.25
本年竣工房屋面积(万平方米)	4510.97	2637.22	1204.35	251.22	1181.65	26.52	6.73	1840.50
#住　宅	3052.33	1264.21	544.63	78.65	640.93	19.15	2.79	1766.18
本年竣工房屋价值	4007474	3233048	1340351	207347	1685350	59631	10660	704135
#住　宅	2324374	1614386	561809	100163	952414	33183	2600	674205

6-5 地方全社会固定资产投资主要指标及构成

（2005年） 单位：万元

指标	合计	内资			港澳台商投资	外商投资	个体经济
		国有	集体	其他			
一、投资总额	17105694	15239549	8229280	775364	6234905	312021	223051	1331073
1. 按构成分								
建筑工程	10641554	9598669	5557241	496538	3544890	142555	91381	808949
安装工程	1048619	990087	440615	47178	502294	42751	15238	543
设备工器具购置	2712418	2145443	745966	143663	1255814	106396	75861	384718
其他费用	2703103	2505350	1485458	87985	931907	20319	40571	136863
#土地购置费	492681	471946	97356	4269	370321	4358	16335	42
2. 按建设性质分								
#新建	7317034	7147342	4540073	195642	2411627	60095	99688	9909
扩建	2609018	2589474	1920921	38997	629556	13350	5720	474
改建	1834773	1623325	1123486	31616	468223	141510	69438	500
3. 按产业构成分								
第一产业	537852	339954	223469	37063	79422			197898
第二产业	4946674	4656318	2006895	311200	2338223	64651	116692	109013
第三产业	11621168	10243277	5998916	427101	3817260	247370	106359	1024162
二、本年新增固定资产	10812767	9078474	4991870	507447	3579157	235494	75896	1422903
三、房屋建筑面积及竣工价值								
本年施工房屋面积（万平方米）	9160.07	7052.13	2908.29	439.43	3704.41	174.07	65.04	1868.83
#住宅	5798.89	3845.29	1345.94	190.15	2309.19	137.07	8.28	1808.2466
本年竣工房屋面积（万平方米）	4510.83	2637.09	1204.20	251.22	1181.67	26.51	6.73	1840.5002
#住宅	3052.33	1264.21	544.63	78.65	640.92	19.15	2.79	1766.1807
本年竣工房屋价值	4007211	3232785	1340088	207347	1685350	59631	10660	704135
#住宅	2324374	1614386	561809	100163	952414	33183	2600	674205

6-6 各市全社会固定资产投资

（2005 年）

单位:万元

地 区	合 计	国有经济	#地 方	集体经济	#农 村	其他经济	个体经济	#农 村
全 省	**19820389**	**10171268**	**8229280**	**776260**	**313414**	**7541788**	**1331073**	**1099766**
关 中	13143987	5684014	4494925	610056	268516	5845727	1004190	848568
西 安 市	7725052	3383834	2576642	394633	132271	3626700	319885	237623
铜 川 市	341996	201499	193582	15370	864	121756	3372	
宝 鸡 市	1868595	819531	783431	55611	22319	676365	317088	295964
咸 阳 市	2021945	669712	496089	127907	102081	1026246	198080	163460
渭 南 市	1077598	574614	428952	16148	10774	345671	141165	126920
杨凌示范区	108801	34824	16229	387	207	48989	24601	24601
陕 南	1645605	714171	603925	58295	15214	581901	291238	250692
汉 中 市	636738	256864	188495	10233	2051	301798	67843	51382
安 康 市	605681	246414	220815	25677	13163	216871	116718	103969
商 洛 市	403187	210893	194615	22385		63232	106677	95341
陕 北	3126935	2544365	2523681	107909	29684	439016	35645	505
延 安 市	1582218	1451504	1437870	63942	6322	55133	11640	505
榆 林 市	1544717	1092861	1085811	43967	23362	383883	24006	
不分地区	1903862	1228718	606749			675144		

6－7 全省按国民经济行业及构成分的城镇投资

（2005 年） 单位：万元

行业	投资额	建筑工程	安装工程	设备工器具购置	其他费用
总计	**15199282**	**8879207**	**1127869**	**2962380**	**2229826**
（一）农、林、牧、渔业	322060	165882	2438	19359	134381
农业	52071	35266	617	2821	13367
林业	118762	35508	200	843	82211
畜牧业	64554	31498	740	11465	20851
渔业	495	230	3	170	92
农、林、牧、渔服务业	86178	63380	878	4060	17860
（二）采矿业	2132071	1193608	286416	493816	158231
煤炭开采和洗选业	522977	192684	35737	233081	61475
石油和天然气开采业	1474871	927008	239695	228414	79754
黑色金属矿采选业	20872	12484	1052	4420	2916
有色金属矿采选业	59885	32297	7877	13491	6220
非金属矿采选业	45655	25159	2005	12700	5791
其他采矿业	7811	3976	50	1710	2075
（三）制造业	2779743	1027994	295176	1224307	232266
农副食品加工业	74274	36368	6030	24209	7667
食品制造业	47774	15225	4979	20025	7545
饮料制造业	140288	43701	6183	84411	5993
烟草制品业	2507	2276	110		121
纺织业	83012	37016	2050	40665	3281
纺织服装、鞋、帽制造业	12904	8763	795	2731	615
皮革、毛皮、羽毛（绒）及其制品业	120				120
木材加工及木、竹、藤、棕、草制品业	39011	14250	227	19660	4874
家具制造业	12388	6524	36	5283	545
造纸及纸制品业	54907	15954	4363	29258	5332
印刷业和记录媒介的复制	34175	14908	724	14802	3741
文教体育用品制造业	3025	905	545	1510	65
石油加工、炼焦及核燃料加工业	263344	69559	72450	88959	32376
化学原料及化学制品制造业	360110	89156	64874	175072	31008
医药制造业	151877	78081	12123	45005	16668
化学纤维制造业	18000	6780	520	7400	3300
橡胶制品业	12533	5127	338	6230	838
塑料制品业	41178	10438	1805	23610	5325
非金属矿物制品业	235531	80786	28005	103981	22759
黑色金属冶炼及压延加工业	66866	23274	8332	31241	4019
有色金属冶炼及压延加工业	171991	42690	25133	96535	7633
金属制品业	56268	22684	2896	27788	2900
通用设备制造业	113856	48813	2298	51949	10796
专用设备制造业	169001	86047	11942	60228	10784
交通运输设备制造业	368476	145772	23600	176899	22205
电气机械及器材制造业	71188	31422	6469	24565	8732
通信设备、计算机及其他电子设备制造业	111259	61465	3457	38948	7389
仪器仪表及文化、办公用机械制造业	42410	19612	1975	16442	4381
工艺品及其他制造业	15767	5831	2892	5807	1237
废弃资源和废旧材料回收加工业	5703	4567	25	1094	17
（四）电力、燃气及水的生产和供应业	1489395	547208	253338	482104	206745
电力、热力的生产和供应业	1381443	463501	242652	472277	203013
燃气生产和供应业	39047	32060	3900	1449	1638
水的生产和供应业	68905	51647	6786	8378	2094
（五）建筑业	101676	65682	1575	26890	7529
房屋和土木工程建筑业	90304	59734	1261	24391	4918
建筑安装业	350	350			
建筑装饰业	1729	1029	250	350	100
其他建筑业	9293	4569	64	2149	2511

6-7 续表　　(2005 年)　　单位:万元

行　业	投资额	建筑工程	安装工程	设备工器具购　置	其他费用
(六)交通运输、仓储和邮政业	2353922	1956662	39605	67347	290308
铁路运输业	325802	228145	9269	31972	56416
道路运输业	1885980	1662079	3881	9775	210245
城市公共交通业	40336	14964	461	19751	5160
水上运输业	229	173		27	29
航空运输业	10788	2000	1300	190	7298
管道运输业	28176	1750	21700	46	4680
装卸搬运和其他运输服务业	1415	1281		26	108
仓储业	51607	37971	2004	5450	6182
邮政业	9589	8299	990	110	190
(七)信息传输、计算机服务和软件业	442806	187343	78479	155770	21214
电信和其他信息传输服务业	413353	162601	77619	153071	20062
计算机服务业	2826	1475	330	949	72
软件业	26627	23267	530	1750	1080
(八)批发和零售业	677153	474750	50508	51372	100523
批发业	207547	137092	17262	17620	35573
零售业	469606	337658	33246	33752	64950
(九)住宿和餐饮业	192250	113255	14830	26698	37467
住宿业	144718	79014	11535	19776	34393
餐饮业	47532	34241	3295	6922	3074
(十)金融业	52821	41817	1583	4314	5107
银行业	51159	40251	1503	4308	5097
保险业	986	986			
其他金融活动	676	580	80	6	10
(十一)房地产业	62258	49802	682	1260	10514
房地产业	62258	49802	682	1260	10514
(十二)租赁和商务服务业	110373	63486	4057	1970	40860
租赁业	470	200	100	170	
商务服务业	109903	63286	3957	1800	40860
(十三)科学研究、技术服务和地质勘查业	319139	201511	11012	85683	20933
研究与试验发展	203372	95707	7150	82341	18174
专业技术服务业	55128	50533	1299	1751	1545
科技交流和推广服务业	45304	42146	1673	652	833
地质勘查业	15335	13125	890	939	381
(十四)水利、环境和公共设施管理业	2060779	1271287	34588	33897	721007
水利管理业	211028	159507	12818	5026	33677
环境管理业	86470	62133	1447	12150	10740
公共设施管理业	1763281	1049647	20323	16721	676590
(十五)居民服务和其他服务业	37005	22150	2984	7054	4817
居民服务业	23502	14331	705	4291	4175
其他服务业	13503	7819	2279	2763	642
(十六)教　育	921537	749529	22756	69529	79723
教　育	921537	749529	22756	69529	79723
(十七)卫生、社会保障和社会福利业	148624	119501	5909	17002	6212
卫　生	137379	109167	5909	16916	5387
社会保障业	2636	2598			38
社会福利业	8609	7736		86	787
(十八)文化、体育和娱乐业	164234	109996	5441	27513	21284
新闻出版业	345	345			
广播、电视、电影和音像业	69070	43345	1383	18007	6335
文化艺术业	38307	30753	3080	2936	1538
体　育	22957	18119	163	347	4328
娱乐业	33555	17434	815	6223	9083
(十九)公共管理和社会组织	831436	517744	16492	166495	130705
中国共产党机关	3361	2924	23	50	364
国家机构	743082	443113	7130	166337	126502
人民政协和民主党派	80	70			10
群众团体、社会团体和宗教组织	6712	5300	420	40	952
基层群众自治组织	78201	66337	8919	68	2877

6-8 地方按国民经济行业及构成分的城镇投资

（2005 年）

单位:万元

行业	投资额	建筑工程	安装工程	设备工器具购置	其他费用
总计	**12507127**	**7587055**	**835904**	**2163448**	**1920720**
(一)农、林、牧、渔业	321680	165767	2435	19189	134289
农业	52071	35266	617	2821	13367
林业	118762	35508	200	843	82211
畜牧业	64554	31498	740	11465	20851
渔业	115	115			
农、林、牧、渔服务业	86178	63380	878	4060	17860
(二)采矿业	1438231	767258	222043	333561	115369
煤炭开采和洗选业	366563	158709	27080	132086	48688
石油和天然气开采业	950625	539268	186254	171812	53291
黑色金属矿采选业	20872	12484	1052	4420	2916
有色金属矿采选业	46705	27662	5602	10833	2608
非金属矿采选业	45655	25159	2005	12700	5791
其他采矿业	7811	3976	50	1710	2075
(三)制造业	2373683	904526	255960	1015482	197715
农副食品加工业	73174	36168	5830	23509	7667
食品制造业	47774	15225	4979	20025	7545
饮料制造业	140288	43701	6183	84411	5993
烟草制品业	1600	1600			
纺织业	77431	32285	1922	40122	3102
纺织服装、鞋、帽制造业	12904	8763	795	2731	615
皮革、毛皮、羽毛(绒)及其制品业	120				120
木材加工及木、竹、藤、棕、草制品业	39011	14250	227	19660	4874
家具制造业	12388	6524	36	5283	545
造纸及纸制品业	54907	15954	4363	29258	5332
印刷业和记录媒介的复制	26345	14108	724	9442	2071
文教体育用品制造业	3025	905	545	1510	65
石油加工、炼焦及核燃料加工业	161520	54841	42250	46618	17811
化学原料及化学制品制造业	344971	86006	62863	167585	28517
医药制造业	151877	78081	12123	45005	16668
化学纤维制造业	800	80	20	700	
橡胶制品业	12533	5127	338	6230	838
塑料制品业	41178	10438	1805	23610	5325
非金属矿物制品业	231953	77366	27975	103919	22693
黑色金属冶炼及压延加工业	61057	21341	8139	27583	3994
有色金属冶炼及压延加工业	170991	41872	25133	96353	7633
金属制品业	52318	21196	1351	26971	2800
通用设备制造业	100020	47392	1624	41841	9163
专用设备制造业	131079	65787	11775	43543	9974
交通运输设备制造业	211785	103991	20570	72656	14568
电气机械及器材制造业	71188	31422	6469	24565	8732
通信设备、计算机及其他电子设备制造业	84938	43798	3326	30719	7095
仪器仪表及文化、办公用机械制造业	35038	15907	1678	14732	2721
工艺品及其他制造业	15767	5831	2892	5807	1237
废弃资源和废旧材料回收加工业	5703	4567	25	1094	17
(四)电力、燃气及水的生产和供应业	807495	410343	91645	241579	63928
电力、热力的生产和供应业	699543	326636	80959	231752	60196
燃气生产和供应业	39047	32060	3900	1449	1638
水的生产和供应业	68905	51647	6786	8378	2094
(五)建筑业	70172	56418	1487	5675	6592
房屋和土木工程建筑业	58800	50470	1173	3176	3981
建筑安装业	350	350			
建筑装饰业	1729	1029	250	350	100
其他建筑业	9293	4569	64	2149	2511

6－8 续表 (2005 年) 单位:万元

行　　业	投资额	建筑工程	安装工程	设备工器具购　　置	其他费用
(六)交通运输、仓储和邮政业	2047748	1742953	33204	41475	230116
铁路运输业	30016	17386	2948	6100	3582
道路运输业	1883880	1659979	3881	9775	210245
城市公共交通业	40336	14964	461	19751	5160
水上运输业	229	173		27	29
航空运输业	3490	2000	1300	190	
管道运输业	28176	1750	21700	46	4680
装卸搬运和其他运输服务业	1415	1281		26	108
仓储业	51007	37511	1924	5450	6122
邮政业	9199	7909	990	110	190
(七)信息传输、计算机服务和软件业	370344	149992	69856	131994	18502
电信和其他信息传输服务业	342891	126750	69396	129295	17450
计算机服务业	2826	1475	330	949	72
软件业	24627	21767	130	1750	980
(八)批发和零售业	654974	461447	45308	48852	99367
批发业	199188	132933	16462	15220	34573
零售业	455786	328514	28846	33632	64794
(九)住宿和餐饮业	191343	112985	14830	26341	37187
住宿业	144718	79014	11535	19776	34393
餐饮业	46625	33971	3295	6565	2794
(十)金融业	35648	28907	1150	858	4733
银行业	34162	27501	1070	858	4733
保险业	886	886			
其他金融活动	600	520	80		
(十一)房地产业	62258	49802	682	1260	10514
房地产业	62258	49802	682	1260	10514
(十二)租赁和商务服务业	108673	61786	4057	1970	40860
租赁业	470	200	100	170	
商务服务业	108203	61586	3957	1800	40860
(十三)科学研究、技术服务和地质勘查业	113985	97418	6602	5559	4406
研究与试验发展	41793	32616	4594	2741	1842
专业技术服务业	14953	11531	245	1727	1450
科技交流和推广服务业	45304	42146	1673	652	833
地质勘查业	11935	11125	90	439	281
(十四)水利、环境和公共设施管理业	2054775	1265408	34573	33896	720898
水利管理业	205024	153628	12803	5025	33568
环境管理业	86470	62133	1447	12150	10740
公共设施管理业	1763281	1049647	20323	16721	676590
(十五)居民服务和其他服务业	37005	22150	2984	7054	4817
居民服务业	23502	14331	705	4291	4175
其他服务业	13503	7819	2279	2763	642
(十六)教　育	693413	559230	21476	38195	74512
教　育	693413	559230	21476	38195	74512
(十七)卫生、社会保障和社会福利业	137386	108924	5909	17002	5551
卫　生	126141	98590	5909	16916	4726
社会保障业	2636	2598			38
社会福利业	8609	7736		86	787
(十八)文化、体育和娱乐业	163872	109996	5441	27151	21284
新闻出版业	345	345			
广播、电视、电影和音像业	69070	43345	1383	18007	6335
文化艺术业	38307	30753	3080	2936	1538
体　育	22957	18119	163	347	4328
娱乐业	33193	17434	815	5861	9083
(十九)公共管理和社会组织	824442	511745	16262	166355	130080
中国共产党机关	3361	2924	23	50	364
国家机构	736088	437114	6900	166197	125877
人民政协和民主党派	80	70			10
群众团体、社会团体和宗教组织	6712	5300	420	40	952
基层群众自治组织	78201	66337	8919	68	2877

6-9 全省国民经济各行业城镇投资施工、投产项目个数及新增固定资产

(2005年)

行　业	施工项目（个）	全部建成投产项目（个）	施工项目计划总投资（万元）	本年完成投资额（万元）	本年新增固定资产（万元）
总　计	**7117**	**4172**	**42518020**	**15199282**	**9474079**
(一)农、林、牧、渔业	447	309	999034	322060	244212
农　业	78	55	102680	52071	39735
林　业	137	98	643319	118762	92661
畜牧业	84	63	149418	64554	50568
渔　业	2	1	1715	495	259
农、林、牧、渔服务业	146	92	101902	86178	60989
(二)采矿业	349	170	3038806	2132071	1774709
煤炭开采和洗选业	143	52	1271104	522977	256293
石油和天然气开采业	31	19	1541896	1474871	1435973
黑色金属矿采选业	32	20	43483	20872	9594
有色金属矿采选业	65	42	106613	59885	45008
非金属矿采选业	57	36	63860	45655	27511
其他采矿业	21	1	11850	7811	330
(三)制造业	1386	803	6795943	2779743	1922451
农副食品加工业	78	56	132569	74274	62187
食品制造业	46	27	109684	47774	19017
饮料制造业	98	77	194670	140288	115517
烟草制品业	3	1	2633	2507	2043
纺织业	53	27	114724	83012	48973
纺织服装、鞋、帽制造业	12	10	15684	12904	7913
皮革、毛皮、羽毛(绒)及其制品业	1	1	120	120	120
木材加工及木、竹、藤、棕、草制品业	17	11	49871	39011	11037
家具制造业	6	6	17012	12388	14714
造纸及纸制品业	38	25	79361	54907	37291
印刷业和记录媒介的复制	23	11	90327	34175	19810
文教体育用品制造业	2		5500	3025	
石油加工、炼焦及核燃料加工业	25	10	584165	263344	149498
化学原料及化学制品制造业	84	52	938991	360110	292277
医药制造业	96	56	291532	151877	148787
化学纤维制造业	2		32890	18000	
橡胶制品业	9	6	20945	12533	10093
塑料制品业	21	13	279329	41178	25269
非金属矿物制品业	118	82	463624	235531	86047
黑色金属冶炼及压延加工业	30	17	188731	66866	123579
有色金属冶炼及压延加工业	55	23	446878	171991	212456
金属制品业	27	18	102246	56268	29975
通用设备制造业	96	60	215787	113856	89060
专用设备制造业	85	40	372133	169001	99558
交通运输设备制造业	133	53	1460462	368476	182912
电气机械及器材制造业	52	30	155158	71188	49719
通信设备、计算机及其他电子设备制造业	41	12	303336	111259	37748
仪器仪表及文化、办公用机械制造业	64	13	101366	42410	27493
工艺品及其他制造业	66	63	16523	15767	13738
废弃资源和废旧材料回收加工业	5	3	9692	5703	5620
(四)电力、燃气及水的生产和供应业	297	114	6631416	1489395	734091
电力、热力的生产和供应业	208	77	6345086	1381443	686847
燃气生产和供应业	21	7	113286	39047	6963
水的生产和供应业	68	30	173044	68905	40281
(五)建筑业	114	43	175083	101676	63364
房屋和土木工程建筑业	61	28	162491	90304	53576
建筑安装业	1		550	350	
建筑装饰业	3	1	2112	1729	1714
其他建筑业	49	14	9930	9293	8074

6－9 续表 (2005 年)

行 业	施工项目（个）	全部建成投产项目（个）	施工项目计划总投资（万元）	本年完成投资额（万元）	本年新增固定资产（万元）
（六）交通运输、仓储和邮政业	578	376	10720025	2353922	1231094
铁路运输业	54	31	2398734	325802	54018
道路运输业	472	308	7979561	1885980	1073725
城市公共交通业	8	4	64391	40336	31658
水上运输业	2	2	229	229	229
航空运输业			158864	10788	3490
管道运输业	1	1	30000	28176	28176
装卸搬运和其他运输服务业	2	2	1339	1415	1409
仓储业	27	20	76222	51607	30394
邮政业	12	8	10685	9589	7995
（七）信息传输、计算机服务和软件业	258	189	804322	442806	371224
电信和其他信息传输服务业	244	181	593945	413353	340085
计算机服务业	4	3	3599	2826	1799
软件业	10	5	206778	26627	29340
（八）批发和零售业	449	283	1195994	677153	372670
批发业	167	94	366685	207547	116284
零售业	282	189	829309	469606	256386
（九）住宿和餐饮业	144	95	360017	192250	144838
住宿业	77	40	287326	144718	105927
餐饮业	67	55	72691	47532	38911
（十）金融业	42	23	111683	52821	39363
银行业	34	18	109891	51159	38521
保险业	5	3	1116	986	766
其他金融活动	3	2	676	676	76
（十一）房地产业	39	12	283590	62258	14081
房地产业	39	12	283590	62258	14081
（十二）租赁和商务服务业	51	21	372555	110373	46952
租赁业	2	2	470	470	470
商务服务业	49	19	372085	109903	46482
（十三）科学研究、技术服务和地质勘查业	181	47	1098603	319139	143060
研究与试验发展	128	22	797404	203372	73389
专业技术服务业	22	11	86468	55128	10233
科技交流和推广服务业	16	5	186457	45304	44768
地质勘查业	15	9	28274	15335	14670
（十四）水利、环境和公共设施管理业	983	577	5313496	2060779	999892
水利管理业	263	155	1070120	211028	95566
环境管理业	102	57	233678	86470	67193
公共设施管理业	618	365	4009698	1763281	837133
（十五）居民服务和其他服务业	41	27	57727	37005	28232
居民服务业	26	16	39808	23502	17948
其他服务业	15	11	17919	13503	10284
（十六）教 育	626	392	2494447	921537	610941
教 育	626	392	2494447	921537	610941
（十七）卫生、社会保障和社会福利业	235	149	305848	148624	103416
卫 生	202	126	285960	137379	92334
社会保障业	4	4	2636	2636	2712
社会福利业	29	19	17252	8609	8370
（十八）文化、体育和娱乐业	122	70	416747	164234	101886
新闻出版业	1	1	345	345	345
广播、电视、电影和音像业	23	12	179592	69070	57749
文化艺术业	48	29	83875	38307	24438
体 育	15	5	51392	22957	8330
娱乐业	35	23	101543	33555	11024
（十九）公共管理和社会组织	775	472	1342684	831436	527603
中国共产党机关	10	8	4496	3361	4145
国家机构	710	430	1205271	743082	454852
人民政协和民主党派	1		137	80	
群众团体、社会团体和宗教组织	11	10	6606	6712	5973
基层群众自治组织	43	24	126174	78201	62633

6－10 地方国民经济各行业城镇投资施工、投产项目个数及新增固定资产

（2005年）

行　业	施工项目（个）	全部建成投产项目（个）	施工项目计划总投资（万元）	本年完成投资额（万元）	本年新增固定资产（万元）
总　计	**6574**	**3974**	**33624665**	**12507127**	**7702208**
（一）农、林、牧、渔业	446	309	997434	321680	244068
农　业	78	55	102680	52071	39735
林　业	137	98	643319	118762	92661
畜牧业	84	63	149418	64554	50568
渔　业	1	1	115	115	115
农、林、牧、渔服务业	146	92	101902	86178	60989
（二）采矿业	333	160	2120358	1438231	1087903
煤炭开采和洗选业	133	45	923963	366563	99879
石油和天然气开采业	28	17	990904	950625	916227
黑色金属矿采选业	32	20	43483	20872	9594
有色金属矿采选业	62	41	86298	46705	34362
非金属矿采选业	57	36	63860	45655	27511
其他采矿业	21	1	11850	7811	330
（三）制造业	1217	750	5582810	2373683	1649126
农副食品加工业	77	56	128969	73174	62187
食品制造业	46	27	109684	47774	19017
饮料制造业	98	77	194670	140288	115517
烟草制品业	1	1	1500	1600	1600
纺织业	48	25	105682	77431	45875
纺织服装、鞋、帽制造业	12	10	15684	12904	7913
皮革、毛皮、羽毛（绒）及其制品业	1	1	120	120	120
木材加工及木、竹、藤、棕、草制品业	17	11	49871	39011	11037
家具制造业	6	6	17012	12388	14714
造纸及纸制品业	38	25	79361	54907	37291
印刷业和记录媒介的复制	22	11	68101	26345	19810
文教体育用品制造业	2		5500	3025	
石油加工、炼焦及核燃料加工业	22	10	389654	161520	55972
化学原料及化学制品制造业	76	50	907326	344971	283027
医药制造业	96	56	291532	151877	148787
化学纤维制造业	1		1000	800	
橡胶制品业	9	6	20945	12533	10093
塑料制品业	21	13	279329	41178	25269
非金属矿物制品业	111	76	460004	231953	82469
黑色金属冶炼及压延加工业	29	17	181724	61057	119079
有色金属冶炼及压延加工业	54	22	445878	170991	211456
金属制品业	25	16	94996	52318	26025
通用设备制造业	83	56	173024	100020	84139
专用设备制造业	65	33	260918	131079	75135
交通运输设备制造业	50	27	825703	211785	61469
电气机械及器材制造业	52	30	155158	71188	49719
通信设备、计算机及其他电子设备制造业	35	11	219940	84938	36004
仪器仪表及文化、办公用机械制造业	49	11	73310	35038	26044
工艺品及其他制造业	66	63	16523	15767	13738
废弃资源和废旧材料回收加工业	5	3	9692	5703	5620
（四）电力、燃气及水的生产和供应业	244	94	4107956	807495	289350
电力、热力的生产和供应业	155	57	3821626	699543	242106
燃气生产和供应业	21	7	113286	39047	6963
水的生产和供应业	68	30	173044	68905	40281
（五）建筑业	106	41	116841	70172	39020
房屋和土木工程建筑业	53	26	104249	58800	29232
建筑安装业	1		550	350	
建筑装饰业	3	1	2112	1729	1714
其他建筑业	49	14	9930	9293	8074

6－10 续表　　　　　　　　　　　　(2005 年)

行　业	施工项目（个）	全部建成投产项目（个）	施工项目计划总投资（万元）	本年完成投资额（万元）	本年新增固定资产（万元）
(六)交通运输、仓储和邮政业	527	347	8384895	2047748	1179363
铁路运输业	6	3	74675	30016	2887
道路运输业	471	308	7977061	1883880	1073725
城市公共交通业	8	4	64391	40336	31658
水上运输业	2	2	229	229	229
航空运输业			151364	3490	3490
管道运输业	1	1	30000	28176	28176
装卸搬运和其他运输服务业	2	2	1339	1415	1409
仓储业	26	19	75582	51007	29794
邮政业	11	8	10254	9199	7995
(七)信息传输、计算机服务和软件业	209	151	555545	370344	331345
电信和其他信息传输服务业	197	145	475168	342891	302206
计算机服务业	4	3	3599	2826	1799
软件业	8	3	76778	24627	27340
(八)批发和零售业	440	278	1164954	654974	370760
批发业	161	91	350505	199188	115234
零售业	279	187	814449	455786	255526
(九)住宿和餐饮业	143	94	355017	191343	140288
住宿业	77	40	287326	144718	105927
餐饮业	66	54	67691	46625	34361
(十)金融业	30	16	53641	35648	27425
银行业	26	14	52155	34162	26799
保险业	3	2	886	886	626
其他金融活动	1		600	600	
(十一)房地产业	39	12	283590	62258	14081
房地产业	39	12	283590	62258	14081
(十二)租赁和商务服务业	50	21	367715	108673	46952
租赁业	2	2	470	470	470
商务服务业	48	19	367245	108203	46482
(十三)科学研究、技术服务和地质勘查业	61	33	389698	113985	82703
研究与试验发展	17	11	157574	41793	16563
专业技术服务业	14	9	20793	14953	10102
科技交流和推广服务业	16	5	186457	45304	44768
地质勘查业	14	8	24874	11935	11270
(十四)水利、环境和公共设施管理业	973	572	5296856	2054775	996806
水利管理业	253	150	1053480	205024	92480
环境管理业	102	57	233678	86470	67193
公共设施管理业	618	365	4009698	1763281	837133
游览景区管理	101	48	563332	203826	78282
(十五)居民服务和其他服务业	41	27	57727	37005	28232
居民服务业	26	16	39808	23502	17948
其他服务业	15	11	17919	13503	10284
(十六)教　育	603	387	1813653	693413	447805
教　育	603	387	1813653	693413	447805
(十七)卫生、社会保障和社会福利业	231	148	232399	137386	103307
卫　生	198	125	212511	126141	92225
社会保障业	4	4	2636	2636	2712
社会福利业	29	19	17252	8609	8370
(十八)文化、体育和娱乐业	122	70	415707	163872	101196
新闻出版业	1	1	345	345	345
广播、电视、电影和音像业	23	12	179592	69070	57749
文化艺术业	48	29	83875	38307	24438
体　育	15	5	51392	22957	8330
娱乐业	35	23	100503	33193	10334
(十九)公共管理和社会组织	759	464	1327869	824442	522478
中国共产党机关	10	8	4496	3361	4145
国家机构	694	422	1190456	736088	449727
人民政协和民主党派	1		137	80	
群众团体、社会团体和宗教组织	11	10	6606	6712	5973
基层群众自治组织	43	24	126174	78201	62633

6－11 城镇投资新增生产能力或效益

（2005年）

名 称	单 位	能力或效益	名 称	单 位	能力或效益
原煤开采	万吨/年	485.3	中成药	吨/年	2399
洗 煤	万吨/年	380	化学纤维	吨/年	80
焦 炭	万吨/年	70	棉纺锭	万锭	3.86
天然原油开采	万吨/年	411.52	食用植物油	日处理原料:吨	163
石油加工:蒸馏设备能力	处理万吨/年	18	食用植物油	日精炼油:吨	66
催化重整设备能力	万吨/年	30	机制糖	日处理原料:吨	2000
铁矿开采(原矿)	万吨/年	91.6	奶 粉	吨/年	300
铁矿选矿处理量	万吨/年	15	啤 酒	万吨/年	10
铁矿石成品矿	万吨/年	5000	白 酒	万吨/年	1.2
生 铁	万吨/年	24.5	新建公路	公里	797.17
铁合金	万吨/年	1	#高速公路	公里	244.94
热轧钢材	万吨/年	125.8	改建公路	公里	2457.8
无缝钢管	万吨/年	0.8	新建独立公路桥梁	延长米	1049.58
铜选矿:处理原矿	万吨/年	30.5	新建独立公路桥梁	座	9
铜冶炼	吨/年	201	新(扩)建客、货运站	个	2
铅锌采矿(原矿)	万吨/年	2	新(扩)建客、货运站	平方米	21233
铅锌选矿:处理原矿	万吨/年	8.5	长途电缆线路长度	公里	655.4
铅含量	吨/年	1000	耕地面积	万亩	0.68
锌含量	吨/年	3200	造林面积	万亩	227.19
锌冶炼	万吨/年	16.1	水库容量(总库容)	亿立方米	6.57
#电解锌	万吨/年	6.1	有效灌溉面积	万亩	29.68
镍采矿(原矿)	万吨/年	87.5	除涝面积	万亩	30
镍冶炼	吨/年	200	商业冷藏库	万吨	60.94
#电解镍	吨/年	120	粮食仓库	万公斤	15
电解铝	万吨/年	6.05	粮食仓库	平方米	620
铝加工	吨/年	1120	高等院校:学生席位	个	129725
金采矿(原矿)	万吨/年	4	建筑面积	平方米	1751831
金选矿:处理原矿	吨/年	3000	中等学校:学生席位	个	67497
黄 金	公斤/年	200	建筑面积	平方米	684392
银选矿:处理原矿	吨/年	5000	小学校:学生席位	个	69710
原料云母	吨/年	585	建筑面积	平方米	431291
水力发电	万千瓦	45.44	其他学校:学生席位	个	4260
火力发电	万千瓦	61.6	建筑面积	平方米	50090
输电线路长度(11万伏及以上)	公里	1950.78	公共图书馆:藏书量	万册(件)	5
变电设备能力(11万伏及以上)	万千伏安	587.5	阅览室座席	个	150
水 泥	万吨/年	514	阅览室建筑面积	平方米	2786
平板玻璃	万重量箱/年	1630	医院病床	张	2393
锯 材	万立方米/年	60	宾馆、旅馆、招待所客房数	间	298
纤维板	万立方米/年	10	宾馆、旅馆、招待所客房数	平方米	7600
刨花板	万立方米/年	2	城市自来水供水能力	万吨/日	17.64
机制纸	万吨/年	15.8	城市自来水管道长度	公里	97.13
钟	万只/年	1.5	城市煤气生产能力	万立方米/日	12.44
硫 酸	万吨/年	4	城市天然气储气能力	万立方米/日	21
烧 碱	万吨/年	2	城市供热能力:蒸汽	吨/小时	110
电 石	吨/年	850	热水	兆瓦/小时	687
合成氨	吨/年	2200	城市公共交通车辆购置	辆	388
氮 肥	万吨/年	2.25	城市道路扩建长度	公里	75.54
磷 肥	万吨/年	5.5	城市道路扩建面积	万平方米	74.26
钾 肥	万吨/年	2	城市排水管道铺设长度	公里	44.84
化学农药原药	吨/年	4300	城市污水处理能力	万吨/日	13.2
精甲醇	万吨/年	20	城市永久性桥梁	座	1
塑料树脂及共聚物	吨/年	6000	城市防洪堤长度	公里	10.32
合成橡胶	吨/年	4300	移动电话机(手持机)(指生产能力)	部/年	5000
轮胎外胎	万条/年	8	移动通信基站设备(指安装能力)	个/年	355
化学原料药	吨/年	2254	程控交换机（指安装能力）	万线/年	27.4

6－12 能源工业及交通运输、邮电通信业城镇投资

单位：万元

行业	1995年	2000年	2001年	2002年	2003年	2004年	2005年
投资总额	**970379**	**3047760**	**3299034**	**3122050**	**3818997**	**4576836**	**6841997**
能源工业投资合计	580586	1485605	1303081	1348656	1958928	2398914	3750587
煤炭采选业	157123	181632	86295	73898	136042	197022	522977
石油和天然气开采加工业	150905	534684	626009	682955	1057663	1062756	1667127
电力蒸汽热水的生产和供应业	256452	737885	549997	562026	712431	1032537	1489395
#火力发电业	168192	170760	156875	164904	244419	511057	754469
水力发电业	31645	84598	30963	39007	61137	101007	161891
炼焦及煤气生产和供应业	16106	31404	40780	29777	52792	106599	71088
交通运输、邮电通信业合计	389793	1562155	1995953	1773394	1860069	2177922	3091410
#铁路运输业	76623	589531	524961	316358	199020	120676	325802
公路运输业	99154	105055	114044	142485	1272656	1593171	1885980
航空运输业	7101	28056	54800	32247	27808	1900	10788
邮电通信业	198051	431172	628392	403611	301281	398444	798684

6－13 全省固定资产投资财务拨款资金来源

（2005年）

单位：万元

指标	合计	城镇投资	房地产开发	农村非农户	农户投资
一、本年资金来源合计	20451185	15670154	3367851	313414	1099766
1.上年末结余资金	1119375	750431	368944		
2.本年资金来源小计	19331810	14919723	2998907	313414	1099766
（1）国家预算内资金	1892458	1805970		86488	
（2）国内贷款	3609576	3144931	411859	9015	43771
（3）债券	1242	1242			
（4）利用外资	179773	166239	12125	1409	
#外商直接投资	84127	74702	9425		
（5）自筹资金	10871795	8265769	1365531	210856	1029639
#企事业单位自有资金	7909739	7389665	520074		
#发行股票	330	330			
（6）其他资金来源	2776966	1535572	1209392	5646	26356
二、本年各项应付款合计	1970892	1283780	687112		
#工程款	1120060	698218	421842		
设备、器材款	53021	53021			

6－14 城镇投资财务拨款资金来源

(2005年) 单位:万元

指　　标	合 计	按经济类型分		按隶属关系分	
		国有经济单位	其他经济单位	中央单位	地方单位
一、本年资金来源合计	15670154	9954093	5716061	2990154	12680000
1. 上年末结余资金	750431	484726	265705	251224	499207
2. 本年资金来源小计	14919723	9469367	5450356	2738930	12180793
(1)国家预算内资金	1805970	1740258	65712	314737	1491233
(2)国内贷款	3144931	2366352	778579	915218	2229713
(3)债　券	1242	1242			1242
(4)利用外资	166239	71320	94919	28888	137351
#外商直接投资	74702	691	74011	660	74042
(5)自筹资金	8265769	4221852	4043917	1323808	6941961
中央各部门自筹	63407	42540	20867	52679	10728
省自筹	166582	134484	32098	29138	137444
地(市)自筹	125800	95020	30780	7027	118773
县自筹	520315	424227	96088	1520	518795
企事业单位自有资金	7389665	3525581	3864084	1233444	6156221
#发行股票	330	330			330
(6)其他资金来源	1535572	1068343	467229	156279	1379293
#集　资	277341	222965	54376	74260	203081
二、本年各项应付款合计	1284850	1025343	259507	119075	1165775
#工程款	699288	556710	142578	44656	654632
设备、器材款	53021	25329	27692	15588	37433

6－15 国有经济单位投资资金来源

(2005年) 单位:万元

指　　标	合 计	城镇投资	房地产开发
一、本年资金来源合计	10316910	9954093	362817
1. 上年末结余资金	514304	484726	29578
2. 本年资金来源小计	9802606	9469367	333239
(1)国家预算内资金	1740258	1740258	
(2)国内贷款	2409984	2366352	43632
(3)债　券	1242	1242	
(4)利用外资	71320	71320	
#外商直接投资	691	691	
(5)自筹资金	4395743	4221852	173891
中央各部门自筹	42540	42540	
省自筹	134484	134484	
地(市)自筹	95020	95020	
县自筹	424227	424227	
企事业单位自有资金	3603731	3525581	78150
#发行股票	330	330	
(6)其他资金来源	1184059	1068343	115716
#集　资	222965	222965	
二、本年各项应付款合计	1102073	1025343	76730
#工程款	592242	556710	35532
设备、器材款	25329	25329	

6－16 各市城镇投资资金来源

单位:万元

地区	本年资金来源合计	上年末结余资金	本年资金来源小计	国家预算内资金	国内贷款	债券	利用外资	外商直接投资
全省	**15670154**	**750431**	**14919723**	**1805970**	**3144931**	**1242**	**166239**	**74702**
关中	9643566	626627	9016939	990291	1249098	792	125431	70904
西安市	5650196	533305	5116891	596230	879481		34154	19364
铜川市	300739	10176	290563	36059	54395	30	66	20
宝鸡市	1188718	47450	1141268	103282	71913	762	62103	51440
咸阳市	1549150	13959	1535191	108529	51286		80	80
渭南市	866526	9392	857134	130921	169703		29028	
杨凌示范区	88237	12345	75892	15270	22320			
陕南	1165334	37146	1128188	240096	177461		10749	3538
汉中市	461533	26713	434820	73684	78352		4091	1796
安康市	416785	9085	407700	102958	45646		5466	650
商洛市	287016	1348	285668	63454	53463		1192	1092
陕北	2847114	85579	2761535	382123	850891	450	3045	260
延安市	1490562	8770	1481792	117505	320562	400	2700	0
榆林市	1356552	76809	1279743	264618	530329	50	345	260
不分地区	2014140	1079	2013061	193460	867481		27014	

地区	自筹资金	企事业单位自有资金	发行股票	其他资金来源	集资	本年各项应付款合计	工程款	设备、器材款
全省	**8265769**	**7389665**	**330**	**1535572**	**277341**	**1284850**	**699288**	**53021**
关中	5465973	4968593	330	1185354	192186	817064	373813	34118
西安市	2818102	2472857		788924	146477	459377	219676	23574
铜川市	161371	141196		38642	4957	20886	17827	30
宝鸡市	790813	728991		112395	3976	225713	73660	2199
咸阳市	1189279	1172230	330	186017	18961	44234	27964	6662
渭南市	470716	420622		56766	16485	57916	27759	153
杨凌示范区	35692	32697		2610	1330	8938	6927	1500
陕南	572416	374506		127466	26881	75190	58588	4090
汉中市	236505	169314		42188	5958	39279	28871	1362
安康市	203513	148817		50117	17666	25417	20965	1006
商洛市	132398	56375		35161	3257	10494	8752	1722
陕北	1333400	1152586		191626	58274	335377	209668	14813
延安市	965424	863684		75201	25186	91507	58508	160
榆林市	367976	288902		116425	33088	243870	151160	14653
不分地区	893980	893980		31126		57219	57219	

6－17 各市国有经济单位投资资金来源

单位：万元

地 区	本年资金来源合计	上年末结余资金	国家预算内资金	国内贷款	债券	利用外资	外商直接投资	对外借款
全 省	**10316910**	**9802606**	**1740258**	**2409984**	**1242**	**71320**	**691**	
关 中	5887013	5414592	929902	1005593	792	40909	80	
西安市	3660624	3257876	547433	770071		9092		
铜川市	201853	199568	35616	32745	30	46		
宝鸡市	664841	632676	99197	32766	762	2663		
咸阳市	716387	702770	108059	43793		80	80	
渭南市	590223	585591	124397	116718		29028		
杨凌示范区	53085	36111	15200	9500				
陕 南	727932	696370	237134	113885		2712	611	
汉中市	267242	245183	71652	56242		196	111	
安康市	243402	234608	102128	5528		2416	500	
商洛市	217288	216579	63354	52115		100		
陕 北	2362969	2353727	379762	740828	450	685		
延安市	1396784	1387619	115844	320562	400	600		
榆林市	966185	966108	263918	420266	50	85		
不分地区	1338996	1337917	193460	549678		27014		

地 区	自筹资金	企事业单位自有资金	发行股票	其他资金来源	集 资	本年各项应付款合计	工程款	设备、器材款
全 省	**4395743**	**3603731**	**330**	**1184059**	**222965**	**1102073**	**592242**	**25329**
关 中	2487097	2006134	330	950299	160829	677501	298500	16455
西安市	1237299	910374		693981	125450	373438	160999	11685
铜川市	105676	94026		25455	4137	19295	18920	
宝鸡市	402946	324398		94342	1705	213955	63738	888
咸阳市	460389	440093	330	90449	16070	30748	24031	3882
渭南市	273883	233468		41565	12437	32731	25241	
杨凌示范区	6904	3775		4507	1030	7334	5571	
陕 南	253455	113794		89184	14345	58837	46722	2344
汉中市	84950	39530		32143	5223	31531	22735	858
安康市	94972	48663		29564	6303	19564	16745	1006
商洛市	73533	25601		27477	2819	7742	7242	480
陕 北	1090376	918988		141626	47791	308516	189801	6530
延安市	881353	783277		68860	24292	92966	58508	130
榆林市	209023	135711		72766	23499	215550	131293	6400
不分地区	564815	564815		2950		57219	57219	

6－18 各市按经济类型分的城镇投资

（2005 年）

单位：万元

地　　区	合　计	内　资				港澳台商投　资	外　商投　资	个　体经　济
			国　有	集　体	其　他			
全　　省	**15199282**	**14771728**	**9849996**	**354819**	**4566913**	**219306**	**195322**	**12926**
关　中	9168735	8895542	5399123	237895	3258524	79478	185655	8060
西　安　市	5154193	4970983	3199651	175499	1595833	70443	108609	4158
铜　川　市	300238	300238	188436	12333	99469			
宝　鸡　市	1310328	1235330	772773	20903	441654	1355	71646	1997
咸　阳　市	1489501	1482441	645646	25826	810969	5180	1500	380
渭　南　市	845312	837387	561093	3154	273140	2500	3900	1525
杨凌示范区	69163	69163	31524	180	37459			
陕　南	1131465	1110915	682393	39937	388585	10223	9667	660
汉　中　市	442471	430973	239153	6948	184872	10107	871	520
安　康　市	410166	402322	241535	10604	150183		7704	140
商　洛　市	278828	277620	201705	22385	53530	116	1092	
陕　北	2995220	2990574	2539762	76987	373825	440		4206
延　安　市	1542004	1542004	1448424	57182	36398			
榆　林　市	1453216	1448570	1091338	19805	337427	440		4206
不分地区	1903862	1774697	1228718		545979	129165		

6－19 各市按隶属关系分的城镇投资

（2005 年）

单位：万元

地　　区	总　计	#地　方				
			省　属	市	县	其　他
全　　省	**15199282**	**12507127**	**3179054**	**3214754**	**3674367**	**2438952**
关　中	9168735	7791582	1378276	2370815	2152991	1889500
西　安　市	5154193	4226228	737599	1462797	897454	1128378
铜　川　市	300238	289881	94132	92780	73870	29099
宝　鸡　市	1310328	1258717	181912	452721	325593	298491
咸　阳　市	1489501	1289740	159287	241027	639437	249989
渭　南　市	845312	676448	202279	118539	209726	145904
杨凌示范区	69163	50568	3067	2951	6911	37639
陕　南	1131465	978184	139072	84658	572502	181952
汉　中　市	442471	369004	79272	41704	156165	91863
安　康　市	410166	348766	24778	29786	232547	61655
商　洛　市	278828	260414	35022	13168	183790	28434
陕　北	2995220	2973271	1026781	759281	948874	238335
延　安　市	1542004	1528290	312605	485075	701086	29524
榆　林　市	1453216	1444981	714176	274206	247788	208811
不分地区	1903862	764090	634925			129165

6-20 各市按国民经济行业分的城镇投资

（2005 年）

单位：万元

地区	总计	农、林、牧、渔业	采矿业	制造业	电力燃气及水的生产和供应业	建筑业	交通运输仓储和邮政业	信息传输计算机服务和软件业	批发和零售业	住宿和餐饮业
全省	**15199282**	**322060**	**2132071**	**2779743**	**1489395**	**101676**	**2353922**	**442806**	**677153**	**192250**
关中	9168735	194279	275402	2362893	693691	87819	582822	187893	619708	172476
西安市	5154193	52569	21704	1007718	295435	57535	192511	97504	417757	131595
铜川市	300238	9279	45933	100256	37767	1535	28992	2880	23973	5654
宝鸡市	1310328	62510	27497	454475	58141	4735	202185	35057	37541	7105
咸阳市	1489501	37766	116502	572073	51821	20946	82670	34422	122565	21130
渭南市	845312	31379	63766	193141	250527	2718	75742	18030	17592	6282
杨凌示范区	69163	776		35230		350	722		280	710
陕南	1131465	102165	90294	152736	211471	4302	135751	73448	25369	11564
汉中市	442471	38472	28040	111267	79345	2974	35391	21423	5580	8370
安康市	410166	45240	17240	24342	110705	657	50549	27455	11532	2010
商洛市	278828	18453	45014	17127	21421	671	49811	24570	8257	1184
陕北	2995220	25616	1092158	264114	400703	9555	751006	52300	32076	8210
延安市	1542004	9530	934856	70635	26360	1155	306379	480	22895	3828
榆林市	1453216	16086	157302	193479	374343	8400	444627	51820	9181	4382
不分地区	1903862		674217		183530		884343	129165		

地区	金融业	房地产业	租赁和商务服务业	科学研究技术服务和地质勘查业	水利环境和公共设施管理业	居民服务和其他服务业	教育	卫生社会保障和社会福利业	文化体育和娱乐业	公共管理和社会组织
全省	**52821**	**62258**	**110373**	**319139**	**2060779**	**37005**	**921537**	**148624**	**164234**	**831436**
关中	45884	53256	103040	310387	1788870	36376	803943	115382	105193	629421
西安市	32562	25407	100305	276866	1214204	9932	620325	50553	70446	479265
铜川市	2250	308	1053	162	16093	270	3595	860	849	18529
宝鸡市	220	23915	1682	666	264058	3605	53681	14271	3858	55126
咸阳市	9812	3463		29224	186102	21500	66580	40024	22320	50581
渭南市	860	163		3469	102203	900	39987	9535	7720	21298
杨凌示范区	180				6210	169	19775	139		4622
陕南	3601	6502	3783	3952	139330	629	61662	23259	10221	71426
汉中市	2937		693	930	50106	502	30671	7484	4481	13805
安康市	388	2266	3090	765	51423		16471	9675	2433	33925
商洛市	276	4236		2257	37801	127	14520	6100	3307	23696
陕北	3336	2500	3550	4800	132579		55932	9983	16213	130589
延安市	2706	2500	150	2063	57657		25490	3451	13506	58363
榆林市	630		3400	2737	74922		30442	6532	2707	72226
不分地区									32607	

6-21 各市能源工业城镇投资

(2005 年) 单位:万元

地区	能源工业投资	煤炭采选业	石油和天然气开采加工业	电力蒸汽热水的生产和供应业	炼焦及煤气生产和供应业
全省	**3750587**	**522977**	**1667127**	**1489395**	**71088**
关中	1095461	220315	132224	693691	49231
西安市	317166		21731	295435	
铜川市	80700	42933		37767	
宝鸡市	86378	13237		58141	15000
咸阳市	266873	104359	110493	51821	200
渭南市	344344	59786		250527	34031
杨凌示范区					
陕南	214596	3125		211471	
汉中市	81640	2295		79345	
安康市	111535	830		110705	
商洛市	21421			21421	
陕北	1582783	143123	1017100	400703	21857
延安市	1028920	59509	943051	26360	
榆林市	553863	83614	74049	374343	21857
不分地区	857747	156414	517803	183530	

6-22 各市按构成分的城镇投资

(2005 年) 单位:万元

地区	建筑工程	安装工程	设备工具器具购置	其他费用	#土地购置费
全省	**8879207**	**1127869**	**2962380**	**2229826**	**165201**
关中	5167026	516866	1927015	1557828	114753
西安市	2936070	194489	946545	1077089	90184
铜川市	151376	31938	85228	31696	1776
宝鸡市	736959	83019	286674	203676	4424
咸阳市	882192	91610	375086	140613	11264
渭南市	426611	109515	208708	100478	6385
杨凌示范区	33818	6295	24774	4276	720
陕南	673932	72048	195013	190472	14775
汉中市	233116	35388	102830	71137	8391
安康市	265539	20334	49726	74567	6204
商洛市	175277	16326	42457	44768	180
陕北	1882993	324950	531074	256203	2909
延安市	1024006	229399	190123	98476	331
榆林市	858987	95551	340951	157727	2578
不分地区	1155256	214005	309278	225323	32764

6－23 各市按建设性质分的城镇投资

（2005 年）

单位:万元

地　区	合　计	新　建	扩　建	改建和技术改造	单纯建造生活设施	迁　建	恢　复	单纯购置
全　省	**15199282**	**8500167**	**3626305**	**2172472**	**558944**	**60029**	**9991**	**271374**
关　中	9168735	4852098	2074073	1416516	498388	55028	5740	266892
西 安 市	5154193	2776396	1144441	604848	374684	40924		212900
铜 川 市	300238	128300	19502	146200	2494		1656	2086
宝 鸡 市	1310328	639607	421398	199261	27964	6544	285	15269
咸 阳 市	1489501	860066	266231	272341	62660	2391	3502	22310
渭 南 市	845312	415208	201763	190627	28286	5169	297	3962
杨凌示范区	69163	32521	20738	3239	2300			10365
陕　南	1131465	709887	198283	202730	7809	5001	3783	3972
汉 中 市	442471	208042	80302	149381	1893	1305		1548
安 康 市	410166	330317	39474	30040	1876	2776	3463	2220
商 洛 市	278828	171528	78507	23309	4040	920	320	204
陕　北	2995220	1864548	696756	380191	52747		468	510
延 安 市	1542004	474898	669881	350667	46090		468	
榆 林 市	1453216	1389650	26875	29524	6657			510
不分地区	1903862	1073634	657193	173035				

6－24 各市按建设阶段分的城镇投资

（2005 年）

单位:万元

地　区	合　计	筹　建	本年正式施工	本年收尾	全部停缓建	单纯购置
全　省	**15199282**	**137088**	**14535920**	**253250**	**1650**	**271374**
关　中	9168735	113908	8686094	100351	1490	266892
西 安 市	5154193	102860	4796510	40958	965	212900
铜 川 市	300238		295392	2760		2086
宝 鸡 市	1310328	11018	1244853	38888	300	15269
咸 阳 市	1489501	30	1453671	13265	225	22310
渭 南 市	845312		836870	4480		3962
杨凌示范区	69163		58798			10365
陕　南	1131465	180	1109913	17240	160	3972
汉 中 市	442471	180	434360	6223	160	1548
安 康 市	410166		400217	7729		2220
商 洛 市	278828		275336	3288		204
陕　北	2995220		2862800	131910		510
延 安 市	1542004		1527447	14557		
榆 林 市	1453216		1335353	117353		510
不分地区	1903862	23000	1877113	3749		

6-25 各市城镇投资施工、投产项目个数及新增固定资产

(2005年)

地区	施工项目(个)	全部建成投产项目(个)	施工项目计划总投资(万元)	本年完成投资额(万元)	本年新增固定资产(万元)	固定资产交付使用率(%)
全省	**7117**	**4172**	**42518020**	**15199282**	**9474079**	**62.33**
关中	4345	2458	23063435	9168735	5289599	57.69
西安市	1748	948	13619478	5154193	3129448	60.72
铜川市	339	249	1099815	300238	224572	74.80
宝鸡市	1040	509	2968527	1310328	573817	43.79
咸阳市	691	491	2762894	1489501	944527	63.41
渭南市	473	233	2451356	845312	329159	38.94
杨凌示范区	54	28	161365	69163	88076	127.35
陕南	1851	1139	3659154	1131465	814814	72.01
汉中市	912	550	1304956	442471	345481	78.08
安康市	574	383	1335496	410166	264605	64.51
商洛市	365	206	1018702	278828	204728	73.42
陕北	842	533	8334182	2995220	1634930	54.58
延安市	409	283	2657253	1542004	1129743	73.26
榆林市	433	250	5676929	1453216	505187	34.76
不分地区	79	42	7461249	1903862	1734736	91.12

6-26 各市城镇投资房屋建筑面积及造价

(2005年)

地区	本年施工房屋面积(万平方米)	#住宅	本年竣工房屋面积(万平方米)	#住宅	本年竣工房屋价值(万元)	竣工房屋造价(元/平方米)
全省	**3986.30**	**1348.48**	**1771.37**	**604.21**	**2027045**	**1144.34**
关中	3135.94	1012.01	1351.47	436.58	1625190	1202.54
西安市	1829.20	699.20	763.31	277.84	1050574	1376.33
铜川市	64.04	21.88	21.41	10.61	20559	960.41
宝鸡市	409.79	85.89	87.84	44.68	76198	867.51
咸阳市	602.29	95.21	387.39	63.61	379955	980.80
渭南市	197.30	108.26	72.59	39.85	64162	883.84
杨凌示范区	33.32	1.57	18.92		33742	1782.94
陕南	365.86	90.94	187.96	52.76	140152	745.65
汉中市	138.73	25.94	68.75	14.58	53708	781.25
安康市	145.70	39.08	73.84	23.10	47094	637.75
商洛市	81.44	25.92	45.37	15.08	39350	867.33
陕北	479.29	245.53	227.85	114.87	257837	1131.59
延安市	193.82	122.51	83.82	47.41	90633	1081.29
榆林市	285.47	123.02	144.03	67.45	167204	1160.86
不分地区	5.21		4.09		3866	944.33

6-27 房地产开发投资主要指标及构成

（2005年）

单位：万元

指 标	房地产开发	#地 方	#省 属	内 资	#国 有
一、企业（单位）个数（个）	**933**	**929**	**36**	**901**	**106**
二、本年完成投资	**2989546**	**2967006**	**172011**	**2851242**	**321272**
#商品房建设投资额	2237144	2230818	137368	2154413	207514
土地开发投资额	239111	223700	13171	231615	22198
1.按隶属关系分					
中 央	22540			22540	7040
地 方	2967006	2967006	172011	2828702	314232
#省 属	172011	172011	172011	172011	27763
地（市）属	821777	821777		802000	193085
县 属	2794995	2794995		2656691	286469
2.按构成分					
建筑工程	2061781	2055366	134681	1976413	192266
安装工程	211943	211943	19781	198896	28312
设备工器具购置	91932	91932	9906	80865	5247
其他费用	623890	607765	7643	595068	95447
#旧建筑物购置费	17802	17802		17802	420
土地购置费	381561	366150	3357	366073	55446
3.按工程用途分					
住 宅	2122786	2101223	147900	2038732	199280
#别墅、高档公寓	132870	132870	3360	132870	5947
经济适用房	185528	185328	1088	185002	59488
办公楼	118394	118394	11339	110696	11923
商业营业用房	439687	439424	5717	402214	20978
其 他	308679	307965	7055	299600	89091
三、本年新增固定资产	**1469213**	**1468950**	**59782**	**1407898**	**171540**
四、房屋建筑面积及竣工价值					
施工面积（万平方米）	3175.66	3161.03	167.09	2985.11	385.56
#住 宅	2651.67	2637.18	143.52	2507.85	337.39
竣工面积（万平方米）	757.23	757.09	41.23	732.44	113.56
#住 宅	677.11	677.11	39.70	656.26	103.96
竣工价值	1201727	1201464	49417	1144558	137631
#住 宅	1023498	1023498	47359	988351	110638

6－27续表　　(2005年)　　单位:万元

指　　标	按登记住册类型分			
	内　资		港澳台投资	外商投资
	集　体	其　它		
一、企业(单位)个数(个)	**35**	**760**	**22**	**10**
二、本年完成投资	**108027**	**2421943**	**92715**	**45589**
#商品房建设投资额	92584	1854315	74712	8019
土地开发投资额	2415	207002	5776	1720
1.按隶属关系分				
中　央		15500		
地　方	108027	2406443	92715	45589
#省　属	1235	143013		
地(市)属	5096	603819	14110	5667
县　属	106792	2263430	92715	45589
2.按构成分				
建筑工程	71401	1712746	63996	21372
安装工程	20120	150464	10646	2401
设备工器具购置	8172	67446	1885	9182
其他费用	8334	491287	16188	12634
#旧建筑物购置费		17382		
土地购置费	3674	306953	4218	11270
3.按工程用途分				
住　宅	52815	1786637	79716	4338
#别墅、高档公寓		126923		
经济适用房	3222	122292	526	
办公楼	5135	93638	3357	4341
商业营业用房	38314	342922	7563	29910
其　他	11763	198746	2079	7000
三、本年新增固定资产	**44912**	**1191446**	**58315**	**3000**
四、房屋建筑面积及竣工价值				
施工面积(万平方米)	114.80	2484.75	160.95	29.60
#住　宅	82.79	2087.67	136.73	7.09
竣工面积(万平方米)	16.08	602.81	22.35	2.44
#住　宅	16.08	536.22	18.81	2.04
竣工价值	30665	976262	54169	3000
#住　宅	30665	847048	33047	2100

6-28 各市房地产开发投资和新增固定资产

（2005 年）

单位:万元

地　区	计　划 总投资	自开始建设 至本年底累 计完成投资	本年计划 投　资	本年完成 投　资	#商品房建设	#土地开发	本年新增 固定资产
全　省	**10304175**	**5367898**	**3600870**	**2989546**	**2237144**	**239111**	**1469213**
关　中	9487897	4880648	3237662	2710606	2017679	215833	1288162
西 安 市	8073097	4093037	2593328	2122861	1568265	155606	913589
铜 川 市	90224	66553	50730	37523	32987		35725
宝 鸡 市	605995	282462	235565	220857	159214	29111	145602
咸 阳 市	513662	297234	252312	232663	188029	23624	119620
渭 南 市	140433	90020	85586	81872	58211	7492	55751
杨凌示范区	64486	51342	20141	14830	10973		17875
陕　南	591743	344776	262932	208348	159137	21312	135480
汉 中 市	362008	213360	165442	124893	92044	11527	73325
安 康 市	201548	113934	73460	65773	51675	9785	48956
商 洛 市	28187	17482	24030	17682	15418		13199
陕　北	224535	142474	100276	70592	60328	1966	45571
延 安 市	94192	47782	40872	22253	19504	422	16551
榆 林 市	130343	94692	59404	48339	40824	1544	29020

6-29 各市按构成和工程用途分的房地产开发投资

（2005 年）

单位:万元

地　区	按构成分				按工程用途分					
	建筑安装 工　程	设备工 器具购置	其　它 费　用	#土地购 置　费	住　宅	#别墅高 档公寓	#经　济 适用房	办公楼	商业营 业用房	其　他
全　省	**2273724**	**91932**	**623890**	**381561**	**2122786**	**132870**	**185528**	**118394**	**439687**	**308679**
关　中	2060016	87240	563350	345477	1926717	131453	155073	114923	397561	271405
西 安 市	1589386	77322	456153	257796	1459416	127737	63158	110380	340300	212765
铜 川 市	36128		1395		31682		26463	985	1812	3044
宝 鸡 市	162042	1117	57698	50468	156387		56563	1923	15143	47404
咸 阳 市	191323	6706	34634	28207	201581	3500	4522	500	27141	3441
渭 南 市	66892	1995	12985	8916	65342		4367	140	11719	4671
杨凌示范区	14245	100	485	90	12309	216		995	1446	80
陕　南	160795	1758	45795	27267	150045	1417	19757	1969	24084	32250
汉 中 市	92476	461	31956	20020	91889	1160	11922	1493	11717	19794
安 康 市	51735	1297	12741	6643	43140	97	6699	376	10601	11656
商 洛 市	16584		1098	604	15016	160	1136	100	1766	800
陕　北	52913	2934	14745	8817	46024		10698	1502	18042	5024
延 安 市	16956		5297	1920	13437		8042		4412	4404
榆 林 市	35957	2934	9448	6897	32587		2656	1502	13630	620

6-30 房地产开发投资财务拨款资金来源

(2005年)

单位:万元

指标	按登记注册类型分							按隶属关系分	
	总计	内资				港澳台投资	外商投资	中央单位	地方单位
			国有	集体	其他				
一、本年资金来源合计	3367851	3170681	362817	91593	2716271	150745	46425	25176	3342675
1.上年末结余资金	368944	346470	29578	16112	300780	11821	10653	626	368318
2.本年资金来源小计	2998907	2824211	333239	75481	2415491	138924	35772	24550	2974357
(1)国家预算内资金									
(2)国内贷款	411859	397322	43632	10570	343120	13037	1500	17200	394659
(3)债券									
(4)利用外资	12125	9920			9920	2205			12125
#外商直接投资	9425	7220			7220	2205			9425
(5)自筹资金	1365531	1287425	173891	30154	1083380	48091	30015	7350	1358181
#自有资金	520074	493582	78150	7289	408143	23742	2750		520074
(6)其他资金来源	1209392	1129544	115716	34757	979071	75591	4257		1209392
#定金及预收款	813533	757612	73483	25472	658657	54070	1851		813533
二、本年各项应付款合计	687112	672582	76730	36759	559093	10585	3945	200	686912
#工程款	421842	411037	35532	32689	342816	7418	3387	200	421642

6-31 房地产开发面积及造价

(2005年)

地区	施工房屋面积(万平方米)	#住宅	竣工房屋面积(万平方米)	#住宅	竣工房屋价值(万元)	#住宅	竣工房屋造价(元/平方米)	#住宅
全省	**3175.66**	**2651.67**	**757.23**	**677.11**	**1201727**	**1023498**	**1587.01**	**1511.57**
关中	2743.52	2293.28	576.27	519.14	1033602	892353	1793.61	1718.92
西安市	2052.85	1675.61	347.40	302.90	791577	668380	2278.55	2206.62
铜川市	108.01	101.25	47.37	45.67	34895	33266	736.65	728.33
宝鸡市	251.81	234.67	38.75	37.32	37601	36003	970.33	964.67
咸阳市	200.84	172.44	73.91	69.38	100981	92545	1366.23	1333.91
渭南市	97.60	84.81	51.12	46.66	51079	45168	999.15	968.00
杨凌示范区	32.41	24.50	17.71	17.20	17469	16991	986.44	987.62
陕南	303.46	261.09	143.37	127.99	124300	100840	867.01	787.88
汉中市	171.70	148.84	73.35	64.77	68304	54136	931.23	835.76
安康市	102.76	86.63	58.13	51.92	44357	35755	763.08	688.70
商洛市	29.00	25.62	11.89	11.30	11639	10949	979.01	969.14
陕北	128.68	97.30	37.59	29.98	43825	30305	1165.75	1010.79
延安市	38.11	31.05	13.66	12.39	15799	12883	1156.72	1039.82
榆林市	90.57	66.25	23.94	17.59	28026	17422	1170.90	990.34

6－32 房地产开发经营情况

(2005 年)

单位:万元

地 区	主营业务收 入	土地转让收 入	商品房屋销售收入	房屋出租收 入	房地产其它经营收入	主营业务成 本	主营业务税 金及附加	主营业务利 润
全 省	**1548383**	**50051**	**1352684**	**8484**	**137164**	**1318475**	**73341**	**107196**
关 中	1261050	48606	1105964	5373	101107	1074861	59009	81224
西 安 市	930131	48331	789121	4893	87786	795848	47090	48614
铜 川 市	41066		39283	5	1778	39396	421	617
宝 鸡 市	104274	275	93262	457	10280	87362	5053	9640
咸 阳 市	131987		130793		1194	108541	3805	16720
渭 南 市	42205		42118	18	69	33738	2186	4853
杨凌示范区	11387		11387			9976	454	780
陕 南	176977	943	175288	164	582	149212	9440	15518
汉 中 市	94331	730	93301	108	192	77472	5266	9870
安 康 市	69647	213	69106	1	327	61772	3408	3587
商 洛 市	12999		12881	55	63	9968	766	2061
陕 北	110356	502	71432	2947	35475	94402	4892	10454
延 安 市	61778		26275	28	35475	56350	2217	3068
榆 林 市	48578	502	45157	2919		38052	2675	7386

6－33 房地产开发企业基本情况

(2005 年)

地 区	开发公司个 数(个)	实 收资本金总计(万元)	资产总计(万元)	本年折旧(万元)	负债总计(万元)	所 有 者权益合计(万元)	全部从业人员年平均人数(人)	本年应付工资总额(万元)
全 省	**933**	**1776992**	**7493252**	**19692**	**5443361**	**2054663**	**30342**	**112132**
关 中	669	1483042	6553864	16396	4895028	1663608	23282	104110
西 安 市	399	1152857	5582048	13599	4299385	1282663	13122	95752
铜 川 市	28	22720	80650	177	59084	21566	557	495
宝 鸡 市	87	85913	283364	1379	177834	105530	3245	2963
咸 阳 市	101	166419	441447	654	251794	189653	3947	2884
渭 南 市	45	36350	115636	334	75041	40595	1763	1439
杨凌示范区	9	18783	50719	253	31890	23601	648	577
陕 南	174	152443	524120	1443	328820	195300	4682	4799
汉 中 市	116	96879	340128	828	205586	134542	2787	2798
安 康 市	46	42362	156746	531	109706	47040	1458	1704
商 洛 市	12	13202	27246	84	13528	13718	437	297
陕 北	90	141507	415268	1853	219513	195755	2378	3223
延 安 市	18	40138	186660	913	127167	59493	690	1356
榆 林 市	72	101369	228608	940	92346	136262	1688	1867

6－34 商品房屋销售情况

（2005 年）

地　区	现房销售面积合计（平方米）	住　宅	#别墅、公寓	#经济适用房	办公楼	商业营业用房	其　它
全　　省	**4381861**	**4170527**	**254056**	**740748**	**51883**	**144975**	**14476**
关　中	3344528	3207875	251546	601944	35077	97006	4570
西 安 市	1925507	1846729	251320	216041	29134	48519	1125
铜 川 市	340495	330388		243403	2900	6600	607
宝 鸡 市	314938	311438		107500		3500	
咸 阳 市	450391	428699				20999	693
渭 南 市	202823	184476		35000		16202	2145
杨凌示范区	110374	106145	226		3043	1186	
陕　南	829108	778629	2510	127496	3390	44183	2906
汉 中 市	423842	400291		70049	590	20055	2906
安 康 市	307964	292936	830	57447		15028	
商 洛 市	97302	85402	1680		2800	9100	
陕　北	208225	184023		11308	13416	3786	7000
延 安 市	129752	108408		11308	12605	1739	7000
榆 林 市	78473	75615			811	2047	

地　区	期房销售面积（平方米）	#住　宅	现房销售额（万元）	#住　宅	期房销售额（万元）	#住　宅
全　　省	**4538229**	**4323777**	**802340**	**734704**	**1034852**	**904978**
关　中	3752074	3569406	675993	626402	934635	823323
西 安 市	2637285	2507851	515515	475925	785461	693802
铜 川 市	118717	111770	25549	24723	10224	9233
宝 鸡 市	532820	523927	35658	34806	67887	62564
咸 阳 市	223671	202128	63439	58781	43149	34613
渭 南 市	199520	184420	22627	19846	24156	19603
杨凌示范区	40061	39310	13205	12321	3758	3508
陕　南	591610	578281	93604	81907	64052	57591
汉 中 市	371507	363065	48063	43158	39327	34767
安 康 市	199206	194319	34584	29722	22139	20238
商 洛 市	20897	20897	10957	9027	2586	2586
陕　北	194545	176090	32743	26395	36165	24064
延 安 市	28709	28709	21983	16818	5385	5385
榆 林 市	165836	147381	10760	9577	30780	18679

6-35 房地产开发公司一、二级企业一览表

（2005 年）

企业名称	隶属关系	资质等级	施工项目计划总投资（万元）	本年完成投资（万元）	#商品房建设投资	本年新增固定资产（万元）	房屋施工面积（平方米）	房屋竣工面积（平方米）	竣工房屋价值（万元）
西安市城市建设开发总公司	市	一级	12554	2165	2165		92858		
西安市房地产开发总公司	市	一级	6500	3000	3000		127500		
西安紫薇房地产开发公司	市	一级	337558	89531	59043	104054	787436	423202	104054
咸阳市房地产开发公司	市	一级	20000	6799	6799		20567		
名流置业集团股份有限公司西安分公司	其他	一级	6500	4500	4000		17800		
中铁二十局集团房地产开发公司	中央	二级	75000	15500					
韩城矿务局房地产开发公司	省	二级	3315	3315	3315	1238	51026	17000	1238
陕西宏基置业有限公司	省	二级	4500	1690	1690	7232	22260	22260	7232
陕西建功房地产事务有限公司	省	二级	14500	8576	8576	8576	45519	45519	6828
陕西金泰恒业房地产有限公司	省	二级	44838	38913	32902		123009		
陕西金裕房地产开发集团有限责任公司	省	二级	25000	6300	6300	2200	109221	18278	2200
陕西省城乡建设综合开发公司汉中公司	省	二级							
陕西省建筑房地产开发公司	省	二级	2990	2990	2990		70791		
陕西圣安房地产开发有限公司	省	二级	33197	1325	1325		90000		
陕西通安房地产开发有限责任公司	省	二级	2700	830	830	2500	31700	31700	2480
陕西炜华实业有限公司	省	二级							
西安市市政建设开发公司	省	二级	7000	5010		5010	37000		
安康市长兴房地产开发公司白河分公司	市	二级	1300	1269	1008	1269	12400	12400	1125
安康市长兴建筑集团房地产开发有限公司	市	二级	16790	5501	4801	7004	70317	63853	5609
安康市兴华房地产开发有限公司	市	二级	17200	3140	1616	2570	45349	26203	1643
宝鸡力宝房地产开发有限责任公司	市	二级	300	700	650		54500		
宝鸡市房地产综合开发公司	市	二级	2000	800	500				
宝鸡市房屋经营开发公司	市	二级	3560	1212	820		12273		
宝鸡市中房房地产开发有限公司	市	二级	2400	1600	1600	2557	36000	23249	2557
宝鸡永嘉房地产开发有限公司	市	二级	16000	833	833				
陕西安康市兴安地产集团有限公司	市	二级	11338	6508	6508		66804		
陕西安康市兴科房建集团地产开发有限公司	市	二级	18000	6002	5285	5359	122877	87500	5359
陕西龙安房地产开发有限责任公司	市	二级	150000	30100		60815	360000	254341	60815
陕西铜川城建开发有限责任公司	市	二级	5000	3719	3709	3567	145500	41000	3567
陕西鑫新房地产开发有限责任公司	市	二级	5160	1100			19700		
铜川市房地产综合开发公司	市	二级	1500	248	248	1725	23600	16900	1725
西安长庆地产集团有限公司	市	二级	40000	32718					
西安富莱明置业有限公司	市	二级	32000	11500	11500		138000		
西安高新技术产业开发区房地产开发公司	市	二级	75484	14971	9047	31055	126810	98611	31055
西安国际置业有限公司	市	二级	10	10	10	8500	41250	41250	8500
西安市安达房地产开发有限责任公司	市	二级	32000	3901	3901		45659		
西安万国房地产开发有限公司	市	二级	13000	1500	1500	5610	42647	33865	4572
咸阳开明房地产开发有限公司	市	二级							
延安百合实业有限公司	市	二级	7300	5400	5400	5400	57124	57124	5400
延安新大洲房地产开发有限公司	市	二级	10847	8086	8086	6219	63832	37561	5467
榆林金域房地产开发公司	市	二级	6500	4000	4000	3250	78000	25000	3250
安康城建开发有限责任公司	县	二级	2500	2370	2370	1950	45000	33470	1950
汉中广厦房地产开发有限责任公司渭南分公司	县	二级	9400	8100	3700	13300	110000	105000	13300
汉中市城乡建设综合开发公司	县	二级	5500	2150					
汉中市房地产综合开发公司	县	二级	4000	269					
汉中市锦园房业开发有限责任公司	县	二级	11800	4400	4400	3300	50000	33000	3300
陕西安康安建房地产开发有限责任公司	县	二级	5408	3940	2842	4179	65791	65791	4179
陕西华宇实业有限公司	县	二级	56253	22282	16682	14670	262000	115055	14670
西安市星火房地产开发公司	县	二级	40000	10150	7350		191207		
西安腾飞房地产开发有限公司	县	二级	31181	6958	6958	1960	125870	13667	1960
延安慧泽房地产开发有限公司	县	二级							
榆林市文昌房地产开发公司	县	二级	7494	1942	1942	7494	77339	77339	7494
立丰(西安)房地产开发有限公司	其他	二级	39000	25350			12300		

6－35 续表 1 （2005 年）

企业名称	隶属关系	资质等级	施工项目计划总投资（万元）	本年完成投资（万元）	#商品房建设投资	本年新增固定资产（万元）	房屋施工面积（平方米）	房屋竣工面积（平方米）	竣工房屋价值（万元）
宝鸡聚丰房地产开发有限公司	其他	二级	14000	10000	10000	3500	57000	17000	3500
宝鸡市陈仓房地产开发公司	其他	二级	10130	11309	11309	10147	160765		
宝鸡市华盛实业有限公司	其他	二级	3200	3000	2600	4360	38880		
长安绿园房地产开发有限公司	其他	二级	3800	2100	2100		22000		
汉中大华房地产开发有限公司	其他	二级	45000	2223	436	1956	29310	29310	1956
汉中广厦房地产开发有限责任公司	其他	二级	20000	19600	18100	2530	184463	18333	2530
汉中海德房地产开发有限责任公司	其他	二级	29600	1679	632		40231		
汉中九麟房地产开发有限公司	其他	二级	1869	557	105	710	12300	7000	600
汉中市东城房地产开发有限责任公司	其他	二级	8000	1250	1250	2532	47792	28457	2532
汉中市广惠房地产开发有限责任公司	其他	二级	3000	69	69	260	2035	2035	220
汉中市鑫源房地产开发有限公司	其他	二级	7727	360	360		7806		
汉中市艺苑房地产发展有限公司	其他	二级	22863	3335	2235	1675	20157	20157	1675
汉中市中山房地产开发有限责任公司	其他	二级	6000	4312	1732	4130	32000	31000	4030
陕西长建房地产开发集团有限公司	其他	二级	2500	2000	2000		72943		
陕西大都房地产集团有限公司	其他	二级	8000	300					
陕西丰辉房地产开发有限公司	其他	二级	3000	2100	2100	570	66049	11258	570
陕西功德置业发展有限公司	其他	二级							
陕西海润物业发展公司	其他	二级	90000	11097			72273		
陕西华航综合建设发展有限公司	其他	二级	15430	3000	3000		41010		
陕西华茂实业有限公司	其他	二级	10500	743	743		50000		
陕西华威房地产开发有限公司	其他	二级	25000	4300	4300		57264		
陕西环宇房地产开发有限公司	其他	二级	5410	490	490		31600		
陕西金源房地产开发有限公司	其他	二级	11000	4500	4500		5500		
陕西三鼎实业有限公司	其他	二级	8000	1500	1500		39566		
陕西文华房地产开发有限责任公司	其他	二级	20000	9310	9310		20000		
陕西兴龙建设集团	其他	二级	10000	2000	700		58000		
陕西亚美聚源房地产开发有限责任公司	其他	二级	23000	2330	2330		71736		
陕西永泰田房地产开发有限公司	其他	二级							
陕西中城投资有限公司	其他	二级	23119	2048		35	48200		
四川东嘉房地产开发有限公司咸阳分公司	其他	二级							
西安北苑房地产开发有限公司	其他	二级	30000	23522	21722		35012		
西安丹尼尔房地产开发有限公司	其他	二级	40000	1260	1260		300000		
西安东光房地产综合开发有限公司	其他	二级	94704	1834	1834		160280		
西安海荣房地产集团有限公司	其他	二级	50000	20030	19930	17375	233000	98360	7377
西安海星房地产综合开发有限公司	其他	二级	43552	6317	6317	8816	139268	24510	6226
西安豪盛置业有限公司	其他	二级	17500	2400	2400	34300	144831	144831	34300
西安宏府房地产开发（集团）有限公司	其他	二级		11765	11765		76628		
西安华奥房地产开发有限公司	其他	二级	7000	5550	4650		53719		
西安汇鑫置业集团有限公司	其他	二级	56258	4487	4487		201666		
西安基尔特实业发展有限公司	其他	二级	6000	5000	5000	14000	40000	40000	14000
西安吉源房地产开发有限公司	其他	二级	5000	726	726		13000		
西安佳佳房地产综合开发有限责任公司	其他	二级	40000	12000	11195		146000		
西安嘉翔房地产开发有限公司	其他	二级	40000	970					
西安普林房地产开发有限责任公司	其他	二级	60000	2128	2128		205000		
西安普明房地产开发有限公司	其他	二级	24000	2431	2431		121664		
西安荣华集团有限公司	其他	二级	56200	31895	27751	13132	366682	113443	13132
西安市荣源房地产开发有限公司	其他	二级	8900	548	548				
西安市雁塔区城乡建设开发公司	其他	二级	10000	3360	3360	9700	42200	42200	9700
西安铁锋房地产开发集团公司	其他	二级	45000	11287	10587		138038		
西安万胜房地产开发有限公司	其他	二级	30000	12392	12392	17640	120000		
西安万业房地产开发有限公司	其他	二级	45000	16028	16028		127832		
西安雅荷房地产开发有限公司	其他	二级	146720	11146	11146		166120		
西安愿景房地产开发有限公司	其他	二级	66929	1845	593		5790		
咸阳新纺房地产开发有限公司	其他	二级	13000	5000	5000		32850		
延安金圣都工贸有限责任公司	其他	二级							
杨凌天元实业有限公司	其他	二级	7350	2250	2250	7530	75100	75100	7530

6－35 续表 2 （2005 年） 单位：万元

企业名称	资产总计	负债合计	所有者权益合计	主营业务收入	#商品房销售收入	主营业务成本	销售费用	利润总额	全年从业人员年平均人数（人）
西安市城市建设开发总公司	29464	23860	5604	2417	656	1335	18	143	150
西安市房地产开发总公司	16479	10678	5801	592		102	34	－63	149
西安紫薇房地产开发公司	76159	41135	35024	21072	21072	21281	1880	4884	137
咸阳市房地产开发公司	18843	18028	815	2143	2143	1320	158	51	384
名流置业集团股份有限公司西安分公司	6296	6427	－131	3077	3077	2615	170	－131	27
中铁二十局集团房地产开发公司	29806	27806	2000					577	26
韩城矿务局房地产开发公司	545	309	236					－29	13
陕西宏基置业有限公司	6958	4958	2000	971	971	667	234	－421	46
陕西建功房地产事务有限公司	21886	17629	4257	10870	10870	7723	435	1756	20
陕西金泰恒业房地产有限公司	43100	33196	9904	10148	9493	6412	825	1832	84
陕西金裕房地产开发集团有限责任公司	28888	20888	8000	7201	7201	6720	227	－198	65
陕西省城乡建设综合开发公司汉中公司	50	30	20						3
陕西省建筑房地产开发公司	14037	12653	1384	2758	2758	2300	95	105	32
陕西圣安房地产开发有限公司	20572	4811	15761	5986	5986	3670	37	1092	120
陕西通安房地产开发有限责任公司	2749	2551	198	2925	2925	2225	96	312	11
陕西炜华实业有限公司	6560	1560	5000					－219	15
西安市市政建设开发公司	201122	196893	4229	1092	1038	904		54	151
安康市长兴房地产开发公司白河分公司	1231	42	1189	1344	1344	1125		217	98
安康市长兴建筑集团房地产开发有限公司	16737	14015	2722	6023	6023	5529	29	37	37
安康市兴华房地产开发有限公司	6945	3265	3680	2934	2934	2216	9	248	49
宝鸡力宝房地产开发有限责任公司	3475	2290	1185	1096	1096	1003	8	－8	8
宝鸡市房地产综合开发公司	766	691	75	415		343		105	37
宝鸡市房屋经营开发公司	3300	3000	300	680	638	630	28	－171	54
宝鸡市中房房地产开发有限公司	3241	270	2971	106		67		－151	50
宝鸡永嘉房地产开发有限公司	13613	9897	3716	1967	1967	1132	35	117	22
陕西安康市兴安地产集团有限公司	14048	12094	1954	3699	3699	2919	144	47	24
陕西安康市兴科房建集团地产开发有限公司	11385	9082	2303	4463	4463	4046	87	50	48
陕西龙安房地产开发有限责任公司	104868	98074	6794	15279	15279	13440	305	180	85
陕西铜川城建开发有限责任公司	12053	10084	1969	2197	2197	2194	3	－64	28
陕西鑫新房地产开发有限责任公司	3726	1726	2000	1217	1217	1373	78	－708	37
铜川市房地产综合开发公司	3781	4023	－242	2465	2460	2331	2	18	39
西安长庆地产集团有限公司	41324	36324	5000	78	78	10		－209	64
西安富莱明置业有限公司	33678	32834	844				430	－1073	85
西安高新技术产业开发区房地产开发公司	212093	105591	106502	33524	33000	22394	1533	1098	80
西安国际置业有限公司	14318	12080	2238	455	455	387	35	－200	18
西安市安达房地产开发有限责任公司	11348	7936	3412	1956	1956	1265	196	58	80
西安万国房地产开发有限公司	19663	16673	2990	3808	3604	3080	221	－152	29
咸阳开明房地产开发有限公司	3998	500	3498						36
延安百合实业有限公司	104828	81688	23140	34961		32979		－94	20
延安新大洲房地产开发有限公司	8546	5689	2857	5979	5951	4092	40	818	72
榆林金域房地产开发公司	11442	1028	10414	3487	3487	1763		1323	12
安康城建开发有限责任公司	6700	4500	2200	2500	2500	2100	51	－29	48
汉中广厦房地产开发有限责任公司渭南分公司	5570	5010	560	2800	2800	1864	40	763	5
汉中市城乡建设综合开发公司	5736	5252	484	402	50	213	20	6	55
汉中市房地产综合开发公司	5340	4825	515	92	92	58	2	－22	41
汉中市锦园房业开发有限责任公司	9647	7576	2071	2768	2768	2227	66	75	46
陕西安康安建房地产开发有限责任公司	16432	12986	3446	4698	4698	4027		190	25
陕西华宇实业有限公司	33566	22338	11228	2389	2389	1057	48	395	186
西安市星火房地产开发公司	41363	36038	5325	7363	7363	6259	295	139	89
西安腾飞房地产开发有限公司	26480	14799	11681	7215	7215	4880	47	1726	68
延安慧泽房地产开发有限公司	11964	10191	1773	8341	8341	7969	8	70	60
榆林市文昌房地产开发公司	9591	4456	5135	7281	7281	6677	67	54	7
立丰（西安）房地产开发有限公司	30000	20634	9366	26		－33	67	－956	65

6－35 续表 3　　(2005 年)　　单位:万元

企 业 名 称	资产总计	负债合计	所有者权益合计	主营业务收入	#商品房销售收入	主营业务成本	销售费用	利润总额	全年从业人员年平均人数(人)
宝鸡聚丰房地产开发有限公司	23656	17981	5675	8266	8000	6892	163	181	86
宝鸡市陈仓房地产开发公司	19448	7068	12380	4621	4621	3928		282	118
宝鸡市华盛实业有限公司	250	120	130						65
长安绿园房地产开发有限公司	2608	1608	1000	2300	2300	2170	86	－572	38
汉中大华房地产开发有限公司	9963	5685	4278	3763	3760	2037	221	728	36
汉中广厦房地产开发有限责任公司	35292	12314	22978	5222	5222	4435		238	76
汉中海德房地产开发有限责任公司	10009	7009	3000					－90	52
汉中九麟房地产开发有限公司	8388	4658	3730	2851	2851	2216	41	113	35
汉中市东城房地产开发有限责任公司	6485	4460	2025	1366	1366	1072	17	12	42
汉中市广惠房地产开发有限责任公司	4862	2862	2000	316	316	276	2	－20	6
汉中市鑫源房地产开发有限公司	9825	7825	2000	2406	2406	2207	22	－45	48
汉中市艺苑房地产发展有限公司	10505	2502	8003	2360	2329	1822	160	－65	66
汉中市中山房地产开发有限责任公司	6029	3580	2449	2638	2638	2069	42	49	43
陕西长建房地产开发集团有限公司	23925	20222	3703	3151	3151	3150	173	－1096	54
陕西大都房地产集团有限公司	13657	7682	5975				1	－34	33
陕西丰辉房地产开发有限公司	7709	4723	2986	2927	2927	2135	20	45	57
陕西功德置业发展有限公司	5770	3952	1818	675	675	816		－195	8
陕西海润物业发展公司	65752	60774	4978				180	－329	59
陕西华航综合建设发展有限公司	24774	23268	1506	1715	1715	1605	109	－712	56
陕西华茂实业有限公司	1		1						1
陕西华威房地产开发有限公司	16105	8105	8000						24
陕西环宇房地产开发有限公司	13900	5610	8290					－44	15
陕西金源房地产开发有限公司	6644	4644	2000					－290	35
陕西三鼎实业有限公司	6296	3077	3219				45	－158	27
陕西文华房地产开发有限责任公司	12000	4718	7282	2679		2303	252	－226	23
陕西兴龙建设集团	13110	8329	4781	3324		2584		－33	106
陕西亚美聚源房地产开发有限责任公司	26656	21266	5390	7143	7120	6550	19	－59	34
陕西永泰田房地产开发有限公司	16039	12846	3193	208		158		－325	25
陕西中城投资有限公司	19062	11762	7300	64		8	18	－187	28
四川东嘉房地产开发有限公司咸阳分公司	1117		1117						
西安北苑房地产开发有限公司	26714	24714	2000	15289	15289	19531	459	－5543	150
西安丹尼尔房地产开发有限公司	47146	31445	15701	3139	3139	2158	273	21	63
西安东光房地产综合开发有限公司	37096	41584	－4488					－550	7
西安海荣房地产集团有限公司	30901	23601	7300	17227	17227	11114		4736	53
西安海星房地产综合开发有限公司	51616	45605	6011	8658	7658	5848	425	1543	48
西安豪盛置业有限公司	11968	7905	4063	6316	6316	5312	168	207	18
西安宏府房地产开发(集团)有限公司	56545	51942	4603				510	－1429	67
西安华奥房地产开发有限公司	23230	20230	3000	2773	2773	2773	27	－266	50
西安汇鑫置业集团有限公司	34185	22796	11389	3297	3297	1867	148	503	69
西安基尔特实业发展有限公司	14147	12270	1877				98	－408	36
西安吉源房地产开发有限公司	10550	4228	6322	2162	2162	1595	175	143	32
西安佳佳房地产综合开发有限责任公司	31256	20256	11000	9237	9237	8577	98	－289	61
西安嘉翔房地产开发有限公司	8137	4118	4019	297		120	9	59	15
西安普林房地产开发有限责任公司	22135	16795	5340	5275	5275	4483	106	－227	23
西安普明房地产开发有限公司	21397	16415	4982	1612		1289	30	－393	79
西安荣华集团有限公司	30734	18734	12000	22777	22777	19841	385	618	142
西安市荣源房地产开发有限公司	4205	2396	1809	968	968	820	38	－16	16
西安市雁塔区城乡建设开发公司	20000	16200	3800	8000	8000	6541	290	540	54
西安铁锋房地产开发集团公司	32328	23115	9213	18960	18960	17064	487	－184	52
西安万胜房地产开发有限公司	24156	19156	5000	3800	3800	3222	153	－356	40
西安万业房地产开发有限公司	49177	47311	1866					81	55
西安雅荷房地产开发有限公司	70991	55991	15000	10603	10603	6897	758	318	49
西安愿景房地产开发有限公司	19703	15596	4107	9818	9818	9884	81	－1023	64
咸阳新纺房地产开发有限公司	3985	1601	2384	4520	4520	3800	212	410	24
延安金圣都工贸有限责任公司	8523	6669	1854	400		210		－574	68
杨凌天元实业有限公司	10260	4328	5932	2300	2300	1689		1	33

主要统计指标解释

全社会固定资产投资 是以货币形式表现的在一定时期内全社会建造和购置固定资产的工作量以及与此有关的费用的总称。它是反映固定资产投资规模、结构和发展速度的综合性指标，又是观察工程进度和考核投资效果的重要依据。全社会固定资产投资按登记注册类型可分为国有、集体、个体、联营、股份制、外商、港澳台商、其他等。按照管理渠道，可分为基本建设、更新改造、房地产开发投资和其他固定资产投资四个部分。

城镇固定资产投资 指城镇各种登记注册类型的企业、事业、行政单位及个体户进行的计划总投资（或实际需要总投资）50万元及50万元以上的建设项目投资、房地产开发投资、城镇和工矿区私人建房投资。县城及以上区域内发生的投资，县及县以上各级政府及主管部门直接领导、管理的建设项目和企业事业单位的投资均为城镇固定资产投资。

房地产开发投资 指房地产开发公司、商品房建设公司及其他房地产开发法人单位和附属于其他法人单位实际从事房地产开发或经营的活动单位统一开发的包括统代建、拆迁还建的住宅、厂房、仓库、饭店、宾馆、度假村、写字楼、办公楼等房屋建筑物和配套的服务设施，土地开发工程（如道路、给水、排水、供电、供热、通讯、平整场地等基础设施工程）的投资；不包括单纯的土地交易活动。

其他固定资产投资 指全社会固定资产投资中未列入基本建设、更新改造和房地产开发投资的总投资在50万元以上的城镇范围内建造和购置固定资产的活动，以及城镇私人建房和农村企业、事业、行政单位和农村个人固定资产投资活动。具体包括：

⑴国有单位未纳入基本建设计划和更新改造计划管理，计划总投资（或实际需要总投资）在50万元以上的以下工程：①用油田维护费和石油开发基金进行的油田维护和开发工程；②煤炭、铁矿、森工等采掘采伐业用维简费进行的开拓延伸工程；③交通部门用公路养路费对原有公路、桥梁进行改建的工程；④商业部门用简易建筑费建造的仓库工程。

⑵城镇集体固定资产投资：指所有隶属城市和县城所在地城关镇区域范围内的集体单位（乡镇企业局管理的除外）建造和购置固定资产计划总投资（或实际需要总投资）在50万元以上，未列入基本建设和更新改造计划的单位（项目）投资。

⑶除上述以外的其他各种登记注册类型的企、事业单位（包括城镇私营企、事业单位和个体户）建造和购置固定资产总投资在50万元以上的、未列入基本建设计划和更新改造计划的单位（项目），其中个体经营户只统计50万元以上非建房投资。

⑷城镇和工矿区私人建房投资：包括市、县城、城关镇、工矿区所辖范围内的全部私人建房，无论其房主是否系本地的常住户口均应包括。

⑸农村投资：包括农村区域范围内进行固定资产投资活动的企业、事业、行政单位及农村个人投资。

固定资产投资的资金来源 根据固定资产投资的资金来源不同，分为国家预算内资金、国内贷款、利用外资、自筹资金和其他资金来源。

⑴国家预算内资金：分为财政拨款和财政安排的贷款两部分。包括中央财政的基本建设基金（分经营性基金和非经营性基金两部分）、专项支出（如煤代油专项等）、收回再贷、贴息资金，财政安排的挖潜改造和新产品试制支出、城建支出、商业部门简易建筑支出、不发达地区发展基金等资金中用于固定资产投资的资金；地方财政中由国家统筹安排的资金等。

⑵国内贷款：指报告期固定资产投资单位向银行及非银行金融机构借入的用于固定资产投资的各种国内借款，包括银行利用自有资金及吸收的存款发放的贷款、上级主管部门拨入的国内贷款、国家专项贷款(包括煤代油贷款、劳改煤矿专项贷款等)、地方财政专项资金安排的贷款、国内储备贷款、周转贷款等。

⑶利用外资：指报告期内收到的用于固定资产建造和购置的国外资金（包括设备、材料、技术在内）。包括对外借款（外国政府、国际金融组织贷款、出口信贷、外国银行商业贷款、对外发行债券和股票）、外商直接投资及外商其他投资。不包括我国自有外汇资金（国家外汇、地方外汇、留成外汇、调剂外汇和中国银行自有资金发行的外汇贷款等）。计算利用外资时，需要折算成人民币，折算中所使用的外汇汇率按现汇计算，即按使用外汇时的汇率计算。

⑷自筹资金：指固定资产投资单位报告期内收到的，由各地区、各部门及企、事业单位筹集用于固定资产投资的预算外资金，包括中央各部门、各级地方和企、事业单位的自筹资金。

⑸其他资金来源：指报告期内收到的除以上各种资金之外的其他用于固定资产投资的资金，包括企业或金融机构通过发行各种债券筹集到的资金、群众集资、个人资金、无偿捐赠的资金及其他单位拨入的资金等。

固定资产投资按国民经济行业分 建设项目归哪个行业，按其建成投产后的主要产品或主要用途及社会经济活动性质来确定。基本建设按建设项目划分国民经济行业，更新改造、其他固定资产投资根据整个企业、事业单位所属的行业来划分。一般情况下，一个建设项目或一个企业、事业单位只能属于一种国民经济行业。为了更准确地反映国民经济各行业之间的比例关系，联合企业(总厂)所属分厂属于不同行业的，原则上按分厂划分行业。

固定资产投资按建设性质分 建设项目的性质一般分为新建、扩建、改建、迁建、恢复。基本建设按建设项目划分建设性质，更新改造、国有单位其他固定资产投资及城镇集体投资等按整个企业、事业单位的建设情况确定建设性质，房地产开发单位、农村投资、城镇工矿区私人建房投资不划分建设性质。

⑴新建：一般是指从无到有、“平地起家”新开始建设的企业、事业和行政单位或独立的工程。现有企业、事业和行政单位一般不属于新建。但如有的单位原有基础很小，经过建设后新增的固定资产价值超过该企、事业、行政单位原有固定资产价值(原值)三倍以上的也应作为新建。

⑵扩建：指在厂内或其他地点，为扩大原有产品的生产能力（或效益）或增加新的产品生产能力，而增建主要的生产车间(或主要工程)、分厂、独立的生产线。行政、事业单位在原单位增建业务用房(如学校增建教学用房、医院增建门诊部、病房等)也作为扩建。

⑶改建：指对原有设施进行技术改造或更新（包括相应配套的辅助性生产、生活福利设施），没有增建主要生产车间、分厂等。现有企、事业单位为适应市场变化的需要，而改变企业的主要产品种类（如军工企业转产民品等）。或原有产品生产作业线由于各工序（车间）之间能力不平衡，为填平补齐充分发挥原有生产能力而增建不增加本企业主要产品设计能力的车间，也应作为改建。

固定资产投资按构成分 固定资产投资活动按其工作内容和实现方式分为建筑安装工程，设备、工具、器具购置，其他费用三个部分。

⑴建筑安装工程(建筑安装工作量)：指各种房屋、建筑物的建造工程和各种设备、装置的安装工程。包括各种房屋建造工程，各种用途设备基础和各种工业窑炉的砌筑工程及金属结构工程；为施工而进行的各种准备工作和临时工程以及完工后的清理工作等；铁路、道路的铺设，矿井的开凿及石油管道的架设等；水利工程；防空地下建筑等特殊工程；列入房屋工程预算内的暖气、卫生、通风、照明、煤气等设备的价值及装设油饰工程；列入建筑工程预算内的各种管道（蒸汽、压缩空气、石油、给排水等管道）、电力、电讯电缆导线等的敷设工程；以及各种机械设备的安装工程；为测定安装工程质量，对设备进行的试运工作；房地产开发单位进行的商品房屋开发建设工程，土地开发工程。在安装工程中，不包括被安装设备本身的价值。

⑵设备、工具、器具购置：指建设单位或企、事业单位购置或自制的，达到固定资产标准的设备、工具、器具的价值。新建单位及扩建单位的新建车间，按照设计和计划要求购置或自制的全部设备、工具、器具，不论是否达到固定资产标准均计入“设备、工具、器具购置”中。

⑶其他费用：指在固定资产建造和购置过程中发生的，除上述几项内容以外的各种应分摊计入固定资产的费用。

施工项目 指报告期内进行过建筑或安装工程施工活动的项目，凡是报告期内施过工的建设，不论施工时间长短，均作为施工项目统计。施工项目个数可以反映一定时期固定资产投资的实际规模，与同期建成投产的建设项目个数相比，可以从建设速度的角度反映固定资产投资的效果。根据建设项目施工活动的不同性质，施工项目又分为：本年正式施工项目、本年收尾项目和以前年度全部停缓建项目。

全部建成投产项目 工业项目是指设计文件规定形成生产能力的主体工程及其相应配套的辅助设施全部建成，经负荷试运转，证明具备生产设计规定合格产品的条件，并经过验收鉴定合格或达到竣工验收标准，与生产性工程配套的生活福利设施可以满足近期正常生产的需要，正式移交生产的建设项目。非工业项目是指设计文件规定的主体工程和相应的配套工程全部建成，能够发挥设计规定的全部效益，经验收鉴定合格或达到竣工验收标准，正式移交使用的建设项目。

新增生产能力（或工程效益） 指通过固定资产投资活动而增加的设计能力（或工程效益），它是以实物形态表现的反映固定资产投资成果的指标，也是考核投资经济效果的重要依据之一。新增生产能力（或工程效益）一般有以下几种表现形式:

⑴用产品数量表示，以工程在单位时间内（一般是一年）所能生产的产品数量（即年产量）表示，如煤炭开采用万吨/年、化学农药用吨/年表示等。某些化工产品由于含量差别较大，按其设计含量计算折合量表示，如硫酸、纯碱、烧碱等。

⑵用单位时间内所能处理的原料数量表示，以工程每天（或小时）所能处理的原料数量表示。如食用植物油日处理原料吨，城市污水处理能力用万吨/日表示等。

⑶用新增加的主要设备的数量或容量表示，如新增棉布织机台数，毛纺锭锭数、发电厂新增发电机组容量用千瓦表示等。

⑷以节约的原材料、燃料、动力实物量表示，适用于反映更新改造节约项目的效益。

⑸用建筑物容积、容量、面积、长度表示，是非工业项目或工程新增效益的一种表现形式。如水库容量、铁路公路里程、房屋建筑面积等。

根据工程的特点，有时需要用两种或两种以上的复合计量单位表示新增生产能力（或工程效益），如新增内燃机生产能力同时用年产台数、千瓦数表示。

房屋建筑面积 指房屋建筑物勒脚以上外墙外围的水平截面面积，包括房屋建筑物的有效面积和结构面积。该指标是从实物形态上反映建设规模和建设成果的重要指标之一，也是检查工程形象进度、计算工程造价、分析投资效果、研究施工任务和建筑材料之间平衡情况的重要依据。

住宅建筑面积 指施工和竣工房屋建筑面积中供居住用的房屋建筑面积。

施工面积 指报告期内施工的全部房屋建筑面积。包括本期新开工的面积和上期开工跨入本期继续施工的房屋面积，以及上期已停建在本期恢复施工的房屋面积。本期竣工和本期施工后又停缓建的房屋，其建筑面积仍计入本期房屋施工面积中。

竣工面积 指在报告期内房屋建筑按照设计要求已经全部完工，达到住人和使用条件，经验收鉴定合格(或达到竣工验收标准)，正式移交使用单位的各栋房屋建筑面积的总和。

房屋建筑面积竣工率 指一定时期内房屋竣工面积占同期房屋施工面积的比率。该指标从房屋建筑施工速度的角度反映投资效果的指标。

新增固定资产 指报告期内已经完成建造和购置过程，并已交付生产或使用单位的固定资产价值。该指标是表示固定资产投资成果的价值指标，也是反映建设进度，计算固定资产投资效果的重要指标。

建设项目投产率 指一定时期内全部建成投产项目个数与同期施工项目个数的比率。该指标是从建设单位建设速度的角度反映投资效果的指标。

固定资产交付使用率 指一定时期新增固定资产与同期完成投资额的比率。该指标是反映固定资产动用速度，衡量建设过程中宏观投资效果的综合指标。由于新增固定资产是较长时期内形成的结果，而投资额则是当年完成的，因此，该指标一般适宜于反映较长时期内固定资产的动用情况。

别墅、高档公寓 指建筑造价和销售价格明显高于一般商品住宅的商品住宅。别墅一般指地处郊区，独立成栋的商品住宅；高档公寓一般指地处市内高尚社区，高层或多层的商品住宅。别墅、高档公寓的确定标准：一是经有房地产投资计划审批权的主管部门审批建设的别墅、高档公寓开发项目；二是销售价格高于当地同等地段商品住宅平均销售价格一倍以上的别墅、公寓开发项目。该指标可以分析房地产投资结构，反映高收入家庭商品住宅的供求平衡情况。

经济适用房 指根据国家经济适用房计划安排建设的政策性住宅。经济是指房屋建筑造价和销售价格低于一般商品住宅；适用是指适合中低收入家庭购买使用。经济适用房主要是由国家统一下达投资计划，房地产公司开发，对外销售；用地一般采用行政划拨或招标投标方式，免收土地出让金；对各种经批准的收费减半征收，开发利润不超过3%；销售价格实行政府指导价。该指标可以分析房地产投资结构，反映中低收入家庭商品住宅的供求平衡情况。

2006

統計年鑒

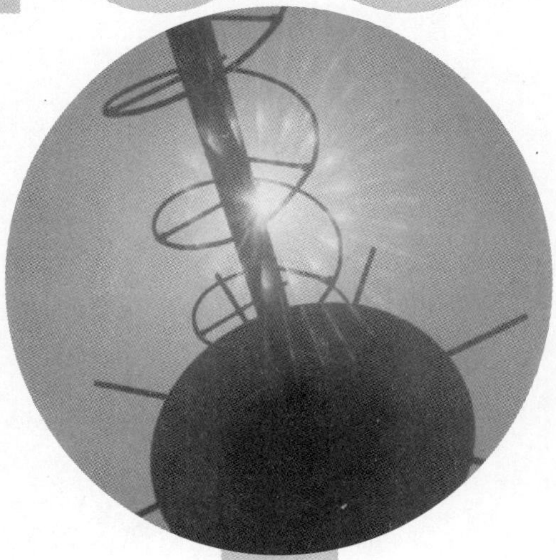

能　源

NENGYUAN

资料整理：赵　娟

七、能　源

2005 年全省

能源生产总量	14466.47	万吨标准煤(当量值)	比上年增长 15.9%
能源消费总量	5410.13	万吨标准煤(当量值)	比上年增长 15.3%
平均每天消费能源	14.86	万吨标准煤(等价值)	
#原　煤	15.12	万　吨	
天然气	513.97	万立方米	
电　力	14136.99	万千瓦小时	

能源生产及消费总量

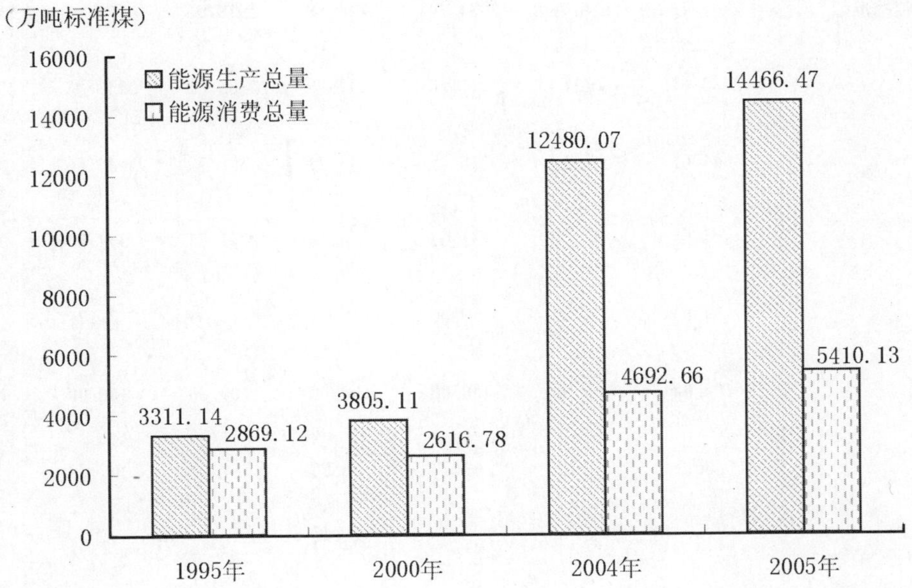

7－1　能源生产、消费总量及构成

指　　标	1995 年	2000 年	2001 年	2002 年	2003 年	2004 年	2005 年（当量）	2005 年（等价）
能源生产总量(万吨标准煤)	**3311.14**	**3805.11**	**4930.63**	**5848.52**	**8406.99**	**12480.07**	**14466.47**	**14576.36**
原　煤	3034.24	2696.35	3494.16	4185.31	5929.18	9334.77	10890.22	10890.22
原　油	238.50	808.30	983.81	1142.08	1792.16	2182.86	2540.28	2540.28
天然气	2.67	256.22	417.72	486.21	629.61	905.38	978.60	978.60
水　电	31.25	44.24	34.94	34.92	56.04	57.06	57.37	167.26
能源生产构成(%)	**100.00**	**100.00**	**100.00**	**100.00**	**100.00**	**100.00**	**100.00**	**100.00**
原　煤	91.6	70.9	70.87	71.56	70.53	74.79	75.28	74.71
原　油	7.2	21.2	19.95	19.53	21.32	17.49	17.56	17.43
天然气	0.1	6.7	8.47	8.31	7.49	7.25	6.76	6.71
水　电	0.9	1.2	0.71	0.60	0.67	0.45	0.40	1.15
能源消费总量(万吨标准煤)	**2869.12**	**2616.78**	**3034.34**	**3447.88**	**3918.96**	**4692.66**	**5410.13**	**5423.71**
煤　炭	2480.67	1866.64	2115.8	2375.6	2785.05	3240.08	4355.61	4355.61
石　油	344.61	610.12	736.25	855.24	896.79	1032.86	819.65	819.65
天然气	4.61	81.00	131.63	170.13	221.73	397.93	227.80	227.80
水　电	34.83	59.02	50.66	46.91	15.39	21.79	57.37	167.26
能源消费构成(%)	**100.00**	**100.00**	**100.00**	**100.00**	**100.00**	**100.00**	**100.00**	**100.00**
煤　炭	86.5	71.3	69.73	68.90	71.07	69.04	79.58	77.61
石　油	12.0	23.3	24.26	24.81	22.88	22.01	15.15	15.11
天然气	0.2	3.1	4.34	4.93	5.66	8.48	4.21	4.20
水　电	1.2	2.3	1.67	1.36	0.39	0.46	1.06	3.08

注:1995—2004 年能源生产和消费总量为当量热值。当量值指电力按自身的热功当量换算成标准煤,等价值指电力按当年平均火力发电煤耗换算成标准煤。

7－2 主要能源平衡情况

（2005 年）

指 标	综合能源（万吨标准煤）	原 煤（万吨）	天然气（亿立方米）	电 力（亿千瓦小时）
一、可供本地区消费能源	8708.48	10183.35	18.76	－15.07
年初库存	295.61	137.35		
一次能源生产量	14576.36	15246.00	80.59	46.68
外省（区、市）调入量	995.98	260.00		21.25
进口量				
本省（区、市）调出量	－6937.09	－5200.00	－61.83	－83.00
出口量	－3.83			
年末库存	－218.59	－260.00		
二、加工转换投入（－）产出（＋）量	－205.47	－3123.29	－2.04	508.72
火力发电		－2461.28	－1.46	508.72
供 热		－148.05	－0.58	
洗选煤	－40.66	－387.66		
炼 焦	－69.98	－122.15		
炼 油	－94.09			
制 气	－0.74	－4.15		
煤制品加工				
三、损失量	77.36			21.59
四、终端消费	5140.87	2395.68	16.72	494.41
农、林、牧、渔业	158.46	8.50		31.10
工 业	3205.05	1622.14	9.59	331.84
建筑业	67.77	54.30		4.66
交通运输仓储邮电通讯业	488.90	19.65	1.30	26.16
批发零售贸易业、餐饮业	368.37	278.30	4.04	14.33
居民消费	709.59	400.29	1.79	55.35
其 他	142.72	12.50		30.97

注：综合能源消费电力、热力按等价值折算。

7－2 续表　　　　(2005 年)

指　　标	原　油(万吨)	汽　油(万吨)	煤　油(万吨)	柴　油(万吨)	燃料油(万吨)
一、可供本地区消费能源	1243.95	－212.41	28.67	－349.67	－81.18
年初库存	36.09	10.43	28.58	18.14	4.31
一次能源生产量	1778.16				
外省(区、市)调入量		14.69	0.09	22.47	
进口量		0.02			
本省(区、市)调出量	－570.30	－230.00		－380.00	－83.88
出口量					
年末库存		－7.55		－10.28	－1.61
二、加工转换投入(－)产出(＋)量	－1234.60	407.07	6.14	527.75	85.60
火力发电		－0.02		－2.24	－0.01
供　热				－0.04	
洗选煤					
炼　焦					
炼　油	－1234.60	407.09	6.14	530.03	85.61
制　气					
煤制品加工					
三、损失量					
四、终端消费	7.82	196.68	34.81	178.00	4.42
农、林、牧、渔业		3.56		25.00	
工　业	7.82	7.89	1.75	27.89	2.62
建筑业				8.60	
交通运输仓储邮电通讯业		98.00	33.06	102.61	1.80
批发零售贸易业、餐饮业		35.00		10.00	
居民消费		40.00		2.70	
其　他		12.23		1.20	

7-3 能源生产增长系数

指 标	1995年	2000年	2001年	2002年	2003年	2004年	2005年
能源生产增长速度(%)	14.57	7.99	29.58	18.62	43.75	48.44	15.61
电力生产增长速度(%)	6.46	4.75	9.13	12.31	23.12	14.40	14.86
生产总值增长速度(%)	10.4	10.4	9.8	11.1	11.8	12.9	12.6
能源生产增长系数	1.40	0.77	3.02	1.68	3.71	3.76	1.24
电力生产增长系数	0.62	0.46	0.98	1.11	1.96	1.12	1.18

注:2005年能源生产用等价值折算,生产总值增长速度按可比价计算。

7-4 平均每万人能源生产量

品 种	单 位	1995年	2000年	2001年	2002年	2003年	2004年	2005年
生产总量	**吨标准煤**	**9425.12**	**10442.12**	**13475.35**	**15919.97**	**22786.26**	**33684.4**	**39183.76**
原 煤	吨	12091.46	10359.00	13369.04	15949.34	22498.12	35272.39	41467.74
原 油	吨	475.22	1552.69	1882.07	2176.12	3400.16	4124.08	4780.00
天 然 气	万立方米	0.63	57.90	94.01	108.99	140.53	201.24	216.64
电 力	万千瓦小时	673.96	776.62	844.07	930.44	1157.46	1253.17	1493.01

注:2005年能源生产总量用等价值计算。

7-5 能源加工转换效率

指 标	1995年	2000年	2001年	2002年	2003年	2004年	2005年
总效率(%)	**63.57**	**67.47**	**63.89**	**57.50**	**59.88**	**56.98**	**67.30**
火力发电	30.79	34.02	33.05	31.41	35.42	30.95	34.36
供 热	80.78	81.39	73.01	75.91	82.97	35.96	74.46
洗 煤	91.78	91.15	88.86	80.69	90.44	88.93	82.60
炼 焦	96.06	88.15	89.15	84.13	89.14	82.96	83.16
炼 油	90.50	88.93	78.35	80.31	77.15	76.14	94.67

7－6　单位GDP能耗

指　　标	单　位	2000年	2001年	2002年	2003年	2004年	2005年（GDP2000年价）	2005年（GDP2005年价）
地区能源消费总量（等价值）	万吨标准煤	2731.23	3250	3712.65	4169.98	4775.96	5423.71	5423.71
地区能源消费总量（当量值）	万吨标准煤	2616.78	3074.67	3498.87	4120.92	4692.66	5410.13	5410.13
单位GDP能耗（等价值）	吨标准煤/万元	1.52	1.64	1.69	1.69	1.72	1.74	1.48
单位GDP能耗（当量值）	吨标准煤/万元	1.45	1.55	1.59	1.67	1.69	1.73	1.47

注：2000—2004年GDP按2000年可比价计算。

7－7　能源消费弹性系数

指　　标	1995年	2000年	2001年	2002年	2003年	2004年	2005年
能源消费增长速度（%）	10.39	1.26	15.96	13.63	13.66	19.74	13.56
电力消费增长速度（%）	1.96	14.90	9.83	10.71	10.60	16.82	8.17
生产总值增长速度（%）	10.4	10.4	9.8	11.1	11.8	12.9	12.6
能源消费弹性系数	1.00	0.12	1.63	1.23	1.16	1.53	1.08
电力消费弹性系数	0.19	1.43	1.00	0.96	0.90	1.30	0.65

7－8　平均每天各种能源消费量

品　　种	单　位	1995年	2000年	2001年	2002年	2003年	2004年	2005年
消费总量	**万吨标煤**	**7.86**	**7.17**	**8.31**	**9.45**	**10.74**	**12.86**	**14.86**
原　　煤	万吨	9.73	7.56	8.34	9.05	10.00	12.58	15.12
焦　　炭	吨	8307.10	3678.63	3507.95	4820.27	5174.79	6839.73	6879.45
原　　油	吨	4206.01	14290.68	16938.63	19294.52	23834.79	29396.71	34038.90
汽　　油	吨	2251.09	2835.89	2141.37	2602.74	2888.49	3971.51	5389.04
煤　　油	吨	471.58	533.97	506.3	767.95	986.58	1327.67	953.70
柴　　油	吨	1981.42	2596.16	3262.47	3983.29	4453.70	5417.81	4939.18
天 然 气	万立方米	10.38	182.74	296.99	383.84	500.27	897.81	513.97
电　　力	万千瓦小时	6548.63	8613.42	8809.32	9752.53	10785.85	12596.71	14136.99

7-9 平均每万元工业总产值能源消费量

(2005年)

行 业	能源消费量(万吨标煤)	工业总产值(亿元)	产值能耗(吨标煤/万元)
工 业	**3330.26**	**3397.71**	**0.98**
(一)采矿业	**250.62**	**913.55**	**0.27**
煤炭开采和洗选业	98.82	180.72	0.55
石油和天然气开采业	130.90	622.78	0.21
黑色金属矿采选业	2.05	8.86	0.23
有色金属矿采选业	16.65	96.84	0.17
非金属矿采选业	2.20	4.35	0.50
其他采矿业			
(二)制造业	**1873.41**	**2179.74**	**0.86**
农副食品加工业	28.34	89.73	0.32
食品制造业	17.14	56.88	0.30
饮料制造业	27.82	63.96	0.43
烟草制品业	4.79	60.38	0.08
纺织业	32.30	67.04	0.48
纺织服装、鞋、帽制造业	0.28	3.49	0.08
皮革、毛皮、羽毛(绒)及其制品业	0.53	1.36	0.39
木材加工及木、竹、藤、棕、草制品业	1.98	1.76	1.12
家具制造业	0.11	2.15	0.05
造纸及纸制品业	42.90	23.73	1.81
印刷业和记录媒介的复制	1.74	23.08	0.08
文教体育用品制造业		0.14	0.02
石油加工、炼焦及核燃料加工业	442.30	335.39	1.32
化学原料及化学制品制造业	477.94	135.95	3.52
医药制造业	29.16	124.60	0.23
化学纤维制造业	1.50	3.52	0.43
橡胶制品业	1.89	5.26	0.36
塑料制品业	0.90	8.71	0.10
非金属矿物制品业	295.60	72.51	4.08
黑色金属冶炼及压延加工业	240.38	148.66	1.62
有色金属冶炼及压延加工业	95.26	112.72	0.85
金属制品业	5.15	21.78	0.24
通用设备制造业	18.98	127.91	0.15
专用设备制造业	19.15	112.79	0.17
交通运输设备制造业	38.44	277.98	0.14
电气机械及器材制造业	9.28	126.77	0.07
通信设备、计算机及其他电子设备制造业	25.54	126.19	0.20
仪器仪表及文化、办公用机械制造业	3.56	32.92	0.11
工艺品及其他制造业	10.39	11.55	0.90
废旧资源和废旧材料回收加工业	0.08	0.83	0.09
(三)电力、燃气及水的生产和供应业	**1206.23**	**304.42**	**3.96**
电力、热力的生产和供应业	1202.91	284.99	4.22
燃气生产和供应业	0.43	10.29	0.04
水的生产和供应业	2.90	9.14	0.32

注:能源消费量为当量值,工业总产值为现价。

7-10　全省用电总量

单位:亿千瓦小时

指　标	1995 年	2000 年	2001 年	2002 年	2003 年	2004 年	2005 年
全省用电量总计	**236.72**	**292.76**	**321.54**	**355.97**	**393.68**	**477.03**	**516.00**
一、农、林、牧、渔、水利用电	22.84	22.90	25.11	26.45	25.84	28.7	31.10
#排灌用电	15.00	16.49	18.36	19.69	18.93	20.48	25.32
二、工业用电	165.24	196.00	211.85	234.60	263.64	328.52	353.43
轻工业	29.34	32.67	33.68	35.09	39.51	44.22	42.76
重工业	135.90	163.33	178.17	199.51	224.13	284.30	311.10
#自来水生产和供应业	3.58	2.79	2.41	2.71	2.76	2.25	2.86
#电力、热力生产供应业	42.34	50.37	55.28	62.31	63.86	83.57	91.18
#厂用电量	18.63	23.86	27.23	32.24	33.25	51.25	54.47
#线路损失电量	22.24	23.78	25.98	27.78	28.24	32.31	21.59
三、建筑业用电	2.24	2.28	2.82	2.71	3.11	3.96	4.66
四、交通运输、仓储和邮政业用电	11.35	14.01	17.48	20.27	21.99	24.92	26.16
交通运输业	10.80	12.73	16.02	18.65	20.19	23.10	24.54
邮政业	0.46	1.29	1.46	1.62	1.80	1.81	0.69
仓储业							0.94
五、信息传输、计算机服务和软件业用电							2.57
六、商业、住宿和餐饮业用电	5.70	8.44	9.95	11.81	12.45	14.88	14.33
批发和零售业							6.72
住宿和餐饮业							6.72
七、金融、房地产、商务及其他服务业用电							8.51
八、公共事业及其管理组织用电	9.44	15.66	18.38	20.04	22.53	26.22	19.89
九、城乡居民生活用电	19.71	33.31	35.77	39.89	43.91	47.71	55.35
乡村用电	7.47	12.00	12.57	13.84	15.71	17.17	18.54
城市用电	12.34	21.31	23.20	26.04	28.21	30.54	36.80

7－11　主要能源按行业分组消费量

（2005 年）

行　业	原　煤（万吨）	焦　炭（万吨）	汽　油（万吨）	柴　油（万吨）	电　力（亿千瓦时）
采矿业	**485.19**	**23.40**	**2.56**	**19.58**	**33.20**
煤炭开采和洗选业	420.09	11.70	0.16	1.73	12.50
石油和天然气开采业	52.67	0.02	2.24	17.05	7.52
黑色金属矿采选业	0.93	11.27	0.01	0.16	1.16
有色金属矿采选业	8.78		0.14	0.58	8.75
非金属矿采选业	2.72	0.41	0.01	0.06	1.79
其他采矿业					1.48
制造业	**1736.48**	**224.09**	**5.16**	**5.72**	**208.32**
农副食品加工业	33.74	0.03	0.06	0.05	4.90
食品制造业	18.56		0.04	0.07	5.16
饮料制造业	32.88	0.38	0.05	0.05	
烟草制品业	5.84		0.01	0.01	8.13
纺织业	24.34		0.06	0.01	13.07
纺织服装、鞋、帽制造业	0.18		0.01		0.49
皮革、毛皮、羽毛(绒)及其制品业	0.83				
木材加工及木、竹、藤、棕、草制品业	2.28				0.69
家具制造业	0.02		0.01	0.02	0.19
造纸及纸制品业	53.04		0.03	0.04	5.60
印刷业和记录媒介的复制	0.76		0.05	0.01	0.80
文教体育用品制造业					0.05
石油加工、炼焦及核燃料加工业	522.21		2.34	0.47	8.22
化学原料及化学制品制造业	441.29	46.49	0.66	0.86	30.30
医药制造业	33.24		0.32	0.01	2.31
化学纤维制造业	0.52				1.20
橡胶制品业	4.32	0.02	0.02		2.61
塑料制品业	0.43		0.01	0.02	

注：消费量包括中间消费和损失量。

7-11 续表　　　　(2005 年)

行　业	原煤（万吨）	焦炭（万吨）	汽油（万吨）	柴油（万吨）	电力（亿千瓦时）
非金属矿物制品业	369.28	1.44	0.09	1.05	24.85
黑色金属冶炼及压延加工业	41.43	169.21	0.06	0.18	39.79
有色金属冶炼及压延加工业	51.78	3.80	0.06	0.22	25.22
金属制品业	3.04	0.06	0.04	0.98	2.99
通用设备制造业	16.17	1.69	0.12	0.20	14.06
专用设备制造业	13.47	0.60	0.13	0.30	
交通运输设备制造业	33.48	0.05	0.65	0.84	15.85
电气机械及器材制造业	1.66	0.09	0.15	0.07	
通信设备、计算机及其他电子设备制造业	14.83	0.06	0.10	0.22	
仪器仪表及文化、办公用机械制造业	2.57		0.03		
工艺品及其他制造业	14.29	0.17	0.05	0.04	0.86
废弃资源和废旧材料回收加工业			0.01		0.98
电力、燃气及水的生产和供应业	**2523.76**	**3.61**	**0.19**	**4.87**	**119.15**
电力、热力的生产和供应业	2523.70	3.61	0.18	4.85	108.65
燃气生产和供应业				0.01	0.38
水的生产和供应业	0.06		0.01	0.01	2.88
建筑业	**54.30**			**8.60**	**4.46**
房屋和土木工程建筑业				8.60	4.46
建筑安装业					
装修装饰业					
其他建筑业	54.30				
运输邮电业	**19.65**		**98.00**	**102.61**	**26.16**
铁路运输业	19.65				21.21
道路运输业			78.00	102.61	2.35
城市公共交通业			20.00		0.40
水上运输业					
航空运输业					
管道运输业					0.69
装卸搬运及其他运输服务业					
仓储业					0.94
邮政业					0.57

主要统计指标解释

能源生产总量　指一定时期内一次能源生产量的总和。该指标是观察能源生产水平、规模、构成和发展速度的总量指标。一次能源生产量包括原煤、原油、天然气、水电、核能及其他动力能(如风能、地热能等)发电量，不包括低热值燃料生产量、生物质能、太阳能等的利用和由一次能源加工转换而成的二次能源产量。

能源消费总量　指一定时期内物质生产部门、非物质生产部门和生活消费的各种能源的总和。该指标是观察能源消费水平、构成和增长速度的总量指标。能源消费总量包括原煤和原油及其制品、天然气、电力，不包括低热值燃料、生物质能和太阳能等的利用。能源消费总量分为终端能源消费量、能源加工转换损失量和能源损失量三部分。

(1)终端能源消费量：指一定时期内生产和生活消费的各种能源在扣除了用于加工转换二次能源消费量和损失量以后的数量。

(2)能源加工转换损失量：指一定时期内投入加工转换的各种能源数量之和与产出各种能源产品之和的差额。该指标是观察能源在加工转换过程中损失量变化的指标。

(3)能源损失量：指一定时期内能源在输送、分配、储存过程中发生的损失和由客观原因造成的各种损失量，不包括各种气体能源放空、放散量。

能源生产弹性系数　研究能源生产增长速度与国民经济增长速度之间关系的指标。计算公式为：

能源生产弹性系数 = 能源生产总量年平均增长速度 / 生产总值年平均增长速度

电力生产弹性系数　研究电力生产增长速度与国民经济增长速度之间关系的指标。一般来说，电力的发展应当快于国民经济的发展，也就是说电力应超前发展。计算公式为：

电力生产弹性系数 = 电力生产量年平均增长速度 / 生产总值年平均增长速度

能源消费弹性系数　反映能源消费增长速度与国民经济增长速度之间比例关系的指标。计算公式为：

能源消费弹性系数 = 能源消费量年平均增长速度 / 生产总值年平均增长速度

电力消费弹性系数　反映电力消费增长速度与国民经济增长速度之间比例关系的指标。计算公式为：

电力消费弹性系数=电力消费量年平均增长速度/生产总值年平均增长速度

能源加工转换效率　指一定时期内能源经过加工、转换后，产出的各种能源产品的数量与同期内投入加工转换的各种能源数量的比率。该指标是观察能源加工转换装置和生产工艺先进与落后、管理水平高低等的重要指标。计算公式为：

能源加工转换效率 = 能源加工转换产出量 / 能源加工转换投入量×100%

当量热值　当量热值又称理论热值(或实际发热值)是指某种能源一个度量单位本身所含热量。当量热值是能源统计中经常使用的一个热值概念，其热值的计算可根据试样在充氧的弹筒中(放有浸没氧弹的水的容器)完全燃烧所放出的热量(用燃烧后水温升高计算出来的)进行实测。

等价热值　等价热值也是能源统计经常使用的一个热值概念，是指加工转换产出的某种二次能源与相应投入的一次能源的当量，即获得一个度量单位的某种二次能源所消耗的，以热值表示的一次能源量，也就是消耗一个度量单位的某种二次能源，就等价于消耗了以热值表示的一次能源量。因此，等价热值是个变动值，随着能源加工转换工艺的提高和能源管理工作的加强，转换损失逐渐减少，等价热值会不断降低。等价热值是对二次能源及消耗工质而言，因一次能源不存在折算问题，因此也无所谓等价热值。

等价热值 = 二次能源具有的能量 / 转换效率

2006

年鑑統計

财 政

CAIZHENG

资料整理： 郭秦川

八、财　政

2005 年全省

财政收入	529.02	亿元	比上年增长	27.3%
#地方财政收入	275.32	亿元	比上年增长	28.1%
财政支出	638.96	亿元	比上年增长	23.8%

财 政 收 支

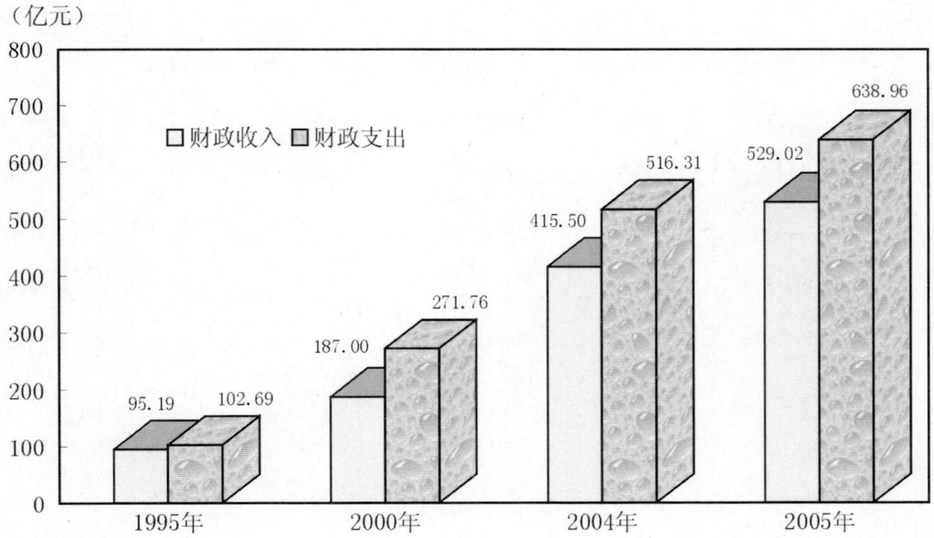

8－1　财政收支总额

单位:万元

年　份	财政收入	#地方财政收入	财政支出	收支差额	比上年增长%		
					财政收入	地方财政收入	财政支出
1978	197587		183026	14561	31.5		32.4
1979	168010		195617	－27607	－15.0		6.9
1980	158105		182837	－24732	－5.9		－6.5
1981	134538		163887	－29349	－14.9		－10.4
1982	135622		172993	－37371	0.8		5.6
1983	145407		188076	－42669	7.2		8.7
1984	153124		227471	－74347	5.3		20.9
1985	202967		275007	－72040	32.6		20.9
1986	240907		355931	－115024	18.7		29.4
1987	281805		378051	－96246	17.0		6.2
1988	338788		445835	－107047	20.2		17.9
1989	389603		507870	－118267	15.0		13.9
1990	411901		539062	－127161	5.7		6.1
1991	451391		582781	－131390	9.6		8.1
1992	509539		652654	－143115	12.9		12.0
1993	628982		753985	－125003	23.4		15.5
1994	833111	425886	855158	－22047	32.5	41.0	13.4
1995	951946	513011	1026917	－74971	14.3	20.5	20.1
1996	1172231	676022	1217909	－45678	23.1	31.8	18.6
1997	1400474	841178	1445338	－44864	19.5	24.4	18.7
1998	1569228	933309	1661955	－92727	12.0	11.0	15.0
1999	1729712	1064033	2065173	－335461	10.2	14.0	24.3
2000	1870019	1149711	2717597	－847579	8.1	8.1	31.6
2001	2259822	1358109	3500506	－1240684	20.8	18.1	28.8
2002	2522809	1502934	4049114	－1526305	11.6	10.7	15.7
2003	3269421	1773300	4182008	－1207257	29.6	18.0	3.3
2004	4154957	2149586	5163052	－1008095	27.1	21.2	23.5
2005	5290241	2753183	6389627	－1099386	27.3	28.1	23.8

注:1. 1990、1991 年全省财政收入中不包括电力建设专项收入、教育费附加、社会保险基金收入;支出中亦不包括。

2. 1994 年开始实行分税制,1994 年及以后财政收入按两个口径计算。

8－2 地方财政分项目收支

单位:万元

项目	2000年	2001年	2002年	2003年	2004年	2005年
地方财政收入	**1149711**	**1358109**	**1502934**	**1773300**	**2149586**	**2753183**
#增值税	189980	233318	264657	316393	394394	553438
营业税	317014	334989	401876	510441	619259	692717
企业所得税	116123	207586	139069	127942	144941	205939
个人所得税	44466	73119	74085	68506	82201	102237
资源税	13046	13592	21450	26337	43030	68213
城市维护建设税	71585	80401	104725	122833	155791	207660
农业税	39320	25010	71206	66480	63326	
农业特产税	73438	71794	45862	42066	5828	8085
牧业税	14	2	107	5		
行政性收费收入	45401	48210	65834	102627	117248	130873
罚没收入	59881	70609	79259	74630	94826	126338
地方财政支出	**2717597**	**3500506**	**4049114**	**4182008**	**5163052**	**6389627**
#基本建设支出	414083	503090	604576	462523	463151	580587
企业挖潜改造资金	67498	82158	72269	93786	98463	96165
科技三项费用	25926	22773	216262	28706	33044	43788
农业支出				141922	187379	217540
林业支出				83160	494857	322987
水利和气象支出				65651	66103	79430
工业交通部门事业费	43863	51524	63880	80227	101895	133808
流通部门事业费	9090	10440	10708	11951	15313	20243
文体广播事业费	76041	92392	110248	121122	137498	169811
教育事业费	384560	523579	609980	663304	743497	993134
科学事业费	14902	16892	17420	17968	19738	24048
医疗卫生支出	82890	114542	144760	167206	180908	217038
抚恤和社会福利救济费	56709	71961	114775	155448	146949	195293
社会保障补助支出	250022	314003	404782	413506	502175	765679
行政管理费	276547	353754	417667	469146	523074	624333
城市维护费	73820	115985	111124	152771	184078	244267
政策性补贴支出	53876	78456	50331	53043	73344	92081
支援不发达地区支出	51091	84455	65508	68647	77264	86645

8-3　各市县地方财政收支

(2005年)　　单位:万元

地　区	财政收入	财政支出	收支差额
西安市	**730543**	**978166**	**-247623**
市本级	326808	540874	-214066
新城区	61072	40892	20180
碑林区	76246	45937	30309
莲湖区	72619	46287	26332
雁塔区	53818	43631	10187
灞桥区	20309	23639	-3330
未央区	30831	36525	-5694
阎良区	14943	20942	-5999
长安区	27875	50045	-22170
临潼区	16613	34555	-17942
蓝田县	5168	22351	-17183
周至县	3457	23170	-19713
户　县	10341	27053	-16712
高陵县	10443	22265	-11822
铜川市	**30233**	**78992**	**-48759**
市本级	17960	32181	-14221
王益区	2903	7596	-4693
印台区	2009	10315	-8306
耀洲区	5818	17768	-11950
宜君县	1543	11132	-9589
宝鸡市	**119681**	**264547**	**-144866**
市本级	65963	86582	-20619
渭滨区	9758	18028	-8270
金台区	6936	15124	-8188
陈仓区	8786	20653	-11867
凤翔县	6203	20352	-14149
岐山县	5705	19176	-13471
扶风县	2753	18076	-15323
眉　县	2934	15280	-12346
陇　县	3167	13861	-10694
千阳县	2074	10546	-8472
麟游县	823	7250	-6427
凤　县	3770	12284	-8514
太白县	809	7335	-6526
咸阳市	**107847**	**303752**	**-195905**
市本级	44698	68195	-23497
秦都区	14455	18876	-4421
渭城区	11200	17106	-5906
三原县	4660	23655	-18995
泾阳县	4505	20862	-16357
乾　县	4102	21357	-17255

注:本表财政收入为一般预算收入。

8－3续表1　　（2005年）　　单位:万元

地　区	财政收入	财政支出	收支差额
礼泉县	3110	20626	－17516
永寿县	1580	10953	－9373
彬　县	4526	20958	－16432
长武县	2029	11263	－9234
旬邑县	2386	16118	－13732
淳化县	1326	12452	－11126
武功县	2263	19366	－17103
兴平市	7007	21965	－14958
渭南市	**90100**	**294017**	**－203917**
市本级	23142	40991	－17849
临渭区	6267	30299	－24032
华　县	16929	28663	－11734
潼关县	3650	9035	－5385
大荔县	2427	29740	－27313
合阳县	2155	20317	－18162
澄城县	4348	21581	－17233
蒲城县	5340	26623	－21283
白水县	2425	16845	－14420
富平县	3594	27953	－24359
韩城市	16273	28851	－12578
华阴市	3550	13119	－9569
延安市	**450818**	**563596**	**－112778**
市本级	137847	148115	－10268
宝塔区	38990	44277	－5287
延长县	10495	23072	－12577
延川县	11456	26258	－14802
子长县	25555	37680	－12125
安塞县	36147	46360	－10213
志丹县	76557	57267	19290
吴旗县	73408	72080	1328
甘泉县	18234	24032	－5798
富　县	3174	16253	－13079
洛川县	4542	19519	－14977
宜川县	1337	15217	－13880
黄龙县	530	12020	－11490
黄陵县	12546	21446	－8900
汉中市	**64048**	**250249**	**－186201**
市本级	12298	54765	－42467
汉台区	16519	28459	－11940
南郑县	10387	26341	－15954
城固县	3668	22384	－18716
洋　县	3167	21313	－18146
西乡县	1915	17460	－15545
勉　县	5173	20336	－15163

8-3续表2　（2005年）　单位:万元

地区	财政收入	财政支出	收支差额
宁强县	2612	17566	-14954
略阳县	5959	16059	-10100
镇巴县	1311	15192	-13881
留坝县	570	5461	-4891
佛坪县	469	4913	-4444
榆林市	**238413**	**454030**	**-215617**
市本级	71750	105681	-33931
榆阳区	17100	34250	-17150
神木县	68267	76532	-8265
府谷县	21620	32111	-10491
横山县	5694	22029	-16335
靖边县	29504	44745	-15241
定边县	16877	30917	-14040
绥德县	2570	22571	-20001
米脂县	861	18382	-17521
佳县	721	18630	-17909
吴堡县	835	11288	-10453
清涧县	1009	16288	-15279
子洲县	1605	20606	-19001
安康市	**34563**	**191585**	**-157022**
市本级	8136	26342	-18206
汉滨区	8237	38956	-30719
汉阴县	1836	14901	-13065
石泉县	1358	12737	-11379
宁陕县	736	8125	-7389
紫阳县	1609	16334	-14725
岚皋县	1280	13218	-11938
平利县	1742	14173	-12431
镇坪县	760	6524	-5764
旬阳县	7180	26920	-19740
白河县	1689	13355	-11666
商洛市	**24572**	**153576**	**-129004**
市本级	4656	21119	-16463
商州市	4258	22003	-17745
洛南县	3926	24565	-20639
丹凤县	2391	17317	-14926
商南县	2115	16347	-14232
山阳县	2482	21687	-19205
镇安县	2526	17350	-14824
柞水县	2218	13188	-10970
杨凌示范区	**9825**	**19384**	**-9559**
区本级	5737	9749	-4012
杨陵区	4088	9635	-5547

主要统计指标解释

财政收入　指国家财政参与社会产品分配所取得的收入，是实现国家职能的财力保证。财政收入，目前主要包括:

(1)各项税收：包括增值税、营业税、消费税、土地增值税、城市维护建设税、资源税、城市土地使用税、企业所得税、个人所得税、关税、证券交易印花税、车辆购置税、农牧业税和耕地占用税等。

(2)专项收入：包括排污费收入、城市水资源费收入、矿产资源补偿费收入、教育费附加收入等。

(3)其他收入：包括利息收入、基本建设贷款归还收入、基本建设收入、捐赠收入等。

(4)国有企业亏损补贴：此项为负收入，冲减财政收入。主要包括对工业企业、商业企业、粮食企业的补贴。

财政支出　国家财政将筹集起来的资金进行分配使用，以满足经济建设和各项事业的需要，主要包括：

(1)基本建设支出：指按国家有关规定，属于基本建设范围内的基本建设有偿使用、拨款、资本金支出以及经国家批准对专项和政策性基建投资贷款，在部门的基建投资额中统筹支付的贴息支出。

(2)企业挖潜改造资金：指国家预算内拨给的用于企业挖潜、革新和改造方面的资金。包括各部门企业挖潜改造资金和企业挖潜改造贷款资金，为农业服务的县办“五小”企业技术改造补助，挖潜改造贷款贴息资金。

(3)地质勘探费用：指国家预算用于地质勘探单位的勘探工作费用，包括地质勘探管理机构及其事业单位经费、地质勘探经费。

(4)科技三项费用：指国家预算用于科技支出的费用，包括新产品试制费、中间试验费、重要科学研究补助费。

(5)支援农村生产支出：指国家财政支援农村集体(户)各项生产的支出。包括对农村举办的小型农田水利和打井、喷灌等的补助费，对农村水土保持措施的补助费，对农村举办的小水电站的补助费，特大抗旱的补助费，农村开荒补助费，扶持乡镇企业资金，支援农村合作生产组织资金、农村农技推广和植保补助费，农村草场和畜禽保护补助费，农村造林和林木保护补助费，农村水产补助费，发展粮食生产专项资金。

(6)农林水利气象等部门的事业费用：指国家财政用于农垦、农场、农业、畜牧、农机、林业、森工、水利、水产、气象、乡镇企业的技术推广、良种推广(示范)、动植物(畜禽、森林)保护、水质监测、勘探设计、资源调查、干部训练等项费用，园艺特产场补助费，中等专业学校经费，飞播牧草试验补助费，营林机构、气象机构经费，渔政费以及农业管理事业费等。

(7)工业交通商业等部门的事业费：指国家预算支付给工交商各部门用于事业发展的人员和公用经费支出，包括勘探设计费、中等专业学校经费、技术学校经费、干部训练费。

(8)文教科学卫生事业费：指国家预算用于文化、出版、文物、教育、卫生、中医、公费医疗、体育、档案、地震、海洋、通讯、电影电视、计划生育、党政群干部训练、自然科学、社会科学、科协等项事业的人员和公用经费支出以及高技术研究专项经费。主要包括工资、补助工资、福利费、离退休费、助学金、公务费、设备购置费、修缮费、业务费、差额补助费。

(9)抚恤和社会福利救济费：指国家预算用于抚恤和社会福利救济事业的经费。包括由民政部门开支的烈士家属和牺牲病残人员家属的一次性、定期抚恤金，革命伤残人员的抚恤金，各种伤残补助费，烈军属、复员退伍军人生活补助费，退伍军人安置费，优抚事业单位经费，烈士纪念建筑物管理、维修费，自然灾害救济事业费和特大自然灾害灾后重建补助费等。

(10)行政事业单位离退休支出：指实行归口管理的行政事业单位离退休经费。

(11)社会保障补助支出：指国家预算用于社会保障的补助支出，包括对社会保险基金的补助、促进就业补助、国有企业下岗职工补助、补充全国社会保障基金等。

(12)国防支出：指国家预算用于国防建设和保卫国家安全的支出，包括国防费、国防科研事业费、民兵建设以及专项工程支出等。

(13)行政管理费：包括行政管理支出，党派团体补助支出，外交支出，公安安全支出，司法支出，法院支出，检察院支出和公检法办案费用补助。

(14)政策性补贴支出：指经国家批准，由国家财政拨给用于粮棉油等产品的价格补贴支出。主要包括粮、棉、油差价补贴，平抑物价和储备糖补贴，农业生产资料价差补贴，粮食风险基金，副食品风险基金，地方煤炭风险基金等。

(15)债务利息支出：指国家预算中用于偿还国内外债务利息的支出。

中央财政收入和地方财政收入　指按现行分税制财政体制划分的中央本级收入和地方本级收入。1994年实行分税制财政体制以后，属于中央财政的收入包括关税、海关代征消费税和增值税，消费税，中央企业所得税，地方银行和外资银行及非银行金融企业所得税，铁道部门、各银行总行、各保险总公司等集中缴纳的营业税、利润和城市维护建设税，车辆购置税，船舶吨税，增值税的75%部分，证券交易税(印花税)94%部分，个人所得税中的利息所得税，利息所得税之外的个人所得税中央分享的部分，海洋石油资源税。属于地方财政的收入包括营业税，地方企业所得税，利息所得税之外的个人所得税地方分享的部分，城镇土地使用税，固定资产投资方向调节税，城镇维护建设税，房产税，车船使用税，印花税，屠宰税，农牧业税，农业特产税，耕地占用税，契税，土地增值税、国有土地有偿使用收入，增值税25%部分，证券交易税(印花税)6%部分和除海洋石油资源税以外的其他资源税。

2006

統計年鑒

物价指数

WUJIAZHISHU

资料整理：肖智莉　邹　悦

九、物价指数

2005 年全省	
商品零售价格指数(上年=100)	100.1
#城　市	99.8
居民消费价格指数(上年=100)	101.2
#城　市	100.9

物　价　指　数

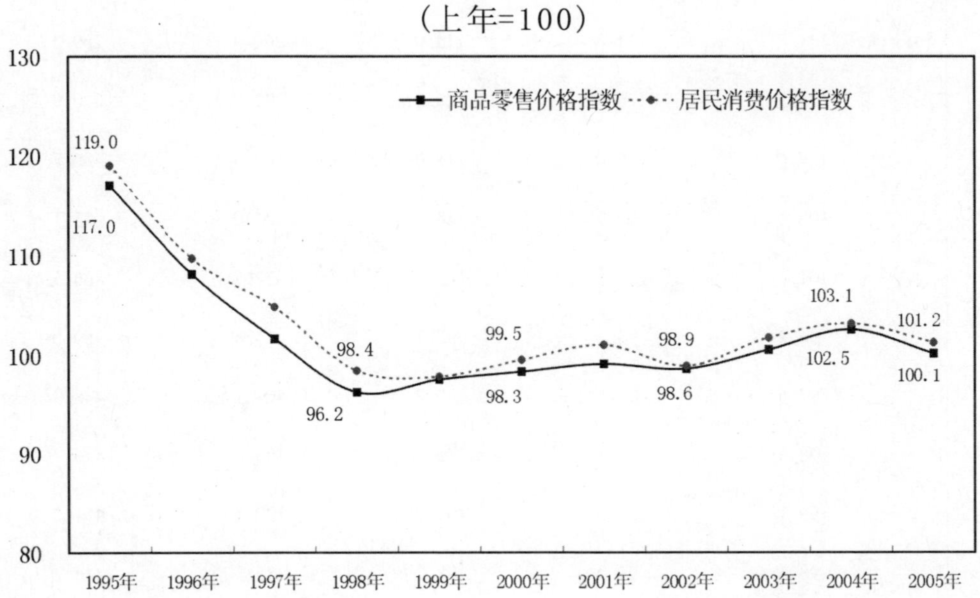

9-1 商品零售价格和居民消费价格指数

年份	上年价格=100			1978年价格=100		
	商品零售价格指数	居民消费价格指数	#城市居民	商品零售价格指数	居民消费价格指数	#城市居民
1979	101.6	101.7	101.4	101.6	101.7	101.4
1980	104.7	105.3	105.4	106.4	107.1	106.9
1981	103.0	103.6	103.6	109.6	111.0	110.7
1982	101.0	101.4	100.4	110.7	112.6	111.7
1983	101.5	101.5	102.2	112.4	114.3	113.5
1984	103.9	103.0	103.4	116.8	117.7	117.4
1985	106.5	107.0	107.6	124.4	125.9	126.3
1986	105.2	106.0	106.6	130.9	133.5	134.6
1987	108.6	108.6	109.2	142.2	145.0	147.0
1988	119.0	119.1	120.1	169.2	172.7	176.5
1989	118.8	118.3	117.6	201.0	204.3	207.6
1990	101.6	101.3	102.6	204.2	207.0	213.0
1991	105.8	106.0	107.3	216.0	219.4	228.5
1992	109.5	109.7	111.2	236.5	240.7	254.1
1993	111.8	111.8	114.0	264.4	269.1	289.7
1994	125.9	126.7	128.2	332.9	340.9	371.4
1995	117.0	119.0	118.0	389.5	405.7	438.3
1996	108.1	109.7	110.3	421.0	445.1	483.4
1997	101.6	104.8	105.2	427.7	466.5	508.6
1998	96.2	98.4	97.7	411.4	459.0	496.9
1999	97.5	97.8	97.2	401.1	448.9	483.0
2000	98.3	99.5	100.3	394.3	446.7	484.4
2001	99.1	101.0	100.1	390.8	451.2	484.9
2002	98.6	98.9	98.2	385.3	446.2	476.2
2003	100.5	101.7	100.8	387.2	453.8	480.0
2004	102.5	103.1	103.0	396.9	467.9	494.4
2005	100.1	101.2	100.9	397.3	473.5	498.8

9－2 商品零售价格分类指数

（2005年，上年价格＝100）

类　别	全　省	城　市	农　村
商品零售价格总指数	**100.1**	**99.8**	**100.8**
一、食　品	**101.1**	**100.9**	**101.5**
1.粮　食	101.0	100.5	101.7
2.淀粉及薯类	106.7	104.4	109.0
3.干豆类及豆制品	102.5	102.1	102.9
4.油　脂	96.1	96.5	95.4
5.肉禽及其制品	100.9	100.8	101.2
(1)食用畜肉及副产品	99.8	100.0	99.5
(2)禽	102.0	101.6	103.1
(3)肉禽加工制品	104.2	104.0	104.6
6.蛋	105.0	105.1	104.9
7.水产品	101.3	101.3	101.2
(1)鱼	98.8	98.5	100.1
(2)其它水产品	110.5	111.9	105.4
8.菜	101.6	104.0	97.4
9.调味品	100.0	99.7	100.4
10.糖	102.5	101.4	103.7
11.干鲜瓜果	101.0	99.5	104.9
12.糕点饼干面包	101.0	101.5	100.2
13.奶及奶制品	99.9	98.7	102.7
14.在外用膳食品	100.9	100.1	102.8
15.其它食品	102.5	99.9	104.7
二、饮料、烟酒	**100.0**	**99.5**	**100.9**
1.茶及饮料	99.7	99.2	101.0
(1)茶　叶	99.7	98.2	102.5
(2)饮　料	99.8	99.7	100.0
2.烟　草	100.5	100.2	100.7
3.酒	99.8	99.0	101.0
三、服装、鞋帽	**100.7**	**100.6**	**101.0**
1.服　装	100.6	100.7	100.4
(1)男式服装	99.9	99.9	99.9
(2)女式服装	100.8	101.2	100.0
(3)儿童服装	101.7	101.5	102.1
2.鞋袜帽	101.6	101.1	102.7
(1)鞋	101.9	101.3	103.4
(2)袜　子	99.6	99.8	99.5
(3)帽　子	99.6	99.5	99.7
3.其　它	94.1	89.0	98.9

9－2 续表 (2005 年,上年价格＝100)

类　别	全　省	城　市	农　村
四、纺织品	**101.6**	**101.6**	**101.5**
1. 衣着材料	100.0	98.0	101.9
2. 床上用品	102.4	102.9	101.0
五、家用电器及音像器材	**96.7**	**96.1**	**98.1**
1. 家庭设备	100.1	99.8	100.8
2. 文娱用耐用消费品	90.7	87.9	94.9
3. 音像器材	99.8	99.9	99.1
六、文化办公用品	**97.8**	**97.3**	**98.9**
七、日用品	**100.5**	**100.3**	**100.7**
1. 日用百货	100.1	99.5	101.0
2. 日用杂品	101.3	101.6	101.0
3. 洗涤用品	101.3	101.6	100.9
4. 其它日用品	99.7	99.5	99.9
八、体育娱乐用品	**97.8**	**97.5**	**98.7**
1、体育用品	99.6	99.5	99.9
2、娱乐用品	96.5	96.3	97.4
九、交通、通信用品	**92.9**	**92.2**	**94.4**
1、交通运输机械	95.1	93.7	100.3
2、通讯器材	87.5	85.1	89.2
十、家　具	**99.9**	**99.9**	**99.8**
十一、化妆品	**99.7**	**99.8**	**99.6**
十二、金银珠宝	**103.6**	**103.8**	**103.2**
十三、中西药品及医疗保健用品	**96.8**	**97.0**	**96.3**
1. 医疗器具及用品	95.5	97.3	93.8
2. 中药材及中成药	97.5	98.1	96.3
3. 西　药	96.1	96.0	96.3
4. 保健器具及用品	98.3	98.6	97.8
十四、书报杂志及电子出版物	**98.9**	**98.8**	**99.1**
1. 教材及参考书	98.3	98.7	97.6
2. 书报杂志	100.1	99.9	100.5
3. 电子音像制品	97.9	96.6	100.1
十五、燃　料	**114.4**	**112.9**	**116.8**
1、煤炭及制品	125.9	127.2	124.9
2、石油及制品	111.6	110.5	113.8
十六、建筑材料及五金电料	**101.2**	**100.8**	**102.0**
1、建筑装璜材料	100.9	100.5	102.1
2、五金电料	102.1	102.3	101.9

9-3 居民消费价格分类指数

（2005年，上年价格=100）

类别	全省	城市	农村
居民消费价格总指数	**101.2**	**100.9**	**101.8**
非食品价格指数	101.3	101.0	101.8
服务项目价格指数	103.1	102.9	103.2
扣除鲜菜鲜果总指数	101.2	100.9	101.8
消费品价格指数	100.5	100.1	101.3
一、食品	**101.0**	**100.7**	**101.8**
1.粮食	101.3	100.6	102.2
2.淀粉及薯类	104.1	103.4	106.0
3.干豆类及豆制品	101.9	102.2	101.4
4.油脂	97.1	95.6	98.4
5.肉禽及其制品	100.9	100.4	102.1
(1)食用畜肉及副产品	99.3	99.1	100.4
(2)禽	102.4	102.4	101.7
(3)肉禽加工制品	104.4	105.2	103.9
6.蛋	104.5	104.6	104.4
7.水产品	102.3	102.5	102.0
(1)鱼	99.2	98.5	101.7
(2)其它水产品	110.1	111.3	103.6
8.菜	102.3	103.9	98.9
9.调味品	100.3	99.6	101.1
10.糖	103.2	102.2	104.3
11.茶及饮料	99.0	98.4	101.1
(1)茶叶	100.3	99.2	103.2
(2)饮料	98.5	98.2	99.7
12.干鲜瓜果	98.7	97.5	104.5
13.糕点饼干面包	100.5	100.7	100.0
14.奶及奶制品	99.6	99.2	102.4
15.在外用膳食品	100.8	100.1	102.9
16.其它食品及食品加工服务	100.9	100.6	101.2
二、烟酒及用品	**100.3**	**100.0**	**100.7**
1.烟草	100.7	100.6	100.8
2.酒	99.4	98.8	100.5
3.吸烟饮酒用品	99.9	99.9	99.9
三、衣着	**100.0**	**99.6**	**100.9**
1.服装	99.5	99.2	100.4
(1)男式服装	99.1	99.0	99.7
(2)女式服装	99.0	98.7	99.9
(3)儿童服装	102.1	102.4	101.8
2.衣着材料	98.9	96.8	102.8
3.鞋袜帽	101.5	101.4	101.7
(1)鞋	101.8	101.4	102.7
(2)袜子	99.6	101.5	98.4
(3)帽子	99.0	98.3	99.2
4.衣着加工服务	100.6	101.5	97.5

9－3续表　　(2005年,上年价格＝100)

类　别	全　省	城　市	农　村
四、家庭设备用品及维修服务	**99.8**	**99.5**	**100.2**
1.耐用消费品	99.1	99.1	99.2
(1)家　具	99.5	99.8	98.8
(2)家庭设备	98.9	98.7	99.6
2.室内装饰品	96.7	95.3	100.4
3.床上用品	101.7	102.9	100.8
4.家庭日用杂品	100.5	101.1	99.8
5.家庭服务及加工维修服务	101.3	99.8	106.1
五、医疗保健和个人用品	**98.5**	**98.4**	**98.7**
1.医疗保健	97.9	98.0	97.8
(1)医疗器具及用品	94.8	95.9	94.6
(2)中药材及中成药	96.2	96.9	94.2
(3)西　药	97.4	98.0	96.1
(4)保健器具及用品	97.9	98.6	97.1
(5)医疗保健服务	101.2	99.8	103.1
2.个人用品及服务	100.2	99.7	100.9
(1)化妆美容用品	100.9	101.1	99.8
(2)卫生用品	98.7	98.3	99.5
(3)个人饰品	100.0	99.3	100.8
(4)个人服务	101.3	100.6	101.7
六、交通和通信	**100.6**	**99.5**	**103.3**
1.交　通	103.9	102.6	105.7
(1)交通工具	99.1	99.0	99.2
(2)车用燃料及零配件	107.0	108.0	105.8
(3)车辆使用及维修费	100.5	100.6	100.1
(4)市区公共交通费	102.8	102.1	106.6
(5)城市间交通费	110.9	107.3	114.1
2.通　信	97.2	97.1	97.9
(1)通信工具	85.6	83.6	92.6
(2)通信服务	99.4	99.4	99.2
七、娱乐教育文化用品及服务	**100.3**	**99.8**	**101.3**
1.文娱用耐用消费品及服务	93.5	92.3	96.4
2.教　育	100.8	99.9	102.0
(1)教材及参考书	98.4	98.7	97.7
(2)学杂托幼费	101.1	100.1	102.3
3.文化娱乐用品	103.6	104.7	100.6
(1)文化娱乐	98.7	98.1	100.4
(2)书报杂志	100.0	99.8	100.3
(3)文娱费	111.1	112.2	102.0
4.旅游及外出	99.4	99.0	100.9
八、居　住	**106.7**	**107.1**	**105.6**
1.建房及装修材料	101.5	100.4	102.3
2.租　房	109.1	108.5	108.2
3.自有住房	108.7	109.4	104.2
4.水、电、燃料	110.2	109.4	111.8

9-4 十九个市、县商品零售价格分类指数

（2005年,上年价格=100）

地　区	总指数	一、食　品	二、饮　料 烟　酒	三、服　装 鞋　帽	四、纺织品	五、家用电器 及音像器材	六、文化办 公用品	七、日用品
全　省	**100.1**	**101.1**	**100.0**	**100.7**	**101.6**	**96.7**	**97.8**	**100.5**
国家调查点								
西安市	99.7	100.9	99.5	100.8	103.5	96.0	97.3	101.0
宝鸡市	100.2	100.1	97.7	103.8	101.3	97.7	99.0	99.9
汉台区	100.3	101.0	100.1	100.4	100.0	96.6	99.6	100.1
咸阳市	97.8	99.4	100.6	92.9	93.6	97.6	96.0	97.3
榆阳区	102.1	104.0	101.2	98.2	97.6	94.4	96.2	100.5
汉滨区	102.2	105.7	99.7	99.2	99.8	99.7	100.8	100.0
三原县	100.6	100.5	102.4	103.5	102.6	97.3	96.9	100.9
商州区	101.6	103.3	102.0	106.1	103.5	95.8	98.1	100.7
省级调查点								
铜川市	100.5	101.4	101.6	105.2	98.8	96.0	98.1	100.5
宝塔区	101.2	101.1	101.1	103.7	101.1	98.5	95.9	100.3
临渭区	100.2	101.2	101.8	97.5	98.4	94.0	92.4	99.4
西乡县	100.0	100.2	101.3	102.1	103.2	92.1	98.6	100.0
陇　县	101.4	100.7	100.9	104.3	98.8	103.4	94.3	104.7
洛南县	99.4	100.4	99.7	98.7	99.5	94.2	96.2	99.2
蒲城县	100.7	99.4	101.8	99.9	104.2	101.8	99.2	100.7
户　县	100.0	100.1	101.5	102.4	102.8	97.8	100.0	100.4
绥德县	102.6	101.6	99.4	100.0	100.9	102.0	100.8	102.9
华阴市	99.6	99.7	100.0	100.3	100.3	100.7	99.7	100.4
略阳县	99.4	102.3	99.3	96.8	100.2	95.8	101.8	101.4

地　区	八、体育 娱乐用品	九、交通 通信用品	十、家　具	十一、化妆品	十二、金银 珠宝	十三、中西 药品及医 疗保健用品	十四、书报 杂志及电 子出版物	十五、燃料	十六、建筑 材料及 五金电料
全　省	**97.8**	**92.9**	**99.9**	**99.7**	**103.6**	**96.8**	**98.9**	**114.4**	**101.2**
国家调查点									
西安市	97.4	90.4	100.1	99.1	103.7	97.5	99.0	114.0	100.4
宝鸡市	96.9	94.9	101.2	103.9	100.7	97.7	98.9	111.9	103.3
汉台区	100.0	99.9	95.5	100.0	103.5	93.9	101.3	111.2	100.5
咸阳市	100.1	97.4	100.0	102.0	105.1	88.2	93.0	108.0	101.4
榆阳区	97.2	92.9	100.0	101.2	107.8	100.5	99.2	146.3	103.7
汉滨区	99.5	97.9	99.5	100.1	104.1	95.9	99.5	114.4	100.8
三原县	100.0	88.7	101.4	98.7	106.7	97.6	98.6	114.5	100.7
商州区	97.6	94.3	99.1	97.6	103.0	97.9	102.7	113.2	102.6
省级调查点									
铜川市	99.8	95.2	102.7	99.3	106.6	94.2	99.3	108.3	101.3
宝塔区	100.0	94.5	97.8	98.2	104.0	105.2	100.0	112.7	99.2
临渭区	100.1	99.1	98.1	101.0	108.4	97.1	96.1	112.0	104.1
西乡县	97.6	92.9	96.6	106.6	104.6	97.6	98.7	111.8	104.2
陇　县	97.2	98.9	100.1	97.4	99.7	94.9	100.2	119.0	104.3
洛南县	98.5	95.0	97.9	100.0	101.6	97.1	100.0	111.1	100.4
蒲城县	100.0	96.5	99.2	100.0	106.1	97.6	97.1	119.2	101.1
户　县	98.4	91.9	100.6	99.8	100.3	93.7	98.9	111.8	103.4
绥德县	100.0	94.5	102.3	100.0	106.2	101.8	98.6	133.3	105.4
华阴市	100.3	91.1	100.2	100.0	102.2	91.7	99.6	111.6	101.3
略阳县	96.2	90.4	98.5	97.8	100.1	89.5	101.4	112.1	100.3

9－5 十九个市、县居民消费价格分类指数

(2005 年,上年价格＝100)

地　区	总指数	一、食品	二、饮料烟酒	三、服装鞋帽	四、纺织品	五、家用电器及音像器材	六、文化办公用品	七、日用品	八、居住
全　省	**101.2**	**101.0**	**100.3**	**100.0**	**99.8**	**98.5**	**100.6**	**100.3**	**106.7**
国家调查点									
西安市	100.3	100.7	99.4	101.0	100.1	98.9	96.6	98.3	105.6
宝鸡市	100.9	100.3	100.5	102.0	101.0	98.4	98.9	101.1	104.2
汉台区	99.8	101.1	99.8	100.5	98.3	96.0	100.4	97.9	103.1
咸阳市	99.0	99.4	101.2	93.1	98.7	96.3	99.9	98.9	104.8
榆阳区	103.5	104.2	101.7	98.6	99.5	102.8	99.0	99.6	114.7
汉滨区	102.2	104.5	99.1	100.5	100.1	98.8	96.4	101.8	106.2
三原县	100.9	100.4	101.7	103.4	101.3	99.2	101.0	99.3	103.0
商州区	102.5	103.4	101.0	104.5	100.6	99.4	99.7	100.3	106.4
省级调查点									
铜川市	101.3	101.3	101.1	104.0	101.6	97.1	104.5	98.6	103.2
宝塔区	101.8	101.0	101.7	103.7	98.8	103.2	99.2	100.7	104.2
临渭区	102.0	101.3	101.9	99.3	95.7	98.6	101.0	108.9	106.2
西乡县	102.2	101.0	100.4	102.1	99.7	99.5	103.9	104.9	105.1
陇　县	103.1	100.6	101.3	103.6	102.0	97.2	102.2	107.9	110.8
洛南县	100.0	101.2	99.1	98.2	97.1	99.4	98.0	99.0	104.7
蒲城县	101.3	99.3	101.8	100.6	104.1	98.9	98.0	101.2	108.0
户　县	100.4	100.3	101.5	102.4	101.0	97.4	99.3	99.7	102.9
绥德县	101.9	101.4	100.7	100.2	104.0	101.5	94.5	99.2	110.7
华阴市	100.6	99.6	100.0	100.2	100.5	95.1	102.7	101.1	105.9
略阳县	101.2	102.2	99.2	96.9	99.4	95.3	100.4	107.4	103.2

9－6 各市居民消费价格和商品零售价格指数

(2005 年,上年价格＝100)

地　区	居民消费价格指数	商品零售价格指数
全　省	**101.2**	**100.1**
西安市	100.3	99.7
铜川市	101.3	100.5
宝鸡市	100.9	100.3
咸阳市	101.0	99.6
渭南市	101.5	100.4
汉中市	100.4	100.2
安康市	101.4	100.8
商洛市	101.5	101.0
延安市	101.6	101.3
榆林市	103.1	102.6

9－7 农业生产资料价格分类指数

（2005年，上年价格＝100）

地　区	总指数	一、小农具	二、饲　料	三、产品畜	四、役　畜	五、半机械化农　具
全　省	**107.2**	**102.8**	**106.2**	**105.1**	**104.5**	**102.2**
户　县	107.2	107.9	103.3	102.9	102.5	99.5
陇　县	108.9	98.4	102.0	101.9	101.3	103.9
三原县	109.5	102.6	110.2	101.5	108.6	109.2
蒲城县	105.6	98.2	102.8	103.3	99.0	103.4
华阴市	107.8	100.0	108.5	111.6	100.0	102.4
西乡县	110.0	101.1	103.3	102.0	113.4	96.1
略阳县	110.8	107.8	106.0	122.0	100.0	114.5
汉滨区	111.8	114.4	117.9	119.4	134.4	100.0
商州区	105.2	104.1	114.0	109.4	101.5	95.9
洛南县	107.0	105.9	104.3	103.0	100.6	108.8
榆阳区	103.7	100.0	103.0	102.5	100.1	100.6
绥德县	106.5	104.5	107.6	105.1	93.9	106.9

地　区	六、机械化农具	七、化学肥料	八、农药及农药械	九、农用机油	十、其他农业生产资料
全　省	**103.0**	**110.0**	**103.9**	**107.6**	**112.4**
户　县	100.6	111.5	101.4	107.7	115.7
陇　县	105.8	112.8	103.7	111.4	107.4
三原县	104.7	112.0	109.2	109.2	118.1
蒲城县	107.4	108.0	102.3	106.8	108.0
华阴市	100.5	112.5	100.1	107.9	103.4
西乡县	99.5	113.5	100.2	100.0	147.5
略阳县	103.8	106.8	98.3	111.7	129.0
汉滨区	100.0	112.2	98.3	111.7	121.5
商州区	97.8	106.0	106.1	108.6	101.5
洛南县	106.1	108.5	94.3	109.1	107.2
榆阳区	99.5	106.6	100.4	108.3	106.8
绥德县	103.3	109.6	100.0	110.2	112.4

9-8 工业产品出厂价格指数

(2005年,上年价格=100)

类别	指数	类别	指数
总指数	**110.4**	(4)耐用消费品	97.3
按轻重工业分		按工业部门分	
轻工业	101.1	1.冶金工业	118.8
以农产品为原料	101.0	2.电力工业	104.9
以非农产品为原料	101.2	3.煤炭及炼焦工业	121.7
重工业	113.3	4.石油工业	118.0
采掘工业	119.5	5.化学工业	104.6
原料工业	110.7	6.机械工业	105.9
加工工业	108.1	7.建筑材料工业	100.7
按用途分		8.森林工业	101.5
生产资料	112.1	9.食品工业	102.0
采掘工业	119.7	10.纺织工业	96.8
原料工业	110.2	11.缝纫工业	102.0
加工工业	106.0	12.皮革工业	106.4
生活资料	101.5	13.造纸工业	101.8
(1)食品	102.3	14.文教艺术用品工业	98.3
(2)衣着	103.1	15.其它工业	115.8
(3)一般工业品	100.0		

9-9 主要原材料、燃料、动力购进价格指数

(2005年,上年价格=100)

类别	指数	类别	指数
总指数	**107.5**	四、化工原材料类	108.7
一、燃料、动力类	111.9	五、木材及纸浆类	101.7
二、黑色金属材料类	109.0	六、建筑材料类及非金属矿类	102.8
钢材	108.3	七、其它工业原材料及半成品	105.3
其它	110.4	八、农副产品类	103.5
三、有色金属材料类和电线类	111.9	九、纺织原材料类	101.6

9－10　固定资产投资价格指数

（2005年，上年价格＝100）

类　别	指　数	类　别	指　数
总　指　数	**103.7**	化工材料	103.5
一、建筑安装工程	103.7	电　料	99.5
（1）材料费	103.0	其它材料	100.4
钢　材	103.5	（2）人工费	108.7
木　材	101.7	（3）机械使用费	101.0
水　泥	101.1	二、设备工器具购置	105.3
地方材料	103.0	三、其它费用	100.5

9－11　房地产价格指数

（2005年，上年价格＝100）

类　别	指　数	类　别	指　数
土地交易价格指数	**105.3**	（一）工业用房	100.5
（一）居住用地	106.4	（二）仓　库	102.9
1.普通住宅用地	106.4	五、其　他	-
2.经济适用房用地	-		
（二）工业仓储用地	104.2	**房屋销售价格指数**	**104.4**
（三）商业、旅游、娱乐用地	105.0	一、商品房	104.6
（四）其它用地	104.2	（一）住　宅	105.2
		1.经济适用房	103.8
房屋租赁价格指数	**100.8**	2.普通住宅	105.8
一、住　宅	101.5	（1）多层住宅	107.3
（一）普通住宅	101.0	（2）高层住宅	104.8
（二）高档住宅	109.5	3.高档住宅	103.6
1.别　墅	-	（1）别　墅	103.8
2.高档公寓	109.5	（2）高档公寓	103.6
（三）经济适用房	-	（二）非住宅	102.7
（四）廉租房	109.2	1.办公楼	102.2
二、办公楼	99.9	2.商业娱乐用房	103.4
（一）写字楼	98.4	3.其　他	100.8
（二）普通办公用房	100.0	二、二手房	104.4
三、商业娱乐用房	100.9	（一）住　宅	105.1
四、工业仓储用房	101.8	（二）非住宅	103.4

主要统计指标解释

物价指数 也称价格指数，指从生产者、购买者和市场的角度，分别反映不同时期货物和服务商品价格总水平变动趋势幅度的相对数。目前编制的物价指数主要有商品零售价格指数、居民消费价格指数、工业品出厂价格指数、固定资产投资价格指数、原材料、燃料、动力购进价格指数、房地产价格指数等。

居民消费价格指数 是反映一定时期内城乡居民所购买的生活消费品价格和服务项目价格变动趋势和程度的相对数，是对城市居民消费价格指数和农村居民消费价格指数进行综合汇总计算的结果。该指数可以观察和分析消费品的零售价格和服务价格变动对城乡居民实际生活费支出的影响程度。

城市居民消费价格指数 是反映一定时期内城市居民家庭所购买的生活消费品价格和服务项目价格变动趋势和程度的相对数。该指数可以观察和分析消费品的零售价格和服务项目价格变动对职工货币工资的影响，作为研究职工生活和确定工资政策的依据。

农村居民消费价格指数 是反映一定时期内农村居民家庭所购买的生活消费品价格和服务项目价格变动趋势和程度的相对数。该指数可以观察农村消费品的零售价格和服务项目价格变动对农村居民生活消费支出的影响，直接反映农民生活水平的实际变化情况，为分析和研究农村居民生活问题提供依据。

商品零售价格指数 是反映一定时期内城乡商品零售价格变动趋势和程度的相对数。商品零售物价的变动直接影响到城乡居民的生活支出和国家的财政收入，影响居民购买力和市场供需的平衡，影响到消费与积累的比例关系。因此，该指数可以从一个侧面对上述经济活动进行观察和分析。

农业生产资料价格指数 指反映一定时期内农业生产资料价格变动趋势和程度的相对数。农业生产资料价格指数分为小农具、饲料、幼禽家畜、半机械化农具、机械化农具、化学肥料、农药及农药械、农机用油等八大类。其编制目的是了解农业生产中物质资料投入价格的变动状况，服务于国民经济核算。1994年以前，农业生产资料价格指数仅仅是商品零售价格指数的一个类别，此后，从商品零售价格指数中分离出来，单独编制。

工业品出厂价格指数 是反映一定时期内全部工业产品出厂价格总水平的变动趋势和程度的相对数，包括工业企业售给本企业以外所有单位的各种产品和直接售给居民用于生活消费的产品。该指数可以观察出厂价格变动对工业总产值及增加值的影响。

原材料、燃料和动力购进价格指数 是反映工业企业作为生产投入，而从物资交易市场和能源、原材料生产企业购买原材料、燃料和动力产品时，所支付的价格水平变动趋势和程度的统计指标，是扣除工业企业物质消耗成本中的价格变动影响的重要依据。

目前，我国编制的原材料、燃料和动力购进价格指数所调查的产品包括燃料动力、黑色金属、有色金属、化工、建材等九大类的900多种产品。

固定资产投资价格指数 是反映一定时期内固定资产投资品及项目的价格变动趋势和程度的相对数。固定资产投资额是由建筑安装工程投资完成额、设备工器具购置投资完成额和其他费用投资完成额三部分组成的。编制固定资产投资价格指数应首先分别编制上述三部分投资的价格指数，然后采用加权算术平均法求出固定资产投资价格总指数。

该指数可以准确地反映固定资产投资中涉及的各类投资品和取费项目价格变动趋势和变动幅度，消除按现价计算的固定资产投资指标中的价格变动因素，真实地反映固定资产投资的规模、速度、结构和效益，为国家科学地制定、检查固定资产投资计划并提高宏观调控水平，为完善国民经济核算体系提供科学的、可靠的依据。

房地产价格指数 是反映一定时期内房地产价格变动趋势和程度的相对数，包括房屋销售价格指数、房屋租赁价格指数和土地交易价格指数。这三套指数的计算方法相似，均采用由下到上逐级汇总的方法。

2006

統計年鑒

人民生活

RENMINSHENGHUO

资料整理：白治武　艾　宁　何晓红　孙士梅

十、人民生活

2005 年全省				
居民消费水平	3594	元	比上年增长	9.6%
农村居民	2024	元	比上年增长	14.0%
城镇居民	8234	元	比上年增长	5.6%
农民人均纯收入	2052	元	比上年增长	6.9%
城镇居民人均可支配收入	8272	元	比上年增长	9.4%
城乡居民年末人均储蓄存款	9500	元	比上年增长	19.4%

城乡居民收入

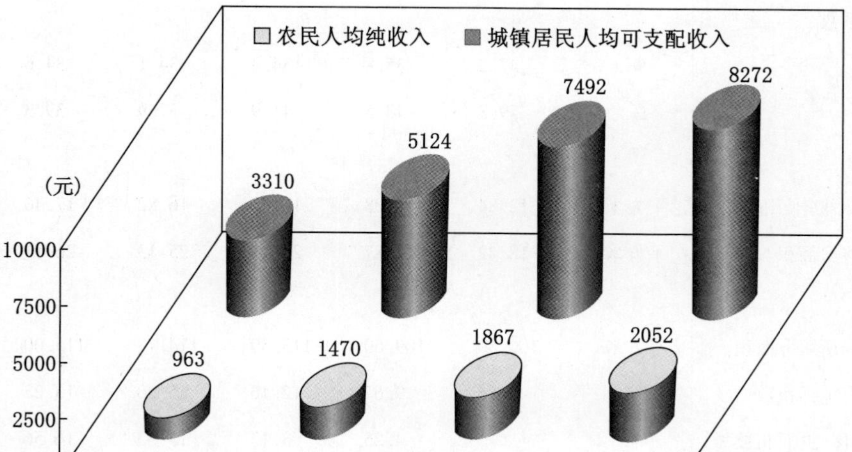

10－1 人民生活基本情况

指　　标	单 位	1995 年	2000 年	2001 年	2002 年	2003 年	2004 年	2005 年
一、就　　业								
城镇居民家庭每户就业人口	人	1.74	1.54	1.55	1.50	1.50	1.50	1.46
农村居民家庭每户整、半劳动力	人	2.74	2.62	2.62	2.65	2.67	2.70	2.78
每一农村劳动力负担人数	人	1.69	1.69	1.68	1.65	1.63	1.59	1.57
每一城镇就业者负担人数	人	1.82	2.00	1.99	2.03	2.03	2.01	2.02
城镇登记失业率	%	3.2	2.7	3.2	3.3	3.7	3.8	4.2
二、收入与支出								
城镇居民家庭人均可支配收入	元	3310	5124	5484	6331	6806	7492	8272
农村居民人均纯收入	元	963	1470	1520	1596	1676	1867	2052
职工年平均工资	元	4396	7804	9120	10351	11461	13024	14796
城镇居民人均消费支出	元	2838	4277	4638	5378	5667	6233	6656
农村居民人均生活消费支出	元	914	1251	1331	1491	1455	1618	1896
三、消费水平								
全省居民	元	1284	2210	2426	2634	2892	3221	3594
农村居民	元	855	1271	1385	1434	1556	1732	2024
城镇居民	元	2941	5390	5854	6457	7013	7712	8234
四、储　　蓄								
城乡居民年末储蓄存款余额	亿 元	734.04	1522.53	1768.47	2107.83	2519.93	2948.34	3533.97
平均每人储蓄存款余额	元	2089	4178	4833	5737	6829	7958	9500
五、生活质量								
居民家庭恩格尔系数								
城　镇	%	47.2	35.8	34.3	34.1	34.6	35.9	36.1
农　村	%	59.3	43.5	41.9	37.9	39.3	42.4	42.9
居民人均住房面积								
城镇居民平均每人住房使用面积	平方米	12.84	16.08	16.43	16.82	17.46	17.87	18.54
农村平均每人住房面积	平方米	18.42	22.87	23.76	25.13	26.11	26.85	26.01
邮电通信水平								
平均每一邮电局所服务面积	平方米	100.80	109.60	113.59	114.77	115.00	118.00	119.77
平均每百人拥有电话机数	部	2.85	9.67	12.16	15.20	18.23	21.37	23.10
平均每百人拥有移动电话机数	部		4.25	8.13	13.33	16.56	21.29	25.22
交通状况								
城市人均拥有铺路面积	平方米		6.07	5.89	5.58	6.15	7.16	8.19
城市每百户拥有汽车	辆		0.11	0.11	0.24	0.44	0.35	0.44
农村每百户拥有摩托车	辆	4.65	14.64	16.58	19.37	22.16	25.18	35.82

10－1 续表

指　　标	单　位	1995 年	2000 年	2001 年	2002 年	2003 年	2004 年	2005 年
城市公用事业								
城市平均每人每天生活用水量	升	150.60	188.59	184.35	203.80	162.78	147.61	145.14
用水普及率	%		96.5	68.3	76.9	93.8	94.4	93.2
用气普及率	%	52.4	74.5	53.7	59.2	77.7	76.7	76.8
人均拥有公共绿地	平方米	3.1	4.2	2.9	4.0	4.3	4.5	5.1
六、文　化								
广播人口覆盖率	%	74.8	90.3	90.6	91.5	92.0	92.7	93.2
电视人口覆盖率	%	79.1	91.4	92.5	92.9	93.2	93.7	94.4
每百户彩色电视机拥有量								
城　镇	台	90	114	116	122	123	128	129
农　村	台	14	49	52	59	66	72	88
每百户影碟机拥有量								
城　镇	台		33	39	49	58	58	63
农　村	台		7	9	12	15	19	
每百户家用电脑拥有量								
城　镇	台		7.03	9.15	13.28	18.86	23.51	27.92
农　村	台		0.18	0.23	0.27	0.27	0.50	
每百人每天拥有报纸	份	3.6	5.3	5.0	4.9	4.9	5.1	5.0
每人每年拥有图书杂志	册	6.1	5.8	5.4	6.4	6.2	6.1	6.5
居民家庭文教娱乐支出比重								
城　镇	%	8.7	12.8	13.9	16.4	16.8	16.5	16.3
农　村	%	7.13	14.53	15.4	15.3	18.4	16.0	15.7
七、教　育								
学龄儿童入学率	%	99.0	99.4	98.4	98.5	98.6	99.1	99.2
升学率								
小学升中学	%	90.1	91.9	92.8	93.4	95.3	95.6	96.5
初中升高中	%	34.4	39.1	41.2	43.6	43.6	44.8	45.8
每万人口在校大学生数	人	37	66	87	112	135	158	179
八、卫　生								
每万人口医院床位数	张	26	25	26	26	27	27	28
每万人口医生数	人	18	18	18	16	16	16	16
居民家庭医疗保健支出比重								
城　镇	%	4.2	7.9	7.8	8.3	8.7	8.2	9.1
农　村	%	4.5	7.3	6.5	6.9	7.3	7.3	8.7

注：本表城市公用事业 2001 年及以后数按新口径计算。

10-2　居民消费水平

年　份	全省居民	农村居民	城镇居民	城乡消费水平对比（农村居民=1）
1978	173	131	409	3.1
1980	230	178	498	2.8
1985	386	300	784	2.6
1990	677	476	1525	3.2
1991	713	488	1682	3.4
1992	799	522	1960	3.8
1993	948	625	2274	3.6
1994	1126	729	2718	3.7
1995	1284	855	2941	3.4
1996	1497	963	3508	3.6
1997	1683	1076	3901	3.6
1998	1860	1114	4535	4.1
1999	2050	1223	4948	4.0
2000	2210	1271	5390	4.2
2001	2426	1385	5854	4.2
2002	2634	1434	6457	4.5
2003	2892	1556	7013	4.5
2004	3221	1732	7712	4.5
2005	3594	2024	8234	4.1

注:1. 本表按当年价格计算。
　2. 居民消费水平是指居民人均对物质产品和劳务的消费,1991 年及以后用常住人口计算。

10-3　居民消费水平指数

年　份	上年=100			1978 年=100		
	全省居民	农村居民	城镇居民	全省居民	农村居民	城镇居民
1978	106.8	106.0	107.5	100.0	100.0	100.0
1980	106.5	102.7	110.5	119.7	120.1	114.4
1985	108.1	103.1	116.6	172.7	177.2	151.8
1990	104.0	104.8	102.5	193.0	178.3	196.4
1991	98.7	97.1	102.4	190.5	173.1	201.1
1992	104.5	104.5	102.5	199.1	180.9	206.1
1993	112.8	112.4	111.9	224.6	203.3	230.6
1994	106.1	104.1	107.0	238.3	211.6	246.7
1995	101.7	100.5	101.0	242.4	212.7	249.2
1996	107.8	106.5	107.5	261.3	226.5	267.9
1997	110.2	111.4	107.0	288.0	252.3	286.7
1998	102.5	102.8	101.3	295.2	259.4	290.4
1999	113.8	114.0	112.1	335.9	295.7	325.5
2000	106.6	106.6	104.8	358.1	315.2	341.1
2001	107.3	106.0	106.6	384.2	334.1	363.6
2002	107.9	104.3	108.6	414.6	348.5	394.9
2003	106.8	103.6	106.9	442.8	361.0	422.1
2004	103.6	100.7	104.2	458.7	363.5	439.8
2005	109.6	114.0	105.6	502.7	414.4	464.4

注:本表按可比价格计算。

10－4 城乡居民储蓄存款余额

年份	城乡居民年末储蓄存款余额（万元）	定期	活期	城乡居民年末人均储蓄存款余额（元）
1952	2812			2
1957	12234			7
1962	13817			7
1965	22110			10
1970	30864			13
1975	55124			20
1978	77945			28
1979	101950			36
1980	135059			48
1981	166489	138400	28089	58
1982	205076	166567	38509	71
1983	254274	207250	47024	87
1984	331703	262154	69549	112
1985	447681	354511	93170	149
1986	624729	505186	119543	205
1987	883660	698511	185149	286
1988	1086483	833056	253427	346
1989	1501146	1223831	277315	469
1990	2045734	1700228	345506	617
1991	2632769	2155336	477433	783
1992	3292158	2693879	598279	967
1993	4038052	3280828	757224	1173
1994	5472014	4361209	1110805	1572
1995	7340408	5901079	1439329	2089
1996	9422120	7518528	1903592	2659
1997	10904289	2506956	8397333	3054
1998	12416256	3204598	9211658	3453
1999	13718845	3449212	10269633	3792
2000	15225329	11015033	4210296	4178
2001	17684684	12548694	5135990	4833
2002	21078262	14602554	6475708	5737
2003	25199348	17497667	7701681	6829
2004	29483448	20704758	8778690	7958
2005	35339678	24341825	10997853	9500

10－5 城乡居民人均收入及指数

年　份	农村居民家庭人均纯收入		城镇居民家庭人均可支配收入		农村居民家庭恩格尔系数（%）	城镇居民家庭恩格尔系数（%）
	绝对数（元）	指　数（1978 年＝100）	绝对数（元）	指　数（1978 年＝100）		
1978	133	100.0	310	100.0	59.0	
1979	150	111.0			59.8	
1980	142	102.8	407	122.8	59.8	
1981	177	126.1	427	124.4	62.0	53.0
1982	218	153.4	452	130.5	62.8	54.8
1983	236	164.8	488	138.7	60.1	55.0
1984	263	179.5	552	151.7	60.4	54.5
1985	295	191.4	650	166.0	57.4	48.9
1986	299	185.3	814	195.1	55.8	49.6
1987	329	192.5	905	198.6	55.4	51.0
1988	404	205.3	1040	190.1	52.3	46.7
1989	434	184.1	1239	192.5	51.9	50.5
1990	530	191.9	1369	207.3	58.5	51.9
1991	534	184.7	1498	211.5	55.8	50.9
1992	559	181.4	1705	216.5	58.4	51.6
1993	653	192.6	2102	234.1	57.1	47.9
1994	805	187.4	2684	233.1	60.1	47.5
1995	963	186.2	3310	243.6	59.3	47.2
1996	1165	204.8	3810	254.2	56.8	45.5
1997	1285	209.6	4001	253.8	52.8	43.0
1998	1406	237.1	4220	274.0	50.0	41.1
1999	1456	252.7	4654	310.8	47.6	37.3
2000	1470	261.0	5124	341.2	43.5	35.8
2001	1520	264.3	5484	364.8	41.9	34.3
2002	1596	276.5	6331	428.9	37.9	34.1
2003	1676	282.6	6806	457.4	39.3	34.6
2004	1867	300.4	7492	488.9	42.4	35.9
2005	2052	321.1	8272	534.9	42.9	36.1

注：本表绝对数按当年价格计算，指数按可比价格计算。

10-6 城镇居民家庭基本情况

项　目	单 位	1995 年	2000 年	2001 年	2002 年	2003 年	2004 年	2005 年
一、调查户数	户	1400	1400	1400	1400	1450	1450	1450
二、平均每户家庭人口数	人	3.17	3.08	3.09	3.04	3.04	3.01	2.96
三、平均每户就业人口数	人	1.74	1.54	1.55	1.50	1.50	1.50	1.46
四、平均每一就业者负担人数	人	1.82	2.00	1.99	2.03	2.03	2.01	2.02
五、平均每户就业面	%	54.86	50.00	50.16	49.34	49.34	49.83	49.32
六、平均每人每月可支配收入	元	275.81	427.02	456.98	527.57	567.20	624.37	689.34
七、按每人每月可支配收入								
分组户数占总户数的比例	%	100.0	100.0	100.0	100.0	100.0	100.0	100.0
200 元及以下	%	33.56	9.86	8.03	11.14	5.16	4.22	2.33
200—400 元	%	54.35	44.89	39.38	34.98	29.17	24.14	19.16
400—600 元	%	10.29	25.86	29.81	28.32	30.74	29.79	30.68
600—800 元	%	1.59	10.75	12.70	12.79	18.67	20.71	23.15
800—1000 元	%	0.21	3.71	4.66	5.51	9.36	10.56	11.23
1000—1500 元	%		4.03	3.98	4.90	5.29	8.02	9.97
1500—2000 元	%		0.79	1.11	1.19	1.32	1.99	2.45
2000—2500 元	%		0.11	0.22	0.54	0.28	0.28	0.48
2500—3000 元	%			0.11	0.21		0.14	0.41
3000—4000 元	%				0.23	0.02	0.14	0.14
4000—5000 元	%				0.08			
5000 元以上	%				0.11			
八、平均每人每月消费性支出	元	236.47	356.39	386.48	448.17	472.22	519.42	554.71
九、平均每人住房使用面积	平方米	12.84	16.08	16.43	16.82	17.46	17.87	18.54

10－7 城镇居民家庭人均现金收入

单位:元

项　　目	1995 年	2000 年	2001 年	2002 年	2003 年	2004 年	2005 年
现 金 收 入	**4084.09**	**6806.15**	**7273.54**	**8354.29**	**9360.72**	**10262.10**	**10649.37**
一、总收入	**3311.11**	**5149.30**	**5513.77**	**6747.02**	**7314.47**	**8043.23**	**8902.26**
#可支配收入	**3309.69**	**5124.24**	**5483.73**	**6330.89**	**6806.38**	**7492.47**	**8272.02**
1. 工薪收入	2507.74	3391.95	3885.43	4684.61	5170.32	5725.33	6347.81
(1)工资及补贴收入	2474.89	3291.35	3736.08	4484.82	5032.87	5591.49	6191.58
(2)其它劳动收入	32.85	100.60	149.35	199.79	137.45	133.84	156.23
2. 经营净收入	32.61	109.14	111.96	144.46	139.83	201.25	179.34
3. 财产性收入	95.94	152.62	53.82	60.75	138.07	138.45	135.15
(1)利息收入	36.73	16.67	17.46	13.84	47.16	16.11	21.09
(2)股息与红利收入	3.73	12.73	10.69	7.8	10.61	23.35	18.38
(3)保险收益				1.74	5.17	3.44	1.32
(4)其它投资收入				1.88	4.31	0.46	0.08
(5)出租房屋收入				27.70	63.38	94.61	94.25
(6)知识产权收入					0.01		
(7)其它财产收入				7.79	7.43	0.47	0.03
4. 转移性收入	674.80	1495.59	1462.57	1857.20	1866.26	1978.20	2239.96
(1)养老金或离退休金	512.48	1109.22	1082.32	1349.53	1258.03	1401.43	1732.94
(2)社会救济收入				14.35	22.27	25.14	26.91
(3)保险收入				27.4	33.74	45.37	32.39
(4)赡养收入	73.62	141.06	174.68	147.75	169.82	177.64	153.98
(5)捐赠收入	53.57	122.35	126.42	225.36	267.39	225.89	185.42
(6)亲友搭伙费	7.22	14.48	11.89	12.12	6.87	6.43	7.72
(7)记帐补贴	13.60	22.07	23.03	29.86	33.88	34.41	36.79
二、出售财物收入	**5.15**	**54.28**	**17.45**	**11.78**	**73.81**	**23.00**	**23.23**
1. 出售住房收入				7.97	67.08	11.40	18.85
2. 出售其他物品收入				3.81	6.73	11.61	4.38
三、储蓄借贷收入	**767.83**	**1602.57**	**1742.31**	**1595.49**	**1972.44**	**2195.87**	**1723.88**
1. 提取储蓄存款	520.24	1021.37	1148.74	1282.23	1491.18	1755.29	1354.34
2. 借入款	190.59	305.75	278.88	203.03	369.86	332.81	247.21
3. 收回借出款	18.61	47.35	33.03	27.40	28.62	25.56	17.08
4. 兑售有价证券	7.07	0.38	0.92	1.33	0.23		0.28
5. 购买房屋贷款	3.72	96.30	69.43	41.40	31.35	31.40	70.26

注:2001 年及以前社会救济收入、保险收入和出售财物收入没有分项资料。

10-8 城镇居民家庭人均消费支出

单位:元

项目	1995年	2000年	2001年	2002年	2003年	2004年	2005年
消费支出	**2837.69**	**4276.67**	**4637.74**	**5378.06**	**5666.61**	**6233.07**	**6656.46**
#服务性消费支出				1579.30	1711.29	1883.11	2062.73
一、食品	**1339.57**	**1532.09**	**1589.44**	**1832.89**	**1960.31**	**2236.48**	**2401.52**
1.粮食	243.36	188.85	180.25	185.31	189.43	227.46	240.33
2.淀粉和薯类	20.57	21.50	19.74	17.97	21.87	22.84	28.15
3.干豆类及制品	26.22	28.52	30.78	27.09	29.17	33.50	39.12
4.油脂类	65.05	61.21	51.43	60.79	67.10	75.41	75.23
5.肉禽及制品	237.38	245.58	242.87	254.27	259.99	298.84	325.32
6.蛋类	53.05	44.63	42.82	46.47	46.74	51.74	59.35
7.水产品类	26.33	33.09	36.39	45.52	45.72	48.77	57.49
8.菜类	149.92	146.02	147.36	165.93	184.89	199.92	207.95
9.糖类	16.36	16.28	17.78	19.50	19.51	21.58	20.23
10.烟草类	63.37	91.06	89.14	110.41	122.87	131.01	132.22
11.酒和饮料	53.75	76.96	81.29	90.06	91.19	103.49	104.73
12.干鲜瓜果类	112.86	113.87	121.62	139.97	140.21	157.13	170.54
13.糕点类	33.24	41.76	41.56	48.69	54.57	57.79	64.92
14.奶及奶制品	28.42	50.91	59.78	85.46	103.81	112.54	124.31
15.在外饮食	166.24	284.05	355.67	448.86	492.96	600.78	655.18
二、衣着	**386.22**	**403.24**	**443.74**	**508.34**	**559.07**	**609.33**	**673.07**
#服装	218.44	257.38	297.15	348.90	394.62	428.30	474.25
鞋类	77.25	92.49	100.33	112.56	122.47	139.00	152.31
三、家庭设备用品及服务	**312.39**	**472.63**	**529.68**	**436.81**	**383.48**	**409.00**	**371.81**
1.耐用消费品	184.81	282.71	328.22	266.21	204.40	225.57	177.65
2.家庭日用杂品	63.32	94.06	94.62	106.23	119.42	115.01	126.64
3.家庭服务	29.13	48.97	53.18	14.18	19.87	21.48	20.80
四、医疗保健	**119.78**	**336.24**	**361.18**	**444.20**	**491.17**	**513.27**	**605.31**
#药品费	92.27	261.40	274.90	287.82	321.91	319.59	380.67
医疗费	18.95	63.06	74.87	130.09	140.56	159.59	188.36
五、交通和通讯	**141.07**	**297.66**	**366.30**	**485.05**	**528.62**	**583.19**	**630.16**
1.交通	70.09	117.87	130.39	176.69	175.00	203.79	217.62
2.通信	70.98	179.79	235.91	308.36	353.62	379.40	412.54
六、教育文化娱乐服务	**245.57**	**549.25**	**642.45**	**881.48**	**950.85**	**1025.76**	**1081.92**
1.文化娱乐用品	86.58	188.20	173.62	219.86	213.54	235.39	210.97
2.教育	135.05	317.97	428.37	542.53	627.11	634.53	701.82
七、居住	**174.48**	**469.51**	**452.73**	**622.39**	**609.05**	**646.92**	**653.40**
1.住房	81.56	245.76	213.90	294.19	264.52	235.83	166.50
2.水电燃料及其它	92.92	223.76	238.83	299.90	328.77	387.63	458.45
八、杂项商品和服务	**118.60**	**216.05**	**252.22**	**166.91**	**184.01**	**209.10**	**239.26**

注:2002年及以后消费支出八大类中,除衣着和医疗保健两类外,其余六类口径略有变动。

10－9 城镇居民家庭人均购买主要商品数量

商品类别	单 位	1995年	2000年	2001年	2002年	2003年	2004年	2005年
粮 食	公斤	101.07	81.08	76.76	77.61	76.79	77.43	84.06
油脂类	公斤	7.20	9.05	8.55	9.52	8.87	9.05	10.50
#食用植物油	公斤	6.67	8.85	8.40	9.42	8.76	8.99	10.41
肉 类	公斤		17.50	15.96	17.77	17.72	17.24	19.34
#猪 肉	公斤	13.12	13.52	12.08	13.10	12.79	11.79	13.51
牛羊肉	公斤	1.77	1.94	1.76	1.82	2.07	2.49	2.59
禽 类	公斤	2.46	3.57	3.14	4.60	4.42	3.95	5.21
蛋 类	公斤	8.42	10.36	9.13	10.13	10.67	9.01	11.34
鱼	公斤	2.22	2.42	2.65	3.59	3.65	3.18	3.94
虾	公斤	0.06	0.19	0.23	0.48	0.39	0.46	0.48
其它水产品	公斤		0.29	0.31	0.35	0.34	0.26	0.31
鲜 菜	公斤	108.13	100.56	98.79	107.72	103.06	107.11	114.66
干 菜	公斤	0.23	0.20	0.19	0.20	0.27	0.28	0.48
酒 类	公斤	3.27	3.94	4.16	5.05	4.44	5.06	5.77
#白 酒	公斤	0.64	1.14	1.16	1.09	1.10	1.26	1.28
啤 酒	公斤	1.78	2.59	2.86	3.56	2.99	3.48	4.10
其它酒	公斤	0.79	0.21	0.14	0.14	0.15	0.16	0.20
碳酸饮料	公斤				2.39	2.15	2.47	2.97
果蔬饮料	公斤				1.40	1.61	1.52	1.74
茶 叶	公斤	0.16	0.21	0.21	0.19	0.19	0.20	0.22
干鲜瓜果类	公斤	47.87	55.99	60.41	65.24	60.23	60.51	69.01
#鲜 果	公斤	23.50	31.50	31.70	37.39	36.47	37.59	41.24
鲜 瓜	公斤	16.80	19.13	24.35	23.29	19.35	17.93	22.58
糕 点	公斤	3.25	3.50	3.47	4.07	4.50	4.57	5.22
鲜乳品	公斤	3.67	9.25	10.70	16.08	18.40	18.81	23.07
奶 粉	公斤	0.34	0.68	0.73	0.77	0.80	0.72	0.60
#酸 奶	公斤	0.22	0.55	0.81	1.42	2.20	2.72	3.24
服 装	件	4.94	5.97	6.56	7.06	7.27	7.36	7.23
1.男士服装	件	1.78	2.03	2.17	2.58	2.81	2.76	2.83
2.女士服装	件	2.37	2.82	3.19	3.49	3.47	3.64	3.54
3.童 装	件	0.79	1.11	1.19	1.00	1.00	0.97	0.87
鞋	双	2.48	2.49	2.55	2.57	2.78	2.78	2.75
煤 炭	公斤	155.84	166.94	169.12	145.22	154.52	144.61	122.44
液化石油气	公斤	12.73	13.31	11.79	12.47	10.83	11.25	9.41
管道燃气	立方米	7.36	11.45	11.87	22.84	23.71	28.65	40.20

10-10 城镇居民不同收入层次家庭基本情况及耐用消费品拥有量

（2005年）

项　　目	单　位	总平均	低收入户	中等偏下户	中等收入户	中等偏上户	高收入户
一、调查户数	户	1450	288	291	292	291	289
各组户数所占比重	%	100	20	20	20	20	20
二、户均家庭人数	人	2.96	3.38	3.12	3.00	2.84	2.63
三、户均有收入者人数	人	2.03	1.74	2.01	2.11	2.12	2.11
1.户均就业人口数	人	1.46	1.30	1.50	1.54	1.45	1.51
2.户均离退休人数	人	0.49	0.26	0.45	0.48	0.60	0.56
3.户均其它有收入者人数	人	0.08	0.18	0.06	0.09	0.07	0.04
四、人均在外用餐次数	人次	35.83	29.63	36.73	36.13	38.67	36.47
五、就业者负担系数	人	2.02	2.61	2.09	1.96	1.96	1.74
六、消费品年末百户拥有量							
1.成套家具	套	69.30	67.36	69.06	74.32	66.01	69.79
2.摩托车	辆	15.45	15.94	16.34	17.86	14.96	13.03
3.自行车	辆	126.79	122.15	126.71	129.13	123.84	130.64
4.助力车	辆	2.16	1.27	2.36	1.21	2.66	2.85
5.家用汽车	辆	0.44	0.10	0.25	1.33		0.53
6.洗衣机	台	98.29	84.93	94.68	99.26	101.67	106.01
7.电风扇	台	136.04	116.74	134.31	135.47	136.38	149.99
8.电冰箱	台	82.89	54.54	74.24	86.52	90.83	98.20
9.冰　柜	台	2.35	4.23	3.67	1.46	1.61	1.46
10.彩色电视机	台	128.90	112.68	123.43	131.19	129.56	141.29
11.影碟机	台	62.65	46.81	55.38	66.63	65.24	73.19
12.录音机	台	42.67	34.94	42.48	39.32	44.10	49.09
13.录放像机	台	14.79	4.50	10.89	18.09	12.17	24.24
14.家用电脑	台	27.92	5.60	14.43	25.17	29.52	53.35
15.组合音响	套	23.01	7.90	19.76	22.12	26.82	32.64
16.摄像机	架	2.11	1.19	0.15	1.39	0.99	5.73
17.照相机	架	41.67	16.42	30.92	37.33	41.61	69.57
18.钢　琴	架	1.07		0.21	0.69	1.64	2.22
19.其他中高档乐器	件	8.41	1.12	5.29	3.64	10.80	17.02
20.微波炉	台	35.04	8.97	20.23	30.72	40.97	61.33
21.空调器	台	70.37	22.70	39.06	62.83	82.47	120.31
22.取暖器	台	21.37	14.71	18.38	27.07	24.21	21.14
23.电炊具	台	94.00	58.60	74.51	93.90	96.01	130.14
24.淋浴热水器	台	63.16	34.80	44.46	60.97	74.90	87.23
25.排油烟机	台	63.83	33.47	52.71	67.52	72.04	82.05
26.消毒碗柜	台	5.05	0.10	1.81	6.55	3.15	11.26
27.洗碗机	台	0.21				0.57	0.37
28.饮水机	台	33.99	15.58	22.20	37.19	38.42	48.61
29.吸尘器	台	6.88	0.81		4.85	5.89	18.46
30.健身器材	套	3.16	0.20	1.01	1.02	1.59	9.71
31.普通电话	部	88.88	80.00	85.86	87.51	93.28	94.11
32.移动电话	部	116.86	64.95	96.08	126.24	133.14	145.01
33.传真机	部	0.29		0.69			0.64

10－11 城镇居民不同收入层次家庭人均现金收入

（2005 年）

单位:元

项　　目	总平均	低　收 入　户	中　等 偏下户	中　等 收入户	中　等 偏上户	高　收 入　户
一、总收入	**8902.26**	**3598.21**	**5807.75**	**7493.61**	**9661.39**	**16616.36**
#可支配收入	**8272.02**	**3407.57**	**5451.91**	**6997.03**	**8973.26**	**15311.25**
（一）工薪收入	6347.81	2443.82	4097.65	5350.96	6517.02	12332.25
1. 工资及补贴收入	6191.58	2288.40	4014.72	5222.23	6398.36	12050.10
2. 其他劳动收入	156.23	155.42	82.93	128.73	118.65	282.14
（二）经营净收入	179.34	167.72	111.36	185.86	293.53	137.61
（三）财产性收入	135.15	57.93	67.29	57.35	160.35	304.14
1. 利息收入	21.09	3.57	8.36	9.04	9.40	68.55
2. 股息与红利收入	18.38	0.32	1.37	5.28	12.82	65.29
3. 保险收益	1.32				4.63	1.66
4. 其它投资收入	0.08			0.17	0.21	
5. 出租房屋收入	94.25	54.02	57.56	42.86	133.16	168.65
6. 知识产权收入						
7. 其他财产性收入	0.03	0.02			0.12	
（四）转移性收入	2239.96	928.75	1531.45	1899.44	2690.49	3842.36
1. 养老金或离退休金	1732.94	550.12	1181.63	1493.59	2201.91	2981.82
2. 社会救济收入	26.91	108.33	20.16	15.67	0.17	0.03
3. 辞退金	5.84			30.74		
4. 赔偿收入	0.84	4.11		0.04	0.21	0.15
5. 保险收入	32.39	44.83	56.87	36.84	21.68	6.10
#失业保险金	32.01	43.46	56.24	36.84	21.68	6.10
6. 赡养收入	153.98	66.75	73.36	97.66	188.68	315.40
7. 捐赠收入	185.42	89.87	131.43	159.46	174.75	346.15
8. 亲友搭伙费	7.72		2.74	4.12	16.55	13.44
9. 提取住房公积金	13.27		2.13	8.82	1.58	49.21
10. 记帐补贴	36.79	29.59	34.32	35.45	38.96	44.13
11. 其他转移性收入	43.88	35.15	28.81	17.06	45.99	85.90
二、出售财物收入	**23.23**	**9.33**	**2.03**	**101.48**	**3.98**	**4.60**
三、借贷收入	**1723.88**	**941.64**	**1225.89**	**1317.59**	**1397.98**	**3481.56**
1. 提取储蓄存款	1354.34	560.83	954.47	1064.43	1165.19	2803.96
2. 借入款	247.21	285.30	224.49	128.44	159.28	421.01
3. 收回借出款	17.08	12.15	3.25	17.97	39.20	12.14
4. 收回储蓄性保险本	0.25				1.21	
5. 兑售有价证券	0.28					1.28
6. 收回投资本金	5.47	1.05	1.52		1.86	20.82
7. 住房贷款	70.26	70.23	24.79	80.64	0.63	167.84
8. 汽车贷款						
9. 教育贷款	2.32	8.38			3.77	
10. 其他贷款	9.01	3.06	13.41	21.89	1.26	6.15
11. 其他借贷收入	17.66	0.63	3.95	4.22	25.58	48.36

10－12 城镇居民不同收入层次家庭人均现金支出

（2005 年） 单位:元

项目	总平均	低收入户	中等偏下户	中等收入户	中等偏上户	高收入户
一、消费支出	**6656.46**	**3492.16**	**4979.21**	**6038.14**	**7490.13**	**10556.80**
#服务性消费支出	2062.73	990.70	1603.57	1810.00	2299.26	3365.94
1.食　品	2401.52	1422.23	1904.87	2310.03	2669.82	3492.58
2.衣　着	673.07	268.71	450.09	603.32	764.02	1185.97
3.家庭设备用品及服务	371.81	151.43	211.44	308.70	451.64	679.67
4.医疗保健	605.31	279.06	500.21	470.58	667.54	1029.58
5.交通和通信	630.16	250.19	420.46	607.32	719.68	1071.65
6.教育文化娱乐服务	1081.92	582.66	856.96	893.45	1239.99	1714.91
7.居　住	653.40	431.40	477.28	632.59	718.22	954.45
8.杂项商品和服务	239.26	106.47	157.90	212.15	259.23	427.98
二、购房与建房支出	**528.12**	**191.49**	**176.32**	**361.93**	**90.11**	**1681.05**
#购　房	471.34	191.49	151.93	338.27	77.09	1478.05
三、转移性支出	**832.02**	**265.32**	**530.27**	**706.31**	**865.88**	**1653.12**
1.交纳的个人收入税	40.10	0.47	5.24	12.56	18.06	149.02
2.捐赠支出	429.18	153.57	265.51	410.83	462.29	791.27
3.购买彩票	3.90	0.29	4.38	1.30	2.55	9.96
4.赡养支出	324.06	101.77	224.50	257.57	343.71	637.97
#在外就学子女费用	230.15	80.71	140.07	177.56	240.84	471.27
5.各种非储蓄性保险支出	7.71	2.68	10.35	6.84	13.39	4.92
#车辆保险支出	0.12	0.04			0.35	0.16
6.其他转移性支出	27.08	6.54	20.29	17.21	25.87	59.98
四、财产性支出	**2.41**	**1.60**	**0.08**	**2.80**	**3.69**	**3.63**
五、社会保障支出	**553.36**	**160.59**	**316.28**	**448.57**	**631.12**	**1111.95**
1.个人交纳的养老基金	239.90	102.21	181.84	202.08	295.69	387.20
2.个人交纳的住房公积金	225.19	31.44	82.39	162.88	227.31	567.28
3.个人交纳的医疗基金	62.65	19.64	37.82	58.12	77.74	110.63
4.个人交纳的失业基金	24.44	7.10	14.14	22.99	27.41	46.66
5.其他社会保障支出	1.18	0.19	0.10	2.50	2.96	0.18
六、借贷支出	**1871.41**	**390.18**	**927.24**	**1239.90**	**1731.76**	**4633.53**
1.存入储蓄款	1623.97	311.48	769.06	1018.65	1463.96	4161.49
2.借出款	18.45	0.99	9.27	16.80	7.23	53.27
3.归还借款	65.61	36.14	56.31	73.57	64.03	93.16
4.储蓄性保险支出	90.76	22.72	38.06	64.75	116.17	193.59
5.购买有价证券	6.51	3.72	6.67	3.49	10.62	7.42
6.其它投资支出	4.91		0.89	0.52	2.54	18.65
7.归还住房贷款	47.73	13.49	43.00	57.21	44.60	75.27
8.归还汽车贷款						
9.归还教育贷款				0.02		
10.归还其他贷款	1.05		0.08		2.52	2.32
11.其他借贷支出	12.42	1.64	3.91	4.89	20.10	28.36

10－13 城镇居民不同收入层次家庭人均消费支出

（2005 年）

单位：元

项　　目	总平均	低收入户	中等偏下户	中等收入户	中等偏上户	高收入户
消费性支出	**6656.46**	**3492.16**	**4979.21**	**6038.14**	**7490.13**	**10556.80**
#服务性消费支出	2062.73	990.70	1603.57	1810.00	2299.26	3365.94
一、食　品	**2401.52**	**1422.23**	**1904.87**	**2310.03**	**2669.82**	**3492.58**
（一）粮油类	382.82	347.48	355.21	366.18	402.00	433.53
1.粮　食	240.33	219.86	223.11	228.30	251.98	272.34
2.淀粉及薯类	28.15	26.75	27.86	25.88	29.94	29.86
3.干豆类及豆制品	39.12	32.80	32.01	37.93	42.96	48.22
4.油脂类	75.23	68.07	72.23	74.07	77.12	83.11
（二）肉禽蛋水产品类	442.16	284.01	356.38	415.21	523.02	598.64
1.肉　类	259.61	175.26	217.19	244.90	306.23	337.07
2.禽　类	65.71	38.49	48.81	64.43	77.38	93.76
3.蛋　类	59.35	44.04	51.77	55.59	67.96	74.11
4.水产品类	57.49	26.21	38.62	50.29	71.45	93.70
（三）蔬菜类	207.95	155.80	175.15	199.06	226.35	271.37
#鲜　菜	188.46	145.61	161.05	180.22	204.01	241.42
（四）调味品	36.17	27.48	32.23	33.76	39.33	46.06
（五）糖烟酒饮料类	257.18	140.80	201.70	285.35	268.27	369.52
（六）干鲜瓜果类	170.54	89.45	134.80	157.65	179.51	273.05
（七）糕点、奶及奶制品	189.23	100.97	145.84	187.38	213.58	280.66
#奶及奶制品	124.31	65.67	94.14	123.85	145.96	180.46
（八）其它食品	59.60	32.04	41.06	51.98	73.87	92.45
（九）饮食服务	655.88	244.19	462.50	613.47	743.89	1127.29
#在外饮食	655.18	243.55	461.90	612.60	743.21	1126.57
二、衣　着	**673.07**	**268.71**	**450.09**	**603.32**	**764.02**	**1185.97**
#服　装	474.25	172.33	307.97	425.03	531.40	864.67
三、设备用品及服务	**371.81**	**151.43**	**211.44**	**308.70**	**451.64**	**679.67**
#耐用消费品	177.65	53.49	69.26	126.52	228.53	375.29
家庭日用杂品	126.64	77.95	104.60	118.28	138.64	183.03
家庭服务	20.80	7.58	10.92	19.63	28.01	34.97
四、医疗保健	**605.31**	**279.06**	**500.21**	**470.58**	**667.54**	**1029.58**
#药品费	380.67	193.68	286.07	312.84	413.39	649.61
医疗费	188.36	78.62	196.18	139.71	208.79	295.40
五、交通和通讯	**630.16**	**250.19**	**420.46**	**607.32**	**719.68**	**1071.65**
交　通	217.62	79.10	134.19	210.73	239.75	393.53
通　信	412.54	171.09	286.28	396.59	479.93	678.12
六、教育文化娱乐服务	**1081.92**	**582.66**	**856.96**	**893.45**	**1239.99**	**1714.91**
文化娱乐用品	210.97	68.95	113.89	179.81	253.18	404.18
文化娱乐服务	169.13	41.09	74.88	137.64	222.85	337.60
教　育	701.82	472.62	668.19	575.99	763.96	973.13
七、居　住	**653.40**	**431.40**	**477.28**	**632.59**	**718.22**	**954.45**
#住　房	166.50	125.34	93.16	164.73	133.09	299.95
水电燃料其它	458.45	294.88	362.95	439.44	547.57	613.64
八、杂项商品和服务	**239.26**	**106.47**	**157.90**	**212.15**	**259.23**	**427.98**
#杂项商品	147.67	73.04	98.76	137.54	148.11	262.31

10－14 城镇居民不同收入层次家庭主要商品人均购买数量

（2005 年）

商品类别	单位	总平均	低收入户	中等偏下户	中等收入户	中等偏上户	高收入户
粮食	公斤	84.06	81.35	81.37	79.95	88.56	88.08
淀粉及薯类	公斤	17.80	19.05	18.25	15.55	18.39	17.72
油脂类	公斤	10.50	9.91	10.53	10.30	10.81	10.84
#食用植物油	公斤	10.41	9.78	10.45	10.22	10.74	10.76
肉类	公斤	19.34	13.79	16.51	18.68	22.67	23.96
#猪肉	公斤	13.51	10.50	12.01	13.18	15.16	16.10
牛肉	公斤	1.48	0.79	1.16	1.30	2.31	1.73
羊肉	公斤	1.11	0.96	0.88	1.01	1.27	1.37
禽类	公斤	5.21	3.29	3.94	5.14	6.19	7.08
#鸡	公斤	3.72	2.65	2.86	3.68	4.49	4.71
禽制品	公斤	1.34	0.59	0.98	1.37	1.47	2.14
蛋类	公斤	11.34	8.25	9.79	10.42	13.36	14.18
#鲜蛋	公斤	10.84	7.97	9.38	9.92	12.84	13.46
鱼虾	公斤	4.42	2.46	3.30	4.11	5.56	6.29
鲜菜	公斤	114.66	96.56	100.47	107.62	125.85	138.13
干菜	公斤	0.48	0.27	0.38	0.53	0.53	0.65
酒类	公斤	5.77	3.74	4.87	6.10	5.92	7.86
#白酒	公斤	1.28	0.96	1.20	1.40	1.32	1.48
啤酒	公斤	4.10	2.58	3.41	4.35	4.07	5.80
碳酸饮料	公斤	2.97	1.96	2.50	2.65	3.07	4.40
果蔬饮料	公斤	1.74	0.95	1.08	1.64	1.72	3.11
瓶装饮用水	公斤	13.59	2.74	8.53	12.83	20.35	21.50
干鲜瓜果类	公斤	69.01	40.60	57.44	64.57	74.09	102.22
#鲜果	公斤	41.24	24.62	35.10	39.26	42.88	60.80
鲜瓜	公斤	22.58	12.79	17.78	20.33	25.59	34.20
糕点	公斤	5.22	3.33	4.41	5.19	5.36	7.42
鲜乳品	公斤	23.07	11.01	17.51	23.37	27.06	34.13
奶粉	公斤	0.60	0.53	0.52	0.62	0.72	0.58
酸奶	公斤	3.24	1.99	2.66	2.76	4.28	4.25
服装	件	7.23	4.26	5.85	7.23	7.99	10.25
男士服装	件	2.83	1.48	2.28	2.83	3.25	4.04
女士服装	件	3.54	2.09	2.73	3.42	3.86	5.28
童装	件	0.87	0.69	0.83	0.99	0.88	0.93
鞋类	双	2.75	2.11	2.58	2.73	2.89	3.32
水	吨	23.27	15.50	18.01	23.36	24.48	33.29
电	度	343.44	200.29	269.27	328.99	382.86	505.11
煤炭	公斤	122.44	204.13	176.24	101.71	106.59	38.56
液化石油气	公斤	9.41	9.11	12.31	10.91	9.95	5.22
管道燃气	立方米	40.20	13.58	22.65	37.06	45.66	75.80

10－15 城镇居民家庭居住情况

项　　目	单 位	2005 年	项　　目	单 位	2005 年
调查户数	户	1450	六、按用水情况分	%	100.00
平均每户居住人口	人	2.87	独用自来水	%	93.42
平均每人建筑面积	平方米	24.49	公用自来水	%	4.74
平均每人使用面积	平方米	18.54	井、河水	%	1.51
一、按房屋产权分	%	100.00	其　他	%	0.32
租赁公房	%	10.08	七、按卫生设备分	%	100.00
租赁私房	%	1.63	无卫生设备	%	4.15
原有私房	%	10.74	有厕所浴室	%	52.76
房改私房	%	45.04	有厕所无浴室	%	32.92
商品房	%	7.25	公　用	%	10.16
其　他	%	25.25	八、按取暖设备分	%	100.00
二、按住宅建筑式样分	%	100.00	无取暖设备	%	11.89
单栋住宅	%	2.23	空调设备	%	3.95
四居室	%	1.70	暖　气	%	51.44
三居室	%	24.06	其　他	%	32.73
二居室	%	50.89	九、按炊用燃料使用情况分	%	100.00
一居室	%	2.67	管道燃气	%	42.27
普通楼房	%	9.93	液化石油气	%	39.99
平房及其他	%	8.52	煤	%	13.67
三、按装修状况分	%	100.00	其　他	%	4.07
有装修	%	52.40	十、按通信设备使用情况分		100.00
未装修	%	47.55	1. 无电话的家庭	%	2.45
如果装修过，最近一次装修花费	元/户	8278.76	2. 有电话的家庭	%	97.55
四、现有住房按市场价估计值	元/户	69662.73	3. 百户固定电话拥有量	部	88.88
五、按饮水情况分	%	100.00	4. 百户移动电话拥有量	部	116.86
自来水	%	79.64	5. 百户使用互联网	条	33.19
矿泉水	%	2.80	十一、户均自有房房租折算	元	90.62
纯净水	%	15.87	十二、除了现住房，		
井、河水	%	1.69	户均还有几处其他住房	套	0.07
其　他	%				

10－16 调查市县(区)城镇住户调查主要指标

(2005年)

地　区	调查户数（户）	户均家庭人口（人）	户均就业人口（人）	人均总收入（元）	人均可支配收入（元）	人均消费性支出（元）	人均食品支出（元）
全　省	**1450**	**2.96**	**1.46**	**8902.26**	**8272.02**	**6656.46**	**2401.52**
西　安	350	2.93	1.39	10387.44	9627.89	7899.81	2926.32
宝　鸡	100	2.88	1.63	9718.45	8540.32	6268.52	2290.18
咸　阳	100	3.02	1.62	9538.01	8779.99	7146.70	2294.93
汉　台	100	2.86	1.46	7060.78	6671.14	5598.87	2117.37
铜　川	100	3.03	1.35	5811.21	5481.54	4709.53	1782.48
宝　塔	50	3.00	1.41	8177.27	7471.01	7320.93	2087.49
临　渭	50	2.92	1.34	7528.36	7171.55	5092.39	1835.15
榆　阳	50	3.15	1.36	6792.70	6517.76	5802.36	1766.57
汉　滨	50	2.88	1.49	6842.28	6365.49	4992.41	2056.04
三　原	50	2.97	1.52	7025.21	6836.82	5747.02	1820.24
商　州	50	3.04	1.64	7306.89	6916.40	4461.57	1442.63
西　乡	50	2.99	1.55	6834.08	6516.78	5313.92	2088.69
陇　县	50	3.06	1.44	5831.67	5548.72	4102.46	1382.67
洛　南	50	3.00	1.83	7325.05	7221.58	5430.27	1762.65
蒲　城	50	3.04	1.76	6856.93	6627.97	4837.50	1753.93
户　县	50	3.16	1.56	8314.32	7915.61	5721.73	2012.38
绥　德	50	2.97	1.01	5756.40	5679.48	3620.25	1304.49
华　阴	50	2.99	1.80	7373.52	6674.60	5596.88	2032.53
略　阳	50	3.01	1.56	7055.34	6322.30	5548.23	2282.83

10－17 农村居民家庭基本情况

指标	单位	2001年	2002年	2003年	2004年	2005年
调查户数	户	2220	2220	2220	2220	2220
调查户人口						
1. 常住人口	人	9765	9713	9643	9521	9693
2. 平均每户常住人口	人	4.40	4.38	4.34	4.29	4.36
3. 平均每户整、半劳动力	人	2.62	2.65	2.67	2.70	2.78
4. 平均每劳动力负担人口	人	1.68	1.65	1.63	1.59	1.57
平均每人全年的收入						
1. 总收入	元	2141.23	2261.57	2281.01	2579.30	3036.75
2. 现金收入	元	1669.74	1796.07	1849.67	2077.00	2575.78
3. 纯收入	元	1520.00	1596.25	1675.66	1866.52	2052.00
平均每人全年的支出						
1. 总支出	元	2030.46	2252.71	2189.11	2492.53	3111.27
#家庭经营费用支出	元	471.76	501.33	464.08	583.60	858.51
生活消费支出	元	1331.03	1491.20	1455.39	1618.05	1896.48
2. 现金支出	元	1711.71	1944.10	1923.02	2153.26	2769.31
#生产费用支出	元	479.65	529.92	542.33	616.07	911.71
生活消费支出	元	1077.66	1260.10	1245.41	1352.61	1642.78
平均每人年末住房面积	平方米	23.76	25.13	26.11	26.85	26.01
#砖木结构面积	平方米	10.28	10.88	11.33	11.80	12.61
钢筋混凝土结构面积	平方米	6.99	8.05	8.66	8.28	7.15
年末住房价值	元/平方米	174.80	177.70	182.78	188.67	216.13

10－18 农村居民家庭人均总收入和纯收入

单位:元

指　　标	2001 年	2002 年	2003 年	2004 年	2005 年
一、全年总收入	**2141.24**	**2261.49**	**2281.00**	**2579.31**	**3036.75**
1.工资性收入	507.77	550.50	615.92	690.38	756.50
2.家庭经营收入	1483.89	1538.60	1502.92	1720.92	2071.09
3.转移性收入	111.67	132.84	112.97	117.41	56.92
4.财产性收入	37.91	39.55	49.19	50.60	152.23
二、全年纯收入	**1520.00**	**1596.25**	**1675.66**	**1866.52**	**2052.42**
1.工资性收入	507.77	550.50	615.92	690.38	756.50
2.家庭经营纯收入	899.88	915.32	919.69	1028.34	1118.91
(1)第一产业收入	685.14	681.41	730.07	843.43	920.22
农业收入	595.29	589.09	587.14	703.82	752.24
林业收入	5.15	8.49	17.38	14.08	23.90
牧业收入	84.37	83.51	125.31	125.18	144.23
渔业收入	0.34	0.32	0.24	0.35	-0.16
(2)第二产业收入	54.64	48.83	40.29	32.18	35.87
工业收入	29.77	25.93	14.68	15.48	25.45
建筑业收入	24.87	22.90	25.61	16.70	10.42
(3)第三产业收入	160.10	185.08	149.32	152.75	162.82
交通、运输和邮电业收入	64.61	72.77	58.57	64.26	56.10
批发和零售贸易、餐饮业收入	48.79	53.95	48.62	53.30	71.45
社会服务业收入	13.17	16.33	11.98	10.07	12.82
文教卫生业收入	5.75	5.39	8.93	10.38	8.32
其他家庭经营收入	27.77	36.64	21.22	14.74	14.12
3.转移性收入	73.70	90.86	90.85	97.21	120.09
4.财产性收入	38.65	39.57	49.19	50.60	56.92

10－19 农村居民家庭按人均纯收入分组基本情况

（2005 年）

指　　标	单 位	总 计	100 元以下	100－200 元	200－300 元	300－400 元	400－500 元
一、调查户数	户	2220	8	4	8	17	16
比 重	%	100.00	0.36	0.18	0.36	0.77	0.72
常住人口	人	9693	31	23	36	73	70
比 重	%	100.00	0.32	0.24	0.37	0.75	0.72
平均每户常住人口	人	4.37	3.88	5.75	4.50	4.29	4.38
户均整、半劳动力	人	2.78	2.13	3.25	2.63	2.47	2.69
劳动力负担人口	人	1.57	1.82	1.77	1.71	1.74	1.63
二、平均每人全年收入							
总收入	元	3036.75	2760.50	1472.88	1609.22	1204.74	1452.98
现金收入	元	2575.78	2225.69	1092.20	1534.03	892.72	880.85
纯收入	元	2052.42	－677.99	169.56	256.90	344.65	457.39
（1）工资性收入	元	756.50	231.65	36.42	57.25	172.26	97.96
（2）家庭经营收入	元	1118.91	－924.56	－474.64	166.83	142.72	346.81
（3）财产性收入	元	56.92	－58.39	94.43	5.39	23.23	2.36
（4）转移性收入	元	120.09	73.31	513.35	27.42	6.44	10.26
三、平均每人全年支出							
总支出	元	3111.27	6721.13	2577.61	2069.20	2116.54	2381.71
现金支出	元	2769.31	6246.35	2290.35	1656.73	1806.16	1921.75
人均年末住房面积	平方米	26.01	32.74	24.87	25.58	29.25	20.81
#砖木平房面积	平方米	12.61	7.74	11.74	13.50	14.90	9.91
楼房面积	平方米	7.15	20.00	9.52	6.94	5.97	
年末住房价值	元/平方米	216.13	261.08	258.74	121.61	246.37	235.42
户均年末固定资产原值	元	5664.80	7100.00	34965.00	2668.75	4632.94	6755.00

10－19 续表1　　（2005年）

指　标	单　位	500－600元	600－800元	800－1000元	1000－1200元	1200－1300元
一、调查户数	户	25	94	105	173	123
比　重	%	1.13	4.23	4.73	7.79	5.54
常住人口	人	123	426	501	816	566
比　重	%	1.27	4.39	5.17	8.42	5.84
平均每户常住人口	人	4.92	4.53	4.77	4.72	4.60
户均整、半劳动力	人	2.84	2.69	2.87	2.83	3.02
劳动力负担人口	人	1.73	1.68	1.66	1.67	1.53
二、平均每人全年收入						
总收入	元	1128.04	1545.13	1590.51	1894.37	1883.07
现金收入	元	816.70	1172.63	1211.14	1485.72	1527.81
纯收入	元	556.26	707.12	901.21	1102.05	1251.11
（1）工资性收入	元	96.32	214.91	312.24	375.47	484.47
（2）家庭经营收入	元	423.01	438.53	506.06	649.08	693.19
（3）财产性收入	元	0.36	6.46	35.78	31.11	16.73
（4）转移性收入	元	36.56	47.23	47.13	46.40	56.72
三、平均每人全年支出						
总支出	元	1769.96	2294.57	2496.17	2358.32	2381.26
现金支出	元	1469.17	1962.21	2164.55	2036.92	2046.59
人均年末住房面积	平方米	17.15	24.24	21.77	21.42	22.18
#砖木平房面积	平方米	9.37	12.01	13.29	9.23	10.46
楼房面积	平方米	1.79	5.29	2.71	4.39	3.36
年末住房价值	元/平方米	260.79	196.60	200.56	193.32	192.67
户均年末固定资产原值	元	4966.40	4835.59	4966.38	3429.94	3787.93

10－19 续表 2　　（2005 年）

指　　标	单　位	1300－1500 元	1500－1700 元	1700－2000 元	2000－2500 元	2500－3000 元
一、调查户数	户	206	215	253	332	215
比　重	%	9.28	9.68	11.40	14.95	9.68
常住人口	人	961	991	1130	1454	869
比　重	%	9.91	10.22	11.66	15.00	8.97
平均每户常住人口	人	4.67	4.61	4.47	4.38	4.04
户均整、半劳动力	人	2.88	2.86	2.85	2.76	2.72
劳动力负担人口	人	1.62	1.61	1.57	1.59	1.49
二、平均每人全年收入						
总收入	元	2074.35	2407.69	2793.84	3144.05	3726.13
现金收入	元	1649.14	1948.46	2323.34	2678.65	3170.80
纯收入	元	1399.25	1597.41	1835.30	2224.19	2732.55
（1）工资性收入	元	526.65	660.72	788.25	897.29	1088.90
（2）家庭经营收入	元	745.60	825.07	922.41	1145.86	1407.69
（3）财产性收入	元	27.40	33.24	39.25	57.05	98.58
（4）转移性收入	元	99.60	78.38	85.39	123.99	137.38
三、平均每人全年支出						
总支出	元	2387.37	2588.88	2932.06	3177.80	3513.23
现金支出	元	2061.67	2224.67	2585.13	2858.09	3171.84
人均年末住房面积	平方米	21.68	23.88	25.66	28.21	28.91
#砖木平房面积	平方米	10.15	11.19	11.48	13.61	15.24
楼房面积	平方米	3.96	6.22	6.61	9.64	9.16
年末住房价值	元/平方米	185.53	219.96	199.09	226.06	219.60
户均年末固定资产原值	元	3535.19	5274.30	5251.08	5359.39	4887.86

10－19 续表3　　　　(2005年)

指　　标	单　位	3000－3500元	3500－4000元	4000－4500元	4500－5000元	5000元以上
一、调查户数	户	159	84	48	49	86
比　重	%	7.16	3.78	2.16	2.21	3.87
常住人口	人	651	326	186	180	280
比　重	%	6.72	3.36	1.92	1.86	2.89
平均每户常住人口	人	4.09	3.88	3.88	3.67	3.26
户均整、半劳动力	人	2.77	2.63	2.71	2.65	2.41
劳动力负担人口	人	1.48	1.48	1.43	1.38	1.35
二、平均每人全年收入						
总收入	元	4394.03	5097.55	5820.61	6601.43	9726.88
现金收入	元	3882.48	4479.22	5267.38	6068.51	9128.35
纯收入	元	3224.23	3705.04	4248.24	4717.17	6642.97
(1)工资性收入	元	1203.48	1200.63	1467.68	1472.92	1597.56
(2)家庭经营收入	元	1712.81	2234.09	2449.71	2556.94	4303.69
(3)财产性收入	元	104.16	99.41	35.47	165.91	302.97
(4)转移性收入	元	203.77	170.90	295.38	521.40	438.75
三、平均每人全年支出						
总支出	元	4054.16	4605.92	4682.68	4953.51	7236.53
现金支出	元	3709.64	4219.43	4299.76	4578.47	6841.24
人均年末住房面积	平方米	30.46	35.68	29.50	30.66	37.68
#砖木平房面积	平方米	15.18	17.69	14.53	16.41	17.65
楼房面积	平方米	10.55	13.98	9.05	9.32	15.35
年末住房价值	元/平方米	227.61	232.81	225.06	246.59	292.07
户均年末固定资产原值	元	6335.41	5658.69	4902.92	15915.10	17357.44

10－20　农村居民家庭人均生活消费支出

单位:元

指　　标	2001 年	2002 年	2003 年	2004 年	2005 年
生活消费性支出	**1331.03**	**1491.20**	**1455.39**	**1618.05**	**1896.48**
1.食　品	557.83	565.22	572.67	686.38	812.93
#在外饮食	66.24	83.99	93.48	102.82	136.17
2.衣　着	82.52	86.95	85.15	91.78	124.36
#服　装	50.04	54.22	53.32	60.00	84.45
3.居　住	233.83	330.08	236.33	237.32	211.71
#电　费	20.89	22.35	22.06	23.88	26.85
4.家庭设备、用品及服务	55.38	59.22	63.52	65.46	83.61
#床上用品	6.27	6.66	5.85	6.71	9.18
家庭日用杂品	26.93	27.71	24.91	26.09	32.28
5.交通和通讯	73.32	85.18	97.33	126.13	163.17
#交通工具	20.16	19.84	22.78	34.56	38.59
通讯工具	4.91	7.38	8.74	15.81	23.70
交通费	21.01	21.82	24.15	28.88	42.83
邮电费	19.87	28.89	35.98	46.88	58.05
6.文教娱乐用品及服务	204.99	227.49	267.87	258.83	297.33
文化教育娱乐用品	53.43	52.18	55.61	60.31	68.13
文化教育娱乐服务	151.56	175.31	212.26	194.72	224.89
7.医疗保健	86.02	103.09	106.66	118.12	165.82
#医疗卫生保健用品	59.70	67.53	65.11	74.45	104.99
医疗保健服务费	24.29	33.65	41.55	43.68	60.83
8.其他商品和服务	37.14	33.98	25.86	34.04	37.55
商品性支出	8.99	10.55	9.83	10.75	17.79
服务性支出	28.15	23.42	16.03	23.29	19.76

10－21 农村居民家庭按纯收入分组人均生活消费支出

（2005 年）

单位:元

指 标	总 计	100 元以下	100－200 元	200－300 元	300－400 元	400－500 元
生活消费总支出	**1896.48**	**2258.52**	**1080.15**	**715.99**	**851.85**	**1161.78**
1. 食 品	812.93	986.42	741.93	486.26	540.59	631.76
2. 衣 着	124.36	103.97	49.01	55.13	51.49	71.22
3. 居 住	211.71	170.27	22.33	33.21	40.45	53.69
4. 家庭设备、用品	83.61	83.59	50.78	16.65	25.97	33.88
5. 交通和通讯	163.17	190.05	86.64	45.90	48.03	112.34
6. 文化教育、娱乐	297.33	559.01	87.21	51.96	97.33	130.75
7. 医疗保健	165.82	149.15	8.93	16.14	37.08	98.40
8. 其他商品和服务	37.55	16.05	33.31	10.73	10.91	29.73
生活消费现金性支出	**1642.78**	**2008.38**	**838.73**	**489.28**	**599.01**	**894.97**
1. 食 品	562.25	738.32	503.10	260.48	289.39	366.57
2. 衣 着	124.19	103.97	49.01	55.13	51.49	71.22
3. 居 住	208.85	168.24	19.74	32.28	38.80	52.07
4. 家庭设备、用品及服务	83.61	83.59	50.78	16.65	25.97	33.88
5. 交通和通讯	163.17	190.05	86.64	45.90	48.03	112.34
6. 文化教育、娱乐用品及服务	297.33	559.01	87.21	51.96	97.33	130.75
7. 医疗保健	165.82	149.15	8.93	16.14	37.08	98.40
8. 其他商品和服务	37.55	16.05	33.31	10.73	10.91	29.73

10－21 续表 1 （2005 年） 单位:元

指　　标	500－600 元	600－800 元	800－1000 元	1000－1200 元	1200－1300 元
生活消费总支出	**1154.46**	**1213.86**	**1360.97**	**1466.65**	**1540.98**
1.食　品	573.20	627.35	625.10	698.08	728.64
2.衣　着	71.65	81.87	83.55	104.88	98.12
3.居　住	94.99	81.74	101.92	127.06	146.31
4.家庭设备、用品	53.87	43.87	52.82	60.61	59.41
5.交通和通讯	92.45	80.16	109.16	117.55	100.97
6.文化教育、娱乐	145.38	175.94	240.06	222.47	209.05
7.医疗保健	108.36	99.57	127.69	115.06	156.73
8.其他商品和服务	14.57	23.37	20.66	20.96	41.75
生活消费现金性支出	**939.22**	**982.84**	**1114.25**	**1215.12**	**1274.80**
1.食　品	359.66	398.13	380.95	448.98	464.69
2.衣　着	71.65	81.74	83.31	104.59	97.84
3.居　住	93.29	80.07	99.60	124.91	144.36
4.家庭设备、用品及服务	53.87	43.87	52.82	60.61	59.41
5.交通和通讯	92.45	80.16	109.16	117.55	100.97
6.文化教育、娱乐用品及服务	145.38	175.94	240.06	222.47	209.05
7.医疗保健	108.36	99.57	127.69	115.06	156.73
8.其他商品和服务	14.57	23.37	20.66	20.96	41.75

10－21 续表2

(2005 年)

单位:元

指　　标	1300－1500 元	1500－1700 元	1700－2000 元	2000－2500 元	2500－3000 元
生活消费总支出	**1547.80**	**1682.95**	**1819.66**	**2013.07**	**2303.19**
1.食　品	708.90	737.39	801.03	839.37	930.34
2.衣　着	104.39	104.42	121.34	135.49	146.21
3.居　住	130.76	174.23	197.77	231.53	316.42
4.家庭设备、用品	71.71	74.75	69.81	84.89	100.17
5.交通和通讯	107.67	138.50	133.03	190.15	222.40
6.文化教育、娱乐	227.44	274.03	290.42	312.38	349.17
7.医疗保健	166.23	142.99	160.38	174.41	198.37
8.其他商品和服务	30.69	36.63	45.90	44.86	40.11
生活消费现金性支出	**1296.47**	**1421.26**	**1552.99**	**1769.56**	**2038.62**
1.食　品	459.73	478.44	536.47	597.94	667.72
2.衣　着	104.05	104.30	121.23	135.46	145.97
3.居　住	128.94	171.61	195.77	229.49	314.73
4.家庭设备、用品及服务	71.71	74.75	69.81	84.89	100.17
5.交通和通讯	107.67	138.50	133.03	190.15	222.40
6.文化教育、娱乐用品及服务	227.44	274.03	290.42	312.38	349.17
7.医疗保健	166.23	142.99	160.38	174.41	198.37
8.其他商品和服务	30.69	36.63	45.90	44.84	40.11

10－21 续表3 （2005年） 单位:元

指标	3000－3500元	3500－4000元	4000－4500元	4500－5000元	5000元以上
生活消费总支出	**2573.69**	**2762.25**	**2449.14**	**2771.46**	**3707.88**
1.食　品	960.54	1054.74	999.11	1209.47	1354.00
2.衣　着	159.00	191.74	143.91	172.74	267.36
3.居　住	379.86	393.85	184.16	256.67	588.47
4.家庭设备、用品	131.31	104.62	85.06	138.37	265.39
5.交通和通讯	213.25	302.99	245.50	239.76	429.36
6.文化教育、娱乐	468.95	451.78	549.86	422.54	445.48
7.医疗保健	215.99	227.01	196.83	244.53	307.41
8.其他商品和服务	44.79	35.52	44.70	87.38	50.42
生活消费现金性支出	**2314.50**	**2489.93**	**2219.28**	**2509.39**	**3484.58**
1.食　品	715.98	784.55	771.59	949.27	1132.88
2.衣　着	158.80	191.59	143.74	172.74	267.14
3.居　住	365.44	391.88	182.00	254.79	586.50
4.家庭设备、用品及服务	131.31	104.62	85.06	138.37	265.39
5.交通和通讯	213.25	302.99	245.50	239.76	429.36
6.文化教育、娱乐用品及服务	468.95	451.78	549.86	422.54	445.48
7.医疗保健	215.99	227.01	196.83	244.53	307.41
8.其他商品和服务	44.79	35.52	44.70	87.38	50.42

10－22 农村居民家庭平均每人主要实物消费量和每百户耐用物品拥有量

指　　标	单　位	2001年	2002年	2003年	2004年	2005年
实物消费量						
粮　食	公斤	212.13	200.53	194.25	201.11	205.96
油脂类	公斤	6.49	6.48	5.83	5.43	6.47
蔬菜及菜制品	公斤	56.68	53.65	50.69	54.88	54.01
水果及水果制品	公斤	19.80	18.64	9.73	11.18	10.16
肉禽及其制品	公斤	7.30	7.25	7.53	7.29	8.88
蛋类及蛋制品	公斤	2.13	2.06	2.29	2.06	2.21
奶和奶制品	公斤	1.11	1.13	1.14	1.23	2.17
糖	公斤	0.92	1.01	0.92	0.82	0.75
酒和饮料	公斤	4.13	3.57	2.24	2.43	3.57
耐用物品每百户拥有量						
大型家具	件	240.90	247.97	251.04	251.62	245.95
洗衣机	台	35.95	38.56	40.36	44.50	53.38
电风扇	台	74.32	78.74	81.80	85.23	88.74
电冰箱	台	5.45	5.50	6.31	6.53	8.02
空调机	台	0.32	0.32	0.36	0.77	1.31
抽油烟机	台	0.68	0.54	0.63	0.68	0.63
自行车	辆	131.17	134.14	133.47	132.88	110.00
摩托车	辆	16.58	19.37	22.16	25.18	35.81
电话机	部	25.41	35.90	45.74	52.86	60.05
移动电话	部	2.75	7.25	14.32	25.63	67.57
彩色电视机	台	52.30	58.60	65.95	72.48	88.20
黑白电视机	台	47.07	45.68	42.75	39.73	22.48
组合音响	台		4.91	6.04	7.34	9.59
照相机	架	1.80	2.03	1.85	2.03	1.98

10－23 农村居民家庭平均每人主要实物消费量和每百户耐用物品拥有量

（2005年，按纯收入分组）

指　　标	单 位	总 计	100元以下	100－200元	200－300元	300－400元	400－500元
实物消费量							
粮食消费量	公斤	205.96	192.72	137.59	152.39	182.47	197.35
油脂类消费量	公斤	6.47	8.07	1.00	2.02	4.39	5.24
蔬菜及菜制品消费量	公斤	54.01	81.93	56.91	50.54	47.96	45.16
水果类	公斤	10.16	16.81	3.92	3.21	7.68	8.32
肉禽及其制品	公斤	8.88	10.05	14.77	10.10	4.40	6.18
蛋类及蛋制品	公斤	2.21	1.86	2.68	3.26	2.01	1.71
奶和奶制品	公斤	2.17	2.63	0.04	1.32	1.29	2.46
食　糖	公斤	0.75	0.93	0.70	0.41	1.04	0.41
酒	公斤	3.57	11.17	6.59	1.18	1.61	2.13
耐用物品每百户拥有量							
大型家具	件	245.95	275.00	475.00	312.50	182.35	162.50
洗衣机	台	53.38	25.00		5.00	47.59	25.00
电风扇	台	88.74	125.00	1.00	87.50	64.76	37.50
电冰箱	台	8.18		25.00	25.00	23.53	
空调机	台	1.36					
抽油烟机	台	0.64					
自行车	辆	11.00	112.50	75.00	87.50	15.88	1.00
摩托车	辆	35.82	25.00		25.00	29.41	25.00
电话机	部	6.45	75.00		37.50	52.94	25.00
移动电话	部	67.57	37.50	125.00	62.50	47.59	56.25
彩色电视机	台	88.20	75.00	125.00	125.00	88.24	75.00
黑白电视机	台	22.48	37.50	25.00	25.00	23.53	31.25
组合音响	台	9.59	12.50		12.50	5.88	
照相机	架	1.98					

10－23 续表1　　（2005年,按纯收入分组）

指　　标	单　位	1300－1500元	1500－1700元	1700－2000元	2000－2500元	2500－3000元
实物消费量						
粮食消费量	公斤	201.36	203.54	199.71	206.29	213.84
油脂类消费量	公斤	6.28	5.90	6.52	6.34	6.95
蔬菜及菜制品消费量	公斤	47.65	52.32	59.42	52.81	53.93
水果类	公斤	8.80	8.52	9.21	11.46	11.68
肉禽及其制品	公斤	7.64	8.54	9.61	9.09	9.96
蛋类及蛋制品	公斤	1.85	1.64	2.12	2.11	2.26
奶和奶制品	公斤	1.36	1.45	2.48	2.43	2.50
食　糖	公斤	0.59	0.80	0.88	0.75	0.76
酒	公斤	2.79	3.74	3.84	3.87	4.41
耐用物品每百户拥有量						
大型家具	件	247.57	246.98	25.20	254.82	255.35
洗衣机	台	49.29	46.47	54.55	58.43	61.40
电风扇	台	78.65	73.49	94.71	98.80	1.93
电冰箱	台	6.32	3.73	6.32	11.14	6.98
空调机	台	0.49	0.47	0.40	1.56	2.80
抽油烟机	台		0.93		1.25	0.47
自行车	辆	16.32	12.33	114.23	118.72	113.49
摩托车	辆	33.50	3.70	23.32	4.62	35.35
电话机	部	52.91	55.81	58.50	64.46	66.51
移动电话	部	66.55	59.53	64.43	75.94	69.77
彩色电视机	台	84.95	86.47	81.82	95.78	89.32
黑白电视机	台	21.84	21.40	29.64	18.67	18.65
组合音响	台	7.28	9.32	11.67	11.45	6.98
照相机	架	1.46	1.40	1.58	2.72	1.86

10－23 续表2 （2005年,按纯收入分组）

指标	单位	3000－3500元	3500－4000元	4000－4500元	4500－5000元	5000元以上
实物消费量						
粮食消费量	公斤	211.58	202.13	212.93	235.70	248.62
油脂类消费量	公斤	7.76	7.89	7.04	7.57	8.17
蔬菜及菜制品消费量	公斤	58.65	61.87	48.28	65.89	70.59
水果类	公斤	12.14	13.89	14.55	13.58	14.11
肉禽及其制品	公斤	10.19	11.61	8.59	12.78	12.59
蛋类及蛋制品	公斤	2.99	3.08	2.62	4.20	4.20
奶和奶制品	公斤	2.50	2.18	1.63	5.35	3.16
食　糖	公斤	0.79	0.86	0.54	0.78	0.87
酒	公斤	3.95	4.83	3.03	5.54	5.52
耐用物品每百户拥有量						
大型家具	件	273.58	27.24	225.00	293.88	259.32
洗衣机	台	62.26	55.95	77.83	69.39	75.58
电风扇	台	114.47	19.52	114.58	126.54	122.93
电冰箱	台	11.95	14.29	12.50	18.37	18.65
空调机	台	1.26	3.57		4.82	4.65
抽油烟机	台	0.63	1.19			2.33
自行车	辆	12.13	115.48	127.83	112.24	11.47
摩托车	辆	36.48	52.39	54.17	48.98	45.35
电话机	部	71.69	71.43	81.25	75.51	72.93
移动电话	部	76.16	82.14	95.83	81.63	15.81
彩色电视机	台	96.23	11.19	112.50	14.82	18.14
黑白电视机	台	22.64	17.86	14.58	14.29	1.47
组合音响	台	1.63	11.95	12.50	22.45	2.93
照相机	架	2.52	4.76	4.17	6.12	4.65

10－23 续表3 （2005年，按纯收入分组）

指 标	单 位	500－600元	600－800元	800－1000元	1000－1200元	1200－1300元
实物消费量						
粮食消费量	公斤	183.37	191.79	201.73	201.99	216.43
油脂类消费量	公斤	5.02	5.94	5.71	6.27	6.15
蔬菜及菜制品消费量	公斤	41.89	52.76	53.26	51.12	49.04
水果类	公斤	5.17	7.25	9.09	9.94	8.03
肉禽及其制品	公斤	5.95	6.66	6.61	7.42	8.84
蛋类及蛋制品	公斤	1.39	1.97	1.69	2.10	1.98
奶和奶制品	公斤	2.49	2.55	1.13	2.31	1.83
食 糖	公斤	0.72	0.69	0.53	0.80	0.64
酒	公斤	1.48	2.15	2.06	2.94	3.18
耐用物品每百户拥有量						
大型家具	件	28.00	182.98	22.00	236.99	216.26
洗衣机	台	44.00	43.62	41.95	44.59	39.24
电风扇	台	56.00	7.21	58.95	63.58	66.67
电冰箱	台	4.00	3.19	1.95	4.46	5.69
空调机	台				1.73	0.81
抽油烟机	台				1.16	0.81
自行车	辆	64.00	1.00	18.57	1.00	14.88
摩托车	辆	44.00	35.16	38.95	36.99	32.52
电话机	部	64.00	46.89	56.19	48.55	51.22
移动电话	部	56.00	51.64	52.39	53.18	52.33
彩色电视机	台	8.00	72.34	68.57	79.77	8.49
黑白电视机	台	24.00	24.47	32.39	27.17	26.16
组合音响	台	8.00	7.45	8.57	5.22	4.88
照相机	架		2.13		0.58	0.81

主要统计指标解释

城镇家庭人口 指居住在一起，经济上合在一起共同生活的家庭成员。凡计算为家庭人口的成员其全部收支都包括在本家庭中。

城镇就业面 指就业人口占家庭人口的百分比。

城镇就业者负担人数 指家庭人口与就业人口之比。

城镇家庭总收入 指家庭成员得到的工薪收入、经营净收入、财产性收入、转移性收入之和，不包括出售财物收入和借贷收入。

城镇家庭可支配收入 指家庭成员得到可用于最终消费支出和其它非义务性支出以及储蓄的总和，即居民家庭可以用来自由支配的收入。它是家庭总收入扣除交纳的所得税、个人交纳的社会保障支出以及记账补贴后的收入。计算公式为：

可支配收入＝家庭总收入－交纳所得税－个人交纳的社会保障支出－记帐补贴

城镇家庭总支出 指除借贷支出以外的全部家庭支出。包括消费性支出、购房建房支出、转移性支出、财产性支出、社会保障支出。

城镇家庭消费性支出 指家庭用于日常生活的支出，包括食品、衣着、家庭设备用品及服务、医疗保健、交通和通信、娱乐教育文化服务、居住、杂项商品和服务等八大类支出。

城镇家庭收入分组方法 将所有调查户依户人均可支配收入由低到高排队，按10%，10%，20%，20%，20%，10%，10%的比例依次分成：最低收入户、低收入户、中等偏下收入户、中等收入户、中等偏上收入户、高收入户、最高收入户等七组。总体中最低5%的户为困难户。

农村住户 指农村常住户。农村常住户指长期(一年以上)居住在乡镇(不包括城关镇)行政管理区域内的住户，以及长期居住在城关镇所辖行政村范围内的农村住户。户口不在本地而在本地居住一年及以上的住户也包括在本地农村常住户范围内；有本地户口，但举家外出谋生一年以上的住户，无论是否保留承包耕地都不包括在本地农村住户范围内。

农村居民家庭常住人口 指全年经常在家或在家居住6个月以上，而且经济和生活与本户连成一体的人口。外出从业人员在外居住时间虽然在6个月以上，但收入主要带回家中，经济与本户连为一体，仍视为家庭常住人口；在家居住，生活和本户连成一体的国家职工、退休人员也为家庭常住人口。但是现役军人、中专及以上(走读生除外)的在校学生、以及常年在外(不包括探亲、看病等)且已有稳定的职业与居住场所的外出从业人员，不算家庭常住人口。家庭常住人口主要作为计算农村住户平均每人收入、消费和积累水平及分析家庭人口状况的依据。

农村居民家庭整、半劳动力 整劳动力指男子18周岁到50周岁，女子18周岁到45周岁；半劳动力指男子16周岁到17周岁，51周岁到60周岁；女子16周岁到17周岁，46周岁到55周岁，同时具有劳动能力的人。虽然在劳动年龄之内，但已丧失劳动能力的人，不应算为劳动力；超过劳动年龄，但能经常参加劳动，计入半劳动力数内。常住人口中的职工，若这些职工为劳动力，就包括在本户的整半劳动力中。

农村居民家庭总收入 指调查期内农村住户和住户成员从各种来源渠道得到的收入总和。按收入的性质划分为工资性收入、家庭经营收入、财产性收入和转移性收入。

工资性收入 指农村住户成员受雇于单位或个人，靠出卖劳动而获得的收入。

家庭经营收入 指农村住户以家庭为生产经营单位进行生产筹划和管理而获得的收入。农村住户家庭经营活动按行业划分为农业、林业、牧业、渔业、工业、建筑业、交通运输邮电业、批发和零售贸易餐饮业、社会服务业、文教卫生业和其他家庭经营。

财产性收入 指金融资产或有形非生产性资产的所有者向其他机构单位提供资金或将有形非生产性资产供其支配，作为回报而从中获得的收入。

转移性收入 指农村住户和住户成员无须付出任何对应物而获得的货物、服务、资金或资产所有权等，不包括无偿提供的用于固定资本形成的资金。一般情况下，是指农村住户在二次分配中的所有收入。

农村居民家庭现金收入 指农村住户和住户成员在调查期内得到以现金形态表现的收入。按来源分成工资性收入、家庭经营现金收入、财产性收入、转移性收入。

农村居民家庭纯收入 纯收入指农村住户当年从各个来源得到的总收入相应地扣除所发生的费用后的收入总和。计算方法：

纯收入＝总收入－税费支出－家庭经营费用支出－税费支出－生产性固定资产折旧－调查补贴－赠送农村外部亲友支出

纯收入主要用于再生产投入和当年生活消费支出，也可用于储蓄和各种非义务性支出。“农民人均纯收入”是按人口平均的纯收入水平，反映的是一个地区或一个农户农村居民的平均收入水平。

农村居民家庭总支出 指农村住户用于生产、生活和再分配的全部支出。包括家庭经营费用支出、购置生产性固定资产支出、生产性固定资产折旧、税费支出、生活消费支出、财产性支出和转移性支出。

农村居民家庭生活消费支出 指农村住户用于物质生活和精神生活的支出。生活消费支出包括食品、衣着、居住、家庭设备用品及服务、医疗保健、交通和通讯、文化教育娱乐用品及服务、其他商品和服务等消费支出。

恩格尔系数 指食品支出金额在生活消费总支出金额中所占的比例。计算公式为：

恩格尔系数（%）= 食品支出总额 / 生活消费总支出金额 × 100%

国际上常用恩格尔系数来衡量一个国家和地区人民生活水平的状况。根据联合国粮农组织提出的标准，恩格尔系数在59%以上为贫困，50-59%为温饱，40-50%为小康，30-40%为富裕，低于30%为最富裕。在我国运用这一标准进行国际和城乡对比时，要考虑到那些不可比因素，如消费品价格比价不同、居民生活习惯的差异、以及由社会经济制度不同所产生的特殊因素。对于这些横截面比较中的不可比问题，在分析和比较时应做相应的剔除。

城乡居民年末储蓄存款余额 包括城镇居民储蓄、农民个人储蓄两部分的年末余额。不包括工矿企业、部队、机关团体等集团存款。

2006 統計年鑑

城市概况

CHENGSHIGAIKUANG

资料整理：艾 军 张 巧

十一、城市概况

2005 年全省 13 个城市(不包括市辖县)

人均公共绿地面积	5.11	平方米
人均拥有道路面积	8.19	平方米
人均日生活用水量	145.14	升
用水普及率	93.24	%
用气普及率	79.82	%
每万人拥有公共交通车辆	8.19	辆

城市人均公共绿地面积

(2005年)

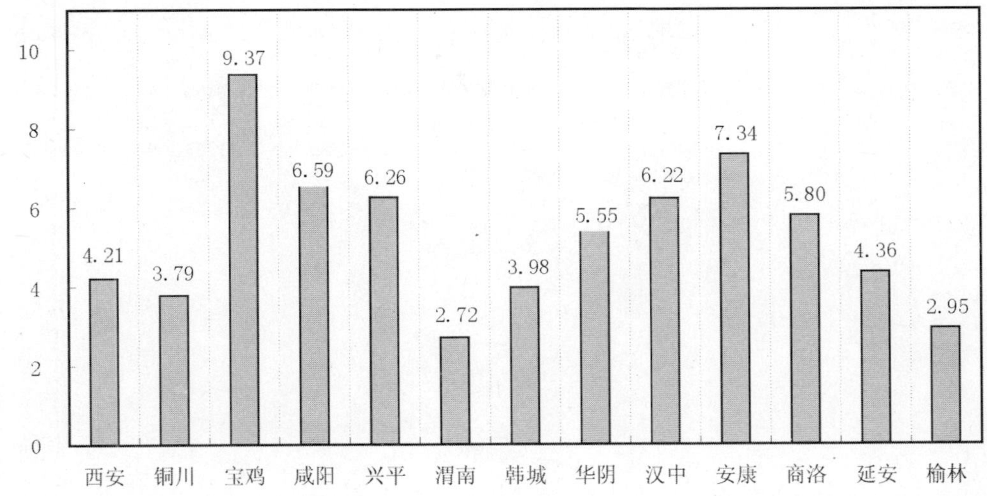

11-1 地级市基本情况

(2005 年,不包括市辖县)

指　　标	单 位	西安市	铜川市	宝鸡市	咸阳市	渭南市
一、人口、劳动力及土地面积						
年末总人口	万人	533.21	75.03	76.13	85.62	92.03
#非农业人口	万人	309.43	38.58	52.62	52.95	25.02
年末总户数	万户	147.12	22.55	23.98	24.36	26.82
年末单位从业人员数	万人	114.33	8.91	20.01	15.53	6.99
第一产业	万人	1.10	0.08	0.19	0.10	0.11
第二产业	万人	52.52	5.52	10.38	9.24	2.94
第三产业	万人	60.71	3.31	9.44	6.19	3.94
私营和个体从业人员	人	459051	35124	159842	115841	44445
年末城镇登记失业人员数	人	81756	9354	2893	2312	2118
行政区划面积	平方公里	3582	2406	3574	562	1221
#建成区	平方公里	230.71	36	61.02	50	36
二、财政、金融、保险						
地方财政收入	万元	701134	28656	91443	70353	4706
地方财政支出	万元	883327	67868	140387	104177	26813
#科学支出	万元	1733	112	944	234	2
教育支出	万元	92021	11378	23490	15632	
年末金融机构存款余额	万元	34628349	953698	2749241	2278529	1246677
#城乡居民储蓄存款余额	万元	16045628	643447	1806216	1563052	764688
年末金融机构各项贷款余额	万元	20960800	461289	1122318	966262	605736
三、工　　业						
国有及年销售收入 500 万元以上						
非国有工业企业主要经济指标						
工业企业数	个	734	100	199	134	55
内资企业	个	642	99	188	124	50
港、澳、台商投资	个	24	1	3	7	2
外商投资企业	个	68		8	3	3

11－1续表1 （2005年，不包括市辖县）

指　　标	单　位	西安市	铜川市	宝鸡市	咸阳市	渭南市
工业总产值	万元	9203880	686851	2497756	2325014	330169
内资企业	万元	7966062	680305	2314134	1810117	308200
港、澳、台商投资	万元	194719	6546	2242	445986	8125
外商投资企业	万元	1043099		181380	68911	13844
四、邮电通信、电力						
年末邮电局(所)数	处	261	45	41	45	34
邮政业务收入	万元	53618	3201	8242	6960	3333
电信业务收入	万元	1233293	10231	81765	21260	28974
本地电话年末用户数	万户	288.79	1.5	53	29.68	25.84
全年用电量	万千瓦时	1176726	216293	282180	184714	23239
#工业用电	万千瓦时	529665	182179	220740	140527	22733
居民生活用电	万千瓦时	212214	10013	27834	21055	506
五、贸易、外经、旅游						
限额以上批发零售贸易业商品销售总额	万元	7277281	53049	338814	93481	156539
限额以上批发零害贸易业企业数	个	268	11	10	18	11
#零售业	个	79	9	5	14	7
当年新签项目(合同)个数	个	153	5	8	6	6
当年合同外资金额	万美元	117550	350	1821	18240	777
当年实际使用外资金额	万美元	55149	322.7	1580	604	343
六、固定资产投资						
固定资产投资完成额	万元	4750097	322404	914154	1073765	299493
#房地产开发投资完成额	万元	2230571	35524	175796	241186	46849
#住　宅	万元	1532465	29775	131665	210323	41443
全年新增固定资产	万元	3492111	243021	390133	679918	110628
商品房销售面积	万平方米	496.32	45.6	49.61	62.1	15.22
#住　宅	万平方米	475.37	44	40.93	57.87	15.09
商品房销售额	万元	1710853	35773	78041	107838	19007
#住　宅	万元	1578278	35361	73372	9474	18687

11－1续表2 （2005年，不包括市辖县）

指　　标	单　位	西安市	铜川市	宝鸡市	咸阳市	渭南市
七、教育、文化、卫生						
学校数						
高等学校	所	44	1	2	14	2
中等职业教育学校	所	137	5	6	15	7
普通中学	所	323	73	105	72	71
小　学	所	1047	420	460	149	374
在校学生数						
高等学校	人	530562	1318	24788	69180	17789
中等职业教育学校	人	121763	860	26281	19142	9457
普通中学	万人	37.8	6.2	10.81	7.42	7.95
小　学	万人	41.27	6	11.03	7.18	7.52
剧场、影剧院数	个	31	4	16	3	3
公共图书馆图书总藏量	千册、件	3341	266.1	587	340	60
医院、卫生院数	个	360	55	51	73	53
医院、卫生院床位数	张	26756	3231	4619	5775	2786
医生数	人	10461	1532	3248	2306	841
八、人民生活						
在岗职工平均人数	万人	109.99	8.75	16.75	15.31	7.97
在岗职工工资总额	万元	1096099	112669	224219	202979	95140
居民人均可支配收入	元	9628	5871	8592	8780	7172
居民人均消费支出	元	7900	4821	6276	7147	5092
#食　品	元	2926	1827	2290	2295	1835
衣着用品	元	713	484	697	758	650
家庭设备、用品及服务	元	373	316	351	472	318
医疗保健	元	747	464	486	519	323
交通通讯	元	764	426	604	601	457
娱乐、教育、文化服务	元	1358	712	932	1416	850
居　住	元	719	404	703	880	486
居民消费价格指数(以上年为100)	%	100.3	101.3	100.9	101	102.02

11－1 续表3　　（2005年，不包括市辖县）

指　　标	单　位	延安市	汉中市	榆林市	安康市	商洛市	杨凌示范区
一、人口、劳动力及土地面积							
年末总人口	万人	40.37	53.07	46.06	94.96	55.29	14.75
#非农业人口	万人	19.60	24.71	13.76	20.65	15.59	6.16
年末总户数	万户	15.11	17.54	14.84	28.40	14.44	3.42
年末单位从业人员数	万人	5.05	7	4.75	5.02	3.42	2.54
第一产业	万人	0.12	0.11	0.24	0.05	0.08	0.01
第二产业	万人	1.28	2.69	1.30	1.01	0.54	1.01
第三产业	万人	3.65	4.2	3.21	3.96	2.80	1.52
私营和个体从业人员	人	22653	35078	32476	25198	12632	9808
年末城镇登记失业人员数	人	1842	5847	486	3436	414	726
行政区划面积	平方公里	3556	556	7053	3643.5	2672	94
#建成区	平方公里	24	31	74.1	26.8	24	18
二、财政、金融、保险							
地方财政收入	万元	38990	16519	17100	8237	4258	10152
地方财政支出	万元	44277	28459	34250	38956	22003	19384
#科学支出	万元	140	72	9	26	72	434
教育支出	万元	11953	70	8709	13322	9431	2638
年末金融机构存款余额	万元	1403378	1216132	1235456	753987	526252	262774
#城乡居民储蓄存款余额	万元	693738	773290	473364	413783	326087	177704
年末金融机构各项贷款余额	万元	552585	487357	771005	485781	228337	187599
三、工　业							
国有及年销售收入500万元以上非国有工业企业主要经济指标							
工业企业数	个	29	59	38	44	18	38
内资企业	个	29	56	38	42	18	37
港、澳、台商投资	个		3				
外商投资企业	个				2		1

11－1续表4 （2005年,不包括市辖县）

指 标	单 位	延安市	汉中市	榆林市	安康市	商洛市	杨凌示范区
工业总产值	万元	366172	216152	346762	205218	126923	165236
内资企业	万元	366172	212699	346762	189597	126923	152624
港、澳、台商投资	万元		3453				
外商投资企业	万元				15621		12612
四、邮电通信、电力							
年末邮电局(所)数	处	23	24	33	36	16	4
邮政业务收入	万元	3725	3990	7812	4287	2854	1177
电信业务收入	万元	11833	35279	19200	23712	10990	3784
本地电话年末用户数	万户	8.15	19.4	14.12	15.12	7.84	3.50
全年用电量	万千瓦时	27499	61987	38568	55003	12757	5980
#工业用电	万千瓦时	11714	46842	23472	30505	4117	2182
居民生活用电	万千瓦时	4290	13453	6210	13387	6320	11669
五、贸易、外经、旅游							
批发零售贸易业商品销售总额	万元	369971	245753	11693	95905	90295	5298
限额以上批发零售贸易业企业数	个	16	18	10	12	4	1
#零售业	个	9	9	7	9	2	
当年新签项目(合同)个数	个		11				6
当年合同外资金额	万美元		505				2689
当年实际使用外资金额	万美元		150				917
六、固定资产投资							
固定资产投资完成额	万元	276962	204445	367067	148525	83254	83993
#房地产开发投资完成额	万元	18291	91334	45796	46478	12712	14830
#住 宅	万元	12509	66053	34115	29599	10371	12309
全年新增固定资产	万元	91442	122600	112220	115365	60467	88076

11－1 续表5

（2005年，不包括市辖县）

指　　标	单　位	延安市	汉中市	榆林市	安康市	商洛市	杨凌示范区
商品房销售面积	万平方米	11.06	40.14	13.6	39	6.98	15.04
#住　宅	万平方米	9.1	38.22	12.3	37.72	6.29	14.54
商品房销售额	万元	21371	55400	26096	46537	8747	16963
#住　宅	万元	16623	47700	19420	41315	7147	15829
七、教育、文化、卫生							
学校数							
高等学校	所	1	1	1	3	1	2
中等职业教育学校	所	1	5	1	14	6	1
普通中学	所	44	39	46	76	39	8
小　学	所	308	164	275	476	445	40
在校学生数							
高等学校	人	13383	18300	17825	9888	5222	34035
中等职业学校	人	1998	5515	4267	6388	3950	780
普通中学	万人	5.04	3.07	5.92	7.06	3.94	1.21
小　学	万人	5.18	3.97	5.86	9.75	5.34	1.46
剧场、影剧院数	个	2	6	1	2	2	
公共图书馆图书总藏量	千册、件	245	200	120	159	224	17.5
医院、卫生院数	个	33	38	62	59	36	9
医院、卫生院床位数	张	2291	3940	2135	2265	1006	439
医生数	人	1095	1272	1044	1356	681	201
八、人民生活							
在岗职工平均人数	万人	4.83	6.67	4.8	4.92	3.29	2.54
在岗职工工资总额	万元	67359	13137	72217.6	60768	35431	36952
居民人均可支配收入	元	7471	6671	6517	6365	6917	
居民人均消费支出	元	7321	5599	5804	4991	4462	
#食　品	元	2088	2117	1768.6	2055	1443	
衣着用品	元	906	563	649.41	662	563	
家庭设备、用品及服务	元	455	349	389.37	267	489	
医疗保健	元	1148	652	787.51	341	418	
交通通讯	元	649	532	598.74	534	451	
娱乐、教育、文化服务	元	954	752	815.18	470	609	
居　住	元	846	458	529.59	446	352	
居民消费价格指数(以上年为100)	%	101.8	99.8	103.5	102.2	102.51	

11－2 县级市基本情况

（2005 年）

指　　标	单　位	兴平市	韩城市	华阴市
一、人口、劳动力及土地面积				
年末总人口	万人	56.52	38.72	25.61
#非农业人口	万人	11.77	12.65	7.05
年末总户数	万户	14.94	11.78	7.53
年末单位从业人员数	万人	4.66	4.30	2.19
第一产业	万人	0.08	0.07	0.04
第二产业	万人	2.65	2.65	0.98
第三产业	万人	1.93	1.58	1.17
城镇登记失业人员数	人	870	2820	1272
行政区域土地面积	平方公里	509	1621	817
二、财政、金融、保险				
地方财政收入	万元	7007	16273	3550
地方财政支出	万元	21965	28851	13119
#科学支出	万元	22	40	23
教育支出	万元	8003	7848	3543
年末金融机构各项存款余额	万元	427000	526530	325736
#城乡居民储蓄存款余额	万元	356900	386847	243935
年末金融机构各项贷款余额	万元	139500	411640	88006
保费收入	万元	4015	7578	9786
三、工　业				
规模以上的工业企业数	个	34	53	15
规模以上的工业总产值	万元	438040	1064813	175387
内资企业	万元	438040	1054619	175387
港澳台商投资企业	万元			
外商投资企业	万元		10194	
四、邮电、电力				
邮政业务收入	万元	1245	1467	1287
电信业务收入	万元	8900	5001	6088
本地电话年末用户数	万户	8.53	9.51	3.80

11－2 续表　　　　(2005 年)

指　　标	单　位	兴平市	韩城市	华阴市
全年用电量	万千瓦时	19964	110556	9004
#工业用电	万千瓦时	8930	93920	2539
居民生活用电	万千瓦时	4803	9697	2187
五、贸易、外经				
社会消费品零售总额	万元	129901	82718	39321
当年合同外资金额	万美元	20486		6375
当年实际使用外资金额	万美元	9969		3388
六、固定资产投资				
固定资产投资完成额	万元	87427	269747	55834
房地产开发投资完成额	万元	3000	16222	3985
#住　宅	万元	1900	13652	160
全年新增固定资产	万元	47129	84570	4945
商品房销售面积	万平方米	1.02	12.70	1.85
#住　宅	万平方米	1.02	12.70	0.70
商品房销售额	万元	926	13333	3985
#住　宅	万元	926	13333	1600
七、教育、文化、卫生				
普通中学数	所	30	37	29
小学数	所	220	252	125
普通中学在校学生总数	万人	4.37	3.65	1.82
小学在校学生总数	万人	5.24	3.51	2.03
剧场、影剧院数	个	2	1	1
公共图书馆图书藏书量	千册、件	36	100	2.50
医院、卫生院数	所	26	36	16
医院、卫生院床位数	床	1390	1398	796
医生数	人	627	605	202

11-3 城市设施水平

(2005年)

城市	人均公共绿地面积(平方米)	人均拥有道路面积(平方米)	人均日生活用水量(升)	用水普及率(%)	用气普及率(%)	每万人拥有公共交通车辆(标台)
全省	**5.11**	**8.19**	**145.14**	**93.24**	**79.82**	**8.19**
西安市	4.21	8.11	147.25	99.00	91.30	12.38
铜川市	3.79	8.32	69.69	97.13	76.93	
宝鸡市	9.37	7.80	165.82	98.27	81.37	9.69
咸阳市	6.59	8.53	166.05	96.61	73.03	3.29
兴平市	6.26	8.07	137.95	97.14	65.71	
渭南市	2.72	10.27	166.83	99.46	93.13	2.72
韩城市	3.98	9.02	110.32	69.83	43.64	5.67
华阴市	5.55	5.88	250.17	67.56	38.63	10.99
汉中市	6.22	6.02	89.33	81.87	28.18	1.62
安康市	7.34	14.03	154.40	95.16	73.39	8.87
商洛市	5.80	9.43	193.39	85.71	67.23	3.78
延安市	4.36	4.17	201.96	39.66	90.08	4.76
榆林市	2.95	10.90	97.98	90.99	68.37	4.59

11-4 城市市政设施情况

(2005年)

城市	道路长度(公里)	道路面积(万平方米)	城市桥梁(座)	#立交桥	城市路灯(盏)	城市排水管道长度(公里)
全省	**3191**	**6457.3**	**477**	**82**	**225373**	**3250**
西安市	1382	3021.4	180	35	112525	1618
铜川市	259	324.8	56	9	10612	277
宝鸡市	249	527.0	81	19	23985	324
咸阳市	185	723.8	22	9	20450	187
兴平市	113	141.3	35		7186	53
渭南市	286	344.1	9	2	6910	105
韩城市	96	144.7	12	2	3319	79
华阴市	51	55.1	20	2	1487	56
汉中市	161	316.0	11	2	7100	104
安康市	160	348.0	6	1	4440	88
商洛市	74	112.2	19	1	1355	69
延安市	85	147.3	18		19624	73
榆林市	89	251.6	8		6380	217

11－5 城市供水情况

（2005年）

城市	综合生产能力（万立方米/日）	#地下水	全年供水总量（万立方米）	#生产运营用水	#公共服务用水	#居民生活用水	用水人口（万人）
全省	**355.44**	**186.87**	**71170**	**21905**	**13730**	**25197**	**734.81**
西安市	175.31	63.57	35776	7522	6958	12865	368.82
铜川市	12.23	2.50	1446	320	132	832	37.90
宝鸡市	29.80	12.50	7080	2700	420	3600	66.42
咸阳市	53.90	53.90	10384	5124	2400	2571	82.02
兴平市	9.40	9.40	3187	2245	241	615	17.00
渭南市	26.60	13.10	3634	1474	1144	885	33.32
韩城市	7.00	3.00	505	40	248	203	11.20
华阴市	5.90	5.90	1586	862	179	399	6.33
汉中市	11.00	11.00	1958	449	398	1004	43.00
安康市	10.00	3.00	2430	900	680	650	23.60
商洛市	6.20	6.20	1023	210	120	600	10.20
延安市	5.50	0.20	1277	38	433	599	14.00
榆林市	2.60	2.60	884	21	377	374	21.00

11－6 城市园林绿化情况

（2005年）

城市	园林绿化覆盖面积（公顷）	#建成区	园林绿地面积（公顷）	公共绿地面积（公顷）	公园个数（个）	公园面积（公顷）	公园游人量（万人次）
全省	**19773**	**16965**	**15003**	**4027**	**88**	**1448**	**6843**
西安市	7350	7021	4867	1569	49	999	5624
铜川市	1985	773	1806	148	2	27	52
宝鸡市	1952	1952	1649	633	9	214	820
咸阳市	2059	2017	1587	560	2	33	120
兴平市	500	434	390	110	3	3	1
渭南市	877	804	658	91	1	15	24
韩城市	732	575	532	64	5	10	60
华阴市	348	330	195	52	6	14	20
汉中市	577	502	362	327	3	78	48
安康市	890	890	680	182	3	20	9
商洛市	369	305	359	69	3	29	60
延安市	492	492	414	154	1	1	
榆林市	1642	869	1504	68	1	4	6

11－7 城市环境卫生情况

（2005年）

城　　市	道路清扫保洁面积（万平方米）	#机械清扫	生活垃圾清运量（万吨）	粪便清运量（万吨）	公厕数量（座）	#水冲式	环卫专用车辆总数（台）
全　省	**4870.7**	**784.4**	**370.7**	**14.0**	**1717**	**1397**	**1033**
西 安 市	2949.0	482.0	144.5		693	653	572
铜 川 市	130.7		13.9	0.1	47	31	26
宝 鸡 市	260.0	90.0	43.0		287	238	52
咸 阳 市	349.6	3.0	31.0		193	170	70
兴 平 市	80.0		13.6		46	42	29
渭 南 市	170.0	70.0	23.5	0.2	51	50	25
韩 城 市	95.0	79.0	7.8		23	20	15
华 阴 市	27.7	4.9	4.9		28	22	4
汉 中 市	265.0		11.3		52	22	25
安 康 市	102.6	5.5	40.0	5.0	77	49	60
商 洛 市	72.0		10.0		7	7	25
延 安 市	135.6	30.0	10.2	1.7	99	78	57
榆 林 市	233.5	20.0	17.0	7.0	114	15	73

11－8 城市燃气情况

（2005年）

城　　市	煤　　气			天　然　气			液化石油气		
	供气总量（万立方米）	#家庭用量	用气人口（万人）	供气总量（万立方米）	#家庭用量	用气人口（万人）	供气总量（吨）	#家庭用量	用气人口（万人）
全　省	**4365**	**4344**	**27.4**	**76285**	**18033**	**358.8**	**121943**	**119777**	**242.9**
西安市	913	892	12.6	53202	11160	242.0	78172	78172	85.5
铜川市				960	411	15.6	2096	1370	14.4
宝鸡市				4063	2213	35.0	11900	11900	20.0
咸阳市				13965	1457	40.0	9200	8600	22.0
兴平市				600	400	4.5	950	950	7.0
渭南市				235	154	5.6	4361	3886	25.6
韩城市							820	820	7.0
华阴市							495	495	3.6
汉中市	3452	3452	14.8						
安康市							1242	1040	18.2
商洛市							1460	1360	8.0
延安市				2410	1928	10.3	7647	7647	21.5
榆林市				850	310	5.8	3600	3537	10.0

11－9 国家级风景名胜区

（2005年）

风景区名称	风景区面积（平方公里）	#供游览面积	游人量（万人次）	#境外游人
总　　计	**892**	**272**	**477**	**55.6**
华　　山	148	49	85	0.5
骊山风景区	87	53	275	55.0
黄河壶口瀑布	178	12	24	0.1
宝鸡天台山	134	45	10	
黄 帝 陵	180	3	70	
合阳洽川风景区	165	110	13	

主要统计指标解释

城市面积 指城市行政区域内市区的全部土地面积。包括水域面积，不包括市辖县和市辖市。

城市建成区面积 指城市行政区内实际已成片开发建设，市政公用设施和公共设施基本具备的区域。对核心城市，它包括集中连片的部分以及分散的若干个已经成片建设起来，市政公用设施和公共设施基本具备的地区；对一城多镇来说，它由几个连片开发建设起来的，市政公用设施和公共设施基本具备的地区组成。因此建成区范围，一般是指建成区外轮廓线所能包括的地区，也就是这个城市实际建设用地所达到的范围。

年末自来水生产能力 指水厂按供水设施取水、净化、送水、出厂输水干管等环节实际测定计算的综合生产能力。不包括供水高峰阶段，超负荷增加的生产能力。

年末供水管道长度 指供水设施的取水管道和供水管道长度之和。

全年供水总量 指供水企业（单位）全年供出的全部水量，包括有效供水量及漏损水量。

生产运营用水 指在城市范围内生产、运营的农、林、牧、渔业、工业、建筑业、交通运输业等单位在生产、运营过程中的用水。

公共服务用水 指为城市社会公共生活服务的用水。包括行政事业单位、部队营区和公共设施服务、社会服务业、批发零售贸易业、旅馆饮食业等单位的用水。

居民家庭用水 指城市范围内所有居民家庭的日常生活用水，包括城市居民、农民家庭、公共供水站用水。

用水普及率 指城市用水人口与城市人口的比率。计算公式为:

城市用水普及率 = 城市用水人口数 / 城市人口总数 × 100%

全年供气总量 指全年燃气企业（单位）向用户供应的燃气数量。包括销售量和损失量。

用气普及率 指使用燃气的城市人口数与城市人口总数的比率。计算公式为:

城市用气普及率 = 城市用气人口数 / 城市人口总数 × 100%

城市道路 指城市供车辆、行人通过的，具备一定技术条件的道路、桥梁、隧道及其附属设施。城市道路由车行道和人行道两部分组成。在统计时只统计路面宽度在3.5米以上（含3.5米）的各种铺装道路，包括开放型工业区和住宅区道路在内。

城市桥梁 指为跨越天然或人工障碍物而修建的构筑物。包括跨河桥、立交桥、人行天桥以及人行地下通道等。包括永久性桥和半永久性桥。

城市排水管道长度 指所有排水总管、干管、支管、检查井及连接井进出口等长度之和。

年末运营车数 指公交企业（单位）用于运营业务的全部车辆。

城市园林绿地面积 指用作园林和绿化的各种绿地面积。包括公共绿地、居住区绿地、单位附属绿地、生产绿地、防护绿地、道路绿地和风景林地面积。

公共绿地 指向公众开放的市级、区级、居住区级各类公园、街旁游园，包括其范围内的水域。其中居住区级公园应不小于1万平方米，街旁游园的宽度不小于8米，面积不小于400平方米。

2006

統計年鑒

农 业

NONGYE

资料整理：孙立志

十二、农　　业

2005 年全省

年末耕地面积	2788.45	千公顷	占全省土地面积	13.5%
农林牧渔业总产值	730.72	亿　元	比上年增长	8.1%
农作物播种面积	4391.24	千公顷	比上年增长	2.0%
粮食产量	1139.50	万　吨	比上年增长	-1.8%
乡镇企业总收入	2774.46	亿　元	比上年增长	17.3%

粮　食　产　量

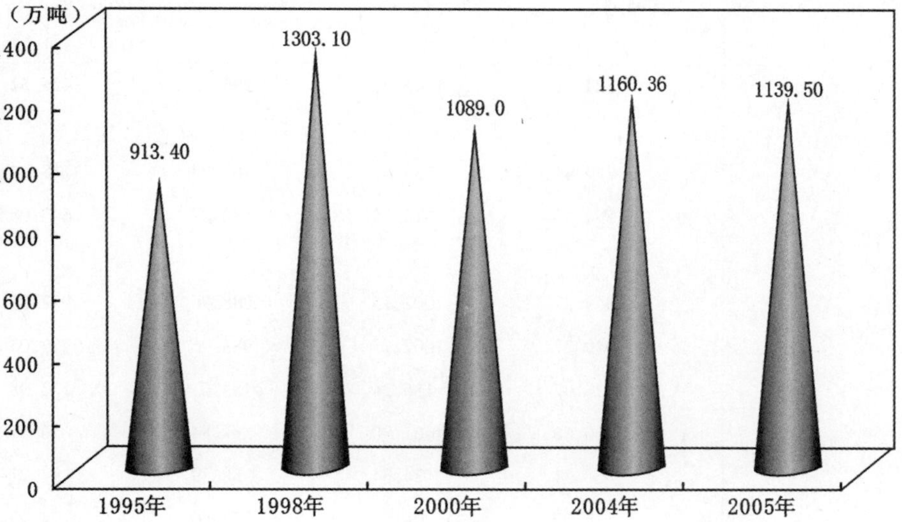

12－1　农村基层组织、乡村户数及人口

(2005 年)

地　区	乡镇政府(个)	#乡政府	#镇政府	村民委员会(个)	乡村户数(万户)	乡村人口(万人)
全　省	**1521**	**678**	**843**	**27801**	**705.03**	**2791.88**
西安市	100	55	45	3159	101.52	408.92
铜川市	34	11	23	543	11.25	44.52
宝鸡市	129	37	92	1836	70.02	277.04
咸阳市	159	61	98	2906	94.97	390.79
渭南市	176	77	99	3236	109.58	447.39
延安市	152	81	71	3396	36.15	153.46
汉中市	216	94	122	2846	84.18	297.09
榆林市	210	110	100	5545	73.45	300.24
安康市	188	88	100	2462	66.07	251.39
商洛市	153	61	92	1801	55.86	212.33
杨凌示范区	4	3	1	71	1.98	8.71

12－2　乡村从业人员

单位:万人

指　标	1995 年	2000 年	2003 年	2004 年	2005 年
乡村从业人员数	**1324.91**	**1343.22**	**1396.19**	**1425.52**	**1437.04**
1.按性别分					
男	730.41	730.67	763.97	778.44	781.17
女	594.50	612.55	632.22	647.08	655.87
2.按行业分					
第一产业	1049.27	1002.15	988.96	957.05	949.22
农林牧渔业	1049.27	1002.15	988.96	957.05	949.22
第二产业	126.97	136.24	153.63	173.98	197.56
工业	66.66	61.90	64.84	76.77	90.92
建筑业	60.31	74.34	88.79	97.21	106.63
第三产业	148.67	204.83	253.60	294.49	290.26
交通运输仓储邮政业	29.54	36.06	40.42	39.22	41.22
信息传输、计算机服务和软件业				2.22	3.27
批发与零售业	32.68	47.55	49.07	44.31	44.83
住宿和餐饮业				20.36	26.53
其他非农行业	86.45	121.22	164.11	188.38	174.42

注:由于国民经济行业分类标准的变化,2004 年以前的数据,交通运输仓储邮政业含信息传输,批发与零售业含餐饮业在内。

12－3　各市乡村从业人员

(2005 年)　　单位:万人

地　区	总 计	农林牧渔业	工 业	建筑业	交通运输仓储邮政业	信息传输计算机服务和软件业	批发与零售业	住宿和餐饮业
全　省	**1437.04**	**949.22**	**90.92**	**106.63**	**41.22**	**3.27**	**44.83**	**26.53**
西安市	223.30	137.69	18.41	21.73	8.75	0.47	7.83	4.87
铜川市	25.51	18.53	1.54	1.08	0.49	0.05	0.66	0.44
宝鸡市	143.25	87.09	12.42	17.97	4.98	0.58	4.80	3.22
咸阳市	215.19	151.15	12.62	16.77	6.75	0.60	7.64	4.21
渭南市	245.54	184.27	10.97	12.41	6.29	0.40	6.37	3.46
延安市	68.34	52.93	1.87	2.46	1.96	0.21	2.50	1.66
汉中市	146.59	84.38	5.69	7.43	3.04	0.18	4.36	3.21
榆林市	136.29	90.36	6.97	10.84	4.51	0.48	5.18	2.86
安康市	132.71	76.37	17.55	10.37	2.47	0.16	3.07	1.43
商洛市	96.05	64.11	2.50	4.90	1.85	0.12	2.20	0.96
杨凌示范区	4.25	2.34	0.39	0.69	0.14	0.02	0.22	0.19

12－4　各市退耕造林面积

单位:千公顷

地　区	1999 年		2003 年		2004 年		2005 年	
	当年造林面积	#退耕造林	当年造林面积	#退耕造林	当年造林面积	#退耕造林	当年造林面积	#退耕造林
全　省	**427.35**	**126.03**	**732.15**	**281.67**	**524.44**	**152.18**	**248.80**	**76.48**
西安市	12.15	1.36	20.48	3.83	13.93	4.34	11.04	2.35
铜川市	14.54	4.59	14.62	4.18	16.95	4.07	14.26	4.06
宝鸡市	23.14	1.69	49.69	15.16	39.09	15.67	27.29	5.78
咸阳市	18.73	1.25	49.62	19.93	25.10	12.07	15.92	2.32
渭南市	21.61	2.11	65.68	24.09	32.59	11.54	25.60	10.07
延安市	133.57	53.88	160.69	66.67	100.32	23.73	34.87	15.27
汉中市	23.13	11.22	53.13	23.33	47.13	32.79	18.53	7.00
榆林市	83.11	20.90	185.96	64.67	127.87	5.07	30.40	13.00
安康市	38.19	18.89	79.82	39.98	71.90	25.40	40.45	11.73
商洛市	59.18	10.14	51.90	19.34	49.19	17.31	30.09	4.78
杨凌示范区			0.32	0.27	0.19	0.03	0.20	

注:本表未列省直单位,故各市之和不等于全省。

12－5 耕 地 面 积

年份	年末耕地面积（千公顷）	#水田	#水浇地	每一乡村人口占有耕地（公顷）	#水田水浇地
1978	3853.60	170.07	1047.93	0.16	0.05
1980	3815.67	169.93	1095.80	0.16	0.05
1985	3627.07	166.13	1003.33	0.15	0.05
1990	3533.00	171.47	998.20	0.13	0.04
1991	3521.13	173.20	1006.13	0.13	0.04
1992	3487.67	174.87	1009.53	0.13	0.04
1993	3458.53	178.20	1017.00	0.13	0.04
1994	3421.00	176.30	1009.99	0.13	0.04
1995	3393.44	176.04	995.59	0.12	0.04
1996	3358.98	173.54	996.37	0.12	0.04
1997	3325.01	174.00	976.83	0.12	0.04
1998	3302.47	171.09	992.42	0.12	0.04
1999	3238.28	170.88	1007.75	0.12	0.04
2000	3113.96	172.53	997.22	0.11	0.04
2001	2965.83	163.95	968.66	0.11	0.04
2002	2854.81	159.27	974.22	0.10	0.04
2003	2795.82	154.22	916.21	0.10	0.04
2004	2795.52	156.68	897.56	0.10	0.04
2005	2788.45	155.04	926.44	0.10	0.04

12－6 各市耕地面积

（2005 年）

地区	年末耕地面积（千公顷）	#水田	#水浇地	每一乡村人口占有耕地（公顷）	#水田水浇地
全　省	**2788.45**	**155.04**	**926.44**	**0.10**	**0.04**
西安市	266.78	3.70	171.35	0.07	0.04
铜川市	64.26	0.11	8.23	0.14	0.02
宝鸡市	305.05	2.60	116.43	0.11	0.04
咸阳市	369.00	0.27	201.06	0.09	0.05
渭南市	514.80	0.58	287.13	0.12	0.06
延安市	233.64	1.22	9.49	0.15	0.01
汉中市	202.15	100.31	2.17	0.07	0.03
榆林市	500.72	7.74	90.87	0.17	0.03
安康市	192.40	35.70	0.86	0.08	0.01
商洛市	129.26	2.61	28.01	0.06	0.01
杨凌示范区	4.84		4.34	0.06	0.05

12-7 各市造林面积

(2005 年)

地 区	当年造林面积(千公顷)	#经济林	#用材林	零星植树(万株)	育苗面积(公顷)	幼林抚育作业面积(千公顷)	迹地更新面积(公顷)
全 省	**248.80**	**20.90**	**20.54**	**15359.18**	**13764**	**707.65**	**2990**
西安市	11.04	4.69	0.63	1064.37	3991	8.74	410
铜川市	14.26	3.53	0.47	620.00	200	1.89	33
宝鸡市	27.29	3.30	0.33	1482.65	706	25.61	173
咸阳市	15.92	2.85	4.23	1759.00	1688	16.87	
渭南市	25.60			1534.00	1755	19.87	
延安市	34.87	0.32	0.00	1216.00	1124	206.11	
汉中市	18.53	0.94	2.38	2120.28	1231	53.02	
榆林市	30.40			1074.00	1541	186.00	
安康市	40.45	5.05	10.16	2134.47	602	163.14	527
商洛市	30.09	0.20	2.33	2319.41	766	26.41	1847
杨凌示范区	0.20			6.00	140		

注:本表未列省直单位,故各市之和不等于全省。

12-8 各市水利水保

(2005 年)　　单位:千公顷

地 区	水库座数(座)	库 容(万立方米)	有效灌溉面 积	旱涝保收面 积	水保治理面 积	#水土保持林面 积	#封山育林面 积
全 省	**967**	**446022**	**1298.84**	**838.45**	**561.12**	**224.99**	**111.80**
西安市	84	17114	186.73	170.24	18.61	6.26	5.16
铜川市	28	4334	12.93	5.88	15.19	3.37	3.57
宝鸡市	104	57049	168.68	120.69	30.33	14.97	5.65
咸阳市	49	30004	235.51	145.06	35.00	6.15	11.76
渭南市	98	27950	338	169	20.05	6.00	3.15
延安市	29	52991	29.55	17.32	100.00	50.83	11.30
汉中市	321	42869	124.51	86.09	80.00	35.27	25.62
榆林市	74	99428	115.41	59.03	128.01	39.96	8.08
安康市	111	5471	44.55	31.22	75.00	23.70	32.25
商洛市	50	14184	32.7	24.79	58.63	38.24	5.26
杨凌示范区			4.64	3.67	0.30	0.24	

注:本表水土保持林、封山育林和水保治理面积为当年完成数。

12－9　农林牧渔业总产值

单位:万元

年　份	农林牧渔业总产值	农业总产值	林业总产值	牧业总产值	渔业总产值	农林牧渔服务业
1952	107500	91652	183	15665		
1957	177232	146425	1329	29478		
1962	193554	173820	4471	15224	39	
1965	236617	213470	6649	16451	47	
1970	261585	227551	8031	25951	52	
1975	339532	287396	12834	39200	102	
1978	362748	309084	11717	41802	145	
1980	418773	349984	16625	51996	168	
1985	795777	611883	50751	131815	1328	
1990	1699568	1243236	90170	357676	8486	
1991	1853663	1335226	105429	402742	10266	
1992	2053356	1455570	130261	454376	13149	
1993	2504923	1794104	152586	543443	14790	
1994	3023811	2095000	170974	738162	19675	
1995	3816465	2578674	168848	1046501	22442	
1996	4484603	3229267	190692	1036321	28323	
1997	4555898	3214059	186349	1124778	30712	
1998	4793422	3408731	192286	1158870	33535	
1999	4524685	3276525	222862	989843	35455	
2000	4648889	3277761	272175	1063900	35053	
2001	4788356	3374163	235930	1140722	37541	
2002	5090762	3532131	266225	1251170	41236	
2003	5112543	3343544	268260	1455952	44787	
2004	6512051	4137371	263525	1794364	51236	265555
2005	7307239	4729047	250070	1989982	54879	283261

注:1.2002 年及以前农林牧渔业总产值含农民家庭兼营工业产值,按当年市场价格计算。
　2.2003 年及以后不含农民家庭兼营工业产值,按生产者价格计算,2004 年及以后含农林牧渔服务业产值。

12－10　各市农林牧渔业总产值

(2005 年)

单位:万元

地　区	农林牧渔业总产值	农业总产值	林业总产值	牧业总产值	渔业总产值	农林牧渔服务业	农林牧渔业总产值比上年增长%
全　省	**7307239**	**4729047**	**250070**	**1989982**	**54879**	**283261**	**8.10**
西安市	1065437	657262	13086	329856	7340	57893	7.66
铜川市	106188	73870	7290	20928	611	3489	8.73
宝鸡市	750843	403868	28673	284965	5230	28107	10.13
咸阳市	1453361	1082556	12871	293221	6888	57825	7.94
渭南市	963240	683735	42444	192413	12093	32555	4.55
延安市	519858	384527	19220	94038	1686	20387	10.20
汉中市	832202	500193	43463	242938	11442	34166	9.37
榆林市	488403	235270	16560	217547	4156	14870	3.35
安康市	623393	407822	27530	164980	4085	18976	10.42
商洛市	433264	239024	38634	140209	1348	14049	7.86
杨凌示范区	23080	13843	234	8115		888	14.11

注:本表按当年价格计算,增长速度按缩减法计算。

12－11　农林牧渔业总产值指数

（1952 年＝100）

年　份	农林牧渔业总产值	农业总产值	林业总产值	牧业总产值	渔业总产值	农林牧渔服务业
1952	100.0	100.0	100.0	100.0		
1957	141.2	140.2	600.0	161.0		
1962	115.0	106.7	679.7	104.0	27.3	
1965	183.8	167.9	1317.9	146.8	42.0	
1970	186.1	164.9	1461.8	211.9	40.9	
1975	212.4	186.8	1886.6	256.5	60.6	
1978	215.6	180.9	1715.5	271.5	83.6	
1980	209.2	166.4	2115.0	292.3	95.1	
1985	319.7	276.5	3242.2	433.2	253.9	
1990	413.6	369.6	3030.7	628.7	830.3	
1991	431.7	382.1	3127.3	692.6	934.1	
1992	457.7	400.9	3762.2	745.1	1109.9	
1993	522.3	444.3	4243.7	831.3	1260.1	
1994	520.2	417.1	4316.0	960.8	1357.5	
1995	541.0	437.2	4313.8	987.6	1535.6	
1996	597.9	513.4	4507.6	938.0	1795.1	
1997	607.7	513.7	4278.3	1011.5	1964.8	
1998	661.6	561.1	4698.9	1090.1	2061.2	
1999	660.3	565.6	5234.6	1023.6	2345.6	
2000	690.7	587.1	5522.5	1093.2	2338.6	
2001	708.0	595.3	5633.0	1154.4	2457.9	
2002	751.9	630.4	6230.1	1224.8	2671.7	
2003	790.2	648.1	6672.4	1363.2	2848.0	
2004	862.9	726.5	6575.7	1424.6	2913.5	
2005	932.8	782.5	6165.7	1589.9	3216.6	

注：1. 本表 2004 年以前按可比价格计算，2004 年及以后用缩减法计算。　2. 渔业以 1959 年为 100。

12－12　农林牧渔业总产值指数

（上年＝100）

年　份	农林牧渔业总产值	农业总产值	林业总产值	牧业总产值	渔业总产值	农林牧渔服务业
1978	102.7	101.6	94.4	100.5	94.3	
1980	85.9	81.2	109.2	95.7	100.6	
1985	102.8	100.8	113.7	115.6	148.9	
1990	106.1	107.6	93.8	108.6	115.3	
1991	104.4	103.4	103.2	110.2	112.5	
1992	106.0	104.9	120.3	107.6	118.8	
1993	114.1	133.3	112.8	111.6	113.5	
1994	99.6	93.9	101.7	115.6	107.7	
1995	104.0	104.8	100.0	102.8	113.1	
1996	110.5	117.4	104.5	95.0	116.9	
1997	101.6	100.1	94.9	107.8	109.5	
1998	108.9	109.2	109.8	107.8	104.9	
1999	99.8	100.8	111.4	93.9	113.8	
2000	104.6	103.8	105.5	106.8	99.7	
2001	102.5	101.4	102.0	105.6	105.1	
2002	106.2	105.9	110.6	106.1	108.7	
2003	105.1	102.8	107.1	111.3	106.6	
2004	109.2	112.1	98.6	104.5	102.3	
2005	108.1	107.7	93.8	111.6	110.4	104.2

注：本表 2004 年以前按可比价计算，2004 年及以后用缩减法计算。

12－13 农林牧渔业分项产值

（2005年） 单位：万元

指 标	2002年	2003年	2004年	2005年
农林牧渔业总产值	**4394016**	**5112543**	**6512051**	**7307239**
一、农业总产值	2935323	3343544	4137371	4729047
#粮食作物	1258259	1341377	1816139	1873705
（一）谷物及其他作物	1557666	1669040	2213966	2284695
1.谷 物	1028490	1069764	1484227	1494089
2.薯 类	143422	177241	203686	242572
3.豆 类	86347	94372	128226	137044
4.油 料	89698	105783	129788	128915
5.棉 花	52806	70023	105526	106099
6.麻 类	599	363	551	437
7.糖 料	959	355	368	222
8.烟 草	31127	31279	38580	46379
9.其他农作物	124218	119860	123014	128938
（二）蔬菜、园艺作物	643497	784674	905977	1124236
#1.蔬 菜	630128	754614	887196	1096525
2.花 卉	3246	14903	7887	10873
（三）水果、坚果、茶叶和香料作物	631479	680644	854812	1169214
#1.水果、坚果（含果用瓜）	618558	661364	822532	1124319
#园林水果	564628	589736	734644	1014023
#苹 果	390323	417860	513035	
果用瓜类	53930	70644	86714	108899
2.茶 叶	12921	18467	31718	44889
（四）中药材	102681	209186	162616	150902
二、林业产值	244053	268260	263525	250070
（一）林木的培育和种植	149526	163466	137268	108150
（二）竹木采运	11850	12218	14518	17403
（三）林产品	82677	92576	111739	124517
三、牧业产值	1174004	1455952	1794364	1989982
（一）牲畜的饲养	332691	450713	532930	625919
1.牛的饲养	111503	146966	183277	207825
2.羊的饲养	80642	108511	124767	160397
3.其他牲畜饲养	6384	13623	11271	9045
4.奶产品	119762	159513	190493	217879
5.毛绒产品	14400	22100	23122	30773
（二）猪的饲养	542947	651066	872473	959852
（三）家 禽	263876	316520	345595	355488
#禽 蛋	193904	233695	262048	259063
（四）狩猎和捕捉动物	1974	2422	2292	2041
（五）其它畜牧业	32516	35231	41074	46682
四、渔业产值	40636	44787	51236	54879
五、农林牧渔服务业			265555	283261

注：本表按当年价格计算，当年价格指农户生产者价格。

12－14 农林牧渔业增加值

单位:万元

指 标	2001年	2002年	2003年	2004年	2005年
农林牧渔业增加值	**2404029**	**2622788**	**3026637**	**3873832**	**4358262**
农 业	1688220	1794656	2053543	2563463	2931474
林 业	136195	159025	165869	164505	157823
牧 业	560618	647184	781252	961916	1066342
渔 业	18996	21923	25973	28256	30941
农林牧渔服务业				155692	171682

12－15 各市农林牧渔业增加值

(2005年)

单位:万元

地 区	农 林 牧渔业	农 业	林 业	牧 业	渔 业	农林牧渔服务业
全 省	**4358262**	**2931474**	**157823**	**1066342**	**30941**	**171682**
西 安 市	660148	444320	6888	169701	3373	35866
铜 川 市	57234	39145	4027	11671	305	2086
宝 鸡 市	444556	238581	18280	168501	3337	15857
咸 阳 市	865257	668759	7021	150860	3847	34770
渭 南 市	570974	412080	30596	102052	6346	19900
延 安 市	316728	233098	11455	58012	1034	13129
汉 中 市	488178	309252	26658	125393	6376	20499
榆 林 市	286051	143800	10732	119648	2907	8964
安 康 市	372240	262719	14080	81290	2637	11514
商 洛 市	256991	145162	27985	74381	779	8684
杨凌示范区	14711	9844	77	4413		377

12－16　主要农作物播种面积

单位:千公顷

年　份	总播种面　积	粮食作物		夏　粮		秋　粮			
		播种面积	占总播种面　积%		#小　麦		#稻　谷	#玉　米	#大　豆
1978	5254.67	4488.00	85.4	1949.33	1604.67	2493.33	160.00	1090.67	206.00
1980	5072.67	4310.37	85.0	1906.67	1590.67	2404.00	162.67	1076.67	211.33
1985	4663.33	3965.33	85.0	1928.00	1693.33	2037.33	156.67	950.67	202.00
1990	4860.00	4134.67	85.1	1925.33	1690.67	2209.33	159.33	1024.67	288.67
1991	4883.33	4088.67	83.7	1921.33	1688.00	2167.33	162.00	1028.00	286.67
1992	4883.33	4059.33	83.1	1897.33	1660.00	2162.00	160.67	1000.00	274.00
1993	4790.00	4049.33	84.5	1868.67	1643.33	2180.67	162.00	1000.67	301.33
1994	4806.21	4103.80	85.4	1847.68	1623.78	2256.12	158.10	1024.12	344.91
1995	4496.85	3807.73	84.7	1805.33	1600.23	2002.40	139.35	902.63	240.51
1996	4777.32	4052.85	84.8	1813.62	1597.84	2239.23	156.87	1087.38	277.12
1997	4504.04	3811.46	84.6	1810.73	1602.80	2000.74	153.86	915.92	255.85
1998	4697.17	4030.12	85.8	1820.73	1610.54	2209.39	159.97	1065.18	291.77
1999	4726.34	4026.97	85.2	1787.79	1589.45	2239.17	154.59	1123.41	273.24
2000	4555.49	3821.59	83.9	1716.62	1537.26	2104.97	144.81	1056.96	246.96
2001	4264.84	3517.63	82.5	1590.29	1424.24	1927.34	140.78	1005.06	229.06
2002	4198.37	3397.29	80.9	1512.25	1356.75	1885.04	130.52	999.93	224.25
2003	4090.26	3157.28	77.2	1402.71	1255.11	1754.57	123.35	940.53	198.19
2004	4303.04	3362.01	78.1	1324.90	1152.70	2037.11	135.25	1132.56	237.58
2005	4391.24	3453.33	78.6	1389.53	1211.53	2063.80	133.79	1148.37	232.51

年　份	棉　花	油　料			麻　类	糖　料	烤　烟	蔬　菜	瓜　类
			#油菜籽	#花　生					
1978	252.67	130.00	73.33	7.1	7.13	2.60	7.60	78.67	14.67
1980	242.00	160.00	89.33	13.1	3.73	3.30	3.33	79.33	20.27
1985	94.67	240.00	114.00	47.67	2.20	4.33	34.67	121.33	30.60
1990	112.67	269.33	132.00	39.56	2.88	3.53	72.13	145.33	22.87
1991	134.67	305.33	145.33	36.47	2.22	4.09	81.20	144.00	32.53
1992	138.67	323.33	152.00	30.31	1.39	2.99	94.13	146.00	33.40
1993	90.00	302.67	139.33	32.32	2.50	3.80	70.67	152.00	39.00
1994	84.67	311.38	149.49	36.96	1.80	3.30	52.33	143.17	32.39
1995	72.75	302.18	169.77	32.87	1.50	2.28	48.33	174.23	27.63
1996	59.55	312.91	168.20	31.26	1.40	2.20	62.36	194.28	26.68
1997	39.86	296.68	160.29	28.17	1.20	3.50	87.04	182.74	25.26
1998	35.22	284.72	136.76	31.56	1.10	2.10	54.03	193.12	34.19
1999	27.74	308.15	153.47	31.78	1.01	1.77	46.73	216.95	31.91
2000	30.09	303.63	163.75	33.45	0.91	1.43	47.08	228.71	33.49
2001	50.38	291.14	167.70	30.86	0.75	1.52	40.60	219.43	37.07
2002	42.81	280.63	166.05	29.63	0.68	1.27	31.26	263.70	37.56
2003	65.06	285.58	165.82	29.51	0.51	0.33	30.95	276.80	43.52
2004	80.09	283.32	173.21	28.04	0.76	0.24	30.40	301.30	44.87
2005	70.23	276.86	178.71	29.55	1.06	0.10	32.58	331.70	51.04

12－17 各市主要农作物播种面积

(2005年)

单位:千公顷

地区	总播种面积	粮食	夏粮	#小麦	秋粮	#稻谷	#玉米	#大豆
全省	**4391.24**	**3453.33**	**1389.53**	**1211.53**	**2063.80**	**133.79**	**1148.37**	**232.51**
西安市	505.99	428.50	219.05	216.73	209.44	2.52	191.91	6.35
铜川市	90.48	72.30	34.15	34.00	38.16	0.09	25.10	9.20
宝鸡市	465.39	384.11	202.98	199.49	181.13	1.12	154.15	12.32
咸阳市	561.80	448.87	244.66	242.78	204.21	0.21	177.27	7.58
渭南市	700.11	541.82	318.38	313.74	223.44	0.06	171.15	26.28
延安市	261.89	217.14	21.22	13.08	195.92	1.14	60.39	25.97
汉中市	445.75	301.73	89.65	46.63	212.08	92.37	77.55	17.56
榆林市	574.48	474.86	22.14	9.62	452.72	3.94	94.93	70.29
安康市	452.54	319.57	118.29	62.41	201.28	31.34	108.53	17.83
商洛市	302.04	238.59	99.69	76.96	138.90	0.85	81.53	38.75
杨凌示范区	7.31	6.54	3.20	3.19	3.34		3.30	0.01

地区	棉花	油料	#油菜籽	#花生	麻类	糖料	烤烟	蔬菜
全省	**70.23**	**276.86**	**178.71**	**29.55**	**1.06**	**0.10**	**32.58**	**331.70**
西安市	3.60	6.49	4.51	0.27	0.01			55.55
铜川市	0.01	7.45	7.39				0.30	4.43
宝鸡市	0.16	14.43	13.02	0.02	0.06		4.20	41.34
咸阳市	1.03	26.02	23.54	0.31		0.02	3.46	67.92
渭南市	61.98	37.05	20.38	12.97			1.85	33.02
延安市	0.34	12.58	3.52	1.61	0.01		2.70	15.18
汉中市	0.03	75.43	69.74	3.24		0.02	3.95	42.74
榆林市	0.19	43.41	0.00	3.55	0.47	0.02	0.08	14.14
安康市	0.02	45.48	33.48	4.07	0.44	0.03	10.20	40.80
商洛市	0.02	7.93	3.02	3.04	0.08	0.01	5.84	15.94
杨凌示范区	0.01	0.11	0.11					0.59

注:本表未列省直单位,故各市区之和不等于全省。

12-18　主要农作物产品产量

单位:万吨

年份	粮食	夏粮	#小麦	#秋粮	#稻谷	#玉米	#高粱	#大豆
1978	800.00	293.50	251.00	542.00	81.50	292.00	21.77	19.95
1980	757.00	264.00	229.90	493.00	75.70	274.70	14.02	17.86
1985	951.90	459.20	423.30	492.70	88.30	291.60	9.35	18.35
1990	1070.70	501.70	463.70	569.00	100.40	333.80	12.21	30.75
1991	1047.00	483.60	440.60	563.50	102.70	353.50	8.90	26.18
1992	1031.60	471.00	418.30	560.60	99.70	346.20	8.56	26.51
1993	1215.60	552.30	495.50	663.30	86.30	425.20	10.34	33.46
1994	944.60	455.30	403.50	489.30	70.40	271.50	10.62	36.04
1995	913.40	457.80	410.40	455.60	64.20	282.30	4.71	20.46
1996	1217.30	433.90	405.70	783.40	104.70	472.30	11.60	39.80
1997	1044.40	584.90	562.70	459.50	93.40	271.40	3.50	17.30
1998	1303.10	525.90	504.20	777.20	101.30	481.10	7.60	41.10
1999	1081.60	432.70	405.50	648.90	86.10	440.40	5.00	29.30
2000	1089.10	445.50	418.60	643.60	94.70	413.70	4.90	22.20
2001	976.61	432.74	406.63	543.87	92.05	352.81	1.93	19.60
2002	1005.60	440.10	405.30	565.50	80.30	374.50	4.50	21.20
2003	968.40	440.60	395.50	527.80	75.50	373.20	2.00	15.90
2004	1160.36	449.00	407.90	711.40	80.83	475.36	5.28	30.18
2005	1139.50	436.80	401.20	702.70	79.30	470.10	4.78	31.79

年份	棉花	油料	#油菜籽	#花生	麻类	糖料	烤烟	蔬菜
1978	10.54	5.65	4.01	0.51	0.50	1.89	1.38	
1980	8.08	10.97	7.72	1.15	0.27	3.11	0.57	
1985	4.30	29.86	16.40	10.05	0.24	7.85	6.26	297.16
1990	7.78	33.39	19.25	7.03	0.18	5.92	12.32	367.30
1991	8.99	35.43	21.06	6.88	0.15	9.32	14.42	344.68
1992	5.52	35.63	20.71	5.78	0.15	7.48	15.29	343.86
1993	5.04	40.81	23.13	7.44	0.17	6.73	11.07	372.67
1994	4.20	34.24	17.83	6.31	0.13	5.10	7.48	304.17
1995	3.99	38.15	25.45	6.02	0.11	1.03	6.34	362.86
1996	3.12	37.42	19.05	6.63	0.12	2.75	11.09	430.93
1997	2.06	36.71	25.77	4.66	0.08	3.43	12.17	391.14
1998	2.29	35.48	17.58	6.94	0.10	4.96	8.53	459.58
1999	1.95	31.92	16.75	6.68	0.09	1.81	7.46	500.11
2000	2.74	38.76	22.40	7.33	0.09	1.79	7.36	556.53
2001	4.98	37.54	23.13	7.09	0.07	1.94	6.29	525.46
2002	4.30	41.08	24.58	7.01	0.11	3.10	5.10	660.48
2003	5.27	41.33	27.05	6.90	0.07	0.80	4.88	708.94
2004	8.23	46.06	29.45	7.18	0.11	0.67	5.32	785.34
2005	7.78	45.35	30.33	7.58	0.09	0.30	5.88	869.93

注:1989 年后的粮食产量数字为抽样调查审核定案数。

12－19 各市主要农作物产品产量

（2005 年）

地　区	粮　食（万吨）	夏　粮（万吨）	#小　麦	秋　粮（万吨）	#稻　谷	#玉　米	#高　粱	#大　豆
全　省	**1139.50**	**436.80**	**401.20**	**702.70**	**79.30**	**470.10**	**4.78**	**31.79**
西安市	205.53	100.01	99.10	105.52	1.56	99.33	0.00	1.28
铜川市	23.70	9.30	9.26	14.40	0.05	12.59	0.01	0.92
宝鸡市	150.56	74.21	73.12	76.36	0.56	70.83	1.39	1.59
咸阳市	199.14	104.38	103.67	94.76	0.10	87.87	0.64	1.25
渭南市	190.28	108.07	107.12	82.21	0.02	71.52	0.00	2.98
延安市	74.49	5.00	2.86	69.48	0.93	38.14	0.58	5.45
汉中市	111.69	25.37	13.52	86.32	55.84	22.24	0.00	1.88
榆林市	106.23	2.43	0.83	103.80	2.81	49.49	1.87	6.35
安康市	99.88	29.15	15.02	70.73	20.27	35.21	0.01	2.29
商洛市	70.62	23.21	17.08	47.41	0.50	35.51	0.02	6.15
杨凌示范区	3.88	2.06	2.05	1.82		1.78		

地　区	棉　花（吨）	油　料（吨）	#油菜籽	#花　生	麻　类（吨）	糖　料（吨）	烤　烟（吨）	蔬　菜（吨）
全　省	**77766**	**453545**	**303254**	**75751**	**939**	**2950**	**58806**	**8699348**
西安市	4515	11554	8918	655	10			1956992
铜川市	12	9162	9058				701	80053
宝鸡市	129	19458	18270	60	46		6946	782065
咸阳市	617	44582	41476	511		665	7227	2424834
渭南市	67884	68411	26201	37800			2657	633346
延安市	191	19376	5455	2820	9	5	6760	500989
汉中市	37	146944	136066	7930	2	818	7115	1024168
榆林市	61	47405		7708	313	113	330	335060
安康市	26	72788	55314	8824	464	1349	16971	630214
商洛市	25	11545	2265	7354	95		10099	312773
杨凌示范区	9	227	227					18020

注：全省粮食产量数字为抽样调查审核定案数。

12-20 主要农作物单位面积产量

单位:公斤/公顷

年　份	粮　食	夏　粮	#小　麦	秋　粮	#稻　谷	#玉　米	#高　粱	#大　豆
1978	1785	1395	1470	2175	5130	2520	2250	970
1980	1755	1380	1440	2055	4650	2550	2048	844
1985	2400	2385	2550	2415	5640	3060	2055	908
1990	2595	2610	2745	2580	6300	3255	3225	1066
1991	2565	2520	2610	2595	6345	3435	2430	913
1992	2535	2490	2520	2595	6195	3465	2575	954
1993	3000	2955	3105	3045	5325	4245	2900	1110
1994	2302	2464	2485	2169	4454	2651	3202	1045
1995	2399	2536	2565	2275	4609	3128	1826	851
1996	3003	2392	2539	3498	6674	4343	3946	1436
1997	2740	3230	3511	2297	6070	2963	1277	676
1998	3233	2888	3131	3518	6332	4517	2980	1408
1999	2686	2420	2551	2898	5570	3920	2241	1072
2000	2850	2595	2723	3057	6540	3914	2578	899
2001	2776	2721	2855	2822	6539	3510	1257	856
2002	2960	2910	2987	3000	6153	3745	2711	945
2003	3067	3141	3151	3008	6121	3968	1278	802
2004	3452	3389	3539	3492	5977	4197	3410	1270
2005	3300	3144	3312	3405	5927	4094	3337	1367

年　份	棉　花	油　料	#油菜籽	#花　生	麻　类	糖　料	烤　烟	蔬　菜
1978	420	435	555	1080	1065	7260	1815	
1980	330	690	855	1320	735	9600	1830	
1985	450	1245	1440	2155	1095	18210	1815	24450
1990	690	1245	1455	1770	615	16755	1710	25245
1991	675	1155	1440	1890	690	22815	1770	23936
1992	405	1095	1365	1905	735	16665	1620	23552
1993	555	1350	1665	2310	690	17745	1575	24518
1994	496	1099	1193	1708	719	15520	1433	21245
1995	548	1263	1499	1830	726	4531	1312	20827
1996	524	1196	1133	2120	841	12399	1777	22180
1997	516	1237	1608	1654	712	9805	1398	21404
1998	650	1246	1285	2199	927	23370	1579	23798
1999	704	1036	1092	2103	899	10211	1596	23052
2000	911	1277	1368	2192	985	12578	1564	24334
2001	989	1290	1379	2297	960	12724	1550	23946
2002	1004	1464	1480	2367	1573	24389	1628	25047
2003	811	1447	1631	2340	1283	24147	1576	25612
2004	1027	1626	1700	2563	1451	27630	1749	26066
2005	1107	1638	1697	2563	883	29208	1805	26227

注:1989年后的粮食产量数字为抽样调查审核定案数。

12－21 各市主要农作物单位面积产量

（2005 年）

单位：公斤/公顷

地 区	粮 食	夏 粮	#小 麦	秋 粮	#稻 谷	#玉 米	#高 粱	#大 豆
全 省	**3300**	**3144**	**3312**	**3405**	**5927**	**4094**	**3337**	**1367**
西安市	4797	4565	4573	5038	6186	5176	2833	2018
铜川市	3277	2722	2723	3774	5700	5016	3952	1003
宝鸡市	3920	3656	3665	4216	5004	4595	4438	1292
咸阳市	4437	4266	4270	4640	4652	4957	4233	1650
渭南市	3512	3394	3415	3679	2948	4179	2333	1135
延安市	3430	2358	2188	3547	8124	6314	2959	2100
汉中市	3702	2830	2900	4070	6045	2868	2125	1068
榆林市	2237	1098	861	2293	7114	5213	2516	903
安康市	3125	2464	2406	3514	6468	3245	1823	1283
商洛市	2960	2328	2220	3413	5942	4355	1348	1587
杨凌示范区	5935	6426	6428	5464		5401		1444

地 区	棉 花	油 料	#油菜籽	#花 生	麻 类	糖 料	烤 烟	蔬 菜
全 省	**1107**	**1638**	**1697**	**2563**	**883**	**29208**	**1805**	**26227**
西安市	1256	1781	1978	2391	1667			35231
铜川市	1200	1229	1226				2314	18067
宝鸡市	787	1348	1403	3529	780		1656	18920
咸阳市	598	1713	1762	1675		28913	2091	35702
渭南市	1095	1847	1286	2915			1433	19181
延安市	557	1540	1548	1757	818	5000	2506	33003
汉中市	1194	1948	1951	2450	667	38952	1800	23961
榆林市	330	1092		2169	663	6647	4400	23696
安康市	1368	1600	1652	2167	1062	39677	1664	15448
商洛市	1316	1456	751	2416	1267		1729	19622
杨凌示范区	1286	2102	2102					30594

注：全省粮食产量数字为抽样调查审核定案数。

12－22　茶、桑、果面积及产量

年　份	茶　园（千公顷）	茶　叶（吨）	桑　园（千公顷）	果　园（千公顷）	水果产量（万吨）	#苹　果	#柑　桔
1978	31.07	1408	12.00	98.60	33.41	9.92	0.12
1980	24.00	1428	17.40	104.27	28.00	8.93	0.30
1985	26.16	2822	46.75	109.93	33.53	14.09	0.52
1990	29.19	4548	37.31	304.78	62.03	34.93	0.89
1991	30.31	4994	47.69	334.32	80.06	50.52	1.59
1992	29.92	5403	60.66	379.87	114.69	84.30	0.20
1993	31.03	5879	65.63	477.79	168.22	131.00	1.32
1994	30.54	5407	71.62	607.31	219.89	178.56	0.71
1995	30.64	5252	76.83	685.35	283.96	233.76	1.12
1996	30.96	5831	74.99	702.19	362.15	295.89	1.52
1997	28.06	6316	66.03	691.23	326.55	263.65	2.01
1998	28.49	6288	53.86	663.84	430.77	347.35	2.77
1999	30.33	6215	53.81	649.32	493.49	399.27	2.96
2000	35.28	6126	58.76	664.76	493.79	388.57	3.52
2001	38.23	6273	65.59	680.11	534.19	408.57	5.85
2002	43.28	7003	71.43	703.75	577.35	440.59	6.40
2003	50.86	7952	75.23	750.51	621.14	461.79	9.86
2004	56.34	10239	78.30	788.47	735.61	555.21	11.75
2005	59.47	11382	79.83	817.45	765.74	560.12	16.76

12－23　水果生产情况

品　种	1995年		2000年		2004年		2005年	
	面　积（公顷）	产　量（吨）	面　积（公顷）	产　量（吨）	面　积（公顷）	产　量（吨）	面　积（公顷）	产　量（吨）
水果合计	**685347**	**2839552**	**664764**	**4937906**	**788466**	**7356140**	**817450**	**7657393**
1.苹　果	491644	2337632	395463	3885700	412095	5552054	426274	5601167
2.柑　桔	8718	11183	12045	35155	18115	117530	19691	167573
3.梨	51506	118538	55580	458306	59762	669327	59636	621224
4.葡　萄	5348	40040	5310	41550	12680	110842	13900	139372
5.桃	12330	85587	11691	86162	21968	216680	25389	280971
6.红　枣	51823	46905	79426	79218	110692	131213	117098	188232
7.杏	33405	17802	65690	27744	86300	57394	84136	85194
8.柿　子	7773	135882	12586	117119	24691	140688	27194	173881
9.猕猴桃	10386	16072	16260	164666	16306	231679	16088	240319
10.石榴					2569	32277	2719	36226
11.其他水果	12414	29911	10713	42286	23288	96456	25325	123234

注:2004、2005年水果产量为果业监测结果。

12－24 各市茶、桑、果面积及产量

（2005年）

地 区	茶 园（公顷）	茶 叶（吨）	桑 园（公顷）	果 园（公顷）	水果产量（吨）	苹 果（吨）	柑 桔（吨）	梨（吨）
全 省	**59474**	**11382**	**79833**	**817450**	**7657393**	**5601167**	**167573**	**621224**
西安市			15	37034	512869	53387		57059
铜川市				30576	264762	255253		1855
宝鸡市			4436	34415	513314	310429		21043
咸阳市				193913	2653657	2172571		212939
渭南市				105640	1283589	961794		196472
延安市			3410	229783	1014649	952877		34570
汉中市	33786	6717	10713	25360	198409	3909	138865	14774
榆林市			3664	137209	144098	36538		7279
安康市	19240	4074	56237	20533	83009	3693	28118	3202
商洛市	6448	591	1358	3327	53995	8778	590	889
杨凌示范区				851	17191	6837		947

地 区	葡 萄（吨）	桃（吨）	红 枣（吨）	杏（吨）	柿 子（吨）	猕猴桃（吨）	石 榴（吨）	其它水果（吨）
全 省	**139372**	**280971**	**188232**	**85194**	**173881**	**240319**	**36226**	**123234**
西安市	30951	89755	23604	27081	18228	137853	29036	45915
铜川市	705	1771	1210	475	3306			187
宝鸡市	28435	44177	272	4441	25083	75010	6	4418
咸阳市	54723	81104	16714	29836	42564	4975	7028	31203
渭南市	12633	30210	47715	6422	22365	319	36	5623
延安市	3175	3797	8295	7259	3226			1450
汉中市	1243	11090	176	1459	8988	5350	114	12441
榆林市	1947	3541	88668	5104				1021
安康市	1055	10078	1058	1569	17301	732	5	16198
商洛市	1385	3282	437	1309	32545	495	1	4284
杨凌示范区	615	2166	33	239	275	5585		494

注：全省水果产量使用果业监测结果。

12－25 主要林产品产量

单位:吨

年 份	生 漆	油桐籽	五倍籽	棕 片	核 桃	板 栗	花 椒
1978	668	14800	50		28275	3460	577
1980	930	17685	83		25700	2715	539
1985	635	17718	337	1448	12826	1777	694
1990	685	18672	1589	2265	16833	4770	2501
1991	803	19971	1414	2364	18153	5253	2594
1992	851	19290	1589	2801	26157	6436	577
1993	1101	20300	1668	2853	30419	6895	5116
1994	902	18785	2616	2986	28906	8304	4657
1995	773	15460	2922	3015	30599	8019	7135
1996	978	15409	2260	3358	30433	10635	8411
1997	1222	14265	2432	3078	26222	8116	
1998	1223	11046	1771	3217	32519	18385	9747
1999	1027	12456	1009	2735	33257	14689	9747
2000	1176	12968	863	2962	34866	20098	16298
2001	893	13003	968	3060	10474	11211	16471
2002	821	9278	934	3183	34779	21352	25112
2003	975	9634	1034	3177	44091	24022	22781
2004	995	12068	1513	3059	54243	26290	28441
2005	1060	12562	1963	3044	55206	27855	28178

12－26 各市主要林产品产量

(2005 年)

单位:吨

地 区	生 漆	油桐籽	五倍籽	棕 片	核 桃	板 栗	花 椒
全 省	**1060**	**12562**	**1963**	**3044**	**55206**	**27855**	**28178**
西 安 市	2		84		3351	2076	525
铜 川 市					4322		1051
宝 鸡 市	33				10702	1882	2836
咸 阳 市					463		151
渭 南 市					2632	528	21414
延 安 市					3008	200	850
汉 中 市	377	2210	1038	2661	7694	6796	412
榆 林 市					314		16
安 康 市	503	6229	579	365	2475	5557	461
商 洛 市	145	4123	262	18	20245	10816	462
杨凌示范区							

12－27　畜牧业和渔业生产情况

指　　标	单　位	2000 年	2001 年	2002 年	2003 年	2004 年	2005 年
一、牲畜年末头数							
(一)大牲畜	头	3019152	2966236	3068622	3224031	3350750	3405271
#从事劳役的	头	1708425	1652167	1593399	1616296	1638954	1453318
1.牛	头	2577078	2557766	2675456	2855495	3008990	3089533
#能繁殖的母牛	头	1071402	1075816	1184187	1267761	1358904	1384021
奶　牛		157000	194750	242726	330261	395243	460304
2.马	匹	18029	16412	14302	14491	12996	12398
#能繁殖的母马	匹	7090	6526	5910	5640	5867	5481
3.驴	头	299469	274004	267419	251395	234277	218427
#能繁殖的母驴	头	121047	108467	112278	99628	91654	85334
4.骡	头	124576	118054	111445	102650	94487	84913
(二)年末猪存栏数	头	8843575	9098190	9765432	10128403	10810446	11613364
#能繁殖的母猪	头	664420	690164	770468	798749	889104	996626
(三)羊年末存栏数	只	6353393	6644788	7600589	8771758	9417582	9308730
1.山　羊	只	4998742	5335502	5944105	6813205	7330169	7095484
#奶山羊	只	1219473	1331397	1628783	1802119	1801661	1750328
布尔山羊			108925	216495	303618	367529	334301
2.绵　羊	只	1354651	1309286	1656484	1958553	2087413	2213246
(四)家禽年末存栏数	万只	6565.39	6865.51	7363.78	7614.64	7491.36	7685.46
(五)年末养蜂箱数	箱	185140	165532	199070	200748	228545	254301
(六)家兔年末存栏数	万只	147.02	171.92	151.91	153.31	174.37	174.20
二、畜产品产量							
肉类总产量	吨	921195	963244	1058270	1139438	1225460	1341066
#猪肉产量	吨	697518	726279	790604	838456	908349	996990
牛肉产量	吨	78569	81703	93908	104700	111632	118714
羊肉产量	吨	53976	57542	68501	79433	84354	93368
奶类产量	吨	638781	694701	830786	1070995	1255196	1417335
#牛　奶	吨	392480	434670	540298	742077	961935	1133389
山羊毛产量	吨	1007	896	1055	1148	1230	1338
绵羊毛产量	吨	3593	3415	3220	4187	5286	5868
羊绒产量	吨	546.5	585677	636.6	764.9	834.8	792.7
禽蛋产量	吨	424866	424777	463563	490472	483789	487289
蜂蜜产量	吨	2842.3	2587778	2922.8	3099.9	2817.4	2882.4
蚕茧产量	吨	15431	16139	17173	18571	21304	22818
三、渔　业							
1.水产品产量	吨	60840	63294	64109	66682	68562	73593
2.水产养殖面积	公顷	28645	28773	26031	25621	26131	26742

12－28　各市牲畜存栏情况

（2005年）　　单位:头

地　区	大牲畜年末头数	#能繁母畜	#役　畜	牛	#黄　牛	#奶　牛	马	驴	骡
全　省	**3405271**	**1474836**	**1453318**	**3089533**	**2611255**	**460304**	**12398**	**218427**	**84913**
西安市	322521	176682	90717	320773	224275	96498	559	175	1014
铜川市	143060	59188	76325	142992	132632	10360	3	44	21
宝鸡市	566556	295904	213805	558428	411894	146523	2028	4216	1884
咸阳市	485736	227551	76015	479934	336999	142935	1792	725	3285
渭南市	450215	204006	233057	444913	415870	29043	895	2121	2286
延安市	292091	117815	158427	202600	200818	1782	895	67027	21569
汉中市	333539	100096	169134	332041	313320	3303	1372	85	41
榆林市	342342	129094	173865	139053	118002	21051	4508	144003	54778
安康市	240429	75625	148724	240047	237320	258	346	31	5
商洛市	218520	82689	113224	218490	218155	259			30
杨凌示范区	9169	36		9169	892	8277			

地　区	猪年末头数	#母　猪	羊（只）	#山　羊	#奶山羊	#布尔山羊	家　禽（万只）	蜂（箱）	兔（万只）
全　省	**11613364**	**996626**	**9308730**	**7095484**	**1750328**	**334301**	**7685.46**	**254301**	**174.20**
西安市	1472869	123543	532471	520354	358733	9704	1372.56	24287	20.05
铜川市	74626	8739	139453	134973	35451	7174	104.10	324	0.57
宝鸡市	1176524	101540	703109	698610	432739	182391	1189.90	47296	22.10
咸阳市	1450224	136687	789010	653891	476429	102446	1246.51	4735	64.32
渭南市	957391	99759	781564	572186	395754	12594	969.04	23703	15.06
延安市	583252	53116	744637	548605	12009	2505	302.98	3430	19.10
汉中市	2196673	160739	305488	299297	2109	693	752.37	87754	3.67
榆林市	967049	87273	4050568	2419880	33414	7834	495.01	13376	22.01
安康市	1638541	136083	719912	719912	2	1205	653.74	36137	5.19
商洛市	1073163	85695	533183	520173	690	7410	573.95	13259	2.13
杨凌示范区	18975	2867	4386	4041	2998	345	23.80		

12－29 各市主要畜产品和水产品产量

（2005 年）

地 区	肉类总产量（吨）	#猪 肉	#牛 肉	#羊 肉	奶类产量（吨）	#牛 奶	#羊 奶
全 省	**1341066**	**996990**	**118714**	**93368**	**1417335**	**1133389**	**283946**
西安市	182046	136503	14031	6106	422229	327961	94268
铜川市	13051	5726	5042	1404	13186	11622	1564
宝鸡市	166264	106219	30156	8414	375561	332789	42772
咸阳市	152571	113783	14385	7145	404128	333693	70435
渭南市	122491	82076	19007	7355	124251	56694	67557
延安市	62793	41003	5833	9678	5491	3848	1643
汉中市	223341	195135	8975	3783	8883	8268	615
榆林市	142343	91386	3206	32912	46852	42201	4651
安康市	144176	119651	6714	8092	577	577	
商洛市	128651	103102	11009	8367	978	812	166
杨凌示范区	2578	1906	200	23	15174	14899	275

地 区	山羊毛	绵羊毛	羊 绒（公斤）	禽 蛋	蜂 蜜（公斤）	蚕 茧	水产品产 量	水 产养殖面积（公顷）
全 省	**1338**	**5868**	**792712**	**487289**	**2882424**	**22818**	**73593**	**26742**
西安市	9	4		118115	421052		9370	1587
铜川市	14	1	4227	5723	11620		881	531
宝鸡市	51	8	2503	77584	430293	1102	7567	2216
咸阳市	111	296	46520	81507	93303		8077	1646
渭南市	76	376	15489	66358	382442		15300	2955
延安市	200	495	190621	16884	59068	245	2119	1438
汉中市	12	2		38739	872962	4286	18173	4110
榆林市	827	4674	532783	29392	243678	27	5694	9410
安康市				13799	213748	16403	4968	1397
商洛市	38	12	127	37315	152695	755	1444	552
杨凌示范区				1847	1563			

12-30 粮食生产大县情况

县 区	2000年		2003年		2004年		2005年	
	播种面积（公顷）	产 量（吨）	播种面积（公顷）	产 量（吨）	播种面积（公顷）	产 量（吨）	播种面积（公顷）	产 量（吨）
全 省	**3821588**	**10891000**	**3157280**	**9684000**	**3362012**	**11603595**	**3453330**	**11395000**
生产大县合计	1780668	6754089	1585149	6169084	1612983	6904952	1662392	7059243
生产大县占全省%	46.59	62.02	50.21	63.70	47.98	59.51	48.14	61.95
阎良区	23010	116359	19186	96360	18880	106779	18054	103724
临潼区	81950	353592	76116	298817	75864	348091	78766	340412
长安区	87984	361843	81780	311052	81238	351973	83161	387323
蓝田县	72971	250618	61775	210510	65521	258595	69137	291305
周至县	66435	262898	60452	234365	59161	255329	61462	290799
户 县	63938	300973	62352	292429	61791	317726	62362	337469
高陵县	30283	211113	28543	189815	28016	192128	27410	187298
陈仓区	87997	239085	60050	159758	63669	207311	63363	223780
凤翔县	67754	224559	62733	217907	63668	250154	64392	247883
岐山县	51877	178238	46633	165729	53304	239501	53736	250905
扶风县	54868	263346	51909	251428	53871	292818	55456	290584
眉 县	36792	145682	35247	131519	34089	136528	33832	143064
千阳县	22494	57440	17148	56436	19703	60369	19668	59958
三原县	45258	182412	42665	177041	44466	218603	46347	230661
泾阳县	53917	222529	52299	220349	52362	236042	55007	249264
乾 县	65698	270276	63643	272457	63629	287756	63391	268541
武功县	42687	189332	42430	191596	42666	213440	44035	218592
兴平市	50044	213083	48956	215527	49303	230074	49458	229172
临渭区	94262	346528	90906	325674	92847	354088	94724	361597
华 县	32818	121266	31360	90858	28850	126238	33045	121441
大荔县	72582	255228	48912	188138	42784	165473	48901	195279
合阳县	58164	168013	51141	168174	49005	178177	55797	161041
澄城县	47240	126508	38318	122752	36226	125564	39626	117621
蒲城县	91674	250270	83514	289061	77531	286793	88363	312223
富平县	84314	280985	83641	345026	81995	362000	82379	343325
韩城市	32196	97416	27927	81215	27358	81744	27635	72597
汉台区	20604	131827	17547	98072	18624	119703	18504	114229
南郑县	41900	177861	37298	146086	39512	167095	38931	165769
城固县	35142	175790	28004	123181	32672	158668	32732	153787
洋 县	38581	159063	32880	150376	36918	166291	36146	163236
勉 县	40513	159570	31517	114486	36719	147002	35797	147576
汉滨区	84721	260386	68267	232890	80741	262899	80775	278788

12－31 商品棉基地县情况

县 区	2000年		2003年		2004年		2005年	
	播种面积（公顷）	产 量（吨）	播种面积（公顷）	产 量（吨）	播种面积（公顷）	产 量（吨）	播种面积（公顷）	产 量（吨）
全 省	**30092**	**27407**	**65062**	**52740**	**80085**	**82260**	**70225**	**77766**
基地县合计	20226	22176	48858	40392	60187	62098	51079	51084
基地县占全省%	67.21	80.91	75.09	76.59	75.15	75.49	72.74	65.69
阎良区	390	380	1112	1389	2035	2611	2296	3108
临潼区	779	613	581	429	828	779	908	920
临渭区	5092	4174	9860	6864	12123	13264	10776	12091
华 县	192	163	444	127	719	757	505	530
大荔县	11774	15371	29676	24981	31340	31497	26389	25384
蒲城县	1718	1222	6616	6312	11866	12459	8921	8255
富平县	281	253	569	290	1276	731	1284	796

12－32 烤烟主产县情况

县 区	2000年		2003年		2004年		2005年	
	播种面积（公顷）	产 量（吨）	播种面积（公顷）	产 量（吨）	播种面积（公顷）	产 量（吨）	播种面积（公顷）	产 量（吨）
全 省	**47075**	**73617**	**30949**	**48786**	**30397**	**53159**	**32576**	**58806**
基地县合计	33206	50344	22782	35822	22818	40445	24024	44766
基地县占全省%	70.54	68.39	73.61	73.43	75.07	76.08	73.75	76.12
宜君县	224	403	67	55	125	93	185	349
陇 县	4127	4875	3577	5287	4070	6002	3472	5746
乾 县	289	368	453	951	480	956	334	666
永寿县	1533	1100	409	900	323	604	278	518
彬 县	927	1575	430	948	634	1431	526	1200
长武县	1973	3848	352	784	855	1606	697	1850
旬邑县	1520	1575	857	1350	1135	2132	1342	2493
淳化县	1339	2009	378	624	297	503	279	500
合阳县	1084	1586	582	1099	494	1029	1014	1514
澄城县	1197	1798	419	629	694	1385	747	994
宝塔区	560	1121	192	340	202	646	217	760
富 县	2824	4067	903	1761	570	1379	857	2448
洛川县	1870	3450	548	1233	566	1274	375	900
宜川县	1799	2250	235	700	230	1000	695	1750
黄龙县	774	1122	416	687	373	632	376	643
洋 县	649	941	297	561	394	721	411	635
西乡县	1799	3250	893	1043	667	628	750	1545
平利县	384	473	774	600	420	625	320	469
旬阳县	6772	8476	7002	9730	6254	10144	7156	11984
洛南县	3361	6057	3998	6540	4035	7655	3993	7802

12－33 苹果基地县情况

县 区	2000年		2003年		2004年		2005年	
	苹果园面积（公顷）	产 量（吨）	苹果园面积（公顷）	产 量（吨）	苹果园面积（公顷）	产 量（吨）	苹果园面积（公顷）	产 量（吨）
全 省	**395463**	**3885700**	**401499**	**4617921**	**412095**	**5552054**	**426274**	**5601167**
基地县合计	295816	3297198	324096	4014486	335545	4885010	348600	4971400
基地县占全省%	74.80	84.85	80.72	86.93	81.42	87.99	81.77	88.76
印台区	4185	40000	6733	55024	7400	80000	7951	90495
耀洲区	7703	49081	8628	75083	8396	78750	8582	76358
宜君县	7285	31050	8828	45866	7937	51168	8607	56000
陈仓区	3613	44323	2219	30533	3451	42686	3947	69695
凤翔县	3820	57558	3140	61967	3150	63106	3191	52452
岐山县	4266	64000	4076	64800	3800	69240	3520	72986
扶风县	3124	66597	3208	55113	3310	65797	3143	71068
陇 县	2922	14313	2542	13659	2570	16694	2443	14151
千阳县	1839	12032	1136	6425	1191	7226	1308	7612
乾 县	19736	301358	17667	302500	18213	321000	18547	260000
礼泉县	23300	610500	25919	486374	26749	626000	28977	567386
永寿县	11462	71806	14733	130000	13000	150150	11651	95810
彬 县	13048	115600	10000	136100	10553	166300	10549	189500
长武县	10000	60000	10397	82000	10370	90000	13435	120000
旬邑县	10062	130000	14200	170900	15534	211800	20100	255000
淳化县	18000	250000	24667	330600	23333	405518	25333	430250
合阳县	10910	106875	9882	92071	10003	114164	8545	94877
澄城县	17252	181398	16553	141692	16675	158173	15223	148427
蒲城县	13670	203825	13224	203800	8649	129184	8749	108450
白水县	20185	328118	19397	247910	21390	388190	19761	296000
富平县	7342	109015	7798	116903	7833	116987	7791	116504
韩城市	2150	31977	1827	30492	1827	32107	3399	31040
宝塔区	14035	24654	14035	32017	16000	76000	20030	103000
延长县	3936	12000	4919	14000	4919	48630	4919	40000
延川县	6372	2810	4817	6086	5150	10680	5137	9140
安塞县	9906	27942	7021	22000	8175	24000	8908	29000
富 县	12015	60000	17374	80000	20076	100000	20076	130000
洛川县	19936	230000	28098	278000	33130	350018	33520	450000
宜川县	6542	17366	11992	42730	13378	72431	13875	67730
黄陵县	7200	43000	9066	60600	9383	120400	9384	100050

注:2003—2005年基地县苹果产量为监测推算结果。

12－34 梨基地县情况

县 区	2000年		2003年		2004年		2005年	
	梨园面积（公顷）	产 量（吨）	梨园面积（公顷）	产 量（吨）	梨园面积（公顷）	产 量（吨）	梨园面积（公顷）	产 量（吨）
全 省	**55580**	**458306**	**57323**	**689816**	**59762**	**669300**	**59636**	**621224**
基地县合计	29053	312597	25131	560700	26395	472500	25890	408000
基地县占全省%	52.27	68.21	43.84	81.28	44.17	70.60	43.41	65.68
秦都区	1995	51660	1557	41387	1551	42353	1340	37895
乾 县	1186	28417	1740	30000	1533	30000	1533	26000
礼泉县	2798	75000	3486	83450	3457	80000	3619	86400
彬 县	6879	16400	1474	29170	1452	18340	1425	16841
临渭区	2603	25295	3624	47762	3746	50942	3721	55523
蒲城县	5446	87535	5047	69310	6623	83326	6168	71232
富平县	738	18400	709	21301	720	21812	725	21863
子长县	2616	3580	3163	9200	3213	9900	3498	11000
宜川县	1542	810	2033	2649	1748	2699	1739	3237
洋 县	3250	5500	2298	10818	2352	9117	2122	7971

注:2003—2005年基地县梨产量为监测推算结果。

12－35 猕猴桃基地县情况

县 区	2000年		2003年		2004年		2005年	
	年末面积（公顷）	产 量（吨）	年末面积（公顷）	产 量（吨）	年末面积（公顷）	产 量（吨）	年末面积（公顷）	产 量（吨）
全 省	**16260**	**164666**	**15909**	**204697**	**16306**	**231679**	**16088**	**240319**
基地县合计	13253	128933	13121	160800	13401	193584	13728	203593
基地县占全省%	81.51	78.30	82.48	78.56	82.18	83.56	85.33	84.72
灞桥区	1063	10334	808	15195	820	15762	817	18433
长安区	362	4195	391	4948	510	5924	342	5160
周至县	8667	65000	8667	65000	8667	101400	8667	93849
户 县	994	15782	1085	18286	1054	18820	977	17215
眉 县	1399	31814	1641	37204	1927	37031	2575	54896
城固县	768	1808	529	3108	423	4647	350	4040

注:2003—2005年基地县猕猴桃产量为监测推算结果。

12－36 农业现代化情况

指 标	单 位	1995 年	2000 年	2003 年	2004 年	2005 年
农用机械总动力合计	**亿瓦特**	**78.05**	**104.68**	**122.81**	**130.70**	**140.63**
大中型拖拉机	台	19373	27445	29353	34109	38191
	亿瓦特	6.63	8.20	8.99	10.12	12.51
小型拖拉机	万台	22.94	19.91	18.38	18.08	18.00
	亿瓦特	24.53	21.80	20.88	19.89	20.46
大中型拖拉机配套农具	万部	2.99	3.65	4.69	4.97	5.76
小型拖拉机配套农具	万部	25.46	26.59	24.45	24.83	24.99
农用柴油机	万台	1.90	2.80	3.17	3.07	3.30
	亿瓦特	1.86	2.38	2.82	2.68	2.90
农用电动机	万台	19.84	23.43	24.76	24.60	25.47
	亿瓦特	12.25	15.13	14.30	13.98	14.67
农用水泵	万台	20.52	25.70	27.73	30.22	29.50
节水灌溉类机械	套	1442	5349	6078	6413	6448
联合收割机	台	3233	9677	11550	13248	15432
	万瓦特	2894.0	25569.6	38441.9	44740.0	54306.1
机动脱粒机	万台	11.67	13.25	12.73	13.14	13.89
农用运输车	辆	9192	247320	374375	404632	432071
	千瓦	257047	2902224	4694974	5013671	5707503
#机动三轮车	辆		206355	336707	362396	376870
当年机耕地面积	公顷	1468258	1632392	1539184	1564944	1579751
当年机械播种面积	公顷	1343937	1481282	1366737	1412334	1474323
当年机械收获面积	公顷	466781	808024	839886	843429	896439
农用化肥施用量(折纯量)	万吨	111.99	131.19	142.73	143.13	147.30
氮 肥	万吨	66.88	73.01	77.77	77.50	76.69
磷 肥	万吨	17.81	16.89	15.76	16.09	16.85
钾 肥	万吨	5.72	8.17	8.96	8.81	10.81
复合肥	万吨	21.58	27.25	32.22	34.07	35.37
农用塑料薄膜使用量	吨	13636	25343	21778	22913	23644
#地膜使用量	吨	8506	19060	13314	15533	16289
地膜覆盖面积	公顷	198455	430390	319233	377899	376444
农用柴油使用量	万吨	32.49	55.77	42.56	48.07	48.74
农药使用量	吨	10740	10323	9761	9735	9888
年末沼气池个数	万个	7.28	5.02	7.82	11.29	19.78

12-37　各市农业现代化情况

（2005年）

地　区	农用机械总动力合计（万千瓦）	大中型拖拉机（台）	小型拖拉机（台）	大中型机配农具（部）	小型机配农具（部）	农用柴油机（台）	农用电动机（台）	农用水泵（台）
全　省	**1406.27**	**38191**	**180049**	**57605**	**249872**	**32990**	**254666**	**295034**
西安市	223.90	8415	26326	19334	47883	2219	79666	77567
铜川市	31.39	368	4911	551	6970	162	766	595
宝鸡市	137.48	7718	34153	8253	53729	2021	22531	19449
咸阳市	197.19	5200	16300	10300	25400	5800	35100	33700
渭南市	327.41	7542	50189	15138	67986	3941	48101	48794
延安市	97.21	698	19595	733	19932	2977	5518	10145
汉中市	91.22	5713	4028	1455	5308	4436	24444	31729
榆林市	173.02	352	16094	536	14962	6003	22485	43943
安康市	72.15	1243	1920	302	1866	4431	7694	10822
商洛市	46.86	600	5274	460	3769	916	7383	17450
杨凌示范区	6.81	192	1167	366	1936		401	401

地　区	节水灌溉类机械（套）	联合收割机（台）	#机动脱粒机（台）	农用运输车（辆）	机动三轮车（辆）	化肥施用折纯量（吨）	农用塑料薄膜使用量（吨）	年末沼气池个数（个）
全　省	**6448**	**15432**	**138868**	**432071**	**376870**	**1472963**	**23644**	**197833**
西安市	1290	4802	13870	47348	36436	211790	1855	12445
铜川市	1624	29	1344	16693	15763	36430	441	8777
宝鸡市	190	2222	9570	27230	26866	169169	2287	22986
咸阳市	700	3200	14000	73330	68080	297792	4111	15678
渭南市	368	4850	3910	128335	118453	336424	4842	15794
延安市	1099	14	1138	40075	34830	67717	2980	54214
汉中市	227	141	42107	9572	5769	123458	1815	20776
榆林市	398	2	3475	64174	53317	91617	2729	8693
安康市	30	20	26891	8624	3065	76393	1587	17864
商洛市	437	5	22356	15725	13381	55680	814	18740
杨凌示范区		117	200	860	820	2926	21	1866

12－38 各 市 灾 情

(2005年)

地　区	农作物受灾情况		受灾人口(万人)	直接经济损失(亿元)
	受灾面积(千公顷)	绝收面积(千公顷)		
全　省	**1073.37**	**137.11**	**918.95**	**52.24**
西安市	51.00	10.00	46.10	4.52
铜川市	11.35		30.05	0.35
宝鸡市	51.10	6.00	42.10	1.39
咸阳市	87.00	4.33	107.80	1.35
渭南市	551.00	58.27	276.90	22.18
延安市	34.00	7.77	65.00	2.20
汉中市	69.62	4.30	64.60	4.70
榆林市	105.50	32.20	111.75	3.10
安康市	58.03	10.70	114.00	7.50
商洛市	54.77	3.54	60.65	4.95
杨凌示范区				

12－39 乡镇企业基本情况

指　标	单　位	2000年	2003年	2004年	2005年
一、乡镇企业单位数	万个	89.75	85.77	87.19	90.57
#集　体	万个	2.15	0.90	0.63	0.53
按国民经济部门分					
农　业	万个	0.42	1.23	1.37	1.47
工　业	万个	22.83	19.53	19.35	19.76
交通运输	万个	24.63	21.14	21.02	21.79
建筑业	万个	4.67	4.14	4.22	4.29
其　他	万个	37.20	39.73	41.23	43.27
二、乡镇企业人数	万人	400.99	393.06	404.85	418.21
#集　体	万人	76.84	36.82	27.06	23.61
按国民经济部门分					
农　业	万人	4.47	7.01	6.72	6.87
工　业	万人	167.75	153.71	158.72	159.75
交通运输	万人	53.33	49.51	49.58	51.81
建筑业	万人	73.41	67.81	72.13	72.39
其　他	万人	102.03	115.02	117.70	127.39
三、营业收入	亿元	2322.29	2077.60	2364.85	2774.46
四、总产值	亿元	2010.73	2066.25	2348.17	2709.52
农　业	亿元	9.89	25.38	25.00	28.40
工　业	亿元	1068.09	1095.22	1297.98	1504.89
交通运输业	亿元	252.44	232.15	259.81	264.20
建筑业	亿元	319.46	279.88	273.21	385.34
其　他	亿元	360.85	433.61	492.17	526.69
五、增加值	亿元	504.89	544.98	619.09	735.85
农　业	亿元	2.45	6.04	5.74	6.42
工　业	亿元	268.09	278.27	325.98	396.43
交通运输	亿元	65.28	67.07	69.89	83.67
建筑业	亿元	69.11	70.47	73.95	100.45
其　他	亿元	99.96	123.13	143.53	148.88

12－40　各市乡镇企业主要指标

(2005年)

地　区	企业个数（个）	年末从业人员数（人）	上交税金（万元）	劳动者报酬（万元）	固定资产原值（万元）	企业人数占乡村从业人数比重（%）
全　省	**905744**	**4182086**	**497658**	**2101155**	**7523107**	**29.10**
西安市	133069	826874	111801	518943	2152310	37.03
铜川市	18444	83995	9567	36832	170236	32.93
宝鸡市	145773	729228	71553	353154	1282540	50.91
咸阳市	117212	562286	55522	283850	1022980	26.13
渭南市	129927	631037	46728	277681	798227	25.70
延安市	41315	146517	26070	52248	192750	21.44
汉中市	103000	435315	34683	186204	522564	29.70
榆林市	54567	274816	90168	145500	727581	20.16
安康市	87371	232975	31922	138832	397640	17.55
商洛市	72956	240145	18000	101125	224004	25.00
杨凌示范区	2110	18898	1644	6786	32275	44.43

12－41　乡镇企业营业收入过亿元的县、乡、村和过5000万元的企业数

(2005年)　　单位：个

地　区	营业收入过5亿元的县（区）	营业收入过亿元的乡（镇）	营业收入过亿元的村	营业收入5000万元以上的企业
全　省	**79**	**463**	**130**	**176**
西安市	12	109	43	47
铜川市	3	16		2
宝鸡市	10	79	49	35
咸阳市	11	80	13	39
渭南市	11	79	4	21
延安市	3	3		3
汉中市	8	49	15	6
榆林市	7	10	4	11
安康市	7	20	2	9
商洛市	6	18		2
杨凌示范区	1			1

12－42　乡镇企业营业收入5亿元以上的县(市、区)

(2005年)　　单位:万元

县　区	营业收入	县　区	营业收入
未央区	1104500	耀州区	197092
雁塔区	1072290	商州区	191940
长安区	1062356	澄城县	167050
陈仓区	1025188	合阳县	155000
岐山县	995818	洋　县	153223
灞桥区	901770	汉阴县	152407
秦都区	869009	印台区	147410
金台区	834000	白水县	129173
临潼区	807142	山阳县	124242
户　县	744000	丹凤县	113450
凤翔县	683641	西乡县	107550
渭城区	683349	华　县	106921
泾阳县	606723	新城区	103949
兴平市	600827	商南县	98732
三原县	545692	榆阳区	96527
眉　县	535358	彬　县	90503
扶风县	533133	王益区	87452
临渭区	509463	宝塔区	87049
神木县	464901	凤　县	82650
韩城市	464000	淳化县	81924
城固县	452617	石泉县	81514
汉滨区	429977	华阴市	78392
汉台区	428642	潼关县	78165
礼泉县	420625	略阳县	78000
乾　县	399480	子长县	77253
蓝田县	394766	黄陵县	73080
渭滨区	359217	旬邑县	72980
高陵县	357549	宁强县	69013
勉　县	355486	莲湖区	66248
富平县	352466	镇安县	64965
南郑县	333773	靖边县	62327
阎良区	332436	子洲县	61800
武功县	315437	绥德县	60844
周至县	305649	定边县	57478
大荔县	288931	平利县	56938
蒲城县	253140	杨陵区	56280
府谷县	242457	千阳县	53339
旬阳县	240545	白河县	53138
陇　县	235120	紫阳县	52187
洛南县	209725		

12－43　乡镇企业营业收入过亿元的乡镇

（2005 年）

单位：万元

乡　　镇	营业收入	乡　　镇	营业收入
宝鸡市金台区陈仓镇	745555	西安市灞桥区新筑街办	117400
宝鸡市陈仓区虢镇	355000	汉中市城固县博望镇	116200
西安市未央区三桥街道办事处	325671	宝鸡市扶风县城关镇	111956
西安市未央区谭家街道办事处	303300	汉中市勉县勉阳镇	111806
咸阳市泾阳县泾干镇	229190	西安市雁塔区小寨办事处	110160
宝鸡市陈仓区阳平镇	220586	宝鸡市凤翔县陈村镇	108100
西安市未央区大明宫街道办事处	198100	西安市未央区未央宫街道办事处	106555
宝鸡岐山县凤鸣镇	194000	宝鸡市渭滨区马营镇	104700
西安市临潼区新丰街道办事处	189240	宝鸡市陈仓区千河镇	104322
渭南市韩城市龙门镇	182754	咸阳市秦都区古渡办	99900
咸阳市三原城关	182740	西安市阎良区关山镇	96537
咸阳市乾县城关镇	181802	咸阳市秦都区渭西办	96048
西安市未央区六村堡街道办事处	177677	宝鸡市陇县城关镇	96000
咸阳市秦都区渭滨镇	176880	西安市户县五竹乡	93150
宝鸡岐山县蔡家坡镇	172554	西安市灞桥区新合街办	92300
西安市灞桥区洪庆街办	164600	西安市未央区汉城街道办事处	91500
西安市雁塔区鱼化办事处	164000	宝鸡市渭滨区石鼓镇	91316
西安市雁塔区电子城办事处	159000	宝鸡市眉县首善镇	91000
咸阳市渭城区底张镇	155452	西安市临潼区代王街道办事处	89810
榆林市榆阳区神木县神木镇	154182	汉中市南郑县大河坎镇	85000
宝鸡岐山县雍川镇	153701	西安市临潼区骊山街道办事处	83975
咸阳市三原大程	153050	宝鸡岐山县五丈原镇	83810
汉中市汉台区北关街道办事处	152460	咸阳市泾阳县永乐镇	83700
西安市雁塔区丈八办事处	148500	西安市临潼区秦陵街道办事处	83370
西安市雁塔区长延堡办事处	148002	宝鸡市扶风县绛帐镇	82870
西安市灞桥区十里铺街办	145920	渭南市富平县杜村镇	80700
西安市灞桥区席王街办	145000	安康市汉滨区新城办事处	80004
西安市灞桥区红旗街办	144718	宝鸡市渭滨区高家镇	79638
榆林市榆阳区神木县孙家岔镇	142400	安康市汉阴县城关镇	77018
咸阳市秦都区沣东镇	138162	咸阳市兴平东城办	75872
西安市雁塔区曲江办事处	135000	西安市未央区草滩街道办事处	74998
西安市临潼区相桥镇	130936	西安市蓝田县蓝关镇	73920
宝鸡市凤翔县城关镇	130800	咸阳市兴平西吴镇	73866
西安市未央区张家堡街道办事处	128100	咸阳市礼泉县烽火	73616
西安市雁塔区等驾坡办事处	127000	咸阳市兴平赵村镇	73234
西安市灞桥区灞桥街办	123000	咸阳市泾阳县云阳镇	72910
咸阳市礼泉县城关	120514	西安市长安区兴隆乡	72655
西安市长安区郭杜街道办事处	119106	西安市周至县哑柏镇	72320
咸阳市渭城区渭阳办	118500	西安市户县余下镇	71828

12－43 续表 1 （2005 年） 单位：万元

乡 镇	营业收入	乡 镇	营业收入
咸阳市渭城区正阳镇	70512	宝鸡岐山县枣林镇	55800
西安市长安区细柳镇	70100	西安市未央区辛家庙街道办事处	55738
渭南市大荔县城关镇	69915	西安市长安区王寺街道办事处	55400
西安市户县草堂镇	68998	宝鸡市陇县东南镇	55180
咸阳市渭城区窑店镇	68102	宝鸡市陈仓区贾村镇	54180
宝鸡岐山县安乐镇	67000	咸阳市兴平店张办	53242
宝鸡市眉县金渠镇	66924	咸阳市秦都区双照镇	53047
西安市临潼区新市乡	66880	咸阳市彬县城关镇	52650
宝鸡市凤翔县横水镇	66789	安康市汉滨区恒口镇	51400
西安市临潼区雨金镇	66550	咸阳市武功县苏坊镇	51372
宝鸡市陈仓区天王镇	66548	商洛市丹凤县龙驹镇	51010
宝鸡市眉县常兴镇	66517	宝鸡岐山县蒲村镇	49310
宝鸡市陈仓区钓渭镇	66080	西安市未央区徐家湾街道办事处	48384
汉中市南郑县城关镇	65810	渭南市临渭区双王办事处	48106
宝鸡市眉县齐镇	65800	汉中市汉台区七里办事处	47775
宝鸡市陈仓区潘溪镇	65442	咸阳市兴平丰仪乡	47383
宝鸡市凤翔县南指挥镇	65210	咸阳市渭城区渭城镇	47000
渭南市韩城市新城办事处	65103	西安市高陵县鹿宛镇	47000
渭南市韩城市金城办事处	64822	宝鸡岐山县故郡乡	46671
渭南市临渭区向阳办事处	61611	汉中市汉台区铺镇	46631
商洛市洛南县城关镇	61335	安康市旬阳县城关镇	46510
西安市长安区斗门街办	60650	宝鸡岐山县祝家庄镇	46400
汉中市城固县老庄镇	60500	咸阳市武功县贞元镇	46156
宝鸡市眉县汤峪镇	60060	汉中市洋县洋州镇	46129
咸阳市兴平西城办	59697	西安市长安区滦镇街办	45925
西安市户县秦渡镇	59286	咸阳市秦都区人办	45920
宝鸡市陈仓区桥镇	59189	宝鸡市凤翔县彪角镇	44986
榆林市榆阳区神木县大柳塔镇	59182	宝鸡市凤翔县郭店镇	44970
西安市灞桥区狄寨街办	58680	宝鸡市凤翔县田家庄镇	44482
咸阳市礼泉县烟霞	58400	西安市阎良区凤凰路街道办事处	43918
宝鸡市眉县马家镇	58376	西安市高陵县药西乡	43800
宝鸡市扶风县法门镇	57263	汉中市西乡县城关镇	43603
咸阳市渭城区北杜镇	57200	西安市长安区引镇街办	43200
宝鸡市眉县营头镇	57185	西安市临潼区零口镇	43130
宝鸡市凤翔县柳林镇	57162	咸阳市泾阳县三渠道	43050
西安市阎良区武屯镇	56502	宝鸡岐山县益店镇	42850
榆林市榆阳区神木县店塔镇	56500	咸阳市兴平桑镇	42136
西安市阎良区振兴街道办事处	56495	渭南市临渭区人民办事处	41579
宝鸡市陈仓区周原镇	55874	安康市汉滨区江北办事处	41412

12－43 续表2 （2005年） 单位：万元

乡 镇	营业收入	乡 镇	营业收入
咸阳市三原陵前	41365	渭南市蒲城县东陈镇	34089
西安市周至县二曲镇	41230	咸阳市武功县小村镇	34073
咸阳市武功县普集镇	41150	渭南市白水县城关镇	33820
商洛市洛南县石门镇	41080	渭南市富平县齐村乡	33615
西安市高陵县崇皇乡	40700	咸阳市礼泉县阡东镇	33611
咸阳市泾阳县高庄镇	40200	宝鸡市扶风县南阳镇	33280
西安市高陵县湾子乡	40000	西安市周至县终南镇	33124
宝鸡市扶风县揉谷乡	39760	渭南市富平县庄里镇	33120
西安市高陵县张卜乡	39700	渭南市临渭区站南办事处	33010
宝鸡市渭滨区八鱼镇	39350	西安市长安区杨庄乡	32869
渭南市蒲城县城关镇	38500	咸阳市泾阳县桥底镇	32516
渭南市蒲城县罕井镇	38300	宝鸡市扶风县上宋乡	32500
宝鸡市陈仓区慕仪镇	38200	汉中市勉县定军山镇	32120
安康市汉滨区建民镇	38128	西安市蓝田县三星镇	32000
铜川市王益区黄堡镇	37880	安康市汉滨区老城办事处	31781
宝鸡市凤翔县米杆桥镇	37659	咸阳市武功县武功镇	31685
西安市长安区杜曲镇	37640	汉中市城固县桔园镇	31650
宝鸡市金台区蟠龙镇	37520	西安市长安区马王街道办事处	31620
宝鸡岐山县青化镇	37180	西安市户县蒋村镇	31376
西安市户县庞光镇	37063	咸阳市兴平汤坊乡	31372
咸阳市武功县大庄镇	37044	铜川市耀州区永安路办事处	31310
渭南市澄城县城关镇	37035	宝鸡市扶风县段家镇	31250
西安市高陵县泾渭镇	37000	渭南市澄城县韦庄镇	31120
宝鸡市扶风县召公镇	36920	安康市旬阳县关口镇	30500
咸阳市泾阳县王桥镇	36504	榆林市榆阳区神木县中鸡镇	30270
渭南市韩城市西庄镇	36340	西安市阎良区北屯街道办事处	30210
安康市汉滨区关庙镇	36153	渭南市合阳县城关镇	30069
咸阳市兴平马嵬镇	35976	西安市高陵县耿镇	30000
西安市户县大王镇	35890	商洛市山阳县城关镇	29996
商洛市商州区城关街道办事处	35847	渭南市临渭区阳郭镇	29805
西安市高陵县通远镇	35700	宝鸡市金台区陵塬乡	29740
渭南市临渭区杜桥办事处	35551	榆阳区靖边县张家畔镇	29696
商洛市商南县城关镇	35058	商洛市镇安县永乐镇	29685
西安市蓝田县前卫镇	34694	渭南市韩城市桑树坪镇	29655
西安市户县渭丰乡	34457	铜川市印台区金锁关镇	29548
宝鸡市凤翔县长青镇	34380	铜川市印台区陈炉镇	29448
宝鸡岐山县曹家镇	34230	汉中市城固县龙兴镇	29155
宝鸡市扶风县杏林镇	34150	汉中市汉台区黄家塘村	29090
宝鸡市眉县槐芽镇	34100	宝鸡市凤翔县虢王镇	29072

12－43 续表3　　(2005年)　　单位:万元

乡　　镇	营业收入	乡　　镇	营业收入
铜川市耀州区孙塬镇	29000	咸阳市兴平南位镇	23046
西安市蓝田县小寨乡	29000	渭南市临渭区官路镇	23009
汉中市南郑县梁山镇	28875	渭南市临渭区固市镇	22995
宝鸡市凤翔县尹家务乡	28810	西安市长安区王曲镇	22958
渭南市大荔县八鱼乡	28640	西安市蓝田县孟村乡	22823
咸阳市礼泉县史德	28600	商洛市商州区大赵峪办事处	22103
西安市长安区王莽乡	28295	咸阳市武功县普集街乡	22000
西安市阎良区新华路街道办事处	28231	西安市周至县楼观镇	21951
宝鸡市扶风县太白乡	27980	渭南市临渭区官底镇	21933
咸阳市兴平庄头镇	27924	西安市阎良区新兴街道办事处	21880
咸阳市秦都区吴办	27485	咸阳市礼泉县昭陵	21800
西安市蓝田县泄湖镇	27211	咸阳市乾县吴村镇	21642
汉中市勉县黄沙镇	27200	榆林市榆阳区牛家梁镇	21500
西安市长安区黄良乡	27146	宝鸡市眉县青化乡	21230
渭南市大荔县许庄镇	27108	咸阳市三原新兴	21220
铜川市耀州董家河镇	26410	渭南市蒲城县荆姚镇	21023
咸阳市泾阳县蒋路乡	26109	汉中市汉台区汉中路街道办事处	21000
宝鸡市扶风县午井镇	26087	宝鸡市陇县东风镇	21000
宝鸡市陈仓区县功镇	25716	西安市高陵县姬家乡	21000
西安市蓝田县华胥镇	25537	西安市户县玉蝉乡	20918
宝鸡市岐山县大营乡	25500	渭南市富平县美原镇	20900
咸阳市兴平市田阜乡	25301	渭南市白水县西固镇	20850
咸阳市三原独李	25260	渭南市韩城市昝村镇	20725
咸阳市秦都区西兰办	24950	汉中市南郑县高台镇	20710
汉中市南郑县郭滩乡	24573	咸阳市泾阳县太平镇	20706
咸阳市礼泉县药王洞	24510	咸阳市乾县梁村镇	20611
宝鸡市眉县横渠镇	24500	西安市长安区五星乡	20533
西安市高陵县余楚乡	24317	汉中市汉台区宗营镇	20420
西安市户县石井镇	24294	咸阳市礼泉县骏马	20300
汉中市勉县金泉镇	24280	咸阳市礼泉县西张堡	20300
咸阳市武功县代家乡	24220	渭南市大荔县朝邑镇	20250
咸阳市礼泉县赵镇	24000	汉中市勉县新街子镇	20203
汉中市城固县柳林镇	23900	汉中市南郑县圣水镇	20102
宝鸡市陇县堎底下镇	23600	西安市蓝田县普化镇	20034
宝鸡市金台区金河乡	23501	铜川市耀州区瑶曲镇	20000
宝鸡市扶风县天度镇	23460	渭南市澄城县庄头乡	19963
西安市长安区灵沼乡	23275	咸阳市泾阳县中张镇	19825
汉中市城固县上元观镇	23250	渭南市富平县老庙镇	19803
宝鸡市凤翔县唐村乡	23198	西安市蓝田县玉山镇	19700

12－43 续表4　　（2005年）　　单位:万元

乡　镇	营业收入	乡　镇	营业收入
渭南市澄城县寺前镇	19524	铜川市王益区王益乡	16400
渭南市富平县华朱乡	19303	咸阳市乾县大杨乡	16385
渭南市韩城市芝川镇	19300	渭南市蒲城县翔村乡	16270
咸阳市兴平南市镇	19068	宝鸡岐山县京当乡	16182
宝鸡市凤翔县董家河乡	19068	渭南市白水县北井头乡	16160
渭南市华县莲花寺镇	19050	西安市临潼区北田镇	15915
铜川市印台区城关街道办事处	19035	安康市旬阳县蜀河镇	15730
汉中市勉县老道寺镇	18852	咸阳市泾阳县崇文乡	15700
西安市蓝田县安村乡	18695	西安市临潼区马额镇	15444
渭南市澄城县交道镇	18631	安康市旬阳县构元乡	15270
咸阳市兴平阜寨乡	18609	西安市户县天桥乡	15226
汉中市城固县董家营乡	18520	咸阳市乾县马连镇	15187
咸阳市乾县阳洪镇	18442	榆林市榆阳区神木县麻家塔镇	15125
汉中市城固县文川镇	18400	渭南市临渭区闫村镇	15101
延安市宝塔区桥沟镇	18300	咸阳市乾县新阳乡	15100
铜川市印台区印台乡	18180	铜川市耀州区照金镇	15000
西安市临潼区斜口街道办事处	18160	铜川市王益区王家河乡	14950
西安市周至县马召镇	18089	西安市户县涝店镇	14862
咸阳市武功县长宇镇	18000	西安市长安区炮里乡	14850
渭南市临渭区三张镇	17830	咸阳市礼泉县新时	14754
榆林市榆阳区榆阳镇	17790	咸阳市乾县灵源镇	14645
渭南市临渭区下吉镇	17732	渭南市临渭区南师乡	14610
安康市宁陕县城关镇	17650	安康市汉滨区花园乡	14602
商洛市山阳县高坝镇	17524	铜川市印台区红土镇	14600
咸阳市武功县河道乡	17371	商洛市洛南县永丰镇	14575
渭南市合阳县王村镇	17362	汉中市略阳县硖口驿镇	14560
延安市宝塔区柳林镇	17334	渭南市大荔县苏村乡	14560
渭南市富平县宫里镇	17300	咸阳市乾县临平镇	14526
渭南市临渭区孝店镇	17232	汉中市西乡县堰口镇	14394
商洛市商州区沙河子镇	17222	安康市旬阳县白柳镇	14272
渭南市大荔县两宜镇	17128	渭南市合阳县路井镇	14206
汉中市南郑县阳春镇	17100	汉中市洋县戚氏镇	14202
渭南市临渭区龙背乡	17035	汉中市略阳县城关镇	14100
安康市汉阴县蒲溪镇	17016	渭南市白水县冯雷镇	14050
咸阳市泾阳县口镇	17010	渭南市合阳县坊镇镇	14028
咸阳市武功县南仁乡	17001	渭南市白水县杜康镇	13990
渭南市韩城市王峰乡	16850	宝鸡市凤县凤州镇	13852
汉中市城固县沙河营镇	16821	渭南市大荔县高明镇	13846
西安市蓝田县史家寨乡	16743	宝鸡市凤县双石铺镇	13840

12－43 续表5　　（2005年）　　单位:万元

乡　镇	营业收入	乡　镇	营业收入
宝鸡市凤县河口镇	13820	汉中市汉台区武乡镇	11952
汉中市城固县崔家山镇	13750	安康市汉滨区张滩镇	11930
渭南市华县金堆镇	13720	西安市临潼区行者街道办事处	11920
西安市临潼区栎阳镇	13640	渭南市澄城县冯原镇	11910
渭南市蒲城县兴镇	13624	商洛市商州区陈塬街道办事处	11855
渭南市合阳县和家庄镇	13623	渭南市华县华州镇	11836
西安市蓝田县焦岱镇	13614	商洛市山阳县十里乡	11703
汉中市南郑县协税镇	13600	咸阳市武功县游风镇	11650
西安市蓝田县汤峪镇	13519	汉中市勉县褒城镇	11630
渭南市临渭区交斜镇	13500	渭南市韩城市板桥乡	11628
汉中市勉县茶店镇	13400	渭南市临渭区辛市镇	11601
西安市临潼区交口镇	13300	汉中市略阳县何家岩镇	11553
铜川市耀州区寺沟镇	13220	渭南市临渭区田市镇	11500
汉中市洋县磨桥镇	13200	西安市户县涝峪管委会	11430
铜川市耀州区坡头镇	13200	渭南市蒲城县大孔乡	11357
渭南市临渭区崇宁镇	13168	铜川市宜君县太安镇	11260
安康市汉滨区河西镇	12932	西安市周至县集贤镇	11240
渭南市临渭区解放办事处	12930	西安市周至县青化乡	11181
汉中市城固县原公镇	12900	西安市户县太平区管委会	11075
宝鸡市金台区西关街道办事处	12874	咸阳市泾阳县兴隆镇	11000
安康市汉阴县平粮镇	12860	西安市雁塔区大雁塔办事处	11000
安康市旬阳县红军乡	12842	商洛市商州区夜村镇	10938
安康市旬阳县吕河镇	12800	延安市宝塔区川口乡	10910
渭南市蒲城县永丰镇	12720	渭南市临渭区桥南镇	10904
榆林市榆阳区镇川镇	12710	渭南市华县杏林镇	10900
汉中市城固县三合乡	12630	汉中市勉县同沟寺镇	10897
商洛市洛南县石坡镇	12600	汉中市南郑县胡家营乡	10854
渭南市大荔县段家乡	12435	渭南市大荔县双泉镇	10625
渭南市华县高塘镇	12320	商洛市洛南县麻坪镇	10615
西安市周至县广济镇	12240	汉中市勉县长林镇	10560
渭南市临渭区凭信乡	12206	汉中市勉县新铺镇	10550
渭南市富平县流曲镇	12200	渭南市临渭区官道乡	10511
汉中市城固县五郎庙乡	12160	汉中市洋县谢村镇	10340
商洛市洛南县卫东镇	12135	宝鸡市凤县南星镇	10210
渭南市大荔县范家镇	12120	宝鸡市凤县三岔镇	10125
渭南市大荔县冯村镇	12085	商洛市商州区刘湾办事处	10052
西安市周至县尚村镇	11967		

12－44　乡镇企业营业收入过亿元的村

（2005 年）　　单位：万元

村　名	营业收入	村　名	营业收入
宝鸡市金台区东岭村	640877	宝鸡岐山县蔡家坡镇龚刘村	20510
宝鸡岐山县蔡家坡镇岐星村	52722	韩城市龙门镇阳山庄村	20423
三桥街道办事处三桥村	47001	西安市雁塔区北池头	20053
三桥街办和平村	43779	西安市雁塔区田家湾	20037
宝鸡岐山县五丈原镇北星村	42400	汉中市勉县勉阳镇联盟村	19940
西安市张家堡街办肖家村	40330	宝鸡岐山县蔡家坡镇另胡村	19883
宝鸡市陈仓区阳平镇窑底村	39870	安康市汉滨区江北办事处晏台村	19574
宝鸡市陈仓区虢镇巩家泉村	39850	三桥街道办事处后围寨	19202
宝鸡市凤翔县陈村镇水沟村	39225	宝鸡市陈仓区虢镇大王村	18994
宝鸡市眉县营头镇永安村	35165	汉中市勉县勉阳镇高潮村	18770
宝鸡市金台区联盟村	34472	西安市雁塔区东三爻村	18731
西安市临潼区骊山街道办事处西街村	33840	西安市新城区三府湾村	18721
西安市临潼区骊山街道办事处东街村	31758	临渭区人民办事处园里堡村	18654
临渭区杜桥办事处五里铺村	31715	西安市雁塔区鱼化村	18532
咸阳市秦都区渭滨镇留印村	29800	宝鸡市凤翔县陈村镇东街村	18493
汉中市汉台区黄家塘村	29090	临渭区白杨乡盈田村	18403
西安市临潼区临潼区新市乡郝邢村	27045	宝鸡市渭滨区石鼓镇相家庄村	18386
汉中市汉台区青龙观村	26867	宝鸡市渭滨区马营镇旭光村	18221
宝鸡市陈仓区虢镇西堡村	26450	咸阳市秦都区东南坊村	18200
西安市大明宫街道孙家湾村	25900	宝鸡岐山县蔡家坡镇水寨村	17761
汉中市南郑县大河坎镇大河坎社区	25887	张家堡街办二府庄村	17660
咸阳市礼泉县袁家村	25762	西安市雁塔区西等村	17500
汉中市南郑县大河坎镇油坊社区	25162	府谷县府谷镇贾家湾村	17400
宝鸡市陈仓区虢镇东堡村	25105	宝鸡市渭滨区马营镇明星村	17253
宝鸡市渭滨区石鼓镇石坝河村	24554	府谷县府谷镇西山村	17000
西安市张家堡街办红色村	24500	宝鸡市陈仓区虢镇大众村	16950
咸阳市礼泉县烽火村	23758	宝鸡市陈仓区天王镇八庙村	16581
宝鸡市凤翔县横水镇尹稼坞村	23512	西安市未央区三桥街道办蔺高村	16581
汉中市汉台区张万营村	23365	三桥街办北沙口	16379
宝鸡市陈仓区阳平镇联合村	23012	咸阳市秦都区华家寨村	16350
宝鸡岐山县凤鸣镇城北村	21850	大明宫街道先锋村	16020
宝鸡岐山县凤鸣镇太子村	21662	汉中市城固县三村	15631
咸阳市泾阳县泾干镇吉元村	20948	宝鸡市渭滨区石鼓镇党家村	15453

12－44 续表　　(2005年)　　单位:万元

村　名	营业收入	村　名	营业收入
汉中市汉台区叶家营村	15401	西安市灞桥区十里铺街道办高楼村	12851
宝鸡市陈仓区天王镇天王村	15400	西安市雁塔区郝家村	12835
西安市未央区张家堡街道办方新村	15400	凤翔县陈村镇紫荆村	12429
宝鸡岐山县雍川镇马江村	15360	咸阳市秦都区杨家台	12424
宝鸡市陈仓区阳平镇东风村	15300	西安市雁塔区新小寨	12118
西安市灞桥区红旗街道办高桥村	15300	西安市雁塔区沙呼沱	12111
宝鸡市陇县高塄村	15239	汉中市汉台区王观营村	12074
宝鸡市陈仓区虢镇南堡村	15093	宝鸡市凤翔县陈村镇上营村	12066
宝鸡市渭滨区马营镇永清村	15082	汉中市城固县小西关村	12000
宝鸡市陈仓区虢镇李家崖村	15000	西安市长安区韦曲街办东韦村	12000
西安市长安区韦曲街办上塔坡村	15000	西安市雁塔区东八里村	11998
西安市阎良区新跃村	14900	宝鸡市凤翔县城关镇马家庄村	11900
张家堡街办方家村	14860	西安市雁塔区辛家坡	11852
咸阳市秦都区古渡办肖家堡	14609	咸阳市秦都区苏家堡	11843
三桥街办贺家村	14509	西安市雁塔区西八里村	11819
宝鸡市陈仓区阳平镇宝丰村	14072	宝鸡市凤翔县城关镇铁丰村	11600
汉中市汉台区铺镇新桥村	14072	安康市汉滨区关庙镇金星村	11376
宝鸡市陈仓区虢镇北堡村	14000	宝鸡市陇县店子村	11352
宝鸡市陈仓区虢镇南阳村	14000	宝鸡市陈仓区虢高家塄村	11202
咸阳市武功县大庄镇方寨村	13530	汉中市汉台区东塔村	11183
宝鸡岐山县凤鸣镇堰河村	13500	宝鸡岐山县曹家镇郑家梭村	11060
宝鸡市陈仓区千河镇底店村	13340	未央宫街办西叶寨村	10996
西安市灞桥区十里铺街道办十里铺村	13340	西安市临潼区骊山街道办事处胡王村	10721
西安市阎良区农兴村	13291	汉中市勉县勉阳镇继光村	10640
咸阳市秦都区石斗村	13125	西安市雁塔区南窑村	10621
咸阳市秦都区香柏李村	13100	府谷县府谷镇高石崖村	10500
咸阳市秦都区魏家泉	13090	宝鸡市陈仓区千河镇冯家嘴村	10450
宝鸡岐山县凤鸣镇朝阳村	13000	西安市灞桥区十里铺街道办长乐坡村	10450
西安市长安区韦曲街办西韦村	13000	张家堡街办南康村	10436
府谷县府谷镇东山村	13000	汉中市汉台区雷家巷村	10117
宝鸡岐山县凤鸣镇杏园村	12900	西安市雁塔区长延堡村	10113
宝鸡市陈仓区阳平镇新秦村	12851	西安市雁塔区二府庄	10009

12－45　乡镇企业营业收入5000万元以上的企业

（2005年）　　单位：万元

企业名称	营业收入	利润总额	实交税金	年末固定资产原值
宝鸡市金台区陕西东岭集团	640877	22628	19879	60519
西安市未央区龙门钢厂西安分厂	207672	417	752	12523
西安市未央区中石化西安分公司	114215	－15413	4846	11654
西安市临潼区伊利泰普克饮品有限公司	79697	2871	3017	21192
西安市临潼区邦淇科技制油有限公司	79659	－1921	171	7274
西安市临潼区银桥生物科技有限责任公司	79597	3791	3235	35030
渭南市韩城市黄河矿业公司	67000	3000	3700	25445
西安市未央区东方石化有限公司	52727	482	448	984
渭南市韩城市龙门焦化集团	50000	1980	3020	30570
西安市户县国维淀粉有限公司	49020	1060	460	20900
宝鸡市眉县陕西世民科技股份有限公司	38910	1600	120	9480
咸阳市秦都区步长制药有限公司	36000	5748	5917	19782
宝鸡市眉县陕西省星王集团公司	35105	2731	419	8969
西安市未央区大明宫建材实业有限公司	35000	4200	2580	22000
西安市未央区西北双鹤药业	33531	435	3	555
宝鸡市眉县陕西老牛面粉有限公司	31500	580	210	2220
宝鸡市岐山县宝鸡众喜水泥有限公司	29894	998	2201	40118
西安市临潼区汉兴实业公司	27045	1508	183	22286
咸阳市三原县白鹿制药股份有限公司	25311	262	453	6066
咸阳市秦都区陕西咸阳505集团	25000	7233	173	25539
咸阳市彬县彬火石咀煤炭有限责任公司	23605	3865	3432	16268
渭南市蒲城县陕西尧柏特种水泥公司	21394	2344	900	39100
西安市户县永丰塑料制品有限公司	20680	180	110	3530
渭南市韩城市华阳选矿公司	20423	1280	2600	1105
咸阳市古建集团公司	20237	－10	668	2000
咸阳市秦都区家世界咸阳分公司	20174	485	528	12
渭南市华阴市新西北特种钢有限责任公司	19819	－514	506	8700
渭南市富平县富民面粉厂	19422	1039	211	5000
西安市未央区茂源建材实业有限公司	19000	2580	600	2246
咸阳市渭城区彩虹电子配件有限公司	18895	2674	1966	14262
咸阳市武功县华龙企业集团有限责任公司	17912	427	510	6555
西安市临潼区科氏沥青产品有限公司	16024	1108	899	3830
咸阳市秦都区陕西蓝马啤酒有限公司	15804	186	685	5925
咸阳兴平市晁庄实业总公司	15520	970	70	1200
西安市未央区龙安房地产开发有限责任公司	15282	180	1007	629

12－45 续表 1 （2005 年） 单位:万元

企业名称	营业收入	利润总额	实交税金	年末固定资产原值
咸阳市泾阳县声威建材有限公司	15130	953	1697	100100
西安市未央区路源石化有限公司	15005	566	364	1248
西安市未央区大明宫新型管业基地批发市场	15000	950	167	3500
西安市灞桥区东方乳品厂	14872	596	185	2765
宝鸡市陈仓区宝鸡市育才玻璃有限公司	14579	－13	306	11375
渭南市大荔县八鱼油脂公司	14200	452	112	5546
渭南市蒲城县石羊集团蒲城饲料公司	14129	160	67	1800
宝鸡市凤翔县陕西东岭集团凤翔分公司	14093	200	513	36490
宝鸡市渭滨区宝鸡真空开关厂	13825	700	433	651
安康市汉滨区江华物资有限责任公司	13756	－21	19	193
渭南市富平县渭北农机有限责任公司	13743	600	23	180
咸阳市乾县海升果业发展股份有限公司乾分公司	13642	－364	518	21662
西安市阎良区宏远建筑有限公司	13555	176	515	2398
咸阳市泾阳县泾云集团	13440	865	19	6378
宝鸡市渭滨区宝鸡力兴钛业有限公司	13062	2660	400	2051
咸阳市礼泉县通达果汁礼泉有限公司	13000	5000	50	
咸阳兴平市兴包企业集团有限责任公司	12700	498	186	109842
宝鸡市金台区宝陵建筑工程有限责任公司	12540	72	462	2003
汉中市勉县建兴农业科技有限公司	12305	342	32	11032
渭南市陕西龙首油脂有限责任公司	12134	415	180	3098
渭南市富平县钢厂兴宝有限责任公司	12003	359	126	17500
咸阳市礼泉县北京汇源集团咸阳食品饮料公司	11976	1800	910	
宝鸡市岐山县河南斯美特公司岐山分公司	11859	183	85	4002
宝鸡市扶风华龙日清清真食品（宝鸡）有限公司	11682	－297	221	5060
咸阳兴平市市界庄实业总公司	11630	480	52	1100
宝鸡市岐山县陕西华祥食品（集团）公司	11348	237	136	10157
宝鸡市扶风陕西法门寺纸业有限责任公司	11138	692	250	11771
西安市未央区新丰泰贸易有限公司	11100	910	180	2315
西安市临潼区陕西伊利食品有限责任公司	11009	449	530	746
咸阳市秦都区人人乐商业购物广场	11000	－90	280	1050
西安市未央区陕西伊势威贸易有限公司	11000	805	165	2160
西安市阎良区亚宏面粉有限责任公司	10989	130	31	1798
宝鸡市岐山县陕西圣龙纸业有限责任公司	10600	520	246	15940
宝鸡市扶风陕西联合建筑工程公司	10535	458	115	1600
宝鸡市岐山县陕西京泰纺织化纤（集团）有限公司	10500	600	400	10000

12－45 续表 2　　(2005 年)　　单位:万元

企业名称	营业收入	利润总额	实交税金	年末固定资产原值
杨凌博迪森生物科技发展股份有限公司	10454	551	55	1650
安康市汉滨区长兴房建公司	10400	832	428	2531
宝鸡市岐山县岐山县华强工贸有限公司	10256	175	150	6600
西安市未央区高压电器研究所电器制造厂	10082	300	608	1526
榆林市府谷县天桥化工集团公司	10000	206	500	22000
榆林市府谷县天龙镁业公司	10000	120	300	6000
宝鸡市眉县陕西社会水泥有限责任公司	9875	－2792	708	35077
西安市未央区华海汽车销售服务中心	9864	－58	15	
安康市汉滨区兴科房建集团有限公司	9408	322	402	1134
西安市雁塔区华隆电工器材厂	9244	225	28	1137
咸阳市渭城区华康乳品有限公司	9110	91	302	882
咸阳市渭城区彩虹商贸食品有限公司	9110	91	302	300
渭南市蒲城县陕西西荆集团	9079	343	58	8065
安康市汉滨区南方商务有限公司	9000	－234	66	892
西安市未央区蔡伦造纸厂	8985	202	98	2431
渭南市华县矿业焙烧厂	8914	40	570	65
咸阳市泾阳县光明乳业(泾阳)有限责任公司	8840	－69	79	5204
宝鸡市凤翔县凤翔县钛粉厂	8800	100	250	1118
咸阳市礼泉县陕西金裕制药股份公司	8700	310	60	
咸阳市武功县陕西神果股份有限公司	8500	1001	206	5194
西安市临潼区秦兴制份有限公司	8372	85	6	1800
渭南市蒲城县石羊集团蒲城油脂公司	8275	118	50	3512
宝鸡市凤翔县凤翔县硅电有限公司	8250	210	300	5000
宝鸡市岐山县陕西通力专用汽车有限责任公司	8230	140	100	3011
咸阳市秦都区国美电器有限公司	8125	－47	140	52
咸阳市彬县通达果汁有限责任公司	8050	－104	18	5084
榆林市绥德县汽车客运有限公司	8000	460	150	3900
西安市未央区大明宫石材有限公司	8000	95	433	1200
西安市灞桥区陕西万方汽车零部件有限公司	7764	334	228	452
渭南市蒲城县陕西天菊面粉有限责任公司	7711	10	32	3157
商洛市洛南县富康钼业有限公司	7707	416	282	577
咸阳市泾阳县永大电工有限责任公司	7632	－238	48	2234
咸阳市泾阳县陕西红旗乳业有限责任公司	7625	38	60	1410
宝鸡市凤翔县宝鸡华美果汁	7620	641	143	4885

12-45 续表3　　(2005年)　　单位:万元

企业名称	营业收入	利润总额	实交税金	年末固定资产原值
咸阳市渭城区艺绣分子筛有限公司	7597	379	96	1860
汉中市城固县振华科技生物有限责任公司	7552	155	73	1500
宝鸡市凤翔县凤凰胶粘制品	7495	82	2	4010
汉中市明信铁合金冶炼有限公司	7494	-132	408	196
宝鸡市眉县陕西恒兴果汁饮料有限公司眉县分公司	7483	-387	262	7680
咸阳市礼泉县城信煤炭公司	7400	400	156	
咸阳市淳化县恒兴果汁有限公司	7396	-612	97	5851
西安市灞桥区远通铝业有限责任公司	7332	290	115	1060
西安市灞桥区西玛小型电机制造有限公司	7332	256	241	297
安康市旬阳县五联构元矿业公司	7260	316	142	1018
西安市阎良区仪源建设有限公司	7068	64	228	2313
西安市未央区嘉植物化工有限公司	6959	126	6	828
宝鸡市陈仓区陕西省东风磷肥厂	6872	130	3	746
西安市长安区铸造机械厂	6739	38	246	575
咸阳市乾县福祥纺织股份有限公司	6640	240	58	3220
西安市临潼区陕西大发实业公司	6614	194	5	1674
渭南市白水县宏达建筑果业有限责任公司	6580	248	84	2990
汉中市汉台区瓜果批发服务中心	6546	31	45	969
西安市未央区陕西海达汽车贸易有限公司	6540	643	95	1774
咸阳市泾阳吉安线缆有限公司	6520	36	72	476
宝鸡市陈仓区宝鸡惠洋建筑有限公司	6500	287	80	3538
铜川市耀州区安君山水泥厂	6482	15	140	6842
西安市长安区陕西民生燃料有限责任公司	6474	105	88	3245
安康市旬阳县鑫源矿业公司	6419	541	865	488
延安市宝塔区王西林汽车联营公司	6400	710	447	9100
渭南市合阳县万里焦化有限责任公司	6373	866	29	3709
西安市未央区鹏程机电设备厂	6307	161	28	1372
安康市旬阳县银联矿业有限责任公司	6300	1000	550	2100
宝鸡市眉县眉县霸王河化工厂	6266	-142	409	1068
汉中市洋县洋州葡萄糖厂	6230	84	92	2030
咸阳市泾阳金盾纺织(泾阳)有限公司	6201	-210	75	2264
咸阳市泾阳县怡科食品有限公司	6113	500	441	7385
延安市宝塔区山利工贸公司	6102		246	754
渭南市油脂化工有限责任公司	6102	153	23	2247
西安市长安区西京城建总公司	6083	167	49	520

12－45 续表 4　　（2005 年）　　单位:万元

企业名称	营业收入	利润总额	实交税金	年末固定资产原值
宝鸡市渭滨区万国建材批发中心	6079	80	70	1720
西安市未央区汉港化工有限公司	6071	16	319	1478
宝鸡市陈仓区宝鸡惠民乳品有限公司	6062	108	200	3086
咸阳市三原县三秦麦芽有限公司	6050	15	200	7970
榆林市绥德县第一建筑工程公司	6000	145	216	2020
榆林市横山县进出口有限责任公司	6000	40	34	2100
榆林市府谷县三源集团公司	6000	30	400	28000
渭南市韩城市北龙钢铁公司	6000	480	285	2000
安康市汉滨区民威工贸有限公司	6000	5	80	82
宝鸡市陈仓区宝鸡市昌新布业有限公司	5961	16	60	516
咸阳市秦都区彩联包装有限公司	5807	816	580	2541
西安市未央区寰宇水泥机械公司	5800	230	107	1850
汉中市略阳县诚信矿业有限公司	5800	89	659	5998
铜川市耀州区恒元有限公司	5650	112	7	1386
延安市宝塔区龙飞公司	5504	412	180	5500
西安市碑林区长安城堡大酒店有限公司	5490	364	442	18924
咸阳市秦都区爱家商贸有限公司	5486	－206	130	1162
宝鸡市陈仓区宝鸡立新泰实业有限公司	5436	280	100	316
宝鸡市陈仓区联合有色金属加工厂	5430	108	110	480
安康市旬阳县陕西汞锑科技旬阳分公司	5386	1999	744	2252
西安市未央区长庆混凝土公司	5372	291	105	3022
渭南市富平县中鲁果汁有限责任公司	5325	305		2651
渭南市韩城市简顺洗煤焦化厂	5287	83	200	2200
商洛市洛南县秦岭钼业有限公司	5250	2000	1650	482
西安市未央区明珠家居有限公司	5235	628	468	3294
西安市长安区五龙实业集团有限公司	5161	－63	170	4275
宝鸡市扶风陕西汇凯纺织印染有限公司	5078	－180	48	1603
西安市长安区灵沼建筑工程公司	5040	252	151	680
宝鸡市渭滨区宝鸡市秦峰建筑工程有限责任公司	5028	300	100	3548
榆林市天鹏畜禽有限公司	5000	26	2	175
榆林市府谷县黄河福利铁合金厂	5000		85	1800
榆林市府谷县府兴工贸公司	5000		100	5400
榆林市府谷县方正化工公司	5000		200	1600
榆林市府谷县东山电石有限责任公司	5000		190	3200
咸阳市三原县钢管厂	5000	38	33	269
西安市未央区陕西珠明汽车贸易公司	5000	7	1	478

12－46 各市县农村经济主要指标

（2005年）

地 区	乡镇个数（个）	村民委员会（个）	乡村人口（万人）	年末耕地面积（公顷）	农用机械总动力（千瓦）	农用化肥施用实物量（吨）	农用塑料薄膜使用量（吨）	粮食播种面积（公顷）
全 省	**1521**	**27801**	**2791.88**	**2788447**	**14062667**	**5430680**	**23644**	**3453330**
关中“一线两带”	**598**	**11680**	**1568.66**	**1519890**	**9173713**	**3836826**	**13537**	**1875595**
西安市	**100**	**3159**	**408.92**	**266777**	**2239001**	**749802**	**1855**	**428495**
新城区		13	1.16	1				1
碑林区		13	1.16					
莲湖区		35	3.60			492	11	50
灞桥区		229	27.65	13400	139292	29635	116	19341
未央区		212	21.19	5379	72072	5905	23	5256
雁塔区		120	15.77	2775	47354	6464	13	3355
阎良区	2	80	16.44	16387	121532	48562	694	18054
临潼区	17	285	56.39	50522	333653	158399	223	78766
长安区	15	671	81.06	47083	414632	122631	166	83161
蓝田县	22	519	56.04	41069	244841	84754	161	69137
周至县	21	376	59.06	34938	308381	120231	81	61462
户 县	14	518	48.36	38702	377976	95053	236	62362
高陵县	9	88	21.04	15156	174221	76556	112	27410
铜川市	**34**	**543**	**44.52**	**64261**	**313949**	**144492**	**441**	**72304**
王益区	3	39	4.00	3788	54416	6904	6	4364
印台区	9	107	9.51	11350	64444	21308	84	11543
耀州区	12	189	19.22	31333	110017	83317	143	31736
宜君县	10	178	7.77	15108	56423	24918	202	20464
新 区		30	4.02	2682	28649	8045	6	4197
宝鸡市	**129**	**1836**	**277.04**	**305051**	**1374758**	**776838**	**2287**	**384107**
渭滨区	6	104	11.20	6580	50759	20695	19	9863
金台区	5	103	12.00	9762	76142	21938	9	13112
陈仓区	17	337	49.85	52800	214548	106982	167	63363
凤翔县	16	233	46.23	47105	258006	133806	183	64392
岐山县	13	157	37.09	35283	181510	117179	759	53736
扶风县	11	185	41.92	38150	244681	158163	65	55456
眉 县	10	145	26.98	26608	135334	94119	87	33832
陇 县	14	158	21.42	36082	62851	40075	515	37313
千阳县	10	98	11.16	18185	37947	27263	149	19668
麟游县	9	100	7.49	18813	32060	35201	43	19985
凤 县	11	150	7.62	8850	43867	14733	247	9695
太白县	7	66	4.08	6833	37053	6684	46	3692
咸阳市	**159**	**2906**	**390.79**	**368999**	**1971900**	**1169726**	**4111**	**448869**
秦都区	6	146	19.37	12770	132700	61621	304	16419
渭城区	6	147	15.29	15360	146000	53619	87	23510
三原县	13	205	33.14	33205	152800	110133	474	46347
泾阳县	15	254	45.59	43472	297300	163102	655	55007

12－46 续表1　　（2005年）

地　区	乡镇个数（个）	村民委员会（个）	乡村人口（万人）	年末耕地面积（公顷）	农用机械总动力（千瓦）	农用化肥施用实物量（吨）	农用塑料薄膜使用量（吨）	粮食播种面积（公顷）
乾　县	19	256	52.13	50356	223400	148960	403	63391
礼泉县	14	316	42.46	36072	199900	190000	331	35963
永寿县	12	253	17.25	28169	98000	51830	88	24491
彬　县	15	246	28.88	28957	42100	77932	517	28945
长武县	10	216	15.89	10283	84400	32540	640	14138
旬邑县	13	187	24.93	27173	57400	60460	60	21779
淳化县	14	204	17.62	21874	122800	63485	435	25384
武功县	11	262	33.10	26550	191100	90182	39	44035
兴平市	11	214	45.14	34758	224000	65862	79	49458
渭南市	**176**	**3236**	**447.39**	**514802**	**3274105**	**995968**	**4842**	**541820**
临渭区	22	495	65.87	67050	530678	174246	581	94724
华　县	13	242	28.89	23888	108950	65284	216	33045
潼关县	7	83	12.01	10011	65580	12980	21	14051
大荔县	25	415	63.83	72125	804251	163810	1701	48901
合阳县	15	353	39.45	58384	197204	73134	523	55797
澄城县	13	266	31.44	41160	191776	54774	353	39626
蒲城县	23	373	65.40	101042	493091	166445	756	88363
白水县	13	194	24.34	29251	151549	80566	84	33757
富平县	23	337	67.99	71272	440438	146522	342	82379
韩城市	14	276	27.13	26107	216575	36845	59	27635
华阴市	7	186	18.75	13022	58953	16929	206	20921
延安市	**152**	**3396**	**153.46**	**233640**	**972058**	**241769**	**2980**	**217143**
宝塔区	20	621	19.98	34078	123229	29941	171	30041
延长县	11	288	11.43	17077	39083	9110	64	10615
延川县	13	346	13.96	24417	66445	7924	119	19506
子长县	12	355	18.83	28413	79030	12915	868	31007
安塞县	11	211	14.17	25800	48414	15804	421	29266
志丹县	10	200	10.43	20019	50000	9905	190	20726
吴起县	11	164	10.66	20090	68882	13488	239	14934
甘泉县	7	116	4.87	9314	62649	5562	198	7673
富　县	12	241	11.53	10167	76454	27435	214	9067
洛川县	15	362	16.31	12197	168583	43295	137	14100
宜川县	11	214	9.43	11684	74228	20389	94	8934
黄龙县	9	87	3.28	10762	41625	26427	83	10351
黄陵县	10	191	8.60	9622	73436	19574	184	10923
汉中市	**216**	**2846**	**297.09**	**202147**	**912228**	**526029**	**1815**	**301731**
汉台区	9	214	28.14	15381	86924	50586	124	18504
南郑县	29	500	46.56	30390	95274	83310	260	38931
城固县	23	392	42.50	25694	98490	117732	186	32732
洋　县	25	367	36.62	28158	142670	75196	436	36146

12－46 续表 2 （2005 年）

地 区	乡镇个数（个）	村民委员会（个）	乡村人口（万人）	年末耕地面积（公顷）	农用机械总动力（千瓦）	农用化肥施用实物量（吨）	农用塑料薄膜使用量（吨）	粮食播种面积（公顷）
西乡县	22	270	34.32	20972	136885	58163	149	34752
勉 县	24	243	33.71	23727	85785	61981	133	35797
宁强县	25	269	29.93	20699	88983	39988	126	35148
略阳县	20	183	14.57	9957	97810	11908	122	21328
镇巴县	23	251	24.34	22573	42483	21638	231	42340
留坝县	8	98	3.72	2974	13278	3825	35	3329
佛坪县	8	59	2.68	1622	23646	1702	14	2724
榆林市	**210**	**5545**	**300.24**	**500715**	**1730154**	**364153**	**2729**	**474861**
榆阳区	23	486	30.65	52455	222924	75714	325	43893
神木县	18	702	36.69	40310	212767	30428	78	35466
府谷县	19	334	18.51	44562	221119	28310	74	34854
横山县	17	358	30.13	57303	137239	28527	256	59173
靖边县	21	211	25.22	53803	263418	29384	499	49227
定边县	24	334	27.46	87075	301800	54427	498	99706
绥德县	19	661	30.49	41078	72946	37418	101	31997
米脂县	12	396	18.97	29448	72560	20214	417	16793
佳 县	19	653	24.10	31333	72978	18677	132	61656
吴堡县	7	221	7.07	8685	32588	4461	13	6605
清涧县	14	639	19.29	25265	69977	12520	174	32176
子洲县	17	550	31.68	29398	49838	24073	164	33315
安康市	**188**	**2462**	**251.39**	**192401**	**721503**	**259904**	**1587**	**319569**
汉滨区	43	871	74.74	41699	237197	87186	364	80775
汉阴县	17	179	25.83	20997	86338	31873	146	26984
石泉县	14	202	15.33	14341	58313	15937	77	22855
宁陕县	13	98	6.04	3232	26769	1020	54	6773
紫阳县	24	212	29.79	26183	105792	16533	89	52850
岚皋县	16	198	15.04	15372	31500	10000	126	25332
平利县	11	190	19.54	17623	60200	13249	195	27258
镇坪县	9	78	4.93	4874	11237	2726	42	9309
旬阳县	27	310	41.38	34308	72414	64354	415	46714
白河县	14	124	18.77	13772	31743	17026	80	20719
商洛市	**153**	**1801**	**212.33**	**129263**	**468575**	**180816**	**814**	**238592**
商州区	26	409	45.44	23059	86389	38068	95	42855
洛南县	24	376	38.63	31330	94431	39611	282	58902
丹凤县	20	208	27.11	12404	41388	23473	37	27621
商南县	15	164	20.45	13057	57699	13559	79	22157
山阳县	29	320	39.52	23525	86202	26096	118	36366
镇安县	24	204	27.57	17932	74176	13837	117	38259
柞水县	15	120	13.61	7956	28290	26172	85	12432
杨凌示范区	**4**	**71**	**8.71**	**4836**	**68055**	**13078**	**21**	**6536**

12－46 续表3 (2005年)

地 区	粮 食总产量(吨)	油 料总产量(吨)	棉 花总产量(吨)	蔬 菜总产量(吨)	水 果总产量(吨)	#苹 果	肉 类总产量(吨)	禽 蛋总产量(吨)
全 省	**11395000**	**453545**	**77766**	**8699348**	**7657393**	**5601167**	**1341066**	**487289**
关中"一线两带"	**7692042**	**153167**	**73157**	**5877290**	**5228191**	**3753434**	**636423**	**349287**
西安市	**2055255**	**11554**	**4515**	**1956992**	**512869**	**53387**	**182046**	**118115**
新城区	2				2	2		
碑林区								
莲湖区	176			22681				
灞桥区	74557	658	84	255956	48520	1084	4252	2858
未央区	27040	140		69950	23833	2341	3616	974
雁塔区	14506	8		66754	9427	447	3236	520
阎良区	103724	433	3108	307295	33709	4246	7497	6000
临潼区	340412	2542	920	352666	40889	4137	36350	26720
长安区	387323	2257	25	363838	34090	1630	38600	30100
蓝田县	291305	2667	351	109422	104087	30293	24217	12720
周至县	290799	1790	6	105396	117571	1921	21018	6718
户 县	337469	840	21	180102	57230	5785	24342	13705
高陵县	187298	206		116483	40364	1501	18825	17800
铜川市	**236955**	**9162**	**12**	**80053**	**264762**	**255253**	**13051**	**5723**
王益区	12115	210		5608	21128	20400	550	456
印台区	42113	887		5816	90760	90495	2402	2117
耀州区	96928	4847		54738	80188	76358	5025	2148
宜君县	70905	2289		3391	60351	56000	4620	290
新 区	14894	929	12	10500	12335	12000	454	712
宝鸡市	**1505640**	**19458**	**129**	**782065**	**513314**	**310429**	**166264**	**77584**
渭滨区	31004	617	5	39223	18177	1851	4145	3921
金台区	32386	851	6	13111	2552	838	3534	1352
陈仓区	223780	1614	7	85168	90634	69695	37900	12966
凤翔县	247883	4752	21	141866	84390	52452	24850	12258
岐山县	250905	4088		116075	101822	72986	17978	10967
扶风县	290584	3215	69	40470	84113	71068	26485	24543
眉 县	143064	1112	21	48585	85720	12199	21014	6634
陇 县	110383	1717		65504	24655	14151	9151	1207
千阳县	59958	498		51282	9478	7612	7345	1475
麟游县	65578	656		5453	1801	560	9960	1803
凤 县	36743	230		15177	6460	6069	1786	345
太白县	13372	108		160151	3512	948	2116	113
咸阳市	**1991430**	**44582**	**617**	**2424834**	**2653657**	**2172571**	**152571**	**81507**
秦都区	83162	1253	10	283768	90000	46972	7707	4218
渭城区	114786	2442	74	98226	31676	16556	7320	8550
三原县	230661	4864		685630	90856	42600	13322	14640
泾阳县	249264	3524	404	872262	83666	30000	21780	17050

12－46 续表 4　　(2005 年)

地　区	粮　食 总产量 （吨）	油　料 总产量 （吨）	棉　花 总产量 （吨）	蔬　菜 总产量 （吨）	水　果 总产量 （吨）	#苹　果	肉　类 总产量 （吨）	禽　蛋 总产量 （吨）
乾　县	268541	7104	79	18505	324310	260000	10433	2800
礼泉县	149288	2840		45479	708329	567386	5929	3000
永寿县	78981	3547	32	6019	116587	95810	6394	948
彬　县	108007	5593		20100	212931	189500	4024	2068
长武县	54961	981		9440	124422	120000	3011	2529
旬邑县	107939	1474		36409	269461	255000	10207	5982
淳化县	98076	5692		5039	452430	430250	9162	3127
武功县	218592	3480	14	185612	50539	42447	23234	4741
兴平市	229172	1788	4	158345	98450	76050	30048	11854
渭南市	**1902762**	**68411**	**67884**	**633346**	**1283589**	**961794**	**122491**	**66358**
临渭区	361597	10317	12091	173878	115265	40350	29053	20130
华　县	121441	2860	530	101312	13755	1140	5708	2897
潼关县	43175	1705	384	7035	7073	6323	2052	382
大荔县	195279	35407	25384	107685	211196	117968	24034	7274
合阳县	161041	3195	4490	25075	103363	94877	7924	2935
澄城县	117621	3692	15015	7441	155865	148427	10025	3315
蒲城县	312223	4516	8255	8125	189279	108450	13461	6940
白水县	79712	2314	31	2866	301269	296000	4506	1700
富平县	343325	2072	796	78873	146377	116504	15143	16010
韩城市	72597	876	145	104365	33934	31040	6132	2155
华阴市	83760	1205	763	16474	5264	618	2915	1245
延安市	**744870**	**19376**	**191**	**500989**	**1014649**	**952877**	**62793**	**16884**
宝塔区	94336	1123		48654	108021	103000	8177	2760
延长县	31655	3184	130	28722	47780	40000	2456	709
延川县	40330	1383	46	15850	17875	9140	3217	855
子长县	77318	396		68000	16000	3702	7379	1022
安塞县	68307	3164		113223	36300	29000	5723	2064
志丹县	56884	2346		12230	11633	5983	6277	1122
吴起县	51089	1534		45322	3717	2161	7797	942
甘泉县	32061	325		71364	3804	3200	3701	3200
富　县	50139	769		45105	130703	130000	2551	890
洛川县	84299	2182		14163	455123	450000	9197	974
宜川县	36175	704	15	17326	71668	67730	1158	675
黄龙县	75490	196		1263	9105	8911	2348	499
黄陵县	46787	2070		19767	102920	100050	2812	1172
汉中市	**1116898**	**146944**	**37**	**1024168**	**198409**	**3909**	**223341**	**38739**
汉台区	114229	15253	1	125737	10419	3	16266	5971
南郑县	165769	29287		80000	5490	280	24203	4689
城固县	153787	19892		401348	133913	161	31919	6533
洋　县	163236	21551	12	247813	26444	774	31878	3756

12－46 续表5 （2005年）

地 区	粮 食总产量（吨）	油 料总产量（吨）	棉 花总产量（吨）	蔬 菜总产量（吨）	水 果总产量（吨）	#苹 果	肉 类总产量（吨）	禽 蛋总产量（吨）
西乡县	113674	19539	14	36739	4141	301	31595	1877
勉 县	147576	20905	10	41098	3512	41	28290	6600
宁强县	94663	9008		21288	2829	345	21877	3180
略阳县	49279	2065		18669	6096	1150	9365	3497
镇巴县	95291	8557		38966	4702	645	24471	2233
留坝县	11268	587		3482	418	124	2075	279
佛坪县	8126	300		9028	445	85	1402	124
榆林市	**1062281**	**47405**	**61**	**335060**	**144098**	**36538**	**142343**	**29392**
榆阳区	180034	3035		69171	6819	3603	42701	8600
神木县	121848	1934		4760	8985	160	15627	3100
府谷县	51967	2241	17	2017	2150	59	3704	511
横山县	115065	1062		11942	4568	3055	15400	3200
靖边县	159108	3402		53595	1698	1085	18100	3500
定边县	187847	7548		119347	4136	2283	17114	2844
绥德县	60596	10276		18369	18893	4731	4600	1700
米脂县	31185	1773		7695	5513	3471	4115	1538
佳 县	38227	1479		4583	45720	4200	7501	1420
吴堡县	5577	316		9143	8797	140	812	293
清涧县	44036	4306	44	27257	25315	5227	4259	926
子洲县	66791	10033		7181	11504	8524	8410	1760
安康市	**998795**	**72788**	**26**	**630214**	**83009**	**3693**	**144176**	**13799**
汉滨区	278788	22314	8	116368	24325	159	36955	3139
汉阴县	109878	16291	17	95669	10587	54	15334	2200
石泉县	73528	6440	1	26219	2211	242	11084	1037
宁陕县	21882	444		19794	1244	176	3710	423
紫阳县	123006	5550		103905	2871	97	15716	1268
岚皋县	77748	1900		80115	1427	141	10129	1741
平利县	86780	7268		62097	7127	757	12407	821
镇坪县	28393	773		20100	770	168	6081	184
旬阳县	143010	8540		61450	23264	1586	23120	1682
白河县	55782	3268		44497	9183	313	9640	1304
商洛市	**706212**	**11545**	**25**	**312773**	**53995**	**8778**	**128651**	**37315**
商州区	126257	228		45519	12359	624	18864	5824
洛南县	170121	1186	20	121324	7530	1457	28633	6263
丹凤县	84581	934	1	19348	8044	1752	23318	4706
商南县	71683	5340		34220	3244	207	15105	5748
山阳县	98917	1020		37311	6806	621	18179	7071
镇安县	111183	2679	4	46255	9426	2887	16079	5512
柞水县	43470	158		8796	6586	1230	8473	2191
杨凌示范区	**38790**	**227**	**9**	**18020**	**17191**	**6837**	**2578**	**1847**

12－46 续表 6

（2005 年）

地　区	奶类总产量（吨）	大牲畜存栏头数（万头）	#奶　牛	猪存栏头数（万头）	羊存栏只数（万只）	家禽存栏只数（万只）	农林牧渔业总产值（万元）	农林牧渔业增加值（万元）
全　省	**1417335**	**340.53**	**46.03**	**1161.34**	**930.87**	**7685.46**	**7307239**	**4358262**
关中“一线两带”	**1339355**	**196.81**	**42.54**	**513.16**	**294.56**	**4882.11**	**4339069**	**2598169**
西安市	**422229**	**32.25**	**9.65**	**147.29**	**53.25**	**1372.56**	**1065437**	**660148**
新城区	606	0.02	0.02				111	46
碑林区								
莲湖区							2644	1896
灞桥区	41540	1.29	1.06	3.56	1.13	35.73	72204	46111
未央区	5787	0.20	0.18	3.58	0.21	12.17	23293	16199
雁塔区	2750	0.07	0.07	3.98	0.10	6.50	23204	16243
阎良区	59302	1.44	1.30	5.42	4.40	70.66	95360	63123
临潼区	149207	5.81	3.86	27.20	13.44	334.00	191633	120578
长安区	18820	4.95	0.50	31.50	5.96	350.00	183638	122119
蓝田县	28402	10.01	0.24	10.03	15.69	159.10	132851	75893
周至县	5972	4.43	0.13	22.72	2.61	95.97	105979	65212
户　县	20811	2.02	0.43	25.35	2.46	170.94	130717	80345
高陵县	68686	1.51	1.38	13.93	7.25	137.49	96876	50376
铜川市	**13186**	**14.31**	**1.04**	**7.46**	**13.95**	**104.10**	**106188**	**57234**
王益区	1184	0.37	0.06	0.48	0.45	13.55	5924	3325
印台区	1942	1.66	0.07	2.00	1.99	35.57	20891	11448
耀州区	8764	7.06	0.80	3.31	6.56	36.28	44379	23141
宜君县	316	4.82	0.03	1.28	4.36	7.50	27588	14918
新　区	980	0.40	0.08	0.39	0.59	11.20	7406	4402
宝鸡市	**375561**	**56.66**	**14.65**	**117.65**	**70.31**	**1189.90**	**750843**	**444556**
渭滨区	5562	0.78	0.13	1.91	2.36	94.02	24353	12771
金台区	6052	1.41	0.15	2.83	1.24	20.89	12551	7514
陈仓区	50804	8.42	1.91	25.14	6.40	254.54	119135	66670
凤翔县	46948	10.78	1.65	15.45	8.55	145.42	128695	77060
岐山县	40321	4.33	1.80	19.77	4.89	155.00	101467	53158
扶风县	41942	4.21	1.05	23.12	4.22	311.76	104920	66374
眉　县	22021	1.59	0.89	17.84	3.07	95.78	74227	43118
陇　县	98663	8.87	4.15	4.27	7.04	18.18	83047	52756
千阳县	63174	6.09	2.91	2.16	9.99	19.73	39187	26485
麟游县		7.09		1.34	17.73	60.08	31743	20108
凤　县	31	2.02		2.74	2.34	11.50	8668	5458
太白县	43	1.05		1.07	2.50	3.00	22850	13084
咸阳市	**404128**	**48.57**	**14.29**	**145.02**	**78.90**	**1246.51**	**1453361**	**865257**
秦都区	6123	0.90	0.26	8.52	0.80	53.20	108060	64127
渭城区	16791	0.94	0.75	6.28	1.53	120.00	62220	37089
三原县	26557	5.75	0.79	12.35	8.04	183.00	178835	104335
泾阳县	160455	6.52	5.31	16.40	16.77	230.00	265732	160354

12－46 续表7 （2005年）

地 区	奶类总产量（吨）	大牲畜存栏头数（万头）	#奶 牛	猪存栏头数（万头）	羊存栏只数（万只）	家禽存栏只数（万只）	农林牧渔业总产值（万元）	农林牧渔业增加值（万元）
乾 县	70770	5.50	2.70	10.50	4.10	38.00	130577	80220
礼泉县	18287	2.48	0.88	4.51	7.14	52.00	144767	96665
永寿县	7351	3.62	0.11	3.39	10.47	22.00	53960	33107
彬 县	4012	2.53	0.05	2.94	2.97	26.82	64115	36644
长武县	7952	2.58	0.18	2.50	5.20	38.00	34465	18232
旬邑县	650	5.67	0.03	9.85	8.12	75.00	80040	50057
淳化县	13704	3.77	0.18	6.61	8.83	57.49	104103	54050
武功县	60750	4.53	2.74	26.17	1.94	158.00	101333	52217
兴平市	10726	3.79	0.31	35.00	3.00	193.00	125154	78160
渭南市	**124251**	**45.02**	**2.90**	**95.74**	**78.16**	**969.04**	**963240**	**570974**
临渭区	29607	11.57	1.31	17.66	7.57	249.12	168098	98782
华 县	2598	1.51	0.14	2.91	1.67	86.00	39861	22762
潼关县		1.00		1.68	0.55	4.69	12354	7038
大荔县	5495	8.35	0.10	15.70	10.28	103.43	164666	86727
合阳县	6080	4.69	0.18	8.24	7.55	43.07	79204	47614
澄城县	81	1.43		15.75	3.20	86.30	78823	48658
蒲城县	20410	5.39	0.33	10.09	11.97	110.42	123612	72926
白水县	3812	2.50	0.01	3.69	6.85	25.99	69273	41855
富平县	53509	3.70	0.79	12.60	20.10	197.92	127893	78547
韩城市	137	2.84		4.88	7.17	35.30	66737	45306
华阴市	1471	1.99	0.02	1.94	1.13	17.30	28476	18398
延安市	**5491**	**29.21**	**0.18**	**58.33**	**74.46**	**302.98**	**519858**	**316728**
宝塔区	2454	3.65	0.10	6.45	1.35	55.70	54575	36076
延长县	60	2.02		1.39	5.57	14.20	31921	19071
延川县	260	2.57	0.01	3.63	4.09	19.06	23697	14292
子长县	260	2.42	0.02	8.58	13.45	21.40	43156	26641
安塞县	87	1.70		4.89	2.24	20.38	43586	25359
志丹县	98	7.61		6.28	18.21	22.45	28190	18571
吴起县	350	1.84	0.01	5.78	23.21	16.16	40932	25787
甘泉县	87	1.14		2.96	1.11	73.10	20122	12429
富 县	30	1.57		2.13	0.19	17.50	44898	25591
洛川县	1321	1.22	0.01	9.87	2.10	14.00	111236	66798
宜川县	27	0.80		1.10	1.48	7.11	25136	15274
黄龙县		1.52		2.03	0.75	8.32	20341	12122
黄陵县	457	1.14		3.25	0.74	13.60	32068	18717
汉中市	**8883**	**33.35**	**0.33**	**219.67**	**30.55**	**752.37**	**832202**	**488178**
汉台区	4879	1.05	0.20	12.71	0.25	121.97	78562	45898
南郑县	604	3.34	0.03	23.12	2.51	79.49	107290	60229
城固县	352	2.98	0.02	30.29	2.78	142.61	180892	107822
洋 县	702	6.25	0.02	26.68	4.07	72.16	92423	55642

12－46 续表 8　　　　　　　　　　　　（2005 年）

地　区	奶　类总产量（吨）	大牲畜存栏头数（万头）	#奶　牛	猪存栏头　数（万头）	羊存栏只　数（万只）	家禽存栏只　数（万只）	农林牧渔业总产值（万元）	农林牧渔业增加值（万元）
西乡县	28	2.94		38.19	4.72	37.54	79045	46365
勉　县	2154	2.55	0.06	27.33	0.96	94.28	93656	51928
宁强县	96	5.73		23.83	2.46	70.60	78295	49109
略阳县	26	3.13		7.87	2.30	75.88	41537	23373
镇巴县	42	4.62		25.91	9.61	47.80	62772	37604
留坝县		0.64		2.51	0.78	5.38	12240	7272
佛坪县		0.12		1.23	0.10	4.66	5490	2936
榆林市	**46852**	**34.23**	**2.11**	**96.70**	**405.06**	**495.01**	**488403**	**286051**
榆阳区	12819	4.58	0.53	32.83	92.04	141.38	82623	49225
神木县	12750	6.32	0.61	8.40	70.98	36.90	64528	37426
府谷县	225	1.21	0.01	2.92	15.63	17.00	18378	10092
横山县	1683	3.95	0.09	6.84	46.09	41.50	55265	35105
靖边县	5000	4.72	0.15	15.50	45.00	63.00	63380	35571
定边县	6471	4.89	0.30	10.20	52.21	36.00	67088	38050
绥德县	1978	0.96	0.11	3.00	13.20	42.70	26198	17414
米脂县	1334	1.08	0.06	2.18	16.35	30.93	18014	10440
佳　县	1667	1.88	0.09	5.60	17.34	31.00	29848	17172
吴堡县	141	0.04	0.01	0.18	2.59	4.50	6058	3635
清涧县	442	1.41	0.01	4.54	8.52	21.10	27416	15322
子洲县	2342	3.19	0.13	4.51	25.10	29.00	29607	16599
安康市	**577**	**24.04**	**0.03**	**163.85**	**71.99**	**653.74**	**623393**	**372240**
汉滨区	577	7.11	0.02	38.84	9.84	183.85	144850	87767
汉阴县		2.22		15.79	1.89	57.21	73607	44761
石泉县		2.38		13.20	4.03	40.45	42858	24888
宁陕县		0.59		3.96	1.26	16.22	23071	13693
紫阳县		1.21		20.32	11.58	51.80	84277	51595
岚皋县		0.26		11.44	3.81	87.04	44222	25670
平利县		0.85		14.22	11.77	41.98	63455	36853
镇坪县		0.24		7.08	1.09	12.19	18481	10608
旬阳县		7.97		29.97	17.01	122.76	81835	48097
白河县		1.21		9.04	9.71	40.24	46737	28308
商洛市	**978**	**21.85**	**0.03**	**107.32**	**53.32**	**573.95**	**433264**	**256991**
商州区	635	5.13	0.02	16.97	2.32	81.07	66277	38382
洛南县	70	8.51		23.58	7.09	99.72	93411	52829
丹凤县	64	1.41		18.72	7.09	64.72	57983	35060
商南县	36	0.74		11.58	3.48	86.22	51893	30965
山阳县	45	2.08		13.18	11.26	108.76	60486	36533
镇安县	128	3.04		14.90	19.24	77.66	73749	45423
柞水县		0.96		8.39	2.82	55.80	29465	17799
杨凌示范区	**15174**	**0.92**	**0.83**	**1.90**	**0.44**	**23.80**	**23080**	**14711**

主要统计指标解释

农林牧渔业总产值 指以货币形式表现的农、林、牧、渔业全部产品的总量，它反映一定时期内农业生产总规模和总成果。农林牧渔业总产值的计算方法通常是按农、林、牧、渔业产品及其副产品的产量分别乘以各自单位产品价格求得；少数生产周期较长，当年没有产品或产品产量不易统计的，则采用间接方法匡算其产值；然后将四业产品产值相加即为农业总产值。1957年以前的农业总产值中包括了厩肥和农民自给性手工业(如农民自制衣服、鞋、袜，自己从事粮食初步加工等)。1958年及以后的农业总产值，林业中增加了村及村以下竹木采伐产值；牧业中取消了厩肥产值；副业中取消了农民自给性手工业产值，增加了村及村以下办的工业产值；渔业中增加了海洋捕捞水产品产值。1980年及以后的农业总产值，在副业中增加了农民家庭兼营工业商品部分的产值。从1984年起村及村以下工业产值划归工业。从1993年起取消副业，将野生动物的捕猎划入牧业、野生植物采集和农民家庭兼营商品性工业划归农业。

粮食产量 指稻谷、小麦、玉米、高粱等谷物及薯类和豆类全社会的产量。包括国有经济经营的、集体统一经营的和农民家庭经营的粮食产量，还包括工矿企业办的农场和其他生产单位的产量。其产量计算方法，豆类按去豆荚后的干豆计算；薯类(包括甘薯和马铃薯，不包括芋头和木薯)1963年以前按每4公斤鲜薯折1公斤粮食计算，从1964年开始改为按5公斤鲜薯折1公斤粮食计算。城市郊区作为蔬菜的薯类(如马铃薯等)按鲜品计算，并且不作粮食统计。其他粮食一律按脱粒后的原粮计算。

棉花产量 指春播棉和夏播棉的全社会产量。产量按皮棉计算。3公斤籽棉折1公斤皮棉，不包括木棉。

油料产量 指全部油料作物的生产量。包括花生、油菜籽、芝麻、向日葵籽、胡麻籽（亚麻籽）和其他油料。不包括大豆、木本油料和野生油料。花生以带壳干花生计算。

水产品产量 指人工养殖的水产品和天然生长的水产品的捕捞量。包括海水的鱼类、虾蟹类、贝类和藻类以及内陆水域的鱼类、虾蟹类和贝类，不包括淡水生植物。

猪、牛、羊肉产量 指当年出栏并已屠宰、除去头蹄下水后带骨肉(即胴体重)的重量。

期初(末)畜禽存栏头(只)数 指报告期初(末)农村各种合作经济组织和国营农场、农民个人、机关、团体、学校、工矿企业、部队等单位以及城镇居民饲养的大牲畜、猪、羊、家禽等畜禽的存栏数。

常用耕地 指耕地总资源中专门种植农作物并经常进行耕种、能够正常收获的土地。包括当年实际耕种的熟地；弃耕、休闲不满三年，随时可以复耕的地；开荒利用三年以上的地。不包括临时种植农作物的坡度在25度以上的陡坡地；在河套、湖畔、库区临时开发的成片或零星土地；也不包括已列为国家和省（区、市）退耕计划但临时耕种的土地。

农作物播种面积 指实际播种或移植有农作物的面积。凡是实际种植农作物的面积，不论种植在耕地上还是种植在非耕地上，均包括在农作物播种面积中。在播种季节基本结束后，因遭灾而重新改种和补种的农作物面积，也包括在内。该指标可以反映耕地面积的利用情况。

有效灌溉面积 指具有一定的水源，地块比较平整，灌溉工程或设备已经配套，在一般年景下当年能够进行正常灌溉的耕地面积。在一般情况下，有效灌溉面积应等于灌溉工程或设备已经配备，能够进行正常灌溉的水田和水浇地面积之和。该指标可以反映耕地的抗旱能力。

农用化肥施用量 指本年内实际用于农业生产的化肥数量，包括氮肥、磷肥、钾肥和复合肥。化肥施用量要求按折纯量计算数量。折纯量是指把氮肥、磷肥、钾肥分别按含氮、含五氧化二磷、含氧化钾的百分之一百成份进行折算后的数量。复合肥按其所含主要成分折算。

农业机械总动力 指主要用于农、林、牧、渔业的各种动力机械的动力总和。包括耕作机械、排灌机械、收获机械、农用运输机械、植物保护机械、牧业机械、林业机械、渔业机械和其他农业机械〔内燃机按引擎马力折成瓦(特)计算、电动机按功率折成瓦(特)计算〕。不包括专门用于乡、镇、村、组办工业、基本建设、非农业运输、科学试验和教学等非农业生产方面用的动力机械与作业机械。

2006 年鉴 統計

工 业

GONGYE

资料整理：何颖洁

十三、工　　业

2005 年全省

规模以上工业企业单位数	2997	个
#大中型工业企业	456	个
全部工业总产值	4109.32	亿元
#规模以上工业	3397.71	亿元

工业总产值构成

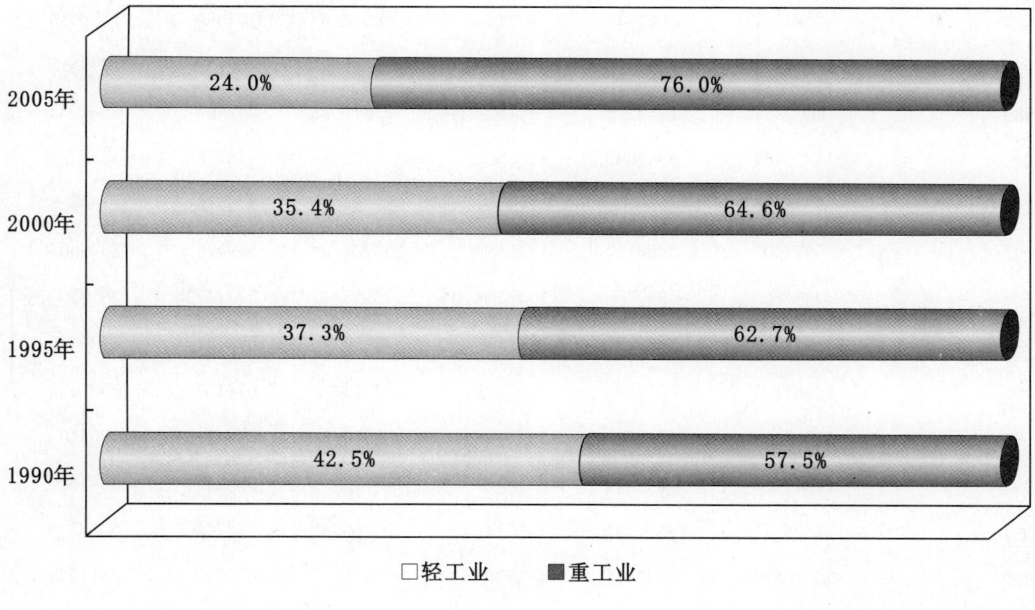

13－1　全部工业总产值

单位：万元

年　份	全部工业总产值	国有工业	集体工业	其他经济类型工业	城乡个体工业	轻工业	重工业
1952	49492	11334	297	21380	16481	37713	11779
1957	113399	63050	14969	33112	2268	83348	30051
1962	181444	153320	26128		1996	99068	82376
1965	296456	271257	25199			148228	148228
1970	516132	476906	39226			198195	317937
1975	753553	654398	99155			319506	434047
1978	964783	812623	152160			430615	534168
1979	1057930	901878	156052			472341	585589
1980	1099578	925712	173689	177		550945	548633
1981	1086391	912233	173170	988		592448	493943
1982	1177066	981640	194121	1305		589898	587168
1983	1317677	1103777	212417	1483		618638	699039
1984	1506960	1196530	291404	2177	16849	645520	861440
1985	1920827	1456872	423890	2861	37204	801061	1119766
1986	2192621	1596572	514751	5299	75999	924427	1268194
1987	2584397	1852541	607894	8076	115886	1080936	1503461
1988	3317423	2355412	781040	11114	169857	1399515	1917908
1989	4067087	2849125	944847	23649	249466	1687032	2380055
1990	4425767	3041692	1028562	37235	318278	1880238	2545529
1991	5088106	3486405	1144049	81734	375918	2144068	2944038
1992	5995407	3960162	1375360	150707	509178	2398502	3596905
1993	7937800	4839700	1947400	376953	773747	2810300	5127500
1994	10097561	5850772	2573879	578139	1094771	3706733	6390828
1995	10687123	6279888	2667785	1127313	612137	3981339	6705784
1996	11685390	6714800	3098965	1152974	718651	4265167	7420223
1997	12841366	6801842	3350312	1720973	968239	4897650	7943715
1998	13328577	7274232	3616393	1409206	888245	5087225	8100852
1999	15010536	8392936	4014315	1597895	1005390	5811558	9198978
2000	17141770	9747487	4460015	1833822	1100446	6023529	11118241
2001	19469447	11062296	4830747	2337283	1239121	6749692	12719755
2002	22059818	12472900	5216343	2990035	1380541	7365659	14694160
2003	27088616	15267138	6032899	4248697	1539882	8168344	18920272
2004	33898759	18779986	6875222	6519801	1723750	9321295	24577465
2005	41093221	23324703	7857055	8219966	1691497	9881573	31211648

13－2　规模以上工业企业主要经济指标(1998－2005年)

单位：亿元

年　份	企业单位数(个)	工业总产值	工业增加值	资产总计	流动资产合计	产品销售收入	利润总额	税金总额
1998	2685	960.81	301.1	2158.4	892.6	867.5	－11.4	64.7
1999	2589	1097.5	375.3	2514.5	992.8	950.4	6.9	81.3
2000	2553	1268.4	455.1	2683.1	1084.5	1133.8	63.8	91.7
2001	2440	1457.6	521.8	3071.1	1200.1	1292.7	63.0	99.1
2002	2461	1667.1	619.9	3227.2	1260.0	1503.3	93.2	119.9
2003	2493	2118.2	805.4	3672.7	1487.9	1843.3	158.6	152.0
2004	3012	2735.2	1039.9	4432.5	1782.2	2632.2	253.9	212.5
2005	2997	3397.7	1321.7	5085.9	2010.6	3302.5	400.7	275.8

13－3　规模以上工业企业主要经济效益指标(1998－2005年)

年　份	工　业 增加值率 (%)	总资产贡献率 (%)	资产负债率 (%)	流动资产 周转次数 (次/年)	成本费用 利润率 (%)	全员劳动 生产率 (元/人.年)	产品销售率 (%)
1998	31.4	5.0	71.5	1.0	－1.3	20031	95.8
1999	34.2	6.1	68.9	1.0	0.7	25479	96.0
2000	35.9	7.8	68.2	1.1	6.1	32879	96.7
2001	35.8	7.6	66.0	1.2	5.2	39812	97.2
2002	37.2	8.4	65.8	1.3	6.7	46866	97.7
2003	38.0	10.4	63.9	1.3	9.7	60144	97.6
2004	38.0	14.1	65.4	1.6	10.9	74082	97.4
2005	38.9	15.4	62.2	1.7	14.5	111094	97.7

13－4　规模以上工业企业主要经济指标

（2005 年）　　单位:万元

指　　标	企　业 单位数 （个）	#亏　损 企　业	工业总产值 （当年价格）	工业销售 产　值 （当年价格）
总　　计	**2997**	**1070**	**33977121**	**33208282**
#亏损企业	1070	1070	5756797	5484463
#国有控股企业	945	462	23324703	23035828
#农村工业	124	24	410762	389570
一、按登记注册类型分				
内资企业	2828	1016	31703097	31019900
国有企业	683	375	13125500	12949589
中央企业	97	40	5364102	5339524
地方企业	586	335	7761398	7610065
集体企业	307	73	742067	707906
股份合作企业	92	25	287145	266844
联营企业	24	6	85981	85646
国有联营企业	6	2	48328	47470
集体联营企业	6	1	7474	8166
国有与集体联营企业	4	1	17565	18298
其他联营企业	8	2	12613	11711
有限责任公司	818	286	9216047	8978434
国有独资公司	37	14	1624851	1584325
其他有限责任公司	781	272	7591196	7394109
股份有限公司	192	65	6092664	6035290
私营企业	693	177	2120658	1964253
私营独资企业	138	23	196193	186513
私营合作企业	58	3	84218	83273
私营有限责任公司	431	126	1651192	1523935
私营股份有限公司	66	25	189055	170532
其他企业	19	9	33036	31939
港、澳、台商投资企业	53	22	730225	710914
合资经营企业（港或澳、台资）	37	13	376178	370897
合作经营企业（港或澳、台资）	3	1	209456	209423
港澳台商独资经营企业	12	7	143698	129700
港澳台商投资股份有限公司	1	1	894	894
外商投资企业	116	32	1543798	1477469
中外合资经营企业	86	24	1256062	1200895
中外合作经营企业	8	1	60406	58817
外资企业	16	4	199130	189578
外商投资股份有限公司	6	3	28200	28179

13－4 续表1　　(2005年)　　单位:万元

指　　标	企业单位数(个)	#亏损企业	工业总产值(当年价格)	工业销售产值(当年价格)
二、按经济组织类型分				
独资企业	1156	482	14406588	14163285
国有企业	683	375	13125500	12949589
集体企业	307	73	742067	707906
私营独资企业	138	23	196193	186513
港澳台商独资经营企业	12	7	143698	129700
外资企业	16	4	199130	189578
合作、合伙企业	204	45	760240	735941
股份合作企业	92	25	287145	266844
国有联营企业	6	2	48328	47470
集体联营企业	6	1	7474	8166
国有与集体联营企业	4	1	17565	18298
其他联营企业	8	2	12613	11711
私营合伙企业	58	3	84218	83273
合作经营企业(港或澳、台资)	3	1	209456	209423
中外合作经营企业	8	1	60406	58817
其他企业(内资)	19	9	33036	31939
股份有限公司	265	94	6310813	6234895
股份有限公司(内资)	191	65	6092664	6035290
私营股份有限公司	66	25	189055	170532
港澳台商投资股份有限公司	1	1	894	894
外商投资股份有限公司	6	3	28200	28179
有限责任公司	1372	449	12499479	12074162
国有独资公司	37	14	1624851	1584325
私营有限责任公司	431	126	1651192	1523935
合资经营企业(港或澳、台资)	37	13	376178	370897
中外合资经营企业	86	24	1256062	1200895
其他有限责任公司	781	272	7591196	7394109
三、按轻重工业分				
轻工业	1001	411	5900115	5680068
重工业	1996	659	28077006	27528214
四、按企业规模分				
大型企业	74	12	18560112	18375367
中型企业	382	127	9576908	9304675
小型企业	2541	931	5840101	5528240

13－4 续表 2　　(2005 年)　　单位:万元

指　标	企业单位数(个)	#亏损企业	工业总产值(当年价格)	工业销售产值(当年价格)
五、按工业行业分				
煤炭开采和洗选业	305	20	1809694	1798322
石油和天然气开采业	23	2	6227790	6255933
黑色金属矿采选业	29	5	88568	84231
铁矿采选	21	4	78026	75467
有色金属矿采选业	97	26	962963	945277
常用有色金属矿采选	42	10	136390	130044
贵金属矿采选	36	15	108826	108304
非金属矿采选业	20	4	43525	42045
农副食品加工业	183	55	898345	867323
谷物磨制	74	20	233781	227134
饲料加工	34	6	155997	150425
植物油加工	29	18	229428	228650
屠宰及肉类加工	23	7	135314	132396
其他农副食品加工	20	4	131989	117290
食品制造业	103	38	567815	548414
焙烤食品制造	22	6	31257	31762
方便食品制造	14	8	141212	136749
液体乳及乳制品制造	43	13	348749	336649
调味品、发酵制品制造	9	5	11898	11199
饮料制造业	71	23	639645	616724
酒的制造	30	8	249803	243510
软饮料制造	37	14	377250	360667
烟草制品业	7	2	603777	603318
纺织业	88	44	673126	648332
棉、化纤纺织及印染精加工	56	27	546699	533118
毛纺织和染整精加工	4	3	35532	32723
丝绢纺织及精加工	11	4	35338	32675
纺织制成品制造	9	5	22641	18875
针织品、编织品及其制品制造	8	5	32917	30942
纺织服装、鞋、帽制造业	17	6	35888	42034
纺织服装制造	17	6	35888	42034
皮革、毛皮、羽毛(绒)及其制品业	6	3	13575	13554
木材加工及木、竹、藤、棕、草制品业	8	4	16677	16497
家具制造业	15	4	22380	20631
造纸及纸制品业	88	25	237311	231402
造　纸	64	20	171417	168673
纸制品制造	23	5	65244	62079
印刷业和记录媒介的复制	60	29	230806	218424
文教体育用品制造业	2		1355	1297
石油加工、炼焦及核燃料加工业	90	50	3353915	3255107

13－4 续表3　　(2005年)　　单位:万元

指　标	企业单位数(个)	#亏损企业	工业总产值(当年价格)	工业销售产值(当年价格)
原油加工及石油制品制造	12	5	3001917	2925306
炼焦	77	45	351350	329153
化学原料及化学制品制造业	183	66	1359513	1319432
基础化学原料制造	56	31	342665	334852
肥料制造	46	17	517067	504597
农药制造	7	1	13889	12212
涂料、油墨、颜料及类似产品制造	10	1	44332	42132
合成材料制造	13	3	18065	17175
专用化学产品制造	46	11	356739	344623
日用化学产品制造	5	2	66756	63841
医药制造业	162	75	1245995	1168497
化学药品原药制造	39	20	152979	132654
化学药品制剂制造	35	18	567489	552986
中药饮片加工	9	2	23315	20416
中成药制造	58	30	373734	339096
生物、生化制品的制造	13	2	120356	115452
化学纤维制造业	5	1	35175	33805
橡胶制品业	15	1	51735	47514
塑料制品业	39	15	85031	76349
非金属矿物制品业	266	138	726050	686467
水泥、石灰和石膏的制造	143	80	466964	442606
水泥及石膏制品制造	47	24	109652	105102
砖瓦、石材及其他建筑材料制造	27	9	27283	25148
玻璃及玻璃制品制造	21	11	88272	81714
陶瓷制品制造	4	2	3670	3466
耐火材料制品制造	5	3	6806	6045
黑色金属冶炼及压延加工业	59	33	1487003	1352572
炼铁	6	2	15327	13915
炼钢	7	3	928017	838112
钢压延加工	26	12	465243	428278
铁合金冶炼	20	16	78416	72267
有色金属冶炼及压延加工业	106	34	1125169	1092086
常用有色金属冶炼	45	22	485908	467055
贵金属冶炼	4		17690	17445
稀有稀土金属冶炼	9	2	59619	60712
有色金属合金制造	9	3	27605	27971
有色金属压延加工	39	7	534347	518903
金属制品业	67	20	206373	200078
通用设备制造业	176	46	1175491	1142072
锅炉及原动机制造	15	7	105732	103413
金属加工机械制造	33	5	413446	416268

13－4 续表 4　　(2005 年)　　单位:万元

指　标	企业单位数(个)	#亏损企业	工业总产值(当年价格)	工业销售产值(当年价格)
泵、阀门、压缩机及类似机械的制造	28	6	153820	147684
轴承、齿轮、传动和驱动部件的制造	10	5	20464	17699
风机、衡器、包装设备等通用设备	19	5	317066	302399
金属铸、锻加工	36	7	69153	66058
专用设备制造业	131	51	1128709	1071208
矿山、冶金、建筑专用设备制造	34	14	412388	389255
食品、饮料、烟草及饲料生产专用设备制造	14	4	20050	18156
纺织、服装和皮革工业专用设备制造	15	6	189879	181635
电子和电工机械专用设备制造	12	5	333088	319837
农、林、牧、渔专用机械制造	16	10	9187	9404
医疗仪器设备及器械制造	9	3	32258	26127
交通运输设备制造业	100	35	2944976	2908678
铁路运输设备制造	17	4	334075	316891
汽车制造	53	24	940366	930822
自行车制造	2	2	1690	1670
航空航天器制造	25	4	1616642	1610797
电气机械及器材制造业	131	42	1269941	1232186
电机制造	10	5	119487	112238
输配电及控制设备制造	63	15	893473	880725
电线、电缆、光缆及电工器材制造	36	12	152489	138821
家用电力器具制造	8	4	64761	63820
照明器具制造	5	3	5031	4899
通信设备、计算机及其他电子设备业	70	25	1265860	1249188
通信设备制造	14	7	116598	118080
雷达及配套设备制造	3	1	84923	86947
广播电视设备制造	6	2	26319	23065
电子计算机制造	3	1	11560	10457
电子器件制造	17	6	299687	288010
电子元件制造	22	6	568492	568139
家用视听设备制造	2	1	145096	145096
仪器仪表及文化、办公用机械制造业	42	10	279687	269076
通用仪器仪表制造	25	7	69745	59368
专用仪器仪表制造	11	3	101601	99648
光学仪器及眼镜制造	3		106370	108037
工艺品及其他制造业	15	5	111863	112539
废弃资源和废旧材料回收加工业	2	1	8250	8250
电力、热力的生产和供应业	106	57	2848883	2830996
电力生产	92	48	1069238	1051759
电力供应	3	1	1757336	1757336
热力生产和供应	11	8	22310	21902
燃气生产和供应业	7	2	102882	110878
水的生产和供应业	103	73	91383	87550

13－4 续表 5　　（2005 年）　　单位:万元

指　　标	工业增加值（生产法）	资　产 总　计	流动资产 小　计	#存 货	#产成品
总　　计	**13216746**	**50858680**	**20105670**	**5641124**	**1953229**
#亏损企业	1276003	10415565	4039445	1198412	506407
#国有及国有控股企业	9565273	37397613	14215047	3788713	1101670
#农村工业	174317	469913	193608	46014	30640
一、按登记注册类型分					
内资企业	12329544	48491088	18893150	5296011	1817683
国有企业	5338867	20164388	7738978	1995501	561335
中央企业	1824919	8887958	3572218	1086203	263404
地方企业	3513949	11276430	4166760	909298	297931
集体企业	306928	633575	328502	85950	46892
股份合作企业	115298	401531	166271	50161	26580
联营企业	32691	103105	34500	10067	6322
国有联营企业	18767	75498	22102	5342	3628
集体联营企业	3935	7194	3860	1356	1008
国有与集体联营企业	5196	5891	4333	1850	1136
其他联营企业	4793	14523	4206	1519	550
有限责任公司	2625527	15483118	7140646	2105262	687723
国有独资公司	446022	3817620	1505079	295677	88220
其他有限责任公司	2179504	11665498	5635567	1809585	599503
股份有限公司	3184287	9646490	2542224	673336	307528
私营企业	712317	1995886	916334	372193	180044
私营独资企业	82107	182674	83478	30830	19247
私营合作企业	49410	86398	32871	3081	1979
私营有限责任公司	512451	1540132	703848	301581	137493
私营股份有限公司	68349	186682	96137	36700	21325
其他企业	13629	62994	25694	3542	1259
港、澳、台商投资企业	338304	826226	365380	80898	23659
合资经营企业（港或澳、台资）	142207	315019	173324	53988	17017
合作经营企业（港或澳、台资）	140308	396116	144983	11935	33
港澳台商独资经营企业	55524	114311	46473	14855	6570
港澳台商投资股份有限公司	266	779	600	120	38
外商投资企业	548897	1541366	847141	264215	111887
中外合资经营企业	452065	1263881	725616	220962	99419
中外合作经营企业	23668	78182	26428	10009	1002
外资企业	65146	162585	71605	20343	8002
外商投资股份有限公司	8018	36718	23492	12901	3464

13－4 续表 6　　(2005 年)　　单位:万元

指　标	工业增加值（生产法）	资产总计	流动资产小计	#存货	#产成品
二、按经济组织类型分					
独资企业	5848573	21257533	8269036	2147479	642046
国有企业	5338867	20164388	7738978	1995501	561335
集体企业	306928	633575	328502	85950	46892
私营独资企业	82107	182674	83478	30830	19247
港澳台商独资经营企业	55524	114311	46473	14855	6570
外资企业	65146	162585	71605	20343	8002
合作、合伙企业	375003	1128327	430748	88795	37175
股份合作企业	115298	401531	166271	50161	26580
国有联营企业	18767	75498	22102	5342	3628
集体联营企业	3935	7194	3860	1356	1008
国有与集体联营企业	5196	5891	4333	1850	1136
其他联营企业	4793	14523	4206	1519	550
私营合伙企业	49410	86398	32871	3081	1979
合作经营企业（港或澳、台资）	140308	396116	144983	11935	33
中外合作经营企业	23668	78182	26428	10009	1002
其他企业（内资）	13629	62994	25694	3542	1259
股份有限公司	3260920	9870670	2662453	723057	332356
股份有限公司（内资）	3184287	9646490	2542224	673336	307528
私营股份有限公司	68349	186682	96137	36700	21325
港澳台商投资股份有限公司	266	779	600	120	38
外商投资股份有限公司	8018	36718	23492	12901	3464
有限责任公司	3732249	18602151	8743433	2681793	941652
国有独资公司	446022	3817620	1505079	295677	88220
私营有限责任公司	512451	1540132	703848	301581	137493
合资经营企业（港或澳、台资）	142207	315019	173324	53988	17017
中外合资经营企业	452065	1263881	725616	220962	99419
其他有限责任公司	2179504	11665498	5635567	1809585	599503
三、按轻重工业分					
轻工业	2149156	6968962	3071930	1219603	496145
重工业	11067590	43889718	17033740	4421521	1457083
四、按企业规模分					
大型企业	8149285	29012939	10764524	2733002	691192
中型企业	2991482	13785278	5763796	1737550	690925
小型企业	2075979	8060464	3577350	1170571	571112

13－4 续表 7 (2005 年) 单位:万元

指 标	工业增加值（生产法）	资产总计	流动资产小计	#存货	#产成品
五、按工业行业分					
煤炭开采和洗选业	969909	3548771	1186111	176633	55514
石油和天然气开采业	4225239	9863656	1850602	294229	59634
黑色金属矿采选业	35990	112249	52422	9944	6931
铁矿采选	30315	100653	44099	8134	5362
有色金属矿采选业	718467	1373839	702666	65116	25640
常用有色金属矿采选	57340	131289	80665	13283	7414
贵金属矿采选	33418	193538	50461	12873	5744
非金属矿采选业	13100	46086	20787	3673	2412
农副食品加工业	224370	526374	265794	115494	57189
谷物磨制	74610	141221	68669	26462	7257
饲料加工	36113	72271	31959	14887	3315
植物油加工	40305	135488	66647	28021	15672
屠宰及肉类加工	28202	77670	33117	11811	6996
其他农副食品加工	41293	95413	62122	33618	23374
食品制造业	176887	425603	168652	50725	28325
焙烤食品制造	12161	37961	20914	3477	988
方便食品制造	48081	115317	35011	10298	4331
液体乳及乳制品制造	103417	222655	89843	28867	17081
调味品、发酵制品制造	2416	18418	9384	3819	3184
饮料制造业	220127	931954	395167	187344	125142
酒的制造	99671	262142	136464	68759	42992
软饮料制造	116969	633431	250214	116385	81312
烟草制品业	394835	602370	415932	246204	4031
纺织业	210391	857959	332087	161928	69353
棉、化纤纺织及印染精加工	181751	630212	219429	124811	49229
毛纺织和染整精加工	1052	119450	68279	15499	10529
丝绢纺织及精加工	8941	36722	14681	8690	3093
纺织制成品制造	8368	37053	16483	5797	2803
针织品、编织品及其制品制造	10280	34523	13216	7131	3699
纺织服装、鞋、帽制造业	14250	71642	53079	15467	12904
纺织服装制造	14250	71642	53079	15467	12904
皮革、毛皮、羽毛(绒)及其制品业	4381	38230	27911	14925	6207
木材加工及木、竹、藤、棕、草制品业	4763	39197	10168	5594	1510
家具制造业	7790	18628	12423	4117	1379
造纸及纸制品业	79520	315985	106139	47613	24658
造纸	57882	239933	76608	39348	21277
纸制品制造	21390	75541	29290	8143	3294
印刷业和记录媒介的复制	84703	431428	164333	34788	13865
文教体育用品制造业	476	1203	928	200	101
石油加工、炼焦及核燃料加工业	573413	1892522	886844	256976	101399

13－4续表8 (2005年) 单位:万元

指标	工业增加值(生产法)	资产总计	流动资产小计	#存货	#产成品
原油加工及石油制品制造	476854	1373710	632922	183262	64494
炼焦	96361	518172	253517	73634	36825
化学原料及化学制品制造业	397579	2185368	762639	210926	95702
基础化学原料制造	99365	518388	199916	37520	18789
肥料制造	159394	886185	241972	80987	43806
农药制造	4930	21568	10600	5456	3734
涂料、油墨、颜料及类似产品制造	10962	25323	16943	6943	2726
合成材料制造	6919	141440	23078	7140	3061
专用化学产品制造	99113	510156	227112	62119	18965
日用化学产品制造	16896	82308	43020	10762	4622
医药制造业	464081	1536536	669243	201740	113018
化学药品原药制造	51669	272329	107126	28064	14166
化学药品制剂制造	229326	374772	235156	72688	45950
中药饮片加工	10044	44577	14698	4919	3158
中成药制造	128678	517221	245186	73999	40008
生物、生化制品的制造	41466	311429	61492	19740	7540
化学纤维制造业	13361	61273	29812	17755	1840
橡胶制品业	15319	73425	43058	14704	9298
塑料制品业	32380	115706	54841	19529	12384
非金属矿物制品业	241027	1359446	491661	168167	73383
水泥、石灰和石膏的制造	149151	915512	297469	91311	42634
水泥及石膏制品制造	37872	198442	101557	38555	15626
砖瓦、石材及其他建筑材料制造	9544	56910	14411	6508	3776
玻璃及玻璃制品制造	31704	114543	43112	20949	6321
陶瓷制品制造	1517	13299	2761	301	204
耐火材料制品制造	3110	24422	13350	1328	759
黑色金属冶炼及压延加工业	317150	1336474	714306	318614	160785
炼铁	5977	19849	17016	12106	6315
炼钢	186336	767477	357178	167089	86059
钢压延加工	99684	492655	302268	129606	65142
铁合金冶炼	25154	56494	37844	9813	3269
有色金属冶炼及压延加工业	304044	1144475	605376	238828	69003
常用有色金属冶炼	119612	577260	294292	107814	28395
贵金属冶炼	3296	17702	5616	2778	
稀有稀土金属冶炼	8817	29106	16352	4024	2768
有色金属合金制造	7707	22485	14730	3081	710
有色金属压延加工	164612	497922	274386	121132	37129
金属制品业	69949	320138	180658	74810	38277
通用设备制造业	368015	1560025	1063417	337613	128296
锅炉及原动机制造	25710	184129	117125	43739	9954
金属加工机械制造	123256	495847	316212	134237	47524

13－4 续表 9　　(2005 年)　　单位:万元

指　标	工业增加值(生产法)	资产总计	流动资产小计	#存货	#产成品
泵、阀门、压缩机及类似机械的制造	45011	224935	135228	49637	16610
轴承、齿轮、传动和驱动部件的制造	6613	69800	43304	19466	8843
风机、衡器、包装设备等通用设备	113920	409123	334169	58165	29675
金属铸、锻加工	23219	47217	29762	10590	5674
专用设备制造业	366150	2091319	1192258	402050	131368
矿山、冶金、建筑专用设备制造	122796	800923	512716	180664	63743
食品、饮料、烟草及饲料生产专用设备制造	5513	44185	23783	8431	3548
纺织、服装和皮革工业专用设备制造	70834	256851	137822	57393	23963
电子和电工机械专用设备制造	112623	654764	299716	85732	18878
农、林、牧、渔专用机械制造	2179	51306	29170	12183	4444
医疗仪器设备及器械制造	10911	57201	33958	7372	5324
交通运输设备制造业	796180	5227919	3250763	1047604	241078
铁路运输设备制造	104743	371487	264139	126703	63287
汽车制造	254417	1241437	656142	191715	68656
自行车制造	400	7547	1577	770	152
航空航天器制造	417747	3558655	2298792	723021	107059
电气机械及器材制造业	409447	1927595	1202775	399681	143277
电机制造	25793	113100	87128	28828	10127
输配电及控制设备制造	310035	1330684	884408	298148	92007
电线、电缆、光缆及电工器材制造	42289	224413	135673	39343	25166
家用电力器具制造	14990	198001	67847	22544	9843
照明器具制造	1758	30230	10949	6824	4350
通信设备、计算机及其他电子设备制造业	374986	2530588	1357660	309111	97259
通信设备制造	34674	390096	306613	59036	15597
雷达及配套设备制造	28725	317888	188851	74531	4305
广播电视设备制造	9140	86657	75328	10709	1950
电子计算机制造	4165	9187	6367	1374	1167
电子器件制造	45321	408741	200914	51743	29090
电子元件制造	184648	1175106	556477	105158	44667
家用视听设备制造	64071	38241	19376	4397	46
仪器仪表及文化、办公用机械制造业	98136	505949	314933	82040	36871
通用仪器仪表制造	34205	160619	109615	22988	9097
专用仪器仪表制造	37330	177619	114331	31082	14720
光学仪器及眼镜制造	25655	163613	89580	27595	12890
工艺品及其他制造业	35118	236322	102485	37750	2127
废弃资源和废旧材料回收加工业	2982	5782	4064	1898	379
电力、热力的生产和供应业	880187	7028584	1311205		
电力生产	445552	3678628	610993		
电力供应	428883	3235444	652264		
热力生产和供应	5752	114512	47949		
燃气生产和供应业	24799	186858	37494		
水的生产和供应业	47248	327200	64980		

13－4 续表 10　　（2005 年）　　单位：万元

指　　标	流动资产年平均余额	固定资产小　计	固定资产原　值	累　计折　旧	#本　年折　旧
总　　计	**19165022**	**26159834**	**34395404**	**11901710**	**2067534**
#亏损企业	4004345	5273159	6774186	2185128	282386
#国有及国有控股企业	13484183	20338464	27238951	9732214	1623204
#农村工业	179858	244379	221569	48589	10320
一、按登记注册类型分					
内资企业	17964175	25163041	32739703	11087635	1952040
国有企业	7327575	10583281	14484679	5495533	871838
中央企业	3475023	4480817	6213647	2466357	202810
地方企业	3852552	6102464	8271033	3029175	669029
集体企业	294341	232871	301191	88695	17691
股份合作企业	145693	180835	230373	62974	8131
联营企业	36773	51409	61095	14612	4307
国有联营企业	25252	41133	47415	10226	3808
集体联营企业	2376	3261	3636	484	87
国有与集体联营企业	4326	992	2678	1851	93
其他联营企业	4820	6024	7366	2052	320
有限责任公司	6814340	6959016	8438887	2607315	430748
国有独资公司	1354216	2072830	2480617	651559	106485
其他有限责任公司	5460124	4886186	5958270	1955756	324263
股份有限公司	2474083	6228723	8215470	2610354	567114
私营企业	843548	893503	972089	191550	49457
私营独资企业	78994	88259	102197	19782	5140
私营合作企业	29312	47968	51783	4613	2553
私营有限责任公司	639072	682541	732937	150004	37519
私营股份有限公司	96170	74736	85173	17152	4246
其他企业	27823	33403	35920	16602	2754
港、澳、台商投资企业	345433	401427	876911	529799	68060
合资经营企业（港或澳、台资）	148787	110481	159978	69321	8716
合作经营企业（港或澳、台资）	151385	235844	636455	430778	52854
港澳台商独资经营企业	44593	54982	80303	29645	6472
港澳台商投资股份有限公司	668	120	175	55	17
外商投资企业	855414	595367	778790	284276	47434
中外合资经营企业	725919	464607	588649	219612	37351
中外合作经营企业	25428	36559	62092	23021	2687
外资企业	81396	81126	105297	31800	6485
外商投资股份有限公司	22671	13074	22752	9844	911

13－4 续表 11

(2005 年)

单位:万元

指标	流动资产年平均余额	固定资产小计	固定资产原值	累计折旧	#本年折旧
二、按经济组织类型分					
独资企业	7826899	11040518	15073667	5665454	907627
国有企业	7327575	10583281	14484679	5495533	871838
集体企业	294341	232871	301191	88695	17691
私营独资企业	78994	88259	102197	19782	5140
港澳台商独资经营企业	44593	54982	80303	29645	6472
外资企业	81396	81126	105297	31800	6485
合作、合伙企业	416415	586018	1077717	552600	73286
股份合作企业	145693	180835	230373	62974	8131
国有联营企业	25252	41133	47415	10226	3808
集体联营企业	2376	3261	3636	484	87
国有与集体联营企业	4326	992	2678	1851	93
其他联营企业	4820	6024	7366	2052	320
私营合伙企业	29312	47968	51783	4613	2553
合作经营企业(港或澳、台资)	151385	235844	636455	430778	52854
中外合作经营企业	25428	36559	62092	23021	2687
其他企业(内资)	27823	33403	35920	16602	2754
股份有限公司	2593591	6316653	8323570	2637405	572288
股份有限公司(内资)	2474083	6228723	8215470	2610354	567114
私营股份有限公司	96170	74736	85173	17152	4246
港澳台商投资股份有限公司	668	120	175	55	17
外商投资股份有限公司	22671	13074	22752	9844	911
有限责任公司	8328117	8216645	9920450	3046252	514333
国有独资公司	1354216	2072830	2480617	651559	106485
私营有限责任公司	639072	682541	732937	150004	37519
合资经营企业(港或澳、台资)	148787	110481	159978	69321	8716
中外合资经营企业	725919	464607	588649	219612	37351
其他有限责任公司	5460124	4886186	5958270	1955756	324263
三、按轻重工业分					
轻工业	3125626	3073529	4059438	1426753	194106
重工业	16039396	23086305	30335966	10474956	1873428
四、按企业规模分					
大型企业	10186273	15838969	21773306	8192880	1423465
中型企业	5558497	6647056	8423469	2664253	451684
小型企业	3420252	3673810	4198630	1044577	192384

13－4 续表 12　　(2005 年)　　单位:万元

指　标	流动资产年平均余额	固定资产小计	固定资产原值	累计折旧	#本年折旧
五、按工业行业分					
煤炭开采和洗选业	1037067	1658472	2062064	659611	146082
石油和天然气开采业	1705577	7782809	10591373	3501608	903192
黑色金属矿采选业	48004	27168	30348	11725	2643
铁矿采选	40212	24083	25954	9502	2365
有色金属矿采选业	624589	248245	400380	182533	31314
常用有色金属矿采选	75630	35926	65397	32647	4320
贵金属矿采选	51593	105658	163429	66064	10810
非金属矿采选业	20783	21782	24710	4682	1776
农副食品加工业	245602	209264	257036	62836	11054
谷物磨制	61158	56150	66920	14763	2464
饲料加工	33608	29270	39926	11053	2931
植物油加工	64049	53583	64338	18083	2911
屠宰及肉类加工	30536	38150	49358	12870	1002
其他农副食品加工	52873	31194	35330	5819	1656
食品制造业	175692	206914	260402	63082	12760
焙烤食品制造	18962	15679	21002	5962	740
方便食品制造	48533	60895	81664	23263	3746
液体乳及乳制品制造	87653	107087	131280	27225	7473
调味品、发酵制品制造	8251	8047	9611	2098	193
饮料制造业	378685	420200	505158	135987	30467
酒的制造	119792	75738	114546	46048	8432
软饮料制造	249931	322394	363245	80433	21288
烟草制品业	441473	153808	276907	147030	16418
纺织业	325195	417670	617733	285591	22119
棉、化纤纺织及印染精加工	211335	340357	532074	257586	20637
毛纺织和染整精加工	69127	22206	24871	9815	556
丝绢纺织及精加工	15515	20299	23987	3933	－467
纺织制成品制造	16789	13953	19097	8978	757
针织品、编织品及其制品制造	12429	20856	17705	5279	635
纺织服装、鞋、帽制造业	49964	12625	17038	6065	996
纺织服装制造	49964	12625	17038	6065	996
皮革、毛皮、羽毛(绒)及其制品业	25488	8917	19970	11485	1035
木材加工及木、竹、藤、棕、草制品业	11294	16464	24217	7841	852
家具制造业	12688	5354	7710	2987	385
造纸及纸制品业	104791	193573	211043	42067	7580
造纸	75868	155474	173306	32965	6352
纸制品制造	28567	37835	37386	9016	1206
印刷业和记录媒介的复制	169569	185962	282862	120437	16330
文教体育用品制造业	921	275	380	126	25
石油加工、炼焦及核燃料加工业	759804	876107	939954	289882	74592

13－4 续表 13 (2005 年) 单位:万元

指 标	流动资产年平均余额	固定资产小 计	固定资产原 值	累 计折 旧	#本 年折 旧
原油加工及石油制品制造	500877	687818	781561	250625	67048
炼焦	258367	188055	157883	38982	7521
化学原料及化学制品制造业	739447	1143528	1344766	402679	74565
基础化学原料制造	193044	235041	325030	104734	21107
肥料制造	243732	514083	683782	205312	29366
农药制造	9452	9125	10216	1878	453
涂料、油墨、颜料及类似产品制造	16411	6301	9759	4018	684
合成材料制造	45819	116721	12393	5570	425
专用化学产品制造	191577	223884	250878	63550	20514
日用化学产品制造	39413	38373	52709	17618	2016
医药制造业	766195	615587	662700	153789	27845
化学药品原药制造	116508	143217	110538	20958	3823
化学药品制剂制造	253364	118589	161204	66514	7782
中药饮片加工	16386	19387	22107	3100	746
中成药制造	234674	205164	224839	41443	10011
生物、生化制品的制造	135713	121213	137867	20200	5147
化学纤维制造业	31187	31280	30814	22976	3132
橡胶制品业	39818	27248	32811	12306	1169
塑料制品业	60415	48704	63716	17970	2863
非金属矿物制品业	476729	755723	921629	273216	48540
水泥、石灰和石膏的制造	282364	553623	673375	196896	35525
水泥及石膏制品制造	100116	83711	109986	40629	6457
砖瓦、石材及其他建筑材料制造	13595	26098	27959	4590	1070
玻璃及玻璃制品制造	43807	62575	72572	12840	2605
陶瓷制品制造	5794	4808	3318	1431	77
耐火材料制品制造	12092	10903	12552	5658	146
黑色金属冶炼及压延加工业	659557	519117	569701	163371	26853
炼铁	16694	2197	2710	596	199
炼钢	305760	338737	318015	86341	13068
钢压延加工	300896	165657	233192	72558	12437
铁合金冶炼	36208	12526	15784	3876	1149
有色金属冶炼及压延加工业	534596	423051	511654	193575	23363
常用有色金属冶炼	243136	218592	256862	90328	12268
贵金属冶炼	3226	5519	9586	4201	677
稀有稀土金属冶炼	14751	10149	12093	4494	1077
有色金属合金制造	14285	6260	8373	2389	721
有色金属压延加工	259198	182531	224739	92162	8620
金属制品业	166466	107870	156011	65548	9045
通用设备制造业	1015975	384515	547620	219724	26911
锅炉及原动机制造	103308	59810	81791	31036	3216
金属加工机械制造	305693	123874	201653	85003	9319

13－4 续表14　　(2005年)　　单位:万元

指　标	流动资产年平均余额	固定资产小计	固定资产原值	累计折旧	#本年折旧
泵、阀门、压缩机及类似机械的制造	140083	66850	77390	27304	4352
轴承、齿轮、传动和驱动部件的制造	42600	21842	23348	10119	525
风机、衡器、包装设备等通用设备	313215	68958	97107	37671	6834
金属铸、锻加工	28781	14344	22462	9324	1103
专用设备制造业	1100327	753507	1042143	373728	40735
矿山、冶金、建筑专用设备制造	482073	242001	345383	120571	14120
食品、饮料、烟草及饲料生产专用设备制造	20223	17059	25409	8581	1003
纺织、服装和皮革工业专用设备制造	141891	74475	109632	60979	4294
电子和电工机械专用设备制造	246067	334405	420784	118490	16443
农、林、牧、渔专用机械制造	28532	18882	27167	10270	503
医疗仪器设备及器械制造	34095	15453	18798	7197	1391
交通运输设备制造业	3072933	1616961	2015993	781613	105685
铁路运输设备制造	243592	85556	148825	66088	7102
汽车制造	657573	475244	467367	166416	26913
自行车制造	1544	5653	6549	1898	39
航空航天器制造	2143853	1032526	1363835	534438	70754
电气机械及器材制造业	1091938	509049	735286	294335	35307
电机制造	65229	20847	30822	12333	1983
输配电及控制设备制造	824406	302778	451274	191373	20512
电线、电缆、光缆及电工器材制造	126961	72630	100582	32517	5622
家用电力器具制造	46256	83901	126963	51579	6332
照明器具制造	11914	17976	14516	5241	341
通信设备、计算机及其他电子设备制造业	1363275	764330	1123449	440851	57115
通信设备制造	310220	61443	90880	39564	5883
雷达及配套设备制造	159286	81387	92476	28227	5231
广播电视设备制造	75990	5797	11631	6132	383
电子计算机制造	6376	2449	1328	321	98
电子器件制造	217348	144290	271437	132017	15029
电子元件制造	566757	377803	552193	217304	29602
家用视听设备制造	19673	13112	19436	6344	479
仪器仪表及文化、办公用机械制造业	297501	151393	243001	114635	10234
通用仪器仪表制造	106478	32229	51524	28442	2159
专用仪器仪表制造	105542	49149	95055	46834	4464
光学仪器及眼镜制造	84168	67715	94039	39212	3553
工艺品及其他制造业	98704	127106	237548	126215	13404
废弃资源和废旧材料回收加工业	4591	646	710	64	24
电力、热力的生产和供应业	1410973	5359296	7123072	2543857	256890
电力生产	613540	2953353	4083790	1465627	209741
电力供应	755101	2350553	2971711	1058358	42720
热力生产和供应	42333	55390	67571	19871	4430
燃气生产和供应业	34809	134948	157989	33669	7052
水的生产和供应业	62404	240368	345510	132018	17183

13－4 续表 15　　（2005 年）　　单位：万元

指　　标	固定资产净值年平均余额	负债合计	#流动负债小计	#长期负债小计	所有者权益合计
总　　计	**21551765**	**31607384**	**20880553**	**10470331**	**19074539**
#亏损企业	4583915	8404744	5450801	2863479	1993203
#国有及国有控股企业	16831977	23140895	15347461	7623477	14079961
#农村工业	182152	229866	179310	48870	240048
一、按登记注册类型分					
内资企业	20657820	30364106	19846224	10270567	17950225
国有企业	88350063	12261624	9052472	3088096	7733622
中央企业	3939642	5574802	3948722	1553730	3232171
地方企业	4895361	6686822	5103751	1534366	4501451
集体企业	210267	340842	273930	60411	292733
股份合作企业	138517	274547	184948	73899	126984
联营企业	43276	80454	48534	28885	22651
国有联营企业	33886	62343	30751	28556	13155
集体联营企业	2943	2838	2597	240	4356
国有与集体联营企业	752	4258	4208	50	1634
其他联营企业	5696	11017	10978	39	3506
有限责任公司	5533865	10925994	6969201	3912240	4549508
国有独资公司	1622178	2688500	1377715	1307933	1122559
其他有限责任公司	3911688	8237494	5591486	2604307	3426949
股份有限公司	5159887	5271007	2146538	2808525	4375483
私营企业	713340	1170607	875515	284574	825280
私营独资企业	78560	94103	73175	19475	88571
私营合作企业	43114	19838	19450	381	66560
私营有限责任公司	525878	957637	708931	242714	582495
私营股份有限公司	65789	99028	73958	22004	87654
其他企业	23664	39031	25086	13938	23963
港、澳、台商投资企业	409074	422545	360353	62006	403681
合资经营企业（港或澳、台资）	99224	219267	196067	23013	95752
合作经营企业（港或澳、台资）	259431	152215	114522	37693	243902
港澳台商独资经营企业	50297	50630	49330	1300	63682
港澳台商投资股份有限公司	122	434	434		345
外商投资企业	484870	820733	673976	137759	720633
中外合资经营企业	374556	648100	562154	76947	615781
中外合作经营企业	38887	55587	25546	30041	22595
外资企业	61078	90281	59511	30771	72304
外商投资股份有限公司	10349	26764	26764		9954

13－4 续表 16　　(2005 年)　　单位:万元

指　标	固定资产净值年平均余额	负债合计	#流动负债小计	#长期负债小计	所有者权益合计
二、按经济组织类型分					
独资企业	9235205	12837480	9508418	3200052	8250911
国有企业	8835003	12261624	9052472	3088096	7733622
集体企业	210267	340842	273930	60411	292733
私营独资企业	78560	94103	73175	19475	88571
港澳台商独资经营企业	50297	50630	49330	1300	63682
外资企业	61078	90281	59511	30771	72304
合作、合伙企业	546889	621672	418087	184836	506655
股份合作企业	138517	274547	184948	73899	126984
国有联营企业	33886	62343	30751	28556	13155
集体联营企业	2943	2838	2597	240	4356
国有与集体联营企业	752	4258	4208	50	1634
其他联营企业	5696	11017	10978	39	3506
私营合伙企业	43114	19838	19450	381	66560
合作经营企业(港或澳、台资)	259431	152215	114522	37693	243902
中外合作经营企业	38887	55587	25546	30041	22595
其他企业(内资)	23664	39031	25086	13938	23963
股份有限公司	5236147	5397234	2517694	2830529	4473436
股份有限公司(内资)	5159887	5271007	2416538	2808525	4375483
私营股份有限公司	65789	99028	73958	22004	87654
港澳台商投资股份有限公司	122	434	434		345
外商投资股份有限公司	10349	26764	26764		9954
有限责任公司	6533523	12750998	8436354	4254913	5843537
国有独资公司	1622178	2688500	1377715	1307933	1122559
私营有限责任公司	525878	957637	708931	242714	582495
合资经营企业(港或澳、台资)	99224	219267	196067	23013	95752
中外合资经营企业	374556	648100	562154	76947	615781
其他有限责任公司	3911688	8237494	5591486	2604307	3426949
三、按轻重工业分					
轻工业	2629293	4185093	3282467	822362	2783670
重工业	18922472	27422291	17598086	9647969	16290868
四、按企业规模分					
大型企业	13292385	17143821	10711887	6420766	11694259
中型企业	5295080	8987446	6136367	2662803	4795933
小型企业	2964300	5476117	4032299	1386762	2584347

13－4 续表 17 (2005 年) 单位:万元

指　　标	固定资产净值年平均余额	负债合计	#流动负债小计	#长期负债小计	所有者权益合计
五、按工业行业分					
煤炭开采和洗选业	1362150	2280920	903785	1370779	1267852
石油和天然气开采业	6389278	4498642	2610526	1863905	5365013
黑色金属矿采选业	19225	66876	61656	5219	45373
铁矿采选	16946	58948	54726	4223	41705
有色金属矿采选业	216202	480669	368067	105529	893169
常用有色金属矿采选	33233	80153	70132	6982	51136
贵金属矿采选	95763	132862	69437	62822	60677
非金属矿采选业	17311	27611	21988	5620	18476
农副食品加工业	190493	342978	266557	75649	183397
谷物磨制	52111	98404	76786	21517	42817
饲料加工	28125	37427	27150	10247	34844
植物油加工	46028	89106	67378	21710	46383
屠宰及肉类加工	35207	47468	38401	8445	30202
其他农副食品加工	28105	69907	56177	13730	25506
食品制造业	194493	225507	175588	38981	200096
焙烤食品制造	14852	23106	19292	3803	14855
方便食品制造	58020	64822	52721	11301	50495
液体乳及乳制品制造	103066	105678	79448	17147	116977
调味品、发酵制品制造	5742	13065	13047	18	5353
饮料制造业	354315	587603	466856	110828	344350
酒的制造	67245	149900	141394	7919	112242
软饮料制造	269012	402587	301026	92229	230843
烟草制品业	129203	325603	313470	11317	276768
纺织业	383951	647928	504939	135977	210031
棉、化纤纺织及印染精加工	318068	405515	303312	95885	224697
毛纺织和染整精加工	15163	145429	117306	28123	－25979
丝绢纺织及精加工	21239	46004	40589	5335	－9282
纺织制成品制造	13212	28198	23491	4094	8854
针织品、编织品及其制品制造	16270	22783	20242	2541	11740
纺织服装、鞋、帽制造业	11285	57046	55071	1835	14596
纺织服装制造	11285	57046	55071	1835	14596
皮革、毛皮、羽毛(绒)及其制品业	8848	29775	27543	2232	8455
木材加工及木、竹、藤、棕、草制品业	16492	28207	10816	17391	10990
家具制造业	4841	10898	10120	776	7731
造纸及纸制品业	174138	202901	125511	74907	113085
造纸	142161	155249	93391	60841	84684
纸制品制造	31665	47437	31904	14067	28104
印刷业和记录媒介的复制	169342	187000	162902	22889	244428
文教体育用品制造业	244	235	235		968
石油加工、炼焦及核燃料加工业	623921	1027154	822220	163629	865369

13－4 续表 18　　　　(2005 年)　　　　单位:万元

指　　标	固定资产净值年平均余额	负债合计	#流动负债小计	#长期负债小计	所有者权益合计
原油加工及石油制品制造	502421	710352	581147	89555	663359
炼焦	121081	316082	240493	74075	202090
化学原料及化学制品制造业	890288	1594181	737633	851935	591187
基础化学原料制造	174890	350544	215881	132771	167844
肥料制造	491652	757004	232420	524441	129182
农药制造	8699	10252	9949	303	11316
涂料、油墨、颜料及类似产品制造	5943	14357	13584	773	10967
合成材料制造	6514	114399	33652	79946	27041
专用化学产品制造	168301	288957	187970	99269	221198
日用化学产品制造	34289	58669	44177	14432	23639
医药制造业	474236	826873	656875	163097	709663
化学药品原药制造	70834	140975	91069	48791	131353
化学药品制剂制造	88483	195236	179805	15431	179536
中药饮片加工	21320	20293	13179	6314	24284
中成药制造	185870	286334	229944	51405	230887
生物、生化制品的制造	102327	174997	135345	39652	136432
化学纤维制造业	9219	20969	15600	5369	40304
橡胶制品业	20886	58919	47694	11105	14507
塑料制品业	35732	89556	57380	31781	26150
非金属矿物制品业	633634	976295	650980	314087	383151
水泥、石灰和石膏的制造	469677	657278	382462	265739	258234
水泥及石膏制品制造	69279	153570	135278	18209	44872
砖瓦、石材及其他建筑材料制造	23788	39295	26868	12214	17616
玻璃及玻璃制品制造	46475	51736	48267	3355	62807
陶瓷制品制造	5778	11444	8492	2843	1855
耐火材料制品制造	6706	31872	29945	296	－7450
黑色金属冶炼及压延加工业	367590	1056238	879920	175584	280237
炼铁	2213	16773	16556	217	3076
炼钢	193241	654056	518899	135157	113421
钢压延加工	158810	339367	299903	38815	153288
铁合金冶炼	13326	46043	44562	1395	10451
有色金属冶炼及压延加工业	313637	726111	547966	164024	418364
常用有色金属冶炼	164028	364992	247928	113001	212267
贵金属冶炼	4645	11741	7962	3779	5962
稀有稀土金属冶炼	7273	17385	15446	1939	11721
有色金属合金制造	4457	14397	14397		8088
有色金属压延加工	133234	317596	262233	45305	180327
金属制品业	94323	210578	176596	33221	109560
通用设备制造业	317917	1087906	994786	91501	472119
锅炉及原动机制造	45148	143540	113150	30360	40589
金属加工机械制造	111185	322381	289257	32534	173466

13－4 续表 19　　(2005 年)　　单位:万元

指　　标	固定资产净值年平均余额	负债合计	#流动负债小计	#长期负债小计	所有者权益合计
泵、阀门、压缩机及类似机械的制造	46780	113741	105146	8171	111195
轴承、齿轮、传动和驱动部件的制造	12172	62025	59585	2437	7775
风机、衡器、包装设备等通用设备	63694	324251	311681	12410	84871
金属铸、锻加工	13247	26813	25186	1353	20404
专用设备制造业	616782	1388458	1082305	283628	701806
矿山、冶金、建筑专用设备制造	217135	633902	507695	107575	167021
食品、饮料、烟草及饲料生产专用设备制造	17240	31914	17284	14630	12271
纺织、服装和皮革工业专用设备制造	54771	119069	65534	53535	137782
电子和电工机械专用设备制造	251831	361251	276471	81932	292458
农、林、牧、渔专用机械制造	17208	52300	48445	2862	－994
医疗仪器设备及器械制造	11767	35632	27418	8215	21569
交通运输设备制造业	1047537	3640862	3079608	527479	1585254
铁路运输设备制造	83135	248562	227637	20565	122925
汽车制造	221771	765103	678260	84936	476334
自行车制造	5759	5083	5083		2464
航空航天器制造	723856	2595596	2146981	417108	961256
电气机械及器材制造业	441353	1431190	1265270	126304	417421
电机制造	19127	85777	75136	10590	27323
输配电及控制设备制造	252242	929044	865238	63780	322656
电线、电缆、光缆及电工器材制造	68962	192549	149720	42504	31864
家用电力器具制造	80948	187101	142906	5007	10900
照明器具制造	10268	25428	23320	2106	4802
通信设备、计算机及其他电子设备业	647907	1442595	1213656	221978	999837
通信设备制造	53685	242759	223116	17346	147337
雷达及配套设备制造	59680	146522	121772	24650	99773
广播电视设备制造	5808	99120	95144	3977	－12463
电子计算机制造	2440	5136	5136		4051
电子器件制造	140897	213217	170533	42684	195524
电子元件制造	329058	643767	541718	97487	514776
家用视听设备制造	13245	33811	33811		4430
仪器仪表及文化、办公用机械制造业	133088	367212	308345	58867	132176
通用仪器仪表制造	23443	112423	104388	8035	48197
专用仪器仪表制造	49450	142711	107622	35090	34908
光学仪器及眼镜制造	58080	109931	95789	14142	47121
工艺品及其他制造业	114452	128512	71198	57313	107612
废弃资源和废旧材料回收加工业	1194	3165	3165		2617
电力、热力的生产和供应业	4814119	5269906	2025447	3244310	1758678
电力生产	2631200	3204833	930246	2274438	473795
电力供应	2135641	1998460	1067695	930765	1236984
热力生产和供应	47278	66613	27506	39107	47899
燃气生产和供应业	115710	106363	81806	24508	80495
水的生产和供应业	196429	153946	76476	76777	173254

13－4 续表20　　(2005年)　　单位:万元

指　　标	主营业务收入	主营业务成本	主营业务税金及附加	营业费用	管理费用
总　　计	**33025078**	**24042272**	**895758**	**974577**	**2110846**
#亏损企业	5371443	5011672	121174	168094	433767
#国有及国有控股企业	22976753	16107027	692453	391183	1638064
#农村工业	397043	299525	24093	19883	17234
一、按登记注册类型分					
内资企业	31014864	22602558	870693	745027	2012341
国有企业	13051150	9544796	523605	206466	983726
中央企业	5662047	4764413	213780	93680	380888
地方企业	7389103	4780383	309825	112786	602838
集体企业	728349	551447	18431	38261	39409
股份合作企业	263438	187923	8241	9996	36137
联营企业	85931	58852	2766	6775	5608
国有联营企业	49295	33970	340	3956	3793
集体联营企业	6687	3801	159	915	534
国有与集体联营企业	18541	13068	2105	1514	452
其他联营企业	11408	8013	162	390	829
有限责任公司	8890125	7370378	123772	276854	642956
国有独资公司	1512457	1252710	13723	19061	162418
其他有限责任公司	7377668	6117669	110049	257793	480538
股份有限公司	6032276	3287848	144349	118813	230379
私营企业	1930530	1573878	49056	85292	72227
私营独资企业	182728	133095	4191	9754	7274
私营合作企业	84660	47999	2820	10171	6914
私营有限责任公司	1492406	1252288	35663	57899	51142
私营股份有限公司	170737	140495	6382	7469	6896
其他企业	33065	27436	474	2570	1900
港、澳、台商投资企业	579440	466056	3534	33592	20942
合资经营企业(港或澳、台资)	242438	210312	2113	10865	9113
合作经营企业(港或澳、台资)	206238	162970		49	6870
港澳台商独资经营企业	129871	91934	1422	22651	4903
港澳台商投资股份有限公司	894	839		26	56
外商投资企业	1430774	973658	21531	195958	77563
中外合资经营企业	1173559	781063	17510	181866	64954
中外合作经营企业	53940	37385	3	2003	4334
外资企业	178522	135104	5	11922	7308
外商投资股份有限公司	24753	20106	4014	166	967

13－4 续表 21　　(2005 年)　　单位:万元

指　　标	主　营业务收入	主　营业务成本	主营业务税金及附加	营　业费　用	管　理费　用
二、按经济组织类型分					
独资企业	14270620	10456377	547653	289055	1042619
国有企业	13051150	9544796	523605	206466	983726
集体企业	728349	551447	18431	38261	39409
私营独资企业	182728	133095	4191	9754	7274
港澳台商独资经营企业	129871	91934	1422	22651	4903
外资企业	178522	135104	5	11922	7308
合作、合伙企业	727272	522566	14304	31564	61763
股份合作企业	263438	187923	8241	9996	36137
国有联营企业	49295	33970	340	3956	3793
集体联营企业	6687	3801	159	915	534
国有与集体联营企业	18541	13068	2105	1514	452
其他联营企业	11408	8013	162	390	829
私营合伙企业	84660	47999	2820	10171	6914
合作经营企业(港或澳、台资)	206238	162970		49	6870
中外合作经营企业	53940	37385	3	2003	4334
其他企业(内资)	33065	27436	474	2570	1900
股份有限公司	6228659	3449287	154745	126473	238298
股份有限公司(内资)	6032276	3287848	144349	118813	230379
私营股份有限公司	170737	140495	6382	7469	6896
港澳台商投资股份有限公司	894	839		26	56
外商投资股份有限公司	24753	20106	4014	166	967
有限责任公司	11798528	9614042	179057	527484	768166
国有独资公司	1512457	1252710	13723	19061	162418
私营有限责任公司	1492406	1252288	35663	57899	51142
合资经营企业(港或澳、台资)	242438	210312	2113	10865	9113
中外合资经营企业	1173559	781063	17510	181866	64954
其他有限责任公司	7377668	6117669	110049	257793	480538
三、按轻重工业分					
轻工业	5351992	3852389	351005	418028	340667
重工业	27673087	20189883	544753	556548	1770179
四、按企业规模分					
大型企业	18472493	12606957	426553	261290	1131589
中型企业	9165895	7186009	361317	438041	591683
小型企业	5386690	4249306	107889	275245	387574

13－4续表22 (2005年)

指 标	主营业务收入	主营业务成本	主营业务税金及附加	营业费用	管理费用
五、按工业行业分					
煤炭开采和洗选业	1931119	1270354	48720	89621	199925
石油和天然气开采业	6312225	2970861	146599	19732	216284
黑色金属矿采选业	74008	50682	1554	2806	8714
铁矿采选	66425	46818	1448	1667	7173
有色金属矿采选业	939442	262695	9076	8498	114995
常用有色金属矿采选	129411	81722	972	2867	14092
贵金属矿采选	102148	71431	1616	630	22774
非金属矿采选业	37096	26288	721	4067	3564
农副食品加工业	850146	738318	22905	26612	16846
谷物磨制	214478	173167	21648	4911	4960
饲料加工	147257	119737	59	5569	3493
植物油加工	236391	222129	180	6043	3419
屠宰及肉类加工	122155	111027	654	2526	2626
其他农副食品加工	117478	100277	288	7557	2122
食品制造业	523947	399057	15090	47726	17898
焙烤食品制造	31270	24126	103	2391	2345
方便食品制造	130571	105015	8129	6563	2676
液体乳及乳制品制造	319025	236039	6281	35075	10354
调味品、发酵制品制造	11691	7277	96	1742	1110
饮料制造业	614115	412650	37347	65024	36491
酒的制造	249078	144291	32590	30292	22537
软饮料制造	352502	257289	4560	34395	13243
烟草制品业	600274	254066	221391	16067	60306
纺织业	613872	538674	20151	10696	36773
棉、化纤纺织及印染精加工	499170	432053	18686	8513	30242
毛纺织和染整精加工	33427	32452	73	605	1431
丝绢纺织及精加工	33049	31510	47	127	1643
纺织制成品制造	19715	16291	227	1211	2203
针织品、编织品及其制品制造	28510	26368	1118	240	1253
纺织服装、鞋、帽制造业	40831	33340	241	3521	3818
纺织服装制造	40831	33340	241	3521	3818
皮革、毛皮、羽毛(绒)及其制品业	10510	8440	7	538	1540
木材加工及木、竹、藤、棕、草制品业	14933	13283	71	655	846
家具制造业	19460	14744	46	1245	1090
造纸及纸制品业	225860	197396	2351	6530	7982
造纸	169655	150185	1222	4969	5754
纸制品制造	55555	46598	1127	1558	2206
印刷业和记录媒介的复制	227662	163445	2548	6672	34748
文教体育用品制造业	1335	1023	38	38	162
石油加工、炼焦及核燃料加工业	3336623	3021522	145838	23280	60004

13－4 续表23 (2005 年)

指 标	主营业务收入	主营业务成本	主营业务税金及附加	营业费用	管理费用
原油加工及石油制品制造	2977228	2703555	131006	7000	46313
炼焦	358747	317325	14828	16268	13683
化学原料及化学制品制造业	1296883	1032643	31226	48895	103933
基础化学原料制造	333172	276430	4372	10524	24661
肥料制造	490455	385069	24617	12791	35272
农药制造	12485	9608	109	843	1548
涂料、油墨、颜料及类似产品制造	39127	32508	128	2493	2982
合成材料制造	15310	11366	231	532	946
专用化学产品制造	342615	270347	1445	11878	34838
日用化学产品制造	63720	47315	326	9834	3686
医药制造业	1044473	627349	14113	210838	64295
化学药品原药制造	128733	97220	4483	5556	6218
化学药品制剂制造	525321	301498	4913	133713	23849
中药饮片加工	20355	12160	99	3782	1783
中成药制造	264479	146771	3724	58630	26524
生物、生化制品的制造	99795	64672	873	8865	5323
化学纤维制造业	33251	24136	1012	202	1566
橡胶制品业	45368	35163	377	2513	6191
塑料制品业	86300	74721	323	1704	5564
非金属矿物制品业	665479	542018	16931	29968	51129
水泥、石灰和石膏的制造	431751	355488	8291	18082	30467
水泥及石膏制品制造	90880	77462	971	4445	8267
砖瓦、石材及其他建筑材料制造	22489	17538	131	644	2562
玻璃及玻璃制品制造	84051	63458	7264	2107	6487
陶瓷制品制造	2480	1670	25	249	308
耐火材料制品制造	11286	8272	48	246	1234
黑色金属冶炼及压延加工业	1321129	1223396	17438	22091	51326
炼铁	15306	14854	100	158	173
炼钢	771803	764851	2361	7458	9787
钢压延加工	464690	376330	14570	12725	39377
铁合金冶炼	69331	67361	407	1750	1989
有色金属冶炼及压延加工业	1024560	847269	43853	16349	45794
常用有色金属冶炼	470135	415022	17693	9620	12903
贵金属冶炼	17552	14973	9		1754
稀有稀土金属冶炼	59571	54823	259	734	1708
有色金属合金制造	25697	22679	136	799	1618
有色金属压延加工	451604	339772	25755	5196	27811
金属制品业	203392	166565	1142	5822	19085
通用设备制造业	1067261	826533	21568	35517	100903
锅炉及原动机制造	81915	67392	412	2421	11734
金属加工机械制造	390351	303879	16428	11392	28883

13－4 续表 24 (2005 年)

指 标	主营业务收入	主营业务成本	主营业务税金及附加	营业费用	管理费用
泵、阀门、压缩机及类似机械的制造	148531	114439	917	7130	8888
轴承、齿轮、传动和驱动部件的制造	15076	14484	131	873	3638
风机、衡器、包装设备等通用设备	276673	192861	1808	8396	36782
金属铸、锻加工	65406	56888	1337	1327	2746
专用设备制造业	1060070	838571	8553	36552	118109
矿山、冶金、建筑专用设备制造	374761	296220	6037	15223	45252
食品、饮料、烟草及饲料生产专用设备制造	16252	11162	25	827	1648
纺织、服装和皮革工业专用设备制造	200105	153524	593	9103	13387
电子和电工机械专用设备制造	308682	258383	1190	3774	35878
农、林、牧、渔专用机械制造	9333	7000	39	449	3418
医疗仪器设备及器械制造	25179	15258	166	933	3050
交通运输设备制造业	2865449	2352666	29482	79508	290145
铁路运输设备制造	295660	225483	13847	7149	34230
汽车制造	892196	739062	9109	36630	62752
自行车制造	1885	1862	9	20	754
航空航天器制造	1617255	1339158	2985	33546	187507
电气机械及器材制造业	1237988	987478	9226	78280	121056
电机制造	127891	111589	1502	6089	8990
输配电及控制设备制造	862726	656355	3818	65955	97032
电线、电缆、光缆及电工器材制造	144903	128909	2441	4407	7273
家用电力器具制造	68829	62579	1128	366	4857
照明器具制造	4468	3260	34	694	1485
通信设备、计算机及其他电子设备制造业	1166817	989854	7569	43747	156501
通信设备制造	160637	114717	958	14625	37551
雷达及配套设备制造	90010	67419	832	1281	17586
广播电视设备制造	18659	14822	82	1593	2723
电子计算机制造	10362	9007	14	519	372
电子器件制造	291591	264007	833	10994	29525
电子元件制造	569005	496949	4101	14426	65597
家用视听设备制造	16323	15063	10	12	2360
仪器仪表及文化、办公用机械制造业	289730	225671	1008	13282	41034
通用仪器仪表制造	78855	62007	440	6324	8361
专用仪器仪表制造	100749	74784	397	5528	17136
光学仪器及眼镜制造	108090	87452	152	1258	15281
工艺品及其他制造业	113564	95771	186	1978	12502
废弃资源和废旧材料回收加工业	8367	6787	24	64	289
电力、热力的生产和供应业	2927032	2615442	15567	4645	71882
电力生产	1042590	910191	6352	4584	39172
电力供应	1862533	1680129	9089		29812
热力生产和供应	21908	25123	127	61	2898
燃气生产和供应业	109349	89394	602	6316	9477
水的生产和供应业	85164	64005	872	2979	18083

13－4 续表 25　　　　（2005 年）　　　　单位:万元

指　标	利息支出	利润总额	亏损企业亏损额	利税总额	本年应交增值税	全部从业人员年平均人数（人）
总　计	**556579**	**4006549**	**630140**	**6764349**	**1862042**	**1189685**
#亏损企业	178252	－630140	630140	－327899	181067	313802
#国有及国有控股企业	366675	3506805	450632	5566484	1367226	778918
#农村工业	5546	23145	1444	74595	27358	25719
一、按登记注册类型分						
内资企业	538302	3822000	606297	6440337	1747644	1140673
国有企业	191618	1498754	209923	2848241	825882	470087
中央企业	78325	73265	102216	574630	287585	188506
地方企业	113293	1425489	107707	2273611	538297	281581
集体企业	6030	58058	6537	116635	40146	49215
股份合作企业	6338	11485	7611	36981	17255	20415
联营企业	1874	4979	2148	12966	5221	4741
国有联营企业	1612	3335	1756	7224	3549	2639
集体联营企业	21	1305	38	1950	485	504
国有与集体联营企业	63	78	84	2509	326	791
其他联营企业	178	261	270	1283	860	807
有限责任公司	239051	272067	154543	740988	345150	389081
国有独资公司	63519	44102	19615	106880	49055	101225
其他有限责任公司	175532	227964	134929	634108	296095	287856
股份有限公司	67896	1916816	185402	2495341	434177	106971
私营企业	24223	60606	37911	187078	77417	97973
私营独资企业	1775	13841	2223	27818	9786	11860
私营合作企业	252	14485	72	25064	7759	4255
私营有限责任公司	20529	29305	32896	117447	52479	70627
私营股份有限公司	1667	2976	2721	16750	7392	11231
其他企业	1274	－765	2221	2107	2398	2190
港、澳、台商投资企业	7361	44173	8890	84809	37102	19514
合资经营企业（港或澳、台资）	2430	2711	5844	11368	6544	11864
合作经营企业（港或澳、台资）	4519	32559	37	56688	24129	2757
港澳台商独资经营企业	412	8930	2981	16751	6399	4848
港澳台商投资股份有限公司		－27	27	3	30	45
外商投资企业	10917	140376	14954	239203	77296	29498
中外合资经营企业	9654	118406	11115	203439	67523	22619
中外合作经营企业	302	1927	953	3024	1094	1751
外资企业	565	20875	1879	29002	8123	3268
外商投资股份有限公司	396	－832	1009	3739	557	1860

13 -4 续表 26　　（2005 年）　　单位:万元

指　　标	利息支出	利润总额	亏损企业亏损额	利税总额	本年应交增值税	全部从业人员年平均人数（人）
二、按经济组织类型分						
独资企业	200399	16400457	223543	3038446	890336	539278
国有企业	191618	1498754	209923	2848241	825882	470087
集体企业	6030	58058	6537	116635	40146	49215
私营独资企业	1775	13841	2223	27818	9786	11860
港澳台商独资经营企业	412	8930	2981	16751	6399	4848
外资企业	565	20875	1879	29002	8123	3268
合作、合伙企业	14559	64670	13041	136829	57855	36109
股份合作企业	6338	11485	7611	36981	17255	20415
国有联营企业	1612	3335	1756	7224	3549	2639
集体联营企业	21	1305	38	1950	485	504
国有与集体联营企业	63	78	84	2509	326	791
其他联营企业	178	261	270	1283	860	807
私营合伙企业	252	14485	72	25064	7759	4255
合作经营企业（港或澳、台资）	4519	32559	37	56688	24129	2757
中外合作经营企业	302	1927	953	3024	1094	1751
其他企业（内资）	1274	-765	2221	2107	2398	2190
股份有限公司	69959	1918933	189158	2515833	442155	120107
股份有限公司（内资）	67896	1916816	185402	2495341	434177	106971
私营股份有限公司	1667	2976	2721	16750	7392	11231
港澳台商投资股份有限公司		-27	27	3	30	45
外商投资股份有限公司	396	-832	1009	3739	557	1860
有限责任公司	271663	422489	204398	1073241	471695	494191
国有独资公司	63519	44102	19615	106880	49055	101225
私营有限责任公司	20529	29305	32896	117447	52479	70627
合资经营企业（港或澳、台资）	2430	2711	5844	11368	6544	11864
中外合资经营企业	9654	118406	11115	203439	67523	22619
其他有限责任公司	175532	227964	134929	634108	296095	287856
三、按轻重工业分						
轻工业	81195	211576	97851	842276	279694	287382
重工业	475384	3794973	532289	5922074	1582347	902303
四、按企业规模分						
大型企业	271669	3525118	140681	5116953	1165282	464944
中型企业	193382	346780	295186	1165854	457757	376545
小型企业	91529	134651	194274	481542	239003	348196

13－4 续表 27　　(2005 年)　　单位:万元

指　标	利息支出	利润总额	亏损企业亏损额	利税总额	本年应交增值税	全部从业人员年平均人数(人)
五、按工业行业分						
煤炭开采和洗选业	39719	253999	1849	473898	171179	112595
石油和天然气开采业	36401	2702451	320	3468533	619484	76261
黑色金属矿采选业	571	4234	1482	12315	6527	6545
铁矿采选	411	3249	1461	10394	5698	4782
有色金属矿采选业	912	549399	5419	631359	72884	26429
常用有色金属矿采选	714	27263	266	38862	10627	7031
贵金属矿采选	3705	3169	5134	6808	2024	10438
非金属矿采选业	994	1371	470	3882	1790	2365
农副食品加工业	9577	12153	6475	50301	15243	25594
谷物磨制	1681	1580	1501	33369	10141	5977
饲料加工	794	4246	208	4500	196	2703
植物油加工	3914	367	3624	2635	2088	3501
屠宰及肉类加工	690	2347	492	3459	459	9910
其他农副食品加工	2493	3469	651	5834	2077	2985
食品制造业	3914	15804	3644	51865	20971	21564
焙烤食品制造	357	1194	637	3402	2106	3047
方便食品制造	1004	2499	1186	16014	5386	4921
液体乳及乳制品制造	2211	11786	1136	29981	11915	10465
调味品、发酵制品制造	51	－88	144	684	676	970
饮料制造业	9501	40092	8709	112787	35348	20135
酒的制造	1964	16034	2155	73680	25056	10546
软饮料制造	6515	24699	5515	39215	9956	8227
烟草制品业	8605	43886	2431	330603	65327	6835
纺织业	15111	－11955	23904	33922	25726	83918
棉、化纤纺织及印染精加工	8316	－1604	12536	40618	23536	73196
毛纺织和染整精加工	5458	－6610	6670	－6287	250	2261
丝绢纺织及精加工	737	－2332	2935	－1552	733	3581
纺织制成品制造	380	－594	843	222	590	1926
针织品、编织品及其制品制造	220	－815	920	921	618	2954
纺织服装、鞋、帽制造业	290	76	496	2179	1862	4265
纺织服装制造	290	76	496	2179	1862	4265
皮革、毛皮、羽毛(绒)及其制品业	473	－575	647	－235	334	1451
木材加工及木、竹、藤、棕、草制品业	847	－910	1004	－23	816	1716
家具制造业	300	25	251	873	803	2716
造纸及纸制品业	4100	4551	4908	12847	5946	25692
造纸	2664	2720	3885	8221	4279	21624
纸制品制造	1429	1826	1023	4606	1652	4014
印刷业和记录媒介的复制	1803	19946	6658	38704	16210	12471
文教体育用品制造业	9	62		163	63	149
石油加工、炼焦及核燃料加工业	11957	66281	116525	313100	100981	20913

13－4 续表 28　　（2005 年）　　单位：万元

指　　标	利息支出	利润总额	亏损企业亏损额	利税总额	本年应交增值税	全部从业人员年平均人数（人）
原油加工及石油制品制造	9188	74268	100824	278458	73184	8989
炼焦	2768	－7993	15701	34629	27793	11907
化学原料及化学制品制造业	35777	40034	20434	126442	55183	63224
基础化学原料制造	13638	－3116	12833	23456	22200	15584
肥料制造	13778	23395	4039	64905	16893	23998
农药制造	323	－49	488	321	261	636
涂料、油墨、颜料及类似产品制造	329	624	108	1767	1015	1558
合成材料制造	133	－105	663	409	283	1445
专用化学产品制造	5274	18546	1617	31190	11199	17592
日用化学产品制造	2301	738	686	4396	3332	2411
医药制造业	20561	87103	16973	168697	67481	34681
化学药品原药制造	3797	13208	2369	20933	3242	5109
化学药品制剂制造	4064	51412	4685	92711	36386	12234
中药饮片加工	872	416	209	1806	1291	833
中成药制造	7690	7688	7374	31184	19772	13212
生物、生化制品的制造	3932	14463	2028	21937	6601	2667
化学纤维制造业	58	6550	185	7676	114	598
橡胶制品业	661	1574	92	4077	2126	5865
塑料制品业	2842	－1773	4872	714	2165	5475
非金属矿物制品业	21118	－19134	41365	36350	38553	64915
水泥、石灰和石膏的制造	17765	－16532	28691	17469	25710	39144
水泥及石膏制品制造	1652	－5259	7141	93	4380	7959
砖瓦、石材及其他建筑材料制造	577	－410	1199	234	513	3739
玻璃及玻璃制品制造	757	5120	668	18420	6036	10962
陶瓷制品制造	72	－11	129	248	234	474
耐火材料制品制造	11	17	1191	457	392	575
黑色金属冶炼及压延加工业	20447	－24421	44741	33442	40425	27841
炼铁	64	－290	1205	610	799	680
炼钢	9454	－9638	14205	18156	25433	16128
钢压延加工	10291	－12386	26276	12563	10379	8362
铁合金冶炼	639	－2107	3055	2114	3814	2671
有色金属冶炼及压延加工业	16619	36740	6133	121639	41046	29907
常用有色金属冶炼	7719	8414	5716	45748	19641	13632
贵金属冶炼	50	648		730	72	968
稀有稀土金属冶炼	913	1314	114	3947	2374	1387
有色金属合金制造	223	540	161	1420	745	3311
有色金属压延加工	7714	25824	143	69794	18215	10609
金属制品业	2874	4805	2044	16417	10469	13426
通用设备制造业	15199	70734	12300	142049	49748	54842
锅炉及原动机制造	1186	750	1322	2988	1826	7739
金属加工机械制造	5304	26360	288	61917	19130	18311

13－4 续表 29　（2005 年）　单位：万元

指　　标	利息支出	利润总额	亏损企业亏损额	利税总额	本年应交增值税	全部从业人员年平均人数（人）
泵、阀门、压缩机及类似机械的制造	2016	15808	827	22657	5932	6411
轴承、齿轮、传动和驱动部件的制造	833	－4359	4558	－3801	427	2395
风机、衡器、包装设备等通用设备	2949	33465	1497	52155	16883	8085
金属铸、锻加工	406	582	478	4361	2441	4592
专用设备制造业	17874	46529	27895	86975	31892	69855
矿山、冶金、建筑专用设备制造	10097	2400	16865	21379	12943	21813
食品、饮料、烟草及饲料生产专用设备制造	180	－1302	1508	－1030	246	3082
纺织、服装和皮革工业专用设备制造	779	27329	631	36655	8733	7425
电子和电工机械专用设备制造	3904	9010	5551	11906	1706	22406
农、林、牧、渔专用机械制造	949	－717	1075	－288	390	2992
医疗仪器设备及器械制造	346	2672	39	5160	2322	2178
交通运输设备制造业	41912	98611	21609	192298	64206	137442
铁路运输设备制造	2770	12596	1220	41668	15225	17167
汽车制造	11966	45008	12933	81157	27041	33655
自行车制造		－571	571	－502	61	310
航空航天器制造	26950	40351	6883	63103	19767	83713
电气机械及器材制造业	20457	14338	24605	68665	45101	47451
电机制造	1409	1137	834	5278	2639	4274
输配电及控制设备制造	12917	28080	2899	66634	34736	28710
电线、电缆、光缆及电工器材制造	4298	－7172	10966	－1597	3134	4478
家用电力器具制造	1085	－7239	7389	－2220	3891	6550
照明器具制造	589	－2052	2100	－1862	156	2653
通信设备、计算机及其他电子设备制造业	26835	－74402	101032	－40050	26783	58621
通信设备制造	4596	－9805	15922	－4539	4308	6197
雷达及配套设备制造	827	1333	929	2442	277	7040
广播电视设备制造	2476	－3449	3757	－2763	605	2177
电子计算机制造	4	－74	229	82	142	259
电子器件制造	8026	－22826	31759	－15114	6879	10396
电子元件制造	10645	－37907	45840	－20275	13530	28625
家用视听设备制造	9	－1700	2439	－826	863	3049
仪器仪表及文化、办公用机械制造业	6072	9130	6290	19557	9419	17267
通用仪器仪表制造	1280	2589	3018	6707	3678	5299
专用仪器仪表制造	3173	3098	3272	7657	4162	5935
光学仪器及眼镜制造	1601	3286		4862	1424	5739
工艺品及其他制造业	57	3230	119	4113	697	5820
废弃资源和废旧材料回收加工业	15	1230	8	1563	309	45
电力、热力的生产和供应业	158988	7305	105833	227878	205005	84218
电力生产	101742	－16091	97375	84843	94582	34011
电力供应	56500	28944	2493	147908	109875	48527
热力生产和供应	746	－5548	5965	－4873	548	1680
燃气生产和供应业	1711	3019	560	8190	4570	3132
水的生产和供应业	1418	－5542	7860	588	5259	13446

13－5　国有及国有控股工业企业主要经济指标

（2005 年）　　单位：万元

指　　标	企业单位数（个）	#亏损企业	工业总产值（当年价格）	工业销售产值（当年价格）
总　　计	**945**	**462**	**23324703**	**23035828**
#亏损企业	462	462	3512508	3421112
一、按隶属关系分				
中央企业	133	44	11566698	11513058
地方企业	812	418	11758005	11522770
二、按轻重工业分				
轻工业	312	194	1943807	1899185
重工业	633	268	21380896	21136643
三、按企业规模分				
大型企业	70	10	165789996	164746362
中型企业	209	74	57117153	55666269
小型企业	666	378	10339879	9945646
四、按工业行业分				
煤炭开采和洗选业	56	7	810691	798885
石油和天然气开采业	22	2	6211316	6239458
黑色金属矿采选业	6	1	22936	22950
铁矿采选	4	1	20880	20620
有色金属矿采选业	33	11	787100	777689
常用有色金属矿采选	8	2	43901	41773
贵金属矿采选	21	8	81518	80793
非金属矿采选业	3	1	1841	1816
农副食品加工业	32	24	73339	67893
谷物磨制	12	9	16389	15297
饲料加工	3	2	14671	13118
植物油加工	6	5	7832	6660
屠宰及肉类加工	10	7	34433	32805
其他农副食品加工业	1	1	14	12
食品制造业	20	12	26608	23350
焙烤食品制造	7	3	5762	5304
方便食品制造	1	1	412	313
液体乳及乳制品制造	2	1	6894	5259
调味品、发酵制品制造	7	5	8570	8375
饮料制造业	17	7	172988	172848
酒的制造	10	3	156290	156504
软饮料制造	6	3	15655	15360
烟草制品业	7	2	603777	603318
纺织业	34	23	353207	349665
棉、化纤纺织及印染精加工	21	12	307035	306158
毛纺织和染整精加工	2	2	11804	11067
丝绢纺织及精加工	3	2	14570	14348
纺织制成品制造	5	4	15471	13825
针织品、编织品及其制品制造	3	3	4327	4267
纺织服装、鞋、帽制造业	4	1	2442	2367
纺织服装制造	4	1	2442	2367
皮革、毛皮、羽毛(绒)及其制品业	2	1	6466	6220
木材加工及木、竹、藤、棕、草制品业	2		1967	1932

13－5 续表 1　　(2005 年)　　单位:万元

指　　标	企　业单位数(个)	#亏　损企　业	工业总产值(当年价格)	工业销售产　值(当年价格)
家具制造业	5	2	1540	1530
造纸及纸制品业	10	5	11203	9248
造纸	8	5	9004	7121
纸制品制造	2		2199	2127
印刷业和记录媒介的复制	32	21	145563	135269
文教体育用品制造业	1		402	402
石油加工、炼焦及核燃料加工业	11	8	2942720	2865655
原油加工及石油制品制造	6	4	2877639	2801743
炼　焦	5	4	65081	63913
化学原料及化学制品制造业	51	23	849100	824514
基础化学原料制造	10	6	198480	195500
肥料制造	19	9	365298	358161
农药制造	1		3413	2405
涂料、油墨、颜料及类似产品制造	1		16728	14915
合成材料制造	2	1	3698	3307
专用化学产品制造	18	7	261483	250226
医药制造业	21	13	114605	105984
化学药品原药制造	3	1	18915	16307
化学药品制剂制造	6	3	46840	45611
中成药制造	11	9	43825	39242
生物、生化制品的制造	1		5025	4823
化学纤维制造业	1		26662	26422
橡胶制品业	5		33638	32715
塑料制品业	6	3	9907	9294
非金属矿物制品业	70	46	167198	163629
水泥、石灰和石膏的制造	31	24	106117	105450
水泥及石膏制品制造	15	7	26104	24584
砖瓦、石材及其他建筑材料制造	13	7	4139	3761
玻璃及玻璃制品制造	4	3	22371	21512
陶瓷制品制造	2	1	813	782
耐火材料制品制造	1	1	1559	1409
黑色金属冶炼及压延加工业	10	5	256898	239097
炼铁	1		2430	2430
炼钢	2	1	35507	34298
钢压延加工	6	3	215938	199329
铁合金冶炼	1	1	3024	3040
有色金属冶炼及压延加工业	21	5	579659	560481
常用有色金属冶炼	7	2	244678	238947
贵金属冶炼	4		17690	17445
稀有稀土金属冶炼	1	1	3606	3616
有色金属压延加工	9	2	313685	300473
金属制品业	25	7	142015	138787
通用设备制造业	61	25	861300	840412

13－5 续表 2　　(2005 年)　　单位:万元

指　标	企业单位数(个)	#亏损企业	工业总产值(当年价格)	工业销售产值(当年价格)
锅炉及原动机制造	8	5	89334	89051
金属加工机械制造	16	5	377670	381260
泵、阀门、压缩机及类似机械的制造	12	3	45575	40184
轴承、齿轮、传动和驱动部件的制造	3	2	8173	6744
风机、衡器、包装设备等通用设备	7	2	298289	283148
金属铸、锻加工	8	3	4689	4493
专用设备制造业	69	39	827728	796086
矿山、冶金、建筑专用设备制造	17	10	337391	321342
食品、饮料、烟草及饲料生产专用设备制造	7	4	7318	7255
纺织、服装和皮革工业专用设备制造	8	4	86978	86235
电子和电工机械专用设备制造	10	5	326877	315814
农、林、牧、渔专用机械制造	11	8	4126	4135
医疗仪器设备及器械制造	4	3	2503	2225
交通运输设备制造业	57	18	2560574	2532999
铁路运输设备制造	9	2	298751	281589
汽车制造	22	12	595149	594286
航空航天器制造	24	4	1615374	1609530
电气机械及器材制造业	30	14	831018	812249
电机制造	3	3	5516	4688
输配电及控制设备制造	15	5	739855	729416
电线、电缆、光缆及电工器材制造	7	3	60051	52722
家用电力器具制造	3	1	24186	24215
照明器具制造	2	2	1411	1209
通信设备、计算机及其他电子设备制造业	26	15	1043307	1038519
通信设备制造	5	3	62886	63038
雷达及配套设备制造	3	1	84923	86947
广播电视设备制造	1	1	12457	11586
电子器件制造	5	4	238457	230530
电子元件制造	10	5	499488	501321
家用视听设备制造	2	1	145096	145096
仪器仪表及文化、办公用机械制造业	14	8	195006	192525
通用仪器仪表制造	5	5	13269	10036
专用仪器仪表制造	6	3	75368	74452
光学仪器及眼镜制造	3		106370	108037
工艺品及其他制造业	6	3	87870	87600
电力、热力的生产和供应业	73	39	2379171	2368022
电力生产	59	30	599526	588785
电力供应	3	1	1757336	1757336
热力生产和供应	11	8	22310	21902
燃气生产和供应业	3		96536	103256
水的生产和供应业	99	71	86405	82742

13－5续表3 (2005年) 单位:万元

指 标	工业增加值(生产法)	资产总计	流动资产小计	#存货	#产成品
总 计	**9565273**	**37397613**	**14215047**	**3788713**	**1101670**
#亏损企业	632075	6763922	2546587	701914	275346
一、按隶属关系分					
中央企业	4943714	19291879	7295470	2133356	502403
地方企业	4621559	18105734	6919577	1655357	599267
二、按轻重工业分					
轻工业	888719	2814147	1222515	532439	126088
重工业	8676554	34583466	12992532	3256274	975582
三、按企业规模分					
大型企业	74477536	259070469	97458172	24162483	5750040
中型企业	17604961	86355243	34741272	10610278	3780504
小型企业	3570228	28550420	9951024	3114367	1486153
四、按工业行业分					
煤炭开采和洗选业	394298	1587911	691101	76974	22759
石油和天然气开采业	4219469	9843225	1838701	294220	59634
黑色金属矿采选业	9412	44841	13083	2238	1134
铁矿采选	8338	40281	10167	1654	642
有色金属矿采选业	638397	1205899	631249	49945	17839
常用有色金属矿采选	19914	66359	41385	4042	2427
贵金属矿采选	25414	130439	37517	10471	5473
非金属矿采选业	917	2867	2226	350	294
农副食品加工业	16798	93652	37288	14943	8427
谷物磨制	3969	9751	4498	1673	982
饲料加工	1783	5396	3464	1342	238
植物油加工	2034	17087	5770	3189	2695
屠宰及肉类加工	9023	60022	23306	8739	4512
其他农副食品加工业	－11	1396	249		
食品制造业	10283	46032	15453	5868	3842
焙烤食品制造	3380	6948	3696	670	161
方便食品制造	155	17850	1550	1332	1132
液体乳及乳制品制造	2918	5640	2701	1585	1451
调味品、发酵制品制造	2059	4513	2662	681	175
饮料制造业	74747	223040	102042	35961	24428
酒的制造	69566	157311	79969	29271	19727
软饮料制造	4933	36555	17092	6410	4421
烟草制品业	394835	602370	415932	246204	4031
纺织业	111982	572423	181144	86517	35849
棉、化纤纺织及印染精加工	102181	450484	137918	74555	29300
毛纺织和染整精加工	－434	65338	24552	4816	3435
丝绢纺织及精加工	3269	19849	5470	2791	894
纺织制成品制造	5836	24699	8786	4014	2135
针织品、编织品及其制品制造	1131	12054	4418	341	85
纺织服装、鞋、帽制造业	866	2138	1413	337	12
纺织服装制造	866	2138	1413	337	12
皮革、毛皮、羽毛(绒)及其制品业	2311	14614	9217	2162	1557
木材加工及木、竹、藤、棕、草制品业	327	6198	1161	733	402

13－5续表4　（2005年）　单位:万元

指　标	工业增加值（生产法）	资产总计	流动资产小计	#存货	#产成品
家具制造业	594	3911	2339	1286	738
造纸及纸制品业	3931	68216	26582	11703	8759
造纸	2865	65151	24309	11170	8565
纸制品制造	1065	3065	2273	534	194
印刷业和记录媒介的复制	53631	212112	75012	17610	7532
文教体育用品制造业	146	888	878	182	90
石油加工、炼焦及核燃料加工业	452207	1364608	638962	178472	65021
原油加工及石油制品制造	443453	1291585	603078	168576	60044
炼　焦	8753	73023	35884	9897	4977
化学原料及化学制品制造业	248799	1679213	498598	131796	58382
基础化学原料制造	56887	393237	135274	18178	8067
肥料制造	117460	747506	171925	60982	34100
农药制造	1492	2325	1611	695	613
涂料、油墨、颜料及类似产品制造	3394	12314	7118	2029	617
合成材料制造	805	128519	16246	4872	1669
专用化学产品制造	68761	395313	166423	45040	13316
医药制造业	39029	130056	66860	26777	16152
化学药品原药制造	4495	39363	16447	5255	1907
化学药品制剂制造	16013	25807	16554	6513	5124
中成药制造	17069	62226	32076	13904	9089
生物、生化制品的制造	1452	2659	1783	1105	32
化学纤维制造业	11052	51386	22805	14052	718
橡胶制品业	9310	55607	33969	11610	7626
塑料制品业	5171	25503	11881	3033	2026
非金属矿物制品业	41434	488973	173017	58343	30264
水泥、石灰和石膏的制造	23215	309955	111922	30822	14825
水泥及石膏制品制造	7339	73330	28298	12858	7456
砖瓦、石材及其他建筑材料制造	1214	33360	5307	2153	1764
玻璃及玻璃制品制造	6079	28527	12378	5418	3622
陶瓷制品制造	295	8544	686	71	13
耐火材料制品制造	1136	12480	3662	530	498
黑色金属冶炼及压延加工业	55184	351896	209501	88959	35339
炼铁	944	2829	2615	508	
炼钢	1138	22049	8549	5662	1317
钢压延加工	52602	324482	197210	82393	33899
铁合金冶炼	500	2536	1127	397	123
有色金属冶炼及压延加工业	147694	644776	318512	135243	41530
常用有色金属冶炼	41195	286663	120349	54228	13207
贵金属冶炼	3296	17702	5616	2778	
稀有稀土金属冶炼	1286	6406	3721	1041	790
有色金属压延加工	101917	334006	188825	77197	27534
金属制品业	51655	224248	126230	58628	31027
通用设备制造业	266022	1225340	854519	256579	95596

13－5续表5　（2005年）　单位：万元

指　标	工业增加值（生产法）	资产总计	流动资产小计	#存货	#产成品
锅炉及原动机制造	19827	160377	108404	39333	7337
金属加工机械制造	111838	465017	291212	123850	44028
泵、阀门、压缩机及类似机械的制造	14632	96363	59786	20886	8833
轴承、齿轮、传动和驱动部件的制造	3060	41459	29739	12838	6916
风机、衡器、包装设备等通用设备	107493	384757	320776	50308	24850
金属铸、锻加工	1764	12629	6674	1757	992
专用设备制造业	253967	1639627	949495	327616	104246
矿山、冶金、建筑专用设备制造	91156	609065	437554	161415	55862
食品、饮料、烟草及饲料生产专用设备制造	1416	19786	9374	5403	2238
纺织、服装和皮革工业专用设备制造	33261	170904	89169	35618	18113
电子和电工机械专用设备制造	109416	648944	295989	83763	18221
农、林、牧、渔专用机械制造	1117	36939	21294	8144	2688
医疗仪器设备及器械制造	873	8452	3749	967	345
交通运输设备制造业	668602	4638930	2914830	947256	205080
铁路运输设备制造	92400	333093	233541	119679	61413
汽车制造	140271	708499	354467	100116	34684
航空航天器制造	417240	3548919	2296933	722107	107059
电气机械及器材制造业	279857	1427029	885124	308432	102420
电机制造	1209	13936	7036	1909	824
输配电及控制设备制造	251561	1163884	761688	269609	79428
电线、电缆、光缆及电工器材制造	14237	103086	61881	20555	13649
家用电力器具制造	12168	126933	45929	10083	4564
照明器具制造	683	19189	8591	6276	3954
通信设备、计算机及其他电子设备制造业	303319	2008609	1039068	249113	75393
通信设备制造	22104	142776	99661	29010	6004
雷达及配套设备制造	28725	317888	188851	74531	4305
广播电视设备制造	2729	65388	57057	4093	926
电子器件制造	19463	349369	162035	38823	22675
电子元件制造	166227	1094947	512089	98259	41438
家用视听设备制造	64071	38241	19376	4397	46
仪器仪表及文化、办公用机械制造业	55585	400257	242564	67651	30472
通用仪器仪表制造	4663	81861	54773	12257	4470
专用仪器仪表制造	25268	154782	98211	27799	13111
光学仪器及眼镜制造	25655	163613	89580	27595	12890
工艺品及其他制造业	28057	211200	88241	34419	630
电力、热力的生产和供应业	646773	5818404	998483		
电力生产	212138	2468448	298271		
电力供应	428883	3235444	652264		
热力生产和供应	5752	114512	47949		
燃气生产和供应业	23755	170876	34413		
水的生产和供应业	44860	310737	63155		

13－5续表6　　(2005年)　　单位:万元

指　　标	流动资产年平均余额	固定资产小　计	固定资产原　值	累计折旧	#本年折旧
总　　计	**13484183**	**20338464**	**27238951**	**9732214**	**1623204**
#亏损企业	2452026	3509690	4481089	1507103	162262
一、按隶属关系分					
中央企业	6899540	10862225	14781288	5239794	771810
地方企业	6584643	9476238	12457663	4492420	851395
二、按轻重工业分					
轻工业	1226201	1314212	2001282	886622	89189
重工业	12257983	19024252	25237669	8845591	1534015
三、按企业规模分					
大型企业	92504008	142495703	195681079	72599718	12484869
中型企业	32293737	45526789	59810219	20143730	3234819
小型企业	10044086	15362146	16898210	4578690	512355
四、按工业行业分					
煤炭开采和洗选业	618324	791167	1106776	413538	59828
石油和天然气开采业	1695326	7775656	10582413	3499801	903192
黑色金属矿采选业	11801	11411	11946	6809	733
铁矿采选	9294	9816	9339	5399	620
有色金属矿采选业	560736	175762	288878	142143	24253
常用有色金属矿采选	41269	16467	34742	18543	1526
贵金属矿采选	38398	69752	103369	44393	8230
非金属矿采选业	1843	424	1387	996	86
农副食品加工业	37148	48099	61648	15699	1091
谷物磨制	4846	4660	6033	1457	121
饲料加工	3470	1768	2538	923	99
植物油加工	6093	9192	10697	1837	209
屠宰及肉类加工	22492	31333	41199	11449	659
其他农副食品加工业	247	1147	1181	34	3
食品制造业	15134	26385	30725	6909	547
焙烤食品制造	3546	3098	5361	2490	76
方便食品制造	1550	14484	14899	419	49
液体乳及乳制品制造	2796	1934	2846	988	55
调味品、发酵制品制造	2946	901	1228	620	80
饮料制造业	95756	82979	118123	48007	4857
酒的制造	73440	45409	75317	35530	3623
软饮料制造	17133	17784	18168	3682	582
烟草制品业	441473	153808	276907	147030	16418
纺织业	186580	308760	461478	208042	14532
棉、化纤纺织及印染精加工	141360	263044	406812	189972	14386
毛纺织和染整精加工	25227	15062	21736	9216	364
丝绢纺织及精加工	6785	13279	15436	2235	－766
纺织制成品制造	8964	9755	9822	3238	346
针织品、编织品及其制品制造	4245	7620	7673	3383	202
纺织服装、鞋、帽制造业	1425	596	1039	666	39
纺织服装制造	1425	596	1039	666	39
皮革、毛皮、羽毛(绒)及其制品业	6621	3995	5828	2029	454
木材加工及木、竹、藤、棕、草制品业	1824	4955	5637	734	60

13－5续表7　　(2005年)　　单位:万元

指　　标	流动资产年平均余额	固定资产小计	固定资产原值	累计折旧	#本年折旧
家具制造业	2399	1572	1957	485	79
造纸及纸制品业	26307	37142	45755	11404	714
造　纸	24266	36359	44762	11068	678
纸制品制造	2041	782	993	336	36
印刷业和记录媒介的复制	85211	110690	179164	86383	10589
文教体育用品制造业	878	10	65	55	
石油加工、炼焦及核燃料加工业	515810	692007	788072	260090	66126
原油加工及石油制品制造	474464	659604	748596	244409	64829
炼　焦	41346	32403	39476	15681	1297
化学原料及化学制品制造业	501206	955036	1093952	323512	58527
基础化学原料制造	132711	193678	267970	86733	17282
肥料制造	179400	464888	610307	176741	24148
农药制造	1314	713	877	337	59
涂料、油墨、颜料及类似产品制造	7237	3210	5667	2506	441
合成材料制造	39962	111377	6633	4432	205
专用化学产品制造	140582	181170	202498	52764	16391
医药制造业	68384	50380	61061	19153	2107
化学药品原药制造	17635	12952	20390	9204	602
化学药品制剂制造	17023	9055	9146	1982	297
中成药制造	32138	27497	30580	7897	1186
生物、生化制品的制造	1588	875	945	70	23
化学纤维制造业	25143	28536	27287	21993	2871
橡胶制品业	30483	19132	24259	10095	828
塑料制品业	12043	6817	12397	6406	251
非金属矿物制品业	179461	253484	318122	128228	15534
水泥、石灰和石膏的制造	108466	169634	212177	86993	10291
水泥及石膏制品制造	34047	33454	41637	15639	1673
砖瓦、石材及其他建筑材料制造	5078	13166	14715	2623	136
玻璃及玻璃制品制造	13078	15537	22447	7791	954
陶瓷制品制造	3834	3624	1386	682	2
耐火材料制品制造	4071	8815	9811	4998	
黑色金属冶炼及压延加工业	208348	128199	186896	62946	10517
炼铁	2165	214	271	57	9
炼钢	7620	13004	13069	1788	649
钢压延加工	197158	113960	171914	60478	9686
铁合金冶炼	1404	1021	1642	622	174
有色金属冶炼及压延加工业	301205	259550	326794	152005	12778
常用有色金属冶炼	110972	139736	156662	63826	6135
贵金属冶炼	3226	5519	9586	4201	677
稀有稀土金属冶炼	3173	2685	5063	2378	547
有色金属压延加工	183834	111610	155484	81600	5419
金属制品业	119628	73210	113490	53831	6399
通用设备制造业	811775	292897	426375	180442	19531

13－5 续表 8　　(2005 年)　　单位:万元

指　标	流动资产年平均余额	固定资产小计	固定资产原值	累计折旧	#本年折旧
锅炉及原动机制造	95188	48963	68234	28194	2100
金属加工机械制造	280926	119718	196246	83623	8927
泵、阀门、压缩机及类似机械的制造	59558	32709	26753	8900	1541
轴承、齿轮、传动和驱动部件的制造	30172	8226	12523	9118	158
风机、衡器、包装设备等通用设备	300479	60157	85334	34359	5804
金属铸、锻加工	7165	4184	6121	2756	164
专用设备制造业	848621	588659	837408	308007	31101
矿山、冶金、建筑专用设备制造	391924	153298	238016	93445	10364
食品、饮料、烟草及饲料生产专用设备制造	8914	7146	12732	5661	345
纺织、服装和皮革工业专用设备制造	95114	39600	72185	44842	1963
电子和电工机械专用设备制造	242245	333436	419763	118321	16386
农、林、牧、渔专用机械制造	21020	13823	20370	8419	250
医疗仪器设备及器械制造	3589	4703	5673	1856	116
交通运输设备制造业	2751717	1399447	1788335	698376	86766
铁路运输设备制造	215897	80841	141597	63471	6444
汽车制造	368334	271360	254333	88213	9045
航空航天器制造	2141336	1029372	1363161	533985	70410
电气机械及器材制造业	794446	360462	546470	230599	22365
电机制造	6866	6865	8922	2890	107
输配电及控制设备制造	709527	266016	403841	175383	17085
电线、电缆、光缆及电工器材制造	48513	31395	40679	12781	2024
家用电力器具制造	23446	46883	80037	34814	2813
照明器具制造	6094	9303	12992	4731	337
通信设备、计算机及其他电子设备制造业	1023148	602918	922680	388929	46045
通信设备制造	78681	30387	36432	15032	2332
雷达及配套设备制造	159286	81387	92476	28227	5231
广播电视设备制造	57639	3580	8517	4941	160
电子器件制造	184584	127283	253561	129031	14191
电子元件制造	523285	347170	512259	205354	23652
家用视听设备制造	19673	13112	19436	6344	479
仪器仪表及文化、办公用机械制造业	228094	126384	216466	105387	8180
通用仪器仪表制造	52814	16050	36301	21822	840
专用仪器仪表制造	91113	42619	86126	44353	3788
光学仪器及眼镜制造	84168	67715	94039	39212	3553
工艺品及其他制造业	85204	119229	226741	122477	12709
电力、热力的生产和供应业	1099601	4492121	5659478	1906625	159913
电力生产	302168	2086178	2620196	828396	112763
电力供应	755101	2350553	2971711	1058358	42720
热力生产和供应	42333	55390	67571	19871	4430
燃气生产和供应业	31782	122269	144258	31339	6251
水的生产和供应业	59301	234319	338688	131045	16936

13－5 续表 9 (2005 年) 单位:万元

指 标	固定资产净值年平均余额	负债合计	#流动负债小计	#长期负债小计	所有者权益合计
总 计	**16831977**	**23140895**	**15347461**	**7623477**	**14079961**
#亏损企业	2974044	5567287	3585837	1922920	1179017
一、按隶属关系分					
中央企业	9243114	11624301	7632434	3916518	7578976
地方企业	7588864	11516593	7715028	3706959	6500985
二、按轻重工业分					
轻工业	1137752	1810182	1369247	389735	1003767
重工业	15694225	21330713	13978215	7233742	13076194
三、按企业规模分					
大型企业	120602580	146835237	97845180	48878369	110486643
中型企业	36698677	60361775	39095336	19922668	25974480
小型企业	11018514	24211935	16534098	7433729	4338485
四、按工业行业分					
煤炭开采和洗选业	693805	927781	581144	345485	660131
石油和天然气开采业	6382798	4490858	2602742	1863905	5352366
黑色金属矿采选业	5361	18855	16814	2041	25986
铁矿采选	4142	16337	15082	1255	23944
有色金属矿采选业	148464	388048	308075	72905	817851
常用有色金属矿采选	15885	44058	36799	4224	22300
贵金属矿采选	57921	90640	53856	36181	39799
非金属矿采选业	517	2236	2236		632
农副食品加工业	43243	74610	59044	14943	19042
谷物磨制	3935	10978	9611	1366	－1226
饲料加工	1621	3831	3631	200	1564
植物油加工	7114	16324	10539	5785	763
屠宰及肉类加工	29525	42085	34191	7272	17937
其他农副食品加工业	1048	1392	1071	320	4
食品制造业	24137	36152	26266	9078	9879
焙烤食品制造	3113	4332	4030	293	2616
方便食品制造	14477	14628	7890	5939	3222
液体乳及乳制品制造	1660	4054	3616	438	1587
调味品、发酵制品制造	805	3995	3993	2	518
饮料制造业	70402	159103	135764	16086	63936
酒的制造	39416	96005	91190	4815	61306
软饮料制造	14756	33048	23521	2273	3507
烟草制品业	129203	325603	313470	11317	276768
纺织业	289464	448931	325480	122726	123492
棉、化纤纺织及印染精加工	247179	280986	196589	84287	169498
毛纺织和染整精加工	12546	97218	69365	27853	－31880
丝绢纺织及精加工	14413	33077	28574	4504	－13228
纺织制成品制造	9791	25951	21243	4094	－1252
针织品、编织品及其制品制造	5535	11699	9710	1989	354
纺织服装、鞋、帽制造业	595	849	581	129	1289
纺织服装制造	595	849	581	129	1289
皮革、毛皮、羽毛(绒)及其制品业	4169	10594	9052	1543	4019
木材加工及木、竹、藤、棕、草制品业	4881	4514	3012	1502	1684

13－5 续表 10　　（2005 年）　　单位：万元

指　标	固定资产净值年平均余额	负债合计	#流动负债小计	#长期负债小计	所有者权益合计
家具制造业	1443	3180	2406	774	731
造纸及纸制品业	35995	63601	24609	38874	4615
造　纸	35325	59669	21885	37666	5482
纸制品制造	669	3932	2724	1208	-867
印刷业和记录媒介的复制	99045	96108	81452	13835	116004
文教体育用品制造业	10	134	134		754
石油加工、炼焦及核燃料加工业	504053	728404	591154	98199	636204
原油加工及石油制品制造	479886	665752	537292	89409	625833
炼　焦	24167	62652	53862	8790	10371
化学原料及化学制品制造业	727530	1302674	505575	795528	376539
基础化学原料制造	139190	263316	138584	124733	129921
肥料制造	447053	686297	184781	501373	61210
农药制造	566	1513	1513		812
涂料、油墨、颜料及类似产品制造	3316	5807	5807		6507
合成材料制造	2079	107982	28868	79114	20537
专用化学产品制造	135326	237760	146023	90308	157553
医药制造业	34174	74862	63911	10950	55193
化学药品原药制造	12081	20570	18802	1769	18793
化学药品制剂制造	6550	11683	11405	278	14124
中成药制造	15066	41390	32665	8723	20836
生物、生化制品的制造	477	1219	1039	180	1440
化学纤维制造业	6143	16290	11201	5089	35096
橡胶制品业	14528	45087	37203	7764	10520
塑料制品业	5777	26787	18767	8021	-1285
非金属矿物制品业	199180	398957	280677	115685	90017
水泥、石灰和石膏的制造	129553	243634	156983	85845	66321
水泥及石膏制品制造	25845	62924	56986	5937	10407
砖瓦、石材及其他建筑材料制造	12923	28461	16803	11603	4899
玻璃及玻璃制品制造	14072	11341	11070	271	17186
陶瓷制品制造	4379	8130	6676	1353	414
耐火材料制品制造	4768	22752	20940	181	-10272
黑色金属冶炼及压延加工业	117567	246969	213077	33891	104927
炼铁	232	1020	1020		1809
炼钢	1128	20020	17559	2461	2030
钢压延加工	115110	223860	193030	30830	100621
铁合金冶炼	1097	2069	1469	600	468
有色金属冶炼及压延加工业	169922	435958	322762	113197	208818
常用有色金属冶炼	89522	210941	120011	90931	75721
贵金属冶炼	4645	11741	7962	3779	5962
稀有稀土金属冶炼	2683	2174	1104	1070	4232
有色金属压延加工	73073	211102	193685	17417	122903
金属制品业	64758	153573	126121	26787	70675
通用设备制造业	244518	900854	814808	85144	324486

13－5续表11　　　　（2005年）　　　　单位:万元

指　　标	固定资产净值年平均余额	负债合计	#流动负债小计	#长期负债小计	所有者权益合计
锅炉及原动机制造	39883	133756	103566	30190	26621
金属加工机械制造	107200	303698	271609	31689	161318
泵、阀门、压缩机及类似机械的制造	16762	48107	40952	7041	48256
轴承、齿轮、传动和驱动部件的制造	3544	46575	44139	2435	－5116
风机、衡器、包装设备等通用设备	55533	310795	299729	10972	73961
金属铸、锻加工	3364	7065	6621	181	5564
专用设备制造业	483633	1106898	891875	211557	531675
矿山、冶金、建筑专用设备制造	143517	477410	416247	61164	131655
食品、饮料、烟草及饲料生产专用设备制造	7272	10528	10104	424	9257
纺织、服装和皮革工业专用设备制造	32797	95615	43017	52597	75289
电子和电工机械专用设备制造	251194	358588	273807	81932	289302
农、林、牧、渔专用机械制造	12327	39078	37951	562	－2139
医疗仪器设备及器械制造	3706	6339	5818	521	2113
交通运输设备制造业	921776	3353048	2811040	508594	1284079
铁路运输设备制造	78534	226087	207023	19064	107007
汽车制造	107835	511287	439941	69439	197212
航空航天器制造	722554	2589317	2142589	415222	957799
电气机械及器材制造业	319241	1133272	986441	107521	214773
电机制造	6909	20657	16803	3854	－6721
输配电及控制设备制造	222003	848709	789327	59382	236191
电线、电缆、光缆及电工器材制造	35058	113602	74068	39306	－10516
家用电力器具制造	46014	132118	89597	3441	－5185
照明器具制造	9257	18186	16646	1538	1003
通信设备、计算机及其他电子设备制造业	525044	1156834	987510	164961	763619
通信设备制造	19042	93324	83198	10126	49452
雷达及配套设备制造	59680	146522	121772	24650	99773
广播电视设备制造	3843	87226	83409	3817	－21839
电子器件制造	129352	181654	144267	37388	167715
电子元件制造	299882	614296	521053	88981	464088
家用视听设备制造	13245	33811	33811		4430
仪器仪表及文化、办公用机械制造业	115928	319482	265355	54127	74214
通用仪器仪表制造	14547	75177	70149	5029	6684
专用仪器仪表制造	43302	134374	99418	34956	20408
光学仪器及眼镜制造	58080	109931	95789	14142	47121
工艺品及其他制造业	107529	118142	60829	57313	92859
电力、热力的生产和供应业	4041214	4329502	1723734	2605747	1488902
电力生产	1858295	2264429	628533	1635874	204019
电力供应	2135641	1998460	1067695	930765	1236984
热力生产和供应	47278	66613	27506	39107	47899
燃气生产和供应业	105364	93905	69378	24478	76971
水的生产和供应业	190569	148239	73765	73782	162498

13－5续表12 (2005年) 单位:万元

指 标	主营业务收入	主营业务成本	主营业务税金及附加	营业费用	管理费用
总 计	**22976753**	**16107027**	**692453**	**391183**	**1638064**
#亏损企业	3300137	3133292	85468	71187	308831
一、按隶属关系分					
中央企业	11856762	8254056	326150	145613	700616
地方企业	11119991	7852971	366303	245570	937447
二、按轻重工业分					
轻工业	1739901	1133356	267576	68176	182689
重工业	21236852	14973671	424877	323007	1455375
三、按企业规模分					
大型企业	166289027	110277103	4046346	2173144	10837834
中型企业	54345101	43680266	2653107	1315604	4100735
小型企业	9133402	7112899	225075	423086	1442068
四、按工业行业分					
煤炭开采和洗选业	928875	610035	12415	36740	145589
石油和天然气开采业	6294304	2961703	146098	19732	215246
黑色金属矿采选业	20558	14222	327	1267	2863
铁矿采选	18250	13219	301	905	2260
有色金属矿采选业	778755	159507	7777	6351	97355
常用有色金属矿采选	46865	19607	395	844	7389
贵金属矿采选	74625	50324	1427	529	17339
非金属矿采选业	1504	1058	14	80	392
农副食品加工业	60853	53946	246	1917	3234
谷物磨制	13400	13038	4	251	440
饲料加工	13121	11986	2	601	349
植物油加工	6645	6348	9	98	447
屠宰及肉类加工	27671	22557	231	967	1899
其他农副食品加工业	17	18			100
食品制造业	23790	17691	1280	2201	2359
焙烤食品制造	5543	4012	15	366	923
方便食品制造	506	116	11		116
液体乳及乳制品制造	5201	3917	1003	173	225
调味品、发酵制品制造	8200	5577	95	1639	1033
饮料制造业	177018	101422	22274	20615	17366
酒的制造	160697	87568	22214	19413	14556
软饮料制造	15242	12882	40	1201	2380
烟草制品业	600274	254066	221391	16067	60306
纺织业	335223	299928	8743	4381	26347
棉、化纤纺织及印染精加工	293693	259084	8474	3179	21972
毛纺织和染整精加工	11883	13119	14	423	991
丝绢纺织及精加工	12855	13138	17	1	1048
纺织制成品制造	14666	12532	216	734	1708
针织品、编织品及其制品制造	2126	2056	21	45	628
纺织服装、鞋、帽制造业	2356	2074	14	96	303
纺织服装制造	2356	2074	14	96	303
皮革、毛皮、羽毛(绒)及其制品业	5686	4448		506	1148
木材加工及木、竹、藤、棕、草制品业	2047	1644	11	141	316

13－5 续表 13

（2005 年）

指　　标	主营业务收入	主营业务成本	主营业务税金及附加	营业费用	管理费用
家具制造业	1431	1269	2	102	165
造纸及纸制品业	11372	10860	42	553	935
造　纸	9153	9175	38	416	772
纸制品制造	2219	1685	5	137	163
印刷业和记录媒介的复制	130415	89879	1581	3518	24059
文教体育用品制造业	344	210	4	12	120
石油加工、炼焦及核燃料加工业	2910839	2661821	126557	7997	49980
原油加工及石油制品制造	2852501	2605709	126201	6243	43791
炼　焦	58339	56112	356	1754	6188
化学原料及化学制品制造业	800358	629282	25398	16449	76338
基础化学原料制造	194966	157083	1430	2137	18591
肥料制造	341488	261970	23174	4013	26508
农药制造	2405	2201		2	127
涂料、油墨、颜料及类似产品制造	14507	12382	60	1003	774
合成材料制造	1058	1051	2	121	377
专用化学产品制造	245933	194596	733	9173	29961
医药制造业	87115	56679	6482	12219	7567
化学药品原药制造	16153	14561	38	877	2143
化学药品制剂制造	42494	25277	4370	5418	2453
中成药制造	26452	15157	2072	5924	2947
生物、生化制品的制造	2015	1685	1		24
化学纤维制造业	26422	18746		86	1397
橡胶制品业	32234	24772	155	1558	5158
塑料制品业	7324	4861	59	226	1873
非金属矿物制品业	162502	142760	1405	8666	24081
水泥、石灰和石膏的制造	107109	97003	828	6592	13435
水泥及石膏制品制造	22260	19806	379	707	3897
砖瓦、石材及其他建筑材料制造	2931	2062	16	53	1310
玻璃及玻璃制品制造	21436	15725	138	847	3563
陶瓷制品制造	91	64	4		20
耐火材料制品制造	1409	157		52	897
黑色金属冶炼及压延加工业	240114	192406	13407	6396	34295
炼铁	2430	1419	33	93	5
炼钢	35829	36666	97	30	431
钢压延加工	199146	151630	13273	6205	33670
铁合金冶炼	2709	2691	6	68	189
有色金属冶炼及压延加工业	503077	390586	23849	8177	32627
常用有色金属冶炼	239520	217035	1873	5503	7609
贵金属冶炼	17552	14973	9		1754
稀有稀土金属冶炼	3520	2491	29	31	610
有色金属压延加工	242485	156086	21938	2643	22654
金属制品业	141093	114776	657	2696	14974
通用设备制造业	767358	577679	18563	23005	82620

13－5 续表 14　　　　　　（2005 年）

指　　标	主营业务收入	主营业务成本	主营业务税金及附加	营业费用	管理费用
锅炉及原动机制造	70951	59240	174	1309	10757
金属加工机械制造	356132	273621	16307	10784	27019
泵、阀门、压缩机及类似机械的制造	38056	27826	218	1997	3587
轴承、齿轮、传动和驱动部件的制造	3829	3613	17	133	1159
风机、衡器、包装设备等通用设备	257390	177166	1728	7248	35210
金属铸、锻加工	3778	3045	24	84	636
专用设备制造业	786297	632971	3541	22940	97157
矿山、冶金、建筑专用设备制造	312414	247230	1364	12227	37521
食品、饮料、烟草及饲料生产专用设备制造	6208	5123	16	486	1451
纺织、服装和皮革工业专用设备制造	100889	76677	560	2713	10321
电子和电工机械专用设备制造	305459	256399	1183	3616	35633
农、林、牧、渔专用机械制造	4038	3015	30	227	2667
医疗仪器设备及器械制造	2222	1471	52	140	431
交通运输设备制造业	2486929	2065335	23626	64613	263009
铁路运输设备制造	260193	202150	13714	5288	30159
汽车制造	552396	477987	3396	23705	40851
航空航天器制造	1616790	1338875	2983	33536	187146
电气机械及器材制造业	793890	609057	6164	59246	93034
电机制造	3748	2828	15	146	1728
输配电及控制设备制造	706477	540414	2821	56788	86018
电线、电缆、光缆及电工器材制造	54527	44987	2261	2208	4004
家用电力器具制造	28800	20497	1063	74	260
照明器具制造	337	331	4	30	1023
通信设备、计算机及其他电子设备制造业	918161	795954	5260	25851	125269
通信设备制造	64219	40035	271	1763	21105
雷达及配套设备制造	90010	67419	832	1281	17586
广播电视设备制造	6878	6567	7	459	1110
电子器件制造	238061	225782	616	9035	24704
电子元件制造	502670	441088	3523	13301	58403
家用视听设备制造	16323	15063	10	12	2360
仪器仪表及文化、办公用机械制造业	196820	157571	532	5541	32928
通用仪器仪表制造	14813	12166	134	941	3211
专用仪器仪表制造	73918	57953	246	3343	14436
光学仪器及眼镜制造	108090	87452	152	1258	15281
工艺品及其他制造业	89043	75473	18	336	11077
电力、热力的生产和供应业	2469638	2226919	13237	2234	61008
电力生产	585196	521668	4022	2173	28298
电力供应	1862533	1680129	9089		29812
热力生产和供应	21908	25123	127	61	2898
燃气生产和供应业	102230	84134	500	5816	8520
水的生产和供应业	80505	61285	827	2856	17053

13－5续表15　　（2005年）　　单位：万元

指　标	利息支出	利润总额	亏损企业亏损额	利税总额	本年应交增值税	全部从业人员年平均人数（人）
总　计	**366675**	**3506805**	**450632**	**5566484**	**1367226**	**778918**
#亏损企业	106842	－450632	450632	－274324	90840	191973
一、按隶属关系分						
中央企业	140941	2029651	204001	3010851	655050	316643
地方企业	225734	1477154	246631	2555633	712176	462275
二、按轻重工业分						
轻工业	26926	52424	50784	453884	133884	122521
重工业	339749	3454381	399848	5112600	1233343	656397
三、按企业规模分						
大型企业	2095134	34260100	1116229	48789556	10483110	435409
中型企业	1248202	1363539	2324809	6723842	2707196	226410
小型企业	323409	－555594	1065284	151439	481958	117099
四、按工业行业分						
煤炭开采和洗选业	10433	106107	747	193177	74656	79120
石油和天然气开采业	36401	2695548	320	3460797	619150	75793
黑色金属矿采选业	302	279	1305	2468	1862	1833
铁矿采选	254	－200	1305	1689	1588	1400
有色金属矿采选业	－625	515835	3284	584953	61340	17037
常用有色金属矿采选	154	16644	82	21462	4423	2074
贵金属矿采选	2982	3343	3183	6753	1983	7841
非金属矿采选业	1	－20	80	117	122	410
农副食品加工业	1098	－1097	1774	－517	334	4210
谷物磨制	53	－441	494	－410	27	732
饲料加工	101	109	24	125	14	238
植物油加工	418	－661	662	－540	113	783
屠宰及肉类加工	527	－1	492	407	177	2441
其他农副食品加工业		－102	102	－100	3	16
食品制造业	274	－331	1006	3797	2849	2459
焙烤食品制造	31	492	114	1620	1113	633
方便食品制造	118	－318	318	－296	11	108
液体乳及乳制品制造	96	－375	426	1665	1037	575
调味品、发酵制品制造	17	－142	144	619	666	816
饮料制造业	2533	12601	3356	55409	20535	6162
酒的制造	1091	15108	725	57493	20172	4260
软饮料制造	574	－1468	1592	－1097	331	1137
烟草制品业	8605	43886	2431	330603	65327	6835
纺织业	8906	－13560	19452	11657	16474	54526
棉、化纤纺织及印染精加工	5274	－3853	9621	20410	15790	48857
毛纺织和染整精加工	2972	－5580	5580	－5390	176	1608
丝绢纺织及精加工	390	－2893	2902	－2672	204	1771
纺织制成品制造	271	－649	765	－143	290	1308
针织品、编织品及其制品制造	－1	－585	585	－548	16	982
纺织服装、鞋、帽制造业	－6	47	54	196	136	378
纺织服装制造	－6	47	54	196	136	378
皮革、毛皮、羽毛(绒)及其制品业	6	17	10	66	49	976
木材加工及木、竹、藤、棕、草制品业	39	7		118	100	244

13－5续表16　　（2005年）　　单位:万元

指　标	利息支出	利润总额	亏损企业亏损额	利税总额	本年应交增值税	全部从业人员年平均人数（人）
家具制造业	5	－185	187	－153	30	365
造纸及纸制品业	263	－1457	1611	－672	742	2181
造　纸	216	－1578	1611	－840	700	1986
纸制品制造	48	121		167	42	195
印刷业和记录媒介的复制	723	11619	5400	23261	10062	7859
文教体育用品制造业		5		50	42	84
石油加工、炼焦及核燃料加工业	8060	50228	109074	249748	72963	11444
原油加工及石油制品制造	7731	57392	100785	252416	68823	8314
炼　焦	330	－7164	8290	－2668	4140	3130
化学原料及化学制品制造业	28090	28767	11304	89830	35664	40503
基础化学原料制造	11729	468	6695	16549	14651	8359
肥料制造	11595	18934	3525	55202	13094	16952
农药制造	52	23		56	34	129
涂料、油墨、颜料及类似产品制造	90	301		1021	659	410
合成材料制造	98	－592	592	－575	16	716
专用化学产品制造	4526	9634	492	17577	7211	13937
医药制造业	2009	670	3134	12402	5250	6094
化学药品原药制造	870	413	745	577	126	1552
化学药品制剂制造	457	850	1109	7386	2167	1823
中成药制造	667	－881	1281	4136	2945	2553
生物、生化制品的制造	16	289		303	13	166
化学纤维制造业	－20	6414		6414		222
橡胶制品业	484	1032		2647	1460	4523
塑料制品业	604	－617	1676	－7	551	1501
非金属矿物制品业	6589	－23604	25230	－12525	9674	22553
水泥、石灰和石膏的制造	5465	－17648	18006	－10360	6460	11300
水泥及石膏制品制造	594	－2394	2419	－770	1245	4217
砖瓦、石材及其他建筑材料制造	256	－1151	1161	－1032	103	1699
玻璃及玻璃制品制造	171	979	179	2619	1501	3990
陶瓷制品制造	34	－98	98	－94		131
耐火材料制品制造		－1156	1156	－1156		133
黑色金属冶炼及压延加工业	6490	－13102	26262	8847	8542	5645
炼铁	2	860		1217	325	35
炼钢	66	－1693	1693	－629	967	1346
钢压延加工	6422	－12108	24409	8273	7108	4089
铁合金冶炼		－161	161	－14	141	175
有色金属冶炼及压延加工业	10124	20402	1910	65605	21355	13533
常用有色金属冶炼	4179	4330	1739	16001	9798	5389
贵金属冶炼	50	648		730	72	968
稀有稀土金属冶炼	749	－76	76	319	366	386
有色金属压延加工	5145	15498	95	48556	11119	6790
金属制品业	2021	2554	750	11291	8080	9657
通用设备制造业	12697	58383	8257	116030	39084	36519

13－5续表17 (2005年) 单位:万元

指 标	利息支出	利润总额	亏损企业亏损额	利税总额	本年应交增值税	全部从业人员年平均人数(人)
锅炉及原动机制造	1014	495	1270	2362	1693	6177
金属加工机械制造	5239	25254	288	59544	17983	15574
泵、阀门、压缩机及类似机械的制造	749	4184	331	6605	2203	2721
轴承、齿轮、传动和驱动部件的制造	793	－1783	1783	－1558	208	1762
风机、衡器、包装设备等通用设备	2744	33328	1218	50941	15885	6613
金属铸、锻加工	12	－206	277	－35	148	1015
专用设备制造业	14997	27293	19896	50135	19302	54953
矿山、冶金、建筑专用设备制造	8277	6823	10348	17608	9421	15139
食品、饮料、烟草及饲料生产专用设备制造	70	－1500	1508	－1311	174	1911
纺织、服装和皮革工业专用设备制造	701	14374	625	20814	5880	5585
电子和电工机械专用设备制造	3904	8181	5551	10997	1633	22264
农、林、牧、渔专用机械制造	636	－845	862	－518	298	2297
医疗仪器设备及器械制造	28	－34	39	98	80	1028
交通运输设备制造业	37980	56667	11736	130681	50388	125454
铁路运输设备制造	2701	6227	1149	34074	14133	15995
汽车制造	8346	9045	3704	26818	14376	23292
航空航天器制造	26708	40165	6883	62916	19767	83596
电气机械及器材制造业	16059	7758	12822	47187	33265	30610
电机制造	381	－706	706	－571	120	767
输配电及控制设备制造	12360	16239	2352	47437	28377	22447
电线、电缆、光缆及电工器材制造	2462	－5757	7745	－2044	1451	1829
家用电力器具制造	284	－120	120	4224	3282	3250
照明器具制造	572	－1899	1899	－1859	36	2317
通信设备、计算机及其他电子设备制造业	21446	－72019	82785	－50045	16714	48271
通信设备制造	808	2801	1516	4316	1244	3974
雷达及配套设备制造	827	1333	929	2442	277	7040
广播电视设备制造	2139	－3689	3689	－3534	148	1570
电子器件制造	7091	－30863	31630	－26472	3775	8500
电子元件制造	10572	－39902	42583	－25972	10407	24138
家用视听设备制造	9	－1700	2439	－826	863	3049
仪器仪表及文化、办公用机械制造业	5615	－1461	6045	3437	4367	13839
通用仪器仪表制造	815	－2773	2773	－2380	259	2847
专用仪器仪表制造	3199	－1974	3272	956	2684	5253
光学仪器及眼镜制造	1601	3286		4862	1424	5739
工艺品及其他制造业	－101	2314	11	2500	169	3886
电力、热力的生产和供应业	121602	－10700	81007	159929	157393	73339
电力生产	64357	－34096	72550	16895	46970	23132
电力供应	56500	28944	2493	147908	109875	48527
热力生产和供应	746	－5548	5965	－4873	548	1680
燃气生产和供应业	1613	2556		7240	4184	2853
水的生产和供应业	1361	－6029	7715	－187	5015	13047

13－6　外商及港澳台商投资工业企业主要经济指标

（2005 年）　　　　单位：万元

指　　标	企　业 单位数 （个）	#亏　损 企　业	工业总产值 （当年价格）	工业销售 产　值 （当年价格）
总　　计	**169**	**54**	**2274023**	**2188383**
#亏损企业	54	54	223615	213986
#国家控股企业	24	6	480102	446763
#农村工业	2		3593	3582
一、按登记注册类型分				
港、澳、台商投资企业	53	22	730225	710914
合资经营企业（港或澳、台资）	37	13	376178	370897
合作经营企业（港或澳、台资）	3	1	209456	209423
港澳台商独资经营企业	12	7	143698	129700
港澳台商投资股份有限公司	1	1	894	894
外商投资企业	116	32	1543798	1477469
中外合资经营企业	86	24	1256062	1200895
中外合作经营企业	8	1	60406	58817
外资企业	16	4	199130	189578
外商投资股份有限公司	6	3	28200	28179
二、按轻重工业分				
轻工业	80	32	1367793	1328945
重工业	89	22	906230	859437
三、按企业规模分				
大型企业	2		264600	267375
中型企业	32	9	1359269	1308846
小型企业	135	45	650154	612161
四、按工业行业分				
煤炭开采和洗选业	1		16284	16284
有色金属矿采选业	1	1	6956	6995
非金属矿采选业	2	1	19243	18924
农副食品加工业	7	1	102029	99031
食品制造业	14	6	170721	168350
饮料制造业	13	5	180236	160115
纺织业	6	4	77562	71971
纺织服装、鞋、帽制造业	2	2	2668	2541
皮革、毛皮、羽毛（绒）及其制品业	1	1	4692	5240
木材加工及木、竹、藤、棕、草制品业	2	1	1908	1958
家具制造业	1		3012	2966
造纸及纸制品业	3	1	20484	22452
印刷业和记录媒介的复制	3	1	10474	10526
石油加工、炼焦及核燃料加工业	2		9333	9031
化学原料及化学制品制造业	5		49370	45230
医药制造业	16	7	591014	582177
化学纤维制造业	1		26662	26422
橡胶制品业	1		4825	3772
塑料制品业	4		8954	8160
非金属矿物制品业	10	4	38819	37699
黑色金属冶炼及压延加工业	3	1	78460	63308
有色金属冶炼及压延加工业	7	1	38125	34429
金属制品业	10	4	28840	27874
通用设备制造业	10	1	86298	84601
专用设备制造业	10	2	140993	137850
交通运输设备制造业	2	1	20614	21221
电气机械及器材制造业	15	4	127539	115148
通信设备、计算机及其他电子设备制造业	6	3	156783	155927
仪器仪表及文化、办公用机械制造业	6	1	33216	30325
工艺品及其他制造业	1		5035	5151
电力、热力的生产和供应业	3	1	209396	209396
水的生产和供应业	1		3480	3309

13－6 续表1　　(2005年)　　单位:万元

指　标	工业增加值(生产法)	资产总计	流动资产小计	#存货	#产成品
总　计	**887201**	**2367591**	**1212521**	**345112**	**135546**
#亏损企业	79840	445967	202579	61109	21380
#国家控股企业	185360	489972	231474	84867	24112
#农村工业	566	4925	1854	823	823
一、按登记注册类型分					
港、澳、台商投资企业	338304	826226	365380	80898	23659
合资经营企业(港或澳、台资)	142207	315019	173324	53988	17017
合作经营企业(港或澳、台资)	140308	396116	144983	11935	33
港澳台商独资经营企业	55524	114311	46473	14855	6570
港澳台商投资股份有限公司	266	779	600	120	38
外商投资企业	548897	1541366	847141	264215	111887
中外合资经营企业	452065	1263881	725616	220962	99419
中外合作经营企业	23668	78182	26428	10009	1002
外资企业	65146	162585	71605	20343	8002
外商投资股份有限公司	8018	36718	23492	12901	3464
二、按轻重工业分					
轻工业	496306	1104456	553855	184714	85580
重工业	390896	1263135	658665	160399	49966
三、按企业规模分					
大型企业	158852	376425	184399	19611	4731
中型企业	497250	1093914	551113	172708	67939
小型企业	231099	897253	477009	152794	62876
四、按工业行业分					
煤炭开采和洗选业	9690	20651	4771	96	22
有色金属矿采选业	2630	27453	5872	1607	44
非金属矿采选业	4992	15592	5739	794	212
农副食品加工业	22272	44605	25195	6507	1788
食品制造业	53257	116950	42008	9371	1494
饮料制造业	67363	225784	90833	45913	30373
纺织业	24372	64893	33095	14175	3820
纺织服装、鞋、帽制造业	603	31044	24590	1005	364
皮革、毛皮、羽毛(绒)及其制品业	1254	13857	10727	10363	2862
木材加工及木、竹、藤、棕、草制品业	408	6050	3127	829	279
家具制造业	864	4628	3695	374	34
造纸及纸制品业	8370	32807	12764	3880	412
印刷业和记录媒介的复制	4156	7375	5438	971	1
石油加工、炼焦及核燃料加工业	2401	5431	2871	1387	1387
化学原料及化学制品制造业	15032	46835	31635	7131	3531
医药制造业	227289	432358	254849	71386	41758
化学纤维制造业	11052	51386	22805	14052	718
橡胶制品业	1578	2371	1471	79	58
塑料制品业	3581	11803	5538	1023	857
非金属矿物制品业	16627	63356	33923	11025	1378
黑色金属冶炼及压延加工业	19630	100756	61275	27927	1698
有色金属冶炼及压延加工业	14052	17454	10975	2785	196
金属制品业	12853	69196	26381	8221	3406
通用设备制造业	25141	82831	55104	18985	6471
专用设备制造业	61907	167934	99404	24229	8852
交通运输设备制造业	7316	22369	18528	4541	367
电气机械及器材制造业	38174	192133	116858	32808	19939
通信设备、计算机及其他电子设备制造业	68713	37751	22402	3261	583
仪器仪表及文化、办公用机械制造业	18352	38417	29849	7053	2243
工艺品及其他制造业	1151	6423	4528	1412	401
电力、热力的生产和供应业	140322	397454	145296		
水的生产和供应业	1800	9644	974		

13－6 续表 2　　（2005 年）　　单位：万元

指　标	流动资产年平均余额	固定资产小　计	固定资产原　值	累计折旧	#本年折旧
总　计	**1200846**	**996794**	**1655701**	**814075**	**115494**
#亏损企业	197273	194618	275097	97358	14706
#国家控股企业	205918	235685	259354	95355	16151
#农村工业	1107	1723	1401	213	44
一、按登记注册类型分					
港、澳、台商投资企业	345433	401427	876911	529799	68060
合资经营企业（港或澳、台资）	148787	110481	159978	69321	8716
合作经营企业（港或澳、台资）	151385	235844	636455	430778	52854
港澳台商独资经营企业	44593	54982	80303	29645	6472
港澳台商投资股份有限公司	668	120	175	55	17
外商投资企业	855414	595367	778790	284276	47434
中外合资经营企业	725919	464607	588649	219612	37351
中外合作经营企业	25428	36559	62092	23021	2687
外资企业	81396	81126	105297	31800	6485
外商投资股份有限公司	22671	13074	22752	9844	911
二、按轻重工业分					
轻工业	579450	453541	620797	255772	38613
重工业	621397	543252	1034905	558303	76881
三、按企业规模分					
大型企业	187358	180576	588412	421102	50241
中型企业	545101	466547	611805	233655	34664
小型企业	468388	349671	455484	159318	30589
四、按工业行业分					
煤炭开采和洗选业	4013	14646	16680	2034	1010
有色金属矿采选业	5549	19401	37471	15196	1543
非金属矿采选业	6122	8738	8813	756	349
农副食品加工业	27766	18270	29942	11762	1303
食品制造业	55013	57511	82262	29233	5532
饮料制造业	91745	106501	148136	48550	13048
纺织业	25329	24247	51891	42078	2593
纺织服装、鞋、帽制造业	24608	3091	5058	1968	249
皮革、毛皮、羽毛（绒）及其制品业	11492	3129	12067	8938	484
木材加工及木、竹、藤、棕、草制品业	3190	2407	3164	765	153
家具制造业	3790	907	2124	1436	103
造纸及纸制品业	12198	16801	19650	3194	838
印刷业和记录媒介的复制	4990	1931	3732	1869	105
石油加工、炼焦及核燃料加工业	3703	2229	2411	472	183
化学原料及化学制品制造业	33238	10684	19528	9332	1611
医药制造业	266606	158130	197624	68951	9072
化学纤维制造业	25143	28536	27287	21993	2871
橡胶制品业	1583	900	1556	663	467
塑料制品业	5644	5632	7576	2118	97
非金属矿物制品业	30162	25520	32811	9023	2062
黑色金属冶炼及压延加工业	51078	32088	42558	12728	1657
有色金属冶炼及压延加工业	11228	5597	7674	2498	121
金属制品业	21428	37770	34269	6022	1851
通用设备制造业	54996	24567	37923	13565	2874
专用设备制造业	90693	59494	67552	23095	2926
交通运输设备制造业	17643	2584	4308	1734	460
电气机械及器材制造业	104316	66131	81203	28615	6525
通信设备、计算机及其他电子设备制造业	20911	13927	17191	7179	519
仪器仪表及文化、办公用机械制造业	28255	6657	11175	4554	854
工艺品及其他制造业	4528	1601	3163	1856	153
电力、热力的生产和供应业	151907	236872	638541	431832	53838
水的生产和供应业	1983	294	364	69	43

13－6 续表 3　　(2005 年)　　单位:万元

指　　标	固定资产净值年平均余额	负债合计	#流动负债小计	#长期负债小计	所有者权益合计
总　　计	**893944**	**1243278**	**1034329**	**199764**	**1124314**
#亏损企业	184178	347734	292676	55007	98233
#国家控股企业	206220	281869	213194	68555	208103
#农村工业	1175	1414	1279		3511
一、按登记注册类型分					
港、澳、台商投资企业	409074	422545	360353	62006	403681
合资经营企业(港或澳、台资)	99224	219267	196067	23013	95752
合作经营企业(港或澳、台资)	259431	152215	114522	37693	243902
港澳台商独资经营企业	50297	50630	49330	1300	63682
港澳台商投资股份有限公司	122	434	434		345
外商投资企业	484870	820733	673976	137759	720633
中外合资经营企业	374556	648100	562154	76947	615781
中外合作经营企业	38887	55587	25546	30041	22595
外资企业	61078	90281	59511	30771	72304
外商投资股份有限公司	10349	26764	26764		9954
二、按轻重工业分					
轻工业	371757	626880	539365	78500	477577
重工业	522187	616398	494963	121264	646737
三、按企业规模分					
大型企业	186248	117199	107719	9481	259225
中型企业	405613	572991	475230	90637	520923
小型企业	302083	553087	451380	99646	344165
四、按工业行业分					
煤炭开采和洗选业	14780	7068	5636	1432	13583
有色金属矿采选业	21319	24824	1187	23637	2629
非金属矿采选业	4852	7980	7980		7612
农副食品加工业	18529	26074	23740	2325	18531
食品制造业	51876	55540	45090	3243	61410
饮料制造业	105180	140222	116854	21572	85563
纺织业	22078	43188	40078	3110	21704
纺织服装、鞋、帽制造业	3178	31867	31867		－823
皮革、毛皮、羽毛(绒)及其制品业	3053	10800	10800		3057
木材加工及木、竹、藤、棕、草制品业	2407	5438	2218	3220	613
家具制造业	692	2201	2201		2427
造纸及纸制品业	16872	21055	17712	3343	11752
印刷业和记录媒介的复制	2059	5612	5612		1764
石油加工、炼焦及核燃料加工业	2282	3597	3597		1834
化学原料及化学制品制造业	10615	17021	11523	5498	29814
医药制造业	110797	233648	196391	37258	198710
化学纤维制造业	6143	16290	11201	5089	35096
橡胶制品业	908	1629	1509		742
塑料制品业	5258	7742	7681	61	4061
非金属矿物制品业	18021	38443	32957	5485	24914
黑色金属冶炼及压延加工业	31977	63091	49320	13771	37664
有色金属冶炼及压延加工业	5179	10198	5356	4842	7256
金属制品业	33444	38127	29792	8335	31069
通用设备制造业	21695	27397	27397		55435
专用设备制造业	41759	95445	80834	14611	72489
交通运输设备制造业	2716	11056	11056		11313
电气机械及器材制造业	57811	107566	106574	940	84567
通信设备、计算机及其他电子设备制造业	10010	18628	17328	1300	19123
仪器仪表及文化、办公用机械制造业	6417	13925	13425	500	24493
工艺品及其他制造业	1307	876	876		5546
电力、热力的生产和供应业	260523	152740	115048	37693	244714
水的生产和供应业	212	3992	1492	2500	5652

13－6 续表 4 (2005 年)

指　　标	主营业务收入	#主营业务成本	#主营业务税金及附加	营业费用	管理费用
总　计	**2010214**	**1439714**	**25065**	**229550**	**98505**
#亏损企业	223884	194448	5282	19813	19249
#国家控股企业	327115	248103	10479	17553	17104
#农村工业	3593	3268	2	8	49
一、按登记注册类型分					
港、澳、台商投资企业	579440	466056	3534	33592	20942
合资经营企业(港或澳、台资)	242438	210312	2113	10865	9113
合作经营企业(港或澳、台资)	206238	162970		49	6870
港澳台商独资经营企业	129871	91934	1422	22651	4903
港澳台商投资股份有限公司	894	839		26	56
外商投资企业	1430774	973658	21531	195958	77563
中外合资经营企业	1173559	781063	17510	181866	64954
中外合作经营企业	53940	37385	3	2003	4334
外资企业	178522	135104	5	11922	7308
外商投资股份有限公司	24753	20106	4014	166	967
二、按轻重工业分					
轻工业	1128963	762475	9611	190903	49932
重工业	881251	677238	15454	38647	48573
三、按企业规模分					
大型企业	263794	183546	10	20982	13334
中型企业	1129643	787832	18327	163448	43975
小型企业	616778	468336	6728	45120	41196
四、按工业行业分					
煤炭开采和洗选业	16300	5275	239	5690	951
有色金属矿采选业	6995	5823		25	2034
非金属矿采选业	16200	12846		1240	1349
农副食品加工业	99153	82390	17	4864	1391
食品制造业	166432	131144	4826	18175	5502
饮料制造业	167483	117783	4131	24615	5392
纺织业	66992	58636	608	2672	2503
纺织服装、鞋、帽制造业	3128	3261		30	176
皮革、毛皮、羽毛(绒)及其制品业	2864	2726			348
木材加工及木、竹、藤、棕、草制品业	1958	1653	18	218	216
家具制造业	2966	1995		441	271
造纸及纸制品业	17432	14648	2	959	1197
印刷业和记录媒介的复制	8972	7985		99	320
石油加工、炼焦及核燃料加工业	9024	7265	730	11	130
化学原料及化学制品制造业	44432	31533		4176	3075
医药制造业	518900	279704	11	137116	26308
化学纤维制造业	26422	18746		86	1397
橡胶制品业	3627	3210	5	175	208
塑料制品业	8596	7293	16	108	300
非金属矿物制品业	33178	26136	2	2173	2351
黑色金属冶炼及压延加工业	63781	46316	8111	1096	4006
有色金属冶炼及压延加工业	33911	27594	1	2083	1541
金属制品业	28410	21260	88	1476	2872
通用设备制造业	83461	65698		2895	3569
专用设备制造业	152311	125466	3006	4866	7230
交通运输设备制造业	21308	12626	43	1384	2842
电气机械及器材制造业	117203	92830	3211	7256	6738
通信设备、计算机及其他电子设备制造业	28196	25252		733	3192
仪器仪表及文化、办公用机械制造业	45598	32776		4513	3125
工艺品及其他制造业	5308	4735		373	287
电力、热力的生产和供应业	206373	163374		5	6902
水的生产和供应业	3301	1735			783

13－6 续表 5　　　　（2005 年）　　　　单位：万元

指　　标	利息支出	利润总额	亏损企业亏损额	利税总额	本年应交增值税	全部从业人员年平均人数（人）
总　　计	**18277**	**184549**	**23844**	**324013**	**114398**	**49012**
#亏损企业	2728	－23844	23844	－12140	6422	11880
#国家控股企业	6974	20398	4546	45938	15061	7079
#农村工业	17	9		64	53	136
一、按登记注册类型分						
港、澳、台商投资企业	7361	44173	8890	84809	37102	19514
合资经营企业（港或澳、台资）	2430	2711	5844	11368	6544	11864
合作经营企业（港或澳、台资）	4519	32559	37	56688	24129	2757
港澳台商独资经营企业	412	8930	2981	16751	6399	4848
港澳台商投资股份有限公司		－27	27	3	30	45
外商投资企业	10917	140376	14954	239203	77296	29498
中外合资经营企业	9654	118406	11115	203439	67523	22619
中外合作经营企业	302	1927	953	3024	1094	1751
外资企业	565	20875	1879	29002	8123	3268
外商投资股份有限公司	396	－832	1009	3739	557	1860
二、按轻重工业分						
轻工业	7089	100428	12092	171175	61136	29383
重工业	11188	84122	11752	152838	53262	19629
三、按企业规模分						
大型企业	1531	44701		73401	28690	4731
中型企业	10428	100833	10444	181991	62830	25583
小型企业	6319	39015	13400	68621	22878	18698
四、按工业行业分						
煤炭开采和洗选业		3743		5701	1719	15
有色金属矿采选业		－953	953	－944	8	257
非金属矿采选业	256	567	270	1274	707	110
农副食品加工业	612	2345	100	3675	1312	959
食品制造业	395	6706	876	18673	7141	4667
饮料制造业	635	13641	1541	24254	6482	3357
纺织业	1008	2014	983	4908	2286	6512
纺织服装、鞋、帽制造业	16	－335	335	－335		252
皮革、毛皮、羽毛（绒）及其制品业	397	－601	601	－423	178	151
木材加工及木、竹、藤、棕、草制品业	49	－334	340	－292	24	78
家具制造业	175	53		295	241	283
造纸及纸制品业	414	575	1057	1225	648	1055
印刷业和记录媒介的复制	33	243	141	600	357	343
石油加工、炼焦及核燃料加工业	1	874		1712	107	138
化学原料及化学制品制造业	568	5577		8407	2830	927
医药制造业	3327	72161	1751	112658	40486	8402
化学纤维制造业	－20	6414		6414		222
橡胶制品业	18	11		343	328	544
塑料制品业	93	478		1120	626	245
非金属矿物制品业	353	1931	376	3707	1774	2500
黑色金属冶炼及压延加工业	1222	2549	184	12847	2187	1073
有色金属冶炼及压延加工业	326	2217	27	2664	445	877
金属制品业	747	707	991	3114	2319	993
通用设备制造业	795	10120	62	12504	2383	1297
专用设备制造业	111	6291	4620	15750	6452	4552
交通运输设备制造业	35	4796	2	5075	237	201
电气机械及器材制造业	2072	4138	6481	11394	4046	3577
通信设备、计算机及其他电子设备制造业	125	－985	1739	1013	1997	1469
仪器仪表及文化、办公用机械制造业	－3	6676	159	9279	2603	739
工艺品及其他制造业	－2	21		167	146	195
电力、热力的生产和供应业	4519	32341	255	56471	24130	2796
水的生产和供应业		570		769	198	226

13－7　大中型工业企业主要经济指标

（2005 年）　　　　单位：万元

指　　标	企业单位数（个）	#亏损企业	工业总产值（当年价格）	工业销售产值（当年价格）
总　计	**456**	**139**	**28137020**	**27680042**
#亏损企业	139	139	4155992	3992459
#国有控股企业	267	85	22295672	22045170
#农村工业	10	2	176849	165673
一、按登记注册类型分				
内资企业	422	130	26513151	26103821
国有企业	146	57	12578335	12428113
中央企业	59	18	5294329	5270403
地方企业	87	39	7284006	7157710
集体企业	10	4	129687	120786
股份合作企业	7	1	129471	119911
联营企业	3		45382	44554
国有联营企业	3		45382	44554
有限责任公司	164	43	7219820	7083339
国有独资公司	24	5	1565448	1527480
其他有限责任公司	140	38	5654372	5555859
股份有限公司	56	15	5685664	5646668
私营企业	35	9	716551	652876
私营独资企业	3	1	21373	21234
私营有限责任公司	29	6	666948	605501
私营股份有限公司	3	2	28230	26142
其他企业	1	1	8242	7575
港、澳、台商投资企业	13	6	614107	598802
合资经营企业（港或澳、台资）	7	3	285899	283376
合作经营企业（港或澳、台资）	2		208856	208856
港澳台商独资经营企业	4	3	119352	106571
外商投资企业	21	3	1009762	977419
中外合资经营企业	16	2	850591	817494
中外合作经营企业	1		16276	18000
外资企业	3		127893	127270
外商投资股份有限公司	1	1	15003	14655
二、按经济组织类型分				
独资企业	167	65	12976640	12803973
国有企业	147	57	12578335	12428113
集体企业	10	4	129687	120786
私营独资企业	3	1	21373	21234
港澳台商独资经营企业	4	3	119352	106571
外资企业	3		127893	127270
合作、合伙企业	14	2	408226	398895
股份合作企业	7	1	129471	119911
国有联营企业	3		45382	44554
合作经营企业（港或澳、台资）	2		208856	208856
中外合作经营企业	1		16276	18000
其他企业（内资）	1	1	8242	7575
股份有限公司	59	18	5728896	5687464
股份有限公司（内资）	55	15	5685664	5646668
私营股份有限公司	3	2	28230	26142
外商投资股份有限公司	1	1	15003	14655

13－7 续表 1　　(2005 年)　　单位:万元

指　标	企业单位数(个)	#亏损企业	工业总产值(当年价格)	工业销售产值(当年价格)
有限责任公司	216	54	9023259	8789710
国有独资公司	24	5	1565448	1527480
私营有限责任公司	29	6	666948	605501
合资经营企业(港或澳、台资)	7	3	285899	283376
中外合资经营企业	16	2	850591	817494
其他有限责任公司	140	38	5654372	5555859
三、按轻重工业分				
轻工业	126	36	3677372	3604659
重工业	330	103	24459649	24075382
四、按企业规模分				
大型企业	74	12	18560112	18375367
中型企业	382	127	9576908	9304675
五、按工业行业分				
煤炭开采和洗选业	22		1313600	1303567
石油和天然气开采业	5	1	6203621	6233248
黑色金属矿采选业	4		44707	43624
有色金属矿采选业	12	1	770173	760900
农副食品加工业	10		211516	198561
食品制造业	13	1	366829	357349
饮料制造业	14	4	375970	378916
烟草制品业	4	1	599232	598013
纺织业	26	16	507027	493731
纺织服装、鞋、帽制造业	1		13517	20827
皮革、毛皮、羽毛(绒)及其制品业	1		6466	6220
木材加工及木、竹、藤、棕、草制品业	1	1	8887	8691
造纸及纸制品业	11	2	127849	128778
印刷业和记录媒介的复制	10	3	185778	174216
石油加工、炼焦及核燃料加工业	14	8	3166113	3073860
化学原料及化学制品制造业	30	9	900018	874606
医药制造业	18	4	769864	753230
橡胶制品业	3		27872	28100
塑料制品业	1	1	18481	15334
非金属矿物制品业	25	13	326520	317642
黑色金属冶炼及压延加工业	11	5	1328389	1205960
有色金属冶炼及压延加工业	18	5	795556	773162
金属制品业	7		105060	101871
通用设备制造业	23	3	922912	904039
专用设备制造业	33	12	970968	929327
交通运输设备制造业	42	8	2807283	2774647
电气机械及器材制造业	21	6	975571	952872
通信设备、计算机及其他电子设备制造业	27	11	1147142	1137497
仪器仪表及文化、办公用机械制造业	6	4	187038	184359
工艺品及其他制造业	3		93175	92957
电力、热力的生产和供应业	34	18	2710594	2697924
燃气生产和供应业	3		96536	103256
水的生产和供应业	3	2	52759	52759

13－7 续表 2　　　　（2005 年）　　　　单位:万元

指　　标	工业增加值（生产法）	资　产　总　计	流动资产　小　计	#存 货	#产成品
总　　计	**11140767**	**42798216**	**16528321**	**4470552**	**1382117**
#亏损企业	803645	6866619	2612760	736214	272902
#国有控股企业	9211587	34603425	13226701	3477408	953156
#农村工业	64709	294561	106556	20893	14566
一、按登记注册类型分					
内资企业	10484664	41327877	15792809	4278234	1309447
国有企业	5152653	18404234	7127036	1824834	470370
中央企业	1803032	8470542	3482155	1066351	254687
地方企业	3349621	9933692	3644882	758484	215683
集体企业	38113	133693	55989	20608	9482
股份合作企业	53274	181678	72065	19268	7763
联营企业	17890	59360	19851	4610	3578
国有联营企业	17890	59360	19851	4610	3578
有限责任公司	1940773	12802384	5989886	1705069	491749
国有独资公司	413724	3624249	1460869	279222	81218
其他有限责任公司	1527049	9178135	4529017	1425847	410532
股份有限公司	3057223	9002794	2222711	569659	259754
私营企业	221594	718375	294742	134185	66751
私营独资企业	8299	28008	17328	6043	4832
私营有限责任公司	204088	664139	265671	119567	56829
私营股份有限公司	9207	26228	11743	8575	5090
其他企业	3144	25358	10529		
港、澳、台商投资企业	293858	635775	274371	47170	10752
合资经营企业(港或澳、台资)	107091	151262	91750	23543	5854
合作经营企业(港或澳、台资)	140182	395824	144797	11898	
港澳台商独资经营企业	46584	88689	37824	11729	4898
外商投资企业	362245	834564	461141	145148	61918
中外合资经营企业	311363	705092	417730	132700	59956
中外合作经营企业	7037	23401	9712	2845	
外资企业	38976	94287	27260	8635	1850
外商投资股份有限公司	4870	11785	6440	968	112
二、按经济组织类型分					
独资企业	5284625	18748911	7265436	1871850	491433
国有企业	5152653	18404234	7127036	1824834	470370
集体企业	38113	133693	55989	20608	9482
私营独资企业	8299	28008	17328	6043	4832
港澳台商独资经营企业	46584	88689	37824	11729	4898
外资企业	38976	94287	27260	8635	1850
合作、合伙企业	221527	685621	256954	38621	11341
股份合作企业	53274	181678	72065	19268	7763
国有联营企业	17890	59360	19851	4610	3578
合作经营企业(港或澳、台资)	140182	395824	144797	11898	
中外合作经营企业	7037	23401	9712	2845	
其他企业(内资)	3144	25358	10529		
股份有限公司	3071300	9040808	2240894	579203	264955
股份有限公司(内资)	3057223	9002794	2222711	569659	259754
私营股份有限公司	9207	26228	11743	8575	5090
外商投资股份有限公司	4870	11785	6440	968	112

13－7 续表3 (2005 年) 单位:万元

指 标	工业增加值(生产法)	资产总计	流动资产小计	#存货	#产成品
有限责任公司	2563316	14322876	6765036	1980879	614388
国有独资公司	413724	3624249	1460869	279222	81218
私营有限责任公司	204088	664139	265671	119567	56829
合资经营企业(港或澳、台资)	107091	151262	91750	23543	5854
中外合资经营企业	311363	705092	417730	132700	59956
其他有限责任公司	1527049	9178135	4529017	1425847	410532
三、按轻重工业分					
轻工业	1467207	4284968	1913205	760376	246798
重工业	9673560	38513248	14615115	3710176	1135319
四、按企业规模分					
大型企业	8149285	29012939	10764524	2733002	691192
中型企业	2991482	13785278	5763796	1737550	690925
五、按工业行业分					
煤炭开采和洗选业	638652	3007684	971789	151342	36737
石油和天然气开采业	4218355	9835069	1838829	292311	59482
黑色金属矿采选业	18667	74438	31322	4310	3464
有色金属矿采选业	636240	1167234	626429	48035	16946
农副食品加工业	68570	180603	102931	50121	29234
食品制造业	109547	217472	92090	22223	9771
饮料制造业	134871	484688	221759	89189	52738
烟草制品业	392455	581933	402979	245397	3546
纺织业	155175	673843	259481	127813	52364
纺织服装、鞋、帽制造业	6212	27399	20129	12651	12261
皮革、毛皮、羽毛(绒)及其制品业	2311	14394	9012	2060	1477
木材加工及木、竹、藤、棕、草制品业	2870	24435	4053	2977	497
造纸及纸制品业	45713	148804	39669	17740	6380
印刷业和记录媒介的复制	69012	336596	126721	26184	10067
石油加工、炼焦及核燃料加工业	514825	1749707	800350	217050	79710
化学原料及化学制品制造业	257933	1579426	520265	134288	59357
医药制造业	297371	865585	356977	92264	53106
橡胶制品业	7463	50066	30160	10857	6894
塑料制品业	8313	24999	3409	1887	1408
非金属矿物制品业	100945	680494	212522	67675	25069
黑色金属冶炼及压延加工业	288621	1133984	599277	284624	147306
有色金属冶炼及压延加工业	191034	922235	469218	183716	50238
金属制品业	36935	162113	99472	47514	28663
通用设备制造业	286145	1191688	827152	247016	86317
专用设备制造业	310955	1768219	1006760	336796	105779
交通运输设备制造业	753897	4985802	3113327	1001560	223891
电气机械及器材制造业	300873	1521836	944130	325132	102110
通信设备、计算机及其他电子设备制造业	333360	2301467	1233639	273533	86756
仪器仪表及文化、办公用机械制造业	52790	368187	225325	61723	28087
工艺品及其他制造业	30108	216162	91632	34265	519
电力、热力的生产和供应业	819112	6146030	1175763		
燃气生产和供应业	23755	170876	34413		
水的生产和供应业	27684	184747	37339		

13－7 续表4 (2005 年) 单位:万元

指 标	流动资产年平均余额	固定资产小计	固定资产原值	累计折旧	#本年折旧
总 计	**15744770**	**22486025**	**30196774**	**10857133**	**1875150**
#亏损企业	2630926	3508683	4656674	1658709	205512
#国有控股企业	12486547	18853552	25598868	9277776	1573854
#农村工业	109026	171621	130427	22806	5940
一、按登记注册类型分					
内资企业	15012311	21838902	28996557	10202376	1790245
国有企业	6728937	9635088	13383713	5210932	846650
中央企业	3392654	4168482	5887644	2424264	198121
地方企业	3336283	5466607	7496069	2786669	648530
集体企业	54818	61777	82563	23307	6169
股份合作企业	65541	88017	108450	26990	3049
联营企业	23360	32907	38001	8034	3229
国有联营企业	23360	32907	38001	8034	3229
有限责任公司	5718370	5698146	7111449	2312926	358612
国有独资公司	1312868	1984810	2374013	622978	102997
其他有限责任公司	4405502	3713336	4737436	1689948	255615
股份有限公司	2148698	5974339	2226347	2519353	551490
私营企业	262815	334399	355667	86786	19070
私营独资企业	17405	8872	13732	5049	891
私营有限责任公司	233912	312144	323675	76833	17437
私营股份有限公司	11498	13383	18260	4905	741
其他企业	9773	14228	24486	14048	1977
港、澳、台商投资企业	258502	317309	777846	506439	62022
合资经营企业(港或澳、台资)	70798	41944	79607	50110	4185
合作经营企业(港或澳、台资)	151175	235741	636238	430660	52830
港澳台商独资经营企业	36529	39625	62002	25669	5006
外商投资企业	473957	329814	422371	148318	22883
中外合资经营企业	418394	252849	326786	124440	17710
中外合作经营企业	9205	10627	12376	2011	201
外资企业	41576	61047	77738	21687	4791
外商投资股份有限公司	4782	5290	5471	181	181
二、按经济组织类型分					
独资企业	6879264	9806410	13619474	5286644	863507
国有企业	6728937	9635088	13383713	5210932	846650
集体企业	54818	61777	82563	23307	6169
私营独资企业	17405	8872	13732	5049	891
港澳台商独资经营企业	36529	39625	62002	25669	5006
外资企业	41576	61047	77738	21687	4791
合作、合伙企业	259055	381521	819551	481742	61286
股份合作企业	65541	88017	108450	26990	3049
国有联营企业	23360	32907	38001	8034	3229
合作经营企业(港或澳、台资)	151175	235741	636238	430660	52830
中外合作经营企业	9205	10627	12376	2011	201
其他企业(内资)	9773	14228	24486	14048	1977
股份有限公司	2164978	5993013	7915960	2524439	552412
股份有限公司(内资)	2148698	5974339	7892229	2519353	551490
私营股份有限公司	11498	13383	18260	4905	741
外商投资股份有限公司	4782	5290	5471	181	181

13－7 续表5 (2005年) 单位:万元

指标	流动资产年平均余额	固定资产小计	固定资产原值	累计折旧	#本年折旧
有限责任公司	6441473	6305082	7841517	2564309	397944
国有独资公司	1312868	1984810	2374013	622978	102997
私营有限责任公司	233912	312144	323675	76833	17437
合资经营企业(港或澳、台资)	70798	41944	79607	50110	4185
中外合资经营企业	418394	252849	326786	124440	17710
其他有限责任公司	4405502	3713336	4737436	1689948	255615
三、按轻重工业分					
轻工业	1981951	1876310	2664939	1067716	134193
重工业	13762818	20609715	27531835	9789417	1740957
四、按企业规模分					
大型企业	10186273	15838969	21773306	8192880	1423465
中型企业	5558497	6647056	8423469	2664253	451684
五、按工业行业分					
煤炭开采和洗选业	857314	1398048	1777528	617184	128382
石油和天然气开采业	1694060	7766674	10561654	3485872	902202
黑色金属矿采选业	29034	13807	14037	7223	1366
有色金属矿采选业	554722	152288	262525	133170	22676
农副食品加工业	85286	56163	68216	16639	4047
食品制造业	104467	100974	135522	38332	9159
饮料制造业	211878	206281	267988	81942	15693
烟草制品业	430603	147078	265276	141083	15901
纺织业	253384	346422	533727	260110	20832
纺织服装、鞋、帽制造业	16654	6313	7430	1913	502
皮革、毛皮、羽毛(绒)及其制品业	6413	3980	5813	2028	454
木材加工及木、竹、藤、棕、草制品业	4570	8636	14838	6228	604
造纸及纸制品业	40900	102064	101390	17285	3520
印刷业和记录媒介的复制	132825	140576	223366	97891	13733
石油加工、炼焦及核燃料加工业	681977	823418	879903	278093	69372
化学原料及化学制品制造业	492929	880326	1155674	352103	62213
医药制造业	456851	354707	372957	98442	15683
橡胶制品业	26579	17399	22031	9060	340
塑料制品业	7707	21578	22023	1201	1156
非金属矿物制品业	210070	415814	484488	141922	29206
黑色金属冶炼及压延加工业	540679	448707	475527	135485	23276
有色金属冶炼及压延加工业	417139	347051	413176	165738	17785
金属制品业	95632	44308	88461	48978	5304
通用设备制造业	786466	283454	406262	161746	19859
专用设备制造业	922988	641551	899306	325297	36327
交通运输设备制造业	2944551	1531375	1927315	757432	101880
电气机械及器材制造业	835274	387645	577893	240407	27208
通信设备、计算机及其他电子设备制造业	1246143	707361	1058631	420972	54157
仪器仪表及文化、办公用机械制造业	211978	113615	200640	100627	7859
工艺品及其他制造业	88004	120487	228235	122841	12870
电力、热力的生产和供应业	1292492	4635402	6369662	2454480	233628
燃气生产和供应业	31782	122269	144258	31339	6251
水的生产和供应业	33420	140254	231023	104070	11705

13－7 续表6 （2005 年） 单位：万元

指标	固定资产净值年平均余额	负债合计	#流动负债小计	#长期负债小计	所有者权益合计
总计	**18587465**	**26131267**	**16848254**	**9083569**	**16490192**
#亏损企业	3120258	5394471	3275824	2053709	1454530
#国有控股企业	15752683	20762639	13734700	6882393	13664029
#农村工业	116588	139914	111827	28088	154647
一、按登记注册类型分					
内资企业	17995604	25441076	16265305	8983451	15710044
国有企业	8123438	10646879	7911818	2632032	7588213
中央企业	3769944	5180569	3730131	1379977	3208988
地方企业	4353493	5466310	4181687	1252055	4379225
集体企业	59331	77324	57346	19978	56369
股份合作企业	53948	135903	72701	50245	45776
联营企业	26906	43469	22903	20566	15892
国有联营企业	26906	43469	22903	20566	15892
有限责任公司	4576580	9208688	5803758	3371769	3586080
国有独资公司	1550505	2537405	1307287	1227269	1080283
其他有限责任公司	3026075	6671283	4496471	2144500	2505798
股份有限公司	4920865	4844906	2090845	2712291	4157888
私营企业	220452	467743	300649	165689	250633
私营独资企业	8884	21625	17271	4355	6383
私营有限责任公司	199298	433918	278538	154990	230220
私营股份有限公司	12270	12199	4841	6344	14029
其他企业	14084	16165	5285	10880	9194
港、澳、台商投资企业	336920	278093	238040	40003	357681
合资经营企业（港或澳、台资）	38817	88534	86173	2310	62728
合作经营企业（港或澳、台资）	259318	152133	114440	37693	243691
港澳台商独资经营企业	38785	37426	37426		51263
外商投资企业	254941	412097	344909	60115	422467
中外合资经营企业	198896	338520	292780	38667	366572
中外合作经营企业	10593	15862	12518	3343	7539
外资企业	42760	48591	30486	18105	45696
外商投资股份有限公司	2692	9125	9125		2660
二、按经济组织类型分					
独资企业	8273196	10831846	8054346	2674470	7747924
国有企业	8123438	10646879	7911818	2632032	7588213
集体企业	59331	77324	57346	19978	56369
私营独资企业	8884	21625	17271	4355	6383
港澳台商独资经营企业	38785	37426	37426		51263
外资企业	42760	48591	30486	18105	45696
合作、合伙企业	364850	363530	227847	122726	322091
股份合作企业	53948	135903	72701	50245	45776
国有联营企业	26906	43469	22903	20566	15892
合作经营企业（港或澳、台资）	259318	152133	114440	37693	243691
中外合作经营企业	10593	15862	12518	3343	7539
其他企业（内资）	14084	16165	5285	10880	9194
股份有限公司	4935828	4866231	2104811	2718636	4174577
股份有限公司（内资）	4920865	4844906	2090845	2712291	4157888
私营股份有限公司	12270	12199	4841	6344	14029
外商投资股份有限公司	2692	9125	9125		2660

13－7 续表 7　　(2005 年)　　单位:万元

指　　标	固定资产净值年平均余额	负债合计	#流动负债小计	#长期负债小计	所有者权益合计
有限责任公司	5013591	10069659	6461250	3567736	4245601
国有独资公司	1550505	2537405	1307287	1227269	1080283
私营有限责任公司	199298	433918	278538	154990	230220
合资经营企业(港或澳、台资)	38817	88534	86173	2310	62728
中外合资经营企业	198896	338520	292780	38667	366572
其他有限责任公司	3026075	6671283	4496471	2144500	2505798
三、按轻重工业分					
轻工业	1584124	2385205	1878901	453699	1899565
重工业	17003340	23746062	14969353	8629870	14590627
四、按企业规模分					
大型企业	13292385	17143821	10711887	6420766	11694259
中型企业	5295080	8987446	6136367	2662803	4795933
五、按工业行业分					
煤炭开采和洗选业	1137236	2100031	758835	1341195	907654
石油和天然气开采业	6376529	4462531	2584356	1853965	5372538
黑色金属矿采选业	6763	37967	36739	1228	36471
有色金属矿采选业	131710	344585	286934	53820	822650
农副食品加工业	52644	124230	93745	30475	56373
食品制造业	96824	95869	76750	12046	121603
饮料制造业	171513	264981	223963	40936	219707
烟草制品业	123235	309715	298397	11317	272218
纺织业	316212	444693	345737	92749	229150
纺织服装、鞋、帽制造业	5014	18179	18022	157	9221
皮革、毛皮、羽毛(绒)及其制品业	4155	10211	8693	1518	4183
木材加工及木、竹、藤、棕、草制品业	8826	16175	3660	12515	8260
造纸及纸制品业	89177	79264	55086	24178	69541
印刷业和记录媒介的复制	131166	122281	109023	13257	214315
石油加工、炼焦及核燃料加工业	575721	936063	737967	158011	813644
化学原料及化学制品制造业	763123	1208205	501386	706658	371222
医药制造业	237694	463826	359575	104161	401760
橡胶制品业	13319	40416	33937	6479	9650
塑料制品业	10541	20549	3749	16700	4450
非金属矿物制品业	318528	493887	279838	207160	186607
黑色金属冶炼及压延加工业	292527	889855	721470	168385	244129
有色金属冶炼及压延加工业	245734	589734	430934	147468	332500
金属制品业	37929	110534	90538	19996	51579
通用设备制造业	234820	791512	720745	70306	400176
专用设备制造业	521677	1129225	862171	245524	637940
交通运输设备制造业	980483	3433348	2895190	506621	1550652
电气机械及器材制造业	344027	1163236	1013430	111185	279615
通信设备、计算机及其他电子设备制造业	600804	1312838	1098076	208103	900473
仪器仪表及文化、办公用机械制造业	104614	283553	236012	47541	78073
工艺品及其他制造业	108519	120304	63014	57290	95659
电力、热力的生产和供应业	4328656	4544762	1792159	2752603	1601268
燃气生产和供应业	105364	93905	69378	24478	76971
水的生产和供应业	112381	74804	38747	35545	109943

13－7 续表 8　　（2005 年）　　单位:万元

指　标	主营业务收入	#主营业务成本	#主营业务税金及附加	营业费用	管理费用
总　计	**27638388**	**19792966**	**787869**	**699331**	**1723272**
#亏损企业	3989737	3770264	104088	99972	268886
#国有控股企业	22070108	15400471	670107	348730	1495352
#农村工业	179721	141755	12363	5448	6790
一、按登记注册类型分					
内资企业	26244952	18821588	769532	514901	1665964
国有企业	12557154	9160503	511401	183162	902559
中央企业	5590311	4705274	212005	91568	366015
地方企业	6966843	4455229	299397	91595	536544
集体企业	132263	121300	558	1247	6770
股份合作企业	126354	84362	5604	2843	19340
联营企业	46223	30812	322	3956	2557
国有联营企业	46223	30812	322	3956	2557
有限责任公司	7090392	5894057	90340	203324	530052
国有独资公司	1484861	1227839	13536	18361	157956
其他有限责任公司	5605531	4666219	76805	184963	372096
股份有限公司	5664680	3003558	131943	99696	186610
私营企业	620311	519256	29297	20674	18077
私营独资企业	20685	18465	1084	864	700
私营有限责任公司	571253	480470	23603	19111	16558
私营股份有限公司	28374	20322	4609	700	819
其他企业	7576	7740	67		
港、澳、台商投资企业	483737	389485	1111	25191	14497
合资经营企业(港或澳、台资)	169530	152290	1111	4770	3860
合作经营企业(港或澳、台资)	205671	162471			6814
港澳台商独资经营企业	108536	74723		20421	3823
外商投资企业	909699	581893	17227	159239	42812
中外合资经营企业	767089	475528	13217	151559	39576
中外合作经营企业	13392	10832		189	776
外资企业	115614	85811		7488	2243
外商投资股份有限公司	13605	9722	4010	3	217
二、按经济组织类型分					
独资企业	12934251	9460802	513043	213182	916094
国有企业	12557154	9160503	511401	183162	902559
集体企业	132263	121300	558	1247	6770
私营独资企业	20685	18465	1084	864	700
港澳台商独资经营企业	108536	74723		20421	3823
外资企业	115614	85811		7488	2243
合作、合伙企业	399215	296217	5993	6988	29487
股份合作企业	126354	84362	5604	2843	19340
国有联营企业	46223	30812	322	3956	2557
合作经营企业(港或澳、台资)	205671	162471			6814
中外合作经营企业	13392	10832		189	776
其他企业(内资)	7576	7740	67		
股份有限公司	5706659	3033602	140563	100398	187646
股份有限公司(内资)	5664680	3003558	131943	99696	186610
私营股份有限公司	28374	20322	4609	700	819
外商投资股份有限公司	13605	9722	4010	3	217

13－7 续表9　　(2005年)

指　　标	主营业务收　入	主营业务成本	主营业务税金及加	营业费用	管理费用
有限责任公司	8598263	7002345	128270	378764	590045
国有独资公司	1484861	1227839	13536	18361	157956
私营有限责任公司	571253	480470	23603	19111	16558
合资经营企业(港或澳、台资)	169530	152290	1111	4770	3860
中外合资经营企业	767089	475528	13217	151559	39576
其他有限责任公司	5605531	4666219	76805	184963	372096
三、按轻重工业分					
轻工业	3374264	2228156	299521	322195	236350
重工业	24264124	17564810	488348	377136	1486922
四、按企业规模分					
大型企业	18472493	12606957	426553	261290	1131589
中型企业	9165895	7186009	361317	438041	591683
五、按工业行业分					
煤炭开采和洗选业	1436730	1026896	29305	29717	152587
石油和天然气开采业	6275831	2941243	145232	17782	214776
黑色金属矿采选业	40902	27259	1050	887	4986
有色金属矿采选业	763696	144491	7717	6316	93220
农副食品加工业	182823	148302	12147	9001	3317
食品制造业	343119	252952	8207	38335	9659
饮料制造业	383132	233753	28430	50737	26767
烟草制品业	592622	247746	221294	15816	58623
纺织业	473734	417671	13090	6257	31166
纺织服装、鞋、帽制造业	21378	16400	131	2554	2471
皮革、毛皮、羽毛(绒)及其制品业	5686	4447		506	1139
木材加工及木、竹、藤、棕、草制品业	7104	6525	38	105	179
造纸及纸制品业	122318	104878	329	2893	4474
印刷业和记录媒介的复制	186401	128976	2245	5598	28680
石油加工、炼焦及核燃料加工业	3154807	2860677	142816	10050	54529
化学原料及化学制品制造业	857336	676472	21602	26940	76782
医药制造业	680867	363388	1189	176275	35969
橡胶制品业	28259	21389	147	1276	4888
塑料制品业	13106	12413	6	701	764
非金属矿物制品业	321500	262574	12951	14897	25202
黑色金属冶炼及压延加工业	1175225	1087905	16614	19942	27678
有色金属冶炼及压延加工业	732805	585155	38765	11136	37335
金属制品业	101307	81479	502	2073	11309
通用设备制造业	841082	633285	18831	26944	79650
专用设备制造业	925208	731998	7711	28705	100125
交通运输设备制造业	2730271	2250514	28756	73785	270819
电气机械及器材制造业	951918	753166	8021	65543	100707
通信设备、计算机及其他电子设备制造业	1053089	902959	4908	37933	141501
仪器仪表及文化、办公用机械制造业	188806	151794	484	5121	30796
工艺品及其他制造业	94478	79357	153	600	11262
电力、热力的生产和供应业	2799122	2512162	14412	4261	64614
燃气生产和供应业	102230	84134	500	5816	8520
水的生产和供应业	51497	40608	288	832	8782

13－7 续表 10 （2005 年） 单位：万元

指 标	利息支出	利润总额	亏损企业亏损额	利税总额	本年应交增值税	全部从业人员年平均人数（人）
总 计	**465050**	**3871899**	**435866**	**6282807**	**1623039**	**841489**
#亏损企业	127816	－435866	435866	－211101	120677	172124
#国有控股企业	335249	3563685	344131	5553971	1320179	662017
#农村工业	3186	6188	168	29537	10986	12609
一、按登记注册类型分						
内资企业	453092	3726364	425423	6027416	1531519	811175
国有企业	170934	1535235	148147	2846144	799507	390258
中央企业	75021	79970	92502	575683	283707	180952
地方企业	95913	1455265	55645	2270461	515800	209306
集体企业	2125	2840	1374	8716	5319	12195
股份合作企业	4688	8340	2091	22504	8560	5967
联营企业	1477	5091		8962	3549	1664
国有联营企业	1477	5091		8962	3549	1664
有限责任公司	204950	222567	106109	577470	264563	292723
国有独资公司	61705	47489	16056	108904	47879	96244
其他有限责任公司	143246	175079	90053	468567	216684	196479
股份有限公司	58954	1940533	149140	2491822	419346	81852
私营企业	8851	13092	17229	72227	29839	26161
私营独资企业	386	－498	684	2685	2099	1297
私营有限责任公司	8122	14208	15884	63610	25799	23407
私营股份有限公司	343	－618	660	5933	1941	1457
其他企业	1114	－1334	1334	－430	837	355
港、澳、台商投资企业	6119	44337	5365	79433	33986	13033
合资经营企业（港或澳、台资）	1424	1793	3855	6651	3748	7320
合作经营企业（港或澳、台资）	4519	32596		56684	24088	2687
港澳台商独资经营企业	176	9948	1509	16098	6151	3026
外商投资企业	5839	101198	5079	175958	57534	17281
中外合资经营企业	5454	82491	4739	146331	50624	13663
中外合作经营企业	274	1623		2173	550	564
外资企业	113	17424		23515	6092	2254
外商投资股份有限公司	－2	－340	340	3939	269	800
二、按经济组织类型分						
独资企业	173734	1564948	141715	2897158	819167	409030
国有企业	170934	1535235	148147	2846144	799507	390258
集体企业	2125	2840	1374	8716	5319	12195
私营独资企业	386	－498	684	2685	2099	1297
港澳台商独资经营企业	176	9948	1509	16098	6151	3026
外资企业	113	17424		23515	6092	2254
合作、合伙企业	12072	46316	3425	89893	37584	11237
股份合作企业	4688	8340	2091	22504	8560	5967
国有联营企业	1477	5091		8962	3549	1664

13－7 续表 11　　　　　　　　　　(2005 年)　　　　　　　　　　单位:万元

指　　标	利息支出	利润总额	亏损企业亏损额	利税总额	本年应交增值税	全部从业人员年平均人数(人)
合作经营企业(港或澳、台资)	4519	32596		56684	24088	2687
中外合作经营企业	274	1623		2173	550	564
其他企业(内资)	1114	－1334	1334	－430	837	355
股份有限公司	59295	1939576	150140	2501694	421555	84109
股份有限公司(内资)	58954	1940533	149140	2491822	419346	81852
私营股份有限公司	343	－618	660	5933	1941	1457
外商投资股份有限公司	－2	－340	340	3939	269	800
有限责任公司	219950	321059	130587	794062	344733	337113
国有独资公司	61705	47489	16056	108904	47879	96244
私营有限责任公司	8122	14208	15884	63610	25799	23407
合资经营企业(港或澳、台资)	1424	1793	3855	6651	3748	7320
中外合资经营企业	5454	82491	4739	146331	50624	13663
其他有限责任公司	143246	175079	90053	468567	216684	196479
三、按轻重工业分						
轻工业	47364	212258	37942	737048	225268	162013
重工业	417687	3659640	397924	5545759	1397771	679476
四、按企业规模分						
大型企业	271669	3525118	140681	5116953	1165282	464944
中型企业	193382	346780	295186	1165854	457757	376545
五、按工业行业分						
煤炭开采和洗选业	37928	146287		296561	120970	78772
石油和天然气开采业	35208	2701303	27	3463456	616921	75795
黑色金属矿采选业	164	2413		7323	3860	2484
有色金属矿采选业	－1119	519969	786	589351	61664	14363
农副食品加工业	3172	5900		27502	9455	5161
食品制造业	2072	15135	340	36342	12999	9306
饮料制造业	5208	37833	2250	96122	29859	11336
烟草制品业	8392	43678	2360	329560	64588	6313
纺织业	11031	－5429	15049	28335	20675	67178
纺织服装、鞋、帽制造业	225	136		1399	1132	1461
皮革、毛皮、羽毛(绒)及其制品业	6	27		76	49	968
木材加工及木、竹、藤、棕、草制品业	756	－495	495	108	565	1009
造纸及纸制品业	2371	7022	648	10605	3254	13908
印刷业和记录媒介的复制	862	23270	2162	39904	14389	7772
石油加工、炼焦及核燃料加工业	10749	69023	109421	299213	87373	16197
化学原料及化学制品制造业	29728	31697	9988	92185	38886	41026
医药制造业	9739	86605	3616	138289	50496	16226
橡胶制品业	464	1021		2263	1095	3661
塑料制品业	1313	－2091	2091	－1904	182	495
非金属矿物制品业	14422	－6808	21863	28751	22609	27355
黑色金属冶炼及压延加工业	16958	1875	15776	52895	34406	20797
有色金属冶炼及压延加工业	14528	29298	3067	100277	32214	20130
金属制品业	1542	3021		9163	5639	7388
通用设备制造业	11605	73962	2651	133687	40894	31934
专用设备制造业	14905	47603	20075	82116	26803	51262
交通运输设备制造业	38188	95402	13938	183765	59608	125635
电气机械及器材制造业	16290	10168	13562	54056	35867	32318
通信设备、计算机及其他电子设备制造业	25412	－73077	94253	－46690	21480	51560
仪器仪表及文化、办公用机械制造业	5326	－1398	5764	3007	3921	12004
工艺品及其他制造业	－63	3252		3644	238	4261
电力、热力的生产和供应业	145478	5002	91940	212757	193343	76639
燃气生产和供应业	1613	2556		7240	4184	2853
水的生产和供应业	576	－2260	3745	1451	3424	3922

13－8　规模以上工业企业主要经济效益指标

（2005 年）　　　　单位：%

指　　标	总资产贡献率	资本保值增值率	资产负债率	流动资产周转率	成本费用利润率
总　　计	**15.38**	**124.29**	**62.15**	**1.72**	**14.46**
#亏损企业	－1.54	134.97	80.69	1.34	－10.87
#国有及国有控股企业	16.51	121.87	61.88	1.7	18.95
#农村工业	20.11	167.45	48.92	2.21	6.76
一、按登记注册类型分					
内资企业	15.41	125.49	62.62	1.73	14.75
国有企业	16.51	158.6	60.81	1.78	13.71
中央企业	7.94	133.31	62.72	1.63	1.38
地方企业	23.42	183.62	59.3	1.92	25.41
集体企业	20.68	139.32	53.8	2.47	9.13
股份合作企业	12.14	122.2	68.38	1.81	4.77
联营企业	13.52	71.06	78.03	2.34	6.75
国有联营企业	11.24	64.86	82.58	1.95	7.58
集体联营企业	28.8	215.36	39.45	2.81	24.72
国有与集体联营企业	22.84	30.45	72.27	4.29	0.52
其他联营企业	11.22	83.39	75.86	2.37	2.77
有限责任公司	6.42	104.15	70.57	1.3	3.19
国有独资公司	3.92	74.92	70.42	1.12	2.95
其他有限责任公司	7.41	119.42	70.61	1.35	3.24
股份有限公司	29.36	107.76	54.64	2.44	51.7
私营企业	11.84	126.27	58.65	2.29	3.44
私营独资企业	17.46	135.19	51.51	2.31	9.09
私营合作企业	43.32	412.94	22.96	2.89	22.16
私营有限责任公司	9.87	112.1	62.18	2.34	2.12
私营股份有限公司	11.63	167.54	53.05	1.78	1.88
其他企业	10.73		61.96	1.19	－2.28
港、澳、台商投资企业	11.22	89.7	51.14	1.68	8.39
合资经营企业（港或澳、台资）	4.73	83.45	69.6	1.63	1.17
合作经营企业（港或澳、台资）	14.47	90.48	38.43	1.36	18.79
港澳台商独资经营企业	21.93	252.9	44.29	2.91	7.45
港澳台商投资股份有限公司	0.01	0.85	55.71	1.34	－2.92
外商投资企业	16.89	121.55	53.25	1.67	11.13
中外合资经营企业	18.08	135.23	51.28	1.62	11.38
中外合作经营企业	4.33	130.92	71.1	2.12	4.35
外资企业	15.39	69.26	55.53	2.19	13.44
外商投资股份有限公司	12.31	62.85	72.89	1.09	－3.84

13－8续表1　　(2005年)　　单位:%

指　标	总资产贡献率	资本保值增值率	资产负债率	流动资产周转率	成本费用利润率
二、按经济组织类型分					
独资企业	16.66	156.23	60.39	1.82	13.35
国有企业	16.51	158.6	60.81	1.78	13.71
集体企业	20.68	139.32	53.8	2.47	9.13
私营独资企业	17.46	135.19	51.51	2.31	9.09
港澳台商独资经营企业	21.93	252.9	44.29	2.91	7.45
外资企业	15.39	69.26	55.53	2.19	13.44
合作、合伙企业	14.33	115.48	55.1	1.75	10.24
股份合作企业	12.14	122.2	68.38	1.81	4.77
国有联营企业	11.24	64.86	82.58	1.95	7.58
集体联营企业	28.8	215.36	39.45	2.81	24.72
国有与集体联营企业	22.84	30.45	72.27	4.29	0.52
其他联营企业	11.22	83.39	75.86	2.37	2.77
私营合伙企业	43.32	412.94	22.96	2.89	22.16
合作经营企业(港或澳、台资)	14.47	90.48	38.43	1.36	18.79
中外合作经营企业	4.33	130.92	71.1	2.12	4.35
其他企业(内资)	10.73		61.96	1.19	-2.28
股份有限公司	28.89	107.3	54.68	204	49.35
股份有限公司(内资)	29.36	107.76	54.64	2.44	51.7
私营股份有限公司	11.63	167.54	53.05	1.78	1.88
港澳台商投资股份有限公司	0.01	0.85	55.71	1.34	-2.92
外商投资股份有限公司	12.31	62.85	72.89	1.09	-3.84
有限责任公司	7.41	107.07	68.55	1.42	3.77
国有独资公司	3.92	74.92	70.42	1.12	2.95
私营有限责任公司	9.87	112.1	62.18	2.34	2.12
合资经营企业(港或澳、台资)	4.73	83.45	69.6	1.63	1.17
中外合资经营企业	18.08	135.23	51.28	1.62	11.38
其他有限责任公司	7.41	119.42	70.61	1.35	3.24
三、按轻重工业分					
轻工业	12.7	104.25	60.05	1.71	4.5
重工业	15.87	128.51	62.48	1.73	16.5
四、按企业规模分					
大型企业	20.31	125.66	59.09	1.81	24.69
中型企业	10.41	123.35	65.18	1.65	4.11
小型企业	7.17	120.07	67.95	1.57	2.71

13－8续表2　　(2005年)　　单位%

指　　标	总资产贡献率	资本保值增值率	资产负债率	流动资产周转率	成本费用利润率
五、按工业行业分					
煤炭开采和洗选业	14.91	146.85	64.27	1.86	15.86
石油和天然气开采业	40.47	137.16	45.61	3.7	83.33
黑色金属矿采选业	12.23	86.64	59.58	1.54	6.75
铁矿采选	13.19	162.42	58.57	1.65	5.79
有色金属矿采选业	60.53	239.7	34.99	1.5	141.52
常用有色金属矿采选	33.6	118.03	61.05	1.71	27.4
贵金属矿采选	5.24	113.38	68.65	1.98	3.22
非金属矿采选业	10.66	119.61	59.91	1.78	3.97
农副食品加工业	12.16	132.23	65.16	3.46	1.54
谷物磨制	28.1	154.92	69.68	3.51	0.86
饲料加工	7.23	123.02	51.79	4.38	3.28
植物油加工	5.11	145.55	65.77	3.69	0.16
屠宰及肉类加工	5.19	105.75	61.11	4	2.01
其他农副食品加工	10.27	134.27	73.27	2.22	3.08
食品制造业	13.68	111.76	52.99	2.98	3.37
焙烤食品制造	9.18	150.05	60.87	1.65	4.08
方便食品制造	15.6	119.2	56.21	2.69	2.17
液体乳及乳制品制造	15.24	107.7	47.46	3.64	4.15
调味品、发酵制品制造	3.83	90.48	70.94	1.42	-0.87
饮料制造业	13.94	133.24	63.05	1.62	7.64
酒的制造	30.45	108.66	57.18	2.08	8.05
软饮料制造	7.7	143.52	63.56	1.41	7.89
烟草制品业	56.43	115.27	54.05	1.36	12.94
纺织业	5.37	126.51	75.52	1.89	-1.99
棉、化纤纺织及印染精加工	7.24	106.38	64.35	2.36	-0.34
毛纺织和染整精加工	-0.64	45.82	121.75	0.48	-16.54
丝绢纺织及精加工	-2.03	462.1	125.28	2.13	-6.85
纺织制成品制造	1.8	306.39	76.1	1.17	-2.96
针织品、编织品及其制品制造	3.23	110.7	65.99	2.29	-2.9
纺织服装、鞋、帽制造业	4.47	76.04	79.63	0.82	0.19
纺织服装制造	4.47	76.04	79.63	0.82	0.19
皮革、毛皮、羽毛(绒)及其制品业	0.51	54.05	77.88	0.41	-5.24
木材加工及木、竹、藤、棕、草制品业	1.91	69.81	71.96	1.32	-5.77
家具制造业	5.32	123.3	58.5	1.53	0.14
造纸及纸制品业	5.52	119.49	64.21	2.16	2.1
造　纸	4.71	115.48	64.71	2.24	1.66
纸制品制造	8.15	114.6	62.8	1.94	3.5
印刷业和记录媒介的复制	9.31	95.48	43.34	1.34	9.65
文教体育用品制造业	13.88	89.86	19.5	1.45	5.02
石油加工、炼焦及核燃料加工业	20.97	195.42	54.27	4.39	2.13
原油加工及石油制品制造	24.71	183.16	51.71	5.94	2.69
炼　焦	9.7	250.57	61	1.39	-2.28

13－8 续表 3　　（2005 年）　　单位：%

指　　标	总资产贡献率	资本保值增值率	资产负债率	流动资产周转率	成本费用利润率
化学原料及化学制品制造业	8.44	157.92	72.95	1.75	3.26
基础化学原料制造	8.81	127.52	67.62	1.73	-0.96
肥料制造	8.87	117.05	85.42	2.01	5.18
农药制造	3.03	97.61	47.53	1.32	-0.39
涂料、油墨、颜料及类似产品制造	7.76	331.7	56.69	2.38	1.62
合成材料制造	0.72	-326.23	80.88	0.33	-0.81
专用化学产品制造	8.89	224.88	56.64	1.79	5.74
日用化学产品制造	8.18	86.27	71.28	1.62	1.17
医药制造业	12.48	120.84	53.81	1.36	9.41
化学药品原药制造	9.1	123.46	51.77	1.1	11.7
化学药品制剂制造	22.24	115.91	52.09	2.07	11.07
中药饮片加工	4.37	68.26	45.52	1.24	2.24
中成药制造	8.26	130.83	55.36	1.13	3.2
生物、生化制品的制造	9.85	127.82	56.19	0.74	17.41
化学纤维制造业	14.57	97.59	34.22	1.07	25.34
橡胶制品业	6.51	76.15	80.24	1.14	3.53
塑料制品业	2.76	70.14	77.4	1.43	-2.09
非金属矿物制品业	4.11	104.37	71.82	1.4	-2.96
水泥、石灰和石膏的制造	3.75	101.29	71.79	1.53	-3.91
水泥及石膏制品制造	0.85	64.7	77.39	0.91	-5.73
涂料、油墨、颜料及	1.6	103.45	69.05	1.65	-1.92
玻璃及玻璃制品制造	16.48	268.05	45.17	1.92	7.03
陶瓷制品制造	1.18	77	86.05	0.43	-0.48
耐火材料制品制造	2.12	117.47	130.51	0.93	0.17
黑色金属冶炼及压延加工业	4.53	87.69	79.03	2	-1.85
炼铁	2.34	20.79	84.5	0.92	-1.9
炼钢	4.11	94.75	85.22	2.52	-1.22
钢压延加工	5.3	90.01	68.89	1.54	-2.82
铁合金冶炼	4.74	70.76	81.5	1.91	-2.93
有色金属冶炼及压延加工业	12.83	141.57	63.44	1.92	3.96
常用有色金属冶炼	9.63	120.84	63.23	1.93	1.88
贵金属冶炼	5.51	500.33	66.32	5.44	3.82
稀有稀土金属冶炼	19.1	155.17	59.73	4.04	2.25
有色金属合金制造	7.84	136.48	64.03	1.8	2.13
有色金属压延加工	16.79	171.43	63.78	1.74	6.79
金属制品业	5.41	74.98	65.78	1.22	2.47
通用设备制造业	9.83	108.12	69.74	1.05	7.23
锅炉及原动机制造	2.33	167.02	77.96	0.79	0.91
金属加工机械制造	13.98	103.57	65.02	1.28	7.54
泵、阀门、压缩机及类似机械的制造	11.52	106.53	50.57	1.06	11.93
轴承、齿轮、传动和驱动部件的制造	-3.34	36.79	88.86	0.35	-22.17
风机、衡器、包装设备等通用设备	13.62	177.48	79.26	0.88	13.89
金属铸、锻加工	4.36	35.73	56.79	2.27	0.94

13－8 续表4　（2005年）　单位:%

指　标	总资产贡献率	资本保值增值率	资产负债率	流动资产周转率	成本费用利润率
专用设备制造业	6.05	204.37	66.39	0.96	4.6
矿山、冶金、建筑专用设备制造	4.1	129.43	79.15	0.78	0.65
食品、饮料、烟草及饲料生产专用设备制造	-1.54	93.46	72.23	0.8	-9.38
纺织、服装和皮革工业专用设备制造	15.92	146.03	46.36	1.41	15.46
电子和电工机械专用设备制造	4.47	1413.86	55.17	1.25	2.99
农、林、牧、渔专用机械制造	1.26	248.48	101.94	0.33	-6.06
医疗仪器设备及器械制造	10.34	129.07	62.29	0.74	13.64
交通运输设备制造业	4.92	139.02	69.64	0.93	3.57
铁路运输设备制造	15.56	161.66	66.91	1.21	4.68
汽车制造	8.41	138.55	61.63	1.36	5.28
自行车制造	-6.66	81.56	67.35	1.22	-21.67
航空航天器制造	2.72	131.88	72.94	0.75	2.54
电气机械及器材制造业	5.09	102.29	74.25	1.13	1.19
电机制造	6.6	228.76	75.84	1.96	0.89
输配电及控制设备制造	6.87	102.74	69.82	1.05	3.37
电线、电缆、光缆及电工器材制造	1.01	40.75	85.8	1.14	-4.93
家用电力器具制造	-0.68	-76.11	94.49	1.49	-10.51
照明器具制造	-4.93	244.43	84.12	0.37	-32.93
通信设备、计算机及其他电子设备制造业	-0.54	109.96	57.01	0.86	-6.09
通信设备制造	0.01	60.72	62.23	0.52	-5.72
雷达及配套设备制造	1.17	113.58	46.09	0.57	1.53
广播电视设备制造	-0.32	171.8	114.38	0.25	-15.95
电子计算机制造	0.46	31.52	55.91	1.63	-0.75
电子器件制造	-1.8	95.88	52.16	1.34	-7.3
电子元件制造	-0.88	143.77	54.78	1	-6.41
家用视听设备制造	-2.11	65.43	88.42	0.83	-9.74
仪器仪表及文化、办公用机械制造业	4.56	74.78	72.58	0.97	3.19
通用仪器仪表制造	4.57	68.34	69.99	0.74	3.32
专用仪器仪表制造	4.85	78.55	80.35	0.95	3.08
光学仪器及眼镜制造	4.25	90.71	67.19	1.28	3.12
工艺品及其他制造业	0.64	24.38	54.38	1.15	2.93
废弃资源和废旧材料回收加工业	30.21	108.45	54.74	1.82	17.19
电力、热力的生产和供应业	5.68	87.79	74.98	2.07	0.26
电力生产	5.24	104.93	87.12	1.7	-1.52
电力供应	6.55	83.30	61.77	2.47	1.64
热力生产和供应	-3.17	71.66	58.17	0.52	-19.25
燃气生产和供应业	5.26	98.87	56.92	3.14	2.82
水的生产和供应业	0.61	103.46	47.05	1.36	-6.38

13－8 续表 5　　(2005 年)

指　　标	工业全员劳动生产率（元/人）	工业产品销售率（%）	产值利税率（%）	每百元固定资产实现利税（元）	每百元销售收入实现利税（元）
总　　计	**111094**	**97.74**	**19.9**	**19.66**	**20.47**
#亏损企业	40663	95.27	-5.73	-4.87	-6.15
#国有及国有控股企业	122802	98.76	23.86	20.43	24.22
#农村工业	67777	94.84	18.16	33.67	18.79
一、按登记注册类型分					
内资企业	108090	97.85	20.31	19.66	20.76
国有企业	113572	98.66	21.7	19.66	21.82
中央企业	96810	99.54	10.71	9.25	10.15
地方企业	124794	98.05	29.29	27.48	30.77
集体企业	62365	95.4	15.71	38.71	16.01
股份合作企业	56477	92.93	12.86	16.03	14.02
联营企业	68954	99.61	15.08	21.22	15.09
国有联营企业	71112	98.22	14.95	15.24	14.66
集体联营企业	78083	109.25	26.09	53.63	29.16
国有与集体联营企业	65692	104.17	14.29	93.7	13.53
其他联营企业	59394	92.85	10.17	17.41	11.24
有限责任公司	67480	97.42	8.03	8.77	8.33
国有独资公司	44062	97.51	6.57	4.3	7.06
其他有限责任公司	75715	97.4	8.35	10.64	8.59
股份有限公司	297678	99.06	40.96	30.37	41.37
私营企业	72705	92.62	8.75	19.08	9.61
私营独资企业	69230	95.07	14.18	27.22	15.22
私营合作企业	116123	98.88	29.76	48.4	29.6
私营有限责任公司	72557	92.29	7.03	15.83	7.77
私营股份有限公司	60857	90.2	8.8	19.53	9.74
其他企业	62232	96.68	6.38	5.87	6.37
港、澳、台商投资企业	173365	97.36	11.57	9.64	14.58
合资经营企业(港或澳、台资)	119864	98.6	2.95	6.94	4.58
合作经营企业(港或澳、台资)	508915	99.98	27.06	8.91	27.49
港澳台商独资经营企业	114530	90.26	11.63	20.81	12.87
港澳台商投资股份有限公司	59000	100	0.3	1.55	0.3
外商投资企业	186079	95.7	15.45	30.63	16.67
中外合资经营企业	199861	95.61	16.15	34.47	17.29
中外合作经营企业	135167	97.37	5	4.86	5.6
外资企业	199346	95.2	14.55	27.52	16.23
外商投资股份有限公司	43110	99.92	12.89	15.98	14.69

13－8续表6　(2005年)

指　　标	工业全员劳动生产率(元/人)	工业产品销售率(%)	产值利税率(%)	每百元固定资产实现利税(元)	每百元销售收入实现利税(元)
二、按经济组织类型分					
独资企业	108452	98.31	21.09	20.15	21.29
国有企业	113572	98.66	21.7	19.66	21.82
集体企业	62365	95.4	15.71	38.71	16.01
私营独资企业	69230	95.07	14.18	27.22	15.22
港澳台商独资经营企业	114530	90.26	11.63	20.81	12.87
外资企业	199346	95.2	14.55	27.52	16.23
合作、合伙企业	103853	96.8	17.99	12.69	18.81
股份合作企业	56477	92.93	12.86	16.03	14.02
国有联营企业	71112	98.22	14.95	15.24	14.66
集体联营企业	78083	109.25	26.09	53.63	29.16
国有与集体联营企业	65692	104.17	14.29	93.7	13.53
其他联营企业	59394	92.85	10.17	17.41	11.24
私营合伙企业	116123	98.88	29.76	48.4	29.6
合作经营企业(港或澳、台资)	508915	99.98	27.06	8.91	27.49
中外合作经营企业	135167	97.37	5	4.86	5.6
其他企业(内资)	62232	96.68	6.38	5.87	6.37
股份有限公司	271501	98.8	39.86	30.22	40.39
股份有限公司(内资)	297678	99.06	40.96	30.37	41.37
私营股份有限公司	60857	90.2	8.8	19.53	9.74
港澳台商投资股份有限公司	59000	100	0.3	1.55	0.3
外商投资股份有限公司	43110	99.92	12.89	15.98	14.69
有限责任公司	75522	96.6	8.56	10.79	9.07
国有独资公司	44062	97.51	6.57	4.3	7.06
私营有限责任公司	72557	92.29	7.03	15.83	7.77
合资经营企业(港或澳、台资)	119864	98.6	2.95	6.94	4.58
中外合资经营企业	199861	95.61	16.15	34.47	17.29
其他有限责任公司	75715	97.4	8.35	10.64	8.59
三、按轻重工业分					
轻工业	74784	96.27	14.23	20.68	15.68
重工业	122659	98.05	21.09	19.52	21.4
四、按企业规模分					
大型企业	175275	99	27.57	23.5	27.7
中型企业	79407	97.14	12.14	13.88	12.69
小型企业	59657	94.69	8.24	11.33	8.93

13－8 续表 7　　　　　　　　　　　　(2005 年)

指　　　标	工业全员劳动生产率(元/人)	工业产品销售率(%)	产值利税率(%)	每百元固定资产实现利税(元)	每百元销售收入实现利税(元)
五、按工业行业分					
煤炭开采和洗选业	86141	99.37	26.19	22.98	24.54
石油和天然气开采业	554050	100.45	55.69	32.75	54.95
黑色金属矿采选业	54989	95.1	13.9	40.58	16.64
铁矿采选	63394	96.72	13.32	40.05	15.65
有色金属矿采选业	271848	98.16	65.56	157.69	67.21
常用有色金属矿采选	81554	95.35	28.49	59.42	30.03
贵金属矿采选	32015	99.52	6.26	4.17	6.67
非金属矿采选业	55392	96.6	8.86	15.6	10.39
农副食品加工业	87665	96.55	5.41	18.9	5.71
谷物磨制	124828	97.16	14.15	49.44	15.42
饲料加工	133604	96.43	2.88	11.27	3.06
植物油加工	115125	99.66	0.62	2.22	0.6
屠宰及肉类加工	28458	97.84	2.39	6.56	2.65
其他农副食品加工	138335	88.86	4.41	16.49	4.96
食品制造业	82029	96.58	9.11	19.87	9.88
焙烤食品制造	39912	101.62	10.89	16.2	10.88
方便食品制造	97705	96.84	11.34	19.61	12.26
液体乳及乳制品制造	98822	96.53	8.6	22.84	9.4
调味品、发酵制品制造	24902	94.13	5.75	7.11	5.85
饮料制造业	109325	96.42	17.52	22.19	18.25
酒的制造	94511	97.48	29.5	64.32	29.58
软饮料制造	142177	95.6	10.2	10.6	10.92
烟草制品业	577666	99.92	54.76	119.39	55.08
纺织业	25071	96.32	5.04	5.49	5.52
棉、化纤纺织及印染精加工	24831	97.52	7.43	7.63	8.13
毛纺织和染整精加工	4651	92.09	－17.69	－25.28	－18.81
丝绢纺织及精加工	24968	92.46	－4.39	－6.47	－4.7
纺织制成品制造	43447	83.37	0.98	1.16	1.13
针织品、编织品及其制品制造	34800	94	2.8	5.2	3.23
纺织服装、鞋、帽制造业	33411	117.13	5.62	11.83	4.94
纺织服装制造	33411	117.13	5.62	11.83	4.94
皮革、毛皮、羽毛(绒)及其制品业	30196	99.84	－1.73	－1.18	－2.23
木材加工及木、竹、藤、棕、草制品业	27756	98.92	－0.14	－0.1	－0.16
家具制造业	28682	92.19	3.9	11.32	4.49
造纸及纸制品业	30951	97.51	5.41	6.09	5.69
造　纸	26768	98.4	4.8	4.74	4.85
纸制品制造	53287	95.15	7.06	12.32	8.29
印刷业和记录媒介的复制	67920	94.64	16.68	13.61	16.91
文教体育用品制造业	31953	95.72	12	42.83	12.18
石油加工、炼焦及核燃料加工业	274190	97.05	9.34	33.31	9.38
原油加工及石油制品制造	530486	97.45	9.28	35.63	9.35
炼　焦	80928	93.68	9.86	21.93	9.65

13－8 续表 8 (2005 年)

指 标	工业全员劳动生产率（元/人）	工业产品销售率（%）	产值利税率（%）	每百元固定资产实现利税（元）	每百元销售收入实现利税（元）
化学原料及化学制品制造业	62884	97.05	9.3	9.4	9.75
基础化学原料制造	63761	97.72	6.85	7.22	7.04
肥料制造	66420	97.59	12.55	9.49	13.23
农药制造	77522	87.92	2.31	3.14	2.57
涂料、油墨、颜料及类似产品制造	70358	95.04	3.98	18.1	4.52
合成材料制造	47883	95.07	2.26	3.3	2.67
专用化学产品制造	56340	96.6	8.74	12.43	9.1
日用化学产品制造	70079	95.63	6.58	8.34	6.9
医药制造业	133814	93.78	13.54	25.45	16.15
化学药品原药制造	101133	86.71	13.68	18.94	16.26
化学药品制剂制造	187450	97.44	16.34	57.51	17.65
中药饮片加工	120570	87.57	7.75	8.17	8.87
中成药制造	97395	90.73	8.34	13.87	11.79
生物、生化制品的制造	155477	95.93	18.23	15.91	21.98
化学纤维制造业	223426	96.11	21.76	24.83	23.01
橡胶制品业	26119	91.84	7.88	12.42	8.99
塑料制品业	59142	89.79	0.84	1.12	0.83
非金属矿物制品业	37130	94.55	5.01	3.94	5.46
水泥、石灰和石膏的制造	38103	94.78	3.74	2.59	4.05
水泥及石膏制品制造	47584	95.85	0.08	0.08	0.1
涂料、油墨、颜料及	25524	92.17	0.86	0.84	1.04
玻璃及玻璃制品制造	28922	92.57	20.87	25.38	21.92
陶瓷制品制造	32002	94.44	6.77	7.49	10.02
耐火材料制品制造	54080	88.82	6.71	3.64	4.05
黑色金属冶炼及压延加工业	113915	90.96	2.25	5.87	2.53
炼铁	87893	90.79	3.98	22.49	3.98
炼钢	115535	90.31	1.96	5.71	2.35
钢压延加工	119210	92.05	2.7	5.39	2.7
铁合金冶炼	94176	92.16	2.7	13.39	3.05
有色金属冶炼及压延加工业	101663	97.06	10.8	23.75	11.86
常用有色金属冶炼	87743	96.12	9.41	17.79	9.72
贵金属冶炼	34050	98.61	4.13	7.61	4.16
稀有稀土金属冶炼	63570	101.83	6.62	32.64	6.63
有色金属合金制造	23276	101.33	4.83	15.93	5.19
有色金属压延加工	155163	97.11	13.06	31.05	15.45
金属制品业	52100	96.95	7.94	10.51	8.06
通用设备制造业	67105	97.16	12.08	25.94	13.31
锅炉及原动机制造	33222	97.81	2.83	3.65	3.65
金属加工机械制造	67312	100.68	14.98	30.7	15.86
泵、阀门、压缩机及类似机械的制造	70208	96.01	14.73	29.28	15.25
轴承、齿轮、传动和驱动部件的制造	27610	86.49	－18.58	－16.28	－25.21
风机、衡器、包装设备等通用设备	140903	95.37	16.45	53.71	18.85
金属铸、锻加工	50564	95.52	6.31	19.41	6.67

13－8 续表 9

(2005 年)

指　　标	工业全员劳动生产率(元/人)	工业产品销售率(%)	产值利税率(%)	每百元固定资产实现利税(元)	每百元销售收入实现利税(元)
专用设备制造业	52416	94.91	7.69	8.33	8.19
矿山、冶金、建筑专用设备制造	56295	94.39	5.18	6.19	5.7
食品、饮料、烟草及饲料生产专用设备制造	17888	90.55	-5.14	-4.06	-6.34
纺织、服装和皮革工业专用设备制造	95399	95.66	19.3	33.43	18.32
电子和电工机械专用设备制造	50265	96.02	3.54	2.8	3.82
农、林、牧、渔专用机械制造	7282	102.36	-3.18	-1.08	-3.13
医疗仪器设备及器械制造	50098	80.99	15.99	27.45	20.49
交通运输设备制造业	57928	98.77	6.53	9.53	6.71
铁路运输设备制造	61014	94.86	12.47	28	14.09
汽车制造	75596	98.99	8.62	17.34	9.08
自行车制造	12916	98.84	-29.7	-7.66	-26.61
航空航天器制造	49902	99.64	3.9	4.63	3.9
电气机械及器材制造业	86288	97.03	5.4	9.34	5.54
电机制造	60349	93.93	4.42	17.12	4.13
输配电及控制设备制造	107989	98.57	7.46	14.76	7.72
电线、电缆、光缆及电工器材制造	94438	91.04	-1.05	-1.59	-1.1
家用电力器具制造	22886	98.55	-3.43	-1.75	-3.23
照明器具制造	6625	97.37	-37.01	-12.83	-41.68
通信设备、计算机及其他电子设备制造业	63968	98.68	-3.17	-3.57	-3.44
通信设备制造	55953	101.27	-3.89	-4.99	-2.83
雷达及配套设备制造	40803	102.38	2.76	2.54	2.61
广播电视设备制造	41985	87.64	-10.5	-23.76	-14.81
电子计算机制造	160807	90.46	0.71	6.16	0.79
电子器件制造	43594	96.1	-5.04	-5.57	-5.18
电子元件制造	64506	99.94	-3.57	-3.67	-3.56
家用视听设备制造	210136	100	-0.57	-4.25	-5.06
仪器仪表及文化、办公用机械制造业	56834	96.21	6.99	8.05	6.75
通用仪器仪表制造	64550	85.12	9.62	13.02	8.5
专用仪器仪表制造	62898	98.08	7.54	8.06	7.6
光学仪器及眼镜制造	44702	101.57	4.57	5.17	4.5
工艺品及其他制造业	60339	100.6	3.68	1.73	3.62
废弃资源和废旧材料回收加工业	662711	100	18.95	220.21	18.68
电力、热力的生产和供应业	104513	99.37	8	3.2	7.79
电力生产	131002	98.37	7.93	2.08	8.14
电力供应	88380	100	8.42	4.98	7.94
热力生产和供应	34238	98.17	-21.87	-7.22	-22.27
燃气生产和供应业	79180	107.77	7.96	5.18	7.49
水的生产和供应业	35139	95.8	0.64	0.17	0.69

13-9 国有及国有控股工业企业主要经济效益指标

(2005年) 单位:%

指 标	总资产贡献率	资本保值增值率	资产负债率	流动资产周转率	成本费用利润率
总 计	**16.51**	**121.87**	**61.88**	**1.7**	**18.95**
#亏损企业	-2.45	138.11	82.31	1.35	-12.43
一、按隶属关系分					
中央企业	16.75	118.2	60.25	1.72	21.96
地方企业	16.25	126.45	63.61	1.69	15.94
二、按轻重工业分					
轻工业	14	81.08	64.32	1.42	3.72
重工业	16.78	126.77	61.68	1.73	20.2
三、按企业规模分					
大型企业	21.06	124.95	56.68	1.8	27.31
中型企业	9.27	113.58	69.9	1.68	2.71
小型企业	1.5	102.38	84.8	0.91	-5.97
四、按工业行业分					
煤炭开采和洗选业	8.96	104.09	58.43	1.5	13.21
石油和天然气开采业	40.47	137.09	45.62	3.71	83.38
黑色金属矿采选业	6.65	104.03	42.05	1.74	1.49
铁矿采选	7.82	4696.67	40.56	1.96	-1.2
有色金属矿采选业	66.2	264.97	32.18	1.39	195.63
常用有色金属矿采选	36.76	120.96	66.39	1.14	59.28
贵金属矿采选	7.38	134.76	69.49	1.94	4.7
非金属矿采选业	2.51	21.95	77.98	0.82	-1.3
农副食品加工业	0.58	174.13	79.67	1.64	-1.82
谷物磨制	-2.56	122.32	112.58	2.77	-3.2
饲料加工	2.87	-66.54	71.01	3.78	0.84
植物油加工	-0.89	-25.77	95.54	1.09	-9.04
屠宰及肉类加工	1.47	103.99	70.12	1.23	
其他农副食品加工	-14.28		99.69	0.07	-86.63
食品制造业	8.41	113.27	78.54	1.57	-1.47
焙烤食品制造	13.55	290.09	62.35	1.56	9.24
方便食品制造	-0.99	85.77	81.95	0.33	-91.07
液体乳及乳制品制造	31.2	196.75	71.87	1.86	-8.51
调味品、发酵制品制造	10.89	39.8	88.53	2.78	-1.72
饮料制造业	25.01	108.59	71.33	1.85	8.9
酒的制造	35.91	83.66	61.03	2.19	12.32
软饮料制造	-1.25	-56.97	90.41	0.89	-8.61
烟草制品业	56.49	115.79	54.05	1.36	12.94
纺织业	3.21	138.8	78.43	1.8	-4
棉、化纤纺织及印染精加工	5.05	103.57	62.37	2.08	-1.33
毛纺织和染整精加工	-3.4	49	148.79	0.47	-31.87
丝绢纺织及精加工	-9.78	187.04	166.65	1.89	-19.84
纺织制成品制造	0.52	128.46	105.07	1.64	-4.26
针织品、编织品及其制品制造	-4.06	-22.35	97.06	0.5	-21.44
纺织服装、鞋、帽制造业	5.9	42.44	39.71	1.65	1.89
纺织服装制造	5.9	42.44	39.71	1.65	1.89
皮革、毛皮、羽毛(绒)及其制品业	0.43	-1635.23	72.5	0.86	0.28
木材加工及木、竹、藤、棕、草制品业	1.78	33.88	72.83	1.12	0.31

13－9 续表1　　　　(2005年)　　　　单位:%

指　标	总资产贡献率	资本保值增值率	资产负债率	流动资产周转率	成本费用利润率
家具制造业	-1.57	35.95	81.3	0.6	-11.92
造纸及纸制品业	-0.5	69.41	93.23	0.43	-11.55
造　纸	-0.96	167.21	91.59	0.38	-14.91
纸制品制造	1.36	-13.16	128.27	1.09	5.96
印刷业和记录媒介的复制	9.18	61.72	45.31	1.53	9.84
文教体育用品制造业	5.67	96.85	15.05	0.39	1.49
石油加工、炼焦及核燃料加工业	22.17	186.13	53.38	5.64	1.84
原油加工及石油制品制造	24.15	195.33	51.55	6.01	2.15
炼　焦	-2.73	48.43	85.8	1.41	-11.09
化学原料及化学制品制造业	8.13	201.27	77.58	1.6	3.81
基础化学原料制造	9.32	135.73	66.96	1.47	0.25
肥料制造	8.79	110.5	91.81	1.9	6.14
农药制造	5.48	102.5	65.09	1.83	0.94
涂料、油墨、颜料及类似产品制造	6.81	1162.21	47.15	2	2.11
合成材料制造	-0.71	-233.09	84.02	0.03	-35.94
专用化学产品制造	7.82	527.59	60.14	1.75	4.04
医药制造业	8.81	90.24	57.56	1.27	0.85
化学药品原药制造	3.23	230.86	52.26	0.92	2.24
化学药品制剂制造	20.75	70.6	45.27	2.5	2.53
中成药制造	7.2	91.12	66.52	0.82	-3.57
生物、生化制品的制造	23.98		45.84	1.27	16.74
化学纤维制造业	24.89		31.7	1.05	31.93
橡胶制品业	5.94	92.91	81.08	1.06	3.23
塑料制品业	1.49	-15.33	105.04	0.61	-8.14
非金属矿物制品业	-1.04	94.83	81.59	0.91	-12.95
水泥、石灰和石膏的制造	-1.38	83.72	78.6	0.99	-14.39
水泥及石膏制品制造	-0.2	38.19	85.81	0.65	-9.57
涂料、油墨、颜料及	-2.49	58.67	85.31	0.58	-31.22
玻璃及玻璃制品制造	6.66	-206.96	39.76	1.64	4.82
陶瓷制品制造	-0.31	-7.35	95.16	0.02	-108.79
耐火材料制品制造	-8.02	137.7	182.31	0.35	-104.61
黑色金属冶炼及压延加工业	4.39	64.71	70.18	1.15	-5.46
炼铁	15	71.49	36.06	1.12	56.54
炼钢	-4.67	3880.5	90.8	4.7	-4.55
钢压延加工	4.52	63.77	68.99	1.01	-6.11
铁合金冶炼	-0.37	26.05	81.56	1.93	-5.46
有色金属冶炼及压延加工业	12.43	160.45	67.61	1.67	4.62
常用有色金属冶炼	7.22	122.77	73.59	2.16	1.85
贵金属冶炼	5.51	500.33	66.32	5.44	3.82
稀有稀土金属冶炼	28.07	479.35	33.94	1.11	-1.95
有色金属压延加工	17.22	185.1	63.2	1.32	8.31
金属制品业	6.12	157.15	68.48	1.18	1.9

13－9 续表2　　(2005年)　　单位:%

指　　标	总资产贡献率	资本保值增值率	资产负债率	流动资产周转率	成本费用利润率
通用设备制造业	10.07	110.2	73.52	0.95	8.39
锅炉及原动机制造	2.12	159.25	83.4	0.75	0.69
金属加工机械制造	14.3	101.71	65.31	1.27	7.97
泵、阀门、压缩机及类似机械的制造	6.62	97.32	49.92	0.64	12.25
轴承、齿轮、传动和驱动部件的制造	-1.65	46.19	112.34	0.13	-31.29
风机、衡器、包装设备等通用设备	14.42	204.09	80.78	0.86	14.99
金属铸、锻加工	-0.03	11.99	55.94	0.53	-5.29
专用设备制造业	4.98	267.64	67.51	0.93	3.56
矿山、冶金、建筑专用设备制造	4.42	159.1	78.38	0.8	2.24
食品、饮料、烟草及饲料生产专用设备制造	-3.88	57.03	53.21	0.7	-20.85
纺织、服装和皮革工业专用设备制造	13.72	154.12	55.95	1.06	15.9
电子和电工机械专用设备制造	4.26	1461.5	55.26	1.26	2.73
农、林、牧、渔专用机械制造	0.31	103.02	105.79	0.19	-12.91
医疗仪器设备及器械制造	1.5	108.49	75	0.62	-1.62
交通运输设备制造业	3.98	138.41	72.28	0.9	2.33
铁路运输设备制造	14.14	147.52	67.87	1.21	2.59
汽车制造	5.59	139.03	72.16	1.5	1.64
航空航天器制造	2.71	132.09	72.96	0.76	2.53
电气机械及器材制造业	4.82	86.1	79.41	1	1
电机制造	-0.7	461.3	148.22	0.55	-13.91
输配电及控制设备制造	6.07	99.61	72.92	1	2.33
电线、电缆、光缆及电工器材制造	0.26	-27.31	110.2	1.12	-10.71
家用电力器具制造	3.88	16.74	104.08	1.23	-0.57
照明器具制造	-6.49	54.82	94.78	0.06	-96.58
通信设备、计算机及其他电子设备制造业	-1.36	90.25	57.59	0.9	-7.4
通信设备制造	1.55	21.24	65.36	0.82	4.4
雷达及配套设备制造	1.17	113.58	46.09	0.57	1.53
广播电视设备制造	-2.07	123.48	133.4	0.12	-35.89
电子器件制造	-5.44	84.43	51.99	1.29	-11.56
电子元件制造	-1.5	141.12	56.1	0.96	-7.57
家用视听设备制造	-2.11	65.43	88.42	0.83	-9.74
仪器仪表及文化、办公用机械制造业	1.94	58.35	79.82	0.86	-0.73
通用仪器仪表制造	-1.54	20.66	91.83	0.28	-16.16
专用仪器仪表制造	2.05	61.44	86.81	0.81	-2.51
光学仪器及眼镜制造	4.25	90.71	67.19	1.28	3.12
工艺品及其他制造业	0.38	21.49	55.94	1.05	2.67
废弃资源和废旧材料回收加工业	9.68		74.41	2.25	-0.44
电力、热力的生产和供应业	2.06	11.93	91.73	1.94	-5.53
电力生产	7.45	785.51	61.77	2.47	1.64
电力供应	-0.26	3.23	58.17	0.52	-19.25
热力生产和供应	5.61	114.71	54.95	3.22	2.55
燃气生产和供应业	0.49	214.72	47.71	1.36	-7.29

13－9续表3　　（2005年）　　单位:%

指　标	工业全员劳动生产率（元/人）	工业产品销售率（%）	产值利税率（%）	每百元固定资产实现利税（元）	每百元销售收入实现利税（元）
总　计	**122802**	**98.76**	**23.86**	**20.43**	**24.22**
#亏损企业	32925	97.4	-7.82	-6.13	-8.32
一、按隶属关系分					
中央企业	156129	99.54	26.03	20.37	25.39
地方企业	99974	98	21.73	20.51	22.98
二、按轻重工业分					
轻工业	72536	97.7	23.33	22.66	26.06
重工业	132185	98.86	23.91	20.26	24.07
三、按企业规模分					
大型企业	171052	99.37	29.43	24.93	29.34
中型企业	77757	97.46	11.77	11.24	12.37
小型企业	30489	96.19	1.43	0.87	1.62
四、按工业行业分					
煤炭开采和洗选业	49835	98.54	23.83	17.45	20.8
石油和天然气开采业	556710	100.45	55.72	32.7	54.98
黑色金属矿采选业	51345	100.06	10.76	20.66	12
铁矿采选	59559	98.75	8.09	18.09	9.26
有色金属矿采选业	374712	98.8	74.32	202.49	75.11
常用有色金属矿采选	96015	95.15	48.89	61.77	45.79
贵金属矿采选	32411	99.11	8.28	6.53	9.05
非金属矿采选业	22373	98.61	6.33	8.4	7.75
农副食品加工业	39900	92.57	-0.96	-1.15	-1.16
谷物磨制	54227	93.34	-2.62	-7.1	-3.2
饲料加工	74903	89.42	0.85	4.92	0.95
植物油加工	25971	85.04	-6.96	-5.1	-8.21
屠宰及肉类加工	36966	95.27	0.7	0.59	0.87
其他农副食品加工	-6875	86.71	-696.5	-8.44	-603.64
食品制造业	41819	87.76	14.27	12.36	15.96
焙烤食品制造	53401	92.06	28.11	30.22	29.23
方便食品制造	14370	75.85	-71.75	-1.98	-58.42
液体乳及乳制品制造	50744	76.28	24.15	58.51	32.02
调味品、发酵制品制造	25233	97.73	7.23	50.45	7.55
饮料制造业	121302	99.92	32.03	46.91	31.3
酒的制造	163301	100.14	36.79	76.33	35.78
软饮料制造	43388	98.12	-7.01	-6.04	-7.2
烟草制品业	577666	99.92	54.76	119.39	55.08
纺织业	20537	99	3.3	2.53	3.48
棉、化纤纺织及印染精加工	20914	99.71	6.65	5.02	6.95
毛纺织和染整精加工	-2701	93.76	-45.66	-24.8	-45.36
丝绢纺织及精加工	18456	98.48	-18.34	-17.31	-20.79
纺织制成品制造	44620	89.36	-0.92	-1.45	-0.97
针织品、编织品及其制品制造	11515	98.62	-12.66	-7.14	-25.77
纺织服装、鞋、帽制造业	22910	96.95	8.01	18.83	8.3
纺织服装制造	22910	96.95	8.01	18.83	8.3
皮革、毛皮、羽毛(绒)及其制品业	23678	96.2	1.02	1.13	1.16
木材加工及木、竹、藤、棕、草制品业	13414	98.21	5.98	2.09	5.75

13－9 续表 4　　(2005 年)　　单位:%

指　　标	工业全员劳动生产率(元/人)	工业产品销售率(%)	产值利税率(%)	每百元固定资产实现利税(元)	每百元销售收入实现利税(元)
家具制造业	16266	99.34	－9.96	－7.83	－10.71
造纸及纸制品业	18022	82.54	－6	－1.47	－5.91
造纸	14428	79.09	－9.32	－1.88	－9.17
纸制品制造	54621	96.71	7.6	16.83	7.54
印刷业和记录媒介的复制	68242	92.93	15.85	12.87	17.69
文教体育用品制造业	17357	100	12.49	77.71	14.61
石油加工、炼焦及核燃料加工业	395147	97.38	8.49	31.69	8.58
原油加工及石油制品制造	533381	97.36	8.77	33.72	8.85
炼焦	27966	98.2	－4.1	－6.76	－4.57
化学原料及化学制品制造业	61427	97.1	10.58	8.21	11.22
基础化学原料制造	68055	98.5	8.34	6.18	8.49
肥料制造	69290	98.05	15.11	9.04	16.17
农药制造	115682	70.45	1.65	6.43	2.35
涂料、油墨、颜料及类似产品制造	82771	89.16	6.1	18.01	7.04
合成材料制造	11244	89.42	－15.54	－8.67	－54.33
专用化学产品制造	49337	95.7	6.72	8.68	7.15
医药制造业	64045	92.48	10.82	20.3	14.23
化学药品原药制造	28963	86.21	3.05	2.83	3.57
化学药品制剂制造	87840	97.38	15.76	80.71	17.37
中成药制造	66857	89.54	9.44	13.52	15.63
生物、生化制品的制造	87476	95.99	6.03	32.06	15.03
化学纤维制造业	497820	99.1	23.97	23.42	24.18
橡胶制品业	20583	97.25	7.87	10.91	8.21
塑料制品业	34447	93.82	－0.07	－0.06	－0.1
非金属矿物制品业	18372	97.87	－7.49	－3.94	－7.71
水泥、石灰和石膏的制造	20544	99.37	－9.76	－4.88	－9.67
水泥及石膏制品制造	17403	94.18	－2.95	－1.85	－3.46
涂料、油墨、颜料及	7146	90.89	－24.94	－7.02	－35.22
玻璃及玻璃制品制造	15237	96.16	11.7	11.67	12.22
陶瓷制品制造	22542	96.23	－11.56	－6.78	－102.85
耐火材料制品制造	85444	90.38	－74.16	－11.78	－82.06
黑色金属冶炼及压延加工业	97757	93.07	3.44	4.73	3.68
炼铁	269600	100	50.11	449.39	50.11
炼钢	8455	96.59	－1.77	－4.81	－1.75
钢压延加工	128642	92.31	3.83	4.81	4.15
铁合金冶炼	28589	100.53	－0.46	－0.85	－0.52
有色金属冶炼及压延加工业	109136	96.69	11.32	20.08	13.04
常用有色金属冶炼	76443	97.66	6.54	10.21	6.68
贵金属冶炼	34050	98.61	4.13	7.61	4.16
稀有稀土金属冶炼	33313	100.27	8.85	6.3	9.07
有色金属压延加工	150099	95.79	15.48	31.23	20.02
金属制品业	53489	97.73	7.95	9.95	8

13－9 续表5　　　　　　　　　　　　　　(2005年)　　　　　　　　　　　　　　单位:%

指　　标	工业全员劳动生产率（元/人）	工业产品销售率（%）	产值利税率（%）	每百元固定资产实现利税（元）	每百元销售收入实现利税（元）
通用设备制造业	72845	97.57	13.47	27.21	15.12
锅炉及原动机制造	32099	99.68	2.64	3.46	3.33
金属加工机械制造	71811	100.95	15.77	30.34	16.72
泵、阀门、压缩机及类似机械的制造	53775	88.17	14.49	24.69	17.36
轴承、齿轮、传动和驱动部件的制造	17366	82.51	-19.06	-12.44	-40.69
风机、衡器、包装设备等通用设备	162548	94.92	17.08	59.7	19.79
金属铸、锻加工	17374	95.82	-0.74	-0.57	-0.92
专用设备制造业	46215	96.18	6.04	5.97	6.36
矿山、冶金、建筑专用设备制造	60213	95.24	5.22	7.4	5.64
食品、饮料、烟草及饲料生产专用设备制造	7409	99.14	-17.91	-10.29	-21.11
纺织、服装和皮革工业专用设备制造	59555	99.15	23.93	28.83	20.63
电子和电工机械专用设备制造	49145	96.62	3.33	2.59	3.56
农、林、牧、渔专用机械制造	4861	100.22	-12.66	-2.56	-12.94
医疗仪器设备及器械制造	8495	88.89	3.92	1.73	4.41
交通运输设备制造业	53295	98.92	5.1	7.31	5.25
铁路运输设备制造	57768	94.26	11.41	24.06	13.1
汽车制造	60223	99.86	4.51	10.54	4.85
航空航天器制造	49912	99.64	3.89	4.61	3.89
电气机械及器材制造业	91427	97.74	5.68	8.63	5.94
电机制造	15761	84.99	-10.36	-6.4	-15.24
输配电及控制设备制造	112069	98.59	6.41	11.74	6.71
电线、电缆、光缆及电工器材制造	77840	87.8	-3.4	-5.03	-3.75
家用电力器具制造	37439	100.12	17.47	5.28	14.67
照明器具制造	2948	85.67	-131.73	-14.31	-551.48
通信设备、计算机及其他电子设备制造业	62837	99.54	-4.81	-5.43	-5.46
通信设备制造	55621	100.24	6.86	11.85	6.72
雷达及配套设备制造	40803	102.38	2.76	2.54	2.61
广播电视设备制造	17381	93.01	-28.37	-41.49	-51.37
电子器件制造	22897	96.68	-11.1	-10.44	-11.12
电子元件制造	68865	100.37	-5.2	-5.07	-5.17
家用视听设备制造	210136	100	-0.57	-4.25	-5.06
仪器仪表及文化、办公用机械制造业	40166	98.73	1.76	1.59	1.75
通用仪器仪表制造	16378	75.64	-17.94	-6.56	-16.07
专用仪器仪表制造	48102	98.78	1.27	1.11	1.29
光学仪器及眼镜制造	44702	101.57	4.57	5.17	4.5
工艺品及其他制造业	72199	99.69	2.85	1.1	2.81
废弃资源和废旧材料回收加工业	88190	99.53	6.72	2.83	6.48
电力、热力的生产和供应业	91708	98.21	2.82	0.64	2.89
电力生产	88380	100	8.42	4.98	7.94
电力供应	34238	98.17	-21.87	-7.22	-22.27
热力生产和供应	83264	106.96	7.5	5.02	7.08
燃气生产和供应业	34383	95.76	-0.22	-0.06	-0.23

13－10 外商及港澳台商投资工业企业主要经济效益指标

(2005年)

单位:%

指 标	总资产贡献率	资本保值增值率	资产负债率	流动资产周转率	成本费用利润率
总 计	**14.86**	**107.81**	**52.51**	**1.67**	**10.32**
#亏损企业	-1.84	48.04	77.97	1.13	-10.07
#国家控股企业	11.09	104.68	57.53	1.59	7.04
#农村工业	1.45	86.23	28.71	3.25	0.28
一、按登记注册类型分					
港、澳、台商投资企业	11.22	89.7	51.14	1.68	8.39
合资经营企业(港或澳、台资)	4.73	83.45	69.6	1.63	1.17
合作经营企业(港或澳、台资)	14.47	90.48	38.43	1.36	18.79
港澳台商独资经营企业	21.93	252.9	44.29	2.91	7.45
港澳台商投资股份有限公司	0.01	0.85	55.71	1.34	-2.92
外商投资企业	16.89	121.55	53.25	1.67	11.13
中外合资经营企业	18.08	135.23	51.28	1.62	11.38
中外合作经营企业	4.33	130.92	71.1	2.12	4.35
外资企业	15.39	69.26	55.53	2.19	13.44
外商投资股份有限公司	12.31	62.85	72.89	1.09	-3.84
二、按轻重工业分					
轻工业	16.52	119.23	56.76	1.95	9.92
重工业	13.40	100.68	48.8	1.42	10.86
三、按企业规模分					
大型企业	18.78	92.81	31.13	1.41	20.43
中型企业	18.59	128.2	52.38	2.07	10.02
小型企业	8.63	96.34	61.64	1.32	6.94
四、按工业行业分					
煤炭开采和洗选业	28.79	144.58	34.23	4.06	30.69
有色金属矿采选业	-3.12	64.77	90.42	1.26	-12.08
非金属矿采选业	11.84	195.21	51.18	2.65	3.62
农副食品加工业	9.93	131.4	58.46	3.57	2.63
食品制造业	17.7	98.47	47.49	3.03	4.32
饮料制造业	11.3	128.96	62.1	1.83	9.13
纺织业	7.06	87.06	66.55	2.64	3.12
纺织服装、鞋、帽制造业	-1.95	-121.42	102.65	0.13	-9.63
皮革、毛皮、羽毛(绒)及其制品业	-0.13	20.53	77.94	0.25	-17.32
木材加工及木、竹、藤、棕、草制品业	-3.56	39.87	89.88	0.61	-14.69
家具制造业	9.91	98.22	47.56	0.78	1.85
造纸及纸制品业	5.72	171.21	64.18	1.43	3.35
印刷业和记录媒介的复制	12.1	175.69	76.09	1.8	2.88
石油加工、炼焦及核燃料加工业	54.42	663.64	66.23	2.44	11.8
化学原料及化学制品制造业	26.07	313.75	36.34	1.34	14.14
医药制造业	27.67	161.23	54.04	1.95	16.11
化学纤维制造业	13.6	88.45	31.7	1.05	31.93
橡胶制品业	9.92	63.24	68.71	2.29	0.29
塑料制品业	7.91	59.45	65.59	1.52	6.13
非金属矿物制品业	6.97	101.65	60.68	1.1	6.25
黑色金属冶炼及压延加工业	17.93	115.96	62.62	1.25	4.83
有色金属冶炼及压延加工业	17.35	143.12	58.43	3.02	7.02
金属制品业	7.51	248.68	55.1	1.33	2.68
通用设备制造业	16.79	106.07	33.08	1.52	13.8
专用设备制造业	9.06	72.62	56.84	1.68	4.57
交通运输设备制造业	31.35	244.87	49.42	1.21	29.12
电气机械及器材制造业	7.15	89.61	55.99	1.12	3.8
通信设备、计算机及其他电子设备制造业	2.91	79.09	49.34	1.35	-3.37
仪器仪表及文化、办公用机械制造业	25.3	122.47	36.25	1.61	16.47
工艺品及其他制造业	2.62	100.27	13.64	1.17	0.38
电力、热力的生产和供应业	14.37	90.4	38.43	1.36	18.62
水的生产和供应业	8.37	155.52	41.39	1.66	20.87

13－10续表 (2005年) 单位:%

指标	工业全员劳动生产率(元/人)	工业产品销售率(%)	产值利税率(%)	每百元固定资产实现利税(元)	每百元销售收入实现利税(元)
总计	**181017**	**96.23**	**14.21**	**19.51**	**16.07**
#亏损企业	67205	95.69	-5.6	-4.55	-5.59
#国家控股企业	261845	93.06	9.56	17.69	14.03
#农村工业	41640	99.7	1.77	4.54	1.77
一、按登记注册类型分					
港、澳、台商投资企业	173365	97.36	11.57	9.64	14.58
合资经营企业(港或澳、台资)	119864	98.6	2.95	6.94	4.58
合作经营企业(港或澳、台资)	508915	99.98	27.06	8.91	27.49
港澳台商独资经营企业	114530	90.26	11.63	20.81	12.87
港澳台商投资股份有限公司	59000	100	0.3	1.55	0.3
外商投资企业	186079	95.7	15.45	30.63	16.67
中外合资经营企业	199861	95.61	16.15	34.47	17.29
中外合作经营企业	135167	97.37	5	4.86	5.6
外资企业	199346	95.2	14.55	27.52	16.23
外商投资股份有限公司	43110	99.92	12.89	15.98	14.69
二、按轻重工业分					
轻工业	168909	97.16	12.45	27.44	15.09
重工业	199142	94.84	16.85	14.76	17.33
三、按企业规模分					
大型企业	335769	101.05	27.74	12.47	27.83
中型企业	194368	96.29	13.39	29.75	16.11
小型企业	123595	94.16	10.41	14.85	10.97
四、按工业行业分					
煤炭开采和洗选业	6459800	100	35.01	34.18	34.98
有色金属矿采选业	102331	100.56	-13.57	-2.52	-13.5
非金属矿采选业	453773	98.34	6.49	14.16	7.7
农副食品加工业	232240	97.06	3.5	11.93	3.6
食品制造业	114115	98.61	10.94	22.7	11.22
饮料制造业	200665	88.84	13.09	15.93	14.09
纺织业	37426	92.79	6.33	9.46	7.33
纺织服装、鞋、帽制造业	23921	95.22	-14.47	-7.63	-12.34
皮革、毛皮、羽毛(绒)及其制品业	83046	111.68	-9.02	-3.51	-14.78
木材加工及木、竹、藤、棕、草制品业	52359	102.59	-15.31	-9.23	-14.92
家具制造业	30527	98.47	9.78	13.86	9.93
造纸及纸制品业	79340	109.61	5.98	6.23	7.03
印刷业和记录媒介的复制	121152	100.49	5.73	16.07	6.69
石油加工、炼焦及核燃料加工业	173978	96.76	18.34	70.99	18.97
化学原料及化学制品制造业	162156	91.62	17.03	43.05	18.92
医药制造业	270517	98.5	19.06	57.01	21.71
化学纤维制造业	497820	99.1	23.97	23.42	24.18
橡胶制品业	29015	78.19	7.11	22.05	9.46
塑料制品业	146176	91.13	12.5	14.78	13.02
非金属矿物制品业	66509	97.11	9.55	11.3	11.17
黑色金属冶炼及压延加工业	182947	80.69	16.37	30.19	20.14
有色金属冶炼及压延加工业	160223	90.3	6.83	33.96	7.68
金属制品业	129436	96.65	10.71	9.01	10.87
通用设备制造业	193842	98.03	14.49	32.97	14.98
专用设备制造业	136000	97.77	11.17	23.31	10.34
交通运输设备制造业	363985	102.95	24.62	117.8	23.82
电气机械及器材制造业	106721	90.28	8.91	14	9.7
通信设备、计算机及其他电子设备制造业	467753	99.45	0.65	5.89	3.59
仪器仪表及文化、办公用机械制造业	248340	91.3	27.93	83.03	20.35
工艺品及其他制造业	59015	102.32	3.31	5.26	3.14
电力、热力的生产和供应业	501866	100	26.97	8.84	27.36
水的生产和供应业	79664	95.09	22.09	211.44	23.28

13－11　大中型工业企业主要经济效益指标

（2005年）　　单位：%

指　　标	总资产贡献率	资本保值增值率	资产负债率	流动资产周转率	成本费用利润率
总　　计	**17.05**	**124.98**	**61.05**	**1.76**	**17.06**
#亏损企业	-1.37	134.06	78.76	1.52	-10.2
#国有控股企业	17.96	122.61	59.98	1.77	20.27
#农村工业	15.23	224.61	47.5	1.65	3.94
一、按登记注册类型分					
内资企业	16.99	125.6	61.55	1.75	17.36
国有企业	18.47	158.74	57.85	1.87	14.74
中央企业	8.41	136.50	61.16	1.65	1.53
地方企业	27.58	179.54	54.93	2.09	28.11
集体企业	8.9	115.78	57.84	2.41	2.16
股份合作企业	18.31	124.92	74.80	1.93	7.49
联营企业	17.19	131.66	73.23	1.98	12.90
国有联营企业	17.19	131.66	73.23	1.98	12.90
有限责任公司	6.09	97.72	71.93	1.24	3.25
国有独资公司	4.12	73.47	70.01	1.13	3.24
其他有限责任公司	7.03	113.91	72.69	1.27	3.25
股份有限公司	31.88	111.30	53.82	2.64	57.92
私营企业	12.89	118.91	65.11	2.36	2.30
私营独资企业	12.12	223.23	77.21	1.19	-2.44
私营有限责任公司	12.35	109.97	65.34	2.44	2.70
私营股份有限公司	27.76	-976.34	46.51	2.47	-2.68
其他企业	5.39		63.74	0.78	-15.06
港、澳、台商投资企业	13.44	92.48	43.74	1.87	10.22
合资经营企业（港或澳、台资）	6.45	109.58	58.53	2.39	1.11
合作经营企业（港或澳、台资）	14.49	90.45	38.43	1.36	18.87
港澳台商独资经营企业	27.09	259.37	42.20	2.97	10.04
外商投资企业	22.79	141.35	49.38	1.92	12.78
中外合资经营企业	23.52	165.27	48.01	1.83	12.23
中外合作经营企业	6.18	70.79	67.78	1.45	13.51
外资企业	22.1	68.79	51.54	2.78	18.23
外商投资股份有限公司	66.82		77.43	2.84	-3.42
二、按经济组织类型分					
独资企业	18.45	157.55	57.77	1.88	14.54
国有企业	18.47	158.74	57.85	1.87	17.74
集体企业	8.9	115.78	57.84	2.41	2.16
私营独资企业	12.12	223.23	77.21	1.19	-2.44
港澳台商独资经营企业	27.09	259.37	42.20	2.97	10.04
外资企业	22.10	68.79	51.54	2.78	18.23
合作、合伙企业	14.91	97.97	53.02	1.54	13.45
股份合作企业	18.31	124.92	74.80	1.93	7.49
国有联营企业	17.19	131.66	73.23	1.98	12.9
合作经营企业（港或澳、台资）	14.49	90.45	38.43	1.36	18.87
中外合作经营企业	6.18	70.79	67.78	1.45	13.51
其他企业（内资）	5.39		63.74	0.78	-15.06
股份有限公司	31.78	110.60	53.83	2.64	57.33
股份有限公司（内资）	31.88	111.30	53.82	2.64	57.9
私营股份有限公司	27.76	-976.34	46.51	2.47	-2.68
外商投资股份有限公司	66.82		77.43	2.84	-3.42

13－11 续表 1 (2005 年) 单位:%

指 标	总资产贡献率	资本保值增值率	资产负债率	流动资产周转率	成本费用利润率
有限责任公司	7.14	102.10	70.31	1.33	3.91
国有独资公司	4.12	73.47	70.01	1.13	3.24
私营有限责任公司	12.35	109.97	65.34	2.44	2.70
合资经营企业(港或澳、台资)	6.45	109.58	58.53	2.39	1.11
中外合资经营企业	23.52	165.27	48.01	1.83	12.23
其他有限责任公司	7.03	113.91	72.69	1.27	3.25
三、按轻重工业分					
轻工业	17.04	99.87	55.66	1.7	7.48
重工业	17.05	129.22	61.65	1.76	18.43
四、按企业规模分					
大型企业	20.31	125.66	59.09	1.81	24.69
中型企业	10.41	123.35	65.18	1.65	4.11
五、按工业行业分					
煤炭开采和洗选业	10.88	117.74	69.77	1.68	11.70
石油和天然气开采业	40.67	136.71	45.21	3.72	84.39
黑色金属矿采选业	10.23	77.79	51.00	1.41	7.25
有色金属矿采选业	68.52	265.70	29.52	1.38	213.14
农副食品加工业	18.62	128.91	68.79	2.14	3.60
食品制造业	18.67	103.58	44.08	3.28	5.00
饮料制造业	22.80	145.86	54.67	1.81	11.93
烟草制品业	58.04	121.40	53.22	1.38	13.21
纺织业	5.78	107.83	65.99	1.87	-1.17
纺织服装、鞋、帽制造业	6.10	73.72	66.35	1.28	0.63
皮革、毛皮、羽毛(绒)及其制品业	0.50	-2069.92	70.94	0.89	0.45
木材加工及木、竹、藤、棕、草制品业	3.43	94.3	66.19	1.55	-6.55
造纸及纸制品业	9.02	110.47	53.27	2.99	6.11
印刷业和记录媒介的复制	11.82	97.81	36.33	1.40	14.19
石油加工、炼焦及核燃料加工业	22.28	216.56	53.50	4.63	2.35
化学原料及化学制品制造业	8.99	200.08	76.50	1.74	3.89
医药制造业	17.54	128.59	53.59	1.49	14.76
橡胶制品业	5.77	89.86	80.73	1.06	3.64
塑料制品业	-2.58	66.28	82.20	1.70	-13.76
非金属矿物制品业	6.59	104.87	72.66	1.53	-2.16
黑色金属冶炼及压延加工业	7.16	113.76	78.47	2.17	0.16
有色金属冶炼及压延加工业	12.95	134.71	63.95	1.76	4.51
金属制品业	5.37	47.73	68.18	1.06	3.13
通用设备制造业	11.98	97.04	66.42	1.07	9.84
专用设备制造业	7.13	228.37	63.86	1.00	5.44
交通运输设备制造业	4.91	142.79	68.86	0.93	3.62
电气机械及器材制造业	5.26	112.11	76.44	1.14	1.09
通信设备、计算机及其他电子设备制造业	-0.96	104.39	57.04	0.85	-6.57
仪器仪表及文化、办公用机械制造业	1.94	65.22	77.01	0.89	-0.73
工艺品及其他制造业	0.57	21.89	55.65	1.07	3.57
电力、热力的生产和供应业	6.08	86.94	73.95	2.17	0.18
燃气生产和供应业	5.35	102.09	54.95	3.22	2.55
水的生产和供应业	1.16	133.24	40.49	1.54	-4.46

13－11 续表2　　（2005年）

指　　标	工业全员劳动生产率（元/人）	工业产品销售率（%）	产值利税率（%）	每百元固定资产实现利税（元）	每百元销售收入实现利税（元）
总　计	**132370**	**98.37**	**22.32**	**20.83**	**22.72**
#亏损企业	46781	96.01	-5.09	-4.56	-5.3
#国有控股企业	139135	98.88	24.9	21.73	25.16
#农村工业	51320	93.68	16.7	22.65	16.43
一、按登记注册类型分					
内资企业	129229	98.45	22.72	20.81	22.96
国有企业	132032	98.81	22.63	21.26	22.66
中央企业	99641	99.55	10.87	9.78	10.30
地方企业	160027	98.28	31.15	30.45	32.58
集体企业	31253	93.14	6.72	10.56	6.59
股份合作企业	89282	92.62	17.34	20.71	17.77
联营企业	107510	98.18	19.75	23.58	19.39
国有联营企业	107510	98.18	19.75	23.58	19.39
有限责任公司	66324	98.07	7.99	8.11	8.14
国有独资公司	42987	97.57	6.95	4.58	7.33
其他有限责任公司	77739	98.21	8.28	9.88	8.35
股份有限公司	373506	99.31	43.83	31.57	43.99
私营企业	84704	91.11	10.06	20.27	11.62
私营独资企业	63984	99.35	12.56	19.55	12.98
私营有限责任公司	87191	90.79	9.52	19.62	11.11
私营股份有限公司	63194	92.60	21.02	32.49	20.91
其他企业	88572	91.91	-5.22	-1.76	-5.68
港、澳、台商投资企业	225472	97.51	12.93	10.21	16.42
合资经营企业（港或澳、台资）	146300	99.12	2.33	8.36	3.92
合作经营企业（港或澳、台资）	521705	100.00	27.14	8.91	27.56
港澳台商独资经营企业	153947	89.29	13.49	25.96	14.83
外商投资企业	209620	96.80	17.43	41.66	19.34
中外合资经营企业	227888	96.11	17.20	44.78	19.08
中外合作经营企业	124761	110.60	13.35	17.55	16.22
外资企业	172919	99.51	18.39	30.25	20.34
外商投资股份有限公司	60870	97.68	26.26	71.99	28.95
二、按经济组织类型分					
独资企业	129199	98.67	22.32	21.27	22.40
国有企业	132032	98.81	22.63	21.26	22.66
集体企业	31253	93.14	6.72	10.56	6.59
私营独资企业	63984	99.35	12.56	19.55	12.98
港澳台商独资经营企业	153947	89.29	13.49	25.96	14.83
外资企业	172919	99.51	18.39	30.25	20.34
合作、合伙企业	197141	97.71	22.01	10.96	22.51
股份合作企业	89282	92.62	17.34	20.71	17.77
国有联营企业	107510	98.18	19.75	23.58	19.39
合作经营企业（港或澳、台资）	521705	100.00	27.14	8.91	27.56
中外合作经营企业	124761	110.60	13.35	17.55	16.22
其他企业（内资）	88572	91.91	-5.22	-1.76	-5.68
股份有限公司	365157	99.28	43.67	31.60	43.84
股份有限公司（内资）	373506	99.31	43.83	31.57	43.99
私营股份有限公司	63194	92.6	21.02	32.49	20.91
外商投资股份有限公司	60870	97.68	26.26	71.99	28.95

13－11 续表3 （2005年）

指 标	工业全员劳动生产率（元/人）	工业产品销售率（%）	产值利税率（%）	每百元固定资产实现利税（元）	每百元销售收入实现利税（元）
有限责任公司	76049	97.38	8.79	10.12	9.23
国有独资公司	42987	97.57	6.95	4.58	7.33
私营有限责任公司	87191	90.79	9.52	19.62	11.11
合资经营企业(港或澳、台资)	146300	99.12	2.33	8.36	3.92
中外合资经营企业	227888	96.11	17.20	44.78	19.08
其他有限责任公司	77739	98.21	8.28	9.88	8.35
三、按轻重工业分					
轻工业	90561	98.02	20.03	27.64	21.83
重工业	142337	98.42	22.66	20.17	22.85
四、按企业规模分					
大型企业	175275	99.00	27.57	23.5	27.7
中型企业	79407	97.14	12.14	13.88	12.69
五、按工业行业分					
煤炭开采和洗选业	80987	99.24	22.51	16.67	20.61
石油和天然气开采业	560741	100.5	55.88	32.93	55.24
黑色金属矿采选业	75148	97.58	16.38	52.17	17.9
有色金属矿采选业	442972	98.8	76.52	224.49	77.17
农副食品加工业	132863	93.87	12.95	40.16	14.99
食品制造业	117717	97.42	9.91	26.82	10.59
饮料制造业	118975	100.78	25.55	35.84	25.07
烟草制品业	621662	99.8	55.00	124.23	55.61
纺织业	23099	97.38	5.59	5.31	5.98
纺织服装、鞋、帽制造业	42516	154.08	10.35	18.83	6.54
皮革、毛皮、羽毛(绒)及其制品业	23874	96.2	1.18	1.31	1.34
木材加工及木、竹、藤、棕、草制品业	28446	97.79	1.21	0.73	1.52
造纸及纸制品业	32868	100.73	8.3	10.46	8.67
印刷业和记录媒介的复制	88796	93.78	21.38	17.78	21.3
石油加工、炼焦及核燃料加工业	317852	97.09	9.45	34.01	9.48
化学原料及化学制品制造业	62871	97.18	10.24	7.98	10.75
医药制造业	183268	97.84	17.96	37.08	20.31
橡胶制品业	20385	100.82	8.12	10.27	8.01
塑料制品业	167939	82.98	-10.3	-8.65	-14.53
非金属矿物制品业	37473	96.52	8.63	5.89	8.83
黑色金属冶炼及压延加工业	138780	90.78	3.98	11.12	4.5
有色金属冶炼及压延加工业	94900	97.19	12.6	24.26	13.68
金属制品业	49993	96.96	8.72	10.36	9.04
通用设备制造业	89605	97.96	14.49	32.91	15.89
专用设备制造业	60660	95.71	8.44	9.12	8.86
交通运输设备制造业	60007	98.84	6.55	9.53	6.73
电气机械及器材制造业	93098	97.67	5.54	9.35	5.68
通信设备、计算机及其他电子设备制造业	64655	99.16	-4.07	-4.41	-4.43
仪器仪表及文化、办公用机械制造业	43977	98.57	1.61	1.5	1.59
工艺品及其他制造业	70659	99.77	3.91	1.6	3.86
电力、热力的生产和供应业	106879	99.53	7.85	3.34	7.6
燃气生产和供应业	83264	106.96	7.5	5.02	7.08
水的生产和供应业	70586	100	2.75	0.63	2.82

13－12　八大工业支柱产业主要经济指标

（2005 年）　　单位:万元

行　　业	企业单位数（个）	#亏损企业	工业总产值（当年价格）	工业销售产值（当年价格）
全省规模以上工业总计	**2997**	**1070**	**33977121**	**33208282**
八大工业合计	2677	923	33110690	32358769
八大工业占全省比重(%)	89.3	86.3	97.5	97.4
1.电子及通信设备制造业	70	25	1265860	1249188
2.能源化工工业	766	212	15771736	15617456
3.装备制造工业	647	204	7005178	6823298
4.医药制造业	162	75	1245995	1168497
5.食品工业	364	118	2709581	2635780
6.纺织服装工业	111	53	722589	703920
7.非金属矿物制品业	266	138	726050	686467
8.有色冶金工业	291	98	3663701	3474166

行　　业	工业增加值（生产法）	资产总计	流动资产小计	#存　货	#产成品
全省规模以上工业总计	**13216746**	**50858680**	**20105670**	**5641124**	**1953229**
八大工业合计	12916246	49249990	19581869	5500305	1906333
八大工业占全省比重(%)	97.7	96.8	97.4	97.5	97.6
1.电子及通信设备制造业	374986	2530588	1357660	309111	97259
2.能源化工工业	7107385	24769306	6125111	1052901	337997
3.装备制造工业	2107876	11632944	7204803	2343798	719165
4.医药制造业	464081	1536536	669243	201740	113018
5.食品工业	1016217	2486301	1245544	599767	214687
6.纺织服装工业	229022	967832	413077	192319	88465
7.非金属矿物制品业	241027	1359446	491661	168167	73383
8.有色冶金工业	1375651	3967037	2074770	632502	262359

13－12 续表1　　(2005年)　　单位:万元

行业	流动资产年平均余额	固定资产小计	固定资产原值	累计折旧	#本年折旧
全省规模以上工业总计	**19165022**	**26159834**	**34395404**	**11901710**	**2067534**
八大工业合计	18644469	25233357	33102726	11431605	2002924
八大工业占全省比重(%)	97.3	96.5	96.2	96.1	96.9
1.电子及通信设备制造业	1363275	764330	1123449	440851	57115
2.能源化工工业	5784288	16927443	22188568	7450888	1462486
3.装备制造工业	6745139	3523294	4740053	1849584	227918
4.医药制造业	766195	615587	662700	153789	27845
5.食品工业	1241452	990187	1299503	408935	70699
6.纺织服装工业	400647	439212	654741	303140	24150
7.非金属矿物制品业	476729	755723	921629	273216	48540
8.有色冶金工业	1866746	1217581	1512083	551203	84172

行业	固定资产净值年平均余额	负债合计	#流动负债小计	#长期负债小计	所有者权益合计
全省规模以上工业总计	**21551765**	**31607384**	**20880553**	**10470331**	**19074539**
八大工业合计	20741612	30758546	20316337	10190150	18314884
八大工业占全省比重(%)	96.2	97.3	97.3	97.3	96.0
1.电子及通信设备制造业	647907	1442595	1213656	221978	999837
2.能源化工工业	14145594	14840247	7220284	7542813	9929059
3.装备制造工业	2651000	8126205	6906909	1121000	3418337
4.医药制造业	474236	826873	656875	163097	709663
5.食品工业	868503	1481690	1222470	236775	1004611
6.纺织服装工业	404084	734749	587553	140045	233083
7.非金属矿物制品业	633634	976295	650980	314087	383151
8.有色冶金工业	916654	2329893	1857610	450356	1637144

13－12续表2 （2005年） 单位:万元

指 标	主营业务收入	#主营业务成本	#主营业务税金及附加	营业费用	管理费用
全省规模以上工业总计	**33025078**	**24042272**	**895758**	**974577**	**2110846**
八大工业合计	32182290	23370135	888302	944031	2022104
八大工业占全省比重(%)	97.5	97.2	99.2	96.9	95.8
1. 电子及通信设备制造业	1166817	989854	7569	43747	156501
2. 能源化工工业	15968799	11044842	389660	190592	665349
3. 装备制造工业	6723888	5397485	70978	248960	690331
4. 医药制造业	1044473	627349	14113	210838	64295
5. 食品工业	2588482	1804091	296732	155429	131540
6. 纺织服装工业	665212	580453	20398	14754	42131
7. 非金属矿物制品业	665479	542018	16931	29968	51129
8. 有色冶金工业	3359139	2384043	71921	49743	220829

指 标	利息支出	利润总额	利税总额	本年应交增值税	全部从业人员年平均人数（人）
全省规模以上工业总计	**556579**	**4006549**	**6764349**	**1862042**	**1189685**
八大工业合计	545325	3979567	6693450	1825580	1122133
八大工业占全省比重(%)	98.0	99.3	99.0	98.0	94.3
1. 电子及通信设备制造业	26835	－74402	－40050	26783	58621
2. 能源化工工业	286403	3076421	4622317	1156236	369149
3. 装备制造工业	104388	244147	525960	210836	340283
4. 医药制造业	20561	87103	168697	67481	34681
5. 食品工业	31597	111935	545556	136889	74128
6. 纺织服装工业	15874	－12454	35866	27922	89634
7. 非金属矿物制品业	21118	－19134	36350	38553	64915
8. 有色冶金工业	38549	565952	798755	160882	90722

13－13 主要工业产品产量

（2005 年）

产品名称	单位	产量	产品名称	单位	产量
原 煤	万吨	10810.72	#新闻纸	万吨	4.28
洗 煤	万吨	350.55	纸制品	万吨	13.69
天然原油	万吨	1778.16	#瓦楞纸箱(纸箱)	万吨	7.78
天然气	亿立方米	80.59	汽 油	万吨	387.83
铁矿石原矿量	万吨	294.77	煤 油	万吨	0.00
钼精矿折含量(折纯钼45%)	万吨	2.99	柴 油	万吨	513.38
硫铁矿石(折含硫35%)	万吨	66.31	润滑油	万吨	1.07
磷矿石(折含五氧化二磷30%)	万吨	13.42	燃料油	万吨	83.69
原 盐	万吨	26.25	液化石油气	万吨	73.41
发电量	亿千瓦小时	504.94	焦 炭	万吨	370.41
火 电	亿千瓦小时	458.26	硫酸(折100%)	万吨	82.29
水 电	亿千瓦小时	46.68	盐酸(含量31%以上)	万吨	9.02
精制食用植物油	万吨	15.28	氢氧化钠(烧碱)(折100%)	万吨	10.47
乳制品	万吨	59.72	碳酸钠(纯碱)	万吨	21.91
罐 头	吨	4287.18	碳化钙(电石)(折300升/千克)	万吨	59.79
白 酒(折65度,商品量)	千升	31428.67	合成氨	万吨	138.22
啤 酒	千升	653716.00	农用化肥总计(折纯)	万吨	122.86
卷 烟	亿支	631.25	氮肥(折含N 100%)	万吨	103.31
纱	万吨	19.43	磷肥(折合P_2O_5 100%)	万吨	19.56
布	万米	79262.25	化学农药原药(折有效成分100%)	吨	2905.71
#棉 布	万米	58932.02	精甲醇	万吨	51.47
印染布	万米	7496.90	涂料(油漆)	万吨	3.55
梭织服装	万件	534.03	肥(香)皂	万吨	1.28
人造板	亿立方米	9.39	合成洗涤剂	万吨	11.22
纤维板	亿立方米	9.39	牙膏(折65克标准支)	万支	490.00
机制纸及纸板	万吨	40.02	化学药品原药(化学原料药)	吨	4733.62

13－13 续表

(2005年)

产品名称	单位	产量	产品名称	单位	产量
木质家具	万件	10.76	叉　车	台	4395
日用塑料制品	吨	598	输送机械	万米	2.41
水　泥	万吨	1972.13	风　机	台	2163
砖(折标准砖)	亿块	1.76	滚动轴承(轴承)	万套	182.25
瓦	万片	1306.28	采矿设备(矿山设备)	吨	53614
平板玻璃	万重量箱	224.37	金属轧制设备	万吨	2.03
日用陶瓷	万件	57	铁路货车	辆	3693
玻璃纤维纱	吨	6582	汽　车	万辆	4.26
生　铁	万吨	314.51	改装汽车	辆	2042
粗　钢	万吨	307.28	摩托车	万辆	9.06
钢　材	万吨	337.10	两轮自行车(自行车)	万辆	1.55
铁合金	万吨	13.62	交流电动机	万千瓦	595.72
精炼铜(铜)	吨	1964	光缆(光纤通讯电缆)	芯千米	14389
锌	万吨	19.04	电光源(灯泡)	万只	1355
原铝(电解铝)	万吨	7.32	变压器	万千伏安	3681.93
工业锅炉	蒸发量吨	2397.50	家用洗衣机	台	183674
内燃机	万千瓦	35.40	家用电冰箱	台	80807
泵(液体泵)	台	5862	空调器用压缩机	万台	412.57
金属切削机床	台	13021	程控交换机	线	87.89
数控机床	台	3594	微型电子计算机	台	2.10
金属成形机床(锻压设备)	吨	2599.65	彩色显象管	万只	1678.96
起重设备	吨	500.10	自动化仪表及系统	万台(套)	18.78

13－14　主要工业产品生产能力

（2005年）

产 品 名 称	单　位	生产能力	产 品 名 称	单　位	生产能力
原　煤	处－万吨	826－12628	化学纤维	吨	25000
原油开采	万吨	2030.86	水　泥	万吨	3500.00
原油加工	万吨	1119.00	平板玻璃	万重量箱	500.00
铁矿石开采	万吨	500.00	生　铁	万吨	500.00
铁矿选矿处理能力	万吨	300.00	粗　钢	万吨	500.00
铅锌矿采矿	万吨	63.00	钢　材	万吨	400.00
铅锌选矿处理量	万吨	80.00	铁合金	万吨	20.00
钼采矿（实物量）	万吨	786.00	铜电解能力	吨	2000
钼选矿处理量	万吨	786.00	铝电解能力	万吨	16
原　盐	万吨	16.40	工业锅炉蒸发量	吨	4319
卷　烟	亿支	985.74	内燃机	万千瓦	228.85
印染布	万米	34500.00	缝纫机	万台	169.01
机制纸及纸板	万吨	119.18	拖拉机	台	10300
机械化焦炉生产的焦炭	万吨	800.00	汽　车	辆	161170
硫　酸	万吨	72.00	交流电动机	万台	417.71
烧　碱	万吨	25.50	家用洗衣机	万台	18.40
纯　碱	万吨	22.00	程控交换机	万线	300.00
合成氨	万吨	155.00	台式微型计算机	万台	40.00
农用化肥	万吨	128.00	彩色电视机	万台	220.00
氮　肥	万吨	109.00	彩色显像管	万只	1450.00
磷　肥	万吨	19.00	发电设备容量总计	万千瓦	1076.21
初级形态的塑料	万吨	6.79	火　电	万千瓦	913.81
化学农药	吨	8000	水　电	万千瓦	157.80
涂料（油漆）	万吨	7.80	6000千瓦及以上电厂	万千瓦	1058.79
合成洗涤剂	吨	144060	#火　电	万千瓦	910.70

13－15　各市规模以上工业企业总产值(1995－2005年)

单位:万元

年　份	全　省	西安市	铜川市	宝鸡市	咸阳市	渭南市
1995	7613506	2406323	158020	1158410	1350196	747409
1996	8148193	2815082	219826	1232887	1517800	799893
1997	9007821	3039411	254717	1242612	1730358	874010
1998	9608077	3551471	269653	1256244	1822207	896023
1999	10974536	3767168	292076	1262080	2028925	957938
2000	12684270	4334325	308393	1399813	2087001	1002737
2001	14576246	5050246	301070	1551252	2172445	1129300
2002	16671030	5462372	333759	1837590	2312246	1360425
2003	21181717	6769267	421318	2529488	2861285	1917421
2004	27352159	8925979	599093	3154728	3096500	2577856
2005	33977121	9521805	704878	4099535	3591620	3377111

年　份	延安市	汉中市	榆林市	安康市	商洛市	杨凌示范区
1995	333916	533297	167483	124879	56137	16119
1996	569597	566167	181856	161311	64269	19506
1997	753271	629114	201528	190417	69224	23159
1998	698345	637962	224830	159259	79231	12853
1999	839000	625807	246015	163667	94500	12821
2000	1310000	684263	366073	200575	114700	20747
2001	1607800	763090	682012	206260	141900	35841
2002	1885200	891087	1191958	250288	164000	55176
2003	2559324	1100693	1422655	304476	220000	133418
2004	3481031	1427630	2783899	377136	268206	162898
2005	5369961	1654086	3600362	435691	327618	165326

13－16　各市规模以上工业企业增加值(1995－2005年)

单位:万元

年　份	全　省	西安市	铜川市	宝鸡市	咸阳市	渭南市
1995	1889293	538846	51806	337560	304904	263335
1996	2573746	852285	79130	324360	460351	288355
1997	2807119	854491	81893	423112	486934	295920
1998	3010532	1011990	91456	433061	507131	299000
1999	3753460	1050224	99301	461852	516264	322262
2000	4550721	1311876	102156	511143	570478	340073
2001	5218236	1454987	107091	563729	651887	412753
2002	6198828	1655212	127758	736421	706666	462238
2003	8053516	1960048	153580	956381	918192	631210
2004	10398512	2812851	225377	1130364	990834	878029
2005	13216746	2866086	230237	1462910	949483	1341020

年　份	延安市	汉中市	榆林市	安康市	商洛市	杨凌示范区
1995	125100	162358	53641	32933	16823	1987
1996	197023	201895	73645	70970	21428	4306
1997	255982	221813	78803	78512	25427	4232
1998	268237	213025	89021	67925	27401	2285
1999	288400	191032	96535	59402	35100	3294
2000	720000	214362	149352	91277	41404	6664
2001	903800	217113	285334	79076	54400	9164
2002	1040000	259355	454374	97741	69700	14698
2003	1402800	328066	822646	121441	90800	36384
2004	1766770	425548	1527538	150327	79699	44417
2005	2726034	499003	2098312	157853	102454	41197

13－17　各市规模以上工业企业单位数

（2005 年）　　单位:个

地　区	单位数	国有经济	集体经济	其他经济类　型	轻工业	重工业
全　省	**2997**	**945**	**399**	**1653**	**1001**	**1996**
关　中	2056	662	226	1168	786	1270
西 安 市	901	243	101	557	338	563
铜 川 市	116	44	18	54	28	88
宝 鸡 市	375	151	52	172	148	227
咸 阳 市	361	107	38	216	166	195
渭 南 市	265	102	16	147	85	180
杨凌示范区	38	15	1	22	21	17
陕　南	483	148	46	289	158	325
汉 中 市	231	68	23	140	69	162
安 康 市	152	43	13	96	64	88
商 洛 市	100	37	10	53	25	75
陕　北	454	131	127	196	57	397
延 安 市	91	68	12	11	25	66
榆 林 市	363	63	115	185	32	331

13－18　各市规模以上工业企业工业总产值

（2005 年）　　单位:万元

地　区	总产值	国有经济	集体经济	其他经济类　型	轻工业	重工业
全　省	**33977121**	**23324703**	**1029211**	**9623207**	**5900115**	**28077006**
关　中	21460185	13237441	693780	7528963	5140138	16320048
西 安 市	9521805	5802131	260664	3459010	2284735	7237070
铜 川 市	704878	515338	38465	151075	65391	639487
宝 鸡 市	4099535	2794509	166593	1138433	1226619	2872916
咸 阳 市	3591620	2256196	201909	1133515	1088818	2502802
渭 南 市	3377111	1847509	25455	1504148	354295	3022817
杨凌示范区	165236	21757	695	142783	120281	44955
陕　南	2417395	1254325	72002	1091069	596996	1820398
汉 中 市	1654086	900805	38851	714430	390756	1263329
安 康 市	435691	202249	14071	219372	147324	288367
商 洛 市	327618	151271	19080	157267	58916	268702
陕　北	8970323	7726932	272151	971240	189015	8781308
延 安 市	5369961	5225191	17667	127103	156929	5213032
榆 林 市	3600362	2501741	254484	844137	32086	3568276

13－19 各市规模以上工业企业工业增加值

（2005 年） 单位：万元

地 区	增加值	国有经济	集体经济	其他经济类型	轻工业	重工业
全 省	**13216746**	**9565273**	**422226**	**3229247**	**2149156**	**11067590**
关 中	6890933	4259064	218641	2413228	1814377	5076554
西安市	2866086	1648117	70965	1147005	765731	2100356
铜川市	230237	158171	13486	58580	23901	206336
宝鸡市	1462910	1027640	58852	376418	564374	898536
咸阳市	949483	462190	65893	421400	348702	600782
渭南市	1341020	960006	9247	371767	82210	1258809
杨凌示范区	41197	2940	198	38059	29460	11736
陕 南	759310	397440	24567	337303	235325	523986
汉中市	499003	289632	13458	195913	165119	333885
安康市	157853	75462	4427	77964	51839	106013
商洛市	102454	32346	6682	63426	18367	84088
陕 北	4824347	4175863	180224	468260	107015	4717334
延安市	2726034	2675268	11279	39487	96488	2629547
榆林市	2098312	1500594	168945	428773	10527	2087786

13－20 各市规模以上工业企业资产总计

（2005 年） 单位：万元

地 区	资产总计	国有经济	集体经济	其他经济类型	轻工业	重工业
全 省	**50858680**	**37397613**	**1035106**	**12425960**	**6968962**	**43889718**
关 中	30217937	20377630	690115	9150192	5912003	24305934
西安市	14511137	9708490	298378	4504269	3013756	11497381
铜川市	1242826	1014766	36454	191606	100093	1142733
宝鸡市	4992738	3784032	133339	1075367	1277309	3715429
咸阳市	3920580	2655696	184347	1080538	936456	2984124
渭南市	5215985	3194415	33979	1987591	369775	4846210
杨凌示范区	334672	20232	3619	310821	214615	120057
陕 南	3039400	1748074	92464	1198862	826000	2213400
汉中市	2007401	1220128	52979	734293	540219	1467182
安康市	711110	401268	14480	295363	189870	521240
商洛市	320889	126678	25005	169206	95911	224978
陕 北	8428142	6098708	252528	2076906	230958	8197183
延安市	4658324	4536005	13424	108896	167922	4490402
榆林市	3769818	1562704	239104	1968010	63036	3706781

13－21 各市规模以上工业企业负债总计

(2005 年)　　单位:万元

地 区	负债总计	国有经济	集体经济	其他经济类型	轻工业	重工业
全 省	**31607384**	**23140895**	**615389**	**7851100**	**4185093**	**27422291**
关 中	19727656	13852013	444964	5430679	3490775	16236881
西安市	9245283	6597752	207403	2440129	1669150	7576134
铜川市	793425	646336	23874	123216	62444	730981
宝鸡市	3329454	2638816	77349	613290	773126	2556329
咸阳市	2390778	1750791	111468	528520	613955	1776823
渭南市	3793736	2201785	24260	1567691	267703	3526033
杨凌示范区	174980	16535	611	157834	104397	70583
陕 南	2336198	1420293	65416	850489	565498	1770700
汉中市	1568287	967923	36436	563929	361836	1206452
安康市	577545	372494	10326	194725	154454	423091
商洛市	190366	79876	18654	91836	49209	141157
陕 北	4811199	3136257	105010	1569932	128820	4682379
延安市	2379190	2313938	6198	59055	89213	2289977
榆林市	2432009	822319	98812	1510877	39607	2392402

13－22 各市规模以上工业企业产品销售收入

(2005 年)　　单位:万元

地 区	产品销售收入	国有经济	集体经济	其他经济类型	轻工业	重工业
全 省	**33025078**	**22976753**	**991788**	**9056538**	**5351992**	**27673087**
关 中	19379240	11544442	662744	7172054	4644814	14734426
西安市	9282480	5398517	278180	3605783	2330523	6951957
铜川市	616923	477643	31075	108205	42373	574550
宝鸡市	3438329	2286594	145563	1006172	1077697	2360633
咸阳市	2893558	1758824	183941	950793	798310	2095247
渭南市	3010792	1602932	23277	1384583	305233	2705559
杨凌示范区	137159	19933	708	116518	90679	46480
陕 南	1901916	922226	62670	917021	526300	1375617
汉中市	1332395	704256	33361	594778	357180	975214
安康市	340821	130383	13896	196542	130697	210124
商洛市	228701	87587	15413	125701	38423	190278
陕 北	5864551	4630714	266374	967464	180878	5683673
延安市	3932562	3791435	15848	125279	149704	3782858
榆林市	1931989	839279	250525	842185	31174	1900816

13－23 各市规模以上工业企业利润总额

（2005年）

单位：万元

地 区	利润总额	国有经济	集体经济	其他经济类 型	轻工业	重工业
全 省	**4006549**	**3506805**	**69543**	**430202**	**211576**	**3794973**
关 中	889803	554411	19287	316106	205481	684322
西安市	289531	77078	4438	208016	129311	160220
铜川市	12562	10411	－180	2331	1373	11189
宝鸡市	135015	98679	1806	34530	44285	90730
咸阳市	－58854	－128349	13354	56141	15555	－74409
渭南市	499405	497329	24	2053	2202	497203
杨凌示范区	12144	－736	－155	13035	12755	－611
陕 南	26628	5784	962	19882	－4749	31377
汉中市	－12344	－3264	663	－9743	－15	－12329
安康市	7343	136	－463	7670	－4240	11582
商洛市	31629	8912	762	21955	－495	32124
陕 北	1078681	935172	49294	94215	10845	1067836
延安市	854478	835366	1464	17649	10364	844114
榆林市	224202	99807	47830	76566	481	223722

13－24 各市规模以上工业企业职工年平均人数

（2005年）

单位：人

地 区	职工年平均人 数	国有经济	集体经济	其他经济类 型	轻工业	重工业
全 省	**1189685**	**778918**	**69630**	**341137**	**287382**	**902303**
关 中	881436	571916	50942	258578	253405	628031
西安市	374878	244458	21494	108926	108595	266283
铜川市	57840	47867	3653	6320	4958	52882
宝鸡市	167064	110822	7608	48634	57594	109470
咸阳市	152839	87813	16041	48985	59303	93536
渭南市	124917	80236	2093	42588	20121	104796
杨凌示范区	3898	720	53	3125	2834	1064
陕 南	119212	53695	7713	57804	27860	91352
汉中市	80805	39318	4227	37260	16272	64533
安康市	20594	8172	1315	11107	7924	12670
商洛市	17813	6205	2171	9437	3664	14149
陕 北	105194	69464	10975	24755	6117	99077
延安市	51366	47020	1587	2759	3165	48201
榆林市	53828	22444	9388	21996	2952	50876

13－25 各市大中型工业企业单位数和工业总产值

（2005 年）

地 区	企业数（个）	大型企业	中型企业	总产值（万元）	大型企业	中型企业
全 省	**456**	**74**	**382**	**28137020**	**18560112**	**9576908**
关 中	367	62	305	15952205	8659108	7293097
西安市	150	27	123	7475466	4246913	3228553
铜川市	14	4	10	436061	340611	95450
宝鸡市	87	13	74	2932604	1490943	1441661
咸阳市	59	8	51	2485870	728383	1757486
渭南市	55	10	45	2563131	1852258	710873
杨凌示范区	2		2	59073		59073
陕 南	57	4	53	1418618	540029	878589
汉中市	40	4	36	1183468	540029	643439
安康市	8		8	121689		121689
商洛市	9		9	113461		113461
陕 北	28	4	24	5349284	3944062	1405222
延安市	9	3	6	4101628	3327513	774116
榆林市	19	1	18	1247655	616549	631106

13－26 各市大中型工业企业工业增加值和资产总计

（2005 年）

单位:万元

地 区	增加值	大型企业	中型企业	资产总计	大型企业	中型企业
全 省	**11140767**	**8149285**	**2991482**	**42798216**	**29012939**	**13785278**
关 中	5156144	3111848	2044297	24313193	14451167	9862027
西安市	2119150	1194775	924375	11619212	7189390	4429823
铜川市	140480	107986	32494	974943	834230	140712
宝鸡市	1093606	599223	494383	4065809	2141841	1923968
咸阳市	661906	311408	350498	3034753	1345951	1688802
渭南市	1120590	898456	222135	4457541	2939755	1517786
杨凌示范区	20412		20412	160936		160936
陕 南	446428	121662	324767	1992744	769912	1222832
汉中市	360293	121662	238631	1539097	769912	769186
安康市	56337		56337	323117		323117
商洛市	29798		29798	130530		130530
陕 北	2424224	1801805	622419	7319078	4618659	2700419
延安市	1878626	1470730	407897	4512266	2888677	1623589
榆林市	545597	331075	214522	2806812	1729982	1076830

主要统计指标解释

工业　指从事自然资源的开采，对采掘品和农产品进行加工和再加工的物质生产部门。具体包括：(1)对自然资源的开采，如采矿、晒盐、森林采伐等(但不包括禽兽捕猎和水产捕捞)；(2)对农副产品的加工、再加工，如粮油加工、食品加工、轧花、缫丝、纺织、制革等；(3)对采掘品的加工、再加工，如炼铁、炼钢、化工生产、石油加工、机器制造、木材加工等，以及电力、自来水、煤气的生产和供应等；(4)对工业品的修理、翻新，如机器设备的修理、交通运输工具(包括小卧车)的修理等。

轻、重工业　轻工业指主要提供生活消费品和制作手工工具的工业，重工业指为国民经济各部门提供物质技术基础的主要生产资料的工业。

规模以上工业企业　指全部国有及年产品销售收入500万元及以上的非国有工业企业。

国有及国有控股企业　指国有企业加上国有控股企业。国有企业（即过去的全民所有制工业或国营工业）是指企业全部资产归国家所有，并按《中华人民共和国企业法人登记管理条例》规定登记注册的非公司制的经济组织。包括国有企业、国有独资公司和国有联营企业。1957年以前的公私合营和私营工业，后均改造为国营工业，1992年改为国有工业，这部分工业的资料不单独分列时，均包括在国有企业内。国有控股企业是对混合所有制经济的企业进行的“国有控股”分类。它是指这些企业的全部资产中国有资产（股份）相对其他所有者中的任何一个所有者占资（股）最多的企业。该分组反映了国有经济控股情况。

大、中、小型企业　以从业人员数、销售额（工业企业以产品销售收入代替）和资产总额三项指标为划分依据。工业企业规模的具体划分标准是：

大型：从业人员2000人及以上、销售额30000万元及以上、资产总额40000万元及以上。

中型：从业人员300-2000人以下、销售额3000-30000万元以下、资产总额4000-40000万元以下。

小型：从业人员300人以下、销售额3000万元以下、资产总额4000万元以下。

工业总产值　是以货币表现的工业企业在一定时期内生产的已出售或可供出售工业产品总量，它反映一定时间内工业生产的总规模和总水平。包括三项内容：即本期生产成品价值、对外加工费收入、在制品半成品期末期初差额价值三部分。凡是企业在报告期生产的经检验合格的产品，不管是否在报告期销售，均包括在内。凡是计入工业总产值的产品，必须是本企业生产的经检验合格的，不需要再进行任何加工的最终产品。如果企业有中间产品(半成品)对外销售，则对外销售的中间产品应视为企业的最终产品。

工业总产值采用“工厂法”计算，以工业企业作为基本计算(核算)单位，即按企业的最终产品计算工业总产值。按这种方法计算的工业总产值，不允许同一产品价值在企业内部重复计算，不能把企业内部各个车间(分厂)生产的成果相加，但允许企业间的重复计算。

轻重工业总产值的划分也是按“工厂法”计算的，即一个工业企业在正常情况下生产的主要产品的性质属于轻工业，则该企业的全部总产值作为轻工业总产值，如它的主要产品的性质属于重工业，则该企业的全部总产值作为重工业总产值。

工业增加值　指工业企业在报告期内以货币表现的工业生产活动的最终成果。

工业增加值有两种计算方法：一是生产法，即工业总产出减去工业中间投入加上应交增值税；二是收入法，即从收入的角度出发，根据生产要素在生产过程中应得到的收入份额计算，具体构成项目有固定资产折旧、劳动者报酬、生产税净额、营业盈余，这种方法也称要素分配法。本年鉴中的工业增加值是以生产法计算的。

生产法工业增加值的计算方法为：

工业增加值 = 工业总产出 - 工业中间投入 + 应交增值税

资产总计　指企业拥有或控制的能以货币计量的经济资源。包括各种财产、债权和其他权利。资产按其流动性划分为流动资产、长期投资、固定资产、无形及递延资产和其他资产。

(1)流动资产　指企业可以在一年内或者超过一年的一个生产周期内变现或耗用的资产合计。包括现金及各种存款、短期投资、应收及预付款项、存货等。

(2)固定资产　指企业固定资产净值、固定资产清理、在建工程、待处理固定资产损失所占用的资金合计。

(3)无形资产　指企业长期使用而没有实物形态的资产。包括专利权、非专利技术、商标权、著作权、土地使用权、商誉等。

流动资产平均余额　指企业在报告期内全部流动资产的平均余额。

固定资产原价　指企业在建造、购置、安装、改建、扩建、技术改造某项固定资产时所支出的全部货币总额。它一般包括买价、包装费、运杂费和安装费等。

固定资产净值年平均余额　指固定资产净值在报告期内余额的平均数。计算公式为：

固定资产净值年平均余额 = 1至12月各月月初、月末固定资产净值之和/24

固定资产净值　指固定资产原价减去历年已提折旧额后的净额。计算公式为：

固定资产净值 = 固定资产原价 - 累计折旧

负债合计　指企业承担的能以货币计量，将以资产或劳务偿付的债务。负债一般按偿还期长短分为流动负债和长期负债、递延税项等。

流动负债合计　指将在一年或超过一年的一个营业周期内偿还的债务。流动负债包括短期负债、应付票据、应付帐款、预收帐款、应付工资、应付福利费、应交税金、应付利润、其他应付款、预提费用等。流动负债具有偿还期限短，在债权人提出要求时即期偿付，或在一年内必须偿还的特点。

长期负债合计　指偿还期在一年或超过一年的一个营业周期以上的债务，它是除了投资人投入企业的资本以外，企业向债权人筹集、可供企业长期使用的资金，是企业必须以资产或劳务偿还的经济责任，包括长期借款、应付债款、长期应付款、其他长期负债等。与流动负债相比，长期负债具有为数较大、偿还期限较长的特点，且对投资者来说可带来更大的利益。

产品销售收入　指企业在报告期内生产的成品、自制半成品和工业性劳务取得的收入。

产品销售成本　指企业在报告期内销售本企业生产的成品、自制半成品和工业性劳务等的实际成本。

产品销售税金及附加　指企业在报告期内销售产品、提供的劳务等主要经营业务应负担的城市维护建设税、消费税、资源税和教育费附加等。

利润总额　指企业生产经营活动的最终成果，是企业在一定时期内实现的盈亏相抵后的利润总额(亏损以“-”号表示)，它等于营业利润加上补贴收入加上投资收益加上营业外净收入再加上以前年度损益调整。

本年应交增值税　指企业在报告期内应交纳的增值税额。它等于本年销项税额加上出口退税加上进项税额转出数减去本年进项税额。小规模纳税企业直接按全年计税销售额乘以征收率计算取得。

年末从业人员平均人数　从业人员是指在企业工作并取得劳动报酬的全部人员数。包括在岗职工、再就业的离退休人员、民办教师及在企业工作的外方人员和港澳台方人员、兼职人员、借用的外单位人员和第二职业者。不包括离开本单位但仍保留劳动关系的职工。

从业人员平均人数是指报告期内每天拥有的从业人员人数。其计算公式为：

月平均人数 = 报告月内每天实有人数之和 / 报告月日历日数

季平均人数 = 季内各月平均人数之和 / 3

年平均人数 = 年内各月平均人数之和 / 12

总资产贡献率　反映企业全部资产的获利能力，是企业经营业绩和管理水平的集中体现，是评价和考核企业盈利能力的核心指标。计算公式为：

总资产贡献率（%）=（利润总额 +税金总额 + 利息支出）/ 平均资产总额×100%

公式中：税金总额为产品销售税金及附加与应交增值税之和；平均资产总额为期初期末资产之和的算术平均值。

资产负债率　该指标既反映企业经营风险的大小，也反映企业利用债权人提供的资金从事经营活动的能力。计算公式为：

资产负债率（%）= 负债总额 / 资产总额×100%

资产与负债均为报告期期末数。

流动资产周转次数　指一定时期内流动资产完成的周转次数，反映投入工业企业流动资金的周转速度。计算公式为：

流动资产周转次数 = 产品销售收入 / 全部流动资产平均余额

公式中：全部流动资产平均余额为期初和期末的流动资产之和的算术平均值。

成本费用利润率　反映企业投入的生产成本及费用的经济效益，同时也反映企业降低成本所取得的经济效益。计算公式为：

成本费用利润（%）= 利润总额 / 成本费用总额×100%

公式中：成本费用总额为产品销售成本、销售费用、管理费用、财务费用之和。

全员劳动生产率　该指标反映企业的生产效率和劳动投入的经济效益。计算公式为：

全员劳动生产率（元/人）= 工业增加值 / 全部从业人员平均人数

产品销售率　该指标反映工业产品已实现销售的程度，是分析工业产销衔接情况、研究工业产品满足社会需求的指标。计算公式为：

产品销售率（%）= 工业销售产值 / 工业总产值（现价）×100%

2006

統計
年鑒

建筑业

JIANZHUYE

资料整理：梁玉萍

十四、建筑业

2005 年全省具有建筑业资质等级的建筑施工企业

企业个数	830	个
#国有及国有控股企业	188	个
施工企业总产值	658.64	亿元
#国有及国有控股企业	506.82	亿元
房屋建筑竣工面积	1900.78	万平方米
房屋建筑面积竣工率	41.6	%

建筑施工企业总产值

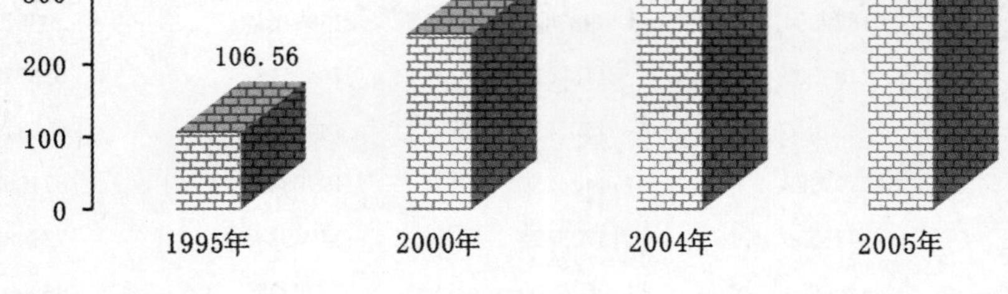

14-1 建筑业总产值

单位:万元

年 份	建筑业总产值	#地方属企业	国有企业	#地方属企业	集体企业
1957	34567	7620	34567	7620	
1962	11340	3055	9824	1539	1516
1965	38425	15551	31458	8584	6967
1970	37180	23414	31070	17304	6110
1975	67377	45824	58946	37393	8431
1978	86642	60131	75082	48571	11560
1979	91932	66057	77854	51979	14078
1980	97607	71142	80505	54040	17102
1981	82528	65171	65789	48432	16739
1982	98176	70799	79749	52072	18427
1983	110401	75874	85828	51301	24573
1984	139234	92633	111271	64670	27963
1985	164405	100322	132119	68036	32286
1986	183081	112965	150795	74608	38357
1987	208180	125264	165971	83055	42209
1988	242409	134927	197920	90438	44489
1989	273554	144417	230069	100932	43485
1990	325034	155840	278358	109164	46676
1991	360774	173400	306098	118724	54676
1992	479806	228929	410445	159568	69361
1993	751613	331449	650865	230800	100649
1994	980260	414949	856685	293000	121941
1995	1065612	501076	914782	357201	143870
1996	1294502	735145	940012	380656	335948
1997	1642493	928341	1158205	446758	461272
1998	1879804	983440	1399161	503822	394712
1999	2183009	1188225	1640515	635775	432628
2000	2423046	1205275	1843456	625816	439089
2001	2797388	1424557	1970842	671008	479810
2002	3473536	1735125	2474524	737488	490351
2003	4409564	2076800	3138878	960693	456851
2004	5231639	2688405	3878423	1380218	439996
2005	6586411	3011102	5068215	1511029	443869

注:1. 1996 年及以后建筑业年报统计范围由往年的县及县以上(含县级建制镇)各种经济类型的建筑企业,改为具有建筑业资质等级四级及四级以上的各种经济类型的建筑施工企业;2002 年改为具有建筑业资质等级的各种经济类型的建筑施工企业。
2. 1998 年及以后国有经济为国有及国有控股企业。
3. 本表资料含劳务分包企业。

14－2 具有资质等级的建筑业企业主要生产指标

(2005年)

指标	企业数（个）	年末从业人员（人）	平均人数（人）	总产值（万元）	#建筑工程产值	#安装工程产值
总计	**830**	**424045**	**535942**	**6586411**	**5888057**	**555581**
#国有及国有控股企业	188	205793	268609	5068215	4516711	439621
一、按登记注册类型分						
内资企业	830	424045	535942	6586411	5888057	555581
国有企业	135	126080	160670	3022444	2571486	355355
集体企业	189	75080	82292	443869	426861	14940
股份合作企业	14	3490	3308	15312	12328	2417
联营企业	6	1799	2546	21370	20884	450
集体联营企业	3	851	1011	7487	7136	315
国有与集体联营企业	1	560	832	7496	7496	
其他联营企业	2	388	703	6387	6252	135
有限责任公司	253	150821	195320	2524286	2364582	129035
国有独资公司	2	3726	3728	115265	111180	2352
其他有限责任公司	251	147095	191592	2409020	2253401	126683
股份有限公司	43	16843	21793	161011	135323	22503
私营企业	186	47842	67905	386452	346066	29798
私营独资企业	7	403	426	2714	2609	20
私营合伙企业	3	488	487	1339	1339	
私营有限责任公司	164	42700	62345	359333	320761	28168
私营股份有限公司	12	4251	4647	23066	21356	1610
其他企业	4	2090	2108	11667	10527	1083
二、按国民经济行业分						
房屋和土木工程建筑业	696	397306	505621	6221730	5714130	384468
房屋工程建筑	546	281119	371492	2981019	2691489	204749
土木工程建筑	150	116187	134129	3240711	3022641	179719
铁路道路隧道和桥梁工程	88	86341	100484	2703134	2657240	24860
水利和港口工程建筑	25	17635	18061	336646	304788	17523
工矿工程建筑	8	6090	7654	70180	12162	56155
架线和管道工程建筑	13	3030	4670	92185	11257	80473
其他土木工程建筑	16	3091	3260	38567	37194	708

14－2 续表

(2005 年)

指　　标	企业数 (个)	年末从业 人　　员 (人)	平均人数 (人)	总 产 值 (万元)	#建筑工程 产　　值	#安装工程 产　　值
建筑安装业	74	20402	23465	289490	138264	139165
建筑装饰业	40	4219	4230	37892	13095	18038
其它建筑业	20	2118	2626	37299	22568	13910
工程准备	7	653	776	3818	3471	135
其它未列明的建筑活动	13	1465	1850	33481	19097	13775
三、按隶属关系分						
中　央	53	110907	136268	3575309	3208287	280010
地　方	777	313138	399674	3011102	2679770	275572
省	69	59304	89661	1118331	943187	149688
市	145	62683	81411	608320	559942	39709
县(区)及以下	563	191151	228602	1284452	1176641	86175
四、按企业资质等级分						
施工总承包	668	398276	507523	6199099	5669730	406170
特　级	5	13203	13149	1072638	997017	49521
一　级	68	155406	196580	3621388	3301002	253085
二　级	227	131149	181423	969425	882582	66076
三级及以下	368	98518	116371	535648	489128	37487
专业承包	151	25344	27926	386013	218327	149411
一　级	16	8245	9808	245007	136402	99653
二　级	44	6373	6267	61665	31820	25115
三级及以下	91	10726	11851	79342	50105	24643
劳务分包	11	425	493	1299		
一　级	9	397	460	1246		
二　级	1	20	20	20		
三级及以下	1	8	13	33		
五、按营业状态分						
营　业	791	421498	532678	6585320	5887363	555230
停业(歇业)	27	1198	1465	16	1	
当年关闭	3	485	736			
当年破产	7	358	355			
其　它	2	506	708	1074	693	351
六、按控股情况分						
国有绝对控股	181	202290	265206	5024386	4474882	439521
国有相对控股	7	3003	3403	43829	41830	100
集体绝对控股	193	76058	83448	451836	434477	15255
集体相对控股	7	3992	3904	13714	11500	2214

14－3 具有资质等级的建筑业企业主要财务指标

（2005年）

指标	利润总额（万元）	税金（万元）	按总产值计算劳动生产率（元/人）	产值利润率（%）	产值利税率（%）
总计	**99709**	**221042**	**135356**	**1.5**	**3.4**
#国有及国有控股企业	55021	166629	217131	1.1	3.3
一、按登记注册类型分					
内资企业	99709	221042	135356	1.5	3.4
国有企业	31012	104060	209515	1.0	3.4
集体企业	11054	18791	57840	2.5	4.2
股份合作企业	1470	587	51296	9.6	3.8
联营企业	1021	483	89790	4.8	2.3
集体联营企业	192	189	87057	2.6	2.5
国有与集体联营企业	738	263	90317	9.8	3.5
其他联营企业	91	32	92564	1.4	0.5
有限责任公司	32965	78474	147010	1.3	3.1
国有独资公司	616	4004	356417	0.5	3.5
其他有限责任公司	32349	74470	142991	1.3	3.1
股份有限公司	6271	4858	76570	3.9	3.0
私营企业	15726	13576	59024	4.1	3.5
私营独资企业	192	126	66195	7.1	4.6
私营合伙企业	122	99	31221	9.1	7.4
私营有限责任公司	14889	12798	59701	4.1	3.6
私营股份有限公司	523	553	51881	2.3	2.4
其他企业	190	213	57672	1.6	1.8
二、按国民经济行业分					
房屋和土木工程建筑业	94682	209467	135874	1.5	3.4
房屋工程建筑	49662	100098	91136	1.7	3.4
土木工程建筑	45020	109368	247744	1.4	3.4
铁路道路隧道和桥梁工程	34890	91166	272370	1.3	3.4
水利和港口工程建筑	3909	11798	194559	1.2	3.5
工矿工程建筑	3545	2217	100804	5.1	3.2
架线和管道工程建筑	2383	3122	209606	2.6	3.4
其他土木工程建筑	293	1065	132944	0.8	2.8

注：本表含劳务分包企业，下表同。

14－3续表1 (2005年)

指　　标	利润总额（万元）	税　金（万元）	按总产值计算劳动生产率（元/人）	产值利润率（%）	产值利税率（%）
建筑安装业	5107	9630	129746	1.8	3.3
建筑装饰业	－608	810	98652	－1.6	2.1
其它建筑业	528	1135	146789	1.4	3.0
工程准备	223	120	50567	5.8	3.1
其它未列明的建筑活动	305	1015	187466	0.9	3.0
三、按隶属关系分					
中　央	37376	117347	283193	1.0	3.3
地　方	62333	103695	83561	2.1	3.4
省	10897	36149	168173	1.0	3.2
市	13368	19258	77517	2.2	3.2
县(区)及以下	38068	48288	59638	3.0	3.8
四、按企业资质等级分					
施工总承包	94098	209154	134895	1.5	3.4
特　级	12401	37066	894088	1.2	3.5
一　级	36482	117143	201083	1.0	3.2
二　级	26352	34017	61886	2.7	3.5
三级及以下	18865	20928	49057	3.5	3.9
专业承包	5589	11824	145309	1.4	3.1
一　级	1180	7241	262292	0.5	3.0
二　级	3251	1659	103499	5.3	2.7
三级及以下	1158	2923	70426	1.5	3.7
劳务分包	22	65	26892	1.7	5.0
一　级	10	63	27625	0.8	5.0
二　级	2	1	10000	10.0	3.5
三级及以下	10	1	27500	30.0	3.9
五、按营业状态分					
营　业	100776	220999	15214	1.5	3.4
停业(歇业)	－1027	8		－6421.3	52.5
其　它	－39	35		－3.7	3.2
六、按控股情况分					
国有绝对控股	54149	16546	218358	1.1	0.3
国有相对控股	873	1192	132613	2.0	2.7
集体绝对控股	11252	18996	58227	2.5	4.2
集体相对控股	820	347	36425	6.0	2.5

14－3 续表 2　　(2005 年)　　单位:万元

指　　标	资产总计	固定资产原　价	本年折旧	负债合计	实收资本	资　产负债率(%)
总　　计	**5864897**	**1678131**	**98772**	**4092163**	**1474838**	**69.8**
#国有及国有控股企业	4043751	989248	68698	3205299	703917	79.3
一、按登记注册类型分						
内资企业	5864897	1678131	98772	4092163	1474838	69.8
国有企业	2770641	629719	42855	2166667	518706	78.2
集体企业	448364	196813	8220	224673	176764	50.1
股份合作企业	30322	16005	766	14114	13921	46.5
联营企业	15103	4848	113	4617	10231	30.6
集体联营企业	7070	2125	42	2267	4803	32.1
国有与集体联营企业	3114	1684	18	468	2500	15.0
其他联营企业	4920	1039	53	1882	2928	38.3
有限责任公司	1923466	575574	35920	1421229	403818	73.9
国有独资公司	121917	71335	5958	104394	13082	85.6
其他有限责任公司	1801549	504239	29963	1316834	390736	73.1
股份有限公司	137999	36121	1759	50025	65896	36.3
私营企业	534768	216980	9093	208249	283970	38.9
私营独资企业	4511	1924	74	1013	3076	22.5
私营合伙企业	2162	923	15	558	1597	25.8
私营有限责任公司	504693	203193	8440	199163	265324	39.5
私营股份有限公司	23403	10941	564	7515	13973	32.1
其他企业	4235	2071	46	2590	1533	61.2
二、按国民经济行业分						
房屋和土木工程建筑业	5462207	1575647	93954	3850581	1337426	70.5
房屋工程建筑	2828109	805866	32219	1790037	896637	63.3
土木工程建筑	2634098	769781	61736	2060544	440789	78.2
铁路道路隧道和桥梁工程	2088430	506968	40655	1639649	322662	78.5
水利和港口工程建筑	307758	182815	16778	233454	64228	75.9
工矿工程建筑	104025	35494	1380	94531	21579	90.9
架线和管道工程建筑	82200	26695	1104	64480	10583	78.4
其他土木工程建筑	51685	17810	1819	28429	21736	55.0

14－3 续表3 （2005 年） 单位:万元

指标名称	资产总计	固定资产原价	本年折旧	负债合计	实收资本	资产负债率（%）
建筑安装业	304627	77137	3135	202123	91097	66.4
建筑装饰业	52867	12330	703	17062	27700	32.3
其它建筑业	45196	13017	980	22397	18615	49.6
工程准备	6933	1967	200	1598	5183	23.0
其它未列明的建筑活动	38263	11050	780	20799	13433	54.4
三、按隶属关系分						
中　央	2439450	654145	51066	1998342	360552	81.9
地　方	3425447	1023986	47707	2093821	1114287	61.1
省	1227083	235088	8535	935625	258243	76.2
市	804009	225031	15890	513328	210065	63.8
县(区)及以下	1394355	563867	23282	644867	645979	46.2
四、按企业资质等级分						
施工总承包	5497537	1562056	91937	3864790	1356666	70.3
特　级	902067	147773	12506	682300	169251	75.6
一　级	2956941	757257	53682	2428880	441541	82.1
二　级	1043770	401958	17384	479888	462573	46.0
三级及以下	594758	255068	8365	273722	283301	46.0
专业承包	365686	115424	6797	226290	117651	61.9
一　级	180519	48629	2929	129676	43189	71.8
二　级	92405	26483	1381	55199	31195	59.7
三级及以下	92762	40312	2487	41416	43266	44.6
劳务分包	1675	650	38	1083	522	64.6
一　级	1628	614	36	1083	488	64.6
二　级	6	5			6	
三级及以下	41	31	2		28	
五、按营业状态分						
营　业	5829723	1660875	98126	4075654	1459399	69.9
停业(歇业)	20674	12757	145	11273	8267	54.5
当年关闭	3799	1094	55	1530	2269	40.3
当年破产	9243	2619	123	3223	4334	34.9
其　它	1459	785	324	483	570	33.1
六、按控股情况分						
国有绝对控股	406695	982375	68472	318607	686362	78.3
国有相对控股	37056	6873	225	1904	17555	5.1
集体绝对控股	456110	199323	8267	22676	182237	5.0
集体相对控股	10196	6206	382	555	4372	5.4

14－4 施工总承包和专业承包建筑业企业主要指标

（2005 年） 单位:万元

指　　标	企业数（个）	年末从业人员（人）	#工程技术人员	#持有一级证书的项目经理	平均人数（人）
总　计	**819**	**423620**	**69291**	**5944**	**535449**
#国有及国有控股企业	187	205775	32265	4099	268591
一、按登记注册类型分					
内资企业	819	423620	69291	5944	535449
国有企业	134	126062	21176	1795	160652
集体企业	186	74955	10499	363	82164
股份合作企业	14	3490	482	22	3308
联营企业	6	1799	269	3	2546
集体联营企业	3	851	116		1011
国有与集体联营企业	1	560	45		832
其他联营企业	2	388	108	3	703
有限责任公司	252	150791	23592	3366	195286
国有独资公司	2	3726	1831	67	3728
其他有限责任公司	250	147065	21761	3299	191558
股份有限公司	42	16803	2692	60	21763
私营企业	181	47630	10290	332	67622
私营独资企业	6	397	23	5	366
私营合伙企业	3	488	78		487
私营有限责任公司	160	42494	8946	315	62122
私营股份有限公司	12	4251	1243	12	4647
其他企业	4	2090	291	3	2108
二、按国民经济行业分					
房屋和土木工程建筑业	690	397113	64404	5552	505425
房屋工程建筑	541	280966	44704	2345	371326
土木工程建筑	149	116147	19700	3207	134099
铁路道路隧道和桥梁工程	88	86341	13597	2643	100484
水利和港口工程建筑	25	17635	4203	162	18061
工矿工程建筑	8	6090	668	268	7654
架线和管道工程建筑	13	3030	599	56	4670
其他土木工程建筑	15	3051	633	78	3230

14－4 续表1 (2005年) 单位:万元

指　　标	企业数（个）	年末从业人员（人）	#工程技术人员	#持有一级证书的项目经理	平均人数（人）
建筑安装业	70	20188	3315	249	23186
建筑装饰业	39	4201	666	85	4212
其它建筑业	20	2118	906	58	2626
工程准备	7	653	123	2	776
其它未列明的建筑活动	13	1465	783	56	1850
三、按隶属关系分					
中　央	53	110907	17517	3199	136268
地　方	766	312713	51774	2745	399181
省	69	59304	9581	715	89661
市	145	62683	10476	615	81411
县(区)及以下	552	190726	31717	1415	228109
四、按企业资质等级分					
施工总承包	668	398276	64444	5327	507523
特　级	4	13203	2734	395	12808
一　级	68	155406	24736	3449	196580
二　级	227	131149	21333	482	181423
三级及以下	369	98518	15641	1001	116712
专业承包	151	25344	4847	617	27926
一　级	16	8245	1441	211	9808
二　级	44	6373	1280	270	6267
三级及以下	91	10726	2126	136	11851
五、按营业状态分					
营　业	782	421178	69043	5939	532293
停业(歇业)	25	1093	124	3	1357
当年关闭	3	485	12		736
当年破产	7	358	4	2	355
其　它	2	506	108		708
六、按控股情况分					
国有绝对控股	180	202772	31997	4097	265188
国有相对控股	7	3003	268	2	3403
集体绝对控股	190	75933	10633	363	83320
集体相对控股	7	3992	726	27	3904

14－4 续表 2　　（2005 年）　　单位：万元

指　　标	建筑业总产值	#建筑工程产值	#安装工程产值	竣工产值
总　　计	**6585112**	**5888057**	**555581**	**3490839**
#国有及国有控股企业	5068115	4516711	439621	2366797
一、按登记注册类型分				
内资企业	6585112	5888057	555581	3490839
国有企业	3022344	2571486	355355	1424695
集体企业	443834	426861	14940	342065
股份合作企业	15312	12328	2417	13975
联营企业	21370	20884	450	18067
集体联营企业	7487	7136	315	5326
国有与集体联营企业	7496	7496		6369
其他联营企业	6387	6252	135	6372
有限责任公司	2524263	2364582	129035	1283480
国有独资公司	115265	111180	2352	10023
其他有限责任公司	2408997	2253401	126683	1273457
股份有限公司	160976	135323	22503	99503
私营企业	385346	346066	29798	300031
私营独资企业	2629	2609	20	2629
私营合伙企业	1339	1339		1177
私营有限责任公司	358312	320761	28168	285503
私营股份有限公司	23066	21356	1610	10722
其他企业	11667	10527	1083	9023
二、按国民经济行业分				
房屋和土木工程建筑业	6221614	5714130	384468	3273231
房屋工程建筑	2980938	2691489	204749	2040718
土木工程建筑	3240676	3022641	179719	1232513
铁路道路隧道和桥梁工程	2703134	2657240	24860	1037940
水利和港口工程建筑	336646	304788	17523	31780
工矿工程建筑	70180	12162	56155	41952
架线和管道工程建筑	92185	11257	80473	81593
其它土木工程建筑	38532	37194	708	39248

14－4 续表 3　　（2005 年）　　单位：万元

指　　标	建筑业总产值	#建筑工程产　值	#安装工程产　值	竣工产值
建筑安装业	288406	138264	139165	186814
建筑装饰业	37792	13095	18038	15550
其它建筑业	37299	22568	13910	15245
工程准备	3818	3471	135	3818
其它未列明的建筑活动	33481	19097	13775	11427
三、按隶属关系分				
中　央	3575309	3208287	280010	1469035
地　方	3009803	2679770	275572	2021804
省	1118331	943187	149688	687823
市	608320	559942	39709	375844
县(区)及以下	1283153	1176641	86175	958137
四、按企业资质等级分				
施工总承包	6199099	5669730	406170	3240169
特　级	1071885	996264	49521	317720
一　级	3621388	3301002	253085	1787832
二　级	969425	882582	66076	690417
三级及以下	536402	489882	37487	444201
专业承包	386013	218327	149411	250670
一　级	245007	136402	99653	124671
二　级	61665	31820	25115	69384
三级及以下	79342	50105	24643	56615
五、按营业状态分				
营　业	6584037	5887363	555230	3490809
停业(歇业)	1	1		
其　它	1074	693	351	30
六、按控股情况分				
国有绝对控股	5024286	4474882	439521	2335367
国有相对控股	43829	41830	100	31430
集体绝对控股	451801	434477	15255	347581
集体相对控股	13714	11500	2214	12883

14－4 续表 4 （2005 年）

指 标	房屋建筑施工面积（万平方米）	#实行投标承包面积	房屋建筑竣工面积（万平方米）	#住 宅	房屋建筑面积竣工率（%）
总 计	**4563.92**	**4005.78**	**1900.78**	**1211.86**	**41.6**
#国有及国有控股企业	2160.80	2037.00	757.02	443.16	35.0
一、按登记注册类型分					
内资企业	4563.92	4005.78	1900.78	1211.86	41.6
国有企业	1879.43	1763.87	649.27	381.26	34.5
集体企业	778.25	666.85	332.49	219.20	42.7
股份合作企业	25.15	16.18	16.16	11.71	64.3
联营企业	21.46	18.69	10.16	5.60	47.3
集体联营企业	5.53	2.76	2.75	2.45	49.7
国有与集体联营企业	15.57	15.57	7.05	3.15	45.3
其他联营企业	0.36	0.36	0.36	0.00	100.0
有限责任公司	1006.32	898.14	452.76	301.77	45.0
国有独资公司	7.57	3.34	3.13	2.96	41.3
其他有限责任公司	998.75	894.80	449.63	298.82	45.0
股份有限公司	231.69	169.15	132.84	84.66	57.3
私营企业	597.45	455.21	294.64	199.19	49.3
私营独资企业	3.01	1.29	3.01	1.72	100.0
私营合伙企业	2.88	2.88	1.06	0.69	36.7
私营有限责任公司	554.37	417.46	278.08	186.92	50.2
私营股份有限公司	37.19	33.57	12.50	9.86	33.6
其他企业	24.16	17.68	12.45	8.45	51.5
二、按国民经济行业分					
房屋和土木工程建筑业	4482.44	3931.47	1872.71	1201.38	41.8
房屋工程建筑	4318.46	3780.99	1824.66	1168.81	42.3
土木工程建筑	163.97	150.48	48.05	32.57	29.3
铁路道路隧道和桥梁工程	77.18	69.53	31.07	21.07	40.3
水利和港口工程建筑	13.75	13.51	5.68	5.16	41.3
工矿工程建筑	15.96	14.65	8.23	4.71	51.5
架线和管道工程建筑	3.05	0.85	2.62	1.50	85.8
其他土木工程建筑	54.03	51.94	0.46	0.14	0.9

14－4 续表5　　(2005年)

指　　标	房屋建筑施工面积（万平方米）	#实行投标承包面积	房屋建筑竣工面积（万平方米）	#住　宅	房屋建筑面积竣工率（%）
建筑安装业	75.12	69.30	27.78	10.28	37.0
建筑装饰业					
其它建筑业	6.37	5.01	0.29	0.19	4.6
工程准备	2.10	1.24	0.29	0.19	13.8
其它未列明的建筑活动	4.27	3.77			
三、按隶属关系分					
中　央	521.72	498.34	127.02	56.77	24.3
地　方	4042.20	3507.44	1773.76	1155.08	43.9
省	1296.05	1221.29	448.69	269.68	34.6
市	648.57	588.68	269.11	180.73	41.5
县(区)及以下	2097.58	1697.47	1055.95	704.68	50.3
四、按企业资质等级分					
施工总承包	4464.92	3954.39	1856.03	1177.52	41.6
特　级	144.16	97.82	45.77	24.36	31.7
一　级	1922.22	1844.49	665.14	398.08	34.6
二　级	1482.50	1253.48	652.11	407.07	44.0
三级及以下	916.04	758.61	493.02	348.01	53.8
专业承包	99.00	51.39	44.75	34.34	45.2
一　级	8.26	1.18			
二　级	29.08	18.82	9.34	6.30	32.1
三级及以下	61.65	31.39	35.41	28.04	57.4
五、按营业状态分					
营　业	4560.09	4001.96	1900.78	1211.86	41.7
停业(歇业)	0.01				
其　它	3.82	3.82			
六、按控股情况分					
国有绝对控股	2093.63	1970.95	719.29	414.40	34.4
国有相对控股	67.17	66.06	37.73	28.76	56.2
集体绝对控股	785.93	670.77	335.73	222.14	42.7
集体相对控股	33.64	32.06	18.45	13.32	54.9

14－4 续表 6　　　　　　　　(2005 年)

指　　标	自有施工机械设备年末净值(万元)	自有施工机械设备年末净总台数(台)	自有施工机械设备年末总功率(万千瓦)	技术装备率(元/人)	动力装备率(千瓦/人)
总　计	**509411**	**173680**	**260.42**	**9505**	**4.9**
#国有及国有控股企业	254182	46219	128.64	9463	4.8
一、按登记注册类型分					
内资企业	509411	173680	260.42	9505	4.9
国有企业	154803	31293	71.93	9635	4.5
集体企业	68544	42873	46.40	8329	5.6
股份合作企业	5829	1617	6.10	17622	18.4
联营企业	1576	2074	0.91	6192	3.6
集体联营企业	181	170	0.23	1791	2.3
国有与集体联营企业	1356	1724	0.63	16303	7.6
其他联营企业	39	180	0.05	553	0.7
有限责任公司	173531	57325	92.58	8884	4.7
国有独资公司	26662	1271	11.71	71517	31.4
其他有限责任公司	146869	56054	80.87	7666	4.2
股份有限公司	14012	6743	8.08	6430	3.7
私营企业	90148	30756	33.72	13276	5.0
私营独资企业	402	31	0.02	9444	0.4
私营合伙企业	427	172	0.19	8762	3.9
私营有限责任公司	83805	28225	30.73	13442	4.9
私营股份有限公司	5514	2328	2.78	11867	6.0
其他企业	967	999	0.71	4588	3.4
二、按国民经济行业分					
房屋和土木工程建筑业	489872	165700	249.37	9689	4.9
房屋工程建筑	272939	143003	148.11	7347	4.0
土木工程建筑	216933	22697	101.26	16173	7.5
铁路道路隧道和桥梁工程	146876	12862	66.54	14617	6.6
水利和港口工程建筑	54430	5153	23.21	30137	12.8
工矿工程建筑	6410	2070	4.70	8374	6.1
架线和管道工程建筑	7729	1911	3.73	16551	8.0
其他土木工程建筑	1489	701	3.07	4567	9.4

14－4续表7 (2005年) 单位:万元

指　　标	自有施工机械设备年末净值（万元）	自有施工机械设备年末净总台数（台）	自有施工机械设备年末总功率（万千瓦）	技术装备率（元/人）	动力装备率（千瓦/人）
建筑安装业	10571	5771	7.74	4505	3.3
建筑装饰业	3593	1604	1.80	8494	4.3
其它建筑业	5375	605	1.51	20468	5.7
工程准备	616	302	0.71	7943	9.2
其它未列明的建筑活动	4759	303	0.79	25722	4.3
三、按隶属关系分					
中　央	174823	18781	82.98	12829	6.1
地　方	334588	154899	177.44	8372	4.4
省	52131	15794	28.38	5814	3.2
市	64038	18031	27.96	7866	3.4
县(区)及以下	218419	121074	121.10	9555	5.3
四、按企业资质等级分					
施工总承包	477399	163177	241.06	9406	4.7
特　级	41781	1601	16.39	31788	12.6
一　级	176403	27800	86.27	8974	4.4
二　级	162974	78003	71.44	8983	3.9
三级及以下	96241	55773	66.97	8269	5.7
专业承包	32012	10503	19.35	11463	6.9
一　级	15928	2811	7.60	16240	7.8
二　级	3847	2456	5.23	6138	8.3
三级及以下	12237	5236	6.52	10326	5.5
五、按营业状态分					
营　业	506330	171490	258.26	9505	4.8
停业(歇业)	1434	1935	1.53	9790	10.4
当年关闭	667	124	0.36	9065	4.9
当年破产	943	116	0.26	26555	7.4
其　它	37	15	0.01	523	0.1
六、按控股情况分					
国有绝对控股	250164	43528	124.79	9433	4.7
国有相对控股	4018	2691	3.85	11807	11.3
集体绝对控股	68992	43225	46.75	8268	5.6
集体相对控股	1479	1082	0.92	3789	2.4

14－4续表8　　(2005年)　　单位:万元

指标	钢材消耗（万吨）	木材消耗（万立方米）	水泥消耗（万吨）	平板玻璃		铝材消耗（万吨）
				万重量箱	万平方米	
总计	**352.22**	**106.00**	**1339.50**	**79.33**	**324.89**	**24.79**
#国有及国有控股企业	267.43	58.73	665.55	18.32	103.73	2.87
一、按登记注册类型分						
内资企业	352.22	106.00	1339.50	79.33	324.89	24.79
国有企业	155.90	42.01	341.22	15.30	87.58	2.24
集体企业	24.66	15.69	266.65	16.41	65.50	16.83
股份合作企业	0.99	0.17	3.66	8.43	1.51	0.08
联营企业	0.71	0.35	2.80	0.13	0.96	0.06
集体联营企业	0.41	0.09	2.02	0.13	0.96	0.06
国有与集体联营企业	0.28	0.26	0.53			
其他联营企业	0.02		0.25			
有限责任公司	127.44	24.54	414.89	14.64	76.66	1.34
国有独资公司	2.63	5.77	22.54			
其他有限责任公司	124.81	18.78	392.34	14.64	76.66	1.34
股份有限公司	23.30	13.39	217.86	3.53	15.12	0.72
私营企业	18.91	9.62	89.84	20.65	77.22	3.51
私营独资企业	0.19	0.03	0.60	0.11	0.90	
私营合伙企业	0.04	0.05	0.22	0.17	0.92	
私营有限责任公司	17.07	8.96	80.43	19.68	74.27	3.50
私营股份有限公司	1.60	0.58	8.59	0.69	1.14	0.01
其他企业	0.31	0.23	2.58	0.23	0.35	
二、按国民经济行业分						
房屋和土木工程建筑业	344.05	104.50	1318.50	74.55	289.68	24.12
房屋工程建筑	162.46	64.37	871.56	73.49	281.73	24.01
土木工程建筑	181.59	40.12	446.94	1.06	7.95	0.11
铁路道路隧道和桥梁工程	169.83	32.68	411.20	0.85	6.83	0.07
水利和港口工程建筑	9.66	6.39	27.96	0.11	0.73	0.01
工矿工程建筑	1.42	0.20	2.98	0.04	0.18	0.03
架线和管道工程建筑	0.60	0.04	2.92	0.02		
其他土木工程建筑	0.08	0.82	1.89	0.03	0.20	

14－4续表9 （2005年） 单位:万元

指标	钢材消耗（万吨）	木材消耗（万立方米）	水泥消耗（万吨）	平板玻璃		铝材消耗（万吨）
				万重量箱	万平方米	
建筑安装业	7.27	1.21	16.23	1.06	11.50	0.03
建筑装饰业	0.01	0.16	0.56	1.62	11.27	0.57
其它建筑业	0.89	0.13	4.22	2.10	12.43	0.07
工程准备	0.04		0.61			
其它未列明的建筑活动	0.86	0.13	3.61	2.10	12.43	0.07
三、按隶属关系分						
中　央	206.31	43.06	498.80	2.11	13.55	0.73
地　方	145.92	62.94	840.71	77.22	311.34	24.06
省	54.42	10.70	109.24	9.92	60.51	1.16
市	35.16	22.24	299.03	11.09	49.62	0.37
县(区)及以下	56.33	30.00	432.44	56.21	201.22	22.53
四、按企业资质等级分						
施工总承包	344.28	104.11	1310.03	73.86	287.37	24.07
特　级	78.96	3.16	112.86		0.01	
一　级	178.22	54.55	489.64	14.82	61.82	1.70
二　级	43.43	23.09	234.83	39.04	120.84	4.62
三级及以下	43.66	23.31	472.70	20.00	104.69	17.75
专业承包	7.95	1.88	29.48	5.47	37.53	0.72
一　级	4.99	0.25	14.45	2.88	17.31	0.61
二　级	1.02	1.01	3.96	0.53	7.02	0.08
三级及以下	1.94	0.62	11.07	2.06	13.19	0.03
五、按营业状态分						
营　业	352.17	105.98	1339.15	79.33	324.89	24.79
停业(歇业)					0.01	
其　它	0.05	0.02	0.35			
六、按控股情况分						
国有绝对控股	266.15	58.14	654.54	17.17	98.89	2.83
国有相对控股	1.28	0.60	11.00	1.15	4.83	0.04
集体绝对控股	25.12	15.80	269.05	16.71	67.12	16.89
集体相对控股	0.43	0.15	2.86	0.56	0.68	0.03

14－5 施工总承包和专业承包建筑业企业主要财务指标

（2005 年）　　　　单位：万元

指　　标	流动资产合　计	#存　货	长期投资	固定资产合　计	固定资产原　价
总　计	**4163245**	**971827**	**193462**	**1266576**	**1677480**
#国有及国有控股企业	3058903	706196	147566	677954	989179
一、按登记注册类型分					
内资企业	4163245	971827	193462	1266576	1677480
国有企业	2018680	510503	136380	469850	629649
集体企业	258412	71619	7853	163961	196695
股份合作企业	15782	2156	592	13491	16005
联营企业	9895	1851	81	5061	4848
集体联营企业	4143	1174	81	2798	2125
国有与集体联营企业	1685	48		1411	1684
其他联营企业	4067	628		852	1039
有限责任公司	1484992	283607	29025	381616	575474
国有独资公司	87217	18169		32194	71335
其他有限责任公司	1397775	265438	29025	349422	504139
股份有限公司	91241	18755	4151	34504	36101
私营企业	282213	82847	15315	196020	216637
私营独资企业	2712	22		1737	1894
私营合伙企业	1115	929		1047	923
私营有限责任公司	264759	78713	14515	184956	202880
私营股份有限公司	13627	3184	800	8281	10941
其他企业	2030	490	65	2073	2071
二、按国民经济行业分					
房屋和土木工程建筑业	3892467	910446	148074	1190858	1575362
房屋工程建筑	1822073	469190	121931	704629	805601
土木工程建筑	2070393	441256	26143	486230	769761
铁路道路隧道和桥梁工程	1710730	369160	15642	318710	506968
水利和港口工程建筑	190283	30922	5065	107330	182815
工矿工程建筑	77480	12756	1755	22302	35494
架线和管道工程建筑	55957	8662	2235	23865	26695
其他土木工程建筑	35942	19756	1446	14023	17790

14－5 续表1 （2005年） 单位:万元

指标	流动资产合计	#存货	长期投资	固定资产合计	固定资产原价
建筑安装业	201735	40949	41920	55773	76842
建筑装饰业	39639	15163	1517	9658	12260
其它建筑业	29404	5270	1952	10287	13017
工程准备	5061	584		1493	1967
其它未列明的建筑活动	24344	4686	1952	8794	11050
三、按隶属关系分					
中央	1962981	426250	53573	397624	654145
地方	2200265	545577	139889	868952	1023335
省	808335	256166	93605	204752	235088
市	575915	77800	17523	180982	225031
县(区)及以下	816015	211611	28761	483219	563216
四、按企业资质等级分					
施工总承包	3895698	918044	185713	1186482	1562056
特级	694551	280652	87706	93907	147773
一级	2250609	393476	58928	514280	757257
二级	604733	148383	34206	351000	401958
三级及以下	345806	95533	4874	227295	255068
专业承包	267547	53783	7748	80094	115424
一级	142774	25299	852	29156	48629
二级	71269	16253	2556	17891	26483
三级及以下	53504	12232	4341	33046	40312
五、按营业状态分					
营业	4142630	968267	192928	1253213	1660337
停业(歇业)	10158	1653	19	10206	12645
当年关闭	2837	955	92	870	1094
当年破产	6935	274	423	1862	2619
其它	685	679		424	785
六、按控股情况分					
国有绝对控股	3040876	704416	147530	662234	982306
国有相对控股	18027	1780	36	15719	6873
集体绝对控股	262882	73051	7934	167108	199206
集体相对控股	5194	453	66	4708	6206

14－5 续表2　　（2005 年）　　单位:万元

指　　标	累计折旧	#本年折旧	在建工程	递延资产	#无形资产	其他资产
总　计	**534964**	**98734**	**81005**	**160257**	**100700**	**79683**
#国有及国有控股企业	373560	68692	35913	89659	35984	69437
一、按登记注册类型分						
内资企业	534964	98734	81005	160257	100700	79683
国有企业	204248	42849	22235	81848	30739	63651
集体企业	48819	8217	9543	12508	9653	5340
股份合作企业	3531	766	831	438	438	19
联营企业	958	113	903			66
集体联营企业	316	42	721			48
国有与集体联营企业	273	18				18
其他联营企业	368	53	182			
有限责任公司	225055	35918	23778	20235	16139	7500
国有独资公司	39307	5958	20	213	70	2294
其他有限责任公司	185748	29961	23758	20022	16069	5207
股份有限公司	8032	1759	4692	6574	5961	1479
私营企业	44030	9066	18959	38587	37704	1628
私营独资企业	184	71				
私营合伙企业	82	15				
私营有限责任公司	40739	8416	18741	37893	37010	1627
私营股份有限公司	3025	564	219	694	694	1
其他企业	292	46	65	67	67	
二、按国民经济行业分						
房屋和土木工程建筑业	504767	93947	79357	155616	96428	74636
房屋工程建筑	185188	32212	65190	126520	72395	52450
土木工程建筑	319579	61735	14167	29096	24033	22187
铁路道路隧道和桥梁工程	217876	40655	8041	24581	19929	18767
水利和港口工程建筑	77597	16778	1811	2520	2255	2559
工矿工程建筑	13349	1380	158	1691	1691	798
架线和管道工程建筑	6112	1104	3281	144	3	
其他土木工程建筑	4645	1818	876	161	157	63

14－5 续表3 （2005年） 单位：万元

指　　标	累计折旧	#本年折旧	在建工程	递延资产	#无形资产	其他资产
建筑安装业	22208	3110	1117	1080	941	3234
建筑装饰业	3542	697	312	368	341	1453
其它建筑业	4447	980	219	3193	2990	360
工程准备	659	200	182	20		360
其它未列明的建筑活动	3788	780	37	3173	2990	
三、按隶属关系分						
中　央	286493	51066	8547	13590	4772	11683
地　方	248471	47668	72459	146667	95928	68000
省	58575	8535	24549	63674	19366	56717
市	57056	15890	9275	23888	21108	5701
县(区)及以下	132840	23243	38635	59104	55454	5582
四、按企业资质等级分						
施工总承包	496089	91937	79763	152922	95858	76721
特　级	71904	12506	1024	749	349	25155
一　级	271850	53682	20355	88891	37795	44233
二　级	94504	17384	35201	48789	44470	5043
三级及以下	57831	8365	23183	14493	13243	2290
专业承包	38875	6797	1242	7335	4842	2962
一　级	21154	2929	234	5480	3390	2258
二　级	9036	1381	339	641	604	48
三级及以下	8685	2487	668	1214	849	657
五、按营业状态分						
营　业	530973	98090	80888	159882	100348	79678
停业(歇业)	2602	142	117	2	1	5
当年关闭	224	55				
当年破产	803	123		24	1	
其　它	361	324		350	350	
六、按控股情况分						
国有绝对控股	372125	68466	25812	86406	32734	69416
国有相对控股	1435	225	10101	3253	3251	21
集体绝对控股	49173	8264	10264	12508	9653	5388
集体相对控股	1791	382	65	228	133	

14－5 续表4　　（2005 年）　　单位:万元

指　　标	资产总计	流动负债合　计	长期负债合　计	负债合计	所有者权益合　计	#实　收资　本
总　计	**5863223**	**3925979**	**165101**	**4091080**	**1772143**	**1474317**
#国有及国有控股企业	4043518	3098452	106659	3205111	838408	703879
一、按登记注册类型分						
内资企业	5863223	3925979	165101	4091080	1772143	1474317
国有企业	2770408	2071675	94804	2166479	603929	518669
集体企业	448074	207432	17057	224489	223585	176658
股份合作企业	30322	12998	1116	14114	16208	13921
联营企业	15103	3761	855	4617	10487	10231
集体联营企业	7070	1411	855	2267	4803	4803
国有与集体联营企业	3114	468		468	2646	2500
其他联营企业	4920	1882		1882	3038	2928
有限责任公司	1923369	1389032	32151	1421183	502186	403768
国有独资公司	121917	104152	242	104394	17523	13082
其他有限责任公司	1801452	1284880	31908	1316788	484663	390686
股份有限公司	137949	47362	2663	50025	87924	65846
私营企业	533763	191128	16456	207584	326179	283691
私营独资企业	4449	905	83	987	3461	3056
私营合伙企业	2162	558		558	1604	1597
私营有限责任公司	503750	182701	15823	198524	305226	265065
私营股份有限公司	23403	6965	551	7515	15887	13973
其他企业	4235	2590		2590	1645	1533
二、按国民经济行业分						
房屋和土木工程建筑业	5461650	3697245	153044	3850289	1611361	1337196
房屋工程建筑	2827602	1727107	62639	1789746	1037857	896457
土木工程建筑	2634048	1970138	90405	2060544	573505	440739
铁路道路隧道和桥梁工程	2088430	1580330	59319	1639649	448781	322662
水利和港口工程建筑	307758	206740	26715	233454	74303	64228
工矿工程建筑	104025	91170	3361	94531	9494	21579
架线和管道工程建筑	82200	64474	6	64480	17720	10583
其他土木工程建筑	51635	27425	1004	28429	23206	21686

14－5 续表 5　　(2005 年)　　单位:万元

指　　标	资产总计	流动负债合　计	长期负债合　计	负债合计	所有者权益合　计	#实收资本
建筑安装业	303742	193595	7926	201520	102222	90843
建筑装饰业	52634	16344	530	16874	35761	27663
其它建筑业	45196	18796	3601	22397	22800	18615
工程准备	6933	1597	1	1598	5336	5183
其它未列明的建筑活动	38263	17199	3600	20799	17464	13433
三、按隶属关系分						
中　央	2439450	1933282	65060	1998342	441109	360552
地　方	3423772	1992697	100041	2092738	1331034	1113765
省	1227083	896390	39235	935625	291457	258243
市	804009	500720	12608	513328	290681	210065
县(区)及以下	1392680	595587	48198	643785	748896	645458
四、按企业资质等级分						
施工总承包	5497537	3706119	158671	3864790	1632746	1356666
特　级	902067	656963	25337	682300	219767	169251
一　级	2956941	2338227	90653	2428880	528061	441541
二　级	1043770	459105	20783	479888	563882	462573
三级及以下	594758	251824	21897	273722	321037	283301
专业承包	365686	219860	6430	226290	139396	117651
一　级	180519	126049	3627	129676	50844	43189
二　级	92405	54579	620	55199	37206	31195
三级及以下	92762	39232	2184	41416	51347	43266
五、按营业状态分						
营　业	5828332	3912908	161847	4074754	1753578	1458977
停业(歇业)	20390	8379	2711	11090	9300	8167
当年关闭	3799	1433	97	1530	2269	2269
当年破产	9243	3170	53	3223	6020	4334
其　它	1459	89	394	483	976	570
六、按控股情况分						
国有绝对控股	4006462	3080540	105533	3186073	820389	686325
国有相对控股	37056	17911	1126	19038	18019	17555
集体绝对控股	455820	208850	17912	226762	229057	182131
集体相对控股	10196	5544	9	5553	4643	4372

14－5 续表6　　（2005 年）　　单位:万元

指　　标	工程结算收　入	工程结算税金及附加	工程结算利　润	经营费用	管理费用	#税　金
总　　计	**6352040**	**211123**	**416904**	**77562**	**275109**	**9854**
#国有及国有控股企业	4917988	162169	291702	53998	202900	4458
一、按登记注册类型分						
内资企业	6352040	211123	416904	77562	275109	9854
国有企业	2859430	100921	186197	39968	126928	3137
集体企业	436727	17149	36540	8870	24006	1642
股份合作企业	14854	530	1654	40	831	57
联营企业	16088	436	1527	48	500	47
集体联营企业	5871	183	234	18	27	5
国有与集体联营企业	7496	223	1172	26	403	40
其他联营企业	2721	30	120	4	70	1
有限责任公司	2507725	75757	136912	19382	97319	2717
国有独资公司	114510	3944	9057	2627	7064	60
其他有限责任公司	2393214	71813	127855	16755	90255	2656
股份有限公司	146676	4469	12396	2133	6308	388
私营企业	363903	11655	41124	7109	18906	1862
私营独资企业	2479	108	208	106	22	10
私营合伙企业	1339	65	223	6	89	34
私营有限责任公司	337455	10987	38788	6730	17763	1760
私营股份有限公司	22630	495	1905	268	1032	58
其他企业	6636	206	554	12	310	7
二、按国民经济行业分						
房屋和土木工程建筑业	6013078	200601	386445	70143	247304	8861
房屋工程建筑	2637476	94013	178542	48465	111154	6082
土木工程建筑	3375602	106588	207903	21678	136150	2779
铁路道路隧道和桥梁工程	2825701	89104	155560	17557	95527	2062
水利和港口工程建筑	344792	11586	29875	811	24519	212
工矿工程建筑	78647	2012	7974	2135	5505	206
架线和管道工程建筑	97360	2919	11895	1006	8500	204
其他土木工程建筑	29102	968	2598	170	2099	96

14－5 续表 7　　（2005 年）　　单位：万元

指　　标	工程结算收　入	工程结算税金及附加	工程结算利　润	经营费用	管理费用	#税　金
建筑安装业	270870	8741	25598	6496	22982	831
建筑装饰业	37074	729	2672	781	3092	79
其它建筑业	31018	1051	2189	141	1731	83
工程准备	5240	116	354	12	172	3
其它未列明的建筑活动	25777	935	1835	129	1559	80
三、按隶属关系分						
中　央	3681852	114448	202732	19720	139489	2899
地　方	2670187	96675	214172	57841	135620	6955
省	936330	35257	66435	25589	48415	892
市	536958	17932	38529	15483	29088	1327
县（区）及以下	1196899	43486	109208	16770	58117	4737
四、按企业资质等级分						
施工总承包	5977449	199995	388403	72096	252587	9158
特　级	1093149	36419	63212	2361	37209	647
一　级	3520311	113775	197837	46818	145793	3369
二　级	861360	31514	77839	11282	42809	2503
三级及以下	502630	18288	49515	11636	26776	2640
专业承包	374590	11128	28501	5465	22522	696
一　级	239236	6905	14510	2986	12040	337
二　级	60685	1535	5696	1081	3719	124
三级及以下	74669	2688	8296	1399	6763	235
五、按营业状态分						
营　业	6350947	211084	416776	77558	274130	9850
停业（歇业）	111	6	12	3	845	2
其　它	982	33	117	1	134	2
六、按控股情况分						
国有绝对控股	4886327	161135	289730	53925	201662	4300
国有相对控股	31661	1034	1972	73	1239	158
集体绝对控股	443078	17347	36792	8889	24043	1648
集体相对控股	9403	314	472	190	297	33

14－5 续表 8　　（2005 年）　　单位：万元

指　　标	营业利润	利润总额	劳动、失业保险费	住房公积金及住房补贴	应付工资总额	应付福利费总额	应收工程款	#竣工工程
总　计	**120088**	**99687**	**45803**	**12644**	**520292**	**55981**	**1118482**	**506908**
#国有及国有控股企业	75439	55047	37452	8864	322755	34358	787016	328683
一、按登记注册类型分								
内资企业	120088	99687	45803	12644	520292	55981	1118482	506908
国有企业	46292	31038	25645	5828	180525	23358	492990	198365
集体企业	10771	11052	3325	978	56652	6876	112889	72481
股份合作企业	1578	1470	46	133	2399	54	6070	4399
联营企业	1031	1021	5		2631	274	4282	2239
集体联营企业	199	192	5		723	7	3161	1847
国有与集体联营企业	738	738			1649	231	967	393
其他联营企业	94	91			259	36	154	
有限责任公司	37709	32971	15819	4822	206770	18095	396395	162282
国有独资公司	1797	616	1360	109	9343	902	18660	628
其他有限责任公司	35913	32354	14458	4713	197427	17193	377735	161655
股份有限公司	6015	6270	293	161	16289	1458	41954	30025
私营企业	16500	15675	633	531	53936	5714	61612	35544
私营独资企业	167	168	2		228	2	83	69
私营合伙企业	122	122	15		323	14	423	368
私营有限责任公司	15623	14863	510	513	49117	5280	57174	31822
私营股份有限公司	589	523	108	18	4268	418	3933	3285
其他企业	191	190	38	190	1090	152	2290	1572
二、按国民经济行业分								
房屋和土木工程建筑业	115642	94672	42531	10839	488027	51566	1053113	465803
房屋工程建筑	53988	49653	18078	3745	285552	28677	580047	294860
土木工程建筑	61655	45019	24453	7094	202475	22889	473066	170943
铁路道路隧道和桥梁工程	49916	34890	15726	5242	151441	16323	374154	137499
水利和港口工程建筑	4794	3909	6891	534	30339	3754	40440	1282
工矿工程建筑	3492	3545	790	199	9513	1390	37058	24015
架线和管道工程建筑	3146	2383	971	1013	8260	1096	15185	4051
其他土木工程建筑	306	292	75	106	2922	327	6230	4096

14－5 续表9　　(2005年)　　单位:万元

指标	营业利润	利润总额	劳动、失业保险费	住房公积金及住房补贴	应付工资总额	应付福利费总额	应收工程款	#竣工工程
建筑安装业	4353	5070	3012	1523	26623	3649	52275	29418
建筑装饰业	－512	－582	228	197	2894	393	6926	6587
其它建筑业	604	528	32	86	2748	373	6167	5100
工程准备	226	223	6	12	485	72	217	210
其它未列明的建筑活动	379	305	26	74	2263	302	5950	4890
三、按隶属关系分								
中央	55131	37376	27552	7058	213555	22134	488871	180730
地方	64957	62311	18251	5586	306737	33847	629611	326178
省	13782	10897	8729	789	64831	7571	182215	67821
市	12250	13368	5323	2039	72768	7004	149487	68536
县(区)及以下	38925	38046	4198	2759	169139	19272	297909	189821
四、按企业资质等级分								
施工总承包	110834	94098	43970	11712	492356	52518	1015198	445246
特级	25307	12401	5611	2095	24560	5897	80704	24190
一级	38237	36482	31591	5879	256701	22688	622477	216725
二级	28400	26352	4617	1819	125686	14920	181538	110014
三级及以下	18890	18865	2151	1919	85409	9013	130480	94317
专业承包	9254	5589	1833	932	27936	3463	103284	61662
一级	4730	1180	1648	394	13145	1658	54236	38236
二级	3435	3251	81	305	5773	774	31519	16296
三级及以下	1088	1158	105	234	9018	1030	17529	7130
五、按营业状态分								
营业	121145	100754	45795	12545	518768	55710	1115446	505050
停业(歇业)	－1032	－1027	5	37	731	180	2962	1784
当年关闭					310	30		
当年破产					300	36		
其它	－25	－39	3	62	184	24	74	74
六、按控股情况分								
国有绝对控股	74605	54175	37449	8851	319277	34029	781540	326510
国有相对控股	834	873	3	13	3478	329	5475	2173
集体绝对控股	10976	11250	3330	978	57463	6888	116267	74513
集体相对控股	820	820	37	167	2524	95	2228	1396

14-6 劳务分包建筑业企业主要生产指标

(2005年)

指标	单位数（个）	建筑业总产值（万元）	年末从业人员数（人）	#管理人员	#工程技术人员	从业人员年平均人数（人）
总计	**11**	**1299**	**425**	**66**	**43**	**493**
#国有及国有控股企业	1	100	18	5	2	18
一、按登记注册类型分						
内资企业	11	1299	425	66	43	493
国有企业	1	100	18	5	2	18
集体企业	3	35	125	18	3	128
有限责任公司	1	23	30	8		34
其他有限责任公司	1	23	30	8		34
股份有限公司	1	35	40	5	20	30
私营企业	5	1106	212	30	18	283
私营独资企业	1	85	6	4	2	60
私营有限责任公司	4	1021	206	26	16	223
二、按国民经济行业分						
房屋和土木工程建筑业	6	116	193	31	26	196
房屋工程建筑	5	81	153	26	6	166
土木工程建筑	1	35	40	5	20	30
其他土木工程建筑	1	35	40	5	20	30
建筑安装业	4	1083	214	30	15	279
建筑装饰业	1	100	18	5	2	18
三、按隶属关系分						
地方	11	1299	425	66	43	493
县(区)及县以下	11	1299	425	66	43	493
四、按企业资质等级分						
一级	9	1246	397	60	40	460
二级	1	20	20	4	1	20
三级及以下	1	33	8	2	2	13

14－7　劳务分包建筑业企业主要财务指标

（2005年）　　单位：万元

指　　标	固定资产原价	本年折旧	资产总计	负债合计	实收资本
总　　计	**650**	**38**	**1675**	**1083**	**522**
#国有及国有控股企业	69	6	233	188	37
一、按登记注册类型分					
内资企业	650	38	1675	1083	522
国有企业	69	6	233	188	37
集体企业	118	3	290	183	106
有限责任公司	100	2	97	46	50
其他有限责任公司	100	2	97	46	50
股份有限公司	20	1	50		50
私营企业	343	27	1005	665	278
私营独资企业	30	3	62	26	20
私营有限责任公司	313	24	943	639	258
二、按国民经济行业分					
房屋和土木工程建筑业	285	7	557	291	230
房屋工程建筑	265	7	507	291	180
土木工程建筑	20	1	50		50
其他土木工程建筑	20	1	50		50
建筑安装业	296	25	886	603	254
建筑装饰业	69	6	233	188	37
三、按隶属关系分					
地　方	650	38	1675	1083	522
县(区)及县以下	650	38	1675	1083	522
四、按企业资质等级分					
一　级	614	36	1628	1083	488
二　级	5		6		6
三级及以下	31	2	41		28

14－7续表 （2005年） 单位:万元

指　标	主营业务收入	主营业务成本	主营业务税金及附加	费用合计	营业利润	利润总额	从业人员劳动报酬	劳动、失业保险费
总　计	**1256.7**	**1092.7**	**64.5**	**42.3**	**19.6**	**21.7**	**246.6**	**12.5**
#国有及国有控股企业	75.0	59.8	2.5	0.7	－25.8	－25.8	16.3	8.2
一、按登记注册类型分								
内资企业	1256.7	1092.7	64.5	42.3	19.6	21.7	246.6	12.5
国有企业	75.0	59.8	2.5	0.7	－25.8	－25.8	16.3	8.2
集体企业	20.0	18.0	0.7	0.5	0.8	2.0	32.0	0.0
有限责任公司	22.6	18.4	0.7	9.1	－5.6	－5.6	29.8	0.2
其他有限责任公司	22.6	18.4	0.7	9.1	－5.6	－5.6	29.8	0.2
股份有限公司	35.0	30.0	1.2	1.7	2.1	0.8	20.0	0.0
私营企业	1104.1	966.5	59.4	30.3	48.1	50.3	148.5	4.1
私营独资企业	85.0	50.5	8.5	5.0	21.0	24.0	34.6	0.0
私营有限责任公司	1019.1	916.0	50.9	25.3	27.1	26.3	113.9	4.1
二、按国民经济行业分								
房屋和土木工程建筑业	98.4	68.4	4.2	13.9	12.1	10.0	76.4	4.0
房屋工程建筑	63.4	38.4	3.0	12.2	10.0	9.2	56.4	4.0
土木工程建筑	35.0	30.0	1.2	1.7	2.1	0.8	20.0	0.0
其他土木工程建筑	35.0	30.0	1.2	1.7	2.1	0.8	20.0	0.0
建筑安装业	1083.3	964.5	57.8	27.7	33.3	37.5	153.9	0.3
建筑装饰业	75.0	59.8	2.5	0.7	－25.8	－25.8	16.3	8.2
三、按隶属关系分								
地　方	1256.7	1092.7	64.5	42.3	19.6	21.7	246.6	12.5
县(区)及县以下	1256.7	1092.7	64.5	42.3	19.6	21.7	246.6	12.5
四、按企业资质等级分								
一　级	1203.7	1056.2	62.5	38.5	8.9	9.8	211.6	12.5
二　级	20.0	18.0	0.7	0.5	0.8	2.0	16.0	0.0
三级及以下	33.0	18.5	1.3	3.3	9.9	9.9	19.0	0.0

14-8 各市建筑业企业个数

(2005 年)　　单位:个

地区	单位个数	中央企业	地方企业	施工总承包	专业承包	国有及国有控股企业	集体企业
全省	**819**	**53**	**766**	**668**	**151**	**187**	**186**
西安市	223	30	193	152	71	67	66
铜川市	24		24	19	5	9	6
宝鸡市	76	1	75	63	13	15	15
咸阳市	70	12	58	59	11	24	16
渭南市	93	4	89	83	10	22	13
延安市	44		44	40	4	10	10
汉中市	85	3	82	70	15	15	13
榆林市	95	1	94	87	8	7	22
安康市	51	2	49	41	10	9	12
商洛市	51		51	50	1	6	13
杨凌示范区	7		7	4	3	3	

注:本表资料不含劳务分包企业,下表同。

14-9 各市建筑业企业年末从业人员

(2005 年)　　单位:万人

地区	年末从业人员	中央企业	地方企业	施工总承包	专业承包	国有及国有控股企业	集体企业
全省	**42.36**	**11.09**	**31.27**	**39.83**	**2.53**	**20.58**	**7.50**
西安市	15.94	5.79	10.15	14.89	1.06	9.79	3.12
铜川市	0.91		0.91	0.81	0.10	0.44	0.19
宝鸡市	4.99	0.37	4.62	4.81	0.19	1.34	0.63
咸阳市	5.96	2.50	3.46	5.46	0.50	3.78	1.22
渭南市	5.11	1.90	3.21	4.81	0.30	2.93	0.55
延安市	1.45		1.45	1.39	0.06	0.28	0.15
汉中市	3.32	0.42	2.90	3.20	0.12	0.94	0.50
榆林市	1.26	0.02	1.24	1.22	0.04	0.16	0.39
安康市	1.20	0.09	1.11	1.08	0.12	0.25	0.25
商洛市	1.76		1.76	1.75	0.01	0.37	0.50
杨凌示范区	0.46		0.46	0.43	0.03	0.29	

14－10 各市建筑业企业总产值

（2005 年）

单位:万元

地　　区	总产值	中央企业	地方企业	施　工 总承包	专　业 承　包	国有及 国有控股 企　业	集　体 企　业
全　　省	**6585112**	**3575309**	**3009803**	**6199099**	**386013**	**5068115**	**443834**
西安市	3276968	2012673	1264295	3129380	147588	2783540	193219
铜川市	63548		63548	55269	8279	40291	9075
宝鸡市	566888	143766	423122	557927	8961	370470	26730
咸阳市	1205587	900564	305022	1132714	72873	1074778	61919
渭南市	623577	473977	149600	515102	108475	542140	16616
延安市	163536		163536	159742	3793	61124	7232
汉中市	166380	21938	144441	160062	6317	68170	17003
榆林市	286440	13025	273415	269072	17367	56925	50364
安康市	73541	9365	64176	63952	9590	18472	11442
商洛市	112957		112957	112477	480	19644	50235
杨凌示范区	45690		45690	43402	2288	32561	

注:本表资料不含劳务分包企业,下表同。

14－11 各市建筑业企业劳动生产率

（2005 年）

单位:元/人

地　　区	劳　动 生产率	中央企业	地方企业	施　工 总承包	专　业 承　包	国有及 国有控股 企　业	集　体 企　业
全　　省	**135464**	**283193**	**83637**	**134895**	**145309**	**217144**	**57932**
西安市	209162	387798	120672	213923	142103	293328	62524
铜川市	65265		65265	61567	108938	81020	41744
宝鸡市	92882	175861	80049	94189	49841	188266	44277
咸阳市	171268	259088	85601	175737	122744	217800	54220
渭南市	113174	202373	47225	99045	350824	167208	31204
延安市	63127		63127	62987	69604	100831	54214
汉中市	43196	56051	41742	42934	51112	62581	30115
榆林市	91781	243000	89139	89076	173326	159544	74812
安康市	53758	67084	52244	51883	70825	60073	51101
商洛市	65692		65692	65872	40000	55854	104590
杨凌示范区	100928		100928	103535	68299	115504	

14－12 各市建筑业企业竣工产值

（2005年） 单位：万元

地区	竣工产值	中央企业	地方企业	施工总承包	专业承包	国有及国有控股企业	集体企业
全省	**3490839**	**1469035**	**2021804**	**3240169**	**250670**	**2366797**	**342065**
西安市	1750586	980066	770521	1651691	98895	1415513	150063
铜川市	45520		45520	37859	7660	18523	8452
宝鸡市	300659		300659	295784	4875	173551	17586
咸阳市	584168	376474	207693	547895	36272	480107	40547
渭南市	189232	84251	104981	122756	66476	123761	15307
延安市	141287		141287	137584	3703	48947	6601
汉中市	123780	15959	107821	117939	5841	45234	14078
榆林市	194918	7463	187455	178053	16865	32923	48578
安康市	59268	4822	54446	51319	7950	13656	8136
商洛市	87035		87035	86845	190	10903	32717
杨凌示范区	14387		14387	12445	1942	3679	

注：本表资料不含劳务分包企业，下表同。

14－13 各市建筑业企业房屋建筑施工面积

（2005年） 单位：万平方米

地区	房屋建筑施工面积	中央企业	地方企业	施工总承包	专业承包	国有及国有控股企业	集体企业
全省	**4563.92**	**521.72**	**4042.20**	**4464.92**	**99.00**	**2160.80**	**778.25**
西安市	1773.81	371.86	1401.95	1753.72	20.09	1138.62	354.32
铜川市	96.85		96.85	96.85		37.83	23.74
宝鸡市	603.02		603.02	593.27	9.75	223.18	31.34
咸阳市	633.72	101.08	532.64	596.90	36.82	386.98	141.89
渭南市	229.69	6.77	222.92	214.95	14.74	85.67	30.50
延安市	204.95		204.95	203.03	1.92	94.55	7.81
汉中市	336.70	36.23	300.48	330.91	5.79	104.71	50.18
榆林市	317.54	1.58	315.96	315.82	1.72	49.64	86.00
安康市	151.89	4.21	177.68	145.87	6.01	18.30	20.80
商洛市	184.67		184.67	182.52	2.15	21.08	31.68
杨凌示范区	31.08		31.08	31.08		0.24	

14－14 各市建筑业企业房屋建筑竣工面积

（2005 年）

单位：万平方米

地 区	房屋建筑竣工面积	中央企业	地方企业	施工总承包	专业承包	国有及国有控股企业	集体企业
全 省	**1900.78**	**127.02**	**1773.76**	**1856.03**	**44.75**	**757.02**	**332.49**
西安市	566.19	69.12	497.07	560.78	5.41	311.13	134.06
铜川市	36.69		36.69	36.69		11.76	12.21
宝鸡市	284.03		284.03	281.76	2.28	123.98	4.17
咸阳市	255.15	39.96	215.19	236.98	18.17	138.76	60.16
渭南市	125.23	3.17	122.06	117.85	7.38	44.86	19.42
延安市	115.18		115.18	113.72	1.46	41.90	5.83
汉中市	153.35	13.60	139.74	149.13	4.22	37.83	21.00
榆林市	168.02	0.19	167.83	166.30	1.72	21.84	49.91
安康市	78.14	0.99	77.16	74.52	3.62	10.60	12.09
商洛市	98.00		98.00	97.50	0.49	14.37	13.63
杨凌示范区	20.81		20.81	20.81			

注：本表资料不含劳务分包企业，下表同。

14－15 各市建筑业企业竣工房屋价值

（2005 年）

单位：万元

地 区	竣工房屋价值	中央企业	地方企业	施工总承包	专业承包	国有及国有控股企业	集体企业
全 省	**1630929**	**158974**	**1471955**	**1600129**	**30800**	**836769**	**243384**
西安市	596682	105551	491131	592359	4323	391275	107852
铜川市	31750		31750	31750		8198	7762
宝鸡市	270874		270874	268079	2795	164349	2369
咸阳市	200366	31866	168500	188768	11598	128315	39897
渭南市	87835	5074	82761	83634	4202	33982	13468
延安市	112086		112086	110896	1190	47136	4223
汉中市	102975	14894	88081	100155	2820	33950	13337
榆林市	124803	190	124613	123253	1550	14400	39189
安康市	43021	1400	41621	40889	2132	5494	6973
商洛市	51615		51615	51425	190	9670	8314
杨凌示范区	8924		8924	8924			

14－16 各市建筑业企业自有施工机械设备净值

(2005年) 单位:万元

地区	自有机械设备年末净值	中央企业	地方企业	施工总承包	专业承包	国有及国有控股企业	集体企业
全省	**509411**	**174823**	**334588**	**477399**	**32012**	**254182**	**68544**
西安市	211085	128108	82977	199817	11268	162626	22467
铜川市	9437		9437	8153	1284	3859	762
宝鸡市	43865	4965	38900	42707	1158	14691	5063
咸阳市	43688	20239	23448	36454	7234	26916	7800
渭南市	42522	17892	24630	37532	4990	21820	2125
延安市	17389		17389	16051	1338	3141	2100
汉中市	32135	2964	29172	30366	1769	7422	2228
榆林市	67640	262	67378	66247	1393	5491	12706
安康市	7185	392	6793	6128	1057	752	2774
商洛市	30950		30950	30683	267	6672	10519
杨凌示范区	3515		3515	3261	254	793	

注:本表资料不含劳务分包企业,下表同。

14－17 各市建筑业企业自有施工机械设备总台数

(2005年) 单位:台

地区	自有施工机械设备年末总台数	中央企业	地方企业	施工总承包	专业承包	国有及国有控股企业	集体企业
全省	**173680**	**18781**	**154899**	**163177**	**10503**	**46219**	**42873**
西安市	50496	9670	40826	47151	3345	20226	17192
铜川市	4189		4189	3931	258	1461	1443
宝鸡市	36338	414	35924	35120	1218	2693	7358
咸阳市	14066	4288	9778	12317	1749	6346	3792
渭南市	17337	2692	14645	16070	1267	6905	2118
延安市	6306		6306	5647	659	1706	874
汉中市	16151	1390	14761	15170	981	3034	1620
榆林市	13236	53	13183	12970	266	973	4795
安康市	5215	274	4941	4658	557	789	1702
商洛市	8169		8169	7987	182	1344	1979
杨凌示范区	2177		2177	2156	21	742	

14－18 各市建筑业企业自有施工机械设备总功率

（2005 年）

单位：万千瓦

地 区	自有施工机械设备年末总功率	中央企业	地方企业	施工总承包	专业承包	国有及国有控股企业	集体企业
全 省	**260.42**	**82.98**	**177.44**	**241.06**	**19.35**	**128.64**	**46.40**
西安市	103.30	54.19	49.11	97.13	6.17	72.05	20.25
铜川市	7.03		7.03	5.46	1.57	4.21	1.30
宝鸡市	32.73	3.47	29.26	30.41	2.33	10.11	4.10
咸阳市	30.68	14.63	16.05	27.53	3.15	18.75	6.36
渭南市	22.72	8.94	13.78	19.59	3.14	12.21	1.72
延安市	7.48		7.48	7.06	0.42	2.65	0.92
汉中市	16.59	1.53	15.07	15.65	0.95	3.98	1.78
榆林市	23.31	0.12	23.19	22.93	0.38	1.25	5.93
安康市	5.66	0.10	5.56	4.59	1.07	0.49	2.18
商洛市	6.46		6.46	6.33	0.13	0.96	1.84
杨凌示范区	4.45		4.45	4.39	0.06	1.99	

注：本表资料不含劳务分包企业，下表同。

14－19 各市建筑业企业钢材消耗量

（2005 年）

单位：万吨

地 区	钢材消耗量	中央企业	地方企业	施工总承包	专业承包	国有及国有控股企业	集体企业
全 省	**352.22**	**206.31**	**145.92**	**344.28**	**7.95**	**267.43**	**24.66**
西安市	180.65	133.95	46.71	178.62	2.03	157.75	12.11
铜川市	2.59		2.59	2.47	0.12	1.03	0.68
宝鸡市	31.96	3.61	28.35	31.92	0.04	23.39	1.05
咸阳市	66.31	53.21	13.10	64.49	1.82	60.79	4.09
渭南市	20.04	13.59	6.45	16.68	3.36	16.11	1.20
延安市	7.96		7.96	7.88	0.07	3.66	0.20
汉中市	8.30	0.83	7.47	8.07	0.23	2.28	1.12
榆林市	12.56	1.02	11.54	12.41	0.15	0.68	2.65
安康市	17.41	0.10	17.31	17.34	0.07	0.41	0.74
商洛市	2.53		2.53	2.49	0.05	0.30	0.82
杨凌示范区	1.91		1.91	1.91		1.04	

14-20 各市建筑业企业木材消耗量

(2005 年)　　单位:立方米

地　　区	木材消耗量	中央企业	地方企业	施工总承包	专业承包	国有及国有控股企业	集体企业
全　省	**1059968**	**430563**	**629405**	**1041122**	**18846**	**587309**	**156940**
西安市	364263	184448	179815	352578	11685	236499	79971
铜川市	14310		14310	14193	117	4037	3103
宝鸡市	88652	812	87840	88269	383	37312	5032
咸阳市	270609	227495	43114	269280	1329	245487	15620
渭南市	45785	8497	37288	42479	3306	20917	10779
延安市	54708		54708	54283	425	28889	1164
汉中市	37598	3301	34297	36757	841	9599	5594
榆林市	50390	4500	45890	50123	267	1170	28772
安康市	116973	1510	115463	116613	360	2160	3073
商洛市	12488		12488	12363	125	1239	3832
杨凌示范区	4192		4192	4184	8		

注:本表资料不含劳务分包企业,下表同。

14-21 各市建筑业企业水泥消耗量

(2005 年)　　单位:万吨

地　　区	水泥消耗量	中央企业	地方企业	施工总承包	专业承包	国有及国有控股企业	集体企业
全　省	**1339.50**	**498.80**	**840.71**	**1310.03**	**29.48**	**665.55**	**266.65**
西安市	583.85	279.20	304.65	577.55	6.30	356.48	198.99
铜川市	16.47		16.47	16.25	0.22	6.30	5.45
宝鸡市	83.08	22.13	60.94	80.00	3.08	37.16	6.61
咸阳市	166.98	121.43	45.55	163.68	3.30	140.42	20.56
渭南市	102.86	64.87	37.99	90.02	12.84	77.46	5.80
延安市	42.67		42.67	42.59	0.07	19.47	0.95
汉中市	50.54	6.14	44.40	49.33	1.21	17.61	7.12
榆林市	71.23	4.20	67.03	70.85	0.38	4.79	14.17
安康市	201.07	0.82	200.25	199.37	1.70	3.72	3.37
商洛市	18.04		18.04	17.67	0.38	2.16	3.61
杨凌示范区	2.72		2.72	2.72			

14－22 各市建筑业企业资产合计

（2005 年）　　单位：万元

地　区	资产合计	中央企业	地方企业	施工总承包	专业承包	国有及国有控股企业	集体企业
全　省	**5863223**	**2439450**	**3423772**	**5497537**	**365686**	**4043518**	**448074**
西安市	2999041	1499575	1499466	2830687	168354	2431949	214322
铜川市	89943		89943	73261	16682	53644	6050
宝鸡市	548020	90331	457690	533453	14568	332911	24220
咸阳市	819968	586400	233569	761375	58594	728341	39506
渭南市	393266	230045	163220	330059	63206	283715	19091
延安市	188570		188570	184032	4537	31520	9569
汉中市	212315	22264	190050	202341	9974	75603	27265
榆林市	324313	3172	321141	313339	10975	40619	41992
安康市	104657	7664	96993	92977	11680	17700	13499
商洛市	139892		139892	139216	676	20548	52560
杨凌示范区	43238		43238	36797	6441	26969	

注：本表资料不含劳务分包企业，下表同。

14－23 各市建筑业企业负债合计

（2005 年）　　单位：万元

地　区	负债合计	中央企业	地方企业	施工总承包	专业承包	国有及国有控股企业	集体企业
全　省	**4091080**	**1998342**	**2092738**	**3864790**	**226290**	**3205111**	**224489**
西安市	2197834	1190510	1007323	2107721	90112	1883661	118106
铜川市	75959		75959	65758	10202	50442	4451
宝鸡市	401779	82177	319601	394798	6980	278762	14207
咸阳市	648540	501098	147441	606490	42050	615964	17089
渭南市	264744	200539	64205	211140	53605	234491	4369
延安市	124611		124611	122936	1674	25454	3728
汉中市	108873	19461	89413	104246	4628	56193	16727
榆林市	125702	637	125066	117480	8222	26083	15567
安康市	57767	3920	53847	53636	4132	7419	7015
商洛市	54391		54391	54384	6	7172	23232
杨凌示范区	30880		30880	26201	4679	19471	

14－24 各市建筑业企业固定资产

（2005年） 单位：万元

地 区	固定资产合计	中央企业	地方企业	施工总承包	专业承包	国有及国有控股企业	集体企业
全 省	**1266576**	**397624**	**868952**	**1186482**	**80094**	**677954**	**163961**
西安市	537597	258244	279353	504292	33305	378862	72946
铜川市	23856		23856	19867	3988	15568	1732
宝鸡市	119343	8665	110678	113213	6130	54974	10569
咸阳市	161707	95570	66136	149525	12182	117339	22027
渭南市	100994	25082	75912	92746	8248	44708	8437
延安市	40263		40263	37981	2282	8863	3735
汉中市	66247	6542	59706	62145	4103	16193	4454
榆林市	126595	262	126333	124202	2393	18983	17255
安康市	26852	3258	23594	20811	6041	7345	4942
商洛市	51560		51560	51211	349	8652	17865
杨凌示范区	11562		11562	10489	1074	6467	

注：本表资料不含劳务分包企业，下表同。

14－25 各市建筑业企业流动资产

（2005年） 单位：万元

地 区	流动资产合计	中央企业	地方企业	施工总承包	专业承包	国有及国有控股企业	集体企业
全 省	**4163245**	**1962981**	**2200265**	**3895698**	**267547**	**3058903**	**258412**
西安市	2181193	1178451	1002742	2057919	123273	1799976	128277
铜川市	63475		63475	50835	12640	35963	4225
宝鸡市	404485	80791	323694	396283	8201	265986	12666
咸阳市	630245	479556	150689	585501	44744	588080	15280
渭南市	280171	201309	78863	226778	53393	232762	9113
延安市	140504		140504	138249	2255	21149	5464
汉中市	140635	15577	125058	135087	5548	57877	21599
榆林市	151718	2910	148809	143586	8132	17551	20157
安康市	62375	4389	57986	57163	5212	9347	7759
商洛市	78586		78586	78258	328	11331	33871
杨凌示范区	29861		29861	26038	3823	18882	

14－26 各市建筑业企业实收资本

（2005 年）

单位：万元

地区	实收资本	中央企业	地方企业	施工总承包	专业承包	国有及国有控股企业	集体企业
全 省	**1474317**	**360552**	**1113765**	**1356666**	**117651**	**703879**	**176658**
西 安 市	648763	247047	401715	584323	64440	439480	74486
铜 川 市	25000		25000	20108	4892	14609	1486
宝 鸡 市	126698	8104	118594	119492	7205	44106	8590
咸 阳 市	136703	64518	72185	122526	14177	86913	20337
渭 南 市	111432	25374	86058	102502	8930	43668	12013
延 安 市	45536		45536	43040	2496	8136	3235
汉 中 市	101323	9950	91374	96076	5247	25262	7922
榆 林 市	154827	2032	152795	152969	1857	12061	20068
安 康 市	41654	3527	38127	35246	6409	9697	5042
商 洛 市	70572		70572	69902	670	12919	23479
杨凌示范区	11810		11810	10482	1328	7028	

注：本表资料不含劳务分包企业，下表同。

14－27 各市建筑业企业工程结算收入

（2005 年）

单位：万元

地区	工程结算收入	中央企业	地方企业	施工总承包	专业承包	国有及国有控股企业	集体企业
全 省	**6352040**	**3681852**	**2670187**	**5977449**	**374590**	**4917988**	**436727**
西 安 市	3204755	2128778	1075977	3064467	140288	2746798	184915
铜 川 市	50424		50424	42503	7921	35849	6505
宝 鸡 市	541202	143278	397924	534126	7077	355037	21933
咸 阳 市	1169975	902907	267068	1097073	72901	1045575	61676
渭 南 市	612998	468224	144774	505354	107644	532602	17113
延 安 市	137252		137252	133365	3886	29065	6837
汉 中 市	143774	16536	127238	137433	6341	54342	14103
榆 林 市	258711	13025	245686	241343	17368	43076	52275
安 康 市	57133	9105	48029	48088	9046	16881	9673
商 洛 市	124993		124993	124513	480	19167	61697
杨凌示范区	50823		50823	49184	1638	39597	

14－28 各市建筑业企业税金总额

（2005年） 单位：万元

地　区	税金总额	中央企业	地方企业	施工总承包	专业承包	国有及国有控股企业	集体企业
全　省	**220977**	**117347**	**103630**	**209154**	**11824**	**168627**	**18790**
西安市	113664	71193	42471	110074	3590	97877	6360
铜川市	1697		1697	1441	257	1128	209
宝鸡市	19084	4682	14402	18749	335	15554	869
咸阳市	36675	25062	11613	34180	2495	29268	5038
渭南市	20999	15305	5694	17403	3596	17425	680
延安市	5130		5130	4927	203	1064	297
汉中市	5117	477	4640	4899	218	1757	724
榆林市	9933	429	9504	9263	670	1915	1888
安康市	2160	199	1961	1790	370	467	427
商洛市	4692		4692	4676	16	727	2298
杨凌示范区	1826		1826	1753	73	1445	

注：本表资料不含劳务分包企业，下表同。

14－29 各市建筑业企业利润总额

（2005年） 单位：万元

地　区	利润总额	中央企业	地方企业	施工总承包	专业承包	国有及国有控股企业	集体企业
全　省	**99687**	**37376**	**62311**	**94098**	**5589**	**55047**	**11052**
西安市	44872	26371	18501	42879	1993	34365	4988
铜川市	528		528	532	－4	486	－1
宝鸡市	8652	－781	9433	8388	264	4687	156
咸阳市	16055	8158	7897	15363	692	8588	3370
渭南市	7007	3025	3982	6433	575	3685	222
延安市	2233		2233	2276	－43	－340	－593
汉中市	1311	－70	1381	1155	156	159	36
榆林市	13974	504	13470	13032	942	1783	1270
安康市	1704	169	1535	671	1033	1152	－13
商洛市	3370		3370	3364	6	484	1617
杨凌示范区	－19		－19	5	－24	－1	

14-30 各市建筑业企业年末应收工程款

(2005 年)　　单位:万元

地区	年末应收工程款	中央企业	地方企业	施工总承包	专业承包	国有及国有控股企业	集体企业
全省	**1118482**	**488871**	**629611**	**1015198**	**103284**	**787016**	**112889**
西安市	592305	277334	314971	551855	40450	446767	62707
铜川市	15622		15622	11268	4354	10979	665
宝鸡市	91361	23752	67609	89004	2357	55046	4432
咸阳市	164926	97655	67271	140920	24006	137342	15418
渭南市	115988	83534	32454	87320	28668	103543	3257
延安市	24937		24937	23995	942	2028	2011
汉中市	29305	3915	25390	29103	203	13240	5057
榆林市	39238	891	38347	39056	182	5008	7054
安康市	14368	1790	12578	13851	517	3955	5574
商洛市	20576		20576	20359	217	1898	6714
杨凌示范区	9857		9857	8467	1390	7211	

注:本表资料不含劳务分包企业,下表同。

14-31 各市建筑业企业年平均人数

(2005 年)　　单位:万人

地区	年平均人数	中央企业	地方企业	施工总承包	专业承包	国有及国有控股企业	集体企业
全省	**53.54**	**13.63**	**39.92**	**50.75**	**2.79**	**26.86**	**8.22**
西安市	17.28	6.23	11.05	16.18	1.10	10.87	3.21
铜川市	1.06	0.00	1.06	0.98	0.08	0.56	0.23
宝鸡市	6.49	0.82	5.67	6.30	0.19	1.98	0.81
咸阳市	7.62	3.65	3.97	7.00	0.62	5.29	1.18
渭南市	7.37	2.34	5.03	7.05	0.32	5.03	0.54
延安市	2.69		2.69	2.63	0.06	0.62	0.16
汉中市	3.94	0.39	3.55	3.81	0.13	1.11	0.57
榆林市	3.32	0.06	3.26	3.21	0.11	0.37	0.74
安康市	1.41	0.14	1.27	1.26	0.15	0.31	0.24
商洛市	1.87		1.87	1.85	0.01	0.39	0.52
杨凌示范区	0.50		0.50	0.47	0.03	0.33	

14－32 各市建筑业企业主要经济效益指标

(2005 年)

地 区	人均利润 (元/人)	人均利税 (元/人)	人均竣工产值 (元/人)	人均施工面积 (平方米/人)	人均竣工面积 (平方米/人)
全 省	**1862**	**5989**	**65195**	**85.2**	**35.5**
西安市	2597	9175	101316	102.7	32.8
铜川市	498	2098	42915	91.3	34.6
宝鸡市	1333	4273	46321	92.9	43.8
咸阳市	2106	6917	76634	83.1	33.5
渭南市	951	3801	25684	31.2	17.0
延安市	829	2735	52476	76.1	42.8
汉中市	333	1632	31425	85.5	38.9
榆林市	4212	7207	58758	95.7	50.7
安康市	1210	2745	42103	107.9	55.5
商洛市	1804	4317	46600	98.9	52.5
杨凌示范区	-38	3611	28750	62.1	41.6

地 区	产值利润率 (%)	产值利税率 (%)	资本利润率 (%)	资本利税率 (%)	资本负债率 (%)
全 省	**1.5**	**3.4**	**6.8**	**15.0**	**69.8**
西安市	1.4	3.5	6.9	17.5	73.3
铜川市	0.8	2.7	2.1	6.8	84.5
宝鸡市	1.5	3.4	6.8	15.1	73.3
咸阳市	1.3	3.0	11.7	26.8	79.1
渭南市	1.1	3.4	6.3	18.8	67.3
延安市	1.4	3.1	4.9	11.3	66.1
汉中市	0.8	3.1	1.3	5.0	51.3
榆林市	4.9	3.5	9.0	6.4	38.8
安康市	2.3	2.9	4.1	5.2	55.2
商洛市	3.0	4.2	4.8	6.6	38.9
杨凌示范区		4.0	-0.2	15.5	71.4

注:本表资料不含劳务分包企业。

主要统计指标解释

建筑业统计单位 指从事房屋、构筑物建造和设备安装活动的法人企业。建筑业法人企业应同时具备的条件是：①依法成立，有自己的名称、组织机构和场所，能够承担民事责任；②独立拥有和使用资产，承担负债，有权与其他单位签订合同；③独立核算盈亏，能够编制资产负债表。

建筑业总产值(即自行完成施工产值) 是以货币形式表现的建筑安装企业在一定时期内生产的建筑业产品的总和。建筑业总产值包括：

⑴建筑工程产值：指列入建筑工程预算内的各种工程价值。

⑵安装工程产值：指设备安装工程价值，不包括被安装设备本身价值。

⑶其他产值：建筑业总产值中除建筑工程、安装工程以外的产值，包括房屋、构筑物修理产值、非标准设备制造产值、总包企业向分包企业收取的管理费以及不能明确划分的施工活动所完成的产值。

房屋、构筑物修理产值：指房屋、构筑物修理所完成的价值，但不包括被修理房屋、构筑物本身的价值和生产设备的修理价值。

非标准设备制造产值：指加工制造没有定型的、非标准的生产设备的加工费和原材料价值，以及附属加工厂为本企业承建工程制作的非标准设备的价值。

建筑业增加值 指建筑业企业在报告期内以货币形式表现的建筑业生产经营活动的最终成果。目前建筑业增加值采用分配法（收入法）计算，即从收入的角度出发，根据生产要素在生产过程中应得的收入份额计算。具体计算公式为：

建筑业增加值 ＝ 本年提取的固定资产折旧 + 应付工资 + 应付福利费 + 管理费用中的劳动待业保险金、税金 + 工程结算税金及附加 + 工程结算利润

房屋建筑面积 指房屋全部平面面积的总和。它从房屋的外墙线算起，包括可供使用的有效面积和墙柱等结构占用面积。多层房屋按各层（包括地下室）面积总和计算。旧房加层或改造，只计算增加的建筑面积；旧房拆除重建，计算其全部面积；临时房屋不计算建筑面积。

房屋建筑施工面积 指在报告期内施过工的全部房屋建筑面积，包括本期新开工的房屋面积、上期施工跨入本期继续施工的房屋面积、上期停缓建在本期恢复施工的房屋面积、本期竣工的房屋面积及本期施工后又停缓建的房屋面积。

房屋建筑竣工面积 指在报告期内房屋建筑按照设计要求全部完工，达到了使用条件，经验收鉴定合格，正式移交使用单位的房屋建筑面积。

运输和邮电

YUNSHUHEYOUDIAN

资料整理：胡清升

十五、运输和邮电

2005 年全省				
客运量	39114	万　　人	比上年增长	9.6%
旅客周转量	571.60	亿人公里	比上年增长	10.5%
货运量	457224	万　　吨	比上年增长	11.1%
货物周转量	1115.31	亿吨公里	比上年增长	8.1%
邮电业务总量	331.13	亿　　元	比上年增长	35.3%
每百人拥有固定电话	23.1	部		
每百人拥有移动电话	25.2	部		

高速公路里程

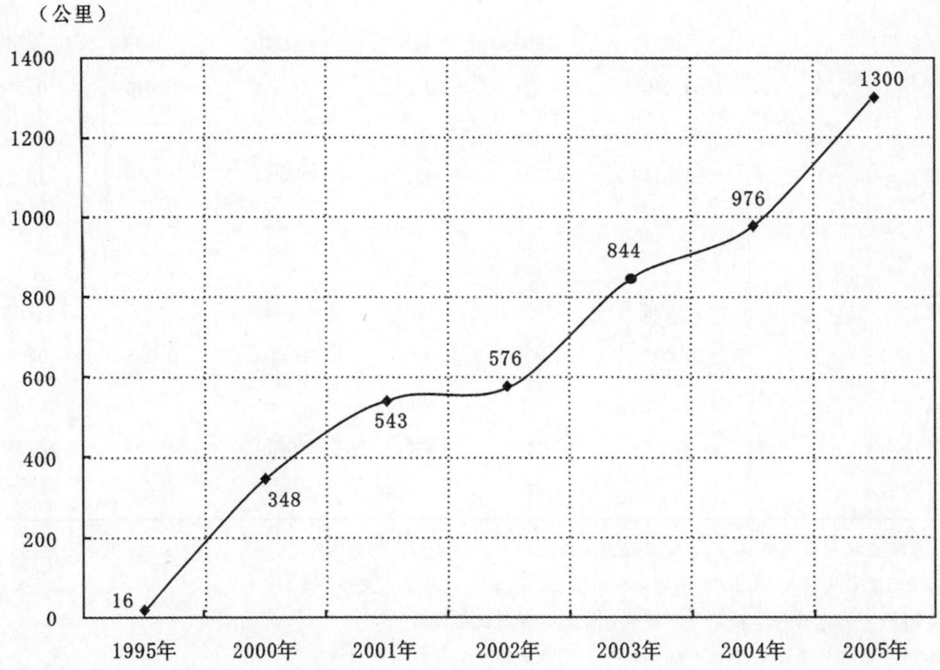

15－1 运输线路里程、质量和运输网密度

指　　标	1995 年	2000 年	2001 年	2002 年	2003 年	2004 年	2005 年
一、运输线路里程(公里)							
铁路正线延展里程	2621	3498	3876	3887	4032	4335	4336
#营业里程	2271	3073	3454	3462	3464	3696	3696
公路通车里程	39621	44225	45273	46564	50019	52720	54492
内河航道里程	998	998	1033	1033	1100	1100	1100
#机动船航道	508	508	563	563	557	563	563
民航通航里程	155926	187568	209243	251274	485438	386953	485749
#不重复里程	62355	139764	154614	180424	381955	324236	386020
二、运输线路质量							
铁路营业里程(公里)	2271	3073	3454	3462	3464	3696	3696
#复线里程	328	394	394	523	781	835	838
复线里程比重(%)	14	13	11	15	23	23	23
公路线路里程(公里)	39621	44225	45273	46564	50019	52720	54492
#有路面里程	28961	30840	32178	33908	37160	6708	7520
有路面里程比重(%)	73.1	69.7	71.1	72.8	74.3	12.7	13.8
内河航道里程(公里)	998	998	1033	1033	1100	1100	1100
#水深一米以上	508	508	563	563	557	563	563
水深一米以上比重(%)	50.9	50.9	54.5	54.5	50.6	51.2	51.2
三、运输网密度(公里/平方公里)							
1.铁　路							
省内营业里程(公里)	1957	2205	2209	2216	2989	3248	3212
密　度	0.010	0.011	0.011	0.011	0.015	0.016	0.016
2.公　路							
线路长度(公里)	39621	44225	45273	46564	50019	52720	54492
密　度	0.193	0.214	0.221	0.226	0.243	0.256	0.265
3.水　路							
通航里程(公里)	998	998	1033	1033	1100	1100	1100
密　度	0.005	0.005	0.005	0.005	0.005	0.005	0.005
4.民　航							
通航里程(公里)	62355	139764	154614	180424	381955	324236	386020
密　度	0.304	0.679	0.754	0.877	1.856	1.576	1.876

注:1.铁路线路为中央在陕铁路局管线路;民航通航里程为陕西民航飞机飞行航线里程。

2.铁路省内营业里程为国家反馈数,从2003年起包含国家、地方、合资铁路营业里程。

3.铁路线路里程从2000年起包含神华神朔铁路有限责任公司专用铁路线路。

4.民航通航里程2003年数字较大是由于长安航空合并重组海南航空后航线增加所致。

5.公路线路有路面里程从2004年起仅指高级路面,与2003年统计口径不可比。

15－2 铁路、公路线路长度及民航航线

指 标	单 位	1995 年	2000 年	2001 年	2002 年	2003 年	2004 年	2005 年
一、铁路线路长度								
正线延展里程	公里	2621	3498	3876	3887	4032	4335	4336
# 省境内	公里	2313	3005	3342	3599	3449	3755	3757
营业里程	公里	2271	3073	3454	3462	3464	3696	3696
# 省境内	公里	1957	2584	2970	2978	2980	3212	3212
电气化里程(省境内)	公里	1270	1772	1772	1949	1781	2514	2013
省内复线里程	公里	328	333	333	410	513	571	576
二、公路线路长度								
公路线路里程	公里	39621	44225	45273	46564	50019	52720	54492
# 晴雨通车里程	公里	23156	32905	33614	34979	38290	39753	41476
有路面里程	公里	28961	30840	32178	33908	37160	6708	7520
# 高级及次高级路面	公里	13395	20835	21523	23115	24659	25991	27696
等级公路	公里	32201	38128	39300	40800	44422	47324	49273
# 高速公路	公里	16	348	543	576	844	976	1300
一级公路	公里	228	232	168	168	187	349	359
二级公路	公里	1549	4607	4697	5109	5335	5552	5783
三级公路	公里	10947	11398	11895	12635	13529	14181	14658
等级公路占合计比重	%	81.3	86.2	86.8	87.6	88.8	89.8	90.4
三、民用航空								
航线里程	公里	155926	187568	209243	251274	485438	386953	485749
# 国际航线	公里	2931	16925	18729	23568	48491	50130	42741
港澳航线	公里	4052	3497	3497	5544	6314	3028	3028
航线条数	条	113	128	149	174	357	280	330
# 国际航线	条	1	6	8	10	21	22	21
港澳航线	条	2	2	2	3	4	2	2
通航城市	个	62	79	93	101	127	132	126
# 国际航线	个	1	6	8	10	15	19	16
港澳航线	个	1	2	2	2	3	2	1

注:铁路线路长度从 2000 年起包含神华神朔铁路有限责任公司专用铁路线路。

15-3 运 输 工 具

指 标	单 位	1995 年	2000 年	2001 年	2002 年	2003 年	2004 年	2005 年
一、铁路运输工具								
机 车	台	532	582	690	715	783	837	866
#内 燃	台	118	159	172	184	210	244	254
电 力	台	344	404	509	531	573	593	612
客 车	辆	1411	1572	1543	1643	1635	1746	1587
二、公路运输工具								
民用汽车	辆	245205	364673	435257	483424	540104	625319	692886
#新注册	辆					92587	115772	71684
载客汽车	辆	90158	194215	266019	323803	349878	418441	428379
载货汽车	辆	138996	140168	153317	146211	178767	190175	188200
特种车	辆	5251	17124	18159	15518	17374	18366	
汽车挂车	辆	6120	3034	3837	3007	6228	6516	6143
拖拉机	辆	243286	220000	216400	223434	216456	210000	217864
三、水运运输工具								
机动船	艘	48	19	1155	1238	1235	1181	980
客船载客量	客位	1617	675	12863	15753	17682	16032	13686
货船净载重量	吨	907	23	6094	7236	7473	6896	7180
拖轮功率	千瓦	249	243	294	299	167	385	356
驳 船	艘/吨位	16/2292	7/1095	293/728	292/862	361/1065	502/1161	485/1083
四、民航运输工具								
民航飞机	架	40	51	42	40	35	40	43

注:水运运输工具2000年前为交通部门水运运输工具,2001年以后为全社会水运运输工具;民航飞机为陕西机场的飞机。
铁路运输工具从2000年起包含神华神朔铁路有限责任公司机车数。

15-4 各市公路里程

(2005 年) 单位:公里

地 区	公路里程	#等级公路				
			#高速公路	#一级公路	#二级公路	#三级公路
全 省	**54492**	**49273**	**1300**	**359**	**5783**	**14658**
西安市	3901	3856	240	161	774	961
铜川市	2051	2033	96		246	364
宝鸡市	4989	4746	80	11	696	1830
咸阳市	4745	4681	125	76	583	2184
渭南市	5945	5773	270		707	822
延安市	5465	5061	58		713	2813
汉中市	7305	5608	106		666	988
榆林市	7555	6717	325	103	857	2331
安康市	6369	5252			258	1278
商洛市	6167	5546		8	283	1087

15－5 客运量、旅客周转量及构成

指标	单位	1995年	2000年	2001年	2002年	2003年	2004年	2005年
一、客运量	**万人**	**24267**	**28693**	**30614**	**31857**	**31207**	**35682**	**39114**
铁路	万人	2773	2661	2651	2669	2500	3231	3600
中央	万人	2742	2605	2597	2610	2435	3057	3410
地方	万人	31	56	54	59	64	174	190
公路	万人	21252	25600	27500	28663	28159	31763	34780
水运	万人	119	234	253	299	321	356	344
民用航空	万人	123	198	210	226	227	332	390
二、旅客周转量	**百万人公里**	**27319**	**37699**	**40640**	**42997**	**41543**	**51713**	**57160**
铁路	百万人公里	14502	17889	19173	20742	20784	25545	27908
中央	百万人公里	14442	17775	19053	20527	20530	24775	26868
地方	百万人公里	60	114	120	215	254	770	1040
公路	百万人公里	9776	15104	16561	17074	17426	19430	20654
水运	百万人公里	20	40	44	51	53	58	58
民用航空	百万人公里	3021	4666	4862	5130	3280	6680	8540
三、客运量构成	%	**100.00**	**100.00**	**100.00**	**100.00**	**100.00**	**100.00**	**100.00**
铁路	%	11.43	9.27	8.64	8.38	8.01	9.05	9.2
公路	%	87.58	89.17	89.63	89.97	90.23	89.02	88.92
水运	%	0.49	0.81	0.82	0.94	1.03	1.00	0.88
民用航空	%	0.50	0.75	0.91	0.71	0.73	0.93	1.00
四、旅客周转量构成	%	**100.00**	**100.00**	**100.00**	**100.00**	**100.00**	**100.00**	**100.00**
铁路	%	53.08	47.45	47.18	48.24	50.03	49.40	48.83
公路	%	35.79	40.06	40.75	39.71	41.95	37.57	36.13
水运	%	0.07	0.11	0.11	0.12	0.13	0.11	0.10
民用航空	%	11.06	12.38	11.96	11.93	7.90	12.92	14.94

注：本表资料为全社会口径。中央铁路部分为国家返馈陕西省境数。

15－6 货运量、货物周转量及构成

指 标	单 位	1995 年	2000 年	2001 年	2002 年	2003 年	2004 年	2005 年
一、货运量	**万吨**	**29234**	**29973**	**32646**	**35230**	**35847**	**41139**	**45724**
铁 路	万吨	3629	4697	5596	7126	7568	10985	12123
中 央	万吨	3294	3279	3576	4212	5053	5693	5985
地 方	万吨	335	654	751	1135	2515	5292	6138
公 路	万吨	25560	25200	26964	28002	28165	30038	33483
水 运	万吨	43	73	82	98	110	113	114
民用航空	万吨	2	3	4	4	4	3	4
二、货物周转量	**百万吨公里**	**50582**	**59324**	**70721**	**81713**	**86780**	**103183**	**111531**
铁 路	百万吨公里	40068	44815	54585	64114	68610	83517	90576
中 央	百万吨公里	39639	41854	50432	58203	63341	71530	76698
地 方	百万吨公里	429	1100	1229	2146	5269	11987	13878
公 路	百万吨公里	10423	14364	16016	17473	18079	19516	20785
水 运	百万吨公里	25	26	25	27	30	29	29
民用航空	百万吨公里	66	119	95	99	61	121	141
三、货运量构成	%	**100.00**	**100.00**	**100.00**	**100.00**	**100.00**	**100.00**	**100.00**
铁 路	%	12.41	15.67	17.14	20.23	21.11	26.70	26.51
公 路	%	87.43	84.08	82.60	79.48	78.57	73.02	73.23
水 运	%	0.15	0.24	0.25	0.28	0.31	0.27	0.25
民用航空	%	0.01	0.01	0.01	0.01	0.01	0.01	0.01
四、货物周转量构成	%	**100.00**	**100.00**	**100.00**	**100.00**	**100.00**	**100.00**	**100.00**
铁 路	%	79.21	75.54	77.18	78.46	79.06	80.94	81.21
公 路	%	20.61	24.22	22.65	21.38	20.83	18.91	18.63
水 运	%	0.05	0.04	0.04	0.04	0.04	0.03	0.03
民用航空	%	0.13	0.20	0.13	0.12	0.07	0.12	0.13

注:本表资料为全社会口径。中央铁路部分为国家返馈陕西省境数。

铁路货运量和货物周转量从2000年起包含神华神朔铁路有限责任公司专用铁路货运量和货物周转量。

15－7 民用汽车拥有量

(2005 年末)

单位:辆

地 区	民用汽车总计	#新注册	载客汽车	载货汽车	其他汽车	摩托车	#普 通
全 省	**692886**	**71684**	**428379**	**188200**	**76307**	**1225830**	**1144090**
西安市	330480	48306	240923	82463	7094	131440	89261
铜川市	12628	1963	5795	3974	2859	19449	19051
宝鸡市	52983	3092	27919	14109	10955	153461	147150
咸阳市	52609	3596	30309	16402	5898	223038	214938
渭南市	66357	2003	35051	19513	11793	204250	200744
延安市	49599	3931	26356	16180	7063	44536	44211
汉中市	43110	2105	21477	11444	10189	147531	134367
榆林市	48254	3406	25282	16677	6295	114518	112652
安康市	25844	1758	11761	4813	9270	94304	89312
商洛市	11022	1524	3506	2625	4891	93303	92404

15－8 私人车辆拥有量

(2005 年末)

单位:辆

地 区	民用汽车总计	载客汽车	载货汽车	摩托车	#普 通
全 省	**390520**	**258855**	**77010**	**1174817**	**1094148**
西安市	205442	166670	37158	126517	84609
铜川市	5666	2550	1566	19449	19051
宝鸡市	23258	10947	5899	150492	144304
咸阳市	25603	17116	4522	166218	158334
渭南市	36219	19577	6906	222496	219192
延安市	22104	12029	5734	44311	43986
汉中市	24733	9446	5244	145918	132904
榆林市	25662	11459	5934	114518	112652
安康市	17118	6063	2627	93015	88062
商洛市	4715	2998	1420	91883	91054

15－9 公路部门营运汽车拥有量

（2005 年末）

地 区	合 计（辆）	载客汽车（辆）	#大型	#中型	载客汽车客位	#大型	#中型
全 省	**163173**	**52585**	**2053**	**12793**	**585192**	**76993**	**280838**
西安市	70765	18821	659	1116	173679	27755	33373
铜川市	5028	1505	60	320	13595	1980	6333
宝鸡市	12412	5204	69	2143	64252	2553	46520
咸阳市	17108	5189	199	1570	59029	7677	36465
渭南市	13354	4011	150	1672	51377	5960	35999
延安市	9776	3135	190	1764	50010	7072	36798
汉中市	10351	3894	199	1369	54251	7208	28187
榆林市	14559	5020	390	1125	54642	12090	21162
安康市	6626	3985	113	627	38024	3651	12967
商洛市	3194	1821	24	1087	26333	1047	23034

地 区	普通载货车辆		大 型		中 型		专用载货车辆	
	辆 数	吨 位	辆 数	吨 位	辆 数	吨 位	辆 数	吨 位
全 省	**105656**	**353015**	**36358**	**258825**	**9855**	**28393**	**4932**	**54336**
西安市	51104	118414	10639	74787	1947	5954	840	7773
铜川市	3484	16563	1621	13315	511	1416	39	373
宝鸡市	7129	27154	2840	20443	679	1665	79	585
咸阳市	11637	42423	4792	31899	1137	2849	282	2029
渭南市	9109	52836	4661	43501	1687	5455	234	2070
延安市	4068	24769	2456	21250	371	1416	2573	35510
汉中市	6365	17115	2272	11729	766	1977	92	542
榆林市	8790	41760	5840	35040	1620	4860	749	5202
安康市	2621	7817	848	4788	541	1381	20	108
商洛市	1349	4164	389	2073	596	1420	24	144

注：本表数字为在运管部门注册登记的全社会营运汽车数。

15－10 铁路客货运输量

指 标	单 位	1995 年	2000 年	2001 年	2002 年	2003 年	2004 年	2005 年
一、路局范围								
客运量	万 人	2849	2711	2699	2701	2510	3098	3435
旅客周转量	百万人公里	16813	20107	21882	23361	23451	28243	30409
货运量	万 吨	3543	3609	4018	3748	4318	4847	4699
货物周转量	百万吨公里	45877	48260	56894	63589	69569	79947	85406
二、省境内								
客运量	万 人	2742	2605	2597	2610	2435	3057	3410
旅客周转量	百万人公里	14442	17775	19053	20527	20530	24775	26868
货运量	万 吨	3294	3279	3576	4212	5053	5693	5985
货物周转量	百万吨公里	39639	41854	50432	58203	63341	71530	76698

注：本表路局范围为西安铁路局数字，省境内为国家反馈数。

15－11 公路运输部门客货运输量

（2005 年）

地 区	客 运 量（万人）	客运周转量（万人公里）	货 运 量（万吨）	货运周转量（万吨公里）
全 省	**34780**	**2065386**	**33483**	**2078468**
西 安 市	8294	484384	11505	745959
铜 川 市	800	55973	1477	98599
宝 鸡 市	5565	334595	3287	166002
咸 阳 市	4963	262169	3803	260521
渭 南 市	4908	261213	3958	272868
延 安 市	1478	107204	1858	105975
汉 中 市	3338	187269	1473	71145
榆 林 市	2033	218910	3109	227028
安 康 市	2623	108043	1953	89239
商 洛 市	778	45626	1060	41132

15－12 铁路运输主要经济技术指标

指 标	单 位	1995年	2000年	2001年	2002年	2003年	2004年	2005年
日均装车	车	1704	2398	2903	3132	3944	4618	8989
日均卸车	车	1513	1641	1707	1848	1699	1977	1930
货车平均静载重	吨	57.0	58.6	58.7	59.5	58.8	59.9	60.3
货车周转时间	天	1.7	1.9	1.7	1.5	1.4	1.4	1.5
货运机车日产量	万吨公里	80.5	78.9	68.9	76.4	85.0	99.0	90.0
内燃机车耗油	公斤/万吨公里	44.9	43.3	42.5	39.8	38.0	38.0	29.0
电力机车耗电	千瓦小时/万吨公里	118.2	121.5	127.8	129.2	134.0	140.0	162.0
货物列车出发正点率	%	89.9	93.7	94.7	97.5	95.3	94.2	94.6
货物列车运行正点率	%	90.5	93.8	95.5	95.2	95.5	95.6	95.8
旅客列车出发正点率	%	99.5	96.6	99.3	100.0	100.0	99.9	99.9
旅客列车运行正点率	%	96.8	95.7	99.2	99.7	99.0	99.6	99.5
客运密度	万人公里/公里	638.60	658.01	636.99	681.01	684.29	784.96	850.80
每万名旅客拥有座卧车数	辆	0.42	1.76	1.78	1.68	1.57	1.87	2.56
每百万旅客人公里拥有座卧车数	辆	0.07	12.86	14.26	14.35	14.50	16.62	22.22
货物列车旅行速度	公里/小时	24.90	27.70	27.35	33.30	40.00	33.00	36.50
货运密度	万吨公里/公里	1764.30	1634.59	1767.43	2007.49	2258.03	2487.19	3095.50
一次货物作业时间	小时	17.30	22.30	24.63	21.10	22.00	17.00	15.00

15－13 铁路运输主要财务指标及劳动生产率

指 标	单 位	1995年	2000年	2001年	2002年	2003年	2004年	2005年
运输收入	万 元	235854	408335	732807	638501	973440	1205482	1363717
运输支出	万 元	256345	386322	673783	600716	905057	1144589	1281775
实现利润	万 元	－30269	3503	27104	－3661	40415	82123	52342
运输单位固定资产原值	万 元	1853318	2278420	3576203	3882672	5587204	6739505	6898102
运输单位职工人数	千 人	89	79	105	97	102	94	97
运输全员劳动生产率	万吨公里/人	71	86	81	89	99	114	135

注：从2000年起包含神华神朔铁路有限责任公司。

15－14 铁路分品类货物发送量及装车数

品 种	货物发送量(万吨)			装 车 数(车)		
	2003 年	2004 年	2005 年	2003 年	2004 年	2005 年
合 计	**8470.0**	**10138.6**	**10836.6**	**1439844**	**1688289**	**1789260**
煤	5966.2	7481.2	8201.8	976710	1215052	1298739
焦 炭	311.8	361.5	311.9	51605	49394	52354
石 油	560.5	555.6	684.8	118550	101031	149777
钢 铁	264.0	260.5	257.2	50422	50316	51785
金属矿石	136.1	140.8	119.3	22556	23197	19340
非金属矿石	168.0	160.2	187.4	27939	26610	30762
矿建材料	169.5	146.0	117.2	28841	24629	19428
水 泥	37.8	48.2	34.4	6321	8057	5826
木 材	3.3	3.0	2.3	549	491	387
化肥及农药	156.1	198.0	206.7	26358	33002	34316
粮 食	170.3	196.0	199.4	28649	33229	33574
棉 花	0.6	0.5	0.3	121	110	88
其 他	525.8	587.2	513.9	101223	123171	92884

注:该表包含神华神朔铁路有限责任公司。

15－15 公路运输主要技术指标

指 标	单 位	1995 年	2000 年	2001 年	2002 年	2003 年	2004 年	2005 年
一、载客汽车								
载客汽车完好率	%	90.4	94.5	94.4				
载客汽车工作率	%	77.5	89.3	87.9	94.1	87	97.7	87.9
载客汽车实载率	%	60.4	66.2	69.3	65.3	65.1	64.4	69.3
车日行程	公里	174	212	267				
行程利用率	%	98.5	99.1	99.5	99.4	95.9	89.5	99.5
每百车公里耗汽油	公升	31.9	21.5	20.5	19.7	22.6	23.8	20.5
每百车公里耗柴油	公升	28.0	18.9	20.6	21.2	21.6	20.7	20.6
每百吨公里耗汽油	公升	11.8	11.4	11.1	11.5	11.7	13.9	11.1
每百吨公里耗柴油	公升	10.1	11.2	10.9	12.3	11.8	13.8	10.9
二、载货汽车								
载货汽车完好率	%	87.2	88.5	91.0				
载货汽车工作率	%	59.8	77.3	78.1	81.8	79.7	84.4	78.1
载货汽车实载率	%	67.9	68.1	67.3	65.5	61.4	62.1	67.3
车日行程	公里	163	190	208				
行程利用率	%	57.0	61.8	88.1	69.3	66.4	89.1	88.1
每百车公里耗汽油	公升	34.7	28.1	25.9	24.5	23.1	21.7	25.9
每百车公里耗柴油	公升	41.0	29.2	35.2	32.1	27.6	25.9	35.2
每百吨公里耗汽油	公升	8.0	6.9	7.8	9.4	8.3	8.6	7.8
每百吨公里耗柴油	公升	6.4	6.2	8.2	6.4	6.5	6.8	8.2
三、通公路的行政村比重	%	**79.4**	**91.9**	**96.4**	**90.2**	**90.8**	**92.2**	**93.1**

15－16 邮电业务总量

年份	邮电业务总量（万元）	函件（万件）	报刊期发数（万份）	电报（万份）	长途电话（万次）	城市电话（户）	乡村电话（户）
1978	5025	9188	319	428	603	32356	14100
1980	5595	10386	494	426	658	36521	14668
1985	7871	13275	869	634	1013	53828	15978
1990	16936	15955	506	818	2073	96573	21184
1991	37813	14715	1117	797	2736	112896	23377
1992	49102	15426	1023	845	4378	147724	27608
1993	71005	16656	800	797	7071	224949	31673
1994	103187	21738	1069	631	10804	386536	44667
1995	145408	24277	1017	451	17198	601136	78244
1996	206467	26456	1122	336	24638	882485	153767
1997	278942	15787	888	224	27415	1174607	237720
1998	395410	14281	1335	172	33053	1507041	311724
1999	538640	15678	521	108	34705	1822476	499096
2000	850392	17444	454	100	43183	2528584	923865
2001	945861	18518	386	83	44256	2905202	1285409
2002	1331745	20323	347	28	45958	3444609	1798321
2003	1741428	20307	312	22	58399	4577207	2147725
2004	2447665	19915	283	16	65194	5412164	2507240
2005	3311322	15119	286	16	81736	5618420	2974747

注：邮电业务总量1990年以前按1980年不变价计算，1991年以后按1990年不变价计算，2001年以后按2000年不变价计算。

15－17 邮电通信水平

指标	单位	2000年	2001年	2002年	2003年	2004年	2005年
平均每一邮电局所服务面积	平方公里	109.60	113.59	114.77	115.00	118.00	119.77
平均每一邮电局所服务人口	万人	1.87	1.98	1.99	2.00	2.00	2.14
平均每人每年发函件数	件	4.98	5.17	5.69	6.00	5.00	4.11
平均每百人订有报刊数	份	12.47	10.56	9.46	11.00	11.00	7.78
平均每百人拥有固定电话数	部	9.67	12.16	15.20	18.23	21.37	23.10
城市平均每百人拥有固定电话数	部	31.01	36.73	42.00	51.30	58.62	59.6
乡村平均每百人拥有固定电话数	部	3.35	4.71	6.34	7.81	9.01	10.70
平均每百人拥有移动电话数	部	4.25	8.13	13.33	16.56	21.29	25.22
邮政储蓄市场占有率	%	8.20	9.60	10.50	11.40	11.59	13.50
已通电话的乡(镇)比重	%	99.11	96.83	98.60	100.00	100.00	100.00
已通电话的行政村比重	%	62.10	70.42	76.62	77.82	78.67	92.95

15－18 各市邮电业务量

（2005 年）

地区	邮电业务总量（万元）	函件（万件）	包件（万件）	报刊累计数（万份）	电报（份）	传真（份）	长途电话（万次）	城市电话（户）	乡村电话（户）
全省	**3311322**	**15119**	**255**	**37763**	**158524**	**148856**	**77500**	**5618420**	**2974747**
西安市	1490581	9527	103	10762	126245	14380	40460	2685204	555160
铜川市	64231	119	3	1203	170	6525	1454	118092	61783
宝鸡市	244024	1015	29	3132	4373	15501	6163	554849	404524
咸阳市	301201	1134	38	3787	1926	11350	7693	542129	306354
渭南市	298265	1004	16	5029	3674	21897	6436	383648	616851
延安市	213827	394	6	2790	3920	10542	3100	273946	158942
汉中市	194018	659	25	4153	4910	19088	3744	343832	322277
榆林市	289647	317	8	3501	660	1216	3529	362303	195802
安康市	124555	564	20	1349	11451	35216	2844	214229	190374
商洛市	74691	385	7	2058	1195	13141	2077	140188	162680

注：邮电业务总量为 2000 年不变价。

15－19 邮电业务总量构成

（2005 年）

单位：万元

地区	邮电业务总量	邮政业务总量	电信业务总量	电信通信业务量	移动通信业务量	联通通信业务量	铁通业务量	网通业务量	卫星通信业务量
全省	**3311322**	**164027**	**3147295**	**614890**	**1558887**	**870986**	**67419**	**35114**	**680**
西安市	1490581	59414	1431167	269678	676405	418430	45191	21188	274
铜川市	64231	4544	59688	11997	28824	18011	262	593	
宝鸡市	244024	18406	225619	53053	95263	65471	8823	2898	110
咸阳市	301201	17307	283894	52392	157719	67538	3347	2731	167
渭南市	298265	14124	284141	59986	141477	77738	2446	2386	108
延安市	213827	8829	204997	32442	120394	50670	186	1306	
汉中市	194018	15158	178860	37670	85171	50615	4414	970	20
榆林市	289647	7907	281739	37891	169300	72733	130	1685	
安康市	124555	9124	115431	24340	54186	33472	2618	814	
商洛市	74691	8983	65709	18710	30148	16308		543	

注：邮电业务总量为 2000 年不变价。

15－20 各市邮电局所和服务点

（2005年）

单位:个

地　区	邮电局所总计	邮政自办局所	邮政代办所	电信自办局所	电信代办所	公用电话
全　省	**5728**	**1501**	**217**	**1252**	**2758**	**571166**
西安市	1084	302	44	136	602	311489
铜川市	180	49	1	54	76	6874
宝鸡市	459	137	28	86	208	39212
咸阳市	669	163	21	125	360	43866
渭南市	747	180	29	113	425	35306
延安市	422	135	14	84	189	21020
汉中市	721	169	22	155	375	41386
榆林市	657	154	31	270	202	29573
安康市	428	134	17	148	129	27331
商洛市	361	78	10	81	192	15109

15－21 各地市邮电通信工具拥有量

（2005年）

地　区	固定电话用户（户）	#小灵通	移动电话（户）	无线寻呼（户）	数字数据用户（户）	国际互联网用户（户）
全　省	**8593166**	**2059152**	**9381001**	**4026**	**12172**	**1985691**
西安市	3240364	1070215	3726081	813	7757	1335975
铜川市	179875	35794	190344		190	18474
宝鸡市	959373	210097	685166	1892	746	153777
咸阳市	848483	152254	938828		928	154964
渭南市	1000499	91829	1035404		385	92492
延安市	432887	110156	624167		477	39414
汉中市	666109	111806	607969	1321	409	54666
榆林市	558105	157983	936279		698	58410
安康市	404603	77738	402573		373	33313
商洛市	302868	41280	234190		209	44206

15－22 各市邮运工具拥有量和邮电线路

（2005 年）

地区	邮路长度（公里）	农村投递线路总长度（公里）	电话交换机容量（门）	长话电路（路）	数据通信网长途电路（路）
全省	**98489**	**125077**	**11777430**	**557079**	**466389**
西安市	73077	9976	4526490	532634	404948
铜川市	940	3241	303904	481	925
宝鸡市	4335	10504	1180508	3047	24821
咸阳市	2316	11935	1119662	1719	8572
渭南市	2771	14943	1364766	1589	6348
延安市	3573	11360	610886	10655	602
汉中市	2745	11476	943736	1271	11351
榆林市	4447	24198	699483	2716	1846
安康市	2334	15901	579304	2820	6846
商洛市	1951	11543	448691	147	130

15－23 邮电通信企业主要财务指标

单位：万元

指标	1995 年	2000 年	2001 年	2002 年	2003 年	2004 年	2005 年
邮电业务收入总计	**149010**	**676815**	**786276**	**919202**	**1095004**	**1269625**	**1399620**
# 中央国营	134550	283753	786276	919202	1071674	1247511	1374183
业务支出	125849	548527	719206	822320	790608	820324	870054
营业外损益净额	－765	－4822	6629	1116	－12414	－1016	931
税金	6895	21928	33222	51074	39380	66936	65601
教育附加费		89	559	557	544	449	394
收支差额	－20567	－83217	－31753	15726	－35698	76000	33930
年末固定资产原值	36226	1854177	2459891	2832118	3195606	3654876	4192457

主要统计指标解释

铁路营业里程 又称营业长度（包括正式营业和临时营业里程），指办理客货运输业务的铁路正线总长度。凡是全线或部分建成双线及以上的线路，以第一线的实际长度计算；复线、站线、段管线、岔线和特殊用途线以及不计算运费的联络线都不计算营业里程。该指标可以反映铁路运输业基础设施的发展水平，也是计算客货周转量、运输密度和机车车辆运用效率等指标的基础资料。

铁路电气化里程 指在全部铁路营业里程中已安装了供电线路及设备，可以供电力机车牵引列车运行的区段的总里程。

公路里程 指在一定时期内实际达到《公路工程[WTBZ]技术标准JTJ01-88》规定的等级公路，并经公路主管部门正式验收交付使用的公路里程数。包括大中城市的郊区公路以及通过小城镇街道部分的公路里程和桥梁、渡口的长度，不包括大中城市的街道、厂矿、林区生产用道和农业生产用道的里程。两条或多条公路共同经由同一路段，只计算一次，不得重复计算里程长度。该指标可以反映公路建设的发展规模，也是计算运输网密度等指标的基础资料。

内河航道里程 也称内河通航里程，指在一定时期内，能通航运输船舶及排筏的天然河流、湖泊水库、运河及通航渠道的长度。包括全年季节性通航累计三个月以上的航道，不包括仅供零散流放竹、木排的河道。该指标可以反映内河水运网的规模、水平和发展情况。

民用航空航线里程 指民航运输定期班机飞行的航线长度的总和。航线长度按机场之间的距离计算，通常有两种计算方法：一是将每条航线长度相加称为重复计算航线里程；一是将两线或两条以上航线经过同一区段里程，只计算一次航线长度称为不重复计算航线里程。一般常用的是后者，该指标可以确切反映民航运输网的规模，是表明民航事业为国民经济服务和方便人民生活程度的主要指标。

货(客)运量 指在一定时期内，各种运输工具实际运送的货物(旅客)数量。它是反映运输业为国民经济和人民生活服务的数量指标，也是制定和检查运输生产计划、研究运输发展规模和速度的重要指标。货运按吨计算，客运按人计算。货物不论运输距离长短、货物类别，均按实际重量统计。旅客不论行程远近或票价多少，均按一人一次客运量统计；半价票、小孩票也按一人统计。

货物(旅客)周转量 指在一定时期内，由各种运输工具运送的货物(旅客)数量与其相应运输距离的乘积之总和。该指标可以反映运输业生产的总成果，也是编制和检查运输生产计划，计算运输效率、劳动生产率以及核算运输单位成本的主要基础资料。计算货物周转量通常按发出站与到达站之间的最短距离，也就是计费距离计算。计算公式为：

货物(旅客)周转量 ＝ Σ货物(旅客)运输量 × 运输距离

民用汽车拥有量 指报告期末，在公安交通管理部门按照《机动车注册登记工作规范》，已注册登记领有民用车辆牌照的全部汽车数量。汽车拥有量统计的主要分类：根据汽车结构分为载客汽车、载货及其他汽车；根据汽车所有者不同分为个人（私人）汽车、单位汽车；根据汽车的使用性质分为营运汽车、非营运汽车和特种汽车；根据汽车大小规格不同载客汽车分为大型、中型、小型和微型，载货汽车分为重型、中型、轻型和微型。

铁路货车平均静载重 指铁路货车在始发站静止状态下平均每车装载的货物重量，用以分析货车完成装车时车辆载重力的利用情况。计算公式为：

货车平均静载重 ＝ 货物发送吨数 / 装车数

静载重的多少取决于运送货物的性质、种类、车辆的类型和装载技术的高低。根据货车的平均标记载重与静载重进行对比，可以反映货车载重能力的利用程度。计算公式为：

货车载重力利用率(%) ＝ 货车平均静载重 / 货车平均标记载重 × 100%

铁路货运机车日产量 指在一定时期内，平均每台货运机车在一昼夜内所完成的总重吨公里数，包括载运货物的重量和车辆本身的自重。它从时间和牵引能力两方面反映了机车运用效率。计算公式为：

货运机车平均日产量 ＝ 货运总重吨公里数 / 货运机车台日数

邮电业务总量 指以货币形式表现的邮电通信企业为社会提供各类邮电通信服务的总数量。邮电业务量按专业分类包括函件、包件、汇票、报刊发行、邮政快件、特快专递、邮政储蓄、集邮、公众电报、用户电报、传真、长途电话、出租电路、无线寻呼、移动电话、分组交换数据通信、出租代维等。计算方法为各类产品乘以相应的平均单价(不变价)之和，再加上出租电路和设备、代用户维护电话交换机和线路等的服务收入。该指标综合反映了一定时期邮电业务发展的总成果，是研究邮电业务量构成和发展趋势的重要指标。计算公式为：

邮电业务总量 ＝ Σ（各类邮电业务量 × 不变单价） ＋ 出租代维及其他业务收入

＝ 邮政业务量 ＋ 电信业务量

移动电话用户 指通过移动电话交换机进入移动电话网、占用移动电话号码的各类电话用户。包括签约用户和智能网预付费用户。一个移动电话号码统计为一户。

本地电话用户 指接入本地电信运营商固定电话网上的电话用户。包括住宅用户、单位用户、公用电话用户等。按电话用户位置又分为市内电话用户和农村电话用户。1997年以前，“市内电话用户”是指接入县城及县以上城市的电话网上的电话用户；“农村电话用户”是指接入县邮电局农话台及县以下农村电话交换点，以县城为中心（除市话用户外）联通县、乡（镇）、行政村、村民小组的用户。从1997年起，电话用户数分组调整为以用户所在区域划分为“城市电话用户”和“乡村电话用户”，与过去的按市内电话和农村电话划分方法不同。而电话用户总数、电话机总部数统计范围不变。

城市电话用户 指直辖市、省辖市、地级市、县级市的市区、市郊区及县城(包括县人民政府所在地的县城关区或行政建制相当于县人民政府所在地的镇)范围内接入局用交换机的电话用户数，包括分布在农村地区的独立工矿区、林区、驻军等电话用户数。

乡村电话用户 指按行政区划属于城市范围以外的乡（镇）、村电话用户数。

住宅电话用户 指安装在居民住宅或农民家里并按照住宅电话用户登记注册和收费的电话用户。包括私人付费、单位付费和按规定免费安装的住宅电话用户。

2006

統計
年鑒

国内贸易

GUONEIMAOYI

资料整理：张　兵

十六、国内贸易

2005 年全省				
批发贸易业网点	4.41	万个		
零售贸易业网点	38.80	万个		
餐饮业网点	9.79	万个		
社会消费品零售总额	1322.41	亿元	比上年增长	13.7%
#批发零售贸易业零售额	1154.96	亿元	比上年增长	14.1%
住宿和餐饮业零售额	140.98	亿元	比上年增长	11.4%

社会消费品零售总额

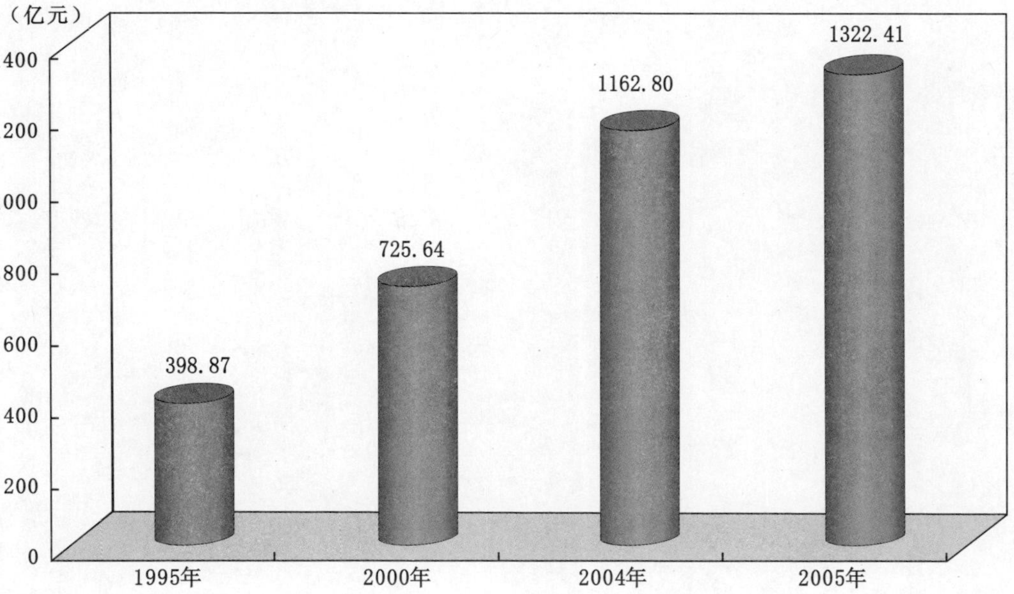

16－1 批发贸易业网点、人员

（2005 年）

指标	合计		市		县		县以下	
	网点（个）	人员（人）	网点（个）	人员（人）	网点（个）	人员（人）	网点（个）	人员（人）
总计	**44093**	**226958**	**28654**	**154972**	**9227**	**44574**	**6212**	**27412**
一、按登记注册类型分								
内资企业	13148	153362	8454	102984	2832	32488	1862	17890
国有企业	3227	64754	1299	34471	1271	20102	657	10181
集体企业	1893	16268	882	8531	460	3547	551	4190
股份合作企业	285	3696	224	2995	55	665	6	36
联营企业	84	702	74	652	9	40	1	10
有限责任公司	2475	30257	2101	27030	301	2509	73	718
股份有限公司	522	9429	416	8603	63	536	43	290
私营企业	3962	25990	2968	19601	602	4214	392	2175
其他企业	700	2266	490	1101	71	875	139	290
港澳台商投资企业	10	350	10	350				
外商投资企业	26	532	26	532				
个体经济	30909	72714	20164	51106	6395	12086	4350	9522
二、按国民经济行业分								
农畜产品批发	2880	20492	1729	10750	733	4767	418	4975
食品、饮料、烟草制品批发	12033	59049	6716	34131	3362	16299	1955	8619
纺织、服装及日用品批发	6398	22112	4357	16105	1392	4021	649	1986
文化、体育用品及器材批发	3189	8369	2945	7108	209	1146	35	115
医药及医疗器材批发	1159	10913	867	8525	183	1667	109	721
矿产品、建材及化工产品批发	6327	34822	4497	25617	987	5875	843	3330
机械设备、五金交电及电子产品批发	5392	32568	4838	29869	426	2113	128	586
贸易经纪与代理	122	1093	61	830	22	50	39	213
其他批发	6593	37540	2644	22037	1913	8636	2036	6867

16－2 零售贸易业网点、人员

（2005 年）

指标	合计		市		县		县以下	
	网点（个）	人员（人）	网点（个）	人员（人）	网点（个）	人员（人）	网点（个）	人员（人）
总计	**387958**	**856885**	**141865**	**411075**	**99511**	**199460**	**146582**	**246350**
一、按登记注册类型分								
内资企业	23926	214569	11823	139965	5004	44877	7099	29727
国有企业	4447	48221	1345	23893	1839	15988	1263	8340
集体企业	7259	32169	1421	11499	1019	7467	4819	13203
股份合作企业	354	7035	229	5300	84	1155	41	580
联营企业	134	889	105	586	17	83	12	220
有限责任公司	2998	49580	2553	44534	269	3950	176	1096
股份有限公司	722	15021	493	13195	154	1426	75	400
私营企业	7400	57101	5241	38640	1502	13235	657	5226
其他企业	612	4553	436	2318	120	1573	56	662
港澳台商投资企业	21	412	21	412				
外商投资企业	37	1030	37	1030				
个体经济	363974	640874	129984	269668	94507	154583	139483	216623
二、按国民经济行业分								
综合零售	81448	181177	20300	68630	25407	53400	35741	59147
食品、饮料及烟草制品专门零售	97490	215147	41766	114287	22636	40509	33088	60351
纺织、服装及日用品专门零售	89303	180114	33017	83799	24302	43113	31984	53202
文化、体育用品及器材专门零售	9250	28742	3189	17109	2895	6078	3166	5555
医药及医疗器材专门零售	14537	39485	5728	19537	3126	8772	5683	11176
汽车、摩托车、燃料及零配件专门零售	7306	21392	1708	8558	2732	5580	2866	7254
家用电器及电子产品专门零售	11053	30764	5293	20105	2531	5233	3229	5426
五金、家具及室内装修材料专门零售	20102	50124	9835	28211	4771	10297	5496	11616
无店铺及其它零售	57469	109940	21029	50839	11111	26478	25329	32623

16－3 餐饮业网点、人员

（2005 年）

指标	合计		市		县		县以下	
	网点（个）	人员（人）	网点（个）	人员（人）	网点（个）	人员（人）	网点（个）	人员（人）
总计	**97889**	**360119**	**44360**	**200447**	**25369**	**82849**	**28160**	**76823**
一、按登记注册类型分								
内资企业	4368	77771	2959	59360	978	14005	431	4406
国有企业	386	8617	170	5285	176	2276	40	1056
集体企业	504	3859	316	2954	74	661	114	244
股份合作企业	67	1986	34	934	33	1052		
联营企业	7	174	7	174				
有限责任公司	501	15807	457	14406	35	1160	9	241
股份有限公司	82	5762	73	5182	8	530	1	50
私营企业	2569	38431	1684	27793	634	8080	251	2558
其他企业	252	3135	218	2632	18	246	16	257
港澳台商投资企业	13	1168	13	1168				
外商投资企业	41	2754	39	2534			2	220
个体经济	93467	278426	41349	137385	24391	68844	27727	72197
二、按国民经济行业分								
正餐	33613	156520	17110	99467	9002	35454	7501	21599
快餐	3536	15578	1464	9146	990	3650	1082	2782
饮料及冷饮服务	9965	25334	3416	8994	3018	7573	3531	8767
其他餐饮服务	50775	162687	22370	82840	12359	36172	16046	43675

16－4　各市批发零售贸易业、餐饮业网点、人员

（2005 年）

地区	合计		市		县		县以下	
	网点（个）	人员（人）	网点（个）	人员（人）	网点（个）	人员（人）	网点（个）	人员（人）
一、批发贸易业								
全　省	**44093**	**226958**	**28654**	**154972**	**9227**	**44574**	**6212**	**27412**
西安市	20392	106138	18573	95398	730	4283	1089	6457
铜川市	300	2682	213	2028	73	619	14	35
宝鸡市	3309	15495	2088	12911	688	1461	533	1123
咸阳市	5703	24983	2524	12735	2393	9501	786	2747
渭南市	4215	24256	1021	9673	1984	8299	1210	6284
延安市	1884	10086	490	4192	899	4121	495	1773
汉中市	3348	18657	1948	9350	790	5237	610	4070
榆林市	1871	10264	542	2674	845	6075	484	1515
安康市	2144	9333	919	3967	505	2956	720	2410
商洛市	803	4095	212	1075	320	2022	271	998
杨凌示范区	124	969	124	969				
二、零售贸易业								
全　省	**387958**	**856885**	**141865**	**411075**	**99511**	**199460**	**146582**	**246350**
西安市	112541	298285	72671	218534	9435	17505	30435	62246
铜川市	9506	18217	3837	8207	2405	5878	3264	4132
宝鸡市	38810	74488	16138	34866	9006	18685	13666	20937
咸阳市	55231	137364	20087	71263	17741	36591	17403	29510
渭南市	40319	87609	8641	24915	10359	28129	21319	34565
延安市	20881	37385	4140	12248	10557	16412	6184	8725
汉中市	39527	75509	7502	16342	13855	26450	18170	32717
榆林市	23033	47981	2333	7178	11641	25093	9059	15710
安康市	26182	43244	2896	8993	8063	13011	15223	21240
商洛市	20379	33670	2071	5396	6449	11706	11859	16568
杨凌示范区	1549	3133	1549	3133				
三、餐饮业								
全　省	**97889**	**360119**	**44360**	**200447**	**25369**	**82849**	**28160**	**76823**
西安市	30156	142176	23168	119632	1765	6379	5223	16165
铜川市	2375	6547	1270	3607	643	1951	462	989
宝鸡市	12812	49764	6039	25067	3567	12734	3206	11963
咸阳市	12596	39648	4845	16936	4371	14724	3380	7988
渭南市	7800	27222	2339	8704	1870	8252	3591	10266
延安市	7240	21273	1728	7447	3671	9338	1841	4488
汉中市	8358	25364	1810	6719	2952	8901	3596	9744
榆林市	6545	22247	794	3973	3311	11934	2440	6340
安康市	5514	13756	1289	4161	1630	4318	2595	5277
商洛市	3773	9863	358	1942	1589	4318	1826	3603
杨凌示范区	720	2259	720	2259				

16－5 限额以上批发零售贸易业、餐饮业和星级住宿业法人企业数和从业人员数

（2005 年）

地　　区	法人企业数（个）	批发业	零售业	餐饮业	住宿业
全　　省	**901**	**268**	**243**	**168**	**222**
西 安 市	449	191	80	112	66
铜 川 市	19	6	5	1	7
宝 鸡 市	91	12	30	15	34
咸 阳 市	84	8	34	18	24
渭 南 市	46	8	18	4	16
延 安 市	38	7	10	2	19
汉 中 市	44	8	24		12
榆 林 市	59	21	13	10	15
安 康 市	46	3	21	5	17
商 洛 市	18	3	8	1	6
杨凌示范区	7	1			6

地　　区	从业人员数（人）	批发业	零售业	餐饮业	住宿业
全　　省	**169291**	**43839**	**60317**	**29753**	**35382**
西 安 市	95482	19953	33126	24037	18366
铜 川 市	2295	868	449	92	886
宝 鸡 市	18457	7717	6136	1780	2824
咸 阳 市	13525	3319	6000	1428	2778
渭 南 市	9019	2312	4114	407	2186
延 安 市	6658	1578	2941	123	2016
汉 中 市	6969	1973	3489		1507
榆 林 市	7575	3224	1532	981	1838
安 康 市	6363	1938	2332	675	1418
商 洛 市	1932	919	198	230	585
杨凌示范区	1016	38			978

16－6 社会消费品零售总额

单位:亿元

年份	社会消费品零售总额	按地区分		
		市的零售额	县的零售额	县以下的零售额
1978	33.37	11.93	9.79	11.65
1980	43.38	17.47	12.18	13.73
1985	80.01	39.83	19.45	20.73
1990	159.67	91.21	34.29	34.17
1991	176.60	102.21	36.98	37.41
1992	227.53	132.25	47.31	47.97
1993	259.87	154.35	52.41	53.12
1994	318.29	192.44	62.69	63.58
1995	398.87	242.85	80.30	75.73
1996	474.87	289.83	93.90	91.14
1997	552.37	344.26	104.09	104.03
1998	601.89	371.47	114.28	116.14
1999	657.80	407.97	124.74	125.08
2000	725.64	454.84	135.78	135.02
2001	809.31	514.23	147.77	147.31
2002	907.64	585.01	162.28	160.36
2003	1010.95	649.27	183.56	178.12
2004	1162.80	756.54	206.49	199.77
2005	1322.41	868.60	230.51	223.30

年份	按行业分				
	批发零售贸易业零售额	住宿和餐饮业零售额	制造业零售额	其他行业零售额	农民对非农业居民零售额
1978	28.29	1.32	2.32	0.82	0.62
1980	35.86	1.78	3.35	0.74	1.65
1985	61.23	3.84	8.25	1.59	5.10
1990	118.55	7.99	13.62	3.39	16.12
1991	126.83	9.29	16.48	4.28	19.72
1992	156.17	16.22	21.46	6.03	27.65
1993	172.50	19.63	23.22	6.70	37.82
1994	203.73	24.57	28.99	8.42	52.99
1995	253.42	31.22	38.20	10.07	65.96
1996	308.35	39.50	41.33	11.33	74.36
1997	358.21	50.15	47.15	12.29	84.57
1998	386.19	62.37	50.32	13.12	89.89
1999	427.36	69.88	51.41	14.20	94.95
2000	476.18	81.27	54.52	15.38	98.48
2001	536.74	95.08	58.21	16.57	102.70
2002	616.17	105.10	62.38	18.31	105.68
2003	878.03	113.87		19.05	
2004	1012.37	126.59		23.69	
2005	1154.96	140.98		26.47	

16－7 各市社会消费品零售总额

单位:亿元

年份	全省	西安市	铜川市	宝鸡市	咸阳市	渭南市
1992	227.53	100.84	5.89	25.87	24.49	21.36
1993	259.87	116.73	6.43	30.58	25.75	23.61
1994	318.70	148.03	7.44	33.48	31.53	26.18
1995	398.87	186.60	9.06	42.04	40.49	33.87
1996	474.87	222.94	10.53	49.21	48.68	41.41
1997	552.37	264.47	11.90	55.60	55.54	48.04
1998	601.89	291.45	12.31	59.76	58.21	52.79
1999	657.80	323.37	12.95	65.01	63.78	55.15
2000	725.64	360.42	13.79	71.89	70.35	58.53
2001	809.31	406.21	14.64	80.61	79.16	62.37
2002	907.64	459.76	15.96	91.19	88.83	66.68
2003	1010.95	502.65	17.73	105.06	101.56	73.21
2004	1162.80	578.60	19.94	122.91	119.07	81.58
2005	1322.41	666.48	22.33	139.53	135.09	90.48

年份	延安市	汉中市	榆林市	安康市	商洛市	杨凌示范区
1992	6.65	17.92	8.68	8.93	6.19	0.72
1993	7.99	20.96	9.63	10.33	7.06	0.80
1994	10.33	27.06	13.03	12.31	8.42	0.89
1995	12.13	31.19	16.17	15.50	10.66	1.15
1996	14.02	34.97	20.59	18.54	12.63	1.37
1997	15.99	36.95	26.25	22.24	13.96	1.43
1998	17.79	38.82	29.18	24.55	15.59	1.42
1999	20.36	40.50	31.85	25.76	17.50	1.55
2000	22.63	42.91	35.77	27.68	19.91	1.77
2001	26.22	45.22	40.40	29.88	22.59	2.01
2002	30.78	48.31	46.02	32.36	25.40	2.35
2003	34.99	52.69	55.55	36.06	28.65	2.79
2004	41.10	57.23	65.08	41.19	32.71	3.38
2005	46.09	64.15	71.55	46.38	36.61	3.71

16－8 各市按销售地区和行业分的社会消费品零售总额

（2005 年） 单位:亿元

指标	全省	西安市	铜川市	宝鸡市	咸阳市	渭南市
社会消费品零售总额	**1322.41**	**666.48**	**22.33**	**139.53**	**135.09**	**90.48**
一、按销售地区分						
市的零售额	868.60	600.95	18.25	90.60	59.65	23.80
县的零售额	230.51	31.30	0.59	24.40	39.45	30.04
县以下的零售额	223.3	34.23	3.49	24.53	35.99	36.64
二、按行业分						
批发和零售业	1154.96	589.17	17.26	118.03	113.89	81.48
住宿和餐饮业	140.09	63.20	4.84	19.80	19.70	6.23
其他	26.47	14.11	0.23	1.70	1.50	2.77

指标	延安市	汉中市	榆林市	安康市	商洛市	杨凌示范区
社会消费品零售总额	**46.09**	**64.15**	**71.55**	**46.38**	**36.61**	**3.71**
一、按销售地区分						
市的零售额	19.48	23.27	8.64	14.26	5.98	3.71
县的零售额	16.53	23.05	37.54	13.66	13.95	
县以下的零售额	10.08	17.83	25.37	18.46	16.68	
二、按行业分						
批发和零售业	39.87	58.01	61.02	39.19	34.17	2.88
住宿和餐饮业	5.60	6.05	5.90	6.57	2.44	0.64
其他	0.62	0.09	4.63	0.62		0.19

16－9 各市县社会消费品零售总额

（2005年）

单位：万元

地 区	合 计	批发零售贸易业	住宿和餐饮业	其他行业
全 省	**13224097**	**11549602**	**1409785**	**264710**
西安市	**6664782**	**5891638**	**632011**	**141133**
新城区	1304361	1243888	47133	13340
碑林区	1325359	1118664	160575	46120
莲湖区	1212320	1122549	62865	26906
灞桥区	184984	165626	19358	
未央区	560927	523722	19569	17636
雁塔区	994040	787564	189318	17158
阎良区	82449	69314	12367	768
临潼区	215265	191049	21578	2638
长安区	374907	332576	36233	6098
蓝田县	136590	98345	35521	2724
周至县	85386	73470	8870	3046
户 县	142569	128480	12048	2041
高陵县	45625	36391	6576	2658
铜川市	**223341**	**172611**	**48453**	**2277**
王益区	100804	77546	21777	1481
印台区	47421	36042	11134	245
耀州区	61937	48583	12807	547
宜君县	13179	10440	2735	4
宝鸡市	**1395317**	**1180259**	**198025**	**17033**
渭滨区	498408	433078	62532	2798
金台区	407608	358954	46952	1702
陈仓区	176489	146789	29700	
凤翔县	64694	44811	17282	2601
岐山县	83957	68762	11421	3774
扶风县	35585	25461	10124	
眉 县	40735	33928	6016	791
陇 县	35998	25340	7858	2800
千阳县	15680	14398	1282	
麟游县	12526	11010	1462	54
凤 县	16627	12422	2043	2162
太白县	7010	5306	1353	351
咸阳市	**1350876**	**1138845**	**197007**	**15024**
秦都区	265497	222605	39581	3310
渭城区	237198	199323	32487	5388
三原县	98299	84992	12008	1299
泾阳县	102254	85078	15712	1464
乾 县	128729	109059	18667	1004
礼泉县	101493	78965	21728	800
永寿县	34004	29866	3979	159

16－9 续表1　　（2005 年）　　单位:万元

地区	合计	批发零售贸易业	住宿和餐饮业	其他行业
彬　县	60082	53388	6358	336
长武县	29823	27030	2667	126
旬邑县	40830	37177	3447	207
淳化县	35729	27362	8173	194
武功县	86987	76726	9790	471
兴平市	129951	107274	22410	268
渭南市	**904844**	**814780**	**62287**	**27777**
临渭区	189375	169501	16442	3432
华　县	30818	28398	1469	951
潼关县	25229	21285	1070	2874
大荔县	117882	103865	10381	3636
合阳县	66289	61294	3970	1025
澄城县	58655	52964	3968	1723
蒲城县	119519	110174	7342	2003
白水县	44552	39276	3291	1985
富平县	121540	117122	4418	
韩城市	82718	69597	6272	6849
华阴市	48267	41304	3664	3299
延安市	**460942**	**398714**	**55987**	**6241**
宝塔区	194780	171633	21385	1762
延长县	17888	16100	1629	159
延川县	23275	19771	3019	485
子长县	31408	27922	2490	996
安塞县	24515	19315	4941	259
志丹县	23806	19953	3652	201
吴旗县	17669	16265	1213	191
甘泉县	12021	9881	1871	269
富　县	21542	18506	2634	402
洛川县	40435	32758	6990	687
宜川县	13018	11390	1278	350
黄龙县	6131	5522	505	104
黄陵县	34454	29698	4380	376
汉中市	**641547**	**580101**	**60536**	**910**
汉台区	232766	211509	20347	910
南郑县	72135	63482	8653	
城固县	73460	66978	6482	
洋　县	36757	34421	2336	
西乡县	41079	36776	4303	

16－9续表2 （2005年） 单位:万元

地区	合计	批发零售贸易业	住宿和餐饮业	其他行业
勉县	64926	59407	5519	
宁强县	39388	36410	2978	
略阳县	36305	30542	5763	
镇巴县	32274	29531	2743	
留坝县	7651	6924	727	
佛坪县	4806	4121	685	
榆林市	**715500**	**610264**	**58960**	**46276**
榆阳区	124016	107055	6335	10626
神木县	114033	101186	12618	229
府谷县	75091	67455	7561	75
横山县	34655	27170	2624	4861
靖边县	104523	82764	7329	14430
定边县	54668	44581	8008	2079
绥德县	106591	101474	3155	1962
米脂县	24195	17320	3569	3306
佳县	14613	11081	802	2730
吴堡县	12873	11566	1006	301
清涧县	20213	16035	1915	2263
子洲县	30029	22577	4038	3414
安康市	**463840**	**391907**	**65757**	**6175**
汉滨区	203822	175780	24312	3730
汉阴县	32974	27196	5777	
石泉县	24140	20172	3226	742
宁陕县	11183	9132	2051	
紫阳县	42446	22450	19716	280
岚皋县	23196	21656	1540	
平利县	26393	23516	2137	740
镇坪县	7797	6735	403	659
旬阳县	66165	61532	4633	
白河县	25724	23738	1962	24
商洛市	**366055**	**341650**	**24405**	
商州区	91623	84497	7126	
洛南县	67688	62833	4855	
丹凤县	46824	44296	2528	
商南县	32882	30565	2317	
山阳县	56643	53961	2682	
镇安县	46623	43495	3128	
柞水县	23772	22003	1769	
杨凌示范区	**37053**	**28831**	**6358**	**1864**

16－10 限额以上批发零售贸易业商品购进、销售、库存总额

(2005 年)　　单位:亿元

指　标	商品购进 总　额	#进　口	商品销售 总　额	#批　发	#出　口	年末库存
总　计	**988.31**	**20.67**	**1089.96**	**796.90**	**41.84**	**74.12**
一、批发业	**782.57**	**20.29**	**856.63**	**774.72**	**41.82**	**37.45**
#国有及国有控股企业	506.37	11.75	561.70	507.81	35.59	22.57
内资企业	764.06	20.29	837.18	762.06	41.82	37.02
国有企业	386.79	2.45	435.73	406.27	21.37	18.29
集体企业	9.06		8.94	8.87		0.70
股份合作企业	1.55		2.12	1.49		0.16
联营企业	1.17		1.35	1.15		0.03
国有联营企业	0.98		1.15	1.15		0.02
国有与集体联营企业	0.18		0.21			0.01
有限责任公司	195.15	17.83	206.17	187.58	18.48	9.94
国有独资公司	9.40		9.43	9.29		
其他有限责任公司	185.75	17.83	196.74	178.28	18.48	9.94
股份有限公司	112.34		124.05	100.17	1.73	5.84
私营企业	55.33		56.15	53.86	0.23	1.92
私营独资	0.25		0.24	0.24		0.01
私营有限责任公司	51.18		51.94	49.67	0.23	1.75
私营股份有限公司	3.90		3.98	3.95		0.16
其　他	2.66		2.68	2.68		0.14
港澳台商投资企业	16.73		17.60	10.82		0.34
与港澳台商合资经营	9.37		10.12	10.12		0.00
港澳台商独资	7.36		7.48	0.70		0.34
外商投资企业	1.78		1.85	1.85		0.09
外资企业	1.78		1.85	1.85		0.09
二、零售业	**205.74**	**0.38**	**233.32**	**22.18**	**0.02**	**36.67**
#国有及国有控股企业	56.39	0.03	53.87	13.56	0.02	6.93
内资企业	200.36	0.38	224.58	22.18	0.02	35.82
国有企业	23.53		29.14	5.68	0.02	3.70
集体	1.77		1.98	0.06		7.87
股份合作	7.31		8.31			0.29
有限责任公司	98.64	0.34	99.99	3.83		13.58
其他有限责任公司	98.64	0.34	99.99	3.83		13.58
股份有限公司	50.47	0.03	59.62	12.05		7.40
私营企业	18.20	0.01	25.12	0.56		2.98
私营独资	1.22		1.86	0.20		0.18
私营合伙	0.07		0.06			0.01
私营有限责任公司	16.32	0.01	22.60	0.36		2.62
私营股份有限公司	0.60		0.60			0.16
其　他	0.42		0.42			0.01
港澳台商投资企业	0.10		0.10			
与港澳台商合资经营	0.10		0.10			
外商投资企业	5.28		8.64			0.85
中外合资经营	3.66		6.43			0.80
中外合作经营	1.62		2.13			0.05
外资企业			0.08			

16－11 各市限额以上批发贸易业商品购进总额

（2005 年）

单位：亿元

地区	合计	#国有及国有控股企业	按登记注册类型分		
			国有企业	集体企业	股份合作企业
全　省	**782.58**	**506.37**	**386.79**	**9.06**	**1.55**
西安市	539.70	331.77	259.53	8.18	
铜川市	4.40	2.35	2.35		
宝鸡市	73.35	23.91	23.91		
咸阳市	16.93	14.66	14.66	0.88	
渭南市	21.91	20.42	20.42		
延安市	25.99	25.25	0.36		0.38
汉中市	22.50	20.13	14.05		
榆林市	53.04	50.10	41.12		1.17
安康市	11.11	8.23	5.16		
商洛市	13.20	9.10	4.78		
杨凌示范区	0.45	0.45	0.45		

地区	按登记注册类型分				
	联营企业	有限责任公司	股份有限公司	私营企业	其他企业
全　省	**1.17**	**195.16**	**112.34**	**55.33**	**21.18**
西安市	1.17	183.74	18.55	47.36	21.17
铜川市			2.05		
宝鸡市		0.10	49.34		
咸阳市		0.62	0.71	0.06	
渭南市			1.24	0.25	
延安市		0.74	24.51		
汉中市		0.29	6.08	2.07	0.01
榆林市		9.67	1.08		
安康市			4.46	1.49	
商洛市			4.32	4.10	
杨凌示范区					

16－12 各市限额以上零售贸易业商品购进总额

（2005年） 单位:亿元

地区	合计	#国有及国有控股企业	按登记注册类型分		
			国有企业	集体企业	股份合作企业
全省	**205.74**	**56.38**	**23.53**	**1.77**	**7.31**
西安市	127.36	6.82	6.88	0.71	6.49
铜川市	0.49	0.29	0.29		
宝鸡市	18.37	11.67	4.45	0.41	0.56
咸阳市	19.50	11.92	2.54	0.35	0.26
渭南市	21.04	15.83	3.63		
延安市	2.59	1.71	0.71		
汉中市	6.52	4.69	1.52	0.30	
榆林市	4.94	2.09	2.09		
安康市	4.09	0.70	0.76		
商洛市	0.84	0.66	0.66		
杨凌示范区					

地区	按登记注册类型分				
	联营企业	有限责任公司	股份有限公司	私营企业	其他企业
全省		**98.63**	**50.47**	**18.19**	**5.84**
西安市		79.09	17.82	10.57	5.80
铜川市		0.20			
宝鸡市		3.56	8.19	1.19	0.01
咸阳市		3.57	11.12	1.65	0.01
渭南市		4.86	12.51	0.04	
延安市		1.18		0.69	0.01
汉中市		3.82		0.88	
榆林市		1.37	0.42	1.06	
安康市		0.98	0.41	1.93	0.01
商洛市				0.18	
杨凌示范区					

16－13 各市限额以上批发贸易业商品销售总额

（2005 年）

单位:亿元

地区	合计	#国有及国有控股企业	按登记注册类型分：国有企业	集体企业	股份合作企业
全省	**856.62**	**561.67**	**435.72**	**8.94**	**2.11**
西安市	578.56	361.30	284.70	8.03	
铜川市	5.08	2.84	2.84		
宝鸡市	84.68	29.70	29.70		
咸阳市	25.84	22.53	22.53	0.91	
渭南市	26.59	24.49	24.49		0.62
延安市	27.10	26.09	0.58		0.32
汉中市	19.85	17.49	10.52		
榆林市	60.09	56.16	47.17		1.17
安康市	13.84	10.14	7.08		
商洛市	14.46	10.41	5.58		
杨凌示范区	0.53	0.53	0.53		

地区	按登记注册类型分：联营企业	有限责任公司	股份有限公司	私营企业	其他企业
全省	**1.35**	**206.17**	**124.05**	**56.15**	**22.13**
西安市	1.35	193.94	20.21	48.20	22.13
铜川市			2.24		
宝鸡市		0.10	54.88		
咸阳市		0.63	1.68	0.09	
渭南市			1.24	0.24	
延安市		1.01	25.19		
汉中市		0.30	6.97	2.06	
榆林市		10.19	1.56		
安康市			5.25	1.51	
商洛市			4.83	4.05	
杨凌示范区					

16－14 各市限额以上零售贸易业商品销售总额

(2005年)

单位:亿元

地区	合计	#国有及国有控股企业	按登记注册类型分 国有企业	集体企业	股份合作企业
全省	**233.34**	**53.87**	**29.14**	**1.98**	**8.31**
西安市	150.32	8.17	10.96	0.94	7.54
铜川市	0.55	0.31	0.31		
宝鸡市	23.45	14.32	5.31	0.40	0.61
咸阳市	22.48	7.60	2.62	0.32	0.16
渭南市	16.77	13.18	3.94		
延安市	2.93	1.95	0.75		
汉中市	6.57	4.74	1.58	0.32	
榆林市	5.12	2.18	2.18		
安康市	4.25	0.71	0.78		
商洛市	0.90	0.71	0.71		
杨凌示范区					

地区	按登记注册类型分 联营企业	有限责任公司	股份有限公司	私营企业	其他企业
全省		**100.00**	**59.60**	**25.14**	**9.17**
西安市		80.32	27.85	13.54	9.17
铜川市		0.24			
宝鸡市		4.51	10.30	2.32	
咸阳市		4.25	10.94	4.19	
渭南市		3.14	9.65	0.04	
延安市		1.41		0.77	
汉中市		3.80		0.87	
榆林市		1.38	0.42	1.14	
安康市		0.95	0.44	2.08	
商洛市				0.19	
杨凌示范区					

16－15 各市限额以上批发贸易业商品库存总额

（2005年）

单位:亿元

地区	合计	#国有及国有控股企业	按登记注册类型分		
			国有企业	集体企业	股份合作企业
全省	**37.44**	**22.57**	**18.29**	**0.70**	**0.16**
西安市	24.66	13.30	10.39	0.51	
铜川市	0.50	0.13	0.13		
宝鸡市	4.38	2.06	2.06		
咸阳市	1.15	0.80	0.80	0.19	
渭南市	1.41	1.37	1.37		0.03
延安市	0.55	0.51	0.03		0.06
汉中市	1.55	1.50	1.19		
榆林市	0.98	0.89	0.89		0.07
安康市	1.60	1.42	1.12		
商洛市	0.66	0.59	0.31		
杨凌示范区					

地区	按登记注册类型分				
	联营企业	有限责任公司	股份有限公司	私营企业	其他企业
全省	**0.03**	**9.94**	**5.84**	**1.92**	**0.56**
西安市	0.03	9.73	1.77	1.67	0.56
铜川市			0.37		
宝鸡市		0.01	2.31		
咸阳市		0.13		0.03	
渭南市				0.01	
延安市		0.04	0.42		
汉中市		0.03	0.31	0.02	
榆林市			0.02		
安康市			0.36	0.12	
商洛市			0.28	0.07	
杨凌示范区					

16－16 各市限额以上零售贸易业商品库存总额

（2005 年）

单位:亿元

地　　区	合　　计		按登记注册类型分		
		#国有及国有控股企业	国有企业	集体企业	股份合作企业
全　　省	**36.67**	**6.94**	**3.69**	**7.87**	**0.29**
西 安 市	26.04	0.52	1.56	7.76	0.21
铜 川 市	0.04	0.04	0.04		
宝 鸡 市	3.82	3.13	0.60	0.04	0.03
咸 阳 市	2.13	0.83	0.26	0.03	0.05
渭 南 市	1.62	0.89	0.17		
延 安 市	0.33	0.14	0.06		
汉 中 市	1.25	1.05	0.61	0.04	
榆 林 市	0.39	0.10	0.10		
安 康 市	0.85	0.13	0.18		
商 洛 市	0.20	0.11	0.11		
杨凌示范区					

地　　区	按登记注册类型分				
	联营企业	有限责任公司	股份有限公司	私营企业	其他企业
全　　省		**13.56**	**7.38**	**2.98**	**0.90**
西 安 市		11.11	3.26	1.28	0.86
铜 川 市					
宝 鸡 市		0.42	2.62	0.10	0.01
咸 阳 市		0.57	0.66	0.55	0.01
渭 南 市		0.67	0.77		0.01
延 安 市		0.09		0.18	
汉 中 市		0.43		0.16	0.01
榆 林 市		0.10	0.04	0.15	
安 康 市		0.17	0.03	0.47	
商 洛 市				0.09	
杨凌示范区					

16－17 限额以上批发零售贸易业商品销售类值

单位:亿元

类　别	合　计		批　发		零　售	
	2004 年	2005 年	2004 年	2005 年	2004 年	2005 年
食品、饮料、烟酒类	1680421	1906815	1310187	1467523	370233	439292
#粮油类	22456	110848		40423	22456	70426
肉禽蛋类	35610	48328	1802	2063	33808	46264
其它食品类	220807	218024	43890	33074	176917	184950
饮料类	81186	101692	19762	40676	61423	61016
烟酒类	1320363	1427924	1244734	1351288	75629	76636
服装鞋帽针纺织品类	389521	444876	64842	53349	324678	391527
#服装类	217564	246432	19608	8386	197956	238046
鞋帽类	82594	95549	4764	3419	77830	92131
针纺织类	89363	102895	40471	41544	48893	61351
化妆品类	74607	80214	15411	17985	59196	62228
金银珠宝类	38123	46872	1436	1139	36688	45734
日用品类	176778	162388	69252	41721	107526	120667
#洗涤用品类	52266	71213	4254	21729	48012	49483
儿童玩具类	8430	10935	814	667	7616	10268
五金、电工器具类	76213	43381	63929	28365	12284	15016
体育、娱乐用品类	23761	25151	7119	8658	16643	16493
书报、杂志类	167676	177549	76075	79854	91601	97695
电子出版及音像制品类	6930	7058	3654	3467	3277	3591
家用电器和音像器材类	266943	441113	25629	133027	241314	308087
中西药品类	408826	527557	278796	373089	130030	154469
#西　药	307726	325766	219086	216485	88640	109281
中草药及中成药	89994	88662	57218	60039	32776	28624
文化办公用品类	155701	214395	117463	164768	38239	49628
家俱类	17454	16799	1477		15977	16799
通讯器材类	189628	286924	63754	129329	125874	157596
煤炭及制品类	38859	128610	37537	127335	1322	1275
木材及制品类	8235	2911	6529	2911	1706	
石油及制品类	1128508	2804734	762908	2351358	365600	453376
化工材料及制品类	85927	73214	85927	73214		
#化肥类	13681	16274	13681	16274		
金属材料类	877350	2024589	877350	2024589		
建筑及装潢材料类	25911	20654	6029	18176	19882	2477
机电产品及设备类	418497	403789	395802	385812	22695	17977
#农机类	3674	3224	3674	3224		
汽车类	377173	726245	152444	466249	224729	259996
种子饲料类	774	13133	774	13133		
棉麻类	9376	54581	9374	54581	2	
其他类	47661	3157944	19350	3124353	28310	33591

16－18　星级住宿业和限额以上餐饮业经营情况

（2005年）

指　　标	企业数（个）	客房收入（万元）	餐费收入（万元）	营业面积（平方米）	床位数（个）	餐位数（个）
总　计	**390**	**128400**	**285481**	**848102**	**78205**	**289958**
一、住宿业	**222**	**107446**	**89445**	**307649**	**66150**	**82524**
#国有及国有控股企业	110	56670	42577	144351	39483	41721
1.按登记注册类型分						
内资企业	205	73448	66567	259820	58040	71100
国有企业	92	34530	27900	100318	33303	32640
集体企业	15	3114	3097	15420	2557	4867
股份合作企业	11	4019	2995	11776	2712	3558
有限责任公司	35	15156	12737	51432	8403	13611
国有独资公司	1	1424	725	1200	660	500
其他有限责任公司	34	13733	12013	50232	7743	13111
股份有限公司	12	8060	6026	15259	2780	2948
私营企业	40	8569	13813	65615	8285	13476
私营独资	10	1991	3656	13040	2391	2368
私营合伙	7	1348	1362	6520	973	2120
私营有限责任公司	21	4985	8173	44455	4692	8258
私营股份有限公司	2	245	622	1600	229	730
港澳台商投资企业	6	5860	6053	28250	1957	3600
与港澳台商合资经营	6	5860	6053	28250	1957	3600
外商投资企业	11	28138	16824	19579	6153	7824
中外合资经营	5	11442	6540	7422	2222	2584
中外合作经营	6	16696	10284	12157	3931	5240
2.按国民经济行业分						
旅游饭店	208	104597	86772	292751	61759	76216
一般旅馆	13	2553	2290	13568	4075	5568
其他住宿服务	1	296	383	1330	316	740
二、餐饮业	**168**	**20954**	**196036**	**540453**	**12055**	**207434**
#国有及国有控股	21	9738	48579	155511	4759	47901
1.按登记注册类型分						
内资企业	153	19847	153137	451500	11384	193296
国有企业	15	1554	7174	25199	1637	29518
集体企业	4		1196	4080		1120
股份合作企业	4	113	1948	2610	109	900
有限责任公司	53	8404	53539	136652	3658	117710
国有独资公司			688	470	106	120
其他有限责任公司	53	8404	52851	136182	3552	117590
股份有限公司	11	7775	36499	159797	4112	19416
私营企业	62	2001	48745	115327	1780	23378
私营独资	15	328	8412	18420	284	4266
私营合伙	2		1400	5350		135
私营有限责任公司	39	1042	36391	83337	1161	17037
私营股份有限公司	6	631	2542	8220	335	1940
其　他	4		4036	7835	88	1254
港澳台商投资企业	6	775	36787	42257	427	10840
与港澳台商合资经营	2	775	12544	18706	427	4190
与港澳台商合作经营	2		6769	8955		900
港澳台商独资	2		17474	14596		5750
外商投资企业	9	333	6112	46696	244	3298
中外合资经营	4		1707	8700		1276
中外合作经营	2		1773	2340		872
外资企业	3	333	2632	35656	244	1150
2.按国民经济行业分						
正餐服务	165	20954	187957	534074	12055	206025
快餐服务	3		8078	6379		1409

16－19 各市星级住宿业和限额以上餐饮业经营情况

（2005 年）

地　区	企业数（个）	客房收入（万元）	餐费收入（万元）	营业面积（平方米）	床位数（个）	餐位数（个）
一、住宿业						
全　省	**222**	**107447**	**89445**	**307649**	**66150**	**82524**
西安市	66	74473	50456	97042	26555	31254
铜川市	7	1257	1069	7168	2670	2310
宝鸡市	34	5559	6215	32110	10656	11204
咸阳市	24	5305	6413	48669	4110	7716
渭南市	16	4448	4145	25111	3292	7054
延安市	19	4975	5138	19319	3048	5101
汉中市	12	3104	4181	16695	1700	5574
榆林市	15	3925	4475	11179	8979	3447
安康市	17	2118	3830	29521	2945	5044
商洛市	6	998	1208	10002	817	1680
杨凌示范区	6	1285	2315	10833	1378	2140
二、餐饮业						
全　省	**168**	**20954**	**196036**	**540453**	**12055**	**207434**
西安市	112	17795	166871	406744	8205	187268
铜川市	1		369	2210		1600
宝鸡市	15	558	9383	62668	1691	6704
咸阳市	18	529	7426	26316	243	6247
渭南市	4		1858	7870		243
延安市	2		1978	2665		809
汉中市						
榆林市	10	929	4168	16850	1006	2377
安康市	5	938	3275	14280	664	1530
商洛市	1	205	708	850	246	656
杨凌示范区						

16－20 限额以上批发贸易企业主要财务指标

（2005 年） 单位：万元

指标	企业数（个）	资产合计	#流动资产	#固定资产
总计	**268**	**2751435**	**1956396**	**352313**
#国有及国有控股企业	126	1693532	1171758	258272
一、按登记注册类型分				
内资企业	265	2731314	1936571	352048
国有企业	100	1211478	870225	198235
集体企业	11	79395	42576	8224
股份合作企业	2	12655	11165	1447
联营企业	2	5367	3759	1608
国有联营	1	5173	3588	1585
国有与集体联营	1	194	171	23
有限责任公司	100	775748	601754	57824
国有独资公司	3	104266	40390	2243
其他有限责任公司	97	671481	561365	55581
股份有限公司	15	414623	248229	60004
私营企业	34	216706	145297	23284
私营独资	1	550	447	2
私营有限责任公司	30	210730	140146	22856
私营股份有限公司	3	5426	4705	426
其他	1	15343	13565	1424
港澳台商投资企业	2	15722	15474	217
与港澳台商合资经营	1	8604	8511	78
港澳台商独资	1	7119	6963	139
外商投资企业	1	4400	4352	48
外资企业	1	4400	4352	48
二、按国民经济行业分				
农畜产品批发	6	90856	54297	7507
食品、饮料及烟草制品批发	28	416941	292064	85130
米、面制品及食用油批发	2	8902	7085	1319
烟草制品批发	19	376187	264997	74607
纺织、服装及日用品批发	13	97815	68919	16226
文化、体育用品及器材批发	9	65774	42595	10656
医药及医疗器材批发	23	166362	134598	15408
矿产品、建材及化工产品批发	114	1317353	883507	168609
煤炭及制品批发业	16	180931	82144	11055
石油及制品批发业	28	489918	275097	125026
金属及金属矿批发业	55	591173	478625	27625
建材批发业	4	23192	21983	724
化肥批发业	4	3362	2549	622
机械设备、五金交电及电子产品批发	68	585712	474025	47131
汽车、摩托车及零配件批	26	232357	160796	30879
家用电器批发	4	45279	44980	197
计算机、软件及辅助设备批发	6	27124	25955	1142
贸易经纪与代理	1	706	699	7
其他批发	6	9917	5693	1639

16－20 续表1　　(2005 年)　　单位:万元

指　标	负债合计	主营业务收入	主营业务成本	营业费用
总　计	**2238798**	**8056065**	**7544448**	**216014**
#国有及国有控股企业	1452805	5292376	4897993	144869
一、按登记注册类型分				
内资企业	2221196	7868682	7366547	210590
国有企业	991585	4137118	3813939	105630
集体企业	83461	84839	82723	1248
股份合作企业	1156	31329	30403	257
联营企业	2499	11881	11468	198
国有联营	2371	9795	9596	46
国有与集体联营	128	2086	1872	152
有限责任公司	638957	1920311	1850069	42397
国有独资公司	78214	41719	35392	2682
其他有限责任公司	560742	1878592	1814677	39715
股份有限公司	329427	1140854	1059795	42285
私营企业	160600	515432	491936	18166
私营独资	493	2735	2698	15
私营有限责任公司	154795	478253	455467	18041
私营股份有限公司	5312	34445	33772	111
其　他	13511	26917	26215	409
港澳台商投资企业	17358	168925	160063	5101
与港澳台商合资经营	9995	101103	93694	3964
港澳台商独资	7363	67822	66369	1137
外商投资企业	244	18458	17837	323
外资企业	244	18458	17837	323
二、按国民经济行业分				
农畜产品批发	91052	28157	26128	1145
食品、饮料及烟草制品批发	237623	1425055	1246927	16697
米、面制品及食用油批发	5957	6253	4928	815
烟草制品批发	202263	1391818	1219853	13088
纺织、服装及日用品批发	119149	136573	129302	6494
文化、体育用品及器材批发	43116	101748	93874	3994
医药及医疗器材批发	175908	401043	387522	7448
矿产品、建材及化工产品批发	1060211	4652631	4405395	150926
煤炭及制品批发业	123818	243538	161048	55129
石油及制品批发业	456166	2673583	2574658	68449
金属及金属矿批发业	441952	1588004	1538706	23604
建材批发业	11023	75107	71360	613
化肥批发业	2770	7179	6985	72
机械设备、五金交电及电子产品批发	503721	1266612	1213272	28543
汽车、摩托车及零配件批	185241	523152	511478	5659
家用电器批发	45279	115074	106931	6569
计算机、软件及辅助设备批发	21352	193172	182932	5284
贸易经纪与代理	409	6784	6482	230
其他批发	7609	37462	35546	538

16－20 续表2 （2005年） 单位：万元

指　　标	主营业务利润	利润总额	本年应付工资总额	本年应付福利总额
总　计	**449577**	**121515**	**68061**	**10429**
#国有及国有控股企业	350060	101403	58307	8641
一、按登记注册类型分				
内资企业	443509	121565	66865	10390
国有企业	283311	92445	45044	6906
集体企业	1601	334	469	63
股份合作企业	666	42	7	8
联营企业	262	－294	66	6
国有联营	51	－312	37	2
国有与集体联营	211	19	29	4
有限责任公司	66645	5790	9718	1095
国有独资公司	6248	1920	215	32
其他有限责任公司	60397	3870	9503	1063
股份有限公司	74885	26024	10303	2108
私营企业	15458	－2776	1205	204
私营独资			18	3
私营有限责任公司	14821	－2486	1098	194
私营股份有限公司	637	－290	89	8
其　他	680		54	
港澳台商投资企业	5447	－123	1041	29
与港澳台商合资经营	3996	－235	386	21
港澳台商独资	1451	113	655	7
外商投资企业	621	73	155	10
外资企业	621	73	155	10
二、按国民经济行业分				
农畜产品批发	1323	933	406	48
食品、饮料及烟草制品批发	156222	85951	30668	4732
米、面制品及食用油批发	1300	244	85	12
烟草制品批发	150542	86720	29060	4399
纺织、服装及日用品批发	7214	－5309	1558	215
文化、体育用品及器材批发	7748	－116	972	306
医药及医疗器材批发	11195	－3588	4666	552
矿产品、建材及化工产品批发	221314	44899	21799	3713
煤炭及制品批发业	72871	9087	4909	608
石油及制品批发业	87604	17683	12731	2510
金属及金属矿批发业	45184	15758	3076	437
建材批发业	3542	1107	284	42
化肥批发业	191	4	48	5
机械设备、五金交电及电子产品批发	42401	－1366	7652	813
汽车、摩托车及零配件批	10367	－3538	2123	195
家用电器批发	8065	－46	958	158
计算机、软件及辅助设备批发	5799	－273	1118	38
贸易经纪与代理	302	2	21	3
其他批发	1859	109	319	47

16－21 限额以上零售贸易企业主要财务指标

（2005 年）

单位:万元

指标	企业数（个）	资产合计	#流动资产	#固定资产
总计	**243**	**1373417**	**777804**	**298319**
#国有及国有控股企业	89	325384	156381	85349
一、按登记注册类型分				
内资企业	239	1341502	766826	286757
国有企业	80	159645	94784	32233
集体企业	14	9383	5270	2400
股份合作企业	5	15963	8142	3652
有限责任公司	75	581970	363560	137433
其他有限责任公司	75	581970	363560	137433
股份有限公司	16	473800	216862	97240
私营企业	48	100459	77988	13746
私营独资	4	3175	3080	－2
私营合伙	1	55	15	40
私营有限责任公司	39	93355	72507	12978
私营股份有限公司	4	3874	2387	730
其他	1	283	220	54
港澳台商投资企业	1	5167	1915	－42
与港澳台商合资经营	1	5167	1915	－42
外商投资企业	3	26748	9063	11605
中外合资经营	2	20917	6882	7957
外资企业	1	5831	2180	3648
二、按国民经济行业分				
综合零售	94	769204	382677	202811
百货零售	53	504443	197480	171072
超级市场零售	35	261595	183241	31265
食品、饮料及烟草制品专门零售	2	693	317	231
纺织、服装及日用品专门零售	11	55979	32018	13992
#服装零售	5	43162	23629	13238
文化、体育用品及器材专门零售	56	112939	64473	26278
#图书零售	53	101938	58727	22183
医药及医疗器材专门零售	22	29036	24127	2092
药品零售	22	29036	24127	2092
汽车、摩托车、燃料及零配件专门零售	25	158243	105053	21737
#汽车零售	19	99664	79278	11164
机动车燃料零售	3	41153	12650	8878
家用电器及电子产品专门零售	25	198056	154074	11097
家用电器零售	17	183805	140641	10724
计算机、软件及辅助设备零售	5	3717	3460	109
通讯设备零售业	3	10534	9974	264
五金、家具及室内装修材料专门零	5	21902	6610	13729
无店铺及其他零售业	3	27366	8455	6353

16－21 续表1　　（2005年）　　单位:万元

指　　标	负　债 合　计	主营业务 收　入	主营业务 成　本	营　业 费　用
总　计	**978852**	**1999074**	**1774747**	**132975**
#国有及国有控股企业	227035	475544	420530	31965
一、按登记注册类型分				
内资企业	959872	1960350	1742932	129558
国有企业	111389	206032	164183	13339
集体企业	7972	12052	11273	198
股份合作企业	13128	77064	73989	622
有限责任公司	441670	936259	837316	69285
其他有限责任公司	441670	936259	837316	69285
股份有限公司	313552	482874	432652	30446
私营企业	71476	241864	219016	15372
私营独资	2626	6803	6174	407
私营合伙		112	85	15
私营有限责任公司	66720	230089	208938	14494
私营股份有限公司	2130	4861	3819	456
其　他	685	4205	4502	297
港澳台商投资企业	5087	919	359	171
与港澳台商合资经营	5087	919	359	171
外商投资企业	13894	37805	31456	3246
中外合资经营	10497	36958	30715	2954
外资企业	3397	847	742	293
二、按国民经济行业分				
综合零售	541070	1059726	938525	81904
#百货零售	345055	616366	550443	24837
超级市场零售	192061	432552	378087	55944
食品、饮料及烟草制品专门零售	297	654	536	87
纺织、服装及日用品专门零售	32826	31210	26658	3332
#服装零售	25401	21744	17717	2602
文化、体育用品及器材专门零售	72533	99316	75110	11004
#图书零售	63055	90589	67685	10234
医药及医疗器材专门零售	23722	50968	43931	4037
药品零售	23722	50968	43931	4037
汽车、摩托车、燃料及零配件专门零售	129607	394968	371813	11373
#汽车零售	72030	263746	251367	4682
机动车燃料零售	44619	109332	99837	6184
家用电器及电子产品专门零售	162522	275310	242808	13866
家用电器零售	151028	187206	159539	9851
计算机、软件及辅助设备零售	2543	16601	15993	362
通讯设备零售业	8951	71503	67277	3653
五金、家具及室内装修材料专门零	12838	9117	6692	1448
无店铺及其他零售业	3437	77805	68674	5925

16－21 续表 2　　（2005 年）　　单位：万元

指　　标	主营业务利润	利润总额	本年应付工资总额	本年应付福利总额
总　计	**183307**	**12952**	**50649**	**7195**
#国有及国有控股企业	37613	－28025	12328	1715
一、按登记注册类型分				
内资企业	176447	8852	49721	7195
国有企业	26664	2483	9266	1001
集体企业	623	4	270	29
股份合作企业	2988	201	775	113
有限责任公司	92102	21452	21886	3512
其他有限责任公司	92102	21452	21886	3512
股份有限公司	35385	－17535	12757	1815
私营企业	19006	2657	4701	716
私营独资	286	－40	37	68
私营合伙	24	5	4	
私营有限责任公司	17681	2395	4404	644
私营股份有限公司	1016	297	256	3
其　他	－323	－410	68	10
港澳台商投资企业	560	－97	222	
与港澳台商合资经营	560	－97	222	
外商投资企业	6300	4197	706	
中外合资经营	6195	4401	706	
外资企业	105	－204		
二、按国民经济行业分				
综合零售	103664	－5061	35338	4659
#百货零售	58395	－13844	20750	2364
超级市场零售	44482	9348	14193	2240
食品、饮料及烟草制品专门零售	116	4	63	7
纺织、服装及日用品专门零售	3957	860	1748	315
#服装零售	3705	1063	852	120
文化、体育用品及器材专门零售	21022	794	5586	840
#图书零售	19777	1114	5153	786
医药及医疗器材专门零售	4184	94	1770	187
药品零售	4184	94	1770	187
汽车、摩托车、燃料及零配件专门零售	22668	3807	2752	624
#汽车零售	12083	2429	1718	222
机动车燃料零售	9322	1478	825	374
家用电器及电子产品专门零售	16753	11253	3206	497
家用电器零售	12072	10974	2194	358
计算机、软件及辅助设备零售	535	23	113	16
通讯设备零售业	4145	256	899	123
五金、家具及室内装修材料专门零售	2386	－376	－8	39
无店铺及其他零售业	8559	1577	194	27

16－22 限额以上餐饮企业主要财务指标

（2005年） 单位:万元

指　　标	企业数（个）	资产合计	#流动资产	#固定资产	负债合计	营业收入
总　　计	**168**	**320959**	**123290**	**143739**	**195641**	**248159**
#国有及国有控股企业	21	151342	42187	66762	94053	75015
一、按登记注册类型分						
内资企业	153	254998	93785	116008	158576	189479
国有企业	15	18727	7537	11002	15301	11558
集体企业	4	613	282	332	437	1249
股份合作企业	4	1282	589	665	797	2073
有限责任公司	53	86448	35442	46517	50655	60494
其他有限责任公司	53	86448	35442	46517	50655	60494
股份有限公司	11	111205	31111	41034	69887	55011
私营企业	62	34715	17368	15929	20233	54658
私营独资	15	8356	2547	5776	6074	10655
私营合伙	2	198	78	120	95	1700
私营有限责任公司	39	24171	13201	9584	12761	38645
私营股份有限公司	6	1991	1542	449	1303	3658
其　他	4	2006	1456	530	1265	4436
港澳台商投资企业	6	39922	16921	18343	18184	50262
与港澳台商合资经营	2	10278	3406	6872	8321	16270
与港澳台商合作经营	2	11389	4264	5845	5881	9091
港澳台商独资	2	18255	9251	5626	3982	24901
外商投资企业	9	26040	12584	9388	18881	8419
中外合资经营	4	8737	4511	1043	14199	1847
中外合作经营	2	4022	3279	319	3414	3069
外资企业	3	13281	4794	8027	1268	3503
二、按国民经济行业分						
正餐服务	165	315365	121114	141565	192574	241253
快餐服务	3	5594	2176	2175	3067	6906

指　　标	营业成本	营业费用	营业税金及附加	营业利润	本年应付工资总额	本年应付福利总额
总　　计	**115498**	**82134**	**12790**	**2717**	**64480**	**8598**
#国有及国有控股企业	32666	25692	3756	2631	9868	1495
一、按登记注册类型分						
内资企业	93350	60837	9858	－482	58999	8493
国有企业	6508	4499	494	－1372	1682	759
集体企业	587	110	49	1	123	18
股份合作企业	1268	626	112	20	299	21
有限责任公司	28627	19148	3351	－3247	6268	768
其他有限责任公司	28627	19148	3351	－3247	6268	768
股份有限公司	24648	20141	2848	3555	7032	662
私营企业	29299	15396	2770	531	42986	6155
私营独资	5613	3065	684	351	791	82
私营合伙	550	15	47	384	168	54
私营有限责任公司	21538	11533	1857	58	41457	5952
私营股份有限公司	1599	783	181	－262	571	67
其　他	2414	917	233	30	610	110
港澳台商投资企业	18689	17940	2500	4277	4533	8
与港澳台商合资经营	5676	5703	838	242	1901	8
与港澳台商合作经营	3741	2077	424	390	916	
港澳台商独资	9273	10159	1239	3645	1716	
外商投资企业	3458	3358	432	－1079	948	96
中外合资经营	850	762	85	－532	287	16
中外合作经营	1025	1553	155	－383	135	
外资企业	1582	1044	192	－163	526	80
二、按国民经济行业分						
正餐服务	112126	79668	12451	2030	64001	8598
快餐服务	3372	2466	339	686	480	

16－23　限额以上连锁零售业、住宿和餐饮业经营情况

类　　别	合　计		直营店		加盟店	
	2004年	2005年	2004年	2005年	2004年	2005年
门店总数(个)	901	901	373	354	528	547
营业面积(平方米)	263393	268855	236170	238709	27223	30146
经营住宿业务床位数(个)	168	168	168	168		
经营餐饮业务餐位数(个)	11980	11380	11980	11380		
从业人数(人)	20231	20055	15636	15559	4595	4496
商品购进总额(万元)	848311	1092870	831163	1068845	17148	24025
#统一配送购进额	811224	1054345	795260	1032174	15963	22171
#自有配送中心配送购进额	760909	985442	744946	968200	15963	17242
非自有配送中心配送购进额	50315	68902	50315	63974		4929
营业收入(万元)	935952	1179365	909002	1148859	26950	30506
#客房收入	273	272	273	272		
餐费收入	11478	9947	11478	9947		
商品销售收入(销售额)	924201	1169146	897251	1138640	26950	30506
#商品零售额	617220	857358	612691	850596	4528	6762

16－24　限额以上连锁企业主要经济指标

(2005年)

企业名称	门店总数(个)	从业人数(人)	营业收入(万元)	#零售额
西安秋林公司	4	945	32020	32020
陕西伟志集团股份有限公司	494	4201	25383	25383
陕西海星连锁超级市场有限责任公司	75	950	29539	29539
陕西竹园村餐饮有限责任公司	5	1200	4455	4455
陕西三棵树超市商贸有限责任公司	12	619	10541	10541
西安小六汤包餐饮有限责任公司	12	379	1912	1912
西安爱家商贸有限公司	9	1300	94368	94368
陕西极限体育用品有限公司	10	160	3850	3721
中国石油陕西销售分公司	10	7146	935783	617763
陕西新合作西果连锁超市有限公司	79	724	9108	9108
西安市中药集团公司藻露堂连锁店	94	623	1489	1489
西安怡康医药连锁有限责任公司	20	271	5134	5134
陕西海星便利岛连锁超市有限责任公司	58	410	3014	3014
陕西老百姓大药房连锁有限公司	5	384	16472	16472
西安双鹤医药股份有限公司	10	332	342	336
服务集团股份有限公司老孙家饭庄	4	411	5956	2103

16－25 重点市场商品销售类值

(2005年)

类　别	摊位数（个）	全年总成交额（万元）	类　别	摊位数（个）	全年总成交额（万元）
合　计	**17789**	**790664**	#西药类	12	52
食品、饮料、烟酒类	5086	222319	中草药及中成药	137	9581
#粮油类	1756	43485	文化办公用品类	96	9040
饮料类	303	3680	煤炭及制品类	2	3
烟酒类	1344	6148	木材及制品类	50	1330
服装鞋帽针纺织品类	5869	316775	化工材料及制品类	174	1759
化妆品类	938	9007	#化肥类	146	1148
日用品类	1971	51850	金属材料类	171	2068
五金、电工器具类	678	20408	建筑及装潢材料类	984	34276
体育、娱乐用品类	161	18603	机电产品及设备类	1168	22107
书报杂志类	4	28	#农机类	11	8
电子出版及音像制品类	3	12	汽车类	56	43893
家用电器和音响制品类	36	284	种子饲料类	5	30
中西药品类	149	9635	其他类	188	27237

16－26 重点商品交易市场成交情况

(2005年)

市　场	摊位数（个）	全年总成交额（万元）	市　场	摊位数（个）	全年总成交额（万元）
西安市康复路工业品批发市场	1417	228511	西安大庆路重信汽车配件交易市场	588	15946
陕西凯达五金工具批发城	110	3435	西安市干鲜果副食公司	291	13335
西安市锦锈鞋城	560	17400	西安新土门蔬菜批发市场	250	4900
西北轻纺交易中心	258	134448	西安半坡生产资料市场	351	3861
西安市新城区万寿路药材市场	128	9551	西安市大明宫建材装饰材料市场	700	28610
西安市太华路建材市场	73	4481	西安市大雁塔装饰材料市场	214	2920
西安粮油批发市场	85	18764	咸阳嘉惠商场	925	7512
西安市胡家庙蔬菜批发市场	140	139420	大荔县同州农副产品批发市场	810	18118
西安市文艺南路布匹市场	700	38000	澄城县大市场	6484	11161
西安市土门市场	598	6427	陕西城固经贸市场	760	15120
西安市汽车自选市场	46	43885	安康市新安食品交易市场	580	11469
西安市汽车配件市场	560	5600	洛南县河南市场	1161	7790

主要统计指标解释

批发贸易业 指从工农业生产者或从商品流通企业购进商品，转卖给工业、农业、建筑业、运输邮电业、餐饮业、服务业以及其他批发零售企业作为生产经营用的商品流通企业（单位）。农副产品采购、供应企业，进口、出口国（境）外商品的对外贸易企业、物资供销企业等，一般都属于批发贸易业。

零售贸易业 指从工农业生产者、批发贸易业或居民购进商品，转卖给城乡居民作为生活消费和售给社会集团作为公共消费的商品流通企业（单位）。有些商品流通企业兼营批发零售业务，应以其主营业务来划分批发业和零售业，即以批发业务为主的作为批发贸易业，以零售业务为主的作为零售贸易业。

餐饮业 指从事食品的烹饪、调制并直接售给消费者供现场食用的企业（单位）和个体户，包括中西餐馆、饭馆、各种小吃店、冷饮店、酒店、茶馆等。

限额以上批发零售贸易、餐饮企业 限额标准为：批发业年销售额2000万元及以上，年末从业人员20人及以上；零售业年销售额500万元及以上，年末从业人员60人及以上；餐饮业年营业额200万元及以上，年末从业人员40人及以上。

网点 指从事批发零售贸易活动和餐饮活动的法人企业设立的从事商品批发、零售业务的自然单位数和从事餐饮活动的自然单位数。□

人员 即从业人员，指从事批发零售贸易业、餐饮业劳动并取得劳动报酬或经营收入的人员。包括职工（含长期职工、合同制职工、临时职工）和其他从业人员（含再就业的离退休人员、三资企业中的外方人员和港澳台方人员）。

社会消费品零售总额 指国民经济各行业直接售给城乡居民和社会集团的消费品总额。它是反映各行业通过多种商品流通渠道向居民和社会集团供应的生活消费品总量，是研究国内零售市场变动情况、反映经济景气程度的重要指标。

社会消费品零售总额包括:⑴售给城乡居民作为生活用的商品和修建房屋用的建筑材料;⑵售给社会集团的各种办公用品和公用消费品;⑶售给机关、团体、学校、部队、企业、事业单位的职工食堂和旅店(招待所)附设专门供本店旅客食用，不对外营业的食堂的各种食品、燃料;企业、单位和国营农场直接售给本单位职工和职工食堂的自己生产的产品;⑷售给部队干部、战士生活用的粮食、副食品、衣着品、日用品、燃料;⑸售给来华的外国人、华侨、港澳台同胞的消费品;⑹居民自费购买的中、西药品、中药材及医疗用品;⑺报社、出版社直接售给居民和社会集团的报纸、图书、杂志，集邮公司出售的新、旧纪念邮票、特种邮票、首日封、集邮册、集邮工具等;⑻旧货寄售商店自购、自销部分的商品;⑼煤气公司、液化石油气站售给居民和社会集团的煤气灶具和罐装液化石油气;⑽农民售给非农业居民和社会集团的商品。不包括售给国民经济各部门企业、事业单位(包括国有经济的农场)生产经营用的各种原材料、燃料、设备、工具等和售给批发零售贸易业、餐饮业作为转卖用的商品，旧货寄售商店受托寄售卖出的商品，服务业的营业收入，邮局出售邮票的收入，自来水、电力、煤气生产(供应)单位的产品供应收入，也不包括农民之间的商品销售。

商品销售总额 指对本企业(单位)以外的单位和个人出售(包括对境外直接出口)的商品总额。它反映批发零售贸易业在国内市场上销售商品以及出口商品的总量。商品销售总额包括:⑴售给城乡居民和社会集团消费用的商品;⑵售给工业、农业、建筑业、运输邮电业、批发零售贸易业、餐饮业、服务业等作为生产、经营使用的商品;⑶售给批发零售贸易业作为转卖或加工后转卖的商品;⑷对国(境)外直接出口的商品。不包括出售本企业(单位)自用的废旧包装用品;未通过买卖行为付出的商品;经本单位介绍，由买卖双方直接结算，本单位只收取手续费的业务;购货退出的商品以及商品损耗和损失等。

餐饮业商品零售额 指餐饮企业、产业活动单位或个体户直接对居民和社会集团零售的各种商品。包括：(1)经烹饪、调制加工后出售的各种食品，如主食、炒菜、凉拌菜等；(2)不经加工直接转卖的各种外购商品，如卷烟、酒、饮料、熟食、水果等；(3)附设非独立核算的专门销售商品的小卖部出售的各种食品及其他商品。

连锁企业（或称连锁店、连锁公司） 指在核心企业或总店的领导下，由分散的、经营同类商品或服务的企业或活动单位，采取共同方针，实行集中采购和分散销售的有机结合，通过规范化经营，实现规模效益的经济联合组织形式。一般连锁店应由若干个分店组成。其经营特征：(1)经营同类商品；(2)使用统一商号；(3)统一采购配送，采购与销售相分离（部分商品可根据物流合理和保质保鲜原则，由供应商直接送货到门店，其余均由总部统一配送）。

连锁门店包括下列两种形式：

直营连锁：指正规连锁。连锁门店均由总部独资或控股开设，在总部的直接领导下统一经营。

加盟连锁：指特许连锁。各连锁门店（被特许人）通过合同形式，取得使用总部（特许人）商标、商号、经营技术和销售总部开发的商品的特许权，各加盟连锁门店为独立法人，在总部指导下统一经营。

消费品市场成交额 指在消费品交易市场成交的全部商品金额。消费品市场包括农副产品市场和工业消费品市场。

2006 統計年鑒

对外经济贸易和旅游

DUIWAIJINGJIMAOYIHELUYOU

资料整理：江　洪

十七、对外经济贸易和旅游

2005 年全省

进出口总额	45.77	亿美元	比上年增长	25.7%
#出　口	30.76	亿美元	比上年增长	28.3%
实际利用外商直接投资额	6.28	亿美元	比上年增长	19.3%
国际旅游人数	92.84	万　人	比上年增长	16.0%
国际旅游收入	4.46	亿美元	比上年增长	23.9%

进出口总额

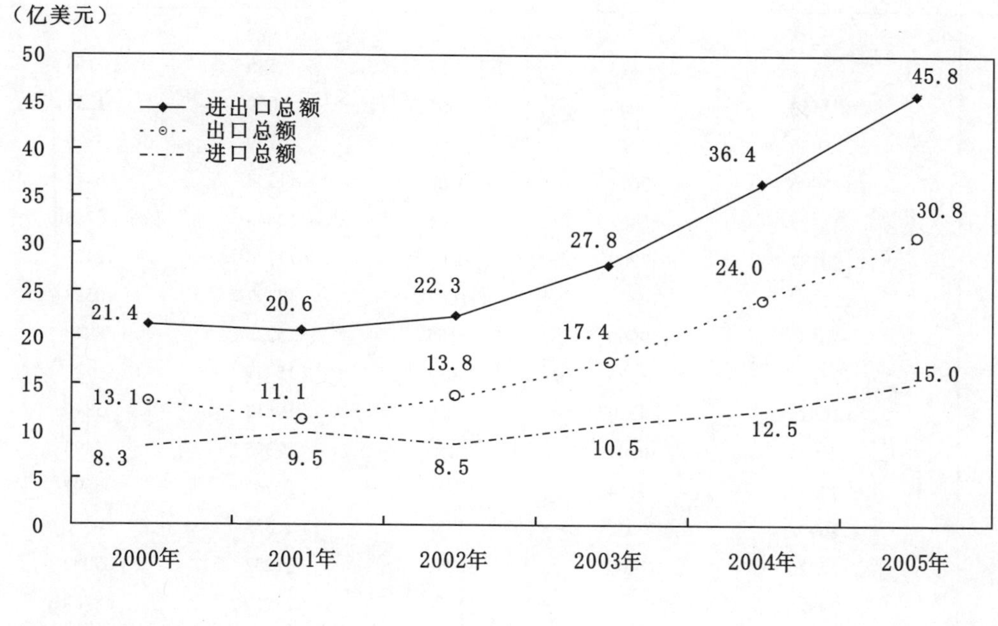

17－1　外贸进出口总额

单位:万美元

年　份	进出口总额	出　口总　额	工矿产品类出　口　额	#纺　织品　类	#轻工业品　类	#工　艺品　类
1978		1190	802	771	11	
1980		973	388	18	95	1
1985	15712	10359	8299	6477	257	48
1990	57728	46059	39300	17755	6551	941
1991	81359	60502	49169	20377	5870	843
1992	111885	76531	63686	25805	5565	1070
1993	149599	99347	81621	30092	6739	1039
1994	160061	121615	104218	38590	9384	1944
1995	173323	128261	112938	40022	12394	3245
1996	178406	126922	111173	35575	12646	1461
1997	173413	123120	103302	31826	11403	398
1998	205148	117668	100273	32378	8956	278
1999	200834	115225	94863	24701	9922	600
2000	214009	131003	109170	25323	11911	392
2001	206444	111044	89757	13018	8755	259
2002	222517	137717	113317	13544	11586	233
2003	278371	173523	159603	28571	5993	5579
2004	364238	239658	220470	39467	7614	7707
2005	457684	307581	282955	50653	9772	9891

年　份	#五金矿产类	#化工医药类	#机械产品类	农副产品类出　口　额	#粮油食品类	#土畜产品类
1978	4		16	388	97	291
1980	4	193	77	585	168	417
1985	562	600	355	2060	1224	836
1990	5050	2247	6756	6759	3859	2900
1991	6996	3671	10968	11333	6411	4922
1992	11324	5457	13805	12845	8263	4582
1993	20187	7200	16364	17726	12473	5253
1994	22382	9344	21677	17397	10528	6869
1995	20563	9966	26155	15323	8948	6375
1996	24249	8555	28687	15749	9127	6622
1997	19576	14319	25780	19818	5819	13999
1998	21604	10904	26153	17395	5494	11901
1999	22650	9104	27886	20362	6597	13765
2000	26934	9052	35558	21833	6696	15137
2001	24226	11209	32290	21287	9002	12285
2002	29806	13046	45104	23219	8789	14430
2003	45812	15462	58186	13920	8628	5292
2004	63283	21359	80376	19229	11919	7310
2005	88287	27412	103156	24626	15264	9362

注:本表1996年及以前系外贸部门资料,1997年以后为海关资料,两个部门资料因口径不同没有可比性。

17-2　按贸易方式分外贸进口总额

单位:万美元

贸易方式类别	2004年	2005年	2005年比2004年增长%
进口总额	**124581**	**150103**	**20.5**
1.一般贸易	102598	117782	14.8
2.国家间、国际组织无偿援助和赠送的物资	8	114	1321.3
3.华侨、港澳台同胞、外籍华人捐赠物资	9	75	718.5
4.来料加工装配贸易	711	594	-16.4
5.进料加工贸易	17372	24551	41.3
6.寄售、代售贸易			
7.来料加工装配进口的设备	55	86	55.7
8.租赁贸易			
9.外商投资企业作为投资进口的设备、物品	3150		
10.出料加工贸易		6251	
11.保税仓库进出境货物	240	240	0.3
12.出口加工区进口设备	32	68	109.6
13.其　他	406	343	-15.6

17-3　按贸易方式分外贸出口总额

单位:万美元

贸易方式类别	2004年	2005年	2005年比2004年增长%
出　口　总　额	**239658**	**307581**	**28.3**
1.一般贸易	192300	252437	31.3
2.国家间、国际组织无偿援助和赠送的物资	67	19	-72.2
3.租赁贸易	188	644	241.6
4.来料加工装配贸易	1041	52348	4926.7
5.进料加工贸易	45445		
6.边境小额贸易		2102	
7.对外承包工程出口货物	605		
8.出料加工贸易		16	
9.保税仓库进出境货物	10		
10.其　他	1	16	1850.0

17－4 按国别(地区)分外贸进出口总额

单位:万美元

国别(地区)	2004 年	2005 年	2005 年比 2004 年增长%	国别(地区)	2004 年	2005 年	2005 年比 2004 年增长%
进出口总额	**364238**	**457684**	**25.7**	罗马尼亚	1629	1307	－19.8
#美　国	52945	68274	29.0	哈萨克斯坦	468	1257	168.5
日　本	44125	52185	18.3	挪　威	1603	1158	－27.7
荷　兰	26402	46747	77.1	秘　鲁	376	1149	205.5
德意志联邦共和国	37446	41220	10.1	芬　兰	1216	1092	－10.2
韩　国	13343	22511	68.7	埃　及	918	1055	15.0
法　国	9411	20390	116.7	奥地利	3044	1046	－65.6
比利时	13568	14908	9.9	希　腊	930	1028	10.6
香　港	16717	14598	－12.7	丹　麦	1700	979	－42.4
印　度	6283	12019	91.3	阿根廷	1233	944	－23.4
意大利	8493	11463	35.0	尼日利亚	1130	852	－24.6
俄罗斯	6388	9640	50.9	沙特啊拉伯	950	845	－11.1
新加坡	6932	9373	35.2	叙利亚	913	736	－19.4
英　国	8314	8684	4.5	阿尔及利亚	1307	710	－45.7
澳大利亚	5541	7802	40.8	新西兰	684	679	－0.7
台　湾	6613	7423	12.3	智　利	1097	643	－41.3
瑞　典	4096	7107	73.5	缅　甸	503	623	24.0
瑞　士	3037	5845	92.5	摩洛哥	473	589	24.5
加拿大	5574	5582	0.2	喀麦隆	717	563	－21.4
马来西亚	6835	5539	－19.0	哥伦比亚	494	562	13.6
土耳其	2595	4658	79.5	斯里兰卡	379	558	47.2
乌克兰	2106	4566	116.8	保加利亚	213	558	161.5
爱尔兰	4810	4273	－11.2	刚　果	629	558	－11.3
泰　国	3595	4255	18.4	厄瓜多尔	727	543	－25.3
阿拉伯联合酋长国	3899	4220	8.2	蒙　古	667	537	－19.5
西班牙	3099	3586	15.7	捷　克	572	433	－24.3
巴　西	3179	3565	12.2	立陶宛	216	420	94.2
苏　丹	138	3091	2142.9	斯洛伐克	201	415	106.2
印　尼	4060	2953	－27.3	巴拿马	606	411	－32.2
南　非	4667	2513	－46.2	葡萄牙	683	382	－44.1
菲律宾	2082	2246	7.8	利比亚	210	363	73.1
越　南	1443	2002	38.8	乌兹别克斯坦	268	333	24.1
安哥拉	258	1894	634.8	拉脱维亚	332	319	－4.0
以色列	2038	1800	－11.7	委内瑞拉	360	285	－20.8
墨西哥	1822	1757	－3.5	可特迪瓦	423	273	－35.6
伊　朗	1211	1757	45.0	古　巴	197	271	37.6
巴基斯坦	1699	1454	－14.4	赞比亚	30	267	800.2
贝　宁	811	1392	71.6	吉布提	47	267	463.7
波　兰	1224	1343	9.7	加　纳	308	254	－17.4
孟加拉国	1335	1340	0.4	匈牙利	151	236	56.4

17-5 按国别(地区)分外贸进口总额

单位:万美元

国别(地区)	2004年	2005年	2005年比2004年增长%	国别(地区)	2004年	2005年	2005年比2004年增长%
进口总额	**124581**	**150103**	**20.5**	泰国	155	346	123.0
#日本	23408	24135	3.1	哈萨克斯坦	111	331	199.4
美国	17854	23529	31.8	斯洛伐克	119	330	176.1
德意志联邦共和国	22142	21429	-3.2	挪威	1023	312	-69.5
法国	4408	12018	172.7	菲律宾	149	296	98.3
比利时	11088	10946	-1.3	刚果	437	287	-34.4
瑞典	3234	5945	83.8	印尼	36	266	643.3
瑞士	2770	5689	105.3	以色列	496	254	-48.8
意大利	3250	5461	68.0	赞比亚		254	
韩国	3002	3990	32.9	可特迪瓦	331	240	-27.5
澳大利亚	2537	3832	51.1	保加利亚		225	
爱尔兰	4519	3755	-16.9	捷克	194	191	-1.6
台湾	2251	3687	63.8	贝宁	277	187	-32.6
印度	560	2907	418.8	西班牙	52	149	187.0
英国	2274	2712	19.3	津巴布韦		133	
乌克兰	1184	2366	99.9	巴拉圭	81	83	2.6
俄罗斯	470	2132	353.4	斯洛文尼亚共和国	5	66	1190.0
巴西	1083	1450	33.9	墨西哥	39	62	60.4
新加坡	1312	1381	5.3	蒙古		60	
加拿大	1216	1075	-11.6	巴基斯坦	5	37	701.5
马来西亚	1190	902	-24.2	波多黎各		36	
秘鲁	81	894	1003.3	乌兹别克斯坦	264	36	-86.4
荷兰	1273	833	-34.5	南非	285	35	-87.8
奥地利	2996	541	-81.9	新西兰	76	35	-54.9
香港	658	538	-18.2	扎伊尔		32	
丹麦	1191	504	-57.7	马耳他		31	
芬兰	749	482	-35.7	埃塞俄比亚		28	
喀麦隆	598	467	-21.9	苏丹	22	27	21.7
阿拉伯联合酋长国	92	456	398.1	塞内加尔		26	
罗马尼亚	576	438	-23.9	吉布提		16	

17－6 按国别(地区)分外贸出口总额

单位:万美元

国别(地区)	2004年	2005年	2005年比2004年增长%	国别(地区)	2004年	2005年	2005年比2004年增长%
出口总额	**239658**	**307581**	**28.3**	沙特啊拉伯	950	842	-11.4
#荷兰	25130	45914	82.7	叙利亚	913	736	-19.4
美国	35091	44745	27.5	阿尔及利亚	1307	710	-45.7
日本	20717	28050	35.4	新西兰	607	645	6.2
德意志联邦共和国	15304	19792	29.3	智利	717	638	-11.1
韩国	10341	18521	79.1	缅甸	503	623	24.0
香港	16059	14059	-12.5	芬兰	466	610	30.9
印度	5723	9112	59.2	摩洛哥	473	589	24.5
法国	5004	8372	67.3	哥伦比亚	494	562	13.6
新加坡	5620	7992	42.2	斯里兰卡	379	558	47.2
俄罗斯	5918	7509	26.9	厄瓜多尔	727	543	-25.4
意大利	5244	6003	14.5	爱尔兰	291	518	77.7
英国	6040	5972	-1.1	奥地利	48	504	958.6
土耳其	2456	4658	89.7	蒙古	667	477	-28.5
马来西亚	5646	4637	-17.9	丹麦	508	475	-6.6
加拿大	4358	4507	3.4	立陶宛	209	420	100.7
澳大利亚	3005	3970	32.1	巴拿马	606	411	-32.2
比利时	2479	3962	59.8	葡萄牙	582	370	-36.4
泰国	3440	3909	13.6	利比亚	210	363	73.1
阿拉伯联合酋长国	3808	3764	-1.1	保加利亚	213	333	56.1
台湾	4362	3735	-14.4	拉脱维亚	332	319	-4.0
西班牙	3047	3437	12.8	乌兹别克斯坦	4	297	7197.3
苏丹	116	3064	2553.5	委内瑞拉	360	285	-20.8
印尼	4025	2686	-33.3	刚果	191	271	41.6
南非	4382	2478	-43.5	古巴	126	271	115.6
乌克兰	922	2199	138.6	秘鲁	295	256	-13.4
巴西	2096	2115	0.9	吉布提	47	251	429.7
越南	1443	2001	38.7	捷克	378	242	-36.0
菲律宾	1933	1950	0.9	加纳	287	241	-15.9
安哥拉	258	1894	634.8	突尼斯	277	235	-15.3
伊朗	1211	1757	45.0	匈牙利	146	230	57.5
墨西哥	1783	1695	-4.9	约旦	401	207	-48.3
以色列	1542	1545	0.2	坦桑尼亚	391	205	-47.6
巴基斯坦	1694	1417	-16.4	克罗地亚共和国	102	199	95.3
波兰	1222	1342	9.8	特立尼达和多巴哥	44	184	316.3
孟加拉国	1335	1340	0.4	塞内加尔	137	177	28.8
贝宁	534	1205	125.6	黎巴嫩	165	175	6.0
瑞典	862	1161	34.7	南斯拉夫联盟共和国	159	171	7.3
埃及	918	1055	15.0	危地马拉	245	166	-32.1
希腊	929	1026	10.4	瑞士	266	156	-41.3
阿根廷	652	944	44.7	斯洛文尼亚共和国	76	141	86.2
哈萨克斯坦	358	926	158.9	多哥	169	141	-16.7
罗马尼亚	1053	869	-17.5	埃塞俄比亚	130	137	6.0
尼日利亚	1103	851	-22.8	巴拉圭	177	128	-27.9
挪威	580	846	46.0	白俄罗斯	286	121	-57.8

17-7　出口商品分类金额

单位:千美元

商品分类	2005年	2004年	2005年比2004年增长%
出口总额	**3075805**	**2396571**	**28.3**
第一类　活动物;动物产品			
01章　活动物	2294	3384	-32.2
02章　肉及食用杂碎	181	67	169.2
03章　鱼及其他水生无脊椎动物	15	66	-77.6
04章　乳;蛋;蜂蜜;其他食用动物产品	3865	2737	41.2
05章　其他动物产品	841	373	125.5
第二类　植物产品			
06章　活植物;茎、根;插花、簇叶	463	317	45.9
07章　食用蔬菜、根及块茎	22251	23680	-6.0
08章　食用水果及坚果;甜瓜等水果的果皮	12075	12029	0.4
09章　咖啡、茶、马黛茶及调味香料	2872	1888	52.1
10章　谷　物	1189	1401	-15.1
11章　制粉工业产品;麦芽;淀粉;面筋	379	360	5.1
12章　油籽;子仁;工业用或药用植物;饲料	8550	5466	56.4
13章　虫胶;树胶、树脂及其他植物液、汁	5786	3010	92.2
14章　编结用植物材料;其他植物产品	54	21	159.0
第三类　动、植物油、脂、蜡;精制的食用油脂			
15章　动、植物油、脂、蜡;精制的食用油脂	281	310	-9.5
第四类　食品;饮料、酒及醋;烟草及其制品			
16章　肉、鱼及其他水生无脊椎动物制品	746	147	409.2
17章　糖及糖食	5303	3772	40.6
19章　谷物粉、淀粉或乳的制品;糕饼	19	58	-66.4
20章　蔬菜、水果、坚果或植物其他部分的制品	191509	122401	56.5
21章　杂项食品	467	470	-0.6
22章　饮料、酒及醋	3	7	-56.6
23章　食品工业的残渣及废料;配制的饲料	146	246	-40.8
24章　烟草、烟草及烟草代用品的制品	6171	9990	-38.2
第五类　矿产品			
25章　盐;硫磺;泥土及石料;石灰及水泥等	8281	11237	-26.3
26章　矿砂、矿渣及矿灰	632471	305906	106.8
27章　矿物燃料、矿物油及其产品;沥青等	7389	28221	-73.8
第六类　化学工业及其相关工业的产品			
28章　无机化学品;贵金属等的化合物	117586	67562	74.0
29章　有机化学品	110809	71536	54.9
30章　药　品	6765	5896	14.7
31章　肥　料	1031	428	140.9
32章　鞣料;着色料;染料、油灰;墨水、油墨等	7209	5667	27.2
33章　精油及香膏;芳香料制品及化妆盥洗品	1439	1726	-16.6

17-7 续表1

单位:千美元

商品分类	2005年	2004年	2005年比2004年增长%
34章 洗涤剂、润滑剂、人造蜡、塑型膏等	1751	1632	7.3
35章 蛋白类物质;改性淀粉;胶;酶	2184	6142	-64.4
36章 炸药;烟火;引火品;易燃材料制品	1273	551	131.1
37章 照相及电影用品	722	406	77.9
38章 杂项化学产品	7716	3500	120.5
第七类 塑料及其制品;橡胶及其制品			
39章 塑料及其制品	23037	31262	-26.3
40章 橡胶及其制品	3224	4503	-28.4
第八类 革、毛皮及其制品;箱包;肠线制品			
41章 生皮(毛皮除外)及革皮	64	79	-18.1
42章 皮革制品;旅行包箱、动物线制品	14646	18753	-21.9
43章 毛皮、人造毛皮及其制品	142	93	52.3
第九类 木及制品;木炭;软木;编织品			
44章 木及木制品;木炭	10480	14014	-25.2
45章 软木及软木制品	7896	6565	20.3
46章 编结材料制品;篮筐及柳条编结	364	537	-32.2
第十类 纤维素浆;废纸、纸及制品			
47章 木浆及其他纤维;回收纸或纸版		79	
48章 纸及纸板;纸浆、纸或纸板制品	7458	6285	18.7
49章 印刷品;手稿、打字稿及设计图	1332	1396	-4.6
第十一类 纺织原料及纺织制品			
50章 蚕丝	3658	2435	50.2
51章 羊毛等动物毛;马毛纱线及其机织物	9156	16652	-45.0
52章 棉花	84113	87704	-4.1
53章 其他植物纺织纤维;纸纱线及其机织物	723	190	280.1
54章 化学纤维长丝	7616	3598	111.6
55章 化学纤维短纤	22787	28177	-19.1
56章 絮胎、毡呢及无纺织物;线绳制品等	1913	1698	12.7
57章 地毯及纺织材料的其他铺地制品	3883	12091	-67.9
58章 特种机织物;簇绒织物;刺绣品等	3915	3395	15.3
59章 浸、包或层压织物;工业用纺织制品	1240	811	52.8
60章 针织物及钩编织物	1635	1138	43.7
61章 针织或钩编的服装及衣着附件	58243	74745	-22.1
62章 非针织或非钩编的服装及衣着附件	51523	55972	-8.0
63章 其他纺织制成品;成套物品;旧纺织品	33749	29848	13.1
第十二类 鞋帽伞等;羽毛品;人造花			
64章 鞋靴、护腿和类似品及其零件	13788	26956	-48.9
65章 帽类及其零件	2594	1971	31.6
66章 伞、手杖、鞭子、马鞭及其零件	1618	1914	-15.5

17-7 续表2

单位:千美元

商 品 分 类	2005 年	2004 年	2005 年比 2004 年增长%
67 章 已加工羽毛及制品;人造花;人发制品	1151	2300	-50.0
第十三类 矿物材料制品、陶瓷品;玻璃及制品			
68 章 矿物材料的制品	4968	7146	-30.5
69 章 陶瓷产品	3627	4330	-16.2
70 章 玻璃及其制品	87501	82406	6.2
第十五类 贱金属及其制品			
71 章 天然或养殖珍珠、宝石或半宝石、贵金属、包贵金属及其制品;仿首饰;硬币	1323	1411	-6.2
72 章 钢 铁	92587	82239	12.6
73 章 钢铁制品	144003	106804	34.8
74 章 铜及其制品	35158	24857	41.4
75 章 镍及其制品	259	352	-26.4
76 章 铝及其制品	9062	6347	42.8
78 章 铅及其制品	124	430	-71.0
79 章 锌及其制品	1350	5225	-74.2
80 章 锡及其制品		89	-99.7
81 章 其他贱金属、金属陶瓷及其制品	141640	80313	76.4
82 章 贱金属器具、利口器、餐具及其零件	31248	35128	-11.1
83 章 贱金属杂项制品	13152	13994	-6.0
第十六类 机电、音像设备及其零件、附件			
84 章 锅炉、机械器具及其零件	332818	262191	26.9
85 章 电机、电气、音像设备及零件	322223	291121	10.7
第十七类 车辆、航空器、船舶及有关运输设备			
86 章 铁道车辆;轨道装置;信号设备	3711	3223	15.1
87 章 车辆及其零件,但铁道车辆除外	109973	59685	84.3
88 章 航空器、航天器及其零件	421	442	-4.8
89 章 船舶及浮动结构体	90776	89970	0.9
第十八类 光学、医疗等仪器;钟表及零件			
90 章 光学、照相、医疗等设备及零件	26443	22232	18.9
91 章 钟表及其零件	1455	1593	-8.7
92 章 乐器及其零件、附件	1412	710	98.8
93 章 武器、弹药及其零件、附件	32	37	-15.2
第二十类 杂项制品			
94 章 家具;寝具等;灯具;活动房	49034	51080	-4.0
95 章 玩具、游戏品或运动用品及其零件	7810	8669	-9.9
96 章 杂项制品	9782	11506	-15.0
第二十一类 艺术品、收藏品及古物和特殊交易品及未分类产品			
97 章 艺术品、收藏品及古物	13	173	-92.8
98 章 特殊交易品及未分类商品	9866	5097	93.6

17－8 进口商品分类金额

单位：千美元

商品分类	2005年	2004年	2005年比2004年增长%
进口总额	**1501026**	**1245802**	**20.5**
第一类 活动物；动物产品			
01章 活动物	4688	4240	10.6
02章 肉及食用杂碎			
03章 鱼及其他水生无脊椎动物	1576	71	2111.8
04章 乳；蛋；蜂蜜；其他食用动物产品	3	22	-86.0
05章 其他动物产品			
第二类 植物产品			
06章 活植物；茎、根；插花、簇叶	145	138	4.7
07章 食用蔬菜、根及块茎	266	33	717.5
08章 食用水果及坚果；甜瓜等水果的果皮	690	534	29.1
09章 咖啡、茶、马黛茶及调味香料	23		5526.1
10章 谷物			
11章 制粉工业产品；麦芽；淀粉；面筋	12		
12章 油籽；子仁；工业用或药用植物；饲料	1020	833	22.5
13章 虫胶；树胶、树脂及其他植物液、汁	131	1553	-91.5
14章 编结用植物材料；其他植物产品		131	
第三类 动、植物油、脂、蜡；精制的食用油脂			
15章 动、植物油、脂、蜡；精制的食用油脂	5268	13810	-61.9
第四类 食品；饮料、酒及醋；烟草及其制品			
16章 肉、鱼及其他水生无脊椎动物制品			
17章 糖及糖食	1	103	-98.9
18章 可可及可可制品	68	1	6258.1
19章 谷物粉、淀粉或乳的制品；糕饼	130	25	431.8
20章 蔬菜、水果或植物其他部分的制品	10	51	-80.9
21章 杂项食品	6		
22章 饮料、酒及醋	1824	810	125.2
23章 食品工业的残渣及废料；配制的饲料			
24章 烟草及烟草代用品的制品	245	1326	-81.6
第五类 矿产品			
25章 盐；硫磺；泥土及石料；石灰及水泥等	74695	29725	151.3
26章 矿砂、矿渣及矿灰	9824	4881	101.2
27章 矿物燃料、矿物油及其产品；沥青等	16007	2564	524.4
第六类 化学工业及其相关工业的产品			
28章 无机化学品；贵金属等的化合物	154342	149174	3.5
29章 有机化学品	34443	27718	24.3
30章 药品			
31章 肥料	3870	4183	-7.5
32章 鞣料；着色料；染料、油灰；墨水等	815	249	228.0

17-8续表1 单位:千美元

商品分类	2005年	2004年	2005年比2004年增长%
33章 精油及香膏;芳香料制品及化妆盥洗品	1980	1897	4.4
34章 洗涤剂、润滑剂、人造蜡、塑型膏等	1763	1739	1.4
35章 蛋白类物质;改性淀粉;胶;酶	6		
37章 照相及电影用品	69	193	-64.4
38章 杂项化学产品	2430	2610	-6.9
第七类 塑料及其制品;橡胶及其制品			
39章 塑料及其制品	53721	30686	75.1
40章 橡胶及其制品	2620	1974	32.7
第八类 革、毛皮及其制品;箱包;肠线制品			
41章 生皮(毛皮除外)及革皮	5	286	-98.1
42章 皮革制品;旅行包箱、动物线制品	27	6	337.4
43章 毛皮、人造毛皮及其制品	5	5	15.6
第九类 木及制品;木炭;软木;编织品			
44章 木及木制品;木炭	6285	11804	-46.8
45章 软木及软木制品	90	59	53.3
46章 编结材料制品;篮筐及柳条编结			
第十类 纤维素浆;废纸、纸及制品			
47章 木浆等纤维状纤维素浆;纸及纸板	55	832	-93.4
48章 纸及纸板;纸浆、纸或纸板制品	3831	3987	-3.9
49章 印刷品;手稿、打字稿及设计图	2915	2701	7.9
第十一类 纺织原料及纺织制品			
50章 蚕丝	7	6	15.9
51章 羊毛等动物毛;马毛纱线及其机织物	23	18	24.9
52章 棉花	12764	26152	-51.2
53章 其他植物纺织纤维;纸纱线及其机织物	43	117	-63.3
54章 化学纤维长丝	1203	229	425.6
55章 化学纤维短纤	754	1496	-49.6
56章 絮胎、毡呢及无纺织物;线绳制品等	228	229	-0.1
57章 地毯及纺织材料的其他铺地制品	247	524	-52.9
58章 特种机织物;簇绒织物;刺绣品等	190	206	-7.6
59章 浸、包或层压织物;工业用纺织制品	458	419	9.4
60章 针织物及钩编织物	91	6	1399.6
61章 针织或钩编的服装及衣着附件	6	11	-46.2
62章 非针织或非钩编的服装及衣着附件	9	27	-66.7
63章 其他纺织制成品;成套物品;旧纺织品	242	324	-25.4
第十二类 鞋帽伞等;羽毛品;人造花			
64章 鞋靴、护腿和类似品及其零件		15	
65章 帽类及其零件			-87.6
66章 伞、手杖、鞭子、马鞭及其零件	1		28560.0
67章 已加工羽毛及制品;人造花;人发制品			

17－8 续表 2

单位:千美元

商　品　分　类	2005 年	2004 年	2005 年比 2004 年增长%
第十三类　矿物材料制品、陶瓷品;玻璃及制品			
68 章　石料、石膏、水泥、石棉等矿物及制品	6116	2875	112.8
69 章　陶瓷产品	2389	5217	－54.2
70 章　玻璃及其制品	8804	4124	113.5
第十五类　贱金属及其制品			
71 章　天然或养殖珍珠、宝石或半宝石、贵金属、包贵金属及其制品;仿首饰;硬币	785	751	4.5
72 章　钢铁	13985	16713	－16.3
73 章　钢铁制品	11876	13371	－11.2
74 章　铜及其制品	14360	12503	14.9
75 章　镍及其制品	12135	7304	66.2
76 章　铝及其制品	42303	17405	143.1
78 章　铅及其制品		1	
79 章　锌及其制品	2233	4	60379.3
80 章　锡及其制品	150	96	55.8
81 章　其他贱金属、金属陶瓷及其制品	44601	20961	112.8
82 章　贱金属器具、利口器、餐具及其零件	13775	14296	－3.7
83 章　贱金属杂项制品	740	682	8.6
第十六类　机电、音像设备及其零件、附件			
84 章　核反应堆、锅炉、机械器具及其零件	423070	422495	0.1
85 章　电机、电气、音像设备及零件	274556	203950	34.6
第十七类　车辆、航空器、船舶及有关运输设备			
86 章　铁道车辆;轨道装置;信号设备	4127	13724	－69.9
87 章　车辆及其零件,但铁道车辆除外	13961	32950	－57.6
88 章　航空器、航天器及其零件	88035	8192	974.6
89 章　船舶及浮动结构体	151	199	－24.4
第十八类　光学、医疗等仪器;钟表及零件			
90 章　光学、照相、医疗等设备及零件	118563	114721	3.4
91 章　钟表及其零件	165	235	－29.6
92 章　乐器及其零件、附件	5	1	335.2
第十九类　武器、弹药及其零件、附件			
93 章　武器、弹药及其零件、附件			
第二十类　杂项制品			
94 章　家具;寝具等;灯具;活动房	1628	1617	0.7
95 章　玩具、游戏品或运动用品及其零件	31	314	－90.2
96 章　杂项制品	309	345	－10.5
第二十一类　艺术品、收藏品及古物			
97 章　艺术品、收藏品及古物	3	23	－87.1
第二十二类　特殊交易品及未分类商品			
98 章　特殊交易品及未分类商品			

17－9 主要出口商品数量、金额

（2005 年）

商品名称	单 位	数 量	金 额（千美元）	商品名称	单 位	数 量	金 额（千美元）
水海产品	吨	50.96	15	纸及纸板（未切成型的）	吨	293.40	435
冻鱼、冻鱼片	吨	50.96	15	纺织纱线、织物及制品			166791
谷物及谷物粉	吨	5502.71	1253	#棉纱线	吨	420.43	894
蔬 菜	吨	3338.25	2226	含合成短纤85%及以上的纱线	吨	168.34	431
#鲜或冷冻蔬菜	吨	2638.19	1027	#人造纤维短纤纱线	吨	164.70	381
干的食用菌类	吨	13.99	80	丝织物	万米	2.47	79
干 豆	吨	38144.72	19972	坯 绸	万米	1.91	69
鲜的、干水果及坚果	吨	18328.89	11663	其他丝织物	万米	0.56	10
#橘、橙	吨	283.33	56	毛纺机织物	万米	1.76	81
鲜苹果	吨	12506.69	7710	棉机织物	万米	12315.75	83575
核桃仁	吨	62.90	233	棉坯布	万米	9828.42	63256
松子仁	吨	34.29	26	棉与化纤混纺坯布	万米	450.27	2353
食用油籽	吨	1491.97	942	其他棉机织物	万米	2037.06	17966
#大 豆	吨	604.90	250	亚麻及苎麻机织物	万米	34.57	597
花生、花生仁	吨	92.08	59	合成短纤与棉混纺机织物	万米	3100.65	17856
食用植物油（包括棕榈油）	吨	163.00	121	聚酯短纤与棉混纺坯布	万米	2186.05	10358
#豆 油	吨	13.00	13	其他合成短纤与棉混纺机	万米	914.60	7499
菜子油	吨	10.00	10	人造纤维短纤机织物	万米	21.93	85
食 糖	吨	1.00	1	地 毯	万米	37.63	3883
天然蜂蜜	吨	1527.36	1892	棉浴巾	万条	404.91	5056
辣椒干	吨	1970.63	2643	针织或钩编台布、盘垫	万件	38.28	174
猪肉罐头	吨	3.62	8	塑料编织带（周转带除外）	万条	113.11	76
蘑菇罐头	吨	720.34	707	花岗岩石材及制品	吨	4837.91	616
植物榨油后的剩余物	吨	299.98	90	平板玻璃	万平方米	115.26	1779
猪 鬃	吨	11.55	128	玻璃制品			81489
药 材	吨	1182.41	3759	家用陶瓷器皿	吨	805.01	670
烤 烟	吨	1513.20	2586	装饰用陶瓷制品	吨	352.26	359
纸 烟	五条	124190	1662	珍珠、宝石及半宝石	吨	170.00	4
锯 材	立方米	1763	954	硅 铁	吨	22962.31	15238
生 丝	吨	23.56	543	钢坯及粗锻件	吨	77272.15	26049
山羊绒	吨	96.53	8396	钢 材	吨	67322.21	62917
黏土及其他耐火矿物	吨	176.83	26	#钢铁棒材	吨	12009.30	5610
#天然石墨	吨	168.00	24	角钢及型钢	吨	209.82	131
天然硫酸钡（重晶石）	吨	11185.00	828	钢铁板材	吨	1110.42	1535
氧化铝	吨	80.00	5	钢铁线材	吨	21721.25	12283
焦炭、半焦炭	吨	39382.17	6797	钢铁管配件	吨	28602.18	39013
成品油	吨	0.18	1	未锻造的铜及铜材	吨	8008.68	34117
氧化锌及过氧化锌	吨	407.90	414	铜 材	吨	8008.58	34116
放射性元素、同位素及化合物	吨	6.00	28	未锻造的铝及铝材	吨	1133.28	3122
糠 醛	吨	2768.00	2318	铝 材	吨	1133.28	3122
合成有机染料	吨	95.15	515	未锻造的锌及锌合金	吨	824.99	1114
医药品	吨	2551.03	31202	未锻造的锰	吨	3554.40	5415
#抗菌素（制剂除外）	吨	447.40	10058	钢铁或铜制标准紧固件	吨	2228.59	3108
中式成药	吨	45.25	258	不锈钢厨具、餐具等家用器具	吨	119.59	611
医用敷料	吨	158.90	224	餐桌、厨房及其他家用搪瓷器	吨	2136.02	3028
美容化妆品及护肤品	吨	5.09	12	手用或机用工具	吨	15141.06	27308
口腔及牙齿清洁剂	吨	134.40	203	锁	吨	1242.11	2932
洗衣粉	吨	275.81	97	电 扇	台	123181	288
烟花、爆竹	吨	1086.34	1273	纺织机械及零件			3378
新的充气橡胶轮胎	万条	2.77	73	普通缝纫机	台	14995	586
家用或装饰用木制品	吨	398.02	1171				

17－9 续表 (2005 年)

商品名称	单 位	数 量	金 额（千美元）	商品名称	单 位	数 量	金 额（千美元）
工业用缝纫机	台	249909	78996	服装及衣着附件			117874
金属加工机床	台	32743	14441	#织物制服装			92107
#车 床	台	1485	8732	非针织钩编织物服装			43266
铣 床	台	21	73	针织或钩编的服装			48841
电子计算器(包括具有计算功能)	台	850847	320	皮革服装	件	16177	297
自动数据处理设备及其部件	台	245819	9445	裘皮服装	吨	0.06	9
#数字式自动数据处理设备	台	50	50	皮革手套	万双	636.63	3836
输入或输出部件	台	157043	169	织物制手套	万双	5261.17	7356
#键盘、鼠标器	台	156984	116	织物制袜子	万双	2643.14	2152
自动数据处理设备零件			71	手 帕	万双	252.83	366
轴 承	万套	5625.00	25881	帽 类	万双	665.65	2574
电动机及发电机	万台	106.57	12422	鞋 类			13788
变压器	万个	30.24	10792	鞋	万双	1362.45	12627
静止式变流气	万个	275.59	3526	#外底及鞋面均为橡胶或塑料制的	万双	900.71	7743
原电池	万个	829.58	463	皮面鞋	万双	201.88	3033
蓄电池	万个	32.39	534	橡胶或塑料底纺织材料为面的鞋	万双	178.56	1168
手电筒	万个	263.42	860	鞋靴零件;护腿及类似品	吨	947.80	1161
有线电话机(包括无绳电话机)	台	88440	67	塑料制品	吨	13040.05	17011
扬声器	万个	494.67	6262	玩 具			2701
激光唱机	台	1486	10	游戏机	万台	23.69	167
录、放像机	台	15298	420	圣诞用品	吨	177.59	466
录音机及收录(放)音组合机	台	97072	116	足球、篮球、排球	万个	37.98	247
收音机	台	436119	1359	铅 笔	吨	853.48	2062
电视机(包括成套散件)	台	3561	193	艺术品、收藏品及古董			13
彩色电视机(包括成套散件)	台	1342	85	伞	万把	137.83	1032
黑白电视机(包括成套散件)	台	2219	108	竹编结品	吨	68.08	51
录放音、像机及唱机的零附件	吨	627.55	2291	藤编结品	吨	4.35	10
电视、收音机及无线电讯设备的零附件	吨	736.51	12576	草编结品	吨	28.79	37
电容器	吨	353.52	1519	柳编结品	吨	46.50	78
印刷电路	万块	177.18	914	鬃 刷	万把	385.53	469
通断保护电路装置及零件			38623	人造花	吨	1095.27	1118
二极管及类似半导体器件	万个	6413.87	44846	热水瓶	万个	5.31	45
集成电路及微电子组件	万个	65.15	438	机电产品			1187653
电线和电缆	吨	2760.00	10233	金属制品			263240
汽车和汽车底盘	辆	866	14099	机械设备			332818
汽车零件			55106	电器及电子产品			322223
摩托车	辆	1300	472	运输工具			204881
自行车	辆	32353	302	仪器仪表			26443
摩托车及自行车的零件			2334	其 他			38047
船 舶	艘	34	90768	高新技术产品			194883
照相机	架	15490	27	生物技术			2893
复印机	台	8	13	生命科学技术			39741
医疗仪器和器械			4076	光电技术			7520
手 表	万只	97.78	445	计算机与通信技术			21539
电动手表	万只	97.78	445	电子技术			48081
日用钟	万只	46.21	391	计算机集成制造技术			5545
家具及其零件			16615	材料技术			1826
床垫、寝具及类似品			4466	航空航天技术			66588
灯具、照明装置及类似品			26383	其他技术			1150

17－10 主要进口商品数量、金额

（2005 年）

商品名称	单 位	数 量	金 额（千美元）	商品名称	单 位	数 量	金 额（千美元）
冻 鱼	吨	131.44	130	无机物涂布纸	吨	817.56	711
鲜、干水果及坚果	吨	250.02	690	毛纱线	吨	0.13	3
食用植物油	吨	9965.94	5246	棉纱线	吨	0.20	4
#棕榈油	吨	4124.28	1665	合成纤维纱线	吨	25.17	251
菜子油及芥子油	吨	5541.72	3458	#聚酰胺纤维长丝(缝纫线除外)	吨	3.09	95
饲料用鱼粉	吨	2795.50	1824	丝织物	万米	4.52	7
合成橡胶(包括胶乳)	吨	0.04	1	棉机织物	万米	338.24	743
原 木	立方米	1516	265	合成纤维长丝机织物	万米	1027.05	1064
锯 材	立方米	16359	5726	合成短纤与棉混纺机织物	万米	13.28	36
纸 浆	吨	38.98	55	涂覆浸渍塑料的织物	吨	8.67	298
棉 花	吨	9669.06	12018	针织或钩编织物	吨	38.17	91
纺织用合成纤维	吨	344.11	583	制电灯泡及类似品用玻璃外壳	吨	890.08	1290
#聚酯纤维	吨	344.11	583	玻璃纤维及其制品	吨	178.74	1429
铁矿砂及其精矿	吨	634161.55	47636	其他宝石及半宝石	吨	1.33	5
锰矿砂及其精矿	吨	57458.58	9911	钢坯及粗锻件	吨	0.82	4
铜矿砂及其精矿	吨	21174.57	13894	钢 材	吨	4782.67	16525
铬矿砂及其精矿	吨	5222.81	1172	#钢铁棒材	吨	101.31	598
氧化铝	吨	23757.70	11487	角钢及型钢	吨	8.81	120
成品油	吨	235.44	476	钢铁板材	吨	4304.64	11842
液化石油气及其他烃类气	吨	0.01	1	钢铁管材及空心异型材	吨	309.10	2800
碳酸钠(纯碱)	吨	0.83	11	钢铁制标准坚固件	吨	467.75	4276
异氰酸酯	吨	260.00	501	未锻造的铜及铜材	吨	1917.21	10412
医药品	吨	160.14	34443	未锻造的铜(包括铜合金)	吨	749.91	2538
#抗菌素制剂	吨	3.06	1783	铜 材	吨	1167.30	7873
合成有机染料	吨	89.02	365	未锻造的铝及铝材	吨	4241.00	30445
聚合物油漆及清漆	吨	276.02	1587	铝 材	吨	4241.00	30445
感光材料			63	钢铁或铝制结构体及其部件	吨	292.28	5913
初级形状的塑料	吨	19565.09	39277	钢铁或铝制绞股线及类似品	吨	11.84	198
#初级形状的聚乙烯	吨	16.00	20	蒸汽锅炉及过热水锅炉	台	2	305
初级形状的聚丙烯	吨	67.24	81	汽轮机零件	吨	3.21	579
初级形状的聚苯乙烯	吨	16.90	51	活塞式内燃机的零件	吨	2.2	156
ABS 树脂	吨	0.70	2	涡轮喷气发动机	台	2	8
其他初级形状的聚苯乙烯	吨	16.20	49	液泵及液体提升机	台	1796	5508
初级形状的聚酯	吨	143.10	303	制冷设备用压缩机	台	15	792
其他初级形状的聚酯	吨	143.10	303	空气调节器	台	9	307
非泡沫塑料的板、片、膜、箔	吨	682.33	5392	冷冻机和制冷设备			823
农 药	吨	0.32	4	非家用型水的过滤、净化机器	台	107	501
牛皮革及马皮革	吨	0.04	5	饮料及液体食品灌装设备	台	10	5299
胶合板及类似多层板	立方米	475	218	机械提升搬运装卸设备及零件			9891
#木质薄板制胶合板	立方米	392	192	#载客电梯	台	10	1219
纸及纸板(未切成型的)	吨	1864.23	3283	建筑及采矿用机械及零件			1748
#牛皮纸	吨	615.90	543	食品加工机械及零件			1827

17－10续表 (2005年)

商品名称	单 位	数 量	金 额（千美元）	商品名称	单 位	数 量	金 额（千美元）
制造纸及纸制品用机械及零件			3906	二极管及类似半导体器件	万个	15456.41	52023
印刷、装订机械及零件			8501	集成电路及微电子组件	万个	835.21	13484
纺织机械及零件			2953	电线和电缆	吨	266.15	3784
#纺织纱线生产及预处理机	台	8	612	汽车和汽车底盘	辆	59	2884
织 机	台	24	949	小轿车(包括整套散件)	辆	20	489
纱线织物等后整理机器	台	25	714	四轮驱动轻型越野车	辆	36	1259
工业用缝纫机	台	41	119	卡车(包括整套散件)	辆	1	89
金属加工机床	台	674	66718	专用汽车	辆	2	1047
金属冶炼铸造设备及零件			87	汽车零件			11070
金属轧机及零件			3679	飞 机	架	2	76926
玻璃热加工机械及零件			3708	航空器零件	吨	32.6	11095
橡胶或塑料加工机械及零件			3156	船 舶	艘	6	124
型模及金属铸造用型箱			3867	复印机	台	3098	377
阀 门	套	21743	18224	复印机零附件	吨	10.12	93
自动数据处理设备及其部件	台	75801	22462	医疗仪器及器械			16159
#数字式自动数据处理设备	台	272	6241	计量检测分析自控仪器及器具			78658
数字式中央处理部件	台	812	208	钟表机芯及钟表零件			13
输入或输出部件	台	412	678	印刷品	吨	78.81	2915
自动数据处理设备的零件	吨	1.34	488	塑料制品	吨	1108.37	6923
电动机及发电机	台	13481	5376	玩 具			1
发电机组及旋转式变流机	台	402	17926	纽扣及其零件	吨	1.20	33
旋转式电力设备的零件	吨	9.03	319	拉链及其零件	吨	138.69	48
变压、整流、电感器及零件			57817	机电产品			977236
电 池	个	608	208	金属制品			51056
焊接机器及零件			7292	机械设备			423070
有线电话或电报交换机	台	18	139	电器及电子产品			274556
有线电话电报设备的零附件	吨	1.11	3400	运输工具			106274
未录的磁带及类似品			13	仪器仪表			118563
无线电导航雷达及遥控设备	台	290	1680	其 他			3718
录、放像机机	台	1	25	高新技术产品			576381
录放音、像机及唱机的零附件	千克	2.00	12	生命科学技术			196141
电视摄像	台	36	421	光电技术			20783
录音机及收录(放)音组合机	台	3	11	计算机与通信技术			59390
电视机(包括整套散件)	台	27	198	电子技术			82008
#彩色电视机(含整套散件)	台	26	197	计算机集成制造技术			109629
电视、收音机及无线电讯设备的零附件	吨	9.05	1068	材料技术			1747
电容器	吨	39.81	2167	航空航天技术			127866
电阻器	吨	7.47	1105	其他技术			1399
印刷电路	万块	5.45	366	其他燃料油	吨	0.98	16
断路保护电路装置及零件			46230				
电视显像管	只	296	27				
彩色显像管	只	296	27				

17－11 外国和港澳台地区在陕直接投资情况

单位:万美元

指标	新签项目数(个)		客方协议投资额		客方实际投资额	
	2005 年	2004 年	2005 年	2004 年	2005 年	2004 年
总计	**256**	**271**	**158237**	**104877**	**62839**	**52664**
一、按投资方式分						
1. 外资企业	132	144	89950	62113	37576	27126
2. 中外合资经营企业	100	95	40569	19114	13750	18980
3. 中外合作经营企业	23	29	23822	22054	6381	6164
4. 其他	1	3	3896	1596	4682	394
二、按国民经济行业分						
1. 农、林、牧、渔业	5	9	3605	6430	2097	9
2. 采掘业	7	8	1903	6382	350	959
3. 制造业	132	160	64432	49133	27983	24141
4. 电力、煤气及水生产和供应业	11	7	12909	5209	425	2141
5. 建筑业	6	5	1482	757	98	220
6. 地质勘查业、水利管理业						
7. 交通运输、仓储及邮电通信业	1	2	－76	1114		383
8. 批发和零售贸易、住宿和餐饮业	14	15	8923	4296	2666	1454
9. 房地产业	20	20	47264	18287	22577	3418
10. 社会服务业	5	2	3410	192	1010	13533
11. 卫生、文化、娱乐、体育和社会福利业	4	6	990	6022	1031	396
12. 科学研究和综合技术服务业	2		301		357	577
13. 其他行业	49	37	13094	7055	4245	5433
三、按国别(地区)分						
#香港	69	91	56219	35782	22372	11016
日本	16	13	878	1524	1957	2953
澳门	3		4852	16	260	108
新加坡	8	17	4666	14750	3630	1751
韩国	4	7	219	1516	110	670
台湾	30	16	－2042	1857	621	748
毛里求斯	1	3	150	－149	117	78
英国	12	6	4724	656	670	922
德意志联邦共和国	4	6	394	221	56	298
法国	3	4	137	384	187	86
意大利	3	5	168	2746	848	475
荷兰	3		851	210	210	363
西班牙	1	2	10	71	46	12
开曼群岛	2		2073	3238	352	1528
英属维尔京群岛	15	19	20223	14610	17549	19450
加拿大	16	8	18056	－140	1702	535
美国	39	50	29416	18391	6636	2588
百慕大		1	150	360	415	100
澳大利亚	9	5	1883	243	391	203
库克群岛					164	48
新西兰		4		1351	276	9
萨摩亚	8	4	3324	2268	1748	1147

17-12 利用外资情况

单位:万美元

年 份	签订合同项目(个)	签订外商直接投资合同		实际利用外商直接投资	
		金 额	比上年增长%	金 额	比上年增长%
1983		825			
1984		181	-78.1	1807	
1985		40216	22118.8	1374	-24.0
1986		43191	7.4	3717	170.5
1987		23465	-45.7	7278	95.8
1988		2580	-89.0	11173	53.5
1989		3106	20.4	9719	-13.0
1990		1133	-63.5	4191	-56.9
1991		2068	82.5	3159	-24.6
1992		52290	2428.5	4583	45.1
1993		92204	76.3	23432	411.3
1994		41142	-55.4	23809	1.6
1995		41521	0.9	32407	36.1
1996	280	60056	44.6	33008	1.9
1997	182	65990	9.9	62816	90.3
1998	196	37582	-43.1	30010	-52.2
1999	157	42693	13.9	26528	-11.6
2000	215	49931	17.0	30042	13.2
2001	222	73009	46.2	35174	17.1
2002	203	84064	15.1	41064	16.7
2003	229	83428	-0.8	46602	13.5
2004	271	104877	25.7	52664	13.0
2005	256	158237	50.9	62839	19.3

17-13 各市对外经济情况和星级饭店数

(2005 年)

地 区	进出口总额(万美元)	#出 口	外商直接投资(万美元)	星级饭店数(个)
全 省	**457694**	**307584**	**62839**	**221**
西安市	390146	263441	57112	63
铜川市	3443	1314		11
宝鸡市	14721	6984	60	33
咸阳市	26183	18095	1954	26
渭南市	9768	6195	1725	16
延安市	1295	1236		18
汉中市	2267	1913	541	14
榆林市	1909	1907		13
安康市	119	118		12
商洛市	122	122		10
杨凌示范区	7721	6260	345	5

注:全省外商直接投资省直单位为1102万美元。

17－14　旅游事业发展情况

指　标	2000 年	2001 年	2002 年	2003 年	2004 年	2005 年
国际旅游人数(万人)	71.28	75.92	85.01	46.58	80.02	92.84
1.华　侨						
2.港澳同胞	5.80	6.29	6.78	8.17	10.36	10.57
3.台湾同胞	7.00	5.88	6.42	7.63	8.73	7.69
4.外国人	58.48	63.75	71.81	30.78	60.93	74.57
国际旅游收入(万美元)	28025	30871	35000	19843	36000	44600
1.商品性收汇	10092	10620	12040	6826	12384	15342
商品销售收入	7405	7409	8400	4762	8669	10740
饮食销售收入	2687	3211	3640	2064	3715	4603
2.劳务性收汇	17933	20251	22960	13017	23616	29258
旅行社旅游业务费收入	1462	1358	1540	873	1584	1962
宿　费	3045	3890	4410	2500	4536	5619
长途交通费	7015	8613	9765	5536	10044	12443
市内交通费	1387	957	1085	615	1116	1382
邮政电讯费	1377	988	1120	635	1152	1427
文化娱乐费	1489	1142	1295	734	1332	1650
其　它	2158	3303	3745	2124	3853	4774
国际旅游者在陕人均消费(美元)	393.2	406.6	411.8	426.0	450.0	480.4
国内旅游人数(万人)	3060	3364	3733	3300	4150	5988
国内旅游收入(亿元)	127.0	142.2	158.1	143.6	185.0	316.3
国际旅行社数(个)	31	31	31	33	33	33
涉外饭店数(个)	110	198	203	233	233	233

注:从 2000 年起,旅游部门不单独统计华侨旅游人数,下表同。

17－15　国际旅游宾客构成

单位:人

国别和地区	2000 年	2001 年	2002 年	2003 年	2004 年	2005 年
总　计	**712800**	**759197**	**850072**	**465808**	**800192**	**928351**
#港澳同胞	58014	62861	67817	81721	103602	105744
台湾同胞	69979	58780	64166	76329	87274	76920
日　本	194909	184482	190704	70231	126982	102811
韩　国	51911	72816	88300	58848	92333	93589
美　国	89064	106120	113720	37203	97277	125872
英　国	36002	42454	49641	25177	41636	50162
德　国	42599	48461	57225	18071	32649	40053
法　国	32760	36509	41171	10370	34302	51711
澳大利亚	12019	13812	16557	9367	22575	31995
加 拿 大	11736	12603	17917	7675	14535	19096
马来西亚	3423	5079	7073	4281	8299	15260
泰　国	2265	3569	8723	3861	11087	7687
意 大 利	15810	14240	14231	3730	8092	18014
新 加 坡	6800	7131	4627	3717	6723	8745
瑞　典	6211	6006	6608	3276	9526	10229
印度尼西亚	3989	5389	6575	3266	4964	4478
荷　兰	9818	9902	9400	2779	9163	
西 班 牙	10917	9713	9629	1544	8517	26990
瑞　士	3231	2890	2287	947	3063	4932
其　它					77593	134063

17－16 主要星级饭店基本情况

（2005年）

饭 店 名 称	地 址	星 级	客房总数（间）	床位总数（张）
西安房地大酒店	西安市东五路75号	三	145	290
西安人民大厦	西安市东新街319号	三	600	1200
西安市金花饭店	西安市长乐西路8号	五	450	900
西安万年饭店	西安市长乐中路副11号	三	166	340
西安市解放饭店	西安市解放路321号	三	367	734
榆兰酒店	西安市长乐西路40号	三	72	144
西安皇后大酒店	西安市兴庆路45号	三	229	458
陕西锦诚宾馆	西安市南关正街89号	三	100	200
西安陇海大酒店	西安市解放路278号	三	304	608
西安市邮政大酒店	西安市东五路61号	三	103	206
西安市长庆宾馆	西安市未央路长庆兴隆园	三	165	330
西安市大庆长缨宾馆	西安市长缨东路233号	三	156	312
西安尚德大厦	西安市尚德路155号	三	154	300
西安黄河宾馆	西安市幸福北路1号	三	96	200
西安国宾大酒店	西安市环城东路中段1号	三	83	166
陕西江河大厦	西安市西七路198号	三	103	206
西安秦大饭店	西安市东大街130号	三	85	170
陕西西安宾馆	西安市长安北路26号	四	515	1030
西安阿房宫宾馆	西安市东大街158号	五	404	808
西安钟楼饭店	西安市钟楼西南角	三	321	642
西安建国饭店	西安市金花南路8号	四	888	1776
西安城市酒店	西安市南大街5号	三	138	280
西安神洲酒店	西安市环城东路南段	四	355	710
西安体育宾馆	西安市长安路甲字11号	三	66	132
长安城堡酒店	西安市环南路西段12号	五	360	720
西安皇城花园酒店有限公司	西安市东大街334号	四	423	790
民生大酒店	西安市南大街70号	三	147	294
西安鸿业大酒店	西安市含光路137号	三	258	516
西安文商宾馆	西安市骡马市30号	三	178	356
陕西锦城宾馆	西安市南关正街89号	三	100	210
西安陕西宾馆	西安市丈八沟15号	三	300	600
喜来登大酒店	西安市西郊沣号路17号	五	450	900
西安古都大酒店	西安市莲湖路48号	四	501	1002
陕西锦苑明阳酒店	西安市莲湖路30号	三	145	290
西安市秦都酒店	西安市环城西路北段55号	三	177	354
西安市利苑酒店	西安市劳动南路8号	四	377	754
陕西警苑酒店	西安市青年路二巷三号	三	266	532
西安市榴花宾馆	西安市环城北路228号	三	140	280
好世界大酒店	西安市莲胡路48号	四	135	270
西安市钟鼓楼大酒店	西安市社会路甲29号	四	130	260
西安市西北民航大厦	西安市劳动南路296号	三	212	422
西安美伦酒店	西安市西大街86号	三	140	280
西安凯瑞大酒店	西安市友谊西路352号	三	97	162
西安市紫金山大酒店	西安市环城西路15号	四	232	398
陕西文苑大酒店	西安市西大街45号	三	162	300
西安半坡湖度假村	西安市咸宁东路铲河	三	120	240
西安金陵大酒店	西安经河工业园区	三	140	280

17-16 续表1

(2005年)

饭店名称	地址	星级	客房总数(间)	床位总数(张)
西安锦苑双龙饭店	西安市未央路95号	三	200	400
西安华浮宫酒店	西安市未央湖开发区阳光路	三	123	246
西安自强苑温泉酒店	西安市自强西路52号	三	98	200
陕西未央湖大酒店	西安市未央湖阳光大道1号	三	165	330
西安秦丰大酒店	西安市经济开发区凤城2路6号	三	116	332
西安市唐城宾馆	西安市含光路南段3号	四	383	747
西安市东方大酒店	西安市小寨西路26号	四	286	572
西安唐华宾馆	西安市大雁塔东侧雁引路4号	四	301	602
西安市止圆饭店	青年路111号	三	387	774
西安吐哈石油公寓	西安市含光路231号	三	91	180
西安新纪元宾馆	西安高新开发区新纪元广场	三	177	354
西安市延练大厦	西安市南二环东段3号	三	192	400
西安中伟外商会所	西安市雁引路8号	三	88	176
西安天域凯来大酒店	西安市雁塔北路15号	四	328	656
西安市润天大酒店	西安市航空一集团飞机设计研究院	四	126	252
西安临潼宾馆	西安市临潼区东环路23#	三	75	150
西安临潼勇卿大酒店	西安市临潼区45号	三	60	120
西安长宁宫休闲山庄	西安市长安区甲子1号	三	183	369
西安西北饭店	西安市长安县韦曲镇	三	350	700
红玫瑰大酒店	铜川市红旗街58号	三	100	182
新懋酒店	铜川市新区长虹路28号	三	45	90
耀州宾馆	铜川市耀州区耀州路	三	43	80
铜川银河大酒店	铜川市新区咸丰路中段	三	68	136
耀县花园饭店	铜川市耀州区七一路	三	115	260
宝鸡国贸大酒店有限公司	宝鸡市经二路155号	三	233	435
宝鸡西凤大酒店	宝鸡市体育路中段	三	42	88
宝鸡公爵饭店	宝鸡市宝烟路2号	三	46	88
宝鸡市颐和酒店	宝鸡市火炬路10号	四	148	296
宝鸡白云宾馆	宝鸡市经二路12号	三	78	200
宝鸡市万全宾馆	宝鸡市经二路58号	三	170	330
宝鸡市金都宾馆	宝鸡市经二路东段	三	98	297
宝鸡市信生大酒店	宝鸡市经二路151号	三	126	237
宝鸡嘉信商务有限公司	宝鸡市广元路10号	三	90	180
宝成宾馆	宝鸡市清姜路70号	三	86	176
宝鸡市铁苑宾馆	宝鸡市大庆路中段	三	60	131
宝鸡天外天大酒店	宝鸡市陈仓区虢镇人民街	三	145	340
中国工商银行陕西省分行太白度假村	宝鸡市眉县汤峪口	三	150	200
眉县汤峪青园山庄	宝鸡市眉县汤峪镇	三	74	137
中铁集团太白山国际俱乐部	宝鸡市眉县汤峪	三	260	600
秦宝宾馆	咸阳市渭阳西路60号A	三	100	216
咸阳彩虹宾馆	咸阳市彩虹路1号	三	143	271
咸阳财苑宾馆	咸阳市西兰路中段	四	133	256
云锦园宾馆	咸阳市渭阳西路60号B	三	61	117
天一酒店	咸阳市毛条路段	三	54	120
咸阳皇都酒店有限公司	咸阳市乐育南路8号	三	118	163
咸阳东方宾馆	咸阳市渭阳西路16号	三	55	101
田园山庄	杨凌示范区部城南路1号	三	224	455

17－16 续表 2 （2005 年）

饭店名称	地址	星级	客房总数（间）	床位总数（张）
新天地酒店	杨陵示范区邰城南路中段	三	103	200
杨凌国际会展中心酒店	杨凌示范区新桥北路 1 号	四	145	268
燕原宾馆	咸阳市渭城区毕原东路	三	62	116
航空大酒店	咸阳机场	三	266	550
机场宾馆	咸阳机场候机楼东侧	三	130	256
陕西长安海航之星宾馆	咸阳国际机场长安航空运行基地	三	111	216
咸阳怡梦园宾馆	咸阳市人民东路 9 号	三	56	135
咸阳女皇大酒店	咸阳市渭城区文汇西路 14 号	三	60	120
昭陵饭店	礼泉县药王洞	三	120	240
茂林大酒店	咸阳市兴平市	三	65	130
渭河花园酒店	渭南市高新技术开发区	三	89	169
渭南祥龙宾馆	渭南市朝阳路中段	三	96	186
大荔黄河宾馆	大荔县西环路 32 号	三	161	322
陕西蒲城兴隆温泉大厦	蒲城县东风路中段	三	110	194
韩城银河大酒店	韩城市龙门大街南段	三	133	254
陕西省华山金融宾馆	华阴市华山玉泉路	三	104	238
华阴市华山莲花山庄有限责任公司	渭南市华阴市华山	三	318	597
延安亚圣工贸公司	延安市中心街亚圣酒店	三	190	372
延安宾馆	延安市中心街上 56 号	四	193	367
延安窑洞宾馆	延安迎宾大道中段	三	76	136
甘泉宾馆	甘泉县城中心街	三	96	198
延安壶口观瀑舫大酒店	宜川县壶口	三	87	159
宜川电力大厦	宜川县西大街 15 号	三	79	158
汉园宾馆	汉中市汉中路中段	三	194	380
汉中古月大酒店	汉中市人民路中段	三	57	109
汉中石狮大酒店	汉中市汉中路中段	三	158	340
汉中邮政大酒店	汉中市汉中路中段	三	157	320
汉中金江大酒店	汉中市汉台区人民路	三	212	398
汉中田园大酒店	汉中市劳动东路 1 号	三	165	300
汉中汉园宾馆	汉中市汉中路 20 号	三	186	372
汉中金江大酒店有限公司	汉中市人民路北段	三	214	390
略阳嘉陵宾馆	略阳县南街	三	89	182
榆林银河大酒店	榆林市长城路中段	三	147	270
榆林金龙大酒店	榆林市长乐路与青山路十字路口	三	83	158
榆林市四海大酒店有限责任公司	榆林市新建南路 24 号	三	98	196
榆林东洲世纪大酒店有限公司	榆林市榆阳区湖滨路鸳鸯湖 6 号	三	54	90
神木亚华宾馆	神木县东兴街北段	三	73	148
陕西玉林集团锦界宾馆有限公司	榆林神府经济开发区	三	84	161
靖边榆炼大酒店	靖边县榆炼大酒店	三	115	213
靖边宝龙大酒店	靖边县长庆路中段	三	78	148
定边金龙大酒店	定边县新区	三	114	225
安康宾馆	安康市育才路 100 号	三	117	221
安康市九华饭店	安康市江北大道中段	三	95	180
安康金苑大厦	安康市大桥路 2 号	三	85	200
安康巨丰民航大酒店	安康市兴安西路 94 号	三	62	119
旬阳美华酒店有限公司	旬阳县城关镇 18 号	三	100	200
商洛丹鹤大酒店	商洛市北新街 139 号	三	88	132
商洛金叶大酒店	商洛市商州区工农路南段	三	77	146
商南县秦东宾馆	商南县长新路东段	三	125	230

主要统计指标解释

进出口总额 海关进出口总额指实际进出我国国境的货物总金额。包括对外贸易实际进出口货物，来料加工装配进出口货物，国家间、联合国及国际组织无偿援助物资和赠送品，华侨、港澳台同胞和外籍华人捐赠品，租赁期满归承租人所有的租赁货物，进料加工进出口货物，边境地方贸易及边境地区小额贸易进出口货物(边民互市贸易除外)，中外合资企业、中外合作经营企业、外商独资经营企业进出口货物和公用物品，到、离岸价格在规定限额以上的进出口货样和广告品(无商业价值、无使用价值和免费提供出口的除外)，从保税仓库提取在中国境内销售的进口货物，以及其他进出口货物。进出口总额用以观察一个国家在对外贸易方面的总规模。我国规定出口货物按离岸价格统计，进口货物按到岸价格统计。

商品经营单位所在地进、出口额 指所在地海关注册登记的有进出口经营权的企业实际进、出口额。

商品目的地进口额和商品货源地出口额 目的地进口额指进口货物的消费、使用或最终抵运地的实际进口额，货源地出口额是指出口货物的产地或原始发货地的实际出口额。

利用外资 指我国各级政府、部门、企业和其他经济组织通过对外借款、吸收外商直接投资以及用其他方式筹措的境外现汇、设备、技术等。

外商直接投资 指外国企业和经济组织或个人(包括华侨、港澳台胞以及我国在境外注册的企业)按我国有关政策、法规，用现汇、实物、技术等在我国境内开办外商独资企业、与我国境内的企业或经济组织共同举办中外合资经营企业、合作经营企业或合作开发资源的投资(包括外商投资收益的再投资)，以及经政府有关部门批准的项目投资总额内企业从境外借入的资金。

旅游人数

⑴国际旅游人数：指来中国参观、访问、旅行、探亲、访友、休养、考察、参加会议和从事经济、科技、文化、教育、宗教等活动的外国人、华侨、港澳同胞和台湾同胞的人数。不包括外国在我国的常驻机构，如使领馆、通讯社、企业办事处的工作人员；来我国常住的外国专家、留学生以及在岸逗留不过夜人员。

⑵国内旅游人数：指我国大陆居民和在我国常住1年以上的外国人、华侨、港澳台同胞离开常住地在境内其他地方的旅游设施内至少停留一夜，最长不超过6个月的人数。

国际旅游(外汇)收入 指入境旅游的外国人、华侨、港澳同胞和台湾同胞在中国大陆旅游过程中发生的一切旅游支出，对于国家来说就是国际旅游(外汇)收入。

星级饭店 指已评定星级的饭店。

2006

統計年鑒

金融和保险

JINRONGHEBAOXIAN

资料整理：郭秦川

十八、金融和保险

2005 年末全省

金融机构存款额	6446.48	亿元
金融机构贷款额	3983.19	亿元
金融机构现金收入	14587.93	亿元
金融机构现金支出	14438.26	亿元
货币投放(+)或回笼(-)	-149.67	亿元
保险公司保险业务收入	97.39	亿元

城乡居民年末储蓄存款余额

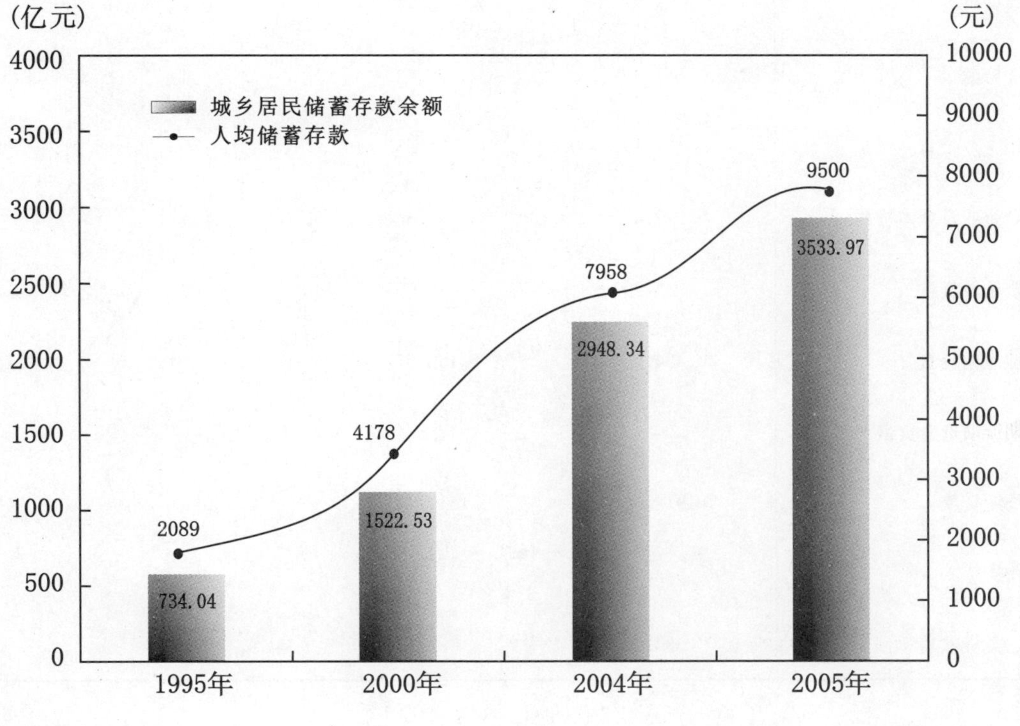

18－1 金融机构存、贷款总额

（2005 年末） 单位:亿元

项 目	合 计	#国家银行	#城市信用社	#农村信用社
各项存款合计	**6446.48**	**4268.20**	**20.54**	**726.88**
企业存款	1848.77	1073.15	15.10	27.10
财政存款	195.18	192.01		
机关团体存款	328.48	286.23		4.96
城乡储蓄存款	3533.97	2555.59	5.42	574.59
农业存款	132.64	7.29		117.65
信托类存款	17.50			
其他类存款	389.94	153.93	0.02	2.58
各项贷款合计	**3983.19**	**2416.33**	**12.37**	**537.23**
1.短期贷款	1678.44	738.23	11.79	463.78
工业贷款	397.33	246.49	0.94	
商业贷款	303.08	256.52	2.29	
建筑业贷款	38.81	15.47	0.94	
农业贷款	352.45	25.42		312.53
乡镇企业贷款	124.19	35.83		87.13
私营企业及个体贷款	22.42	4.64	1.92	8.16
三资企业贷款	5.39	2.99		
其他短期贷款	434.76	150.87	5.70	55.95
2.中期流动资金贷款				
3.中长期贷款	1914.81	1516.85	0.33	51.35
4.信托类贷款	7.50			
5.其它类贷款	382.45	889.48	0.26	22.10

18－2 金融机构现金收入和支出

单位:亿元

项　　目	1995 年	2000 年	2001 年	2002 年	2003 年	2004 年	2005 年
现金收入合计	**1756.87**	**5550.53**	**6514.66**	**8077.06**	**10005.81**	**12219.51**	**14587.93**
商品销售收入	321.90	728.94	849.67	1033.58	1225.01	1481.86	1597.97
服务事业收入	92.14	280.18	315.64	370.56	414.51	519.21	670.83
储蓄存款收入	995.27	3499.89	4144.73	5218.27	6629.75	8200.75	10114.75
信用收入	121.45	216.00	232.65	257.01	316.20	382.24	
税款收入	14.61	38.00	46.21	55.51	60.65	70.26	97.18
汇兑收入	32.44	113.89	127.99	145.77	136.05	131.87	161.00
其他收入	178.77	673.63	797.77	996.36	1223.64	1433.32	1946.20
现金支出合计	**1710.82**	**5550.16**	**6454.08**	**7984.46**	**9859.75**	**12016.01**	**14438.26**
工资和对个人支出	248.56	419.59	476.67	562.64	698.17	896.88	1086.63
行政、企事业管理费支出	123.20	380.01	435.76	518.68	562.56	652.02	751.27
农副产品采购支出	62.42	236.31	275.48	321.02	445.19	302.70	320.50
信用支出	112.53	210.14	242.35	272.91	328.32	397.33	
储蓄存款支出	935.33	3497.75	4047.91	5090.49	6397.27	7950.33	9977.34
汇兑支出	36.71	89.01	109.98	113.91	97.84	93.94	118.46
其他支出	192.07	717.35	865.93	1104.81	1330.40	1722.81	2184.06
货币投放(＋)或回笼(－)	-46.05	-0.37	-60.58	-92.60	-146.06	-203.50	-149.67

18－3　保险业务主要指标

单位:万元

项　　目	1995 年	2000 年	2001 年	2002 年	2003 年	2004 年	2005 年
一、财产保险金额	**1142.15**	**2137.18**	**2613.43**	**3003.28**	**3633.75**	**5371.58**	**6551.06**
1. 企事业财产险	720.32	1186.03	1189.36	1450.48	1728.03	2085.04	2178.14
2. 家庭财产险	36.78	69.68	171.00	116.17	138.45	157.60	110.84
3. 运输工具及责任险	177.37	329.21	423.74	702.05	954.17	1432.01	233.97
4. 货物运输险	168.99	204.52	243.48	224.75	228.10	240.64	303.08
5. 农业险	12.13	10.26	159.75	4.58	5.16	4.11	4.34
6. 其他险	26.56	337.48	426.10	505.25	579.84	1452.18	3720.69
二、保险业务收入	**13.21**	**31.17**	**43.13**	**61.77**	**74.89**	**82.61**	**97.39**
1. 财产保险业务	7.59	10.75	13.42	14.76	17.67	21.84	24.79
企事业财产险	1.32	2.02	2.37	2.32	2.42	2.79	
家庭财产险	1.11	0.18	0.24	0.26	0.61	0.12	
运输工具及责任险	4.20	7.14	8.84	9.81	11.38	16.08	
货物运输险	0.51	0.57	0.63	0.57	0.56	0.58	
农业险	0.18	0.06		0.05	0.04	0.03	
其他险	0.27	0.78	1.34	1.75	2.66	2.24	
2. 人身保险业务	4.75	17.77	29.71	47.01	57.22	60.77	72.60
3. 涉外业务	0.87	2.65					
三、保险业务支出	**6.48**	**13.20**	**13.36**	**13.44**	**14.31**	**17.67**	**19.98**
1. 财产保险业务	4.17	5.38	6.52	8.04	8.70	10.55	12.87
企事业财产险	0.54	0.89	1.00	1.37	1.19	1.26	
家庭财产险	0.69	0.03	0.07	0.06	0.05	0.03	
运输工具及责任险	2.54	4.02	4.43	5.60	6.53	8.29	
货物运输险	0.14	0.16	0.20	0.15	0.20	0.19	
农业险	0.12	0.04		0.04	0.03	0.03	
其他险	0.14	0.24	0.82	0.82	0.70	0.75	
2. 人身保险业务	2.11	7.82	6.84	5.40	5.61	7.12	7.11
3. 涉外业务	0.20						

18－4 各市保险业务情况

(2005年)

地区	保费收入(万元)		赔款和给付(万元)		赔付率(%)	
	财产保险	人身保险	财产保险	人身保险	财产保险	人身保险
全省	**2479.40**	**7259.80**	**1286.50**	**711.42**	**51.89**	**10.20**
西安市	1156.10	3338.40	613.71	336.18	53.08	9.93
铜川市	52.46	139.71	30.44	14.84	58.03	9.42
宝鸡市	163.58	930.70	89.13	85.21	54.49	10.92
咸阳市	185.22	925.58	91.41	79.36	49.35	11.66
渭南市	178.73	667.63	105.03	66.18	58.77	10.09
延安市	199.79	178.23	76.80	26.15	38.44	6.82
汉中市	121.52	475.76	60.25	41.78	49.57	11.39
榆林市	297.27	272.51	148.66	30.84	50.01	8.84
安康市	77.15	148.36	45.52	20.22	59.00	7.34
商洛市	47.60	182.97	25.60	24.83	53.79	7.37

18－5 各保险公司业务情况

(2005年)

保险公司		保费收入(万元)	各项赔款和给付(万元)	赔付率(%)
财产险公司	中国人民保险公司陕西省分公司	1320.93	719.86	54.50
	中国太平洋财产保险股份有限公司西安分公司	140.48	96.31	68.56
	中国平安财产保险股份有限公司西安分公司	218.46	111.12	50.87
	永安财产保险公司	326.73	181.85	55.66
	华泰财产保险股份有限公司西安分公司	19.90	13.76	69.16
	天安保险股份有限公司西安分公司	93.88	45.61	48.58
	中华联合财产保险公司西安分公司	241.77	97.90	40.49
寿险公司	中国人寿保险股份有限公司陕西省分公司	4673.50	475.36	10.17
	中国太平洋人寿保险股份有限公司西安分公司	811.50	37.14	4.58
	中国平安人寿保险股份有限公司西安分公司	913.78	119.64	13.09
	泰康人寿保险股份有限公司西安分公司	466.85	61.54	13.18
	新华人寿保险股份有限公司西安分公司	394.20	17.73	4.50

主要统计指标解释

信贷资金 指金融机构以信用方式积聚和分配的货币资金。金融机构信贷资金的来源有各项存款、金融债券发行、应付及暂收款、对国际金融机构负债、流通中货币、各项准备、所有者权益和其他项目等；信贷资金的运用有各项贷款、有价证券及投资、应收及预付款、委托投资、金银占款、外汇占款、库存现金、财政借款及在国际金融机构中的资产等。

存款 指企业、机关、团体或居民根据资金必须收回的原则，把货币资金存入银行或其他信用机构保管并取得一定利息的一种信用活动形式。根据存款对象的不同可划分为企业存款、财政存款、机关团体存款、基本建设存款、储蓄存款、农村存款、委托存款、其他存款等科目。它是银行信贷资金的主要来源。

贷款 指银行或其他信用机构根据资金必须归还的原则，按一定利率，为企业、个人等提供资金的一种信用活动形式。我国银行贷款分为短期贷款、中期流动资金贷款、中长期贷款、信托贷款、融资租赁、委托贷款、票据融资、各项垫款等。

保险公司 在中国境内的、经过保险监督部门批准设立，并依法登记注册的各类商业保险公司。

保险金额 指保险人承担赔偿或者给付保险金责任的最高限额。

保费 指投保人为取得保险人在约定范围内所承担赔偿责任而支付给保险人的费用。

赔款 指保险人根据保险合同的规定，向被保险人支付的赔偿保险责任损失的金额。

给付 包括死伤医疗给付和满期给付。死伤医疗给付是指保险人根据人寿保险及长期健康保险合同的规定，因被保险人在保险期内发生保险责任范围内的保险事故支付给被保险人（或受益人）的金额。满期给付是指被保险人生存期满，保险人按人寿保险合同规定支付给被保险人的满期保险金额。

2006 統計年鑒

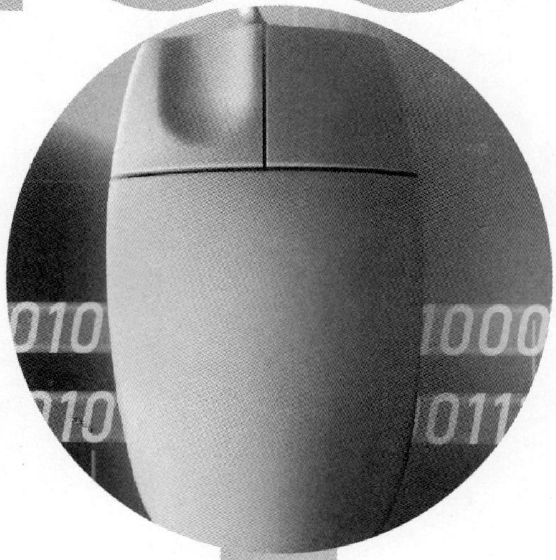

教育、科技和文化

JIAOYUKEJIHEWENHUA

资料整理：张红霞　杨小侠　杨　毅

十九、教育科技和文化

2005 年全省		
普通高等学校在校学生	66.69	万人
中等学校在校学生	353.78	万人
从事科技活动人员数	13.49	万人
#科学家和工程师	8.44	万人
图书出版量	17628	万册
杂志出版量	6450	万册
报纸出版量	68219	万份

高等学校招生数

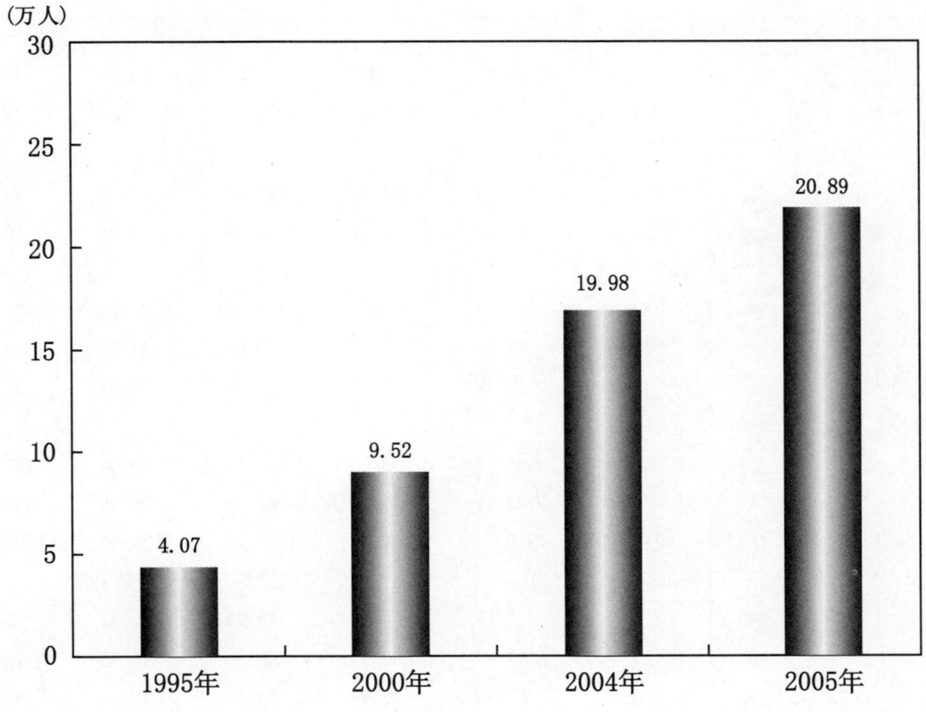

19－1 各级各类学校基本情况

（2005年）

指标	学校数（所）	招生数（万人）	在校学生数（万人）	毕业生数（万人）	教职工数（人）	#专任教师
一、普通高等学校	72	20.89	66.69	14.06	82317	42864
二、中等学校	3290	124.87	353.78	122.74	231739	187663
1.中等职业学校	424	19.21	42.80	12.71	29029	18688
普通中专	63	4.36	12.38	3.49	7769	4399
成人中专	85	0.70	18.32	0.90	4180	2380
职业中专	276	14.15	28.59	8.30	16187	11227
2.普通中学	2727	102.44	304.56	97.20	191041	159138
#高中	639	32.63	90.63	25.96		
3.技工学校	135	6.13	12.75	3.13	11546	9721
4.职业初中学	4	0.09	0.29	0.08	123	116
三、小学	20711	43.59	340.09	72.46	203262	186644
四、幼儿园、学前班	2433		49.36		26184	16302
五、特殊教育学校	29	0.10	0.66	0.10	676	519
六、工读学校	1		0.01		42	28

19－2 各级学校教师负担学生数及平均每万人口在校学生数

指标	单位	1995年	2000年	2001年	2002年	2003年	2004年	2005年
高等学校								
教师数	人	20200	20723	23613	27637	35716	37145	42864
每个教师负担学生数	人	6.35	11.66	13.44	14.89	14.00	15.72	15.56
中等学校								
教师数	人	121010	143972	151929	162952	173480	178110	187663
每个教师负担学生数	人	14.22	18.54	19.02	19.45	19.66	19.84	18.85
小学								
教师数	人	183152	182297	183464	188394	190964	188062	186644
每个教师负担学生数	人	24.66	26.38	25.16	23.00	21.02	19.73	18.22
在校学生占全省总人口	%	18.12	21.19	21.38	21.54	21.48	21.13	20.45
平均每万人口中								
大学生	人	36.52	66.33	86.75	112.04	135.44	157.60	179.27
中学生	人	489.84	732.41	789.92	862.89	924.19	953.95	951.02
小学生	人	1285.45	1319.79	1261.60	1179.25	1088.17	1001.26	914.22
占学生总数								
大学生	%	2.02	3.13	4.06	5.20	6.31	7.46	8.77
中学生	%	27.04	34.57	36.94	40.06	43.03	45.15	46.52
小学生	%	70.94	62.30	59.00	54.74	50.66	47.39	44.72

19－3　普通高等学校基本情况

年份	学校数（所）	招生数（万人）	在校学生数（万人）	毕业生数（万人）	教职工数（人）	#专任教师
1978	30	1.37	3.44	0.82	27210	10699
1980	34	1.44	5.39	0.38	31694	12066
1985	45	2.86	8.21	1.47	43210	16516
1990	47	2.62	9.54	2.81	51130	19558
1991	47	2.72	9.43	2.69	51284	19434
1992	45	3.29	10.07	2.61	50948	19384
1993	45	4.16	11.73	2.49	51084	19373
1994	47	3.87	12.69	2.82	52218	20148
1995	46	4.07	12.83	3.75	52440	20200
1996	43	4.28	13.56	3.71	50981	19730
1997	43	4.30	14.10	3.52	50400	19302
1998	42	4.53	15.09	3.44	49279	19250
1999	43	6.90	18.19	3.68	50819	19750
2000	39	9.52	24.17	3.51	52220	20723
2001	47	11.55	31.74	4.35	58846	23613
2002	52	14.70	41.16	5.16	63412	27637
2003	57	16.84	49.97	7.98	67405	35716
2004	62	19.98	58.39	11.10	74607	37145
2005	72	20.89	66.69	14.06	82317	42864

19－4　中等专业学校基本情况

年份	学校数（所）	招生数（万人）	在校学生数（万人）	毕业生数（万人）	教职工数（人）	#专任教师
1978	89	1.77	2.93	0.45	10401	3297
1980	162	2.54	6.55	0.92	15246	5699
1985	382	5.54	11.92	3.14	29279	11893
1990	499	7.48	17.99	5.89	39880	17960
1991	520	8.28	19.49	6.53	40804	18524
1992	524	9.18	21.20	6.43	40731	18500
1993	519	9.16	21.91	6.46	41620	18883
1994	521	9.22	23.08	7.11	41111	19067
1995	569	11.64	27.01	8.39	41736	20926
1996	591	13.08	29.56	8.76	43031	21689
1997	588	13.96	32.54	9.02	40318	21095
1998	652	14.23	34.70	10.24	42719	22628
1999	658	14.90	37.37	10.72	41037	21606
2000	648	13.66	36.37	11.38	40692	21693
2001	535	13.07	34.43	11.49	38050	20746
2002	533	17.26	38.54	10.80	37540	22760
2003	607	20.12	45.57	12.14	41265	25043
2004	588	22.61	50.88	13.33	41817	23868
2005	563	25.43	55.84	15.92	40698	28525

注：本表包括中等职业、技校、职业初中学。

19－5 普通中学基本情况

年　　份	学校数（所）	招 生 数（万人）	在校学生数（万人）	毕业生数（万人）	教职工数（人）	#专任教师
1978	7558	90.52	193.47	73.47	116097	91701
1980	5838	52.56	180.85	31.21	127056	97643
1985	3103	56.24	170.33	41.32	122187	93102
1990	3041	47.18	132.64	45.95	127861	98272
1991	2974	48.79	135.07	41.64	128134	98641
1992	2900	47.66	137.33	36.31	130290	99841
1993	2843	47.02	129.62	39.64	128103	98672
1994	2829	51.23	134.24	37.75	128118	99166
1995	2788	55.71	145.07	37.48	129046	100084
1996	2697	56.16	157.21	39.74	131298	102723
1997	2645	65.12	169.01	44.03	134072	105457
1998	2614	70.11	183.60	47.78	137332	109569
1999	2586	78.84	204.41	51.28	142131	115007
2000	2599	88.94	230.52	56.25	149267	122279
2001	2680	97.02	254.75	63.42	160109	131183
2002	2699	103.01	278.26	72.35	169628	140192
2003	2714	104.15	295.41	80.51	178330	148437
2004	2719	103.73	302.56	90.27	185508	154242
2005	2727	102.44	304.56	97.20	191041	159138

19－6 普通小学基本情况

年　　份	学校数（所）	招 生 数（万人）	在校学生数（万人）	毕业生数（万人）	教职工数（人）	#专任教师
1978	39747	117.01	450.51	67.91	180682	173003
1980	40800	87.10	452.14	58.76	198082	187394
1985	38815	59.93	367.87	61.41	186208	169225
1990	37155	58.42	353.75	42.74	193292	176756
1991	36963	66.03	363.99	44.84	194719	177956
1992	36693	71.85	379.08	45.04	195881	178648
1993	36578	76.15	397.78	44.82	198194	180592
1994	36456	82.89	425.00	46.64	201217	184164
1995	36471	86.30	451.58	50.12	200359	183152
1996	36201	85.97	474.27	53.79	198460	181326
1997	36025	83.05	489.93	59.33	199093	180704
1998	34634	77.31	496.58	66.00	193177	175173
1999	34336	71.57	492.18	71.73	196011	178655
2000	33336	68.22	480.93	77.00	199395	182297
2001	29359	66.87	461.57	81.32	200185	183464
2002	26989	59.51	433.22	83.04	203733	188394
2003	24922	53.01	401.48	80.62	206447	190964
2004	22988	48.16	370.97	76.57	204007	188062
2005	20711	43.59	340.09	72.46	203262	186644

19－7 普通高等学校一览表

（2005 年） 单位：人

校名	毕业生数	招生数	在校学生数	教职工数	#专任教师
总计	**140592**	**208879**	**666943**	**82317**	**42864**
一、部委院校	**29191**	**27115**	**114433**	**22386**	**9350**
西安交通大学	5675	3904	19286	5662	2104
西北工业大学	6330	3837	20203	3202	1601
西安电子科技大学	3909	5377	20884	2861	1536
长安大学	5034	5565	21283	3499	1479
西北农林科技大学	4785	4888	19260	4622	1328
陕西师范大学	3458	3544	13517	2540	1302
二、省属院校	**106141**	**160945**	**492376**	**57466**	**32013**
西北大学	4300	3857	14856	2296	1180
西安理工大学	4417	4149	17702	2350	1269
西安工业学院	4150	5040	14832	1361	915
西安建筑科技大学	4117	1795	14903	2261	1175
西安科技大学	2786	4441	15363	1674	848
西安石油大学	4026	3080	16106	1407	851
陕西科技大学	3369	4696	15667	1915	1062
西安工程科技学院	3652	4409	15418	1568	947
陕西中医学院	1183	1819	5836	739	408
延安大学	3285	3608	13383	1368	852
陕西理工学院	3809	4824	18300	1652	928
宝鸡文理学院	3104	4333	15042	1313	853
咸阳师范学院	2367	3366	12032	908	564
渭南师范学院	2815	3267	12150	1010	690
西安外国语学院	1736	3496	11768	1288	768
西北政法学院	3237	3842	13543	1254	745
西安体育学院	1380	1816	6557	750	446
西安音乐学院	895	647	3485	454	243
西安美术学院	1056	1499	5588	621	407
陕西工业职业技术学院	2466	3496	9204	962	472
杨凌职业技术学院	2885	4056	10689	785	526
西安文理学院	1865	1895	8613	784	476
榆林学院	1935	2590	8130	638	480
商洛师范专科学校	1386	1657	4851	455	317
安康师范专科学校	1522	1863	5029	581	327
西安培华学院	1424	5801	13242	1116	587
西安财经学院	5028	5026	19405	1438	928
西安邮电学院	2276	3703	13949	1120	788
西安航空技术高等专科学校	1705	3754	8774	657	356
西安电力高等专科学校	239	832	1897	402	103
陕西医学高等专科学校	1459	1700	5208	557	347
陕西能源职业技术学院	1457	2513	6220	625	324
西安欧亚学院	3095	5384	13176	1535	709
西安外事学院	4280	5356	15578	1746	1132
西安翻译学院	3041	5310	12784	1670	750
西京学院	2317	5439	10572	1109	482
陕西国防工业职业技术学院	939	2380	5573	435	270
西安航空职业技术学院	1025	2106	6432	502	359

19－7续表 (2005年) 单位:人

校　　名	毕业生数	招生数	在校学生数	教职工数	#专任教师
陕西财经职业技术学院	940	1096	3590	302	192
陕西交通职业技术学院	1737	1540	3996	402	204
陕西职业技术学院	1884	2471	5510	466	274
西安思源职业学院	828	3433	7175	1193	402
西安高新科技职业学院	980	1260	4421	1032	615
陕西国际商贸职业学院	111	1491	3257	690	403
西安三资职业学院	111	729	1135	235	73
陕西服装艺术职业学院	589	2632	4566	529	241
陕西铁路工程职业技术学院	669	1211	3951	264	180
宝鸡职业技术学院		1829	3728	797	495
陕西航空职业技术学院	455	2575	5147	465	362
西安科技商贸职业学院		830	1265	265	83
陕西电子信息职业技术学院		656	1163	213	105
陕西邮电职业技术学院		779	1440	183	100
西安海棠职业学院		1368	1538	310	178
西安汽车科技职业学院		1391	1681	288	134
西安东方亚太职业技术学院		7	12	308	35
陕西警官职业学院	559	1806	5042	613	288
陕西经济管理职业技术学院	634	1141	2508	435	178
西安铁路职业技术学院	213	1369	3844	619	269
咸阳职业技术学院	403	114	1806	507	317
西安职业技术学院		235	235	558	234
商洛职业技术学院		131	400	434	183
汉中职业技术学院		601	601	600	345
延安职业技术学院		351	351	762	349
渭南职业技术学院		125	125	893	407
安康职业技术学院		893	1454	588	335
铜川职业技术学院		36	578	209	148
三、独立学院		**9972**	**15613**	**2465**	**1501**
西安交通大学城市学院		1048	2152	187	134
西北大学现代学院		1167	2289	230	130
西安建筑科技大学华清学院		2043	2769	302	210
西安财经学院行知学院		940	1865	247	155
陕西科技大学镐京学院		928	1409	236	178
西安工业学院北方信息工程学院		784	1255	318	248
延安大学西安创新学院		1120	1611	511	229
西安电子科技大学长安学院		770	1091	190	155
西北工业大学明德学院		1172	1172	244	62
四、不计校数		**2706**	**580**	**20040**	
西藏民族学院	269	219	690		
西安师范学校大专班		361	715		
武警工程学院	12		302		
空军工程大学	809		3023		
西安政治学院			227		
中国人民解放军西安通信学院	508		3517		
第四军医大学	912		6712		
西安市第二炮兵工程学院			3342		
西安陆军学院	196		1512		
五、成人高校		**2554**	**10267**	**24481**	

19-8 研究生概况

(2005年)

单位:人

指标	学校机构数(所)	毕业生		招生数		在学研究生	
		博士	硕士	博士	硕士	博士	硕士
总计	**49**	**1214**	**10089**	**2815**	**17954**	**11640**	**46797**
国家任务		980	5782	2053	8403	7868	24104
委托培养		182	1081	540	714	2347	2545
自筹经费		52	3226	222	8837	1425	20148
一、中央部委所属	32	1063	7167	2361	11399	10080	30721
国家任务		900	4166	1863	6136	7150	17154
委托培养		131	858	335	480	1633	1754
自筹经费		32	2143	163	4783	1297	11813
1.教育部	5	777	5226	1609	8920	6968	23808
国家任务		651	3096	1397	4542	5305	12753
委托培养		96	568	182	386	1190	1479
自筹经费		30	1562	30	3992	473	9576
2.其他部委	27	286	1941	752	2479	3112	6913
国家任务		249	1070	466	1594	1845	4401
委托培养		35	290	153	94	443	275
自筹经费		2	581	133	791	824	2237
二、地方所属	17	151	2922	454	6555	1560	16076
国家任务		80	1616	190	2267	718	6950
委托培养		51	223	205	234	714	791
自筹经费		20	1083	59	4054	128	8335
1.教育部门	14	149	2616	426	5915	1454	14450
国家任务		79	1416	169	1870	644	5957
委托培养		51	194	198	199	687	678
自筹经费		19	1006	59	3846	123	7815
2.其他部门	3	2	306	28	640	106	1626
国家任务		1	200	21	397	74	993
委托培养			29	7	35	27	113
自筹经费		1	77		208	5	520

19－9 高等学校分科学生数及专任教师数

（2005 年）

单位：人

学科	毕业生数	招生数	在校学生数	专任教师	#正高级	#副高级	#中级	#初级
合计	**140592**	**208879**	**666943**	**42864**	**4709**	**11876**	**13908**	**9488**
哲学	70	147	470	1274	147	416	434	218
经济学	7532	10608	33428	2648	276	714	1021	507
法学	7121	8237	31269	1830	157	527	659	328
教育学	10866	14532	46612	4385	265	1126	1492	1143
文学	17900	29179	94058	8162	537	1866	2677	2373
历史学	497	723	2576	610	95	160	198	116
理学	7059	12999	44337	5399	697	1694	1732	945
工学	58493	81271	263749	13536	1995	3983	4039	2714
农学	2732	2306	8233	956	122	305	352	143
医学	6984	8723	31660	1888	194	453	662	500
管理学	21338	40154	110551	2176	224	632	642	501

19－10 中等专业学校分科类情况

（2005 年）

单位：人

学校类别	毕业生数	招生数	在校学生数
合计	**127128**	**192052**	**427967**
农林类	11092	8803	23137
资源与环境类	462	644	1575
能源类	1416	1282	3536
土木水利工程类	2288	4038	9957
加工制造类	20064	42429	87481
交通运输类	1239	3196	6182
信息技术类	26853	40001	89510
医药卫生类	11453	16725	44609
商贸与旅游类	8402	10334	24203
财经类	3871	4402	12511
文化艺术与体育类	9050	10266	29217
社会公共事业类	4074	4041	10198
师范类	15891	9963	37605
其他	10973	24068	48246

19－11　中等职业学校基本情况

（2005年）

指　标	学校数（所）	毕业生数（人）	招生数（人）	在校学生数（人）	教职工数（人）	#专任教师
总　计	**424**	**127128**	**192052**	**427967**	**29090**	**18688**
按学校类型分						
1.普通中专学校	63	20466	31382	82247	7769	4399
2.成人中专学校	85	7397	5901	14656	4180	2380
3.职业高中学校	276	79123	134618	270288	16187	11227
4.其他机构	62	20142	20151	60776	954	682
按主办部门分						
1.中央部门	7	2691	4268	10453	625	327
2.地方部门	337	110345	160234	359937	24278	16054
教育部门	258	83476	124802	273720	16734	11985
非教育部门	79	26869	35432	86217	7544	4069
3.民　办	80	14092	27550	57577	4187	2307

19－12　技工学校基本情况

（2005年）

指　标	学校数（所）	毕业生数（人）	招生数（人）	在校学生数（人）	教职工数（人）	#专任教师
总　计	**135**	**31281**	**61348**	**127458**	**11546**	**9721**
一、劳动部门办校	24	6862	12485	28405	2109	1628
二、国有经济单位办校	82	17509	32819	67416	6497	5516
行业办校	37	10523	17995	37835	3497	2989
企业办校	45	6986	14824	29581	3000	2527
三、国家各部委办校	8	3002	7283	16240	1468	1357
四、民　办	21	3908	8761	15397	1472	1220
五、其他部门办校						

19－13 普通中学按城乡、部门分类

（2005 年）

指　　标	学校数（所）	#高　中	毕业生数（人）	#高　中	招生数（人）	#高　中	在校学生数（人）	#高　中	#专任教师
合　　计	**2727**	**639**	**972031**	**259637**	**1024383**	**326295**	**3045582**	**906256**	**159138**
一、城　市	464	272	178179	80046	198187	98946	572947	283309	30121
教育部门和集体办	175	92	100704	47796	106684	56287	314403	163200	16332
社会力量办	124	80	23228	9884	32105	16042	87279	41596	4942
其他部门办	165	100	54247	22366	59398	26617	171265	78513	8847
二、县　镇	397	170	230417	113047	263959	143022	764082	390717	35984
教育部门和集体办	297	130	211025	105599	237193	131352	690493	362479	32394
社会力量办	77	27	13996	4972	20486	8760	56727	20840	2686
其他部门办	23	13	5396	2476	6280	2910	16862	7398	904
三、农　村	1866	197	563435	66544	562237	84327	1708553	232230	93033
教育部门和集体办	1723	151	540919	58996	537687	73946	1635652	203354	88590
社会力量办	66	16	9259	2894	13494	5403	37738	12833	1937
其他部门办	77	30	13257	4654	11056	4978	35163	16043	2506

19－14 小学按城乡、部门分类

（2005 年）

指　　标	学校数（所）	毕业生数（人）	招生数（人）	在校学生数（人）	教职工数（人）	#专任教师
合　　计	**20711**	**724600**	**435948**	**3400893**	**203262**	**186644**
一、城　市	579	82453	74975	489741	26580	22876
教育部门和集体办	377	49883	43699	292370	16363	14511
社会力量办	80	6874	6451	42303	2915	1944
其他部门办	122	25696	24825	155068	7302	6421
二、县　镇	666	77976	54713	397437	22430	20149
教育部门和集体办	596	70114	50146	359453	20087	18313
社会力量办	56	5544	2468	25007	1632	1176
其他部门办	14	2318	2099	12977	711	660
三、农　村	19466	564171	306260	2513715	154252	143619
教育部门和集体办	19267	546479	295439	2424949	148127	138841
社会力量办	158	10882	5307	50515	3581	2441
其他部门办	41	6810	5514	38251	2544	2337

19－15 幼儿园及特殊教育学校基本情况

指标	单位	1995年	2000年	2001年	2002年	2003年	2004年	2005年
幼儿园								
园数	所	1380	2803	2219	2103	2288	2346	2433
班数	个	25481	25156	24968	22512	21951	21606	22061
在园幼儿数	万人	78.91	60.36	53.28	50.20	48.29	47.74	49.36
教职工人数	人	23198	22132	16833	17369	21020	23269	26184
#保健员	人	1432	1154	1064	1020	1392	1614	1772
特殊教育学校								
学校数	所	28	35	30	28	28	29	29
招生数	人	1594	898	775	758	694	992	900
在校学生数	人	6988	6869	5456	6152	5704	7346	6627
毕业生数	人	342	666	585	579	598	985	1011
教职工数	人	553	683	605	627	662	658	676
#专任教师	人	383	485	437	447	481	489	519

注:初中升学率仅指初中毕业生升入普通高中的学生数。

19－16 小学、初中升学率及小学学龄儿童入学率

指标	单位	1995年	2000年	2001年	2002年	2003年	2004年	2005年
小学								
小学毕业生数	万人	50.12	77.00	81.32	83.04	80.62	76.58	72.46
初中招生数	万人	45.18	70.78	75.46	77.54	76.80	73.19	69.81
升学率	%	90.14	91.92	92.79	93.38	95.26	95.57	96.46
初中								
毕业生数	万人	30.62	46.44	52.32	58.44	62.68	68.27	71.24
高中招生数	万人	10.53	18.17	21.56	25.47	27.35	30.55	32.63
升学率	%	34.39	39.13	41.21	43.58	43.63	44.75	45.80
小学学龄儿童								
学龄儿童总数	万人	430.88	467.54	433.06	409.15	379.99	352.01	320.57
#农村	万人	286.78	254.37	332.59	309.23	282.27	268.12	236.14
入学儿童总数	万人	426.46	464.62	426.28	402.99	374.62	348.68	318.01
#农村	万人	283.01	252.69	327.48	305.67	278.49	265.61	234.62
入学率	%	98.97	99.38	98.43	98.49	98.59	99.05	99.20
#农村	%	98.68	99.34	98.64	98.85	98.66	99.06	99.36

注:初中升学率仅指初中毕业生升入普通高中的学生数。

19－17　各市普通中学基本情况

（2005年）

地　区	学校数（所）	#高　中	毕业生数（人）	#高　中	招生数（人）	#高　中	在　校学生数（人）	#高　中	教职工数（人）	#专任教师
全　省	**2727**	**639**	**972031**	**259637**	**1024383**	**326295**	**3045582**	**906256**	**191041**	**159138**
西安市	460	190	188175	58897	185279	66904	557368	194506	39456	31094
铜川市	81	18	22750	5956	22246	6470	68069	19469	4650	3741
宝鸡市	279	70	107158	28893	100236	33457	310075	95714	19444	17317
咸阳市	354	86	140356	40656	152699	51056	449131	141091	27447	22109
渭南市	429	82	160852	42692	158013	52043	486636	144699	30952	25542
延安市	180	39	60373	14990	75686	22475	210301	60905	13157	10709
汉中市	254	52	75716	17935	73883	23729	221276	63394	14292	12463
榆林市	273	39	93751	25410	120829	35800	339071	93832	18214	15635
安康市	222	35	60072	11723	66995	17103	197280	44531	11083	9878
商洛市	187	25	58866	11334	64818	16052	194319	44234	11425	9905
杨凌示范区	8	3	3962	1151	3699	1206	12056	3881	921	745

19－18　各市小学基本情况

（2005年）

地　区	学校数（所）	毕业生数（人）	招生数（人）	在校学生数（人）	教职工数（人）	#专任教师
全　省	**20711**	**724600**	**435948**	**3400893**	**203262**	**186644**
西安市	1980	119195	84736	604721	33907	29674
铜川市	608	15966	8503	68205	5125	4885
宝鸡市	1753	69637	41913	328405	18050	16724
咸阳市	2310	107803	59400	506957	30964	27899
渭南市	2600	105368	55796	457717	29860	27199
延安市	2400	54202	34186	235193	15959	14931
汉中市	2196	55593	43366	302704	17878	16813
榆林市	2630	86422	42999	359415	21505	20262
安康市	1724	53791	35192	278597	17097	16101
商洛市	2479	54362	28334	247983	12131	11447
杨凌示范区	31	2261	1523	10996	786	709

19－19 各级学校女学生和女教师数

单位:万人

指标	1995年	2000年	2001年	2002年	2003年	2004年
一、女学生数	295.69	362.29	365.64	369.38	368.12	362.80
高等学校	4.18	9.07	11.82	16.70	20.26	25.41
中等职业学校	4.44	8.29	7.96	7.81	20.74	21.57
普通中学	66.48	106.79	119.19	131.02	139.57	143.24
职业初中学	6.48	9.15	9.12	10.46	0.23	0.21
小　学	214.11	228.99	217.55	203.39	187.32	172.37
二、女教师数	12.44	15.26	16.55	17.94	19.21	20.68
高等学校	0.61	0.73	0.88	1.04	1.22	1.68
中等职业学校	0.25	0.32	0.23	0.30	0.85	1.29
普通中学	3.28	4.96	5.60	6.18	6.75	7.21
职业初中学	0.22	0.37	0.41	0.44	0.03	0.01
小　学	8.08	8.88	9.43	9.98	10.36	10.49

19－20 成人中高等教育基本情况

(2005年)

学校类别	学校数(所)	招生数(人)	在校学生数(人)	毕业生数(人)	教职工数(人)	#专任教师
一、成人高等学校	21	8665	26813	7434	6910	4045
职工高等学校	13	2420	7145	2965	2259	1311
管理干部学院	2	683	2150		407	293
教育学院	2	2085	6468	1286	676	379
广播电视大学	2	2817	8461	3152	3384	1961
其他机构	2	660	2589	31	184	101
二、成人中等专业学校	85	7019	18319	9182	4180	2380

19－21 成人中小学教育基本情况

(2005 年)

学校类别	学校数(所)	结业生数(人)	注册学生数(人)	教职工数(人)	#专任教师
一、成人中学	217	143866	93926	522	365
职工中学	35	65915	53015	209	155
农民中学	182	77951	40911	313	210
二、成人小学	8053	196576	200733	13549	6964
职工小学	28	2168	2535	27	19
民办小学	8025	194408	198198	13522	6945

19－22 职业技术培训机构基本情况

(2005 年)

机构类别	学校数(所)	结业生数(人)	注册学生数(人)	教职工数(人)
总计	**15777**	**2104159**	**2030449**	**30036**
一、职工技术培训学校(机构)	146	46242	48626	2438
教育部门和集体办	39	20651	26373	741
其他部门办	66	17231	11957	656
民办	41	8360	10296	1041
二、农村成人文化技术培训学校(机构)	14781	1944093	1828771	18463
教育部门和集体办	14723	1923246	1807714	18250
其他部门办	44	14296	14557	115
民办	14	6551	6500	98
三、其他培训机构(含社会培训机构)	850	113824	153052	9135
教育部门和集体办	6	1683	2705	120
其他部门办	8	2099	3996	145
民办	836	110042	146351	8870

19－23　全省科技活动情况

指　　标	单　位	1995 年	2000 年	2001 年	2002 年	2003 年	2004 年	2005 年
一、全省从事科技活动人员总计	人	164892	155051	141140	135251	135997	133103	134876
#科学家和工程师	人	88188	85843	85260	82712	86696	80524	84383
按隶属关系分								
中　央	人	120891	102993	93752	80021	78894	83030	82696
地　方	人	42451	52058	47388	55230	57103	50073	52180
二、机构数								
1. 科研院所	个	295	193	166	133	131	126	123
2. 高等院校	个	46	275	118	319	95	98	73
3. 大中型工业企业	个	473	245	236	219	212	247	293
4. 其　他	个		409	409	339	306	259	256
三、科技活动经费筹集与使用情况								
1. 当年科技活动经费筹集额	万元	422377	869024	978205	1131084	1239689	1592929	1760245
政府资金	万元	143963	417623	496334	645655	626189	736259	947634
企业资金	万元	138388	277067	315883	316016	460573	651599	616673
金融机构贷款	万元	70185	55988	59999	51723	40604	24176	33910
其他资金	万元	69841	118346	105989	117690	46860	58159	162028
2. 当年科技活动经费内部使用额	万元	398618	851823	983389	963736	1141387	1527027	1580897
人员劳务费	万元	96121	162982	185199	222657	240943	273996	275119
固定资产购建	万元	97845	178071	267665	281542	333430	527706	379052
其　他	万元	204652	510770	530525	459537	567014	725325	926726
四、科技成果与著作情况								
1. 科技论文	篇	21130	25389	27877	31155	35168	36925	40078
2. 出版科技著作	种	1625	1212	1678	1780	2099	1446	1814

19－24　全省地方省级以上重大科技成果

单位:项

指　　标	2000 年	2001 年	2002 年	2003 年	2004 年	2005 年
总　　计	**530**	**492**	**347**	**351**	**442**	**405**
农、林、牧、渔业	66	62	77	57	58	62
采掘业	17	16	13	17	12	16
制造业	101	77	50	77	65	75
电力、煤气及水的生产和供应业	29	17	32	32	33	42
建筑业	6	18	9	9	11	22
地质勘察业、水利管理业	8	7	10	12	15	15
交通运输、仓储及邮电通讯业	30	21	33	36	38	47
卫生、体育和社会福利业	41	54	74	50	61	44
教育、文化艺术及广播电影电视业	5	4	6	6	5	8
科学研究和综合技术服务业	3	6	36	37	35	39
国际领先水平	8	10	14	18	16	16
国际先进水平	103	107	94	80	81	93
国内领先水平	145	136	115	132	111	141
国内先进水平	78	72	49	49	52	58

19－25 地方国有企业单位各类专业技术人员

（2005 年）

单位:人

行业	专业技术人员	#工程技术人员	#农业技术人员	#科学研究人员	#卫生技术人员	#教学人员
总计	**112568**	**46418**	**1402**	**278**	**8443**	**9569**
农林牧渔业	4029	993	712	43	264	312
采矿业	17812	6194	172	7	2405	3433
制造业	47667	21503	104	50	2923	4701
电力、燃气及水的生产和供应业	5211	2683	1	25	59	117
建筑业	14364	8931	13		541	598
交通运输、仓储和邮政业	6570	1939	157	6	191	108
信息传输、计算机服务和软件业						
批发和零售业	9148	812	191	44	1767	31
住宿和餐饮业	889	64			28	12
金融业	306	13		2		7
房地产业	515	227	3			
租赁和商务服务业	729	40	6		127	2
科学研究、技术服务业和地质勘查业	2876	2187	4	101	36	68
水利、环境和公共设施管理业	517	314	1		6	
居民服务和其他服务业	835	211	15		28	62
教育	122				1	116
卫生、社会保障和社会福利业	58				45	
文化、体育和娱乐业	604	66	23		22	2
公共管理和社会组织	316	241				

19－26 地方国有事业单位各类专业技术人员

（2005 年）

单位:人

行业	专业技术人员	#工程技术人员	#农业技术人员	#科学研究人员	#卫生技术人员	#教学人员
总计	**585447**	**42107**	**24153**	**3244**	**87407**	**379083**
农林牧渔业	33339	8686	21150	97	274	609
采矿业	137	102			1	
制造业	34	2			30	
电力、燃气及水的生产和供应业	464	88	1			297
建筑业	1073	937	4		2	
交通运输、仓储和邮政业	6542	3335	20	3	25	34
信息传输、计算机服务和软件业	452	304	15	3	5	
批发和零售业	603	26	23	1	3	220
住宿和餐饮业	136	5			3	
金融业	223	9	2		1	9
房地产业	769	391			3	1
租赁和商务服务业	324	42	12		1	
科学研究、技术服务业和地质勘查业	10531	6630	369	629	564	524
水利、环境和公共设施管理业	15699	12149	854	39	61	66
居民服务和其他服务业	835	128	26	10	173	89
教育	389466	3492	157	1788	2294	374819
卫生、社会保障和社会福利业	89475	634	262	424	82655	748
文化、体育和娱乐业	19844	2106	149	171	159	1310
公共管理和社会组织	15501	3041	1109	79	1153	357

19－27 大中型工业企业科技活动人员

（2005 年）

单位:人

分　　组	科技活动人员合计	#参加科技项目人员	#科技管理和服务人员	#科学家和工程师	#高中级技术职称人员
总　　计	**57876**	**35215**	**19192**	**32002**	**22635**
一、按登记注册类型分					
内资企业	56565	34439	18714	31305	22227
国有企业	23799	13332	8413	13415	9886
集体企业	296	285	11	283	211
股份合作企业	8	3	5	3	1
联营企业	83	63	14	18	10
有限责任公司	29196	18213	9656	15258	10677
股份有限公司	2922	2329	568	2124	1316
私营企业	261	214	47	204	126
港、澳、台商投资企业	248	165	26	22	10
外商投资企业	1063	611	452	675	398
二、按工业行业分					
采矿业	4642	3467	717	2435	1797
煤炭开采和洗选业	1643	1269	267	420	326
石油和天然气开采业	2270	1682	269	1393	1105
有色金属矿采选业	729	516	181	622	366
制造业	48469	28066	18162	26857	18507
农副食品加工业	16	13	3	16	9
食品制造业	36	31	5	25	13
饮料制造业	239	127	92	98	45
烟草制品业	94	69	18	57	26
纺织业	534	312	222	199	123
皮革、毛皮、羽毛(绒)及其制品业	13	11	2	4	3
造纸及纸制品业	77	57	20	38	29
印刷业和记录媒介的复制	350	311	39	170	53
石油加工、炼焦及核燃料加工业	167	154	13	119	90
化学原料及化学制品制造业	1644	1118	496	683	495
医药制造业	1004	673	326	730	423
橡胶制品业	157	139	18	64	54
非金属矿物制品业	300	244	56	61	59
黑色金属冶炼及压延加工业	712	586	63	452	291
有色金属冶炼及压延加工业	1710	986	718	1146	1068
金属制品业	418	320	78	372	295
通用设备制造业	2637	1254	730	1441	1180
专用设备制造业	5073	2552	2200	2788	1982
交通运输设备制造业	21097	11968	8737	10384	7104
电气机械及器材制造业	3793	1925	1742	1902	1060
通信设备、计算机及其他电子设备制造业	6794	4158	2098	4809	3237
仪器仪表及文化、办公用机械制造业	1258	801	457	1009	666
工艺品及其他制造业	346	257	29	290	202
电力、燃气及水的生产和供应业	4765	3682	313	2710	2331
电力、热力的生产和供应业	4765	3682	313	2710	2331

19－28 大中型工业企业科技活动经费筹集情况

(2005年) 单位:万元

分组	科技活动经费筹集总额	政府资金	企业资金	金融机构贷款	其他资金
总计	**410336**	**78562**	**271861**	**5924**	**53990**
一、按登记注册类型分					
内资企业	400473	78562	261998	5924	53990
国有企业	152546	21269	125091	1624	4562
集体企业	2701	7	2694		
股份合作企业	30				
联营企业	900	100	800		
有限责任公司	209023	55593	103722	2330	47377
股份有限公司	29986	1525	27576	885	
私营企业	5288	68	2115	1055	2050
港、澳、台商投资企业	182		182		
外商投资企业	9681		9681		
二、按工业行业分					
采矿业	27719		25146		2573
煤炭开采和洗选业	4407		3087		1320
石油和天然气开采业	18828		17576		1253
有色金属矿采选业	4484		4484		
制造业	371190	78562	235288	5924	51417
农副食品加工业	71		16	55	
食品制造业	204		204		
饮料制造业	815		815		
烟草制品业	558		558		
纺织业	2944		2914	30	
皮革、毛皮、羽毛(绒)及其制品业	16		16		
造纸及纸制品业	7560		3600	1360	2600
印刷业和记录媒介的复制	4018	7	4011		
石油加工、炼焦及核燃料加工业	2060		2060		
化学原料及化学制品制造业	11017	225	9559	400	833
医药制造业	11441	310	10751	380	
橡胶制品业	1713	395	195		1123
非金属矿物制品业	1230		1201		29
黑色金属冶炼及压延加工业	4720	249	3821	150	500
有色金属冶炼及压延加工业	10783	1175	9194	414	
金属制品业	2325		2264		61
通用设备制造业	21039	2093	17552	800	594
专用设备制造业	37664	5913	29945	50	1756
交通运输设备制造业	159509	57707	56896	1624	43282
电气机械及器材制造业	38592	3801	33829	661	300
通信设备、计算机及其他电子设备制造业	43314	4710	38464		140
仪器仪表及文化、办公用机械制造业	8307	1511	6598		199
工艺品及其他制造业	1290	465	825		
电力、燃气及水的生产和供应业	11427		11427		
电力、热力的生产和供应业	11427		11427		

19－29 大中型工业企业科技活动经费支出

（2005 年）

单位:万元

分组	科技活动经费内部经费支出	经常费支出	#劳务费	科研基建支出	#固定资产购建	科技活动经费外部经费支出	#对研究院所及高等学校支出	#对其他企业支出
总计	**441533**	**371038**	**101475**	**70495**	**148037**	**37961**	**14809**	**20518**
一、按登记注册类型分								
内资企业	431028	360862	98867	70166	147123	37429	14515	20340
国有企业	152883	141590	43826	11294	40034	11701	5435	5432
集体企业	2701	2701	311		1478			
股份合作企业	29	29	12					
联营企业	539	539	80		60	110	30	80
有限责任公司	240919	186939	48854	53979	93052	19641	8055	10284
股份有限公司	31866	27699	5095	4167	11432	3038	991	2027
私营企业	2090	1365	689	726	1066	2939	4	2516
港、澳、台商投资企业	181	181	128		2			
外商投资企业	10325	9996	2480	329	912	532	294	178
二、按工业行业分								
采矿业	21992	21003	7876	989	2992	5152	3189	1383
煤炭开采和洗选业	4621	4298	1927	323	519	784	202	2
石油和天然气开采业	13145	12505	3308	640	1971	4041	2690	1351
黑色金属矿采选业	20			20	20			
有色金属矿采选业	4207	4201	2641	6	483	327	296	31
制造业	411912	342406	90088	69506	142012	29060	8739	18321
农副食品加工业	73	68	13	5	53	3	3	
食品制造业	216	156	38	60	122			
饮料制造业	1132	779	228	353	534	7	6	1
烟草制品业	569	555	335	14	29	3		3
纺织业	2626	2620	589	6	322	33		33
皮革、毛皮、羽毛(绒)及其制品业	32	27	14	5	11	1	1	
造纸及纸制品业	6631	4865	241	1766	4461	2980	42	2519
印刷业和记录媒介的复制	3598	3598	580		2365	413	48	365
石油加工、炼焦及核燃料加工业	161	161	25		136	1899	87	1812
化学原料及化学制品制造业	12725	11316	2217	1409	2867	136	110	1
医药制造业	10091	9710	2514	381	1751	1586	1221	305
橡胶制品业	1263	1187	157	76	934	47	3	2
非金属矿物制品业	1882	1165	204	717	1144	50	20	26
黑色金属冶炼及压延加工业	4068	3397	906	671	1522	219	126	70
有色金属冶炼及压延加工业	8070	7075	2438	995	2587	2864	131	2713
金属制品业	2294	2291	579	3	1153	24	15	9
通用设备制造业	21172	21150	5399	23	3404	493	435	58
专用设备制造业	44504	41614	9813	2889	6479	1762	340	1392
交通运输设备制造业	169038	143927	39723	25110	58352	13355	4852	7431
电气机械及器材制造业	39944	36186	6713	3758	8905	1724	504	1019
通信设备、计算机及其他电子设备制造业	43233	41540	13519	1693	14832	799	436	260
仪器仪表及文化、办公用机械制造业	37208	7636	3300	29572	29761	372	360	12
工艺品及其他制造业	1385	1385	545		288	289		289
电力、燃气及水的生产和供应业	7629	7629	3511		3033	3749	2882	814
电力、热力的生产和供应业	7629	7629	3511		3033	3749	2882	814

19－30　大中型工业企业研究与试验发展(R&D)情况

(2005 年)

分　组	R&D 人员（人）	R&D 人员折合全时当量（人年）	#科学家和工程师	R&D 项目数（项）	R&D 经费内部支出（万元）	#试验发展
总　计	**24997**	**18936**	**14349**	**897**	**208209**	**160590**
一、按登记注册类型分						
内资企业	24523	18539	14008	818	200910	157356
国有企业	9073	6508	5530	507	76628	52384
有限责任公司	14179	11045	7630	267	116275	97577
股份有限公司	1229	975	838	41	7794	7196
私营企业	42	10	10	3	213	200
港、澳、台商投资企业	54	37	22	1	132	112
外商投资企业	420	361	320	78	7167	3123
二、按工业行业分						
采矿业	2365	1530	1329	125	12408	712
煤炭开采和洗选业	907	270	160	17	2428	126
石油和天然气开采业	1170	972	946	89	9316	420
有色金属矿采选业	288	288	223	19	664	166
制造业	21137	17040	12694	707	192526	159879
农副食品加工业	16	2	2	1	69	68
食品制造业	13	1		1	138	132
饮料制造业	66	59	52	2	171	91
烟草制品业	77	49	41	6	532	531
纺织业	183	136	93	13	872	753
造纸及纸制品业	6				172	172
印刷业和记录媒介的复制	94	55	23	8	523	
石油加工、炼焦及核燃料加工业	154	45	35	4	118	
化学原料及化学制品制造业	1200	1077	473	20	7124	5980
医药制造业	486	398	338	78	7285	3001
橡胶制品业	54	54	46	1	274	
非金属矿物制品业	81	46	20	6	297	279
黑色金属冶炼及压延加工业	255	234	234	13	1835	1835
有色金属冶炼及压延加工业	450	296	227	14	1764	1733
金属制品业	319	287	247	23	1574	1417
通用设备制造业	1747	1346	1147	96	11647	6348
专用设备制造业	2040	1933	1690	67	20019	12370
交通运输设备制造业	9574	7457	4886	105	87247	82918
电气机械及器材制造业	1101	656	537	109	12620	11935
通信设备、计算机及其他电子设备制造业	1893	1694	1412	91	26887	25982
仪器仪表及文化、办公用机械制造业	1050	1013	1009	35	10106	3103
工艺品及其他制造业	278	206	181	14	1252	1233
电力、燃气及水的生产和供应业	1495	366	326	65	3276	
电力、热力的生产和供应业	1495	366	326	65	3276	

19－31 大中型工业企业科技项目情况

（2005年）

分组	科技项目数（项）	参加项目人员（人）	#高中级技术职称人员	项目经费内部支出（万元）
总计	**1460**	**24186**	**11946**	**206653**
一、按登记注册类型分				
内资企业	1365	23662	11671	201124
国有企业	804	8523	5437	82490
集体企业	6	36	24	2651
联营企业	1	26	10	539
有限责任公司	465	13385	5353	92521
股份有限公司	82	1524	748	21685
私营企业	7	168	99	1239
港、澳、台商投资企业	2	33	9	129
外商投资企业	93	491	266	5401
二、按工业行业分				
采矿业	185	1930	1275	11629
煤炭开采和洗选业	19	388	141	1845
石油和天然气开采业	139	1268	1009	9112
有色金属矿采选业	27	274	125	672
制造业	1159	20400	9764	190396
农副食品加工业	1	8	6	55
食品制造业	2	26	13	84
饮料制造业	8	105	36	723
烟草制品业	6	59	26	511
纺织业	19	309	114	2237
造纸及纸制品业	4	55	28	4688
印刷业和记录媒介的复制	21	284	48	1167
石油加工、炼焦及核燃料加工业	4	154	90	118
化学原料及化学制品制造业	37	823	241	8985
医药制造业	88	419	261	5908
橡胶制品业	5	50	22	834
非金属矿物制品业	6	81	26	246
黑色金属冶炼及压延加工业	26	412	195	2938
有色金属冶炼及压延加工业	37	916	624	6816
金属制品业	26	245	170	1521
通用设备制造业	117	878	672	13178
专用设备制造业	129	1657	992	26349
交通运输设备制造业	240	9559	3822	62043
电气机械及器材制造业	194	1478	851	18125
通信设备、计算机及其他电子设备制造业	123	2069	1005	26988
仪器仪表及文化、办公用机械制造业	51	642	393	5759
工艺品及其他制造业	15	171	129	1121
电力、燃气及水的生产和供应业	116	1856	907	4629
电力、热力的生产和供应业	116	1856	907	4629

19－32 大中型工业企业办科技机构情况

（2005 年）

分　　组	企业办科技机构数（个）	机构科技活动人员（人）	#博士毕业	#硕士毕业	机构科技经费内部支出（万元）	仪器设备（万元）
总　　计	**256**	**16861**	**57**	**696**	**121065**	**265989**
一、按登记注册类型分						
内资企业	249	16292	55	669	118896	243327
国有企业	106	6860	27	401	41751	58695
集体企业	3	264			2207	2002
有限责任公司	98	7820	3	228	66412	142058
股份有限公司	37	1248	25	38	7930	40297
私营企业	5	100		2	597	274
港、澳、台商投资企业	2	43			132	
外商投资企业	5	526	2	27	2037	22662
二、按工业行业						
采矿业	32	2116	15	244	12571	4893
煤炭开采和洗选业	16	349		8	246	271
石油和天然气开采业	12	1688	13	219	11789	4443
有色金属矿采选业	4	79	2	17	535	179
制造业	221	14269	39	407	107963	260942
农副食品加工业	1	8			55	
食品制造业	1	16	16			4
饮料制造业	5	192	2		609	57
烟草制品业	1	50			100	275
纺织业	2	7			135	
皮革、毛皮、羽毛（绒）及其制品业	1	13			27	82
造纸及纸制品业	3	14			156	14
石油加工、炼焦及核燃料加工业	1	154			25	
化学原料及化学制品制造业	13	1319		15	5751	29836
医药制造业	10	417	3	22	1625	23628
橡胶制品业	3	66		2	1020	742
非金属矿物制品业	2	50			82	200
黑色金属冶炼及压延加工业	5	281		5	1572	16393
有色金属冶炼及压延加工业	6	305		4	3769	130
金属制品业	4	93		4	213	363
通用设备制造业	21	1293	2	37	6510	12299
专用设备制造业	34	1762	4	37	17120	8964
交通运输设备制造业	40	4067	2	145	37944	76455
电气机械及器材制造业	14	608	4	37	8294	48726
通信设备、计算机及其他电子设备制造业	44	3128	6	71	19755	40958
仪器仪表及文化、办公用机械制造业	9	377		23	2999	1066
工艺品及其他制造业	1	49		3	206	751
电力、燃气及水的生产和供应业	3	476	3	45	531	154
电力、热力的生产和供应业	3	476	3	45	531	154

19－33 大中型工业企业新产品开发、生产和专利情况

（2005 年）

分组	新产品开发项目数（项）	新产品开发经费支出（万元）	新产品产值（万元）	新产品销售收入（万元）	#出口	专利申请数（项）	#发明专利	拥有发明专利数（项）
总计	**1022**	**224911**	**2914765**	**2721400**	**181166**	**717**	**252**	**468**
一、按登记注册类型分								
内资企业	937	219515	2864833	2668027	181150	665	208	445
国有企业	472	71981	1163245	1125221	78909	276	93	292
集体企业	4	2205	35926	28740				
有限责任公司	392	126193	1433651	1329350	88250	214	68	100
股份有限公司	64	18328	193571	162830	13492	136	38	48
私营企业	5	809	38441	21887	500	39	9	5
外商投资企业	86	5413	49932	53373	16	52	44	23
二、按工业行业分								
采矿业	23	3256	244560	242522		54	26	216
煤炭开采和洗选业	4	1443	4302	4174		18	16	16
石油和天然气开采业	7	1488	240258	238348		35	9	200
有色金属矿采选业	12	325				1	1	
制造业	977	220170	2670206	2478877	181166	643	222	236
农副食品加工业	1	68	34893	19022		1	1	1
食品制造业	1	60	28158	24065				
饮料制造业	8	723	14035	13832				
烟草制品业	5	450	113721	117405				
纺织业	14	965	28577	26730	11240			
印刷业和记录媒介的复制	10	501	32957	34442		4	3	
化学原料及化学制品制造业	36	9000	24818	24818		38	15	20
医药制造业	82	6123	56533	55775	1949	97	50	46
橡胶制品业	5	1074	1253	1247				
非金属矿物制品业	4	132	700	560				
黑色金属冶炼及压延加工业	13	1726	90546	89173	1660	7	5	14
有色金属冶炼及压延加工业	23	5323	43277	43277	4076	2	1	8
金属制品业	19	1565	2919	3150	149	2		2
通用设备制造业	98	16863	330841	318590	23361	16	3	1
专用设备制造业	117	27217	190535	183365	11332	77	15	21
交通运输设备制造业	211	99317	1239533	1131352	55888	99	14	21
电气机械及器材制造业	176	17755	221491	204588	54756	35	17	7
通信设备、计算机及其他电子设备制造业	102	23091	175350	147941	16068	243	93	87
仪器仪表及文化、办公用机械制造业	51	7608	40068	39548	686	15		8
工艺品及其他制造业	1	331				7	5	
电力、燃气及水的生产和供应业	22	1624				20	4	16
电力、热力的生产和供应业	22	1624				20	4	16

19－34 大中型工业企业技术改造和技术获取情况

（2005 年） 单位：万元

分组	技术改造经费支出	技术引进经费支出	消化吸收经费支出	购买国内技术经费支出
总计	**459690**	**28992**	**4990**	**8357**
一、按登记注册类型分				
内资企业	451912	28959	4674	7780
国有企业	162586	5612	643	3500
集体企业	2228			
股份合作企业	150			
有限责任公司	233580	21593	3921	3720
股份有限公司	49970	1755	110	560
私营企业	3398			
港、澳、台商投资企业	372	11		577
外商投资企业	7406	21	316	
二、按工业行业分				
采矿业	39801		364	7
煤炭开采和洗选业	5259		126	7
石油和天然气开采业	19752		237	
黑色金属矿采选业	445			
有色金属矿采选业	14346			
制造业	387158	28980	4627	5813
农副食品加工业	91			
饮料制造业	524			
烟草制品业	5807			3
纺织业	2069	250		
皮革、毛皮、羽毛(绒)及其制品业				1
造纸及纸制品业	348			
印刷业和记录媒介的复制	4276		7	
石油加工、炼焦及核燃料加工业	25720			285
化学原料及化学制品制造业	7101			57
医药制造业	1343		316	189
橡胶制品业	1020			
非金属矿物制品业	758		30	
黑色金属冶炼及压延加工业	27213		46	
有色金属冶炼及压延加工业	42785	8098	750	1673
金属制品业	3518	195	7	103
通用设备制造业	34908	3636	84	
专用设备制造业	30486	2723	69	46
交通运输设备制造业	150786	12700	3195	2391
电气机械及器材制造业	15607	726	124	655
通信设备、计算机及其他电子设备制造业	27136	300		410
仪器仪表及文化、办公用机械制造业	5435	352		
工艺品及其他制造业	227			
电力、燃气及水的生产和供应业	32730	11		2537
电力、热力的生产和供应业	32730	11		2537

19－35 全省高新技术产业开发区情况

指标	单位	2005年	指标	单位	2005年
一、开发区企业数	个	8656	六、总收入	万元	13434588
#高新技术企业数	个	1234	#技术收入	万元	1463184
二、年末从业人员	人	419462	#产品销售收入	万元	9237740
#大专以上学历人数	人	161387	#高新产品	万元	2982551
#从事技术开发人数	人	104070	#商品销售收入	万元	1630134
三、技术开发经费筹集额	万元	359420	七、增加值	万元	3691936
#自　筹	万元	89836	八、利润总额	万元	494182
四、技术开发经费支出总额	万元	352463	九、上缴税费总额	万元	579809
#研究与发展支出	万元	194670	十、出口创汇总额	万美元	86375
五、工业总产值	万元	9572726			

19－36 西安市高新技术产业开发区情况

指标	单位	2005年	指标	单位	2005年
一、开发区企业数	个	7940	六、总收入	万元	10423069
#高新技术企业数	个	1029	#技术收入	万元	1424625
二、年末从业人员	人	296401	#产品销售收入	万元	6557690
#大专以上学历人数	人	125917	#高新产品	万元	1683403
#从事技术开发人数	人	91594	#商品销售收入	万元	1493214
三、技术开发经费筹集额	万元	259950	七、增加值	万元	2701113
#自　筹	万元		八、利润总额	万元	388404
四、技术开发经费支出总额	万元	254161	九、上缴税费总额	万元	356599
#研究与发展支出	万元	115026	十、出口创汇总额	万美元	52701
五、工业总产值	万元	6680989			

19－37　宝鸡市高新技术产业开发区情况

指　　标	单　位	2005年	指　　标	单　位	2005年
一、开发区企业数	个	203	六、总收入	万元	1722521
#高新技术企业数	个	99	#技术收入	万元	1847
二、年末从业人员	人	61898	#产品销售收入	万元	1636421
#大专以上学历人数	人	19383	#高新产品	万元	704259
#从事技术开发人数	人	6691	#商品销售收入	万元	38558
三、技术开发经费筹集额	万元	65465	七、增加值	万元	500192
#自　筹	万元	59660	八、利润总额	万元	95835
四、技术开发经费支出总额	万元	64050	九、上缴税费总额	万元	150314
#研究与发展支出	万元	50204	十、出口创汇总额	万美元	8036
五、工业总产值	万元	1815336			

19－38　咸阳市高新技术产业开发区情况

指　　标	单　位	2005年	指　　标	单　位	2005年
一、开发区企业数	个	320	六、总收入	万元	718042
#高新技术企业数	个	27	#技术收入	万元	6730
二、年末从业人员	人	39546	#产品销售收入	万元	632557
#大专以上学历人数	人	7844	#高新产品	万元	519740
#从事技术开发人数	人	4568	#商品销售收入	万元	
三、技术开发经费筹集额	万元	28500	七、增加值	万元	231745
#自　筹	万元	25650	八、利润总额	万元	－40207
四、技术开发经费支出总额	万元	28920	九、上缴税费总额	万元	61273
#研究与发展支出	万元	25470	十、出口创汇总额	万美元	18603
五、工业总产值	万元	645315			

19－39 渭南市高新技术产业开发区情况

指　　标	单　位	2005年	指　　标	单　位	2005年
一、开发区企业数	个	103	六、总收入	万元	250500
#高新技术企业数	个	28	#技术收入	万元	29000
二、年末从业人员	人	11683	#产品销售收入	万元	163000
#大专以上学历人数	人	3980	#高新产品	万元	6460
#从事技术开发人数	人	854	#商品销售收入	万元	27500
三、技术开发经费筹集额	万元	2635	七、增加值	万元	120400
#自　筹	万元		八、利润总额	万元	40256
四、技术开发经费支出总额	万元	2635	九、上缴税费总额	万元	3435
#研究与发展支出	万元	2492	十、出口创汇总额	万美元	339
五、工业总产值	万元	178200			

19－40 杨凌农业高新技术产业示范区情况

指　　标	单　位	2005年	指　　标	单　位	2005年
一、开发区企业数	个	90	六、总收入	万元	320456
#高新技术企业数	个	51	#技术收入	万元	982
二、年末从业人员	人	9934	#产品销售收入	万元	248072
#大专以上学历人数	人	4263	#高新产品	万元	68689
#从事技术开发人数	人	363	#商品销售收入	万元	70862
三、技术开发经费筹集额	万元	2870	七、增加值	万元	138486
#自　筹	万元	1891	八、利润总额	万元	9894
四、技术开发经费支出总额	万元	2840	九、上缴税费总额	万元	8188
#研究与发展支出	万元	3970	十、出口创汇总额	万美元	6696
五、工业总产值	万元	252886			

19－41 各类技术合同签定情况

指　　标	合同数(项)		成交金额(万元)	
	2004 年	2005 年	2004 年	2005 年
合　　计	**2467**	**3392**	**139128**	**188978**
技术开发合同	1418	2222	72197	123826
技术转让合同	111	183	8602	11738
技术咨询合同	318	275	10595	13168
技术服务合同	620	712	47734	40246

19－42 专　利　项　目

单位:件

指　　标	1995 年	2000 年	2001 年	2002 年	2003 年	2004 年	2005 年
一、申请量总计	**1721**	**2080**	**2326**	**2527**	**3421**	**3217**	**4166**
发明专利	318	435	476	681	1191	1099	1693
实用新型专利	1227	1307	1449	1470	1737	1587	1817
外观设计专利	176	338	401	376	493	531	656
二、授权量总计	**1085**	**1462**	**1354**	**1524**	**1610**	**2007**	**1894**
发明专利	52	188	132	146	180	459	445
实用新型专利	934	1022	959	1053	1093	1193	1131
外观设计专利	99	252	263	325	337	355	318

19-43 文化事业发展情况

指标	单位	1995年	2000年	2001年	2002年	2003年	2004年	2005年
艺术表演团体演出场次	万场	2.3	2.2	2.4	2.2	1.8	2.0	2.2
观众人次	万人次	2900	3046	5553	4616	2799	1880	1916
图书馆藏书数	万册	733	836	825	840	852	864	887
书刊文献外借人次	万人次	3025	475		157	270	142	136
书刊文献外借册数	万册次	238	605		294	460	256	242

19-44 文化事业机构和人员

指标	2000年		2001年		2002年		2003年		2004年		2005年	
	机构数（个）	人数（人）	机构数（个）	人数（人）	机构数（个）	人数（人）	机构数（个）	人数（人）	机构数（个）	人数（人）	机构数（个）	人数（人）
总计	**2375**	**19100**	**2362**	**17295**	**2111**	**18292**	**2126**	**17980**	**2129**	**17544**	**2325**	**20672**
一、艺术事业	230	9687	224	8982	236	9055	225	8740	239	8966	220	8402
#表演团体	118	8005	116	7510	116	7473	116	7271	115	7253	113	7056
表演场所	112	1682	108	1472	110	1496	109	1469	108	1538	107	1346
二、图书馆事业	114	1572	110	1555	111	1605	111	1604	112	1640	111	1767
三、群众文化事业	1974	5123	1977	5140	1731	5282	1744	5172	1741	5005	1611	2929
四、艺术教育事业	10	526	11	517	11	504	11	481	11	580	10	480
五、制片厂	1	1335	1	1295	1	1257	1	1179	1	791	1	791
六、其他文化产业	46	857	7	750	21	589	34	804	25	562	26	578

19-45 群众艺术馆、文化馆(站)活动情况

指标	单位	1995年	2000年	2001年	2002年	2003年	2004年	2005年
机构数	个	133	1974	1977	1731	1744	1741	1732
举办展览次数	次	634	3743	4328	3446	3459	4289	3728
组织文艺活动次数	次	1205	8468	10401	7565	25829	7076	8282
举办训练班班次	次	595	5983	6204	4078	4829	4166	5305
举办训练班结业人数	万人次	2.1	24.4	29.4	22.3	18.5	21.3	13.0
藏书	万册	14.8	138.9	160.9	136.1	140.1	122.3	126.0
总收入	万元	263.9	3769.9	4097.5	5002.9	4809.1	5402.0	5735.0
总支出	万元	1569.1	3623.9	4061.2	4810.3	4573.1	5540.1	5774.0

注:2000年及以后数据包含了乡镇文化站的活动情况。

19-46 文物事业

指标	单位	1995年	2000年	2001年	2002年	2003年	2004年	2005年
一、文物机构								
机构数	个	179	176	181	201	218	195	223
人员数	人	2513	3233	2745	2922	3229	2311	5528
藏品件数	万件	17.38	19.92	20.50	26.83	28.51	8.07	8.77
#一级品	万件	0.01	0.03	0.04	0.05	0.06	0.02	0.02
参观人次	万人次	255.5	470.0	301.1	456.9	404.9	381.0	347.9
二、博物馆								
机构数	个	59	67	75	88	81	81	82
人员数	人	2297	3159	3142	2978	2903	3226	3151
藏品件数	万件	32.81	33.40	35.24	64.33	65.26	58.19	58.50
#一级品	万件	0.19	0.34	0.40	0.41	0.38	0.35	0.35
参观人次	万人次	556.8	894.1	690.4	565.0	428.5	629.0	830.4
三、文物商店								
机构数	个	3	2	2	2	2	2	2
人员数	人	119	69	56	67	67	53	53
商品销售件数	万件	1.01	0.24	0.11	0.13	0.14	0.13	0.11
全年销售金额	万元	145.5	142.8	156.4	153.1	135.4	347.0	245.3

19－47 国家级文物古迹一览表

名　　称	时　代	地　址	说　　明
一、古建筑(30 处)			
昭仁寺大殿	唐	长武县	系唐贞观年间(627—649)玄宗李世民为纪念在高摭(今长武县)与薛仁杲作战阵亡的将士而建立的寺院。
兴教寺塔	唐	长安县杜曲	唐代寺院。内有唐代名僧玄奘及弟子窥基、园测(新罗人)的墓塔。
大雁塔	唐	西安市	在唐慈恩寺内。系唐代名僧玄奘译经处,为唐建砖塔。
小雁塔	唐	西安市	在荐福寺内,唐建砖塔,通高 43 米,型体秀丽,美观。
西安清真寺	明	西安市	又名化觉寺,是我国现存规模最大,保存最完整的清真寺。
西安城墙	明	西安市	全国现存最大型的保存最完整的明代城墙。
西岳庙	明	华阴县老城	始建于汉代,历代重修,现存建筑均为明清遗物。
西安钟楼、鼓楼	明	西安市	钟楼建于公元 1384 年,是西安古城的标志。鼓楼建于公元 1380 年,是我国现存最大的鼓楼。
水陆庵	明	蓝田县普化乡	始建于唐,其大殿内有彩雕 3700 多尊,为国内现存最完整、数量最多的彩塑泥像群。
府州城	五代至清	府谷县城	位于黄河北岸石山梁上,面积约 2.3 万平方米,城墙周长 2320 米,高 7.2 米。
仙游寺法王塔	隋	周至县马召乡黑水峪口	我国现存唯一的隋代砖塔,建于公元 601 年,为舍利塔。
韩城大禹庙	元	韩城市	全称大夏禹王庙, 建于 1301 年.
三原城隍庙	明	三原县	是陕西现存最完整的明代整体建筑群,内有岳飞手书的诸葛亮前、后《出师表》碑刻。
鸠摩罗什舍利塔	唐	户 县	为八角形亭阁式石塔,塔体通高 2.5 米,塔身用汉白玉等 8 种颜色和玉石雕刻而成,俗称八宝玉石塔。是一件极为精美的石刻建筑。
公输堂	明	户 县	原名"万佛塔",为木式建筑,雕刻极精巧,属古建中之精制。
仓颉墓与庙	明、清	白水县	为祀词建筑,始建年代已不可考。
泰　塔	北宋	旬邑县	塔共七层,八棱形仿木楼阁式结构,高层 53 米。
香积寺善导塔	唐	长安县	706 年怀恽(圆寂后谥号为隆阐大禅师)为祭祀其师善导和尚而建,塔基平面呈正方形,仿木结构、密檐式砖塔。
西安城隍庙	明、清	西安市	明洪武二十年创建,清代多次修建,现存二门、戏楼、二道牌坊、大殿和东西厢房等。
白云山庙	明、清	佳 县	依山而上,因地势高低修庙建祠,共 600 余阶台阶,是陕北最为壮丽的一组古建筑群。
八云塔	唐	户 县	为密檐式砖塔,平面呈方形,十三层,单壁中空,通高 35.74 米,因其底层四面各有两块明显的阴湿痕迹,虽大旱亦不干,行如浮云,故俗称"八云塔"
泾阳崇文塔	明	泾阳县	为八角形十三层仿木楼阁式结构,80 年在塔顶发现鎏金卧佛、弥勒佛、天王力士铜佛像三尊。
彬县开元寺塔	北宋	彬 县	位于唐开元寺遗址内,是一座平面呈八角形七层仿木结构的楼阁式砖塔。
韩城市普照寺	元	韩城市	元代建筑,现存大殿、东西厢房和大殿前两座砖作碑楼。
韩城文庙	明	韩城市	明洪武四年在元代旧址上重建 ,整个建筑群自南而北由四进院落 组成。

19－47 续表 1

名　　称	时　代	地　址	说　明
韩城城隍庙	明	韩城市	庙坐北向南,庙中所有建筑均为彻上明造。
党家村古建筑群	明、清	韩城市	明、清时期民居群,村落现存四合院137座,街巷有序、堂、碑、楼、塔,错落有致,富有地方特色,是少有的一处民居群体建筑。
耀县文庙	明	耀 县	明代建筑,现存有棂星门和大成殿。
澄城城隍庙神楼	明	澄城县	亦名乐楼,共三座,是一组保持完好的明代古建筑。
长城一镇北台	明	榆林市	明长城防御体系的一个组成部分,是陕北地区现存长城遗址中最为宏大、最有气势的建筑工程。
二、古遗址(29处)			
蓝田猿人遗址	旧石器时代	兰田县公王岭	1963年、1964年分别在陈家窝和公王岭各发现一具早期猿人化石,两地化石统一命名为蓝田中国猿人。现在公王岭建立蓝田猿人遗址保管所。
半坡遗址	新石器时代	西安市	是新石器时代母系氏族社会典型的村落遗址。
周原遗址	西周	扶风县和岐山县交界处	是一座埋藏极其丰富的地下文物宝库,出土了大量青铜窖藏。
丰镐遗址	西周	长安县斗门镇	是西周文王所建丰邑和武王所建镐京的合称,总面积逾10平方公 里。
秦雍城遗址	春秋至战国	凤翔县	先秦建都之地。经初步发掘,发现有秦宫殿遗址3处。
秦都咸阳城遗址	秦	咸阳市	秦始皇统一全国的过程中,在咸阳塬上仿建了六国宫室,扩建了皇宫,咸阳成为最繁华的城市。目前,考古发掘工作仍在继续进行。
阿房宫遗址	秦	西安市三桥镇	是秦代著名宫殿遗址。
汉长安城遗址	汉	西安市西北郊	汉长安城,是西汉国都。(包括兆伦铸钱遗址)
唐大明宫遗址	唐	西安市北郊	是唐长安城的宫城。
耀州瓷窑遗址	唐至元代	铜川市黄堡镇	古有"十里窑场"之称。有重要的历史、文化和艺术价值。
隋大兴唐长安城遗址(包括青龙寺遗址)	隋、唐时代	西安市铁炉庙村	隋代名大兴城,唐称长安城,为当时世界上特大城市之一。
华清宫遗址	唐	临潼县骊山镇	唐贞观十八年(664年)建"汤泉宫",天宝六年(747年)扩建后改名"华池宫",为研究唐代宫廷建筑和古代沐浴史等方面提供了实据。
姜寨遗址	新石器时代	临潼县骊山镇姜寨村	
隋仁寿宫唐九成宫遗址	隋唐时代	麟游县城	隋唐著名离宫,建于隋开皇十三年(593年)。
甘泉宫遗址	秦－汉	淳化县铁王乡凉武帝村	建于秦代,存有大型汉代圆雕石熊和宋代石鼓,石鼓上有北宋政和年题记。
郑国渠首遗址	战国	泾阳县王桥乡上然村北	建于公元前246年,是世界上最早的大坝之一,被誉为中国水利史的"天然博物馆"。
统万城遗址	十六国	靖边县红土冬界乡	大夏凤翔元年(413年)始筑,为十六国夏都城。
魏长城遗址	战国	华阴市、大荔县韩城市	战国时期魏国防御秦国所筑,起自秦岭,至黄河止,全长约200余公里。
灞桥遗址	隋至元	西安市	是国内已知多孔石拱桥中跨度最长、规模最宏伟、时代最早的石拱桥。
延一井旧址	清	延长县	1903年9月10日出油,为中国大陆第一口油井。

19－47 续表2

名　　称	时　代	地　址	说　　明
甜水沟遗址	旧石器时代	大荔县	是分布范围较广、时代延续较长的旧石器地点群遗址。
花石浪遗址	旧石器时代	洛南县	我国近年来发现的仅次于北京人遗址的一处极具价值的旧石器时代遗址。
元君庙遗址	新石器时代	华 县	是一处基本保存完整的半坡文化墓地。
唐家遗址	新石器时代	西安市	目前陕西境内面积最大、保存较好的龙山文化遗址。
老牛坡遗址	新石器时代	西安市	在此发现的大面积夯土建筑遗址为陕西商代考古中的重大发现。
栎阳城遗址	战国至汉	西安市	秦国都城,后汉高祖刘邦也一度以此为都城。
京师仓遗址	西汉	华阴市	汉武帝时建造,是专供储粮的"京师仓",有储备、转运、中运等多种功能,是研究秦汉仓储制度及技术的重要资料。
良周遗址	秦汉	澄城县	是一处秦汉大型宫殿建筑群遗址。
东渭桥遗址	唐	高陵县	在当时是沟通唐长安城与渭北及黄河之东各重要关津要隘联系的桥,也是渭水运漕极佳的中转集散地。
玉华宫遗址	唐	铜川市	唐武德七年建"仁智宫"(624年),贞观二十年(647年)扩建并改名"玉华宫",主要从事佛事活动。
三、古墓葬(16处)			
黄帝陵	新石器时代	黄陵县桥山	轩辕黄帝陵。
秦始皇陵	秦	临潼县东	秦始皇嬴政墓,东侧有从葬兵马俑坑,规模宏大,已辟为博物馆。
长　陵	汉	咸阳市渭城区窑店乡	是汉高祖刘邦和皇后吕雉的合葬茔地。
茂　陵	汉	兴平县	汉武帝刘彻之墓。附近有卫青、霍光、霍去病、金日禅等陪葬墓。现已在茂陵建立博物馆,展出陵区出土文物数百件。
霍去病墓	汉	兴平市	霍去病为西汉名将。在基墓前共发现石刻16件,有石人、石马、马踏匈奴、怪兽食羊、卧牛、人与熊等,是我国迄今已发现时代最早保存最完整的大型石雕工艺品,现存茂陵博物馆内。
司马迁墓和祠	西汉至宋	韩城市芝川镇	司马迁是汉代著名的史学家、文学家,所著《史记》一书,开创我国第一部通史体例。
杜　陵	汉	西安市雁塔区三兆村	汉宣帝刘询之墓。
昭　陵	唐	礼泉县九峻山	唐太宗李世民墓。陵园内分布有二百多个陪葬墓和著名的石碑,现已建立昭陵博物馆。
顺　陵	唐	咸阳渭城区底张乡	唐女皇武则天之母杨氏墓,墓前有高大的石狮、独角兽等著名石刻。
乾　陵	唐	乾县梁山	唐高宗李治和武则天合葬墓。墓前有石人、石马、石狮等很多名贵石刻。现已建立乾陵博物馆。
桥　陵	唐	蒲城县丰山	唐睿宗李旦的陵墓。
武侯墓	三国	勉县定军山西北	三国蜀汉丞相诸葛亮的墓园与宇。

19－47 续表3

名　　称	时　代	地　址	说　　明
泰　陵	隋	咸阳市杨陵区五泉乡王上村	隋文帝扬坚与文献皇后独孤是氏合葬之陵。
永　陵	西魏	富平县留古乡何家村	西魏文帝元宝炬与皇后乙弗氏，郁久氏的合葬陵。
西汉帝陵	西汉	咸阳、西安	包括惠帝安陵、文帝霸陵、景帝阳陵、昭帝平陵、元帝渭陵、成帝延陵、平帝康陵、哀帝义陵等8处帝陵。
唐代帝陵	唐	富平、蒲城、三原泾阳、礼泉、乾县	包括高祖献陵、中宗定陵、宣宗泰陵、肃宗建陵、代宗元陵、平帝崇陵、穆宗光陵、顺宗丰陵、宪宗景陵、敬宗庄陵、德宗崇陵、文宗陵、武宗端陵、懿宗简陵、宣宗贞陵、僖宗靖陵等16处帝陵。
四、石窟寺(5处)			
大佛寺石窟	唐	彬县	主要由大佛窟、罗汉洞、千佛洞组成，内有许多精美的石佛、菩萨造像和浮雕。
药王山石刻	隋唐至明清	耀县	后人为纪念唐代杰出医学家孙思邈，在五台山上修建药王庙，此山遂更名为药王山。药王山上遍布石刻，主要有碑刻和石窟两部分。山上还有一座保存完好的药王庙。
钟山石窟	宋	子长县安定镇	石窟开凿于北宋年间(1067年)，以后历代屡经修葺。
重阳宫祖庵碑林	元至清	户县	现收集陈列金元时道教全真派石刻文物80余通(件)，为陕西著名碑林之一。
慈善寺石窟	隋唐	麟游县	属唐代初期作品，窟内所雕佛像，刀法简练有力，神态完美。
五、石刻及其他(2处)			
褒斜道石门及其	东汉至宋	汉中市	褒斜道石门为汉代开凿，北魏永平二年(509年)重修。门上凿刻有东汉至宋代摩崖石刻多处，石刻中有《石门颂》，《大开通》，《杨淮表》等有名的隶书摩崖。摩崖石刻
西安碑林	汉至清	西安市	自汉以来历代名碑一千多座，是全国规模最大，年代最早的碑林，是全国碑石文物精华荟萃之处。
六、革命旧址(6处)			
西安事变旧址	1936年	西安市	包括杨虎成、张学良公馆，新城黄楼等旧址。
瓦窑堡革命旧址	1935年12月—1936年7月	子长县	包括中共中央瓦窑堡会议旧址、毛泽东旧居、中央军委驻地旧址。
延安革命旧址	1935年—1948年	延安市	包括凤凰山、枣园、杨家岭、王家坪等中共中央、八路军总部及陕甘宁边区政府曾使用过的旧址及其建筑物。
八路军西安办事处旧址	1937年—1946年	西安市七贤庄	中国共产党领导的八路军1936—1946年在国民党统治区设立的公开合法机构。
洛川会议旧址	1937年	洛川县	1937年8月中国共产党在此召开政治局扩大会议，将红军改变为国民革命军第八路军
杨家沟革命旧址	1947—1948年	米脂县	包括11孔窑洞，是中共中央转战陕北的最后一个居住地。

19－48 图书出版

(2005年)

类别	图书种数(种)	总印数(万册)	类别	图书种数(种)	总印数(万册)
图书总计	**4654**	**17628**	N.自然科学总论	7	1
(一)使用“中国标准书号”合计	4591	17505	O.数理科学、化学	167	105
A.马列主义、毛泽东思想	21	14	P.天文学、地球科学	11	2
B.哲学	68	36	Q.生物科学	9	4
C.社会科学总论	38	12	R.医药、卫生	86	48
D.政治、法律	88	109	S.农业科学	65	29
E.军事	3	3	T.工业技术	728	359
F.经济	154	90	U.交通运输	9	3
G.文化、科学、教育、体育	2308	15952	Y.航空、航天	7	2
H.语言、文字	257	306	X.环境科学	3	1
I.文学	188	114	Z.综合性图书	39	22
J.艺术	155	130	(二)不使用“中国标准书号”合计	63	123
K.历史、地理	180	163			

19－49 杂志、报纸出版

类别	种数(种)		总印数(万份)		总印张(千印张)	
	2004年	2005年	2004年	2005年	2004年	2005年
一、杂志	**274**	**274**	**6374**	**6450**	**316761**	**337930**
1.综合	2	3	8	9	555	679
2.哲学、社会科学	60	57	4182	3981	222362	204680
3.自然科学技术	165	168	650	781	39651	17971
4.文化教育	31	29	621	598	27377	19164
5.文学、艺术	12	12	360	614	15975	27246
6.少年儿童	3	4	549	472	10578	67927
7.画刊	1	1	4	4	263	263
二、报纸	**44**	**44**	**69029**	**68219**	**3367432**	**3138730**
1.省级	28	28	40678	40678	2351068	2351068
2.地(市)级	16	16	28351	27541	1016364	787662
3.县级						

注:2005年不含院校杂志、报纸数。

19－50 广播电视基本情况

项目	单位	1995年	2000年	2001年	2002年	2003年	2004年	2005年
一、无线广播宣传基本情况								
广播电台	座	9	9	9	10	11	11	11
发射台及转播台	座	12	12	12	12	12	12	14
发射机功率	部/千瓦	24/443	19/411	22/456	22/446	22/456	22/416	38/418
节目套数	套	66	82	82	84	86	87	92
平均每日播出时间	时:分	416:49	632:05	638:35	658:09	731:23	747:23	832.52
广播人口覆盖率	%	74.8	90.3	90.6	91.5	92	92.68	93.21
全年制作广播节目	时	53433	106134	99580	114539	139858	146022	161128
新闻节目	时	11616	14757	16500	15500	20109	27173	28381
专题节目	时	12679	23070	19486	25310	35018	43497	49380
文艺节目	时	16426	29396	32962	36381	41849	47183	52935
其他类	时	12712	27604	30632	37348	42882	28169	9898
二、电视宣传基本情况								
电视台	座	11	11	11	11	11	11	11
发射台及转播台	座	2265	7878	7401	8498	8695	8351	8497
发射机功率	部/千瓦	2531/228.072	13868/226.585	13518/223.156	15290/222.615	15212/223.844	15629/223.048	15706/232.121
节目套数	套	15	15	36	123	122	126	123
平均每周播出时间	时:分	838:01	1105:16	5926:50	6086:49	6333:21	7793:21	9272.75
电视人口覆盖率	%	79.1	91.41	92.49	92.87	93.18	93.66	94.36
卫星收转系统	座	4337	38140	56189	60658	83662	101986	109256
制作电视节目	时	8152	16174	64946	42767	74609	60039	71983
新闻节目	时	1433	2986	11650	13007	14532	18807	24700
专题节目	时	970	2554	10826	11536	14418	11608	18484
文艺节目	时	2976	3456	17134	15361	15117	8663	10797
其他节目	时	2773	7178	25336	2863	30542	20961	5652
三、县广播电视台	个		**67**	**67**	**87**	**87**	**87**	**88**

19－51 各市图书馆个数及藏书量、广播电视人口覆盖率

(2005年)

地区	公共图书馆（个）	公共图书馆藏书量（千册）	广播人口覆盖率（%）	电视人口覆盖率（%）
全省	**111**	**8870**	**93.21**	**94.36**
西安市	14	780	99.35	97.67
铜川市	5	380	93.45	98.72
宝鸡市	12	990	98.99	98.35
咸阳市	12	730	98.85	98.93
渭南市	11	570	85.52	89.52
延安市	13	430	92.63	94.88
汉中市	11	450	93.24	92.66
榆林市	12	720	86.91	87.58
安康市	11	460	85.84	90.35
商洛市	8	47	98.37	94.60
杨凌示范区	1	1	100.00	100.00
省直单位	1	2890		

主要统计指标解释

普通高等学校 指按照国家规定的设置标准和审批程序批准举办的，通过全国普通高等学校统一招生考试，招收高中毕业生为主要培养对象，实施高等教育的全日制大学、独立设置的学院和高等专科学校、高等职业学校和其他机构。

大学、独立设置的学院主要实施本科层次以上的教育，高等专科学校、高等职业学校实施专科层次的教育，其他机构是承担国家普通招生计划任务不计校数的机构。包括普通高等学校分校和批准筹建的普通高等学校等。

成人高等学校 指按照国家规定的设置标准和审批程序批准举办的，通过全国成人高等学校统一招生考试，招收具有高中毕业或同等学历的在职从业人员为主要培养对象，利用函授、业余、脱产等多种形式对其实施高等学历教育的学校。包括职工高等学校、农民高等学校、管理干部学院、教育学院、独立函授学院、广播电视大学、其他机构等。其他机构是承担国家成人招生计划不计校数的机构。

小学学龄儿童入学率 指调查范围内已入小学学习的学龄儿童占校内外学龄儿童总数(包括弱智儿童，不包括盲聋哑儿童)的比重。计算公式为:

小学学龄儿童入学率 = 已入学的小学学龄儿童 / 校内外学龄儿童总数 × 100%

科技活动 指在自然科学、农业科学、医药科学、工程与技术科学、人文与社会科学领域（简称科学技术领域）中与科技知识的产生、发展、传播和应用密切相关的有组织的活动。可分为研究与试验发展（R&D）、研究与试验发展成果应用及相关的科技服务三类活动。

科技活动人员 指直接从事科技活动、以及专门从事科技活动管理和为科技活动提供直接服务的人员,累计的实际工作时间占全年制度工作时间10%及以上的人员。（1）直接从事科技活动的人员包括：在独立核算的科学研究与技术开发机构、高等学校、各类企业及其他事业单位内设的研究室、实验室、技术开发中心及中试车间（基地）等机构中从事科技活动的研究人员、工程技术人员、技术工人及其它人员；虽不在上述机构工作，但编入科技活动项目（课题）组的人员；科技信息与文献机构中的专业技术人员；从事论文设计的研究生等。（2）专门从事科技活动管理和为科技活动提供直接服务的人员包括：独立核算的科学研究与技术开发机构、科技信息与文献机构、高等学校、各类企业及其他事业单位主管科技工作的负责人，专门从事科技活动的计划、行政、人事、财务、物资供应、设备维护、图书资料管理等工作的各类人员，但不包括保卫、医疗保健人员、司机、食堂人员、茶炉工、水暖工、清洁工等为科技活动提供间接服务的人员。该指标用来反映投入科技活动人力的规模。

科学家与工程师 指科技活动人员中具有高、中级技术职称（职务）的人员和不具有高、中级技术职称（职务）的大学本科及以上学历人员。该指标用来反映投入科技活动人力的素质。

专业技术人员 指从事专业技术工作和专业技术管理工作的人员，即企事业单位中已经聘任专业技术职务从事专业技术工作和专业技术管理工作的人员，以及未聘任专业技术职务，现在专业技术岗位上工作的人员。包括工程技术人员，农业技术人员，科学研究人员，卫生技术人员，教学人员，经济人员，会计人员，统计人员，翻译人员，图书资料、档案、文博人员，新闻出版人员，律师、公证人员，广播电视播音人员，工艺美术人员，体育人员，艺术人员及企业政治思想工作人员，共十七个专业技术职务类别。

研究与试验发展（R&D） 指在科学技术领域，为增加知识总量，以及运用这些知识去创造新的应用进行的系统的创造性的活动，包括基础研究、应用研究、试验发展三类活动。国际上通常用R&D活动的规模和强度指标反映一国的科技实力和核心竞争力。

基础研究 指为了获得关于现象和可观察事实的基本原理的新知识（揭示客观事物的本质、运动规律，获得新发现、新学说）而进行的实验性或理论性研究，它不以任何专门或特定的应用为目的。其成果以科学论文和科学著作为主要形式。用来反映知识的原始创新能力 。

应用研究 指为获得新知识而进行的创造性研究，主要针对某一特定的目的或目标。应用研究是为了确定基础研究成果可能的用途，或是为达到预定的目标探索应采取的新方法（原理性）或新途径。其成果形式以科学论文、专著、原理性模型或发明专利为主。用来反映对基础研究成果应用途径的探索。

试验发展 指利用从基础研究、应用研究和实际经验所获得的现有知识，为产生新的产品、材料和装置，建立新的工艺、系统和服务，以及对已产生和建立的上述各项作实质性的改进而进行的系统性工作。其成果形式主要是专利、专有技术、具有新产品基本特性的产品原型或具有新装置基本特征的原始样机等，在社会科学领域，试验发展是指把通过基础研究、应用研究所获得的知识转变成可以实施的计划（包括为进行检验和评估实施示范项目）的过程。人文科学领域没有对应的试验发展活动。主要反映将科研成果转化为技术和产品的能力，是科技推动经济社会发展的物化成果。

研究与试验发展人员 指参与研究试验发展项目研究、管理和辅助工作的人员，包括项目（课题）组人员，企业科技行政管理人员和直接为项目（课题）活动提供服务的辅助人员。反映投入从事拥有自主知识产权研究开发活动的人力规模。

研究与试验发展人员全时当量 指全时人员数加非全时人员按工作量折算为全时人员数的总和。例如：有两个全时人员和三个非全时人员（工作时间分别为20%、30%和70%），则全时当量为2+0.2+0.3+0.7=3.2人年。为国际上比较科技人力投入而制定的可比指标。

专利 是专利权的简称，是对发明人的发明创造经审查合格后，由专利局依据专利法授予发明人和设计人对该项发明创造享有的专有权。包括发明、实用新型和外观设计。反映拥有自主知识产权的科技和设计成果情况。

发明 指对产品、方法或者其改进所提出的新的技术方案。是国际通行的反映拥有自主知识产权技术的核心指标。

实用新型 指对产品的形状、构造或者其结合所提出的适于实用的新的技术方案。反映具有一定技术含量的技术成果情况。

外观设计 指对产品的形状、图案、色彩或者其结合所作出的富有美感并适于工业上应用的新设计。反映拥有自主知识产权的外观设计成果情况。

文化事业机构 指从事专业文化工作和为专业文化工作服务的独立建制的单位。不包括这些单位另外举办独立核算的其他机构和各部门的业余文化组织。该指标主要反映文化事业机构发展规模水平。

艺术表演团体 指从事戏曲、音乐、舞蹈、杂技等专业艺术表演，有独立帐户的单位，不包括半工半艺、半农半艺和民间职业剧团。该指标主要反映专业艺术表演团体发展规模水平。

电影放映单位 指具有放映机器设备、固定或不固定的放映场所与专职或兼职的放映技术人员，经有关部门登记批准，经常为一定的观众对象放映电影的机构。包括经批准对外开放进行营业，并与电影发行放映管理机构分帐的专用放映单位和军委系统租片单位。

艺术表演观众人数(人次) 指售票、包场演出或民族地区免费演出的艺术表演观众人次数，不包括彩排审查和内部观摩演出的观看人次数。该指标主要反映观看专业艺术表演团体演出的效益规模。

2006 統計年鑒

体育、卫生、社会福利和其他

TIYUWEISHENGSHEHUIFULIHEQITA

资料整理：杨小侠

二十、体育卫生社会福利和其它

2005 年全省		
等级运动员发展人数	691	人
等级裁判员发展人数	1509	人
卫生机构数	5366	个
#医　院	2674	个
卫生技术人员	13.66	万人
#执业(助理)医师	6.03	万人
环境监测站	69	个
自然保护区	45	个
环境污染治理投资总额	50.00	亿元

卫生技术人员和医生数

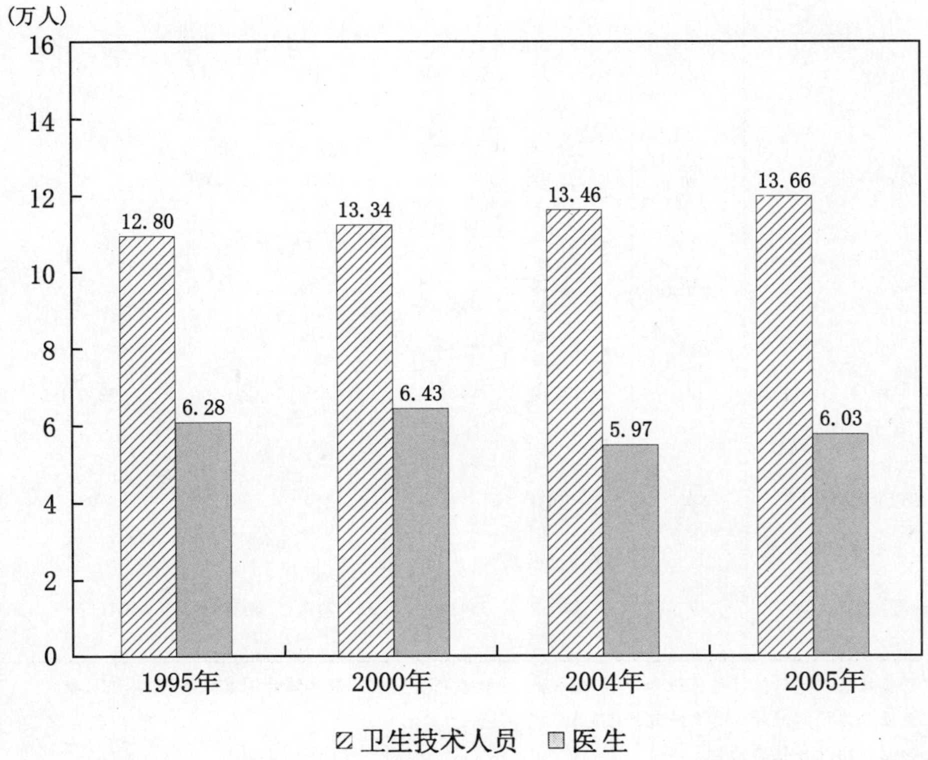

20－1 体 育 事 业

指 标	单 位	1995 年	2000 年	2001 年	2002 年	2003 年	2004 年	2005 年
一、体育系统职工人数	人	4006	4387	4420	4128	4028	4251	4254
二、等级运动员发展人数	人	693	2837	3339	859	759	384	691
#女运动员	人	247	1195	1369	305	288	149	218
#国际健将	人	6		1		2	1	7
运动健将	人	11	12	14	15	36	58	33
三、等级裁判员发展人数	人	429	1533	1804	1189	491	755	1509
#女裁判员	人	109	413	507	361	125	195	259
#国际级	人					2		
国家级	人	12	28	10	12	9	14	13
四、少年儿童业余体校	所	94	101	101	69	70	89	91
#重点体校	所	13	5	5	6	63	63	63
在校学生	人	7210	10141	11226	8500	9239	9602	9569
五、各级各系统举办县级以上运动会次数	次	1300	1347	1219	1120	95	1089	181
六、《国家体育锻炼标准》达标人数	人	1234663	3341049	3277777	4038539	4594117	4567152	3242175

注：1. 2002 年起等级运动员发展人数只统计健将级和一、二级人数；等级裁判员发展人数只统计国家级和一、二级人数；

2. 2002 年起少年儿童业余体校只统计体育系统政府办的；

3. 2003 年县级以上运动会指综合性运动会。

20－2 等级运动员发展人数

(2005年)

单位:人

地区	等级运动员	#女	国际级健将	运动健将	一级	二级
全省	**691**	**218**	**7**	**33**	**130**	**528**
省级直属	163	72	7	33	130	
西安市	101	37				101
铜川市	39	26				39
宝鸡市	113					113
咸阳市	30	12				30
渭南市	15	4				15
延安市						
汉中市	43	15				43
榆林市	134	36				134
安康市	45	16				45
商洛市	8					8

20－3 体育活动情况

(2005年)

地区	举办运动会或比赛		举办全民健身活动情况		国际体育活动情况		电脑体育彩票销售量(万元)	电脑体育彩票应分配公益金(万元)
	举办综合运动会次数	举办单项比赛次数	举办全民健身活动次数	参加活动人数	出访起数	出访人次		
全省	**181**	**896**	**1265**	**927701**	**27**	**183**	**62437.0**	**10933**
省级直属	2	47	350	115600	25	132		6557
西安市	16	193	165	114315	2	51	18614.4	1303
铜川市	12	48	71	142780			1003.7	70
宝鸡市	55	109	108	93600			3949.0	276
咸阳市	14	80	68	121366			3844.9	269
渭南市	16	56	127	46709			5056.8	354
延安市	28	92	149	38168			2485.0	174
汉中市	14	141	56	111944			9316.0	653
榆林市	11	48	63	34690			7560.3	533
安康市	7	31	54	12640			7662.0	537
商洛市	6	51	54	95889			2779.6	195
杨凌示范区							165.3	12

20－4 卫生机构、床位及人员数

年份	机构合计（个）	#医院	床位合计（万张）	#医院	卫生技术人员（万人）	#医生	#护士(师)
1952	715	135	0.50	0.34	0.95	0.40	0.12
1957	3170	148	1.32	0.85	2.99	1.65	0.37
1962	5105	231	2.28	1.66	3.71	1.93	0.53
1965	5146	266	2.52	1.86	3.87	2.05	0.64
1970	4007	2268	3.16	2.89	4.25	2.26	0.89
1975	5122	3008	4.74	4.36	6.27	2.96	1.15
1978	5598	3064	5.39	4.99	7.12	3.43	1.11
1979	5780	3078	5.78	5.32	7.58	3.60	1.17
1980	5845	3095	6.08	5.52	8.05	3.72	1.19
1981	6158	3109	6.37	5.72	8.84	4.07	1.40
1982	6369	3113	6.51	5.92	9.23	4.20	1.57
1983	6280	3106	6.66	6.06	9.57	4.38	1.73
1984	6251	3119	6.87	6.23	10.01	4.63	1.81
1985	6346	2218	7.20	6.46	10.61	4.97	1.88
1986	6309	2439	7.45	6.70	10.89	5.12	1.93
1987	6293	2559	7.68	6.95	11.22	5.29	2.04
1988	6248	2502	8.03	7.22	11.48	5.70	2.41
1989	6312	2515	8.29	7.47	11.63	5.84	2.64
1990	6416	2521	8.55	7.80	11.82	5.91	2.72
1991	6433	2577	9.02	8.22	11.99	5.87	2.81
1992	6404	2604	9.29	8.51	12.33	5.97	2.87
1993	6215	2389	9.56	8.81	12.28	5.89	2.91
1994	6227	3040	9.84	9.07	12.60	6.20	3.03
1995	6215	3313	9.88	9.05	12.80	6.28	3.10
1996	6033	3315	9.59	9.05	12.82	6.30	3.10
1997	5947	3217	9.48	9.04	12.99	6.23	3.25
1998	5639	2779	9.48	9.09	13.03	6.17	3.37
1999	5493	2753	9.68	9.22	13.28	6.37	3.48
2000	5572	2779	9.69	9.26	13.34	6.43	3.56
2001	5563	2780	9.91	9.43	13.53	6.60	3.62
2002	5240	2748	10.00	9.53	13.53	5.95	3.65
2003	5039	2740	10.27	9.89	13.47	6.03	3.72
2004	5138	2710	10.31	9.97	13.46	5.97	3.75
2005	5366	2674	10.67	10.34	13.66	6.03	3.85

注:1.本表医院、医院床位数含卫生院、妇幼保健院和专科疾病防治院。

2.2002 年起医生为执业医师和执业助理医师,护士(师)为注册护师。

20－5 各类卫生机构、床位及人员数

(2005 年)

指　　标	机构数（个）	床位数（张）	人员合计（人）	卫生技术人员	其他技术人员	管理人员	工勤人员
总　　计	**5366**	**106705**	**165170**	**136550**	**5891**	**12470**	**10259**
一、医院合计	833	80297	96504	77216	3415	8513	7360
综合医院	587	64081	76737	61675	2688	6479	5895
中医医院	147	10647	13994	11357	598	1208	831
中西医结合医院	6	190	178	137	13	11	17
民族医院	1	21	10	8		1	1
专科医院	92	5358	5585	4039	116	814	616
口腔医院	8	130	553	407	12	85	49
眼科医院	7	176	175	130	2	11	32
耳鼻喉科医院	1		33	25		6	2
肿瘤医院	5	570	481	346	11	77	47
胸科医院	1						
血液病医院	1	50	22	17		4	1
妇产(科)医院	4	99	74	53	2	12	7
儿童医院	2	445	886	638	15	182	51
精神病医院	22	1762	1304	982	35	166	121
传染病医院	2	400	514	329	10	77	98
皮肤病医院	1		10	8	1	1	
结核病医院	1	315	326	204	2	86	34
麻风病医院	1	50	34	19		15	
骨科医院	12	490	347	294	4	16	33
康复医院	15	712	663	453	21	70	119
其他专科医院	9	159	163	134	1	6	22
二、疗养院	7	2404	838	422	13	128	275
三、社区卫生服务站	422		2003	2003			
四、卫生院	1769	19252	27020	23811	644	1529	1036
街道卫生院	44	631	897	775	9	51	62
乡镇卫生院	1725	18621	26123	23036	635	1478	974
中心卫生院	652	11898	16266	14419	406	895	546
乡卫生院	1073	6723	9857	8617	229	583	428
五、门诊部	231	339	2354	2059	28	152	115
六、急救中心(站)	3		180	110		30	40
七、采供血机构	12		582	383	72	78	49
八、妇幼保健院(所、站)	115	3647	6501	5333	281	527	360
妇幼保健院	70	3434	5427	4434	243	426	324
妇幼保健所	8	59	231	191	11	23	6
妇幼保健站	37	154	843	708	27	78	30
九、专科疾病防治院(所、站)	9	452	346	230	34	38	44
十、疾病预防控制中心(防疫站)	125	64	6096	4534	369	629	564
疾病预防控制中心/防疫站	122	59	6068	4518	366	627	557
疾病预防控制中心	70	59	3230	2423	210	316	281
卫生防疫站	52		2838	2095	156	311	276
预防保健中心	3	5	28	16	3	2	7
十一、卫生监督所	66		1614	1271	75	188	80
十二、卫生监督检验(监测、检测)所(站)							
十三、医学科学研究机构	17	100	445	298	26	87	34
医学科学(研究)院(所)	5	80	153	100	9	35	9
中医(药)研究院(所)	4		38	29		8	1
中西医结合研究所	1		1			1	
医学专科研究所	7	20	253	169	17	43	24
十四、医学在职培训机构	66	150	2573	899	903	506	265
十五、健康教育所(站、中心)	2		52	19	15	15	3
十六、其他卫生机构	27		334	234	16	50	34
十七、卫生所、医务室	1662		5071	5071			
十八、个体诊所			12657	12657			

20－6 传染病发病率和死亡率

(2005年)

病 名	发病率(1/10万)	死亡率(1/10万)	病死率(%)	病 名	发病率(1/10万)	死亡率(1/10万)	病死率(%)
合 计	**328.13**	**0.65**	**0.197**	猩红热	2.46		
鼠 疫				出血热	3.82	0.05	1.42
霍 乱				狂犬病	0.01	0.01	100.00
肝 炎	125.99	0.13	0.11	钩体病			
痢 疾	65.23	0.01	0.01	布 病	1.31		
伤寒＋副伤寒	0.11			炭 疽	0.02		
艾滋病	0.06	0.01	17.39	斑疹伤寒			
淋 病	7.91			乙 脑	0.53	0.01	1.53
梅 毒	2.95			黑热病			
脊 灰				疟 疾	0.09		
麻 疹	8.73	0.01	0.09	新生儿破伤风	94.17	17.66	18.75
百日咳	0.76			登革热	0.01		
白 喉				肺结核	107.92	0.39	0.36
流 脑	0.14	0.01	5.66	非典(临床诊断)			

20－7 出院病人前十位疾病构成

(2005年)

序号	城市		农村	
	疾病	构成(%)	疾病	构成(%)
1	循环系统疾病	13.01	损伤、中毒和外因的某些其他后果	16.99
2	呼吸系统疾病	12.70	妊娠、分娩和产褥期	15.63
3	消化系统疾病	10.90	呼吸系统疾病	14.39
4	妊娠、分娩和产褥期	10.55	消化系统疾病	13.72
5	肿 瘤	9.13	循环系统疾病	12.58
6	损伤、中毒和外因的某些其他后果	8.77	某些传染病和寄生虫病	5.27
7	泌尿生殖系统疾病	5.98	肿 瘤	3.81
8	某些传染病和寄生虫病	4.91	泌尿生殖系统疾病	3.48
9	影响健康状态和与保健机构接触的因素	4.63	起源于围生期的某些情况	2.76
10	眼和附器疾病	2.95	肌肉骨骼系统和结缔组织疾病	1.96
	构成合计	83.55	构成合计	90.59

20－8　各市卫生机构、床位及人员数

(2005 年)

地　　区	机构合计（个）	#医　院	#卫生院	个体诊所（个）	床位合计（张）	#医　院	人员合计（人）	卫生技术人员（人）	#执业(助理)医师	#注册护师
全　　省	**5366**	**833**	**1769**	**6335**	**106705**	**103431**	**165170**	**136550**	**60316**	**38499**
西 安 市	1478	308	172	1292	32323	31054	52807	42241	17721	14000
铜 川 市	152	31	38	316	3698	3693	4814	3927	1656	1266
宝 鸡 市	677	92	168	670	11995	11623	17951	15152	6589	4125
咸 阳 市	437	112	192	635	13393	13362	19473	16381	7281	4816
渭 南 市	433	83	197	673	10680	10655	16676	13730	6136	3626
延 安 市	397	42	169	124	6385	6240	10180	8368	3738	2173
汉 中 市	523	55	241	1074	10194	9357	15089	12916	5198	3108
榆 林 市	486	57	225	475	7885	7765	11277	9424	4774	2192
安 康 市	448	32	200	646	5281	5276	8813	7739	3972	1869
商 洛 市	324	17	163	404	4432	3967	7561	6236	3007	1226
杨凌示范区	11	4	4	26	439	439	514	421	234	94

注：医院病床数中含卫生院、妇幼保健院和专科疾病防治院。

20－9　各市农村村级卫生组织情况

(2005 年)

地　　区	行政村数（个）	#无医疗点的村数	村卫生室数（个）	乡村医生和卫生员数（人）	乡村医生	卫生员	农村接生员（人）	村卫生室覆盖率（%）
全　　省	**28857**	**4296**	**21938**	**31210**	**29180**	**2030**	**4322**	**85.1**
西 安 市	3163		2697	4188	4079	109		100.0
铜 川 市	543	12	720	811	800	11	26	97.8
宝 鸡 市	2045	105	2002	3799	3558	241	14	94.9
咸 阳 市	3667	103	3123	3585	3208	377	639	97.2
渭 南 市	3219	304	2139	4380	4333	47	122	90.6
延 安 市	3388	1362	1270	1274	1259	15	841	59.8
汉 中 市	2901	83	2753	4004	3515	489		97.1
榆 林 市	5613	1786	2499	2481	2396	85	682	68.2
安 康 市	2449	502	2271	2811	2305	506	1339	79.5
商 洛 市	1798	39	2380	3782	3636	146	659	97.8
杨凌示范区	71		84	95	91	4		100.0

20－10 社会福利事业、企业单位机构和人员

指标	机构（个）		工作人员（人）	
	2004年	2005年	2004年	2005年
总计	**1484**	**1348**	**26324**	**25306**
一、社会福利事业单位	699	600	4139	3371
二、社会福利企业单位	599	547	19717	19261
国有办	76	76	2448	2448
集体办	444		15778	
民办	79	471	1491	16813
三、烈士纪念建筑物管理单位	31	33	267	276
四、救助站	82	88	854	815
五、殡葬事业单位	73	80	1347	1583
六、其他非收养性单位				

20－11 社会福利事业单位基本情况

（2005年）

指标	院数（个）	工作人员（人）	床位（张）	年在院总人数（万人）
总计	**1316**	**5024**	**27299**	**20203**
一、民政部门办社会福利事业单位	701	3525	17463	13244
优抚休、疗养院	26	805	1540	1005
城市福利院	675	2720	15923	12239
二、老年收养性机构	615	1499	9836	6959

注：1. 优抚休、疗养院包括荣誉军人康复医院、复退军人慢性疗养院、复退军人精神病院和国家办光荣院。
2. 城市福利院包括社会福利院、社会儿童福利院、社会精神病人福利院。
3. 老年收养性机构包括城镇、农村的敬老院、养老院、老年性公寓。

20－12 社会福利企业基本情况

(2005年)

地区	单位数（个）	年职工人数（人）	#残疾职工	#女性
全省	**547**	**19261**	**7909**	**3795**
西安市	211	6796	2942	1354
铜川市	10	332	141	75
宝鸡市	133	6505	2426	1403
咸阳市	40	1467	682	344
渭南市	48	891	380	97
延安市	15	460	176	66
汉中市	53	1322	559	277
榆林市	18	945	434	99
安康市	8	176	92	46
商洛市	9	157	72	32
杨凌示范区				
厅级小计	2	210	5	2

20－13 各市城镇社区服务设施

(2005年)

地区	城镇社区服务设施数（个）	从业人员（人）	#安置下岗人员数	便民利民服务网点（个）
全省	**7038**	**42666**	**18766**	**18544**
西安市	1096	7743	4376	9121
铜川市	544	3970	1190	1165
宝鸡市	1353	7732	3903	2096
咸阳市	709	2076	1378	568
渭南市	2912	14870	6119	3730
延安市	36	281	77	108
汉中市	172	3355	1054	947
榆林市	24	933	308	128
安康市	177	578	138	610
商洛市	15	1128	223	71
杨凌示范区				

20－14 社会捐赠情况

（2005年）

地区	捐赠款数额（万元）	捐赠其他物资价值（万元）	接收捐赠衣被件数（万件）	#棉衣被
全省	**2138**	**191**	**49**	**6**
西安市	286	2	12	
铜川市	65			
宝鸡市	60	3		
咸阳市	56			
渭南市	60		4	4
延安市	134			
汉中市	87	3	16	
榆林市	84	20	3	1
安康市	337	119		
商洛市	42	15	14	1
杨凌示范区	6			
厅级小计	922	30		

20－15 收养登记情况

（2005年）　　单位：人

地区	收养登记合计	中国公民收养登记	#港澳居民	#台湾居民	#华侨	外国人收养登记
全省	**477**	**294**	**1**			**183**
西安市	50	50				
铜川市	13	13				
宝鸡市	14	14				
咸阳市	28	28				
渭南市	12	12				
延安市	25	25				
汉中市	73	73				
榆林市	12	12				
安康市	52	52				
商洛市	12	12				
杨凌示范区	3	3				
厅级小计	183					183

20－16　律师、公证及人民调解工作

（2005 年）　　单位：人

项　　目	单　位	实有数	项　　目	单 位	实有数
一、律师工作			二、公证工作		
律师人员	人	3618	公证处	个	117
#专　职	人	2512	#涉外公证处	个	19
兼　职	人	268	公证人员	人	914
刑事诉讼辩护及代理	件	8373	办理公证文书	件	140812
民事诉讼代理	件	26967	三、人民调解工作		
经济诉讼代理	件	6745	专职司法助理员	人	3582
行政诉讼代理	件	1025	人民调解委员会	个	32240
担任法律顾问	家	3603	调解委员	万人	12.76
代写法律文书	件	53075	调解民间纠纷	万件	15.39
律师事务所	个	279			

20－17　国内公证文书分类

（2005 年）　　单位：人

分　　类	办证件数（件）	比　重（%）	分　　类	办证件数（件）	比　重（%）
一、民事公证事项			二、经济公证事项		
合　计	**33087**	**100.0**	**合　计**	**68235**	**100.0**
收　养	62	0.2	购销合同	515	0.8
解除收养	20	0.1	联营合同	61	0.1
继承权	2916	8.8	拍　卖	931	1.4
遗　嘱	837	2.5	贷款合同	39775	58.3
产　权	270	0.8	担保书	4140	6.1
亲属关系	499	1.5	招标、投标	2738	4.0
死　亡	27	0.1	科技协作		
房屋买卖	2774	8.4	供用电合同	10	
房屋租赁	439	1.3	劳务合同	1410	2.1
留学协议	153	0.5	建筑工程承包	206	0.3
遗赠扶养协议	224	0.7	工商服务业承包	171	0.3
委托书	4231	12.8	农林牧渔业承包	977	1.4
赠与书	997	3.0	乡镇企业承包	88	0.1
声明书	2659	8.0	财产租赁	188	0.3
现场监督	32090	97.0	企业租赁	129	0.2
签名印鉴属实	1406	4.2	资产经营责任制	20	
文本相符	663	2.0	还款协议	4207	6.2
宅基地使用权	653	2.0	土地使用权出让转让	981	1.4
证据保全	1063	3.2	其他经济合同	3488	5.1
拆迁协议	127	0.4	法人资格	558	0.8
计划生育	96	0.3	法人委托书	2366	3.5
赡养协议	48	0.1	公司章程	321	0.5
合伙协议	136	0.4	执行许可证明	495	0.7
夫妻财产协议	499	1.5	提　存	29	
其他民事协议	4558	13.8	抵押登记	1480	2.2
更改姓名	595	1.8	公司会议记录	10	
其　他	5045	15.2	其　他	2941	4.3

20－18 婚姻登记情况

指　　标	单　位	1995 年	2000 年	2001 年	2002 年	2003 年	2004 年	2005 年
一、登记结婚数								
1. 内地居民登记结婚数	对	241605	203173	203358	188412	190391	205091	207966
初婚数	人	461431	382458	368940	348864	355983	370754	381418
再婚数	人	21779	23888	37776	27960	24799	39428	35424
#恢复结婚数	人	1074	1473	1944	1741	1446	2165	2705
2. 涉外婚姻数	对	289	425	480	421	392	514	455
二、登记离婚数								
1. 内地居民登记离婚数	对	20484	26023	34387	31894	33963	39950	23348
2. 涉外婚姻数	对	4	8	13	6	10	555	99

20－19 各市婚姻登记情况

（2005 年）

地　　区	准予登记结婚数（对）	初婚数（人）	再婚数（人）	#恢复结婚数	登记离婚数（对）	#港澳台华侨离婚数
全　　省	**208421**	**381418**	**35424**	**2705**	**23447**	**99**
西　安　市	49962	87653	12271	339	9735	
铜　川　市	4128	7348	908	126	688	
宝　鸡　市	14644	26803	2485	76	1052	60
咸　阳　市	25083	47277	2889	316	2623	
渭　南　市	27597	50082	5112	502	3097	
延　安　市	11952	23118	786	24	745	
汉　中　市	23606	42092	5120	813	2556	
榆　林　市	21403	40667	2139	229	1103	
安　康　市	16066	30094	2038	181	1343	
商　洛　市	12561	23688	1434	94	386	
杨凌示范区	964	1686	242	5	80	
厅 级 小 计	455	910			39	39

20－20 工 会 工 作

(2005年)

项 目	单 位	实有数	项 目	单 位	实有数
一、全省工会组织概况			三、工会保障工作		
基层工会			基层工会		
1. 工会委员会	个	34533	1. 参加联系生活困难职工户的领导干部数	人	30590
2. 会员人数	万人	364	2. 联系的困难职工户数	户	33208
# 女性	万人	132	基层以上工会		
3. 工会专职工作人员数	人	6137	1. 建立特困职工档案的工会数	个	558
# 女 性	人	1985	2. 参加联系生活困难职工户的领导干部数	人	13062
4. 工会经费审查委员会数	个	9820	联系的困难职工户数	户	12283
经费审查委员会委员人数	人	22996	3. 建立送温暖工程基金的工会	个	109
基层以上工会			四、工会经济技术工作		
1. 工会组织	个	1298	基层工会		
专职干部人数	人	2662	1. 开展经济技术创新工程活动的单位	个	1873
2. 工会女职工工作组织数	个	786	2. 开展合理化建议活动提出建议数	件	116586
工会专职女职工工作干部	人	299	可计算创造(节约)的金额	万元	31869
3. 工会经费审查委员会数	个	396	3. 参加劳动竞赛活动的职工人次数	万人次	100
经费审查委员会委员人数	人	1380	4. 参加技术练兵、技术比武职工人次数	万人次	32
4. 工会资产管理机构数	个	126	五、工会劳动保护工作		
二、工会民主管理工作			基层工会		
基层工会			1. 劳动保护监督检查委员会数	个	2510
1. 建立职代会制度的单位	个	5681	2. 参加安全生产检查次数	次	40412
召开职代会制度的单位	个	8441	基层以上工会		
2. 实行业务招待费使用情况向职代会			1. 建立劳动保护监督检查组织个数	个	227
报告的单位数	个	7170	2. 参加安全生产检查次数	次	4034
3. 职代会民主评议企事业领导干部的单位	个	7616	六、工会法律工作		
4. 实行厂(校、政)务公开的单位	个	10154	基层工会		
5. 建立平等协商、签定集体合同的企业	个	10050	1. 建立劳动争议调解委员会的单位	个	3141
6. 集体合同覆盖的职工人数	万人	166	参加的工会和职工代表数	人	7507
7. 职工代表参加董事会的企业数	个	957	受理的劳动争议件数	件	1350
董事会中的职工代表数	人	949	调解成功的劳动争议件数	件	727
8. 职工代表参加监事会的企业数	个	839	2. 建立劳动法律监督组织的工会数	个	1382
监事会中的职工代表数	人	819	基层以上工会		
基层以上工会			1. 建立劳动法律监督组织的工会数	个	116
1. 与同级政府(行政)召开联席会的工会	个	59	2. 建立法律援助机构的工会数	个	98
2. 建立三方协调机制的工会数	个	122			

20－21 妇 女 工 作

(2005 年)

项　　目	单 位	合 计	省 级	地、市级	县、区级	乡、镇级
一、组织状况						
妇女联合会	个	1703	1	11	106	1585
基层妇代会	个	30124		1779	1029	27316
妇委会	个	297	2	71	224	
二、妇联干部	人	2651	60	134	2457	
三、妇联杂志						
公开发行	份	3	2	1		
期发行量	万份	100.10	100.00	0.10		
内部发行	份	1	1			
期发行量	万份	1.00	1.00			
四、维护妇女合法权益工作						
律师事务所	个	74	10	20	44	
妇联维权干部中取得						
律师资格人数	人	8		2	6	
来信件数	件	754	607	87	60	
来访人次	人	9055	911	1450	6694	
五、实施春蕾计划						
资助女童入学或返校	人	11707	3465	1112	7130	
社会捐资总数	万元	394	180	45	169	
六、其他工作情况						
妇女、儿童活动中心	个	16	1	3	12	
三八红旗手	人	721	10	146	565	
三八红旗集体	个	161		34	127	
五好文明家庭	户	21793	200	1666	19927	

20－22 环境保护与治理情况

(2005 年)

指　　标	单 位	2001 年	2002 年	2003 年	2004 年	2005 年
环境监测站	个	70	74	66	69	69
环境监测人员	人	1497	1687	1400	1520	1527
自然保护区个数	个	23	32	36	46	45
#国家级	个	6	6	6	6	7
自然保护区面积	公顷	589991	676358	809326	1005381	994729
环境污染治理投资总额	亿元	35.64	42.41	42.71	49.15	50.00
环境污染与破坏事故次数	次	29	68	16	41	27
#水污染	次	11	49	7	26	15
大气污染	次	12	5	5	5	5
固体废物污染	次	2	3		1	1
噪声与振动危害	次	3	4		3	1
环境污染直接经济损失	万元	108	261	6.3	61.9	27.9
环境污染事故罚款金额	万元	11.8	74.9	14.8	68.4	46.5

20－23 各市工业固体废物排放及处理情况

（2005年）

地区	工业固体废物产生量（万吨）	工业固体废物排放量（万吨）	#危险废物排放量（吨）	工业固体废物贮存量（万吨）	#危险废物贮存量（吨）
全省	**4587**	**35**		**2189**	**26666**
西安市	125			13	20
铜川市	83	1		24	
宝鸡市	279	1		4	10
咸阳市	150	1		22	
渭南市	2500	1		1603	2
延安市	34	1		5	
汉中市	345	1		184	25634
榆林市	700	22		2	
安康市	69	6		37	
商洛市	302	1		295	1000
杨凌示范区					

地区	工业固体废物处置量（万吨）	#危险废物处置量（吨）	#处置往年贮存量（吨）	工业固体废物综合利用量（万吨）	"三废"综合利用产品产值（万元）
全省	**1286**	**2927**	**13**	**1103**	**49489**
西安市	3	902	1	117	7446
铜川市	26			36	1598
宝鸡市	173	128		103	5260
咸阳市	1	1197		125	4905
渭南市	445		12	465	17301
延安市	1	556		29	301
汉中市	45	144		115	9579
榆林市	591			84	738
安康市	1			24	547
商洛市				5	1792
杨凌示范区					22

20－24　各市工业废水排放及处理量

（2005 年）

地　　区	工业用水总量（万吨）	工业废水排放总量（万吨）	工业废水排放达标量（万吨）	废水治理设施运行费用（万元）
全　　省	**584391**	**42819**	**39704**	**31465**
西安市	94994	16969	16215	8125
铜川市	2245	322	319	355
宝鸡市	69510	7199	6947	4027
咸阳市	116908	8120	7724	3535
渭南市	207212	4789	4114	6976
延安市	23983	887	660	2175
汉中市	38988	1720	1586	3862
榆林市	26667	1208	1057	990
安康市	1168	582	473	371
商洛市	2613	970	559	957
杨凌示范区	103	53	50	92

20－25　各市废水处理设施运行情况

（2005 年）

地　　区	废水治理设施数（套）	废水治理设施处理能力（万吨/日）	工业用水重复利用率（%）	排入污水处理厂的（万吨）	工业废水排放达标率（%）
全　　省	**1747**	**262**	**86.2**	**4512**	**92.7**
西安市	506	64	76.4	2910	95.6
铜川市	53	2	68.3	27	99.2
宝鸡市	263	52	86.1	879	96.5
咸阳市	126	25	90.2	113	95.1
渭南市	192	52	90.3		85.9
延安市	90	4	65.9	414	74.4
汉中市	293	53	92.3	123	92.2
榆林市	62	2	90.6		87.5
安康市	46	3	40.3		81.2
商洛市	113	4	36.5		57.7
杨凌示范区	3	1	31.1	46	93.8

20－26 各市工业废气排放及处理情况

(2005年)

地　　区	工业废气排放总量（万标立方米）	燃料燃烧过程中废气排放量（万标立方米）	生产工艺过程中废气排放量（万标立方米）	废气治理设施数（套）	废气治理设施处理能力（万标立方米/时）
全　省	**49164330**	**31402512**	**17761818**	**3841**	**6942**
西安市	4705841	3882078	823763	950	1002
铜川市	4453131	490581	3962550	531	667
宝鸡市	8219294	5278110	2941184	720	1602
咸阳市	4407458	3788411	619047	270	883
渭南市	14524534	10213405	4311129	549	1653
延安市	978303	975835	2468	21	108
汉中市	3114221	1635217	1479004	486	326
榆林市	7825575	4702206	3123369	119	512
安康市	446787	90381	356406	119	118
商洛市	478830	340566	138264	69	70
杨凌示范区	10356	5722	4634	7	1

地　　区	工业二氧化硫排放量（吨）	烟尘排放量（吨）	烟尘去除量（吨）	工业粉尘去除量（吨）	废气治理设施运行费用（万元）
全　省	**799884**	**292469**	**3740763**	**841401**	**31677**
西安市	94341	39541	566810	58358	2539
铜川市	8412	2620	5179	264357	3046
宝鸡市	84274	15308	546553	131105	8249
咸阳市	128769	35900	756532	6406	2558
渭南市	326766	90720	1509651	107161	5502
延安市	12182	6436	68873		444
汉中市	46921	32145	154329	193631	5137
榆林市	84374	56882	128731	32694	3428
安康市	4971	4854	3598	13910	399
商洛市	8812	8051	451	33742	315
杨凌示范区	62	12	56	37	60

20－27 各市交通事故情况

地区	事故次数(件)		死亡人数(人)		受伤人数(人)		损失折款(万元)	
	2004年	2005年	2004年	2005年	2004年	2005年	2004年	2005年
全省	**13348**	**12011**	**2949**	**2698**	**8988**	**8905**	**6243**	**6242**
西安市	5215	4737	783	614	2927	3042	1983	1951
铜川市	641	496	81	87	524	386	501	406
宝鸡市	1352	1246	270	261	764	736	602	783
咸阳市	933	731	226	196	718	746	471	373
渭南市	1737	1527	362	393	1536	1433	663	586
延安市	686	527	326	279	609	560	315	311
汉中市	867	947	228	226	735	835	299	333
安康市	217	191	81	74	217	197	72	83
商洛市	386	385	212	191	380	443	151	163
榆林市	531	477	317	314	406	377	252	335
杨凌示范区	51	22	7	7	45	31	18	15
高交路	732	725	56	56	127	119	915	903

20－28 各市火灾事故情况

地区	事故次数(件)		死亡人数(人)		受伤人数(人)		损失折款(万元)	
	2004年	2005年	2004年	2005年	2004年	2005年	2004年	2005年
全省	**6954**	**7490**	**43**	**64**	**70**	**64**	**2448**	**4683**
西安市	2648	2664	8	13	10	15	579	1565
铜川市	121	161		2	1		37	139
宝鸡市	909	1269	2	4		3	168	621
咸阳市	687	838	1	12	4	10	283	486
渭南市	1102	1204	6	11	8	3	445	438
延安市	181	198	7	2	17	8	174	290
汉中市	450	478	2	9	2	5	208	418
榆林市	82	120	4	4	11	6	119	347
安康市	317	149	9	2	7		100	76
商洛市	374	315	4	5	8	14	313	254
杨凌示范区	83	94			2		22	48

主要统计指标解释

等级运动员人数 指经考核正式批准授予等级运动员称号的人数。运动员等级分为国际级运动健将、运动健将、一级运动员、二级运动员、三级运动员、少年级运动员。该指标主要反映运动员队伍的技术质量水平。

等级裁判员人数 指经考核正式批准授予等级裁判员称号的人数。裁判员等级分为国际裁判、国家级裁判、一级裁判、二级裁判、三级裁判。该指标主要反映裁判员队伍的技术质量水平。

卫生机构 包括医疗机构、疾病预防控制中心（防疫站）、采供血机构、卫生监督及监测（检验）机构、医学科研和在职培训机构、健康教育所等。

医院 包括综合医院、中医医院、中西医结合医院、各类专科医院和护理院。

卫生技术人员 指卫生机构中医生、护理人员、药剂人员、检验人员等卫生技术人员。

医生 指在医疗、预防保健机构工作且取得《执业医师证书》的执业医师和执业助理医师。

社会福利事业单位 指集中收养社会孤老、残、幼的机构，包括由民政部门管理的社会福利院、儿童福利院、精神病人福利院和城镇集体举办的福利院及农村集体举办的敬老院以及优抚医院和具有收养能力的社区服务中心等。

社会福利事业单位收养人数 包括民政部门管理和城镇、农村集体举办的社会福利事业单位中收养的老人、少年儿童、缺乏生活自理能力的残疾人员和精神病人。

社会福利企业单位 指以安置城镇有一定劳动能力的盲、聋、哑和肢体残疾人员就业为目的，享受国家减免税待遇的国有或集体企业。包括福利工厂、福利商业和服务业、假肢厂和安置农场等单位。

律师 指依法取得律师执业证书，担任法律顾问、民事（刑事、行政）案件代理人、刑事案件辩护人，办理非诉讼业务、解答法律询问，代写法律事务文书等，为社会提供法律服务的人员。

公证人员 指在公证处工作的人员总称，包括公证处主任、副主任、公证员、公证员助理（助理公证员）和其他从事辅助性工作的人员。

公证文书 指公证处根据当事人申请，依照事实和法律，按照法定程序制作的，具有法律效力的司法证明文书。根据公证书用途和使用地，公证书分为国内公证书、国内经济公证书、涉外民事公证书、涉外经济公证书四类。

调解人员 指在人民调解委员会担负调解民间纠纷工作的人员，包括调解委员会的委员和调解小组的调解员。

调解民间纠纷 指调解委员会按照法律规定，根据自愿原则，用说服教育的方法调解民间发生的有关民事权利和义务争执的件数，包括调解成功数和未调解成功数。

受理劳动争议案件数 指劳动争议仲裁委员会根据国家有关规定，对劳动争议当事人的申请予以审查，符合受理条件而正式立案、准备处理的劳动争议案件数。

工业废水排放量 指经过企业厂区所有排放口排到企业外部的工业废水量。包括生产废水、外排的直接冷却水、超标排放的矿井地下水和与工业废水混排的厂区生活污水，不包括外排的间接冷却水(清污不分流的间接冷却水应计算在内)。

工业废水排放达标量 指报告期内废水中各项污染物指标都达到国家或地方排放标准的外排工业废水量，包括未经处理外排达标和经污水处理厂处理后达标排放的两部分。

工业废水处理量 指报告期内各种水治理设施实际处理的工业废水量，包括处理后外排和处理后回用的工业废水量和虽经处理但未达到国家或地方排放标准的废水量。如车间和厂排放口均有治理设施，并对同一废水分级处理时，不应重复计算工业废水处理量。

工业废气排放量 指报告期内企业厂区内燃料燃烧和生产工艺过程中产生的各种排入大气的含有污染物的气体总量，按标准状态〔273K，101325Pa〕计算。

工业二氧化硫排放量 指报告期内企业在燃料燃烧和生产工艺过程中排入大气的二氧化硫总量。

工业烟尘排放量 指企业厂区内燃料燃烧过程中产生的烟气中夹带的颗粒物排放量。

工业粉尘排放量 指企业在生产工艺过程中排放的能在空气中悬浮一定时间的颗粒物排放量，如钢铁企业的耐火材料粉尘、焦化企业的筛焦系统粉尘、烧结机的粉尘、石灰窑的粉尘、建材企业的水泥粉尘等。不包括电厂排入大气的烟尘。

工业固体废物产生量 指报告期内企业在生产过程中产生的固体状、半固体状和高浓度液体状废弃物的总量，包括危险废物、冶炼废渣、粉煤灰、炉渣、煤矸石、尾矿、放射性废物和其他废物等；不包括矿山开采的剥离废石和掘进废石(煤矸石和呈酸性或碱性的废石除外)。酸性或碱性废石指采掘的废石其流经水、雨淋水的pH值小于4或pH值大于10.5者。

工业固体废物综合利用量 指报告期内企业通过回收、加工、循环、交换等方式，从固体废物中提取或者使其转化为可以利用的资源、能源和其他原材料的固体废物量(包括当年利用往年的工业固体废物累计贮存量)，如用作农业肥料、生产建筑材料、筑路等。综合利用量由原产生固体废物的单位统计。

工业固体废物贮存量 指报告期内企业以综合利用或处置为目的，将固体废物暂时贮存或堆存在专设的贮存设施或专设的集中堆存场所内的数量。专设的固体废物贮存场所或贮存设施必须有防扩散、防流失、防渗漏、防止污染大气、水体的措施。

工业固体废物处置量 指报告期内企业将固体废物焚烧或者最终置于符合环境保护规定要求的场所，并不再回取的工业固体废物量(包括当年处置往年的工业固体废物累计贮存量)。处置方法有填埋(其中危险废物应安全填埋)、焚烧、专业贮存场(库)封场处理、深层灌注、回填矿井等。

工业固体废物排放量 指报告期内企业将所产生的固体废物排到固体废物污染防治设施、场所以外的数量，不包括矿山开采的剥离废石和掘进废石(煤矸石和呈酸性或碱性的废石除外)。

“三废”综合利用产品产值 指利用“三废”(废液、废气、废渣)作为主要原料生产的产品价值(现行价)；已经销售或准备销售的应计算产品价值，留作生产自用的不应计算产品价值。

自然保护区 指对有代表性的自然生态系统、珍稀濒危野生动植物物种的天然分布区、水源涵养区、有特殊意义的自然历史遗迹等保护对象所在的陆地、陆地水体或海域，依法划出一定面积进行特殊保护和管理的区域。以县及县以上各级人民政府正式批准建立的自然保护区为准(包括“六五”以前由部门或“革委会”批准且现仍存在的自然保护区)。风景名胜区、文物保护区不计在内。

环境污染与破坏事故 指由于违反环境保护法规的经济、社会活动与行为，以及意外因素的影响或不可抗拒的自然灾害等原因，致使环境受到污染，国家重点保护的野生动植物、自然保护区受到破坏，人体健康受到危害，社会经济和人民财产受到损失，造成不良社会影响的突发性事件。

环境污染治理投资 指在工业污染源治理和城市环境基础设施建设的资金投入中，用于形成固定资产的资金。包括工业新老污染源治理工程投资、建设项目“三同时”环保投资，以及城市环境基础设施建设所投入的资金。

2006

統計年鑒

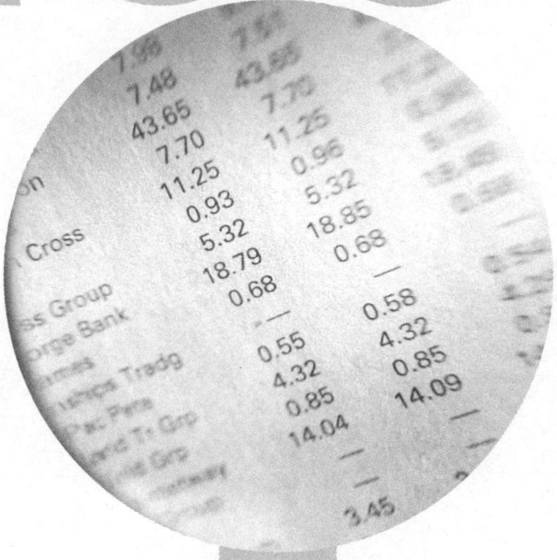

企业调查资料

QIYEDIAOCHAZILIAO

资料整理：朱雅丽　李　森

21－1 企业集团基本情况

（2005 年）

企 业 集 团 名 称	主要产品（或活动）	母公司控股情况	母公司注册类型
中国西电集团	全封闭组合电器、变压器、高压电瓷	国有绝对控股	国有企业
彩虹集团公司	彩色显象管	国有绝对控股	国有企业
西安飞机工业集团	飞机、航空零部件、豪华客车	国有绝对控股	其他有限责任公司
庆安集团	空调压缩机	国有绝对控股	其他有限责任公司
西安解放集团股份有限公司	国内商业、物资供销业、房地产开发	其 他	股份有限公司
西安民生集团股份有限公司	百货零售	国有相对控股	股份有限公司
陕西黄河集团	雷达及配套设备	国有绝对控股	国有独资公司
利君企业集团	红霉素碱、盐酸四环素、片剂	国有绝对控股	其他有限责任公司
陕西西安市新大陆集团	房地产开发、装饰业务	其 他	其他有限责任公司
西安交通大学开元集团	可视系列产品、房地产开发与管理、阳光教育	其 他	其他有限责任公司
陕西鼓风机集团	风机、风机配件	国有绝对控股	国有独资公司
五环集团	棉纱、布	国有绝对控股	其他有限责任公司
中国标准缝纫机集团	工业缝纫机	国有绝对控股	国有独资公司
陕西开成集团有限责任公司	服装、布类、矿产品	国有绝对控股	其他有限责任公司
西仪集团	压力仪表、温度仪表、1151 变送器	国有绝对控股	国有独资公司
西安高科集团	房地产经营开发、工业企业产品、商品贸易	国有绝对控股	国有企业
西安海星科技投资控股（集团）有限公司	饮料、计算机、超市	其 他	其他有限责任公司
陕西有色金属控股集团	钼精矿、钛材、铅锌矿	国有绝对控股	国有独资公司
陕西华远医药商业集团	药品批发、零售	国有绝对控股	其他有限责任公司
陕西煤业集团有限责任公司	煤炭开采、煤炭销售、氮肥制造	国有绝对控股	国有独资公司
陕西金叶科教集团	印刷服务、高新技术产业、房地产	国有相对控股	股份有限公司
煤航（集团）实业发展有限公司	建筑施工、测绘、商品贸易	国有绝对控股	国有企业
陕西建工集团	建筑业、摊铺机	国有绝对控股	国有企业
陕西省高速公路建设集团	通行费收入	国有绝对控股	国有独资公司
陕西旅游集团	景点收入、酒店餐饮	国有绝对控股	国有独资公司
陕西银河发展集团	综合自动化、电子仪表、开关柜	集体相对控股	其他有限责任公司
陕西省物资产业集团总公司	生产资料购销	国有绝对控股	国有企业
陕西东盛集团	白加黑、盖天力、维奥新	其 他	其他有限责任公司
陕西众兴企业集团	汽车销售、房地产开发	其 他	其他有限责任公司
长安信息产业集团	药品制造、药品批发销售、医疗房屋	其 他	股份有限公司
金花企业集团	旅游运输收入、转移因子口服液、商品销售	其 他	其他有限责任公司
陕西汽车集团	重型载货汽车、中型载重汽车、大客车底盘	国有绝对控股	其他有限责任公司
陕西煤航数码测绘集团	商品销售	国有相对控股	股份有限公司
陕西华圣企业集团	信息产业投资、报纸传媒、果品加工销售	国有相对控股	股份有限公司
陕西丹尼尔企业集团	商贸租赁、房地产开发	其 他	其他有限责任公司
陕西建设企业集团	翻斗车、摊铺机、稳拌机	国有绝对控股	国有独资公司
宝鸡商场（集团）股份有限公司	商品销售、药品	国有相对控股	股份有限公司
陕西宝光企业集团	真空开关管、真空开关、弹操机构	国有绝对控股	国有独资公司
陕西双菱化工集团有限公司	过磷酸钙、硫酸、磷酸一铵	国有绝对控股	国有独资公司
陕西东岭集团	钢材销售、铅锌矿冶炼、焦炭	集体绝对控股	股份有限公司
陕西烽火通信集团有限公司	通信电台、电子元件	国有绝对控股	其他有限责任公司
陕西秦明电子（集团）有限公司	心脏起搏器、传感器、变速器	其 他	其他有限责任公司
宝鸡忠诚机床集团	金属切削机床	国有绝对控股	国有企业

21－1 续表 1　　　　（2005 年）

企 业 集 团 名 称	主要产品（或活动）	母公司控股情况	母公司注册类型
秦川机床集团有限公司	金属切削机床、塑料加工机械、铸件	国有相对控股	其他有限责任公司
西北二棉集团有限公司	棉纱、棉布	国有绝对控股	国有独资公司
咸阳偏转集团公司	偏转线圈、彩色显示器	国有绝对控股	国有企业
陕西金山电气集团有限公司	彩偏磁芯、恒磁、电感器件	国有绝对控股	国有独资公司
陕西宴友思集团公司	肉制品	国有绝对控股	国有企业
陕西兴化企业集团	合成氨、硝酸铵、编织袋	国有绝对控股	国有独资公司
陕西华山化工集团	尿素、磷酸二铵	国有绝对控股	国有独资公司
陕西渭河煤化工集团	尿素、合成氨	国有绝对控股	其他有限责任公司
陕西龙门钢铁集团	钢材、钢坯、生铁	集体相对控股	其他有限责任公司
陕西秦岭水泥（集团）股份有限公司	水泥	国有相对控股	股份有限公司
陕西路桥集团有限公司	公路桥梁隧道	其　他	其他有限责任公司
陕西长岭集团	电冰箱、纺电产品	国有绝对控股	国有独资公司
陕西延长石油（集团）有限责任公司	汽油、柴油、液化气	国有绝对控股	国有独资公司
陕西广电网络传媒集团	广告代理、有线广播电视传输服务、音像制作	国有绝对控股	股份有限公司
西安航空发动机集团	航空发动机零部件、铝型材、剑杆织机	国有绝对控股	其他有限责任公司
陕西伟达企业集团	坯布	其　他	其他有限责任公司
陕西东隆集团有限责任公司	工程车生产及销售、餐饮，宾馆	其　他	其他有限责任公司
陕西五洋企业集团有限公司	贸易、装卸搬运	其　他	其他有限责任公司
西安唐城百货服装企业集团	零售贸易	国有绝对控股	股份有限公司
陕西唐华纺织印染集团	棉纱、棉布	国有绝对控股	国有独资公司
西安西无二电子信息企业集团	行输出变压器、压敏电阻器、安全交流电容器	国有绝对控股	国有独资公司
陕西伟业工贸企业集团	商品房、建材、物业服务	其　他	其　他
陕西西瑞集团	粮食储存收入	国有绝对控股	其他有限责任公司
陕西阳光企业集团	房地产开发	其　他	其他有限责任公司
陕西农工贸集团	农业物资	国有绝对控股	国有企业
西安饮食服务（集团）股份有限公司	餐饮、住宿、零售	国有相对控股	股份有限公司
陕西石羊（集团）股份有限公司	饲料、食用油、养殖	其　他	股份有限公司
陕西省机场管理集团公司	飞机起降保障、旅客及货邮吞吐保障	国有绝对控股	国有企业
长庆实业集团有限公司	原油、原油批发、建筑安装业	国有绝对控股	其他有限责任公司
西安东方集团有限公司	空调压缩机、摩托车	国有绝对控股	国有独资公司
陕西中财科技企业集团	胶印印刷、书刊印刷、票据印刷	其　他	其他有限责任公司
西安立丰企业发展投资（集团）有限公司	房地产销售	其　他	其他有限责任公司
西安蓝溪集团	救护车、C 型臂	其　他	其他有限责任公司
陕西嘉华企业集团有限公司	宾馆服务业、家居零售业	其　他	其他有限责任公司
陕西通达集团	公路施工	国有绝对控股	股份有限公司
陕西三宝双喜集团	补肾十七味、荣发胶囊	集体绝对控股	其　他
西安鼎天科技实业集团	移动通讯设备、腐植酸液肥料、双烯醇酮	其　他	其他有限责任公司
陕西威龙企业集团	家具销售、办公桌椅、沙发	其　他	港澳台合资企业
西安中药集团	中西成药	国有绝对控股	国有独资公司
西安航天恒星集团	电子滤波器	国有绝对控股	其 他
西安友谊集团	房屋出租	国有绝对控股	国有企业
陕西省中建企业集团	垃圾处理、有机复混肥	其　他	股份有限公司
陕西慧东企业集团	物业管理	其　他	其他有限责任公司

21-1 续表2 （2005年）

企业集团名称	主要产品(或活动)	母公司控股情况	母公司注册类型
陕西伟志集团	西服、衬衫、西裤	其他	股份有限公司
陕西省种业集团	玉米种子、小麦种子、油料种子	国有绝对控股	国有独资公司
西安宏府企业集团	房地产销售、建筑、制药	其他	其他有限责任公司
陕西老三届集团	房地产	其他	其他有限责任公司
西安骊山乳业集团	奶粉、液态奶、纸箱	国有绝对控股	国有企业
山海丹企业集团	山海丹中成药	国有绝对控股	国有企业
西安旅游集团	旅行社收入、旅游饭店收入、门票收入	国有绝对控股	国有独资公司
西安昆仑工业集团	军品生产与销售	国有绝对控股	国有独资公司
西安正信实业集团	建材、五金、房地产中介	其他	其他有限责任公司
西安荣华企业集团	房地产、钴酸锂	其他	其他有限责任公司
西安糖酒副食企业集团	糖酒副食	国有绝对控股	国有企业
西安经发集团	房地产、贸易、热力供应	国有绝对控股	国有独资公司
西安福乐集团	床垫、沙发	集体绝对控股	港澳台合资企业
陕西怡兰集团	物业管理、出租车经营、餐饮	其他	其他有限责任公司
西安前进企业集团	出租汽车、物业公司、汽车修理	其他	其他有限责任公司
陕西华安企业集团	房地产、计算机软硬件、广告	其他	其他有限责任公司
陕西中强实业集团	房地产开发、销售	其他	其他有限责任公司
西安秦骊置业投资集团	零售、房地产	其他	其他有限责任公司
西安交大启光科技集团	销售	国有相对控股	其他有限责任公司
西安永德信企业集团	沥青、钢材、床上用品	其他	其他有限责任公司
西安太阳食品集团	辣椒酱、锅巴、调味品	国有绝对控股	国有企业
西安万鼎实业集团	计算机销售	其他	其他有限责任公司
宝鸡好猫实业集团有限公司	柔性纸,胶印印刷、铝箔纸、纸箱	其他	其他有限责任公司
宝钛集团有限公司	钛材、钨材、钼材	国有绝对控股	股份有限公司
陕西咸阳五鑫集团有限公司	五金	国有绝对控股	国有企业
咸阳西北医疗器械(集团)有限公司	牙科综合治疗机、牙科用手机、牙科技工设备	其他	其他有限责任公司
陕西兴包企业集团有限责任公司	高瓦纸、生活用纸、纸箱	其他	其他有限责任公司
陕西省渭南市白扬集团	脂肪酸、洗衣粉	其他	其他有限责任公司
榆林市金域集团房地产开发公司	房地产开发	其他	其他有限责任公司
榆林市龙盟集团有限公司	房地产开发	其他	其他有限责任公司
榆林市海龙集团	商品房、物业管理、石油销售	其他	其他有限责任公司
榆林市东方集团	汽车销售	集体绝对控股	中外合资企业
陕西荣民集团	房地产开发	其他	其他有限责任公司
榆林市民生建工集团建筑工程有限责任公司	房屋建筑业	其他	其他有限责任公司
榆林市长盛集团	公路路面、公路路基、桥梁	其他	股份有限公司
榆林市文昌建工集团	建筑业、房地产业、室内装潢	其他	其他有限责任公司
榆林市兴亚集团	房地产开发	其他	其他有限责任公司
榆林市东洲大地集团有限公司	汽车销售	其他	其他有限责任公司
榆林龙洋机电集团	工程、农业机械零售	其他	股份有限公司
陕西方圆化工集团	合成氨	国有绝对控股	其他有限责任公司
陕西飞机工业(集团)有限公司	运八飞机系列、汉江微车系列	国有绝对控股	国有独资公司
陕西安康天宝集团有限公司	葛根素、薯芋皂素、书刊印刷	其他	其他有限责任公司

21－2 企业集团主要经济指标

（2005年） 单位：万元

分 组	单位数（个）	年末资产总计	固定资产原价	累计折旧	本年折旧	存货	流动资产年平均余额
总 计	**128**	**28795075**	**14518094**	**4903092**	**827420**	**3697696**	**12187720**
按集团审批部门分							
国务院	2	1755040	988848	440240	45554	313619	916170
国务院主管部门	6	1570720	790560	298590	42153	280214	797990
省级人民政府	26	13496118	8325891	2761221	543129	814125	4156136
省级人民政府主管部门	46	6103160	2964308	966698	126387	745547	2755177
其 他	48	5870037	1448487	436343	70197	1544191	3562247
按母公司控股情况分							
国有绝对控股	61	22932941	12634757	4492085	756844	2633617	9558276
国有相对控股	9	958854	445297	149448	20010	89940	425797
集体绝对控股	4	419547	137355	44620	8105	78465	238441
集体相对控股	2	634108	232650	36920	7818	113415	243978
其 他	52	3849625	1068035	180019	34643	782259	1721228
按集团主营行业分							
第一产业	2	163344	53687	9004	1486	12104	54329
农、林、牧、渔业	2	163344	53687	9004	1486	12104	54329
第二产业	70	20493424	11904881	4314451	740520	2411381	8827281
工 业	63	19415116	11655344	4243946	730661	2304894	8066594
采矿业	4	8113130	6793160	2475650	517736	305157	2287745
制造业	59	11301986	4862184	1768296	212925	1999737	5778849
建筑业	7	1078308	249537	70505	9859	106487	760687
第三产业	56	8138307	2559526	579637	85414	1274211	3306110
交通运输、仓储和邮政业	6	3791325	1611888	338816	52009	181527	616681
批发和零售业	25	1834842	478155	131975	22012	305927	1116687
住宿和餐饮业	2	123423	58246	14160	2349	4024	37198
房地产业	17	1740457	142400	29693	4937	763168	1303111
其 他	6	648260	268837	64993	4107	19565	232433
按母公司登记注册类型分							
国有企业	17	4682930	1787822	675652	81121	1051787	2934512
公司制企业	108	24048705	12719537	4224465	746018	2631300	9236579
国有独资企业	26	13944442	9128818	3177122	590926	791935	4243584
其他有限责任公司	60	8154043	2729139	759521	113401	1567109	4107206
股份有限公司	19	1918434	847804	282855	40814	269259	876493
中外合资企业	1	7946	206	62	30	1513	
港澳台合资企业	2	23840	13570	4905	847	1484	9296
其 他	3	63440	10735	2975	281	14609	16629

21－2 续表1

(2005 年)

单位:万元

分组	年末负债合计	流动负债	年末股东权益总计	股本	营业收入	主营业务收入	主营业务成本
总计	**18492842**	**12966460**	**10302233**	**4166224**	**15788481**	**15537843**	**11650354**
按集团审批部门分							
国务院	994293	959672	760747	250150	1138711	1112358	925836
国务院主管部门	991039	827378	579681	384193	848779	838279	704178
省级人民政府	8413244	5408392	5082874	1232732	7151171	7109727	4656223
省级人民政府主管部门	4068685	2832923	2034475	1259345	4014916	3895036	3253757
其他	4025581	2938095	1844456	1039804	2634904	2582443	2110360
按母公司控股情况分							
国有绝对控股	14859485	10206627	8073456	3127781	11702268	11507472	8220079
国有相对控股	620499	536340	338355	229694	497540	484992	380584
集体绝对控股	278803	258579	140744	27426	624754	623929	570428
集体相对控股	535024	407647	99084	56442	651183	640638	617334
其他	2199031	1557267	1650594	724881	2312736	2280812	1861929
按集团主营行业分							
第一产业	88360	67596	74984	31443	117170	117170	109106
农、林、牧、渔业	88360	67596	74984	31443	117170	117170	109106
第二产业	12513438	9918749	7979986	2795519	12666755	12463782	9110480
工业	11671132	9123084	7743984	2651237	11880188	11683398	8397291
采矿业	4010387	2970726	4102743	762178	5271422	5181035	2971536
制造业	7660745	6152358	3641241	1889059	6608766	6502363	5425755
建筑业	842306	795665	236002	144282	786567	780384	713189
第三产业	5891044	2980115	2247263	1339262	3004556	2956891	2430768
交通运输、仓储和邮政业	2770031	658508	1021294	468496	711391	702475	532486
批发和零售业	1440382	1047420	394460	340797	1503118	1479918	1364142
住宿和餐饮业	82198	66839	41225	31396	46436	46436	20171
房地产业	1240928	965034	499529	351475	516800	502979	386723
其他	357505	242314	290755	147098	226811	225083	127246
按母公司登记注册类型分							
国有企业	3217924	2787847	1465006	814928	2576394	2536987	2189297
公司制企业	15238325	10142020	8810380	3330136	13184588	12973357	9441143
国有独资企业	8471246	4974405	5473196	1412100	6717690	6603853	4070215
其他有限责任公司	5473754	4055081	2680289	1546895	4849409	4777090	4022494
股份有限公司	1271938	1091147	646496	357680	1601436	1576364	1334965
中外合资企业	6293	6293	1653	1680	9878	9878	9492
港澳台合资企业	15094	15094	8746	11781	6175	6172	3977
其他	36593	36593	26847	21160	27499	27499	19914

21－2 续表2　　　　　　　　　　（2005年）　　　　　　　　　　单位:万元

分　组	主营业务税金及附加	其他业务收入	新产品销售收入	存货跌价损失和营业、管理、财务等费用合计	税　金	投资收益	营业外收入
总　计	**309653**	**250638**	**1672480**	**1880681**	**32347**	**27604**	**－3253**
按集团审批部门分							
国务院	3981	26353	152749	203314	3650	－1230	1770
国务院主管部门	2798	10500	344252	116428	866	3645	2629
省级人民政府	244791	41444	322363	617289	10097	9998	8037
省级人民政府主管部门	27346	119880	404517	540540	11906	483	8633
其　他	30737	52461	448599	403110	5828	14708	－24322
按母公司控股情况分							
国有绝对控股	251778	194796	1607178	1390973	24502	16099	19177
国有相对控股	7763	12548	32728	126255	1835	1202	673
集体绝对控股	1628	825		30078	478	435	63
集体相对控股	2373	10545		24865	917	3409	504
其　他	46111	31924	32574	308510	4615	6459	－23670
按集团主营行业分							
第一产业	5			10983	226	－9856	355
农、林、牧、渔业	5			10983	226	－9856	355
第二产业	242902	202973	1671744	1457699	25353	18322	20079
工　业	219714	196790	1671744	1402998	24548	18440	15727
采矿业	192664	90387	41602	409641	6007	4451	4224
制造业	27050	106403	1630142	993357	18541	13989	11503
建筑业	23188	6183		54701	805	－118	4352
第三产业	66746	47665	736	411999	6768	19138	－23687
交通运输、仓储和邮政业	33513	8916	736	105594	1009	3330	1262
批发和零售业	5286	23200		144647	2798	1780	－25819
住宿和餐饮业	2353			24210	211	－132	226
房地产业	19433	13821		69000	1555	6045	316
其　他	6161	1728		68548	1195	8115	328
按母公司登记注册类型分							
国有企业	37876	39407	291693	350817	6015	6024	5181
公司制企业	270737	211231	1380787	1524627	26231	21580	－8491
国有独资企业	206082	113837	457736	691351	12735	8177	9641
其他有限责任公司	51331	72319	855098	605260	9512	10370	－19127
股份有限公司	13236	25072	67953	225440	3930	2964	995
中外合资企业	1			320	18		
港澳台合资企业	87	3		2256	36	69	
其　他	1040			5237	101		57

21－2 续表 3　　　　（2005 年）　　　　单位:万元

分　组	利润总额	应　交 所得税	应　交 增值税	固定资产 投资完成额	研究开发 费　用	从业人员 劳动报酬
总　计	**1567945**	**224728**	**451083**	**2399658**	**283974**	**814769**
按集团审批部门分						
国务院	－77009	8608	39161	86735	136067	82850
国务院主管部门	26338	2777	14115	79725	44877	71693
省级人民政府	1470233	169398	234081	1795173	32803	312825
省级人民政府主管部门	114431	22134	131273	248806	22247	232943
其　他	33952	21811	32453	189219	47980	114458
按母公司控股情况分						
国有绝对控股	1532230	188900	362586	2163109	269844	715911
国有相对控股	－36360	9709	15127	18375	3825	26963
集体绝对控股	22981	1186	17581	39703	211	5135
集体相对控股	7209	1314	21117	46741	180	12470
其　他	41885	23619	34672	131730	9914	54290
按集团主营行业分						
第一产业	－12859			310	93	3717
农、林、牧、渔业	－12859			310	93	3717
第二产业	1545620	184627	409026	1800748	281236	729944
工　业	1540697	183462	407456	1797409	281236	694994
采矿业	1457317	143279	227481	1280826	6460	290175
制造业	83380	40183	179975	516583	274776	404819
建筑业	4923	1165	1570	3339		34950
第三产业	35184	40101	42057	598600	2645	81108
交通运输、仓储和邮政业	40461	14713	8177	520864	1763	28858
批发和零售业	－52628	7334	30883	60269	310	24835
住宿和餐饮业	632	1104	156			5347
房地产业	19336	9705	2400	15268	531	11908
其　他	27383	7245	441	2199	41	10160
按母公司登记注册类型分						
国有企业	－70412	16730	47421	111337	138640	149357
公司制企业	1637035	207194	403165	2287145	144838	663090
国有独资企业	1513861	154367	264951	1857264	46654	419075
其他有限责任公司	115440	33615	90817	348013	95934	195862
股份有限公司	7847	19196	47093	81850	2250	47512
中外合资企业	4		10			190
港澳台合资企业	－117	16	294	18		451
其　他	1322	804	497	1176	496	2322

21－3 企业集团主要经济效益指标

（2005 年）

单位:%

分组	净资产收益率	总资产报酬率	销售利润率	资本保值增值率	成本费用利润率	资产利税率	总资产使用率	劳动生产率（万元/人）
总计	**13.04**	**6.50**	**9.93**	**122.09**	**11.59**	**8.09**	**53.96**	**32.10**
按集团审批部门分								
国务院	－11.25	－3.43	－6.76	92.15	－6.82	－1.93	63.38	29.41
国务院主管部门	4.06	2.89	3.10	108.88	3.21	2.75	53.37	21.11
省级人民政府	25.59	11.98	20.56	148.00	27.88	14.44	52.68	41.79
省级人民政府主管部门	4.54	3.17	2.85	109.67	3.02	4.47	63.82	23.83
其他	0.66	1.32	1.29	103.00	1.35	1.65	43.99	35.93
按母公司控股情况分								
国有绝对控股	16.64	7.61	13.09	132.13	15.94	9.36	50.18	28.42
国有相对控股	－13.62	－1.64	－7.31	87.58	－7.17	－1.40	50.58	22.61
集体绝对控股	15.49	6.39	3.68	137.29	3.83	10.06	148.71	170.60
集体相对控股	5.95	2.53	1.11	99.53	1.12	4.84	101.03	70.06
其他	1.11	2.61	1.81	94.89	1.93	3.19	59.25	51.19
按集团主营行业分								
第一产业	－17.15	－5.78	－10.97	94.46	－10.71	－7.87	71.73	46.89
农、林、牧、渔业	－17.15	－5.78	－10.97	94.46	－10.71	－7.87	71.73	46.89
第二产业	17.06	8.53	12.20	129.11	14.63	10.72	60.82	29.40
工业	17.53	8.94	12.97	130.22	15.72	11.17	60.18	29.18
采矿业	32.03	18.87	27.65	186.76	43.10	23.14	63.86	30.93
制造业	1.19	1.81	1.26	97.10	1.30	2.57	57.53	27.92
建筑业	1.59	1.19	0.63	100.85	0.64	2.75	72.37	33.15
第三产业	－0.22	1.64	1.17	103.18	1.24	1.77	36.33	51.35
交通运输、仓储和邮政业	2.52	2.26	5.69	105.29	6.34	2.17	18.53	45.24
批发和零售业	－15.20	－1.61	－3.50	94.15	－3.49	－0.90	80.66	72.48
住宿和餐饮业	－1.14	2.76	1.36	88.96	1.42	2.54	37.62	8.14
房地产业	1.93	1.89	3.74	106.83	4.24	2.37	28.90	63.86
其他	6.93	6.28	12.07	105.65	13.99	5.24	34.72	27.52
按母公司登记注册类型分								
国有企业	－5.95	－0.60	－2.73	96.28	－2.77	0.32	54.18	32.76
公司制企业	16.23	7.90	12.42	128.08	14.93	9.61	53.95	32.00
国有独资企业	24.84	11.82	22.54	151.91	31.79	14.23	47.36	26.58
其他有限责任公司	3.05	2.54	2.38	102.00	2.49	3.16	58.59	38.90
股份有限公司	－1.76	2.19	0.49	101.81	0.50	3.55	82.17	47.20
中外合资企业	0.24	0.53	0.04	99.94	0.04	0.19	124.31	47.49
港澳台合资企业	－1.52	1.54	－1.89	76.22	－1.88	1.11	25.89	12.55
其他	1.93	3.34	4.81	70.80	5.26	4.51	43.35	22.05

21-3续表 (2005年) 单位:%

分　组	流动资产比　率	资　金利润率	资　产负债率	长期负债与资产总计比　率	流动比率	速动比率	新产品销售收入与营业收入比率	研究开发费用与主营业务收入比率
总　计	**42.33**	**7.19**	**64.22**	**19.19**	**93.99**	**65.48**	**10.59**	**1.83**
按集团审批部门分								
国务院	52.20	-5.26	56.65	1.97	95.47	62.79	13.41	12.23
国务院主管部门	50.80	2.04	63.09	10.42	96.45	62.58	40.56	5.35
省级人民政府	30.80	15.12	62.34	22.26	76.85	61.79	4.51	0.46
省级人民政府主管部门	45.14	2.41	66.67	20.25	97.26	70.94	10.08	0.57
其　他	60.69	0.74	68.58	18.53	121.24	68.69	17.03	1.86
按母公司控股情况分								
国有绝对控股	41.68	8.66	64.80	20.29	93.65	67.84	13.73	2.34
国有相对控股	44.41	-5.04	64.71	8.78	79.39	62.62	6.58	0.79
集体绝对控股	56.83	6.94	66.45	4.82	92.21	61.87		0.03
集体相对控股	38.48	1.64	84.37	20.09	59.85	32.03		0.03
其　他	44.71	1.61	57.12	16.67	110.53	60.30	1.41	0.43
按集团主营行业分								
第一产业	33.26	-12.99	54.09	12.71	80.37	62.47		0.08
农、林、牧、渔业	33.26	-12.99	54.09	12.71	80.37	62.47		0.08
第二产业	43.07	9.41	61.06	12.66	89.00	64.68	13.20	2.26
工　业	41.55	9.95	60.11	13.12	88.42	63.16	14.07	2.41
采矿业	28.20	22.06	49.43	12.81	77.01	66.74	0.79	0.12
制造业	51.13	0.94	67.78	13.35	93.93	61.43	24.67	4.23
建筑业	70.54	0.52	78.11	4.33	95.60	82.22		
第三产业	40.62	0.67	72.39	35.77	110.94	68.18	0.02	0.09
交通运输、仓储和邮政业	16.27	2.14	73.06	55.69	93.65	66.08	0.10	0.25
批发和零售业	60.86	-3.60	78.50	21.42	106.61	77.41		0.02
住宿和餐饮业	30.14	0.78	66.60	12.44	55.65	49.63		
房地产业	74.87	1.37	71.30	15.85	135.03	55.95		0.11
其　他	35.85	6.28	55.15	17.77	95.92	87.85		0.02
按母公司登记注册类型分								
国有企业	62.66	-1.74	68.72	9.18	105.26	67.53	11.32	5.46
公司制企业	38.41	9.23	63.36	21.19	91.07	65.13	10.47	1.12
国有独资企业	30.43	14.85	60.75	25.08	85.31	69.39	6.81	0.71
其他有限责任公司	50.37	1.90	67.13	17.40	101.29	62.64	17.63	2.01
股份有限公司	45.69	0.54	66.30	9.42	80.33	55.65	4.24	0.14
中外合资企业		2.78	79.20			-24.04		
港澳台合资企业	38.99	-0.65	63.31		61.59	51.76		
其　他	26.21	5.42	57.68		45.44	5.52		1.80

21－4 建立现代企业制度重点监测企业主要经济指标

（2005年） 单位:万元

分 组	企业数（个）	注册资本合 计	资产总计	负债合计	主营业务收 入	利润总额
总 计	**133**	**5228039**	**25817819**	**16996107**	**15129882**	**1294484**
按控股情况分						
国有及国有控股	102	4747558	22467471	14994408	12102993	1120856
国有绝对控股	87	4435590	20998581	13960191	11142366	1130596
国有相对控股	15	311968	1468890	1034217	960627	－9740
集体控股	7	19323	461777	309886	691789	26999
集体绝对控股	5	14893	454244	305366	679788	26929
集体相对控股	2	4430	7533	4520	12001	70
其 他	24	461158	2888571	1691813	2335100	146629
按主营行业分						
农、林、牧、渔业						
工 业	115	4760681	20519788	12739547	13329864	1239116
采矿业	5	966047	4037647	1565054	3019742	890932
制造业	102	3098425	13029380	8955798	8388885	333972
电力、燃气及水的生产和供应业	8	696209	3452761	2218695	1921237	14212
建筑业	1	13000	85990	72286	72007	502
交通运输、仓储和邮政业	2	140842	2784167	2393680	237503	26636
批发和零售业	10	99819	1046901	757034	1041184	9457
住宿和餐饮业	1	17162	87610	54754	28721	2967
金融业	1	31419	136570	106540	4665	－1247
房地产业	1	150000	1113948	852942	359269	14227
租赁和商务服务业	2	15116	42845	19324	56669	2826
按登记注册类型分						
国有企业	25	1875646	6725717	3962925	4822492	475223
公司制企业	108	3352393	19092102	13033182	10307390	819261
国有独资企业	15	809832	7501390	4901190	2949274	589759
其他有限责任公司	51	1719779	8164660	6066696	4809315	110491
股份有限公司	34	514261	2412757	1509351	1707006	26906
中外合资企业	5	111441	695140	443208	615646	82273
港澳台合资企业	3	197080	318155	112737	226149	9832
按企业规模分						
大 型	63	4430960	22571868	14593154	12810701	1253651
中 型	62	736969	2982228	2124886	2273818	47821
小 型	6	27041	115741	162692	11634	－6358
其 他	2	33069	147982	115375	33729	－630
按三次产业分						
第一产业						
第二产业	116	4773681	20605778	12811833	13401871	1239618
第三产业	17	454358	5212041	4184274	1728011	54866

21－5 建立现代企业制度重点监测企业主要经济效益指标

（2005年）

单位:%

分组	净资产收益率	总资产报酬率	销售利润率	资本保值增值率	成本费用利润率	资产利税率	总资产使用率	劳动生产率（万元/人）
总计	**12.05**	**6.09**	**8.42**	**117.75**	**9.48**	**9.20**	**58.60**	**33.75**
按控股情况分								
国有及国有控股	12.23	6.06	9.09	121.14	10.38	9.27	53.87	31.01
国有绝对控股	13.25	6.42	9.96	123.59	11.54	9.78	53.06	30.74
国有相对控股	-4.34	1.00	-0.99	91.72	-0.97	1.93	65.40	34.60
集体控股	16.12	6.80	3.89	134.99	4.06	10.86	149.81	62.70
集体绝对控股	16.99	6.87	3.95	139.67	4.13	10.95	149.65	65.29
集体相对控股	-26.82	2.27	0.58	50.80	0.59	5.59	159.31	19.26
其他	10.42	6.16	6.23	98.85	6.69	8.39	80.84	50.05
按主营行业分								
农、林、牧、渔业								
工业	13.27	7.11	9.14	118.28	10.39	11.01	64.96	31.78
采矿业	30.69	22.36	28.78	168.90	43.50	30.71	74.79	31.19
制造业	6.46	3.72	3.92	108.17	4.20	6.61	64.38	30.50
电力、燃气及水的生产和供应业	0.85	2.10	0.74	91.57	0.74	4.55	55.64	40.51
建筑业	3.66	1.78	0.69	103.81	0.71	2.56	83.74	23.94
交通运输、仓储和邮政业	5.36	2.21	11.07	126.94	12.80	1.20	8.53	44.91
批发和零售业	-0.50	2.06	0.90	105.46	0.92	4.31	99.45	91.86
住宿和餐饮业	6.05	4.79	10.33	106.44	11.51	5.23	32.78	8.52
金融业	-4.91	-0.59	-26.73	95.33	-23.69	-0.71	3.42	14.90
房地产业	2.82	1.88	3.95	110.59	4.19	2.57	32.25	78.31
租赁和商务服务业	10.24	7.31	4.97	115.92	5.23	7.84	132.27	61.74
按登记注册类型分								
国有企业	14.04	7.94	9.62	132.06	11.59	15.67	71.70	33.39
公司制企业	11.14	5.43	7.85	112.20	8.57	6.92	53.99	33.92
国有独资企业	19.42	8.68	19.83	129.21	24.80	10.66	39.32	31.35
其他有限责任公司	3.66	2.69	2.26	104.58	2.33	3.53	58.90	33.01
股份有限公司	1.15	2.54	1.55	97.95	1.59	4.10	70.75	34.27
中外合资企业	29.51	13.67	13.35	125.23	15.34	16.50	88.56	88.78
港澳台合资企业	4.20	3.31	4.34	79.59	4.54	6.36	71.08	31.13
按企业规模分								
大型	13.02	6.51	9.63	118.98	10.96	9.49	56.76	33.80
中型	3.62	3.50	2.07	107.48	2.21	7.98	76.25	34.29
小型	13.61	-2.01	-54.48	106.06	-34.50	-4.76	10.05	5.55
其他	-2.82	-0.15	-1.86	99.45	-1.84	-0.12	22.79	36.78
按三次产业分								
第一产业								
第二产业	13.25	7.09	9.09	118.25	10.33	10.97	65.04	31.73
第三产业	2.89	2.12	3.14	114.05	3.30	2.19	33.15	67.02

21-5续表 (2005年) 单位:%

分组	流动资产比率	资金利润率	资产负债率	长期负债与资产总计比率	流动比率	速动比率	新产品销售收入与销售收入比率	研究开发费用与营业收入比率
总计	**42.64**	**6.15**	**65.83**	**20.62**	**94.31**	**63.90**	**13.65**	**1.50**
按控股情况分								
国有及国有控股	41.72	6.04	66.74	21.52	92.27	63.79	15.62	1.74
国有绝对控股	41.38	6.48	66.48	22.42	93.91	65.56	15.95	1.82
国有相对控股	46.67	-0.87	70.41	8.65	75.57	45.75	11.76	0.85
集体控股	58.25	7.15	67.11	5.08	93.91	61.32	0.03	0.03
集体绝对控股	58.42	7.24	67.23	5.17	94.14	61.53	0.03	0.03
集体相对控股	48.04	1.27	60.00	0.03	80.10	47.94		
其他	47.27	6.97	58.57	16.09	111.27	65.42	7.34	0.66
按主营行业分								
农、林、牧、渔业								
工业	43.95	6.77	62.08	15.07	93.49	63.99	15.48	1.70
采矿业	36.75	27.25	38.76	4.80	108.19	90.12		0.23
制造业	52.53	3.24	68.74	14.40	96.67	60.49	24.60	2.57
电力、燃气及水的生产和供应业	20.01	0.30	64.26	29.63	57.78	54.72		0.18
建筑业	78.01	0.60	84.06	13.87	111.14	101.49		
交通运输、仓储和邮政业	9.97	4.17	85.97	68.95	58.55	56.57		
批发和零售业	51.92	1.18	72.31	6.47	78.86	60.60		0.02
住宿和餐饮业	23.75	5.20	62.50	17.53	52.81	47.65		
金融业	86.48	-1.04	78.01	18.07	144.27	100.03		
房地产业	84.62	1.42	76.57	17.14	142.39	63.24		0.08
租赁和商务服务业	47.45	7.45	45.10	1.14	107.94	106.27		
按登记注册类型分								
国有企业	51.01	6.30	58.92	9.15	102.49	62.38	8.34	1.27
公司制企业	39.69	6.07	68.26	24.66	91.02	64.52	16.16	1.60
国有独资企业	25.87	12.25	65.34	33.81	82.05	72.06	9.74	1.07
其他有限责任公司	48.63	1.74	74.30	22.17	93.27	59.72	23.88	2.47
股份有限公司	49.36	1.41	62.56	9.75	93.48	61.18	8.96	0.57
中外合资企业	48.44	62.09	63.76	17.23	104.12	69.16	12.15	0.84
港澳台合资企业	43.86	3.34	35.43	2.02	131.26	114.78		
按企业规模分								
大型	41.42	6.66	64.65	21.00	94.90	64.65	14.54	1.59
中型	49.69	2.37	71.25	17.53	92.48	60.34	8.91	0.99
小型	42.16	-8.63	140.57	30.51	38.31	23.87		
其他	86.56	-0.48	77.97	17.01	142.01	101.85		
按三次产业分								
第一产业								
第二产业	44.09	6.74	62.18	15.07	93.60	64.22	15.40	1.69
第三产业	36.89	2.07	80.28	42.57	97.84	62.34		0.03

21－6 建立现代企业制度重点监测企业组织机构组建情况

（2005 年）

分　　组	成　立 股东会	成　立 董事会	成　立 监事会	设立独立 董　　事	董事长与 总经理由 一人兼任
总　　计	**76**	**102**	**89**	**39**	**27**
按控股情况分					
国有及国有控股	51	71	62	28	17
国有绝对控股	36	56	47	20	13
国有相对控股	15	15	15	8	4
集体控股	7	7	7	2	4
集体绝对控股	5	5	5	1	3
集体相对控股	2	2	2	1	1
其　他	18	24	20	9	6
按登记注册类型分					
国有企业					
公司制企业	76	102	89	39	27
国有独资企业		12	9	4	3
其他有限责任公司	38	48	43	11	16
股份有限公司	34	34	34	23	6
中外合资企业	4	5	3	1	2
港澳台合资企业		3			
其　他					
按企业规模分					
大　型	29	46	41	16	10
中　型	41	50	42	21	14
小　型	4	4	4	1	2
其　他	2	2	2	1	1

21－7 建立现代企业制度重点监测企业劳动工资指标

指　　　标	单　　位	2002 年	2003 年	2004 年	2005 年
调查企业单位数	个	150	150	132	133
从业人员年末人数	人	517717	513239	464284	455621
#在岗职工	人	506417	507757	444180	432666
#研究开发人员	人	26237	25125	20566	23098
从业人员劳动报酬	万元	728148	814807	847554	908738
#在岗职工劳动报酬	万元	719382	810492	831423	894192
#研究开发人员劳动报酬	万元	49947	50599	47152	58763

21－8 建立现代企业制度重点监测企业基本情况一览表

企业名称	企业规模	主营行业或主要产品	登记注册类型	企业控股情况
陕西安康天宝集团有限公司	小型	医药生物、书刊印刷、建材市场	其他有限责任公司	其　他
西安标准工业股份有限公司	大型	缝纫机械制造	股份有限公司	国有绝对控股
陕西陕化化肥股份有限公司	大型	合成氨、尿素、磷酸二铵	股份有限公司	国有绝对控股
陕西秦岭水泥(集团)股份有限公司	大型	水泥制造	股份有限公司	国有相对控股
陕西省物资产业集团总公司	中型	物资购销、房地产开发、进出口及信息咨询	国有企业	国有绝对控股
延长油田股份公司	大型	原油、炼油加工	国有企业	国有绝对控股
延安卷烟厂	中型	卷烟	国有企业	国有绝对控股
西安解放集团股份有限公司	大型	国内贸易业、物资供销业、房地产开发	股份有限公司	其　他
陕西铜川鑫光铝业有限公司	大型	电解铝、电工圆铝杆、裸铝线	其他有限责任公司	国有绝对控股
陕西恒兴果汁饮料有限公司	中型	浓缩果汁加工销售、果品储藏、果渣饲料生产销售	中外合资企业	其　他
陕西法士特齿轮有限责任公司	大型	重型汽车变速器、汽车配件、OEM 出口齿轮	其他有限责任公司	其　他
陕西渭河煤化工集团有限责任公司	大型	尿素、合成氨	其他有限责任公司	国有绝对控股
陕西铜变实业股份有限公司	中型	变压器	股份有限公司	国有绝对控股
陕西东风昌河车桥股份有限公司	中型	轻微型汽车后桥、轻微型农用车前后桥、电动车前后桥	股份有限公司	国有绝对控股
陕西华电材料总公司	中型	覆铜板、绝缘板、封装材料	国有企业	国有绝对控股
陕西神果股份有限公司	中型	乳制品、液体乳	股份有限公司	其　他
陕西渭河发电有限公司	大型	火力发电	港澳台合资企业	其　他
陕西第一毛纺织厂	小型	呢绒、服装制造、毛条加工	国有企业	国有绝对控股
咸阳偏转集团公司	大型	偏转线圈、锂电池	国有企业	国有绝对控股
陕西兴化集团有限责任公司	中型	纯碱、氯化铵、二氧化碳	国有独资公司	国有绝对控股
西北二棉集团有限公司	大型	棉纱、棉布	国有独资公司	国有绝对控股
陕西金山电气集团有限公司	中型	彩偏磁芯、恒磁、电感器件	国有独资公司	国有绝对控股
陕西风轮纺织股份有限公司	大型	纱线、坏布	股份有限公司	集体绝对控股
咸阳华润纺织有限公司	大型	棉纱、布料	港澳台合资企业	国有绝对控股
陕西宴友思股份有限公司	中型	肉制品	股份有限公司	国有绝对控股
陕西康佳电子有限公司	中型	彩色电视机	港澳台合资企业	国有绝对控股
陕西华电蒲城发电有限责任公司	大型	火力发电	其他有限责任公司	国有绝对控股
陕西压延设备厂	大型	金属轧制设备、锻压设备	国有企业	国有绝对控股
陕西龙门钢铁(集团)有限责任公司	大型	钢材、粗钢、生铁	其他有限责任公司	国有相对控股
韩城矿务局	大型	原煤、洗精煤、焦炭	国有企业	国有绝对控股
陕西陕焦化工有限公司	中型	焦炭、焦油、粗苯	其他有限责任公司	集体绝对控股
陕西省化工总厂	中型	甲胺、烧碱、液氯	国有企业	国有绝对控股
陕西恒源实业股份有限公司	中型	火力发电	股份有限公司	其　他
陕西省渭通科股份有限公司	中型	制粉机械、建筑机械、电动机	股份有限公司	国有相对控股
陕西韩焦股份有限公司	中型	炼焦业	股份有限公司	其　他
金堆城钼业集团有限公司	大型	氧化钼、钼酸胺、钼精矿	国有独资公司	国有绝对控股
陕西新黄工机械有限责任公司	中型	推土机、装载机、挖掘机	其他有限责任公司	其　他
陕西秦岭发电有限责任公司	大型	火力发电	其他有限责任公司	国有绝对控股
陕西方菱冷弯型钢股份有限公司	小型	型钢	股份有限公司	国有相对控股
长岭(集团)股份有限公司	中型	家用电冰箱、纺织电子应用仪器	股份有限公司	国有相对控股
中铁宝桥股份有限公司	大型	钢梁钢结构、道岔、高锰钢辙叉	股份有限公司	国有相对控股
陕西秦明电子(集团)有限公司	中型	心脏起搏器、压力传感及变送器	其他有限责任公司	其　他
西北机器厂	中型	电子专用设备制造业	国有企业	国有绝对控股
宝鸡石油机械有限责任公司	大型	石油钻采专用设备制造	其他有限责任公司	国有绝对控股
陕西西凤酒股份有限公司	中型	生产经销西凤酒	股份有限公司	国有绝对控股

21 -8 续表 1

企 业 名 称	企业规模	主营行业或主要产品	登记注册类型	企业控股情况
宝鸡卷烟厂	大型	卷烟	国有企业	国有绝对控股
宝钛集团有限公司	大型	钛材、钨材、钼材	其他有限责任公司	国有绝对控股
宝鸡石油钢管有限责任公司	中型	钢压延加工业	其他有限责任公司	国有绝对控股
陕西炭素制品有限责任公司	中型	石墨电极、炭块、非标制品	其他有限责任公司	国有绝对控股
宝鸡机床厂	中型	金属切削机床制造	国有企业	国有绝对控股
宝鸡忠诚机床股份有限公司	中型	金属切削机床制造	股份有限公司	国有绝对控股
陕西宝成航空仪表有限责任公司	大型	飞机制造及修理、纺织设备高速并条机	其他有限责任公司	国有绝对控股
宝鸡商场(集团)股份有限公司	大型	百货超市及酒店、路桥收费及广告、制药	股份有限公司	国有相对控股
宝鸡北方照明电器(集团)股份有限公司	中型	电光源制造	股份有限公司	国有绝对控股
秦川机床集团有限公司	大型	金属切削机床、塑料加工机械、汽车	其他有限责任公司	国有相对控股
陕西凌云电器总公司	大型	无线电导航设备、蓄电池、电子调谐器	国有企业	国有绝对控股
陕西烽火通信集团有限公司	大型	通信电台、电子元件	其他有限责任公司	国有绝对控股
陕西东岭集团	大型	物资流通、锌冶炼、焦炭	股份有限公司	集体绝对控股
陕西双菱化工集团有限责任公司	中型	磷肥、硫酸、磷酸一铵	其他有限责任公司	国有绝对控股
宝鸡惠民乳品(集团)有限公司	中型	全脂牛奶粉	其他有限责任公司	集体相对控股
陕西九棉实业有限责任公司	中型	棉纱、棉布、锦纶 6 浸胶帘子布	其他有限责任公司	国有绝对控股
陕西宝光真空电器股份有限公司	中型	真空开关管、真空断路器、真空开关柜	股份有限公司	国有相对控股
陕西榆林天然气化工有限责任公司	中型	甲　　醇	国有独资公司	国有绝对控股
陕西方圆化工集团有限责任公司	中型	合成氨、碳酸氢铵	其他有限责任公司	国有绝对控股
陕西八大电力股份有限公司	中型	生产销售电力	股份有限公司	国有绝对控股
西安华联制皮工业股份有限公司	小型	生产销售皮革	股份有限公司	其　　他
西安利君制药有限责任公司	大型	利君沙、派奇、红霉素	中外合资企业	其　　他
陕西海升果业发展股份有限公司	大型	浓缩苹果汁加工及销售、果蔬汁加工及销售	中外合资企业	其　　他
西安西华热电化工有限责任公司	大型	烧碱、聚氯乙烯、盐酸	其他有限责任公司	国有绝对控股
庆安集团有限公司	大型	飞机制造及修理、空调器压缩机	其他有限责任公司	国有绝对控股
西安大唐电信有限公司	中型	SP30 程控数字交换机、移动通信设备、SCDMA 系列产品	其他有限责任公司	国有绝对控股
陕西省高速公路建设集团公司	大型	公路建、营、养、管	国有独资公司	国有绝对控股
长庆石油勘探局	大型	钻井工程、井下作业、建筑施工	国有企业	国有绝对控股
陕西远丰纺织有限公司	中型	纺针织品服装批发、出口业务代理、煤碳销售	其他有限责任公司	集体相对控股
西安交大开元集团	中型	可视系列产品、阳光教育、房地产开发与管理	其他有限责任公司	其　　他
西安航空发动机(集团)有限公司	大型	航空发动机、航空发动机零部件、剑杆织机	其他有限责任公司	国有绝对控股
陕西金叶科教集团股份有限公司	中型	印刷服务、高新技术产业、教育产业	股份有限公司	国有相对控股
西安筑路机械有限公司	中型	沥青混合料搅拌设备、沥青混合料推铺机、养护机械	其他有限责任公司	国有绝对控股
中国石油化工股份有限公司西安石化分公司	中型	汽油、柴油、石油沥青	国有企业	国有绝对控股
陕西省天然气股份有限公司	中型	管道运输	中外合资企业	国有绝对控股
西安飞机工业(集团)有限责任公司	大型	飞机制造及修理、无纺布	其他有限责任公司	国有绝对控股
陕西省农工贸(集团)总公司	小型	农机批发	国有企业	国有绝对控股
西安航空动力控制工程有限责任公司	大型	单螺杆泵、非标设备、热能去毛刺机	国有独资公司	国有绝对控股
西安市自来水总公司	大型	自来水生产与供应	国有企业	国有绝对控股
西安民生集团股份有限公司	大型	百货零售	股份有限公司	其　　他
陕西鼓风机(集团)有限公司	大型	风机、风机配件	国有独资公司	国有绝对控股
陕西华圣企业(集团)股份有限公司	大型	果品选购贮存、报纸传媒、塑料建材生产	股份有限公司	国有相对控股
陕西广电网络传媒股份有限公司	中型	广告业、有线广播电视传输服务、电视	股份有限公司	国有绝对控股
陕西秦龙电力股份有限公司	中型	电力生产	股份有限公司	国有绝对控股
青岛啤酒西安汉斯集团有限公司西安分公司	中型	啤酒制造	其他有限责任公司	国有绝对控股
西安中国国际旅行社集团有限责任公司	其他	旅游业	其他有限责任公司	国有相对控股

21－8 续表2

企 业 名 称	企业规模	主营行业或主要产品	登记注册类型	企业控股情况
陕西汽车集团有限责任公司	大型	汽车整车制造	其他有限责任公司	国有绝对控股
西安开米股份有限公司	中型	合成洗涤剂	股份有限公司	其 他
陕西建设机械股份有限公司	中型	沥青混凝土推铺机、稳定土伴和机、钢结构产品	股份有限公司	国有绝对控股
西安航天发动机厂	大型	生化设备、印刷设备、纺织设备	国有企业	国有绝对控股
陕西高科(集团)公司	大型	房地产经营开发、工业企业产品、商品贸易	国有企业	国有绝对控股
陕西省国际信托投资有限公司	其他	信托投资	股份有限公司	国有绝对控股
陕西唐华纺织印染集团有限公司	大型	棉纱、棉布	国有独资公司	国有绝对控股
西安银桥生物科技有限责任公司	中型	秦俑奶粉、银桥酸奶	其他有限责任公司	其 他
西安杨森制药有限公司	中型	吗叮啉、达克宁、西比灵	中外合资企业	其 他
五环(集团)产业有限责任公司	大型	沙、布、线	其他有限责任公司	国有绝对控股
西安印钞厂	大型	钞票印刷、税票印刷、证券印刷	国有企业	国有绝对控股
陕西省电力公司	大型	电力供应	国有独资公司	国有绝对控股
陕西省糖酒副食品总公司	中型	批发	国有企业	国有绝对控股
陕西飞机工业(集团)有限公司	大型	运八飞机系列、汉江微车系列	其他有限责任公司	国有绝对控股
汉川机床有限责任公司	中型	卧式镗床系列、数控铣、加工中心系列、数控电加工系列	其他有限责任公司	国有绝对控股
陕西汉江机床有限公司	中型	金属切削机床制造、滚动功能部件制造、各种专机及检测仪器等	其他有限责任公司	国有绝对控股
陕西城化股份有限公司	中型	尿素、碳铵、甲醇	股份有限公司	其 他
汉中八一锌业有限责任公司	中型	电解锌、电解铅、硫酸	其他有限责任公司	其 他
陕西汉中变压器有限责任公司	中型	变压器、净油机	其他有限责任公司	国有绝对控股
陕西略阳钢铁有限责任公司	大型	钢筋、钢锭、生铁	其他有限责任公司	其 他
汉江工具有限责任公司	中型	金属切削刀具	其他有限责任公司	国有绝对控股
汉中万目仪电有限责任公司	中型	仪器仪表量具量仪、高低压成套设备、工具、刃具、电子产品	其他有限责任公司	集体绝对控股
铜川矿务局	大型	煤炭	国有企业	国有绝对控股
陕西省安康市恒远丝绸有限责任公司	中型	桑蚕白厂丝、纯合纤丝织品	其他有限责任公司	国有绝对控股
陕西秦川水泥有限责任公司	中型	水泥	其他有限责任公司	国有相对控股
陕西锌业有限公司商洛炼锌厂	中型	电锌、电镉、硫酸	其他有限责任公司	国有绝对控股
商洛秦威化工有限责任公司	小型	工业炸药	其他有限责任公司	集体绝对控股
西安市西无二电子信息集团有限公司	中型	行输出变压器、压敏电阻器、热敏电阻器	国有独资公司	国有绝对控股
西仪集团有限责任公司	中型	工业自动控制系统装置	国有独资公司	国有绝对控股
陕西开成集团有限则公司	大型	进出口贸易	其他有限责任公司	国有绝对控股
陕西路桥集团有限公司	大型	公路桥梁隧道	其他有限责任公司	其 他
西安东方集团有限公司	大型	空调压缩机、摩托车、砼砌块加工生产机械	国有独资公司	国有绝对控股
西安北方华山机电有限公司	大型	武器弹药制造、塑料管、型材制造、	国有独资公司	国有绝对控股
中国北车集团西安车辆厂	大型	新造货车、修理客车、货车	国有企业	国有绝对控股
陕西省安康市丝绸二厂	中型	桑蚕丝	国有企业	国有绝对控股
重钢集团西安重机有限公司	大型	冶金专用设备制造业	其他有限责任公司	国有绝对控股
陕西黄河集团有限公司	大型	雷达及配套设备制造	国有独资公司	国有绝对控股
西安海星科技投资控股(集团)有限公司	大型	饮料、计算机、超市	其他有限责任公司	其 他
西安东盛集团有限公司	大型	白加黑、盖天力、维奥欣	其他有限责任公司	其 他
陕西汉江药业集团股份有限公司	中型	苯硫咪唑、盐酸左旋咪唑、甲苯咪唑	股份有限公司	国有相对控股
西安饮食服务(集团)股份有限公司	大型	饮食、住宿、零售	股份有限公司	国有相对控股
西安电力机械制造公司	大型	全封闭组合电气、变压器、高压电磁	国有企业	国有绝对控股

主要统计指标解释

企业集团 指以一个实力雄厚(资本、资金、产品、技术、管理、人才、市场网络等实力)的大型企业为核心，以产权联结为主要纽带，并以产品、技术、经济、成套契约等多种纽带，把多个企业、事业单位联结在一起，具有多层次结构的以母子公司为主体的多法人经济联合体，是经济上统一控制，法律上各自独立的一体化联合体。

企业集团母公司（核心企业） 企业集团必须有一个能起主导作用的核心企业，也称为集团公司或母公司，或控股公司。不同称谓应用于不同场合，但指同一企业主体。这个集团公司可以是一个既从事生产经营又从事资本经营的混合经营型公司，也可以是一个专门从事资本经营的单纯管理公司。集团公司规模必须达到国家大型企业标准，或注册资本达到一亿元以上，在企业集团内，集团公司依据产权关系，统一行使出资者所有权（产权）职能，统一投资决策，统一配置能源、统一调整结构、统一负责资产保值增值。

现代企业制度 现代企业制度是指适应社会化大生产和社会主义市场经济要求的产权清晰、权责明确、政企分开、管理科学的企业制度。它的基本特征是：第一，产权关系明晰，企业中的国有资产所有权属于国家，企业拥有包括国家在内的出资者投资形成的全部法人财产权，成为享有民事权利，承担民事责任的法人实体；第二，企业以其全部法人财产依法自主经营，自负盈亏，照章纳税，对出资者承担资产保值增值的责任；第三，出资者按投入企业的资本额享有所有者的权益，即资产受益、重大决策和选择管理者等权利。企业破产时，出资者只以投入企业的资本额对企业债务负有限责任；第四，企业按照市场需求组织生产经营，以提高劳动生产率和经济效益为目的，政府不直接干预企业的生产经营活动，企业在市场竞争中优胜劣汰，长期亏损、资不抵债的应依法破产；第五，建立科学的企业领导体制和组织管理制度，调节所有者、经营者和职工之间的关系，形成激励和约束相结合经营机制。

登记注册类型 指在工商行政管理机关登记注册的具有法人资格的各类企业。其中：（1）国有企业：是指企业全部资产归国家所有，并按《中华人民共和国企业法人登记管理条例》规定登记注册的非公司制的经济组织。不包括有限责任公司中的国有独资公司；（2）国有独资公司：是指国家授权的投资机构或者国家授权的部门单独投资设立的有限责任公司；（3）其他有限责任公司：是指根据《中华人民共和国公司登记管理条例》规定登记注册，由两个以上，五十个以下的股东共同出资，每个股东以其所认缴的出资额对公司承担有限责任，公司以其全部资产对其债务承担责任的经济组织。其他有限责任公司不包括国有独资公司；（4）股份有限公司：是指根据《中华人民共和国公司登记管理条例》规定登记注册，其全部注册资本由等额股份构成并通过发行股票筹集资本，股东以其认购的股份对公司承担有限责任，公司以其全部资产对其债务承担责任的经济组织。

注册资本合计 指企业集团母公司在工商行政管理部门登记注册的资金。包括国家资本、集体资本、法人资本、个人资本以及外商资本等。

控股情况 指按所有制性质和控股状况划分的企业情况，包括：（1）国有绝对控股：指在企业的全部资本中，国家资本（股本）所占比例大于50%的企业；（2）国有相对控股：指在企业的全部资本中，国家资本（股本）所占的比例虽未大于50%，但相对大于企业中的其他经济成份所占比例的企业；或者虽不大于其他经济成份，但根据协议规定，由国家拥有实际控制权的企业（协议控制）；（3）集体绝对控股：指在企业的全部资本中，集体资本（股本）所占的比例大于50%的企业；（4）集体相对控股：指在企业的全部资本中，集体资本（股本）所占的比例虽未大于50%，但相对大于企业的其他经济成份所占比例的企业；或者虽不大于其他经济成份，但根据协议规定，由集体拥有实际控制权的企业（协议控制）。

2006 統計年鑑

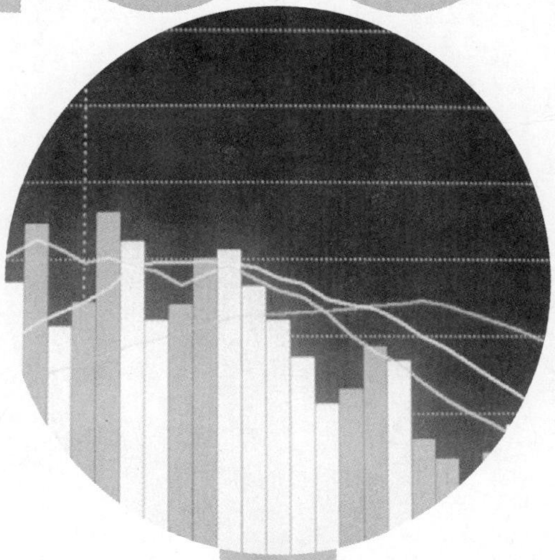

全国各省、市、自治区主要指标

QUANGUOGESHENGSHIZIZHIQUZHUYAOZHIBIAO

资料整理：孙士梅

22－1　总人口和自然增长率

（2005年）

地　区	年底总人口（万人）	出生率（‰）	死亡率（‰）	自然增长率（‰）
全国总计	**130756**	**12.40**	**6.51**	**5.89**
北　京	1538	6.29	5.20	1.09
天　津	1043	7.44	6.01	1.43
河　北	6851	12.84	6.75	6.09
山　西	3355	12.02	6.00	6.02
内蒙古	2386	10.08	5.46	4.62
辽　宁	4221	7.01	6.04	0.97
吉　林	2716	7.89	5.32	2.57
黑龙江	3820	7.87	5.20	2.67
上　海	1778	7.04	6.08	0.96
江　苏	7475	9.24	7.03	2.21
浙　江	4898	11.10	6.08	5.02
安　徽	6120	12.43	6.23	6.20
福　建	3535	11.60	5.62	5.98
江　西	4311	13.79	5.96	7.83
山　东	9248	12.14	6.31	5.83
河　南	9380	11.55	6.30	5.25
湖　北	5710	8.74	5.69	3.05
湖　南	6326	11.90	6.75	5.15
广　东	9194	11.70	4.68	7.02
广　西	4660	14.26	6.09	8.16
海　南	828	14.65	5.72	8.93
重　庆	2798	9.40	6.40	3.00
四　川	8212	9.70	6.80	2.90
贵　州	3730	14.59	7.21	7.38
云　南	4450	14.72	6.75	7.97
西　藏	277	17.94	7.15	10.79
陕　西	**3720**	**10.02**	**6.01**	**4.01**
甘　肃	2594	12.59	6.57	6.02
青　海	543	15.70	6.21	9.49
宁　夏	596	15.93	4.95	10.98
新　疆	2010	16.42	5.04	11.38

注：1. 全国数据根据抽样误差和调查误差进行了修正。

2. 全国数据为31个省、自治区、直辖市和中国人民解放军现役军人数据，不包括香港、澳门特别行政区和台湾省的数据。分省数据中未包括中国人民解放军现役军人数。

22－2 生 产 总 值

（2005 年）

地 区	生产总值（亿元）	第一产业	第二产业	#工 业	第三产业	生产总值比上年增长%	人均生产总值（元）
全 国	**182320.6**	**22718.4**	**86207.6**	**76189.6**	**73394.6**	**9.9**	**13985**
北 京	6814.5	95.7	2100.5	1782.5	4618.4	11.1	44441
天 津	3663.9	109.4	2050.3	1884.8	1504.1	14.5	35234
河 北	10116.6	1453.9	5324.2	4759.0	3338.5	13.4	14811
山 西	4121.2	257.9	2307.9	2073.0	1555.4	12.5	12321
内蒙古	3822.8	600.1	1685.1	1390.9	1537.6	21.6	16067
辽 宁	8005.0	853.6	3906.8	3406.3	3244.6	12.3	19022
吉 林	3614.9	607.0	1605.1	1361.9	1402.8	12.0	13350
黑龙江	5510.0	672.5	2970.8	2696.3	1866.7	11.6	14467
上 海	9144.0	79.7	4475.9	4155.2	4588.4	11.1	51583
江 苏	18272.1	1388.6	10342.7	9326.7	6540.9	14.5	24518
浙 江	13365.0	872.6	7147.3	6343.4	5345.2	12.4	27369
安 徽	5375.8	940.7	2234.2	1833.2	2201.0	11.8	8810
福 建	6560.1	828.8	3224.9	2869.6	2506.4	11.3	18613
江 西	4056.2	770.0	1914.9	1455.5	1371.3	12.8	9437
山 东	18468.3	1927.6	10620.3	9562.9	5920.4	15.2	20030
河 南	10535.2	1843.0	5539.3	4923.0	3152.8	14.1	11265
湖 北	6484.5	1069.8	2774.4	2403.5	2640.3	11.4	11390
湖 南	6473.6	1255.0	2604.6	2199.9	2614.1	11.6	10264
广 东	21701.3	1374.6	10747.2	9891.4	9579.4	12.5	23674
广 西	4063.3	902.6	1505.0	1263.0	1655.7	12.7	8746
海 南	893.1	301.1	218.5	156.2	373.6	10.1	10819
重 庆	3069.1	463.4	1258.3	1023.4	1347.4	11.5	11002
四 川	7385.1	1495.7	3052.7	2512.6	2836.7	12.6	9020
贵 州	1942.0	359.2	822.8	711.9	760.0	11.5	5222
云 南	3472.3	656.2	1449.7	1200.1	1366.5	9.0	7826
西 藏	250.6	47.9	59.5	17.4	143.3	12.2	9074
陕 西	**3675.7**	**435.8**	**1849.3**	**1553.6**	**1390.6**	**12.6**	**9899**
甘 肃	1928.1	300.0	836.6	685.8	791.6	11.7	7455
青 海	543.2	62.8	264.6	203.9	215.8	12.2	10030
宁 夏	599.4	69.8	277.8	228.3	251.8	10.3	10087
新 疆	2639.6	506.2	1225.5	992.3	908.0	10.2	13184

注：本表绝对数按当年价格计算，增长速度按可比价格计算。

22－3 生产总值构成

（2005 年，生产总值＝100）

地区	生产总值	第一产业	第二产业	#工业	第三产业
全国	**100.0**	**12.5**	**47.3**	**41.8**	**40.2**
北京	100.0	1.4	30.8	26.1	67.8
天津	100.0	3.0	56.0	51.5	41.0
河北	100.0	14.4	52.6	47.0	33.0
山西	100.0	6.3	56.0	50.3	37.7
内蒙古	100.0	15.7	44.1	36.4	40.2
辽宁	100.0	10.7	48.8	42.6	40.5
吉林	100.0	16.8	44.4	37.7	38.8
黑龙江	100.0	12.2	53.9	48.9	33.9
上海	100.0	0.9	48.9	45.4	50.2
江苏	100.0	7.6	56.6	51.0	35.8
浙江	100.0	6.5	53.5	47.5	40.0
安徽	100.0	17.5	41.6	34.1	40.9
福建	100.0	12.6	49.2	43.8	38.2
江西	100.0	19.0	47.2	35.9	33.8
山东	100.0	10.4	57.5	51.8	32.1
河南	100.0	17.5	52.6	46.7	29.9
湖北	100.0	16.5	42.8	37.1	40.7
湖南	100.0	19.4	40.2	34.0	40.4
广东	100.0	6.3	49.5	45.6	44.2
广西	100.0	22.2	37.1	31.1	40.7
海南	100.0	33.7	24.5	17.5	41.8
重庆	100.0	15.1	41.0	33.3	43.9
四川	100.0	20.3	41.3	34.0	38.4
贵州	100.0	18.5	42.4	36.7	39.1
云南	100.0	18.9	41.7	34.5	39.4
西藏	100.0	19.1	23.7	6.9	57.2
陕西	**100.0**	**11.9**	**50.3**	**42.3**	**37.8**
甘肃	100.0	15.6	43.4	35.6	41.0
青海	100.0	11.6	48.7	37.5	39.7
宁夏	100.0	11.7	46.3	38.1	42.0
新疆	100.0	19.2	46.4	37.6	34.4

注：本表按当年价格计算。

22-4 固定资产投资额

单位:亿元

地区	固定资产投资额		城镇固定资产投资		农村固定资产投资	
	2004 年	2005 年	2004 年	2005 年	2004 年	2005 年
全国总计	**70477.4**	**88604.3**	**59028.2**	**75096.5**	**11449.2**	**13507.8**
北京	2528.2	2827.2	2333.0	2595.4	195.2	231.8
天津	1245.7	1498.6	1128.7	1367.5	117.0	131.1
河北	3218.8	4193.6	2442.0	3361.7	776.8	831.9
山西	1443.9	1831.4	1315.2	1671.9	128.7	159.5
内蒙古	1788.0	2651.9	1707.5	2563.5	80.4	88.3
辽宁	2979.6	4203.7	2580.3	3669.7	399.3	533.9
吉林	1169.1	1755.3	1059.4	1595.9	109.7	159.4
黑龙江	1430.8	1794.2	1317.0	1638.2	113.8	156.1
上海	3050.3	3459.7	2863.0	3198.6	187.3	261.1
江苏	6557.1	8158.4	5008.2	6211.9	1548.8	1946.5
浙江	5781.3	6524.2	3998.8	4757.0	1782.6	1767.2
安徽	1935.2	2540.3	1613.0	2140.0	322.2	400.2
福建	1892.9	2328.5	1594.5	1970.1	298.4	358.4
江西	1713.2	2207.9	1477.9	1933.9	235.3	273.9
山东	6970.6	9206.8	5418.5	7274.8	1552.1	1932.0
河南	3099.4	4378.7	2434.9	3528.3	664.5	850.4
湖北	2264.8	2722.4	2005.1	2433.2	259.7	289.2
湖南	2072.6	2600.0	1679.4	2174.9	393.2	425.1
广东	5870.0	6840.7	5029.4	5760.7	840.6	1080.0
广西	1236.5	1734.5	1094.6	1554.3	141.9	180.3
海南	317.0	376.5	291.0	351.5	26.0	25.0
重庆	1537.0	1938.8	1400.6	1786.4	136.5	152.4
四川	2818.4	3546.5	2322.9	2989.6	495.5	556.9
贵州	865.2	1014.6	780.2	916.1	85.0	98.5
云南	1291.5	1735.5	1113.0	1550.2	178.6	185.3
西藏	162.4	187.2	162.4	187.2		
	(1544.2)	**(1982.0)**	**(1413.8)**	**(1840.7)**		
陕西	**1508.9**	**1902.5**	**1378.5**	**1761.2**	**130.4**	**141.3**
甘肃	733.9	873.7	660.8	790.2	73.2	83.5
青海	289.2	331.4	272.7	312.6	16.4	18.9
宁夏	376.2	444.0	316.8	382.7	59.4	61.3
新疆	1147.1	1338.4	1046.4	1210.1	100.7	128.3

注:本表各地区投资额不含跨省项目,括号内数据为陕西含跨省项目投资额。

22－5 房地产开发企业(单位)投资和商品房销售额

地　区	房地产开发投资额(亿元)		商品房销售额(亿元)		#住　宅		商品房销售面积(万平方米)	
	2004年	2005年	2004年	2005年	2004年	2005年	2004年	2005年
全国总计	**13158.3**	**15759.3**	**10375.7**	**18080.3**	**8646.4**	**14986.1**	**38231.6**	**55769.1**
北　京	1473.3	1525.0	1249.1	2120.2	1085.1	1739.9	2472.0	3123.4
天　津	263.9	327.5	263.8	568.1	234.9	503.4	847.0	1402.3
河　北	315.9	390.5	138.8	245.6	117.1	218.2	864.9	1292.3
山　西	125.8	174.6	72.0	140.1	55.1	112.1	399.1	667.0
内蒙古	111.4	162.1	91.6	177.7	65.0	128.2	654.0	1081.7
辽　宁	701.1	873.5	421.8	714.4	365.4	616.2	1748.8	2518.3
吉　林	159.9	195.7	75.6	129.3	60.9	108.2	401.9	667.9
黑龙江	214.1	267.6	166.2	260.7	117.4	196.2	857.1	1244.9
上　海	1175.5	1246.9	1932.6	2161.3	1762.7	1906.0	3300.8	3158.9
江　苏	1269.8	1526.9	842.9	1629.3	667.2	1359.4	3178.9	4740.2
浙　江	1295.2	1454.5	868.5	2314.7	660.1	1835.0	2794.3	5299.6
安　徽	350.3	459.4	254.7	423.4	185.3	348.1	1429.2	1907.2
福　建	477.8	540.4	354.5	595.5	281.3	480.7	1384.8	1894.9
江　西	242.8	300.7	135.2	237.7	99.8	185.5	1168.9	1527.3
山　东	764.8	974.3	516.5	882.2	416.3	759.4	2525.2	3608.4
河　南	258.8	388.5	164.1	323.5	135.4	255.4	1043.5	1724.8
湖　北	337.3	448.0	224.5	386.6	226.2	335.2	1342.9	1708.0
湖　南	334.9	447.5	179.6	298.2	128.6	227.4	1188.8	1815.8
广　东	1355.8	1498.3	1164.9	2084.1	992.3	1779.5	3346.0	4686.7
广　西	192.3	287.0	170.8	325.5	141.4	264.6	820.4	1556.8
海　南	56.0	70.8	30.2	73.2	28.1	67.1	125.8	257.9
重　庆	393.1	517.7	232.6	430.4	179.0	340.4	1317.1	2015.4
四　川	510.1	699.3	330.5	626.8	248.5	477.0	2102.0	3148.9
贵　州	121.7	153.3	76.8	140.3	58.4	102.6	554.3	872.7
云　南	149.9	233.8	106.4	296.3	89.2	243.9	538.1	1348.9
西　藏	5.4	6.0	2.6	1.0	2.6	1.0	9.6	4.4
陕　西	**231.2**	**299.0**	**88.2**	**183.7**	**75.6**	**164.0**	**509.4**	**892.0**
甘　肃	72.1	85.8	45.9	92.1	37.7	73.9	261.5	473.4
青　海	26.2	29.1	14.9	21.7	11.8	18.0	93.9	116.8
宁　夏	67.2	74.7	58.0	84.5	44.6	56.3	308.2	378.0
新　疆	104.7	101.7	102.0	112.3	73.2	83.3	643.4	634.9

注:2005年商品房销售额和销售面积统计口径为期房加现房。

22－6 地方财政收支

单位:亿元

地区	财政收入		财政支出	
	2004 年	2005 年	2004 年	2005 年
全国地方总计	**11693.4**	**14884.2**	**20592.8**	**25154.7**
北京	744.5	919.2	898.3	1058.3
天津	246.2	331.9	375.0	442.1
河北	407.8	515.7	785.6	979.2
山西	256.4	368.3	519.1	668.8
内蒙古	196.8	277.5	564.1	681.9
辽宁	529.6	675.3	931.4	1204.4
吉林	166.3	207.2	507.8	631.1
黑龙江	289.4	318.2	697.6	787.8
上海	1106.2	1417.4	1382.5	1646.3
江苏	980.5	1322.7	1312.0	1673.4
浙江	806.0	1066.6	1062.9	1265.5
安徽	274.6	334.0	601.5	713.1
福建	333.5	432.6	516.7	593.4
江西	205.8	252.9	454.1	564.0
山东	828.3	1073.1	1189.4	1466.2
河南	428.8	537.7	880.0	1116.0
湖北	310.5	375.5	646.3	778.7
湖南	320.6	395.3	719.5	873.4
广东	1418.5	1807.2	1853.0	2289.1
广西	237.8	283.0	507.5	611.5
海南	57.0	68.7	127.2	151.2
重庆	200.6	256.8	395.7	487.4
四川	385.8	479.7	895.3	1082.2
贵州	149.3	182.5	418.4	520.7
云南	263.4	312.6	663.6	766.3
西藏	10.0	12.0	133.8	185.5
陕西	**215.0**	**275.3**	**516.3**	**639.0**
甘肃	104.2	123.5	356.9	429.3
青海	27.0	33.8	137.3	169.8
宁夏	37.5	47.7	123.0	160.3
新疆	155.7	180.3	421.0	519.0

注:本表2004年数据为各地区财政决算数,2005年数据为月度执行情况汇总数。

22－7 职工人数和平均工资

（2005年）

地 区	年末在岗职工人数（万人）	#国有单位	#城镇集体单位	#港澳台商投资	#外商投资	在岗职工平均工资（元）	#国有单位	#城镇集体单位	#港澳台商投资	#外商投资
全国总计	**10942.0**	**6232.0**	**769.2**	**539.4**	**648.6**	**18405**	**19313**	**11283**	**17405**	**22244**
北 京	448.4	178.5	20.7	19.0	42.6	34191	39067	14695	41347	52262
天 津	169.9	79.3	9.1	9.0	37.0	25271	26685	15713	22932	25117
河 北	483.7	342.8	36.6	8.3	11.9	14707	15291	9041	15547	14747
山 西	352.1	247.5	29.8	1.6	2.5	15645	16027	10157	9544	13544
内蒙古	239.6	159.7	12.2	1.6	2.5	15985	16598	10804	9663	16063
辽 宁	476.6	292.4	39.8	9.5	35.6	17331	18360	9161	17164	17448
吉 林	257.9	176.3	20.4	2.5	7.1	14409	14566	8735	11615	20010
黑龙江	455.4	286.5	37.6	3.0	4.2	14458	14424	7724	55793	16241
上 海	356.5	120.3	11.0	22.4	47.2	31940	36077	22486	26989	39920
江 苏	602.9	273.4	36.8	48.7	76.8	20957	24659	13064	16663	19820
浙 江	511.8	172.5	29.4	45.6	52.6	25896	39048	20567	17484	17697
安 徽	317.4	199.2	28.2	3.6	6.4	15334	15450	9894	11376	15896
福 建	387.0	144.5	18.2	98.3	62.7	17146	20897	13811	13874	15109
江 西	264.8	191.3	17.6	6.9	3.1	13688	14276	8952	10212	12340
山 东	871.1	415.8	63.3	25.4	96.9	16614	19823	11474	13442	14236
河 南	681.9	395.3	88.5	7.3	8.1	14282	14877	10383	14914	15402
湖 北	452.1	300.2	35.6	8.7	12.6	14419	15585	8923	11949	22064
湖 南	381.2	246.3	27.7	7.4	6.2	15659	16649	11547	12898	15804
广 东	886.1	369.9	67.4	192.8	106.6	23959	28835	13240	17007	22604
广 西	268.6	188.7	18.2	5.2	5.9	15461	16113	10684	10762	20243
海 南	72.6	56.6	3.8	1.6	1.7	14417	14427	8640	12243	16558
重 庆	209.7	120.1	13.7	2.3	4.7	16630	18614	11614	14794	18510
四 川	492.8	303.7	40.9	3.3	6.2	15826	17898	11067	16834	18656
贵 州	202.0	140.5	9.8	0.8	1.6	14344	14681	10506	11479	17515
云 南	235.7	168.4	10.6	1.5	1.6	16140	16900	10516	14219	16993
西 藏	16.3	15.4	0.3			28950	29644	12336		
陕 西	**323.2**	**242.0**	**20.7**	**1.6**	**1.7**	**14796**	**15223**	**7926**	**15718**	**24994**
甘 肃	188.5	154.7	11.9	0.6	0.6	14939	15840	9291	10189	11557
青 海	40.9	30.9	2.0	0.2		19084	21158	10080	13243	10770
宁 夏	57.4	37.4	1.3		1.0	17211	17634	13630	15958	19536
新 疆	237.8	181.9	6.0	0.7	0.9	15558	15364	12738	16430	18268

22－8 居民消费价格分类指数

（2005年，上年＝100）

地区	居民消费价格指数	食品	烟酒及用品	衣着	家庭设备用品及服务	医疗保健和个人用品	交通和通信	娱乐教育文化	居住
全国	**101.8**	**102.9**	**100.4**	**98.3**	**99.9**	**99.9**	**99.0**	**102.2**	**105.4**
北京	101.5	104.9	100.0	100.1	99.7	98.0	97.5	99.7	105.9
天津	101.5	103.4	99.7	96.3	99.1	97.6	98.6	100.0	106.7
河北	101.8	102.4	99.9	98.8	98.4	99.2	99.0	105.0	105.5
山西	102.3	102.7	100.8	97.8	100.4	99.9	98.8	108.1	104.5
内蒙古	102.4	102.9	100.0	100.1	100.3	105.7	99.8	100.4	106.9
辽宁	101.4	101.8	100.9	96.9	99.7	99.3	98.7	106.3	104.5
吉林	101.5	101.8	101.1	100.5	99.2	98.6	96.2	103.0	107.6
黑龙江	101.2	100.1	101.3	99.3	100.2	100.0	99.4	100.2	109.4
上海	101.0	104.5	99.7	92.1	100.8	100.3	97.5	98.3	102.9
江苏	102.1	103.9	100.6	98.6	100.2	100.2	98.4	102.2	104.4
浙江	101.3	103.0	100.0	97.0	100.1	100.8	98.9	100.2	104.4
安徽	101.4	102.6	100.0	98.5	99.3	98.7	99.3	100.9	105.3
福建	102.2	103.7	99.8	97.1	99.6	98.8	97.7	104.7	106.8
江西	101.7	103.1	100.2	97.7	99.6	100.9	99.5	100.0	105.7
山东	101.7	102.7	100.3	98.2	100.1	99.7	99.5	102.7	105.2
河南	102.1	103.4	101.0	98.2	99.6	98.2	100.3	102.6	106.8
湖北	102.9	104.2	100.8	100.1	98.8	98.1	101.5	103.6	105.7
湖南	102.3	102.9	99.8	99.4	100.7	99.0	99.3	103.0	107.3
广东	102.3	104.7	101.3	98.3	100.6	99.2	99.1	100.3	104.4
广西	102.4	102.7	99.9	97.1	99.9	100.2	101.1	106.6	104.0
海南	101.5	101.7	101.2	97.0	100.7	99.7	100.5	101.1	105.9
重庆	100.8	100.1	101.2	92.1	100.1	102.5	99.9	104.1	103.0
四川	101.7	102.1	100.4	97.6	99.7	101.3	100.2	104.5	103.8
贵州	101.0	101.3	100.1	99.3	99.4	100.5	99.4	99.0	106.4
云南	101.4	100.8	103.7	98.0	100.4	102.2	98.3	102.3	105.9
西藏	101.5	101.3	102.2	100.7	99.6	100.4	100.2	99.6	106.7
陕西	**101.2**	**101.0**	**100.3**	**100.0**	**99.8**	**98.5**	**100.6**	**100.3**	**106.7**
甘肃	101.7	101.2	97.9	97.1	99.4	103.3	97.3	104.1	109.1
青海	100.8	101.0	100.0	97.3	99.8	102.0	91.8	103.6	106.3
宁夏	101.5	101.9	99.0	103.5	99.1	98.2	100.5	99.6	106.3
新疆	100.7	98.5	99.3	98.4	99.1	109.3	99.5	98.6	107.3

22－9 城乡居民人均收入

单位:元

地区	城镇居民人均可支配收入		农村居民人均纯收入	
	2004 年	2005 年	2004 年	2005 年
全国总计	**9422**	**10493**	**2936**	**3255**
北京	15638	17653	6170	7346
天津	11467	12639	5020	5580
河北	7951	9107	3171	3482
山西	7903	8914	2590	2891
内蒙古	8123	9137	2606	2989
辽宁	8008	9108	3307	3690
吉林	7841	8691	3000	3264
黑龙江	7471	8273	3005	3221
上海	16683	18645	7066	8248
江苏	10482	12319	4754	5276
浙江	14546	16294	5944	6660
安徽	7511	8471	2499	2641
福建	11175	12321	4089	4450
江西	7560	8620	2787	3129
山东	9438	10745	3507	3931
河南	7705	8668	2553	2871
湖北	8023	8786	2890	3099
湖南	8617	9524	2838	3118
广东	13628	14770	4366	4690
广西	8690	9287	2305	2495
海南	7736	8124	2818	3004
重庆	9221	10244	2510	2809
四川	7710	8386	2519	2803
贵州	7322	8151	1722	1877
云南	8871	9266	1864	2042
西藏	9106	9431	1861	2078
陕西	**7492**	**8272**	**1867**	**2052**
甘肃	7377	8087	1852	1980
青海	7320	8058	1958	2151
宁夏	7218	8094	2320	2509
新疆	7503	7990	2245	2482

22－10 城乡居民人均消费支出

地区	城镇居民人均消费性支出（元）		城镇居民家庭恩格尔系数（%）		农村居民人均活消费支出（元）		农村居民家庭恩格尔系数（%）	
	2004年	2005年	2004年	2005年	2004年	2005年	2004年	2005年
全国总计	**7182**	**7943**	**37.7**	**36.7**	**2185**	**2555**	**47.2**	**45.5**
北京	12200	13244	32.2	31.8	4617	5316	32.4	32.7
天津	8802	9653	37.2	36.7	2642	3036	38.5	38.6
河北	5819	6700	36.8	34.6	1835	2166	42.5	41.0
山西	5654	6343	33.9	32.4	1636	1878	45.8	44.2
内蒙古	6219	6929	32.6	31.4	2083	2446	42.7	43.1
辽宁	6543	7369	40.4	38.8	2073	2806	46.4	40.2
吉林	6069	6795	35.9	34.7	1971	2306	45.6	43.5
黑龙江	5568	6178	35.4	33.5	1837	2545	40.9	36.3
上海	12631	13773	36.4	35.9	6329	7278	34.6	36.9
江苏	7332	8622	40.0	37.2	2993	3567	44.0	44.0
浙江	10636	12254	36.2	33.8	4659	5433	39.5	37.9
安徽	5711	6368	43.9	43.7	1814	2196	47.5	45.5
福建	8161	8794	41.6	40.9	3016	3293	46.7	46.1
江西	5338	6109	43.0	40.8	2095	2484	53.7	49.1
山东	6674	7457	34.6	33.7	2389	2736	41.9	39.8
河南	5294	6038	35.0	34.2	1664	1892	48.6	45.4
湖北	6399	6737	39.3	39.0	2089	2430	51.5	49.1
湖南	6885	7505	36.0	35.8	2472	2756	54.1	52.0
广东	10695	11810	37.0	36.1	3241	3708	48.8	48.3
广西	6446	7033	42.3	41.3	1929	2350	54.3	50.5
海南	5802	5929	46.9	47.6	1745	1969	58.9	57.6
重庆	7973	8623	37.8	36.4	1854	2142	56.0	52.8
四川	6371	6891	40.2	39.3	2016	2274	55.7	54.7
贵州	5494	6159	41.1	39.9	1296	1552	58.2	52.8
云南	6837	6997	42.4	42.8	1571	1789	54.0	54.5
西藏	8446	8617	46.0	44.5	1471	1724	64.0	68.8
陕西	**6233**	**6656**	**35.9**	**36.1**	**1618**	**1896**	**42.4**	**42.9**
甘肃	5937	6529	37.1	36.0	1464	1820	48.0	47.2
青海	5759	6245	35.7	36.3	1676	1976	48.5	45.2
宁夏	5821	6404	37.0	34.8	1927	2094	42.0	44.0
新疆	5774	6208	36.1	36.4	1690	1924	45.2	41.8

22－11 农林牧渔业总产值

（2005 年）

地 区	农林牧渔业总产值（亿元）	#农 业	#林 业	#牧 业	#渔 业	农林牧渔业总产值比上年增长（%）
全国总计	**39450.9**	**19613.4**	**1425.5**	**13310.8**	**4016.1**	**5.7**
北 京	268.8	100.6	13.3	135.7	9.7	0.3
天 津	258.4	97.5	1.9	102.7	36.3	4.5
河 北	2600.8	1258.0	40.1	1124.4	79.4	6.5
山 西	483.8	281.7	16.5	148.6	2.7	-2.8
内蒙古	980.2	473.9	39.8	444.6	7.2	11.2
辽 宁	1671.6	640.1	44.5	636.4	306.7	7.5
吉 林	1050.5	518.1	39.9	467.6	14.9	11.7
黑龙江	1294.4	718.6	67.3	461.2	27.4	10.2
上 海	233.4	111.3	11.1	54.3	51.6	-10.5
江 苏	2577.0	1291.1	45.3	599.1	511.9	3.7
浙 江	1428.3	654.8	83.5	286.0	380.8	2.4
安 徽	1666.2	818.5	78.4	553.6	165.6	1.4
福 建	1396.1	571.0	96.9	276.5	434.4	2.2
江 西	1143.0	510.5	87.4	365.1	162.6	6.8
山 东	3741.8	2034.0	57.6	1125.0	465.5	5.2
河 南	3309.7	1790.4	83.9	1251.6	35.3	7.5
湖 北	1775.6	932.1	37.3	545.4	236.5	4.2
湖 南	2056.2	947.7	101.0	834.5	138.4	5.8
广 东	2447.6	1109.2	66.2	638.6	523.8	4.8
广 西	1448.4	711.9	61.7	511.6	143.6	7.4
海 南	475.9	179.6	58.9	95.2	132.2	6.7
重 庆	662.2	358.3	20.0	249.5	23.8	5.2
四 川	2457.5	1037.2	69.9	1230.2	78.5	6.5
贵 州	571.8	335.5	23.9	194.2	9.4	5.9
云 南	1068.6	559.3	105.5	339.7	23.0	6.9
西 藏	67.7	25.5	10.1	30.0		1.9
陕 西	**730.7**	**472.9**	**25.0**	**199.0**	**5.5**	**8.1**
甘 肃	521.5	362.9	15.9	129.1	1.1	6.6
青 海	94.0	36.4	1.8	51.7	0.1	5.3
宁 夏	138.0	78.9	5.6	46.0	4.0	6.2
新 疆	831.1	595.8	15.3	183.5	4.3	7.4

注：本表绝对数按当年价格计算，增长速度按可比价格计算。

22－12 主要农产品产量

（2005年）　　单位：万吨

地　区	粮 食	油 料	棉 花	糖 料	蔬 菜	水 果	肉 类	奶 类	水产品
全国总计	**48402.2**	**3077.1**	**571.4**	**9451.9**	**56451.5**	**16120.1**	**7743.1**	**2864.8**	**5106.1**
北　京	94.9	2.5	0.2		423.9	111.9	66.7	64.2	6.4
天　津	137.5	1.3	8.4		542.7	68.2	57.8	63.4	33.8
河　北	2598.6	152.7	57.7	42.7	6467.6	1397.9	571.9	348.6	98.9
山　西	978.0	21.3	10.3	4.0	901.5	314.4	68.2	73.8	3.8
内蒙古	1662.2	122.2	0.2	138.3	1009.1	178.8	229.5	696.9	8.3
辽　宁	1745.8	36.8	0.3	6.3	1954.8	451.3	347.9	78.8	425.3
吉　林	2581.2	54.4	0.2	7.4	832.6	235.3	260.2	30.0	11.9
黑龙江	3092.0	60.6		155.0	1153.5	352.6	173.5	444.2	43.0
上　海	105.4	6.9	0.2	14.5	409.0	101.0	31.3	23.8	35.4
江　苏	2834.6	216.0	32.3	22.2	3604.7	606.4	352.3	57.9	388.7
浙　江	814.7	50.1	2.2	90.0	1764.6	578.0	165.3	26.7	483.8
安　徽	2605.3	270.7	32.5	21.3	1671.2	711.6	340.1	11.0	177.6
福　建	715.2	27.4		93.3	1402.7	559.1	165.9	19.8	602.2
江　西	1757.0	76.1	8.7	78.3	1145.9	325.4	237.1	12.5	168.7
山　东	3917.4	363.9	84.6		8607.0	2546.8	753.9	221.0	736.1
河　南	4582.0	449.6	67.7	25.2	5880.2	1842.2	685.9	108.5	51.7
湖　北	2177.4	293.9	37.5	42.9	2916.9	566.8	327.3	12.2	318.2
湖　南	2678.6	141.0	19.8	100.4	2399.0	519.5	523.5	6.9	179.2
广　东	1395.0	77.0		1114.2	2596.0	946.5	384.3	11.9	695.2
广　西	1487.3	63.2	0.1	5154.7	2130.6	766.8	242.9	5.4	284.2
海　南	153.0	8.5		278.9	312.2	220.4	58.2	0.1	150.0
重　庆	1168.2	42.7		11.5	890.5	154.6	178.0	8.6	25.1
四　川	3211.1	232.3	2.5	133.2	2714.3	527.2	653.6	59.0	98.2
贵　州	1152.1	84.9	0.1	67.8	839.9	96.0	167.5	3.8	9.5
云　南	1514.9	36.2		1415.9	970.9	169.7	298.6	32.7	23.8
西　藏	93.4	6.1			42.9	0.9	21.5	27.0	
陕　西	**1139.5**	**45.4**	**7.8**	**0.3**	**869.9**	**906.1**	**134.1**	**141.7**	**7.4**
甘　肃	836.9	50.3	11.1	14.5	866.9	280.7	82.1	31.7	1.6
青　海	93.3	31.9			84.5	2.6	25.8	25.0	0.1
宁　夏	299.8	12.2		0.1	183.6	69.6	26.2	57.9	5.8
新　疆	876.6	38.9	187.4	419.1	862.2	511.9	143.3	159.8	7.9

注：水果产量含果用瓜。

22－13 全部国有及规模以上非国有工业企业主要经济指标

（2005年）　　　　单位：亿元

地区	工业增加值	产品销售收入	税金总额	利润总额	亏损企业亏损总额	资产合计	负债合计	全部从业人员平均人数（万人）
全国总计	**66425.2**	**244593.4**	**10967.5**	**14362.0**	**1923.0**	**240772.8**	**140252.4**	**6784.7**
北京	1705.4	7151.7	257.6	391.1	94.0	12489.4	4658.1	116.6
天津	1783.0	6865.2	240.6	520.2	70.0	6094.7	3591.7	115.6
河北	3219.0	10707.0	476.3	692.1	77.5	9502.0	5887.8	291.6
山西	1712.0	4626.1	363.3	264.9	42.0	6846.4	4683.0	207.9
内蒙古	1135.5	2973.8	192.1	225.9	16.8	4164.4	2479.1	83.5
辽宁	3007.4	10570.6	441.2	349.2	213.6	11785.2	7053.5	270.3
吉林	1200.8	3576.6	203.0	138.3	63.1	4508.9	2707.4	102.3
黑龙江	2166.3	4649.4	402.0	1065.1	60.5	5077.7	2956.4	133.7
上海	3994.7	16346.1	605.6	939.6	179.2	15893.4	8032.9	258.2
江苏	8054.0	32129.5	1001.3	1386.5	153.8	25465.7	15743.8	705.2
浙江	4904.7	21702.5	805.4	1072.8	98.4	19576.2	11627.9	654.0
安徽	1373.9	4599.5	265.4	203.0	32.3	5259.1	3251.5	158.0
福建	2235.2	7676.9	273.1	377.0	50.2	6743.2	3579.7	283.4
江西	828.5	2883.1	160.2	115.5	20.3	2917.7	1849.4	106.4
山东	8411.9	29910.8	1258.1	2138.2	69.5	21736.5	12709.7	728.0
河南	3228.0	10049.4	534.4	668.0	49.0	9060.7	5635.6	355.7
湖北	1847.9	5977.9	369.2	335.8	53.6	8723.2	4906.3	189.1
湖南	1535.9	4496.6	357.4	188.2	23.6	4569.6	2827.3	165.7
广东	8290.0	34033.3	940.8	1457.6	238.7	26609.3	15637.2	1045.9
广西	833.1	2448.7	156.7	132.7	19.5	3016.2	1862.6	92.4
海南	138.0	426.4	32.1	37.5	6.1	703.2	421.8	10.3
重庆	716.4	2516.4	141.0	112.1	18.3	3101.6	1856.7	92.6
四川	2034.4	5928.1	326.4	321.9	35.4	7851.4	4911.9	216.1
贵州	561.6	1501.1	154.8	75.3	26.6	2491.9	1617.6	66.8
云南	1018.1	2532.6	415.4	223.2	27.6	3823.4	2035.9	65.5
西藏	17.4	22.1	2.4	3.7	0.2	95.8	23.9	1.6
陕西	**1321.7**	**3302.5**	**275.8**	**400.7**	**63.0**	**5085.9**	**3160.7**	**119.0**
甘肃	601.8	1924.3	120.3	63.0	53.7	2686.0	1576.8	68.2
青海	179.5	450.0	36.5	69.3	8.1	1103.3	754.9	13.9
宁夏	202.3	639.2	33.4	20.1	13.4	1095.2	699.5	25.0
新疆	933.3	2102.9	165.3	388.6	49.7	2777.2	1505.8	44.5

22－14　全部国有及规模以上非国有工业企业主要经济效益指标

（2005 年）

地　区	总资产贡献率（%）	资本保值增值率（%）	资产负债率（%）	流动资产周转次数（次）	成本费用利润率（%）	产品销售率（%）
全国总计	**12.7**	**114.7**	**58.3**	**2.3**	**6.3**	**98.1**
北　京	7.1	101.8	37.3	1.9	5.7	98.5
天　津	14.3	109.6	58.9	2.3	8.3	100.6
河　北	14.5	118.2	62.0	2.7	7.0	98.1
山　西	11.5	113.8	68.4	1.7	6.2	97.0
内蒙古	12.7	131.1	59.5	2.3	8.5	97.4
辽　宁	8.1	110.2	59.9	2.0	3.5	98.2
吉　林	9.1	106.5	60.1	2.0	4.1	98.5
黑龙江	30.9	109.5	58.2	2.2	30.5	97.5
上　海	11.2	112.3	50.5	2.1	6.1	98.6
江　苏	11.3	119.4	61.8	2.6	4.5	98.2
浙　江	12.5	120.2	59.4	2.2	5.2	97.8
安　徽	10.8	114.0	61.8	2.2	4.7	98.3
福　建	11.7	115.2	53.1	2.3	5.2	97.3
江　西	11.6	118.9	63.4	2.4	4.3	98.5
山　东	18.5	122.8	58.5	3.2	7.8	98.2
河　南	16.0	117.4	62.2	2.7	7.2	98.4
湖　北	9.9	118.5	56.2	1.9	6.1	97.6
湖　南	14.1	113.5	61.9	2.6	4.6	99.6
广　东	10.7	110.3	58.8	2.4	4.5	97.4
广　西	11.7	116.7	61.8	2.2	5.8	97.9
海　南	12.2	126.8	60.0	1.6	10.0	98.7
重　庆	10.0	116.6	59.9	1.9	4.7	98.8
四　川	10.1	115.0	62.6	1.8	5.8	97.6
贵　州	10.9	113.0	64.9	1.6	5.5	96.3
云　南	18.9	118.4	53.3	1.6	10.6	99.4
西　藏	8.3	108.9	24.9	1.0	20.6	92.3
陕　西	**15.4**	**124.3**	**62.2**	**1.7**	**14.5**	**97.7**
甘　肃	8.4	114.8	58.7	2.0	3.5	97.8
青　海	12.1	115.3	68.4	1.4	18.8	98.8
宁　夏	7.4	129.4	63.9	1.6	3.2	98.7
新　疆	22.3	117.0	54.2	2.6	24.0	99.1

22－15 主要工业产品产量

（2005 年）

地区	原煤（万吨）	原油（万吨）	发电量（亿千瓦小时）	粗钢（万吨）	生铁（万吨）	钢材（万吨）	水泥（万吨）
全国总计	**219000.0**	**18083.9**	**24747.0**	**35239.4**	**33040.5**	**39691.5**	**106400.0**
北京	810.7		209.0	825.3	805.9	966.2	1160.9
天津		1782.9	365.7	955.3	660.2	1661.1	519.2
河北	7956.4	562.5	1324.1	7386.4	6765.6	6464.4	8850.0
山西	43963.0		1272.7	1654.1	2447.5	1341.2	1920.8
内蒙古	22064.5		1069.3	804.6	876.9	747.8	1519.1
辽宁	6152.8	1261.0	904.0	3057.3	3108.0	3206.1	2614.6
吉林	2487.2	522.5	412.1	460.0	408.6	478.6	1598.5
黑龙江	7253.4	4516.0	596.0	246.4	177.3	232.3	1113.3
上海		25.3	728.7	1928.0	1582.9	1964.2	720.0
江苏	2817.6	164.7	1789.5	3284.9	2685.2	4328.3	9579.2
浙江	41.3		1353.0	432.0	220.6	717.0	8829.4
安徽	8434.5		645.7	1105.6	1105.7	1141.6	3217.8
福建	1331.7		778.3	382.3	394.0	729.7	2713.6
江西	1620.8		349.3	963.2	819.8	1017.8	3477.0
山东	14029.8	2694.5	2001.6	3183.8	3211.1	3008.5	13986.8
河南	18761.4	507.2	1419.9	1226.6	973.0	1337.4	6210.7
湖北	478.1	78.1	1257.2	1571.4	1449.0	1585.9	4512.5
湖南	3646.5		630.3	975.2	961.4	961.3	3571.1
广东	234.8	1470.0	2163.4	757.1	464.7	1365.8	8031.7
广西	637.4	3.4	417.2	496.2	482.9	515.5	3177.5
海南		10.1	81.6	0.2	4.5	14.9	442.6
重庆	1957.8		234.0	272.1	243.6	294.7	2100.7
四川	5219.1	13.9	958.0	1094.5	1060.5	1172.7	4194.7
贵州	10615.2		786.8	237.8	249.6	214.9	1558.0
云南	2190.2		578.5	512.8	816.0	480.1	2644.4
西藏	3.4		13.3				128.2
陕西	**10810.7**	**1778.2**	**504.9**	**307.3**	**314.5**	**337.1**	**1972.1**
甘肃	3326.8	78.5	485.1	458.4	468.5	452.3	1326.0
青海	554.9	221.5	213.2	50.5	6.1	48.5	370.6
宁夏	2589.8		312.9	0.6	24.1	9.2	567.6
新疆	2435.1	2393.7	290.5	306.3	253.0	322.3	1201.6

22－15续表 (2005年)

地　区	布 (亿米)	家用电冰箱 (万台)	农用化肥 (万吨)	汽车 (万辆)	程控交换机 (万线)	移动电话机 (万部)	微型电子计算机 (万部)
全国总计	**470.0**	**2985.8**	**5219.7**	**570.5**	**7720.9**	**30354.2**	**8083.8**
北　京	0.4	81.7	5.9	58.7	3652.2	8948.4	649.6
天　津	2.6	19.3	16.9	32.8	4.0	6310.1	2.1
河　北	23.4		208.9	19.4	3.0		
山　西	3.1		283.5			0.2	0.7
内蒙古	0.8		64.6	0.7		98.9	0.8
辽　宁	4.0	120.4	87.7	15.0	15.4	102.0	26.7
吉　林	0.9	11.3	17.1	58.2			
黑龙江	1.1	0.1	39.7	23.6	0.1		3.9
上　海	1.1	42.7	3.1	48.5	796.6	1939.5	2176.2
江　苏	54.0	318.5	284.6	30.1	95.9	2846.0	2996.1
浙　江	83.6	223.0	59.5	13.1	156.8	2791.3	139.1
安　徽	5.6	530.4	204.1	34.3			4.3
福　建	20.1		60.3	6.6	0.4	1166.0	371.4
江　西	2.8	26.3	47.6	20.6	3.6		5.1
山　东	88.7	612.6	665.1	22.4	224.1	1232.0	39.4
河　南	16.0	249.0	396.6	3.4			0.4
湖　北	20.9	20.3	375.5	38.9	0.1	586.9	
湖　南	3.6	55.5	257.6	3.0	14.8		
广　东	24.8	554.3	36.5	40.2	2646.2	4183.9	1664.1
广　西	0.5		81.4	37.7		94.4	1.7
海　南			62.7	7.3			
重　庆	2.7		118.0	42.2			
四　川	7.1	23.0	428.8	4.8	19.3		
贵　州	0.4	80.2	268.3			54.9	
云　南	0.1		263.1	5.1	0.5		
西　藏							
陕　西	**7.9**	**8.1**	**122.9**	**4.3**	**87.9**		**2.1**
甘　肃	0.3	0.1	85.4				
青　海			158.9				
宁　夏			83.9				
新　疆	1.0		99.8	0.1			

22-16 社会消费品零售总额

（2005年） 单位：亿元

地区	社会消费品零售总额	按销售单位所在地分			按行业分			社会消费品零售总额比上年增长（%）
		市	县	县以下	批发零售贸易业	餐饮业	其他行业	
全国总计	**67176.6**	**45094.3**	**7485.4**	**14596.9**	**56589.2**	**8886.8**	**1700.6**	**12.9**
北京	2902.8	2459.7	59.4	383.7	2529.4	268.0	105.4	10.5
天津	1190.1	1113.0	42.2	34.9	958.4	159.5	72.2	13.9
河北	2952.9	1398.8	588.4	965.7	2535.2	354.3	63.4	14.6
山西	1401.2	902.8	262.3	236.1	1187.4	163.3	50.5	14.9
内蒙古	1344.1	903.4	275.9	164.8	1071.7	229.6	42.8	15.8
辽宁	2999.0	2523.8	145.5	329.7	2479.2	453.1	66.7	13.5
吉林	1460.8	1140.7	106.7	213.4	1238.6	217.1	5.1	13.5
黑龙江	1760.1	1323.0	226.4	210.7	1518.0	204.2	37.9	13.0
上海	2973.0	2588.9	21.3	362.8	2611.3	350.3	11.4	11.9
江苏	5699.9	4126.2	327.2	1246.5	4964.8	629.1	106.0	16.5
浙江	4631.7	3046.7	460.6	1124.4	4020.8	533.2	77.7	14.2
安徽	1765.0	941.2	360.6	463.2	1497.1	240.7	27.2	13.3
福建	2345.8	1479.4	272.9	593.5	2011.9	286.8	47.1	13.8
江西	1236.2	651.7	271.4	313.1	1096.5	123.3	16.4	15.0
山东	6126.4	4004.5	605.9	1516.0	5116.7	753.0	256.7	15.8
河南	3358.4	1805.2	657.4	895.8	2780.4	497.5	80.5	14.3
湖北	2964.6	2057.3	279.1	628.2	2402.4	386.6	175.6	13.2
湖南	2459.1	1371.4	453.6	634.1	2104.5	317.4	37.2	14.4
广东	7882.6	5617.9	332.7	1932.0	6575.3	1174.3	133.0	15.0
广西	1397.0	819.2	245.3	332.5	1203.7	166.5	26.8	14.3
海南	268.6	190.7	19.7	58.2	210.9	46.1	11.6	13.4
重庆	1215.8	714.8	163.0	338.0	1042.6	162.0	11.2	13.8
四川	2981.4	1446.9	525.9	1008.6	2337.6	545.6	98.2	14.0
贵州	606.9	362.7	115.8	128.4	531.8	64.7	10.4	13.4
云南	1034.4	564.5	239.3	230.6	823.8	155.5	55.1	13.0
西藏	73.1	33.0	30.8	9.3	57.9	11.2	4.0	15.7
陕西	**1322.4**	**868.6**	**230.5**	**223.3**	**1155.0**	**141.0**	**26.5**	**13.7**
甘肃	632.8	413.3	99.7	119.8	512.1	99.8	20.9	12.9
青海	160.5	105.6	36.4	18.5	132.1	24.4	4.0	13.7
宁夏	174.3	131.2	19.6	23.5	141.2	30.0	3.1	13.6
新疆	637.8	442.4	95.3	100.1	509.8	90.6	37.4	13.2

22－17 海关进出口总额和国际旅游情况

(2005 年)

地区	进出口总额（亿美元）	出口额	进口额	旅游人数（万人次）	#外国人	游外汇收入（亿美元）
全国总计	**14219.00**	**7619.53**	**6599.53**	**12029.23**	**2025.51**	**292.96**
北京	1255.06	308.66	946.41	362.92	311.62	36.19
天津	532.77	273.81	258.96	74.01	67.46	5.09
河北	160.70	109.24	51.46	62.65	57.39	2.09
山西	55.46	35.28	20.17	42.15	25.40	1.16
内蒙古	48.76	17.74	31.03	100.16	99.56	3.52
辽宁	410.13	234.38	175.75	130.20	111.11	7.38
吉林	65.28	24.66	40.62	37.32	30.68	1.20
黑龙江	95.66	60.69	34.97	82.15	76.42	3.40
上海	1863.37	907.18	956.19	444.54	379.93	35.56
江苏	2279.23	1229.67	1049.56	378.30	262.15	22.60
浙江	1073.90	768.02	305.87	348.05	232.92	17.16
安徽	91.19	51.89	39.31	63.29	41.06	1.86
福建	544.11	348.42	195.69	197.39	72.36	13.05
江西	40.65	24.39	16.25	37.25	13.63	1.04
山东	767.36	461.23	306.13	155.11	124.78	7.80
河南	77.25	50.88	26.37	60.05	34.73	2.16
湖北	90.55	44.29	46.26	82.57	62.68	2.76
湖南	60.00	37.47	22.53	71.98	60.88	3.90
广东	4279.65	2381.59	1898.06	1896.99	476.53	64.57
广西	51.82	28.77	23.05	147.71	88.66	3.59
海南	25.42	10.23	15.20	43.19	26.94	1.28
重庆	42.93	25.21	17.72	52.39	41.81	2.64
四川	79.02	47.02	32.00	106.28	68.27	3.16
贵州	14.04	8.59	5.45	27.62	9.26	1.01
云南	47.43	26.42	21.02	150.28	99.65	5.28
西藏	2.05	1.65	0.40	12.13	11.10	0.44
陕西	**45.77**	**30.76**	**15.01**	**92.84**	**74.57**	**4.46**
甘肃	26.30	10.91	15.39	28.85	17.20	0.59
青海	4.13	3.23	0.90	3.52	1.46	0.11
宁夏	9.67	6.87	2.79	0.82	0.66	0.02
新疆	79.40	50.39	29.02	33.11	29.01	1.00

2005年陕西省统计大事记

1月6日,省统计局发出《关于2004年度市级统计工作综合考核评比结果的通报》(陕统发[2005]2号),通报2004年度全省市级统计工作综合考核评比结果。2004年度全省市级统计工作综合考评先进单位为:渭南市统计局、西安市统计局、咸阳市统计局、延安市统计局、安康市统计局。

1月18-20日,省统计局组织召开2005年全省统计工作会议,传达贯彻全国统计工作会议精神,研究落实省政府办公厅《关于进一步加强统计工作的通知》精神,表彰2004年度市级统计工作综合考评先进单位和全省优秀统计分析报告获奖单位和个人,总结交流2004年全省统计工作,安排部署2005年全省统计工作任务,会议期间组织了第一次全省经济普查知识竞赛抽奖活动。各市和杨凌示范区统计局局长及助手,部分县级统计局长,省城市、农村、企业调查队正、副队长,省统计局领导班子全体成员和各单位主要负责同志参加了会议。会议提出2005年全省统计工作的思路是:以邓小平理论和"三个代表"重要思想为指导,认真贯彻党的十六大、十六届四中全会和省委十届六次全会以及省政府办公厅《关于进一步加强统计工作的通知》精神,继续按照保证重点、提高质量、改善条件、增强团结的工作思路,坚持以科学的发展观为统领,以提高统计数据质量为中心,以基层基础建设为重点,深化统计改革,加强统计法制、信息化和队伍建设,认真组织实施经济普查,努力提高统计服务水平,促进全省统计事业更快、更好地发展。会议提出2005年全省统计工作的重点:一是精心组织,认真实施,确保第一次全省经济普查和县域经济考核取得成功;二是规范方法,夯实基础,进一步提高统计数据质量;三是围绕重点,强化分析,不断提高统计服务能力和水平;四是满足需要,适应发展,积极推进统计改革;五是加大力度,提高水平,推进统计法制建设深入发展;六是加快建设,加大应用,进一步提高统计信息化水平;七是立足实际,共同努力,继续强化基层基础建设;八是以统计文化建设为核心,努力培养一支优秀的统计群体。

1月19日,省统计局和省人事厅联合召开全省统计系统"双先"表彰大会,表彰2000-2004年度全省统计系统先进集体和先进工作者。省政府副秘书长周玉明主持会议,省政府常务副省长赵正永、国家统计局人事司司长尚传武分别讲话祝贺。之前,省统计局、省人事厅联合发出《关于表彰全省统计系统先进工作者和先进集体的决定》(陕统发〔2004〕114号),决定授予何秋和等80名同志"陕西省统计系统先进工作者"荣誉称号;授予西安市雁塔区统计局等37个单位"陕西省统计系统先进集体"荣誉称号。

1月25日,省统计局成立保持共产党员先进性教育活动领导小组及办公室。此后,按照省委的统一安排,认真组织开展了保持共产党员先进性教育活动。这次活动分为学习动员、分析评议、整改提高三个阶段。在学习动员阶段,以党支部为单位,采取集中学习与个人自学相结合,通过报告会、上党课、看录像、办学习专栏等形式,组织党员学习有关材料;每个党员撰写了学习笔记和心得体会;全局举办了学习体会交流会。在分析评议阶段,局党组、各处室以多种形式广泛征求全局职工及有关单位的意见和建议;广泛开展谈心活动;每个党员、各处室分别撰写了党性分析材料;召开了专题组织生活会,对存在的问题进行检查剖析。在整改提高阶段,局党组、各单位针对存在的问题,逐一研究,逐步解决。省统计局保持共产党员先进性教育活动受到省委保持共产党员先进性教育活动领导小组督查组肯定。

1月27日,省政府办公厅发出《关于开展2005年1%人口抽样调查工作的通知》(陕政办发(2005)8号),决定开展全省1%人口抽样调查工作,并成立了以常务副省长赵正永为组长的陕西省1%人口抽样调查领导小组,负责此次调查的领导和组织协调工作。领导小组办公室设在省统计局,负责调查有关具体工作。这次调查在全省各县(市、区)抽取约45万人作为调查对象,调查内容主要包括住户的基本情况和个人的年龄、性别、受教育程度、职业、迁移流动、生育、社会保障、住房情况等指标。调查时点为 2005 年 11 月 1 日零时。2005 年完成了本次调查的方案设计、人员培训、样本确定、调查试点、调查登记及质量控制等工作。

1 月 30 日，省统计局“两会”统计服务工作组进驻省“两会”现场。为了做好这次“两会”统计服务，省统计局加工整理了大量专用资料，印制了多种专用材料，开发了“两会”服务多媒体系统。“两会”期间发放材料 3000 多份，电脑查询 3000 余次，打印查询资料 600 多页。省统计局“两会”服务受到政协主席艾丕善、常务副省长赵正永等领导的较高评价。赵正永常务副省长题词：“这种形式很好，统计工作贴近群众，贴近生活，增强了政务的透明度，又宣传了统计法，希望能够坚持”。

2 月 5 日，省统计局举办 2005 年度全局目标管理总结表彰暨春节团拜会，省统计局机关及省城市、农村、企业调查队全体职工参加会议。会议表彰了 2004 年度全局目标管理先进集体及优秀公务员和先进工作者；表彰了 2004 年度全局优秀统计分析报告获得者。之后，举办了春节团拜会，表演了丰富多彩的文艺节目。

2 月 28 日，在省直机关工会工作会议上获悉，省统计局获 2003 – 2004 年度省直机关“先进职工之家”荣誉称号。这是省统计局连续 7 年获此殊荣。

3 月 8 日，经省政府同意，陕西省统计局公布了《2004 年陕西省国民经济和社会发展统计公报》。该公报包括综合、农业、工业和建筑业、固定资产投资、交通邮电和旅游、国内贸易和市场价格、对外经济、金融证券和保险业、教育和科学技术、文化卫生和体育、环境保护和治理、人口、人民生活和社会保障共 13 部分，全面反映了 2004 年陕西省国民经济和社会发展的基本概况。

3 月 23 日，经省人民政府同意，省统计局发布了《2004 年果业发展统计（监测）公报》。

3 月 24 日，省政府办公厅发出《关于建立劳动力调查制度的通知》（陕政办发（2005）23 号），决定建立全省劳动力调查制度。劳动力调查的具体工作由省统计局组织实施，采用抽样调查方式。首次调查于 2005 年 11 月进行；2006 年调查增加到 2 次，分别于 5 月和 11 月进行；从 2007 年起，调查每季度进行一次，分别于 2 月、5 月、8 月和 11 月进行。

4 月 5 日，省统计局印发了《2005 年度全省市级统计工作综合考核评比办法》（陕统发〔2005〕22 号），决定对各市和杨凌示范区统计局的统计工作进行综合考核。考核的重点包括：组织开展第一次全省经济普查、县域经济社会发展考核、1% 人口抽样调查和劳动力调查工作的情况；加强对统计数据的评估和管理，进一步提高统计数据质量的情况；积极适应地方经济社会发展要求，提高统计服务水平和能力的情况；积极探索，进一步深化统计制度方法改革的情况；统计法制建设的情况；统计信息化建设和应用情况；加强基层基础建设的情况；统计队伍建设的情况等 8 个方面。

4 月 12 日，省统计局制定并印发了《陕西省农村基层统计工作规范化管理实施细则》（陕统发〔2005〕24 号），要求对全省农村基层统计工作实施规范化管理，并从组织建设、制度建设、业务建设等方面提出规范化要求。此后省统计局组织召开了第三次全省乡镇统计工作规范化管理现场会，开展了全省农村统计调查数据质量大检查；各市也采取不同形式加强了对基层统计工作的管理。

4 月 30 日，省统计局制定并印发了《陕西省统计违法案卷评审标准》（陕统办发〔2005〕12 号），从统计执法案件主体资格、事实认定、主要证据、适用法律、执法程序等方面进行统一和规范。以此为契机，全省各级统计部门加大统计执法力度，全省立案查处统计违法案件 1118 件。

5 月 10 – 12 日，省统计局赴“两联一包”扶贫点——铜川市印台区潘家河村开展调研工作，并对有关人员进行计算机培训。之后，省统计局进一步加大扶贫工作力度，为扶贫点修建了生产道路，为特困户修建了水窖。省统计局被陕西省扶贫开发领导小组授予“两联一包”扶贫工作先进单位。

5月17－22日，国家统计局举办中西部地区地（市）、县统计局长培训班，我省40名市、县统计局长参加了培训。这次培训是我省基层统计局长第一次参加国家大规模培训。之后，省统计局也开展了国民经济核算知识培训、统计检查员培训、计算机应用培训、持证上岗培训、统计从业资格认定培训等活动，并配合经济普查、1%人口抽样调查、县域经济考核等，对基层专业人员普遍进行了专项业务培训。6月8日，省统计局制定并印发了《陕西省统计“四五”普法考核验收办法》（陕统发〔2005〕35号），对全省统计“四五”普法验收工作进行了规范。根据该办法，各级统计部门组织对全省统计“四五”普法工作进行了检查验收，完成了统计“四五”普法任务。

6月8日，省统计局为了鼓励基层先进统计工作站，根据《关于表彰全省统计系统先进工作者和先进集体的决定》（陕统发[2004]114号）精神，决定奖励给荣获全省统计系统先进集体称号的12个基层统计工作站计算机各1台；同时，采用省统计局和县统计局各负担一半的办法，为县级统计部门配备计算机465台。至此，全省县级统计部门实现了业务人员“人手一机”的目标。

7月7日，省统计局发出《关于开展建设节约型机关活动的通知》，要求在全局开展建设节约型机关活动，建设节约型机关的重点是，节约用电、节约用水、节约办公用品等。省统计局建设节约型机关活动先后被中央电视台、省电视台、省人民广播电台报道。

7月13日，全省统计系统县级联网工程完成。这次全省县级联网工程从3月份开始，由省统计局投资160多万元，每县各筹集1万元，建成县级广域网线路，购置了网络设备，实现了全省统计内部网络的全面互联。标志着我省网络建设的第一阶段工作初步完成。

7月14日，省统计局发出《关于启动统计系统快速应急机制加强商品房销售情况统计监测的通知》（陕统发〔2005〕50号），紧急启动统计系统快速应急机制，开展对商品房市场的统计监测。这次紧急监测的主要目的是，在2005年全国商品房价格上涨过快，国务院和省政府采取了一系列稳定房价政策的前提下，及时反映各项政策措施的落实和房地产市场的变动情况。

8月23日，省政府发出《关于开展第二次农业普查的通知》（陕政发[2005]22号），全面部署我省第二次农业普查工作，并成立了以王寿森副省长为组长的陕西省第二次农业普查领导小组，领导小组办公室设在省统计局。全省第二次农业普查的标准时点是2006年12月31日，普查范围和对象是在省内从事农业生产经营和服务的单位、农村住户、从事农业生产经营活动的非农村住户、行政村和乡镇；普查共设计《农业土地利用普查表》、《住户类普查表》、《非住户类农业生产经营单位普查表》、《农业服务业经营单位普查表》、《行政村普查表》和《乡镇普查表》6种普查表。

8月31日，陕西省机构编制委员会办公室发出《关于省统计局人口与社会科技统计处分设的批复》（陕编办发[2005]87号），同意省统计局人口与社会科技统计处分设，单设社会科技统计处；原人口与社会科技统计处更名为人口就业统计处。

9月2日，省统计局发出《关于开展2005年群众安全感调查的通知》（陕统发〔2005〕64号），决定开展2005年全省群众安全感调查工作。这次调查抽取全省34个县（市、区），170个调查小区进行调查。通过调查反映了广大人民群众对当前社会治安状况的反映以及对公共安全、社会治安秩序的真实感受。

10月17日，《陕西统计年鉴－2005》正式出版发行。《陕西统计年鉴－2005》是自1986年创刊以来的第20期。

10月21日，国家统计局组织首届全国统计系统文化建设汇报文艺演出活动，省统计局选送的安塞腰鼓

——《统计文化大繁荣》荣获“最佳节目奖”。

11 月 8 日，国家统计局发出《关于设立国家统计局陕西调查总队的通知》，决定撤销陕西省农村社会经济调查队、陕西省城市社会经济调查队、陕西省企业调查队；成立国家统计局陕西调查总队。

11 月 17 日，省统计局召开全省统计年报工作会议，表彰了 2005 年度全省各市（区）专业统计工作先进单位和 2005 年度直报单位专业统计工作先进单位；通报了 2005 年度全省优秀统计分析报告评比结果；分专业布置了 2005 年统计年报和 2006 年定期报表工作。

11 月 17 日，省委组织部发出《关于段东学同志任职的通知》（陕组干任[2005]198 号），任命段东学同志为省统计局党组成员、纪律检查组组长。

12 月 15 日，经省政府同意，省统计局先后对外发布了《陕西省第一次经济普查主要数据公报（第一号）》、《陕西省第一次经济普查主要数据公报（第二号）》和《陕西省第一次经济普查主要数据公报（第三号）》，公布了全省第一次经济普查的主要数据。到此，全省第一次经济普查的调查工作已告结束。通过本次经济普查，查实了我省经济总量和三次产业的比重。利用经济普查资料核算，我省 2004 年生产总值为 3175.6 亿元，比常规统计增加 292.1 亿元，增加 10.1%；第一、第二、第三产业的比重分别为 11.7、48.9、39.4。陕西在全国的位次由原来的第 22 位提升到第 19 位，在西部 12 省（市、区）中排位由第 4 位上升到第 3 位。

12 月 16 日，中共陕西省委发出《关于王莉霞等同志任免职的通知》（陕干字[2005]131 号），任命王莉霞同志为省统计局党组书记，张晓光同志为党组成员；免去胡守贤同志省统计局党组书记、刘鸿儒同志党组成员职务。12 月 31 日，省政府发出《关于王莉霞等任免职的通知》（陕政任字[2005]117 号），任命王莉霞同志为省统计局局长，张晓光同志为副局长；免去胡守贤同志省统计局局长、刘鸿儒同志副局长职务。

12 月 20 日，省统计局发出《关于 2004 年陕西省县域经济社会发展考核结果的通知》（陕统发[2005]90 号），通报了 2004 年全省县域经济社会发展考核情况。这次县域经济社会发展考核是在省委、省政府做出县域经济社会发展考核决定后的第一次考核，考核结果将作为对各县考核的基数。之后，省委、省政府根据考核结果，授予神木县、宝塔区、长安区、临潼区、靖边县、韩城市、汉台区、户县、陈仓区、志丹县 2004 年度“陕西省经济社会发展十佳县”称号。

中国统计出版社最新资料书简目

（仅供在考，以最后出书为准）

中国统计年鉴—2006
中国统计摘要—2006 年
2006 中国发展报告
中国城市统计年鉴—2005
中国劳动统计年鉴—2006
中国人口统计年鉴—2006
中工业经济统计年鉴—2006
中国市场统计年鉴—2006
2005 中国经济景气年鉴
中国建筑业统计年鉴—2006
中国城市调查年鉴—2006
中国商品交易市场统计年鉴—2006
中国连锁餐饮企业统计年鉴—2005、2006
中国连锁零售业统计年鉴—2005、2006
中国能源统计年鉴—2004、2005
全国农产品成本收益资料汇编—2005
国际统计年鉴—2006
中国对外经济贸易统计年鉴—2005
中国基本单位统计年鉴—2005
中国民政统计年鉴—2006
中国高技术产业统计年鉴—2006
中国房地产行业名录
中国农村统计年鉴—2006
中国农村住户调查年鉴—2006(中文)
中国农村住户调查年鉴—2006(英文)
中国乡镇统计资料—2006
中国县(市)社会经济调查年鉴—2006
中国西部农村统计资料—2006
中国建制镇统计资料—2006
中国农产品价格调查年鉴—2006
中国国民经济核算年鉴—2006
中国经济普查年鉴—2004
中国棉花年鉴—2004、2005
中国百强县(市)发展年鉴—2006
中国教育经费统计年鉴—2005

北京统计年鉴—2006
天津统计年鉴—2006
河北经济年鉴—2006
山西统计年鉴—2006
内蒙古统计年鉴—2006
辽宁统计年鉴—2006
吉林统计年鉴—2006
黑龙江统计年鉴—2006
上海统计年鉴—2006
江苏统计年鉴—2006
浙江统计年鉴—2006

安徽统计年鉴—2006
福建统计年鉴—2006
江西统计年鉴—2006
山东统计年鉴—2006
河南统计年鉴—2006
湖北统计年鉴—2006
湖南统计年鉴—2006
广东统计年鉴—2006
广西统计年鉴—2006
海南统计年鉴—2006
重庆统计年鉴—2006
四川统计年鉴—2006
贵州统计年鉴—2006
云南统计年鉴—2006
西藏统计年鉴—2006
陕西统计年鉴—2006
甘肃年鉴—2006
青海统计年鉴—2006
宁夏统计年鉴—2006
新疆统计年鉴—2006
新疆生产建设兵团统计年鉴—2006
石家庄统计年鉴—2006
唐山统计年鉴—2006
邯郸统计年鉴—2006
张家口统计年鉴—2006
朔州统计年鉴—2006
呼和浩特经济统计年鉴—2006
鄂尔多斯市统计年鉴—2006
包头统计年鉴—2006
沈阳年鉴—2006
大连统计年鉴—2006
鞍山统计年鉴—2006
长春统计年鉴—2006
吉林市社会经济统计年鉴—2006
四平统计年鉴—2006
延吉统计年鉴—2006
哈尔滨统计年鉴—2006
齐齐哈尔经济统计年鉴—2006
黑龙江垦区统计年鉴—2006
上海浦东新区统计年鉴—2006
南京统计年鉴—2006
苏州统计年鉴—2006
无锡统计年鉴—2006
常州统计年鉴—2006
徐州统计年鉴—2006
南通统计年鉴—2006
盐城统计年鉴—2006
镇江统计年鉴—2006
江阴统计年鉴—2006

杭州统计年鉴—2006
宁波统计年鉴—2006
绍兴统计年鉴—2006
台州统计年鉴—2006
盘山统计年鉴—2006
温州统计年鉴—2006
金华统计年鉴—2006
嘉兴统计年鉴—2006
湖州统计年鉴—2006
安庆经济统计年鉴—2006
福州统计年鉴—2006
福州年鉴—2006
厦门经济特区年鉴—2006
福州经济技术开发区年鉴—2006
南昌经济社会统计年鉴—2006
上饶经济社会统计年鉴—2006
九江经济统计年鉴—2006
济南统计年鉴—2006
青岛统计年鉴—2006
潍坊统计年鉴—2006
淄博统计年鉴—2006
郑州统计年鉴—2006
洛阳统计年鉴—2006
三门峡统计年鉴—2006
南阳经济统计年鉴—2006
武汉统计年鉴—2006
宜昌统计年鉴—2006
十堰统计年鉴—2006
荆州统计年鉴—2006
长沙统计年鉴—2006
广州统计年鉴—2006
东莞统计年鉴—2006
惠州统计年鉴—2006
深圳统计年鉴—2006
南宁统计年鉴—2006
桂林经济社会统计年鉴—2006
柳州经济社会统计年鉴—2006
来宾统计年鉴—2006
河池地区经济社会统计年鉴—2006
海口统计年鉴—2006
成都统计年鉴—2006
贵阳统计年鉴—2006
昆明统计年鉴—2006
西安统计年鉴—2006
兰州年鉴—2006
西宁统计年鉴—2006
银川统计年鉴—2006
乌鲁木齐统计年鉴—2006
哇鲁番统计年鉴—2006

编辑部电话：(010)63262276　63266600—30607，30609
欲购以上图书请与中国统计出版社发行部联系。　电　话：(010)63459084　同楫行书店电话：68585978
通 讯 地 址：北京市西城区三里河月坛南街 75 号　邮政编码：100826

陕西省石化行业管理办公室

2005年，陕西省石化行业管理办公室，按照省委、省政府的要求，在省工交办的正确领导下，石油和化工各项经济建设任务超额完成，产值和效益高速增长，石化行业的支柱作用更加突出。在国内经济持续快速增长的拉动下，我省石油和化工生产取得了“十五”以来最显著的成绩，总体形势为工业生产以40%的速度持续增长，产值屡创历史新高；主要产品产量大幅增长，原油、天然气、甲醇产量居全国前列；经营业绩不断提升主要经济指标创历史最好水平，出口产品快速增长，对外贸易持续扩大；固定资产投资快速增长，发展后劲进一步增强；全行业圆满完成全年生产任务，并以1500万吨原油产量、1100万吨原油加工量、140万吨全成氨分别完成“十五”计划的300%、186%、116%，带动全省石化工业实现了“十五”期间的跨跃式发展。

（1）石油和化工超额完成各项经济指标，产值高速增长。

2005年1-12月，全省石化行业完成工业总产值8688309万元，同比增长45.73%，其中，石油工业完成7244978万元，同比增长50.44%，化学工业完成1443331万元，同比增长25.92%。1-12月全省石油化工累计完成工业增加值261亿元，同比增长45.8%。

（2）60%以上的主要石化产品产量保持增长。

2005年1-12月，重点调度的16种主要石化产品比上年同期增长的有原油（17.9%）、原油加工量（17.84%）、纯碱（17.40%）、烧碱（0.13%）、磷矿石（61.95%）、电石（25.36%）、甲醇（46.58%）、PVC（5.27%）、浓硝酸（63.37%）、油漆（7.04%）等10种，占62.5%。

（3）销售产值增长强劲，产销衔接呈良好态势。

2005年1-12月，全省石油化工完成现价销售产值8527523万元，同比增长45.51%，产销率为98.17%，其中石油工业完成7094251万元，同比增长47.83%，产销率为97.93%，化学工业完成1433272万元，同比35.06%，产销率为99.36%。

（4）出口产品快速增长，对外贸易持续扩大。

今年以来全省石化产品对外贸易持续增长，止12月已完成出口交货5.05亿元，比上年同期2.3亿增长119%，又创行业历史新高。受全球石油价格坚挺的拉动，世界产油国对石油机械的需求不断增加，宝鸡石油机械厂面向北美的加拿大，中东的伊朗及俄罗斯周边国家出口交货达2.24亿元，出口钻机及泥浆泵253台套增长158%。宝鸡石油钢管厂承担中哈石油管线项目，焊管实现出口交货1.88亿元,兴化出口多孔硝铵25748吨，出口创汇588万美元，为上年同期的2.5倍。石仪总厂、咸阳钢管的仪器设备及钢丝出口全年也呈增长势头。

纵观2005年，我省石化工业生产、经营、固定资产投资均取得“十五”以来的最好成绩，全省石化产品产量、经济效益大幅增长、工业产值、工业增加值、产品销售收入、利润等多项经济指标以40%的速度递增，呈现出“十五”以来的最好发展态势。目前石化行业在全省8大支柱产业中占有重要位置，总产值占全省30%以上份额，增加值占全省1/4，利润全省排名第一，已成为我省工业经济中举足轻重的支柱产业。2006年是我国实施“十一五”规划的第一年，我们将认真贯彻党的十六届五中全会精神，按照科学发展观，坚持可持续发展的思路，创新发展模式，提高发展质量，在全省石化行业的快速增长中努力实现经济增长和资源环境的协调发展。

陕西省太白酒业有限责任公司

厂长：张吉焕

陕西省太白酒业有限责任公司位于秦岭主峰太白山脚下、“国宝重器”之乡，南依秦岭、北临渭水，自古酿酒条件得天独厚。企业组建于1956年公私合营时期，现拥有资产1.4亿元，年产成品白酒1.5万吨，销售收入2.58亿元，生产的“太白”牌太白酒畅销全国，远销美国、日本、西欧以及港澳台等国家和地区。历史悠久的“太白”牌太白酒，成名于太白山，闻名于唐李白，她的历史文化内涵非常丰厚，被列为国家地理标志产品。系列产品被评为国家优质酒、全国质量达标食品、全国质量优秀产品、中国知名品牌等荣誉称号；企业荣获全国酿酒行业百名先进企业、全国白酒工业百强企业、全国守合同重信用企业、全国商业重点培植企业、全国商业百名信用企业、中国商业名牌企业等多项大奖，并率先在西北地区通过国家ISO9001—2000质量体系及产品认证。目前，产品有凤香、浓香、兼香三大香型，近百余个品种。

领导班子

厂容厂貌

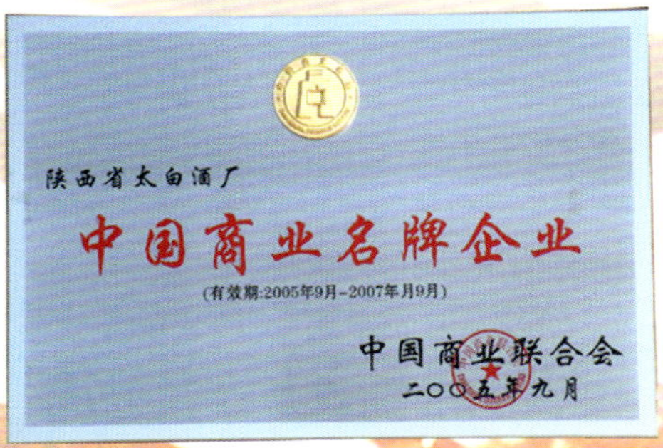

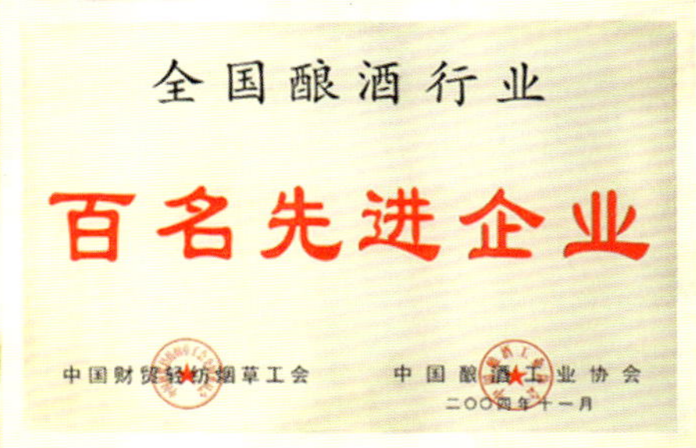

装酒车间

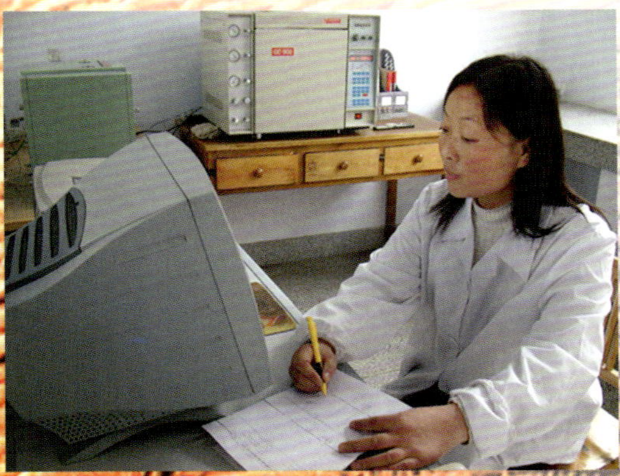
气象光谱分析

酿酒车间

宝塔区人民政府

小城镇

近年来，宝塔区广大干部群众坚持以邓小平理论和“三个代表”重要思想为指导，深入贯彻党的十六大、十六届三中、四中、五中全会精神，全面落实科学发展观，紧紧抓住西部大开发历史机遇，努力克服了非典、禽流感等一系列突发事件的影响，经济总量、生态环境建设、主导产业开发、城乡基础设施建设、改革开放、社会建设等方面都取得了可喜成绩，经济社会步入了又快又好的发展时期。2005年生产总值达到123.9亿元（新口径），增长13%；财政总收入达到7.66亿元，增长28.4%，其中地方财政收入3.9亿元，增长70.1%，农民人均纯收入2177元，净增215元。经济总量连续五年居全市各县区首位，在2004年全省县域经济普查中，位居全省第二。

生态环境建设成效显著。累计完成退耕还林面积71.99万亩，林草覆盖率达到59.7%，较“九五”末提高13个百分点；治理水土流失764.8平方公里，治理程度达到50.68%。2005年顺利通过国家级生态示范区验收，成功举办了全国退耕还林现场会。

主导产业不断发展壮大。截止2005年，全区林果面积达到30万亩，产量突破10万吨；牛、猪、鸡饲养量分别达到4.2万头、9.2万头和80.5万只，防疫率达到95%以上；发展各类弓棚3.2万个，种植面积3万亩，实现总产6.5万吨。三大产业实现总收入3.45亿元，较“九五”末增长1.37亿元；对农民人均纯收入的贡献率达到56%。

工商经济质量效益全面提升。2005年，实现工业总产值15亿元，是“九五”末的2.5倍；完成社会消费品零售总额19.5亿元，是“九五”末的2.8倍；私营企业累计达到1893户，实现增加值10亿元，是“九五”末的1.7倍。

石油生产

乡镇卫生院

山川秀美

山地苹果

基础设施条件进一步完善。“十五”期间，累计实施重点项目91个，为群众办成34件实事，完成投资27.4亿元，是“九五”期间的2.45倍。实现了乡乡通油路，村村通电话、通电视；实施了5个小城镇开发建设、17个乡镇机关新建改造和丽融大厦、银海大厦、延百大厦、中延国际大厦、水利服务中心、中际大厦、华龙大厦、金鑫大厦、商务大厦等一系列重点项目的建设，城乡基础设施有了极大改善，有效拉动了区域经济增长。

改革开放深入推进。帮助30余户企业成功化解债务1.1亿元，行政管理体制、财政体制、“教育四制”和医疗卫生人事制度改革稳步推进；累计招商引资36.2亿元，先后与云南大理市、贵州仁怀县、浙江椒江区、内蒙古东河区、河北北戴河区缔结了友好关系。

社会事业全面进步。被科技部授予全国科技进步先进区和全国科技进步示范区；全面落实了农村义务教育“两免一补”政策，加大中小学布局调整和校舍维修改造，办学条件和教育教学质量不断提高；坚持开展送电影下乡活动，被评为全国农村电影放映先进县（区）；积极参加全市春文活动、小戏调演和竞技体育活动，挖掘和编排具有地方文化特色的文艺曲目，繁荣发展地方文化事业；加强公共卫生体系建设，启动了农村新型农村合作医疗制度，防控措施和医疗服务水平初步改善；不断提高人口与计划生育管理水平，人口自增率控制在4.47‰，被评为全国婚育新风进万家先进区、计划生育信息化建设先进区和计生药具管理示范区，实现了信息化建设全国百强县（区）达标，荣获全省计划生育工作先进县（区）。

“十一五”时期，是全面建设小康社会、加快建设西部经济强区的关键时期，发展建设中蕴含着许多机遇和有利因素。目前，区级四套班子团结一心，锐意创新，正在带领广大干部群众向打造西部经济强区、构建和谐宝塔宏伟目标阔步前进。

弓棚西瓜

小流域治理

秦川牛养殖

汉台区

区委书记　张建平

区长　马世生

抢抓战略机遇　突出发展主题
努力实现经济社会率先突破发展

“十五”期间，在市委、市政府和区委的正确领导下，在区人大、区政协的监督支持下，全区上下牢固树立和落实科学发展观，以经济建设为中心，抢抓机遇，开拓创新，破难攻坚，埋头苦干，提前实现了“十五”确定的主要预期目标，改革开放和现代化建设取得了令人鼓舞的重大成就。先后被农业部授予全国科技先进区和科技进步区，被中国科协授予全国科普示范城区，被省委、省政府命名为治安模范区、社会治安先进区、精神文明建设先进区、双拥模范区、对台工作和交友帮扶先进集体、社区建设示范区、基层劳动保障平台建设先进区，连年被市委、市政府评为全市综合工作先进区，在基层党组织建设、党风廉政建设、预防职务犯罪、平安汉台建设、安全生产、招商引资、信访、计生、民政、环保等方面获得数十项殊荣。

一、综合实力显著增强，经济结构不断优化。

“十五”期间，汉台区地区生产总值由2000年的24.71亿元增加到2005年的49.34亿元，增加24.63亿元，是2000年的2倍，年均增长9.4%；财政总收入达到3.33亿元，同口径比年均增长13.1%；地方财政收入达到1.65亿元，同口径比年均增长10.9%；全社会固定资产投资额由11.86亿元增加到20.45亿元，增加8.59亿元，增长72.4%，年均增长11.5 %。三次产业结构由2000年的11.4: 50.9: 37.7调整为2005年的8.6: 41.6: 49.8，被誉为全市经济结构最合理县区。2004年我区综合实力在全省93个县(区)中跃居第七位，被评为“十佳县(区)”。

二、农村经济稳步发展，工业生产大幅增长。

随着中央一号文件等一系列促进农民增收政策的贯彻落实，农村经济蓬勃发展，优质稻米、畜禽、蔬菜等主导产业规模不断扩大，在农业总产值中占到了85%以上，创出了两个国家级绿色品牌，建成了6个省级绿色产业基地，环城观光休闲农业成为全市绿色农业发展的一大亮点。“十五”期间，农业增加值由2.81亿元增加到4.26亿元，增加1.45亿元，增长51.6%，年均递增6.4%；主要农产品中，除粮食生产由于调整产业结构下降外，油料由1.40万吨增加到1.53万吨，年均递增1.8%；水果由0.54万吨增加到1.04万吨，增加0.5万吨，年均递增14.0%；肉类由1.07万吨增加到1.63万吨，增加0.56万吨，年均递增8.8%；奶类由0.29万吨增加到0.49万吨，增加0.2万吨，年均递增11.1%。

工业经济步入了健康、快速的发展轨道，特别是实施了中材汉江水泥日产2000吨水泥熟料生产线、天元锰业年产万吨电解锰生产线、青啤汉中公司扩能改造、理想化工技术改造、台玻汉中公司硅砂精加工生产线、华汉机械制造厂消失模负压真空铸造、汉水石英砂公司年产20万吨硅砂生产线等产业项目等陆续建成投产，工业经济的市场竞争力明显增强。“十五”期间，工业增加值由10.28亿元增加到14.56亿元，年均增长7.1%；规模以上工业增加值由 5.86亿元增加到 11.66亿元 ，是2000年的 2倍，年均增加 12.0 %。主要工业产品产量大幅增加，水泥由34.19万吨增加到84.93万吨，增加50.74万吨，增长1.5倍，年均增长20.0%，化肥由1.73万吨增加到2.36万吨，增加0.63万吨，增长36.4%，年均增长6.4%；化学原料药由337吨增加到510吨，增加173吨，增长51.3%，年均增长8.6%。

汉中-天汉大道

三、重点项目进展顺利，投资规模不断扩大。

“十五”期间，以基础设施建设为重点，累计实施了110多项重点建设项目，建设了13条城区主干道路，城市建成区

人民政府

面积达到了31平方公里。实施了桥北广场、江北垃圾处理场、城市供水供电网络改造、居民住宅小区建设和城市的绿化、亮化、美化、净化工程，进一步提高了城市综合服务功能和品位。实施了勉城县际公路汉台段和村组道路建设、农村电网改造、江河堤防、天然林保护、人饮工程、甘露工程等重点项目建设，累计完成了8.7万亩中低产田改造、30.5平方公里小流域治理、1.16万亩退耕还林、2.92万亩荒山造林、1.8万亩天保工程、85项人畜饮水工程、2572口国债沼气等工程建设，极大地改善了城乡群众的生产生活条件。“十五”期间，安居工程、商品房建设速度加快，房地产投资由3.27亿元增加到9.17亿元，增加5.9亿元，增长1.8倍，年均递增22.9%。

消费市场活跃，市场物价趋于稳定

“十五”期间，随着城乡居民收入提高，消费环境的不断改善，汉台区消费市场逐步升温。2005年实现社会消费品零售总额23.3亿元，比2000年增加6.94亿元，增长42.4%，年均增长7.3%；其中批发零售业从12.3亿元增加到21.2亿元，增加8.9亿元，增长72.4%，年平均递增11.4%。随着经济的快速发展，城乡居民消费也发生了变化。城镇居民人均消费支出由3441元上升到5599元，增加2158元，增长62.7%，年均递增10.2%；农村居民人均生活费支出由1425元上升到2199元，增加774元，增长54.3%，年均递增9.1%。市场物价指数基本稳定，2005年与2000年相比消费价格指数增加了0.4个百分点。

汉中–古汉台

城乡居民收入增加，生活水平不断提高。

“十五”期间，伴随着经济的快速发展，城乡居民收入较快增长。城镇居民人均可支配收入由4308元提高到6671元，五年净增加2363元，增长54.9%，年均递增9.1%。农民人均纯收入由2000年的1878元提高到2639元，净增761元，增长40.5%，年均增长7.0%，收入的增加，不断改善城乡居民居住条件和生活质量，2005年城镇居民和农村住户人均住房面积达到20.18平方米和38.36平方米，比2000年增加5.55平方米和14.74平方米，增长37.9%和62.4%，反映人民生活水平的恩格尔系数分别为37.8%和53.5%。

财政保障能力增强，金融运行平稳。

五年来，汉台区财政收入稳步提高，财政总收入达到3.33亿元，同口径比2004年增长15.5%；地方财政收入达到1.65亿元，同口径比2004年增长18.8%；地方财政支出由1.73亿元增加到2.85亿元，增加1.12亿元，增长64.7%，以平均10.3%的速度递增。

金融机构存贷款持续增加。2005年汉台区各项存贷款余额121.6亿元，比2000年增加71.9亿元，增长1.45倍，年均递增19.6%；其中城乡居民储蓄存款余额达77.3亿元，比2000年增长1.5倍，以年均20.3%的速度递增；各项贷款余额达48.7亿元，比2000年增长18.2%，年均递增3.4%。

科技兴区战略深入实施，社会事业全面进步。

截止2004年底汉台区有各级学校236所，在校学生10.43万人，比2000年增长了8.5%。小学学龄儿童净入学率达到100%，巩固率99.9%；初等教育毛入学率103.1%，巩固率达到99.9%；职业技术教育成效明显，四年间累计招生人数达到6826人。师资力量不断壮大，业务素质明显提高，2004年汉台区各类学校有专任教师6000人，比2000年增长2.1%，形成了一支实力相对稳定的师资队伍。高考连续10年保持全市第一，汉中市第三中学已创建成为省级重点中学。

文化旅游事业蓬勃发展。通过着力打造天台国家森林公园、褒河省级森林公园、兴园湖公园、拜将坛景区、莲湖公园和环城观光休闲景区的基础设施配套建设，塑造汉台旅游业的鲜明形象，强化“住在汉台，游遍全市”的服务品牌，扩大汉台区的知名度和文化品位。五年间累计接待国内游客627万人次，实现旅游收入11.69亿元；接待境外入境人数18727人次，实现国际旅游外汇收入235万美元。

卫生事业健康发展，保障功能增强。汉台区有乡镇以上卫生机构45个，床位3940张，有各类卫生技术人员3402个，每万人有床位74.2张。

总之，汉台区“十五”期间国民经济和社会发展迈上了新的台阶，全面实现了“十五”计划的预期目标。回首“十五”，辉煌的成就铸就了新的发展平台，展望“十一五”，新一轮发展机遇将给我们带来新的挑战。今年全区经济社会发展的总体要求是，以邓小平理论和“三个代表”重要思想为指导，认真贯彻党的十六届五中全会、中央经济工作会议、中央农村工作会议和省委、市委全会精神，按照区第十三次党代会确立的“5535”总体工作部署，全面落实科学发展观，紧紧围绕建设陕西经济强区的奋斗目标，以加快经济发展，促进社会和谐为主题，突出抓好结构调整、基础设施建设、城市管理、改革开放、和谐社会建设、党的建设六项重点工作，积极开展创建中国优秀旅游城市、省级卫生城市和全国双拥模范城活动，进一步优化“三个环境”，加快推进农业产业化、工业化和城市化，为顺利实施“十一五”规划开好局、起好步。

汉中中心广场

户县人民政府

——展翅腾飞的西部新区

户县位于陕西省关中平原中部，属西安市近郊县，地处关中“一线两带”和“西安—咸阳经济圈”的核心部位，是蜚声中外的“中国第一画乡”。全县总面积1255平方公里，山区平原各半，辖11镇5乡2个旅游区管委会、518个行政村、28个居委会，总人口57.86万。

综合实力显著增强

近年来，户县以科学发展观和“四化”理念为指导，围绕建设具有生机与活力的工业强区、文化名区、生态新区目标，坚定不移地走工业强县、农业稳县、旅游兴县、商贸富县之路，不断加快撤县设区步伐，大力实施“一体两翼，四轮驱动”（以秦祖路城镇经济带为轴线，以草堂寺景区和渭河现代生态农业示范区为两翼，非公经济、旅游三产、高科技现代农业、城乡建设四轮驱动，三个文明和社会各项事业统筹发展）发展战略，全县经济和各项社会事业协调发展，社会大局稳定，综合实力明显提高。2005年，完成生产总值50.06亿元，可比增长15.1%；实现地方财政收入1.14亿元，可比增长16.2%；完成社会消费品零售总额10.86亿元，同比增长16.3%；完成全社会固定资产投资26.1亿元，同比增长88.8%；城镇居民人均可支配收入、农民人均纯收入分别达到7916元和3018元，同比增长9.2%和9.9%；完成合同外资额910万美元，实际进资492万美元，实际利用内资21.02亿元；符合政策生育率达到97.58%。被评为2004年度“陕西省经济社会发展十佳县”。

工业经济势头强劲

户县围绕建设西咸经济圈上最具活力的工业强区目标，加快实施《工业振兴计划》，工业经济快速增长，全县初步形成医药、建材、造纸、机械、玻璃、包装材料、电器、化工、铸造等主导产业，成为西北地区最大的新闻纸、大输液、纸箱、淀粉生产基地和全国重要的铝箔机械、铝塑复合带机械、轻化电缆机械生产基地之一。2005年，实现工业总产值85.39亿元，同比增长23.8%；工业增加值26.77亿元，同比增长17.4%。规模以上企业达66户，实现总产值34.72亿元，同比增长44%；完成规模以上工业增加值9.84亿元，销售收入21.92亿元。沣京工业园已引进企业37户，23户正式投产，实现技工贸收入3.3亿元。大力发展非公有制经济，非公企业达15760户，资产33.3亿元，年总产值63.8亿元，同比增长14%，非公经济增加值已占到全县生产总值的63.5%。实施重点培育扶持“十一五”期间产值超亿元大企业战略，全力促进骨干企业不断壮大，西安黑牛机械有限公司、银泉纸业有限公司、林顿铸造有限公司等一批非公企业闻名省内外。

农村经济迅速崛起

2005年，户县实现农业总产值130717万元，增长9.8%。种植业稳步发展，粮食播种面积62333公顷，总产33.75万吨，年销售商品粮10万吨，是陕西省粮食生产十强县。种植业五大基地面积新增133公顷，总面积达3000公顷，年生产销售蔬菜18万吨，瓜果8万吨。畜牧业发展势头良好，奶牛、生猪、家禽存栏分别达到4264头、25.35万头和170万只，肉、蛋、奶总产分别达2.43万吨、1.37万吨、2.08万吨。农业产业化步伐加快，画乡农鸡蛋、金峰香醋获国家绿色无公害农产品认证，西安国维淀粉有限公司、西安秦龙种业有限公司、“户太8号”葡萄基地等一批农业龙头企业带动效应明显增强，西安国维淀粉有限公司成为“全国十强”和西北最大的淀粉专业化生产企业。全县乡镇企业达到18930个，从业人员11.04万人，现价总产值72.79亿元。渭河农业示范区被中国社会科学院欠发达经济研究中心确定为社会主义新农村建设调研基地。农村生产生活条件逐步改善，被省林业厅评为“全省林木种苗先进单位”、“科技推广成果二等奖”，被省农业综合开发领导小组评为“农业综合开发先进单位”，荣获省政府“水利振兴杯”；全县小麦收获和玉米播种实现了机械化，是陕西省农机十强县，获全市秸秆禁烧和秸秆综合利用第一名。加大劳务输出力度，年输出务工人员5.36万人。农民专业协会快速发展，全县新组建农民专业合作经济组织7个，总数达到37个，入会农民达2.1万户，带动农户8万户，协会年经营收入7200万元，会员年收入比全县农民人均纯收入高出242元。户县农民经济人协会被省供销联社评为“先进农民经纪人协会”。

基础设施日臻完善

大力开展“城市建设年”活动。县财政筹措资金3160万元，吸附其他建设资金2755万元，带动基础设施建设投资1.74亿元，城乡建设快步推进。全年施工项目89个，竣工项目72个。年初确定的35个重点工程进展顺利，完成投

西户滨河花园

户县东韩新村

资23.55亿元。14个城建施工项目中有10个已竣工。《户县城市总体规划修编》通过专家论证。文庙广场、渼陂路东段、兆丰路中段、吕公路东段等工程已投入使用或即将竣工。世行贷款改善城市基础设施项目已经世行和市政府同意。西汉高速公路涝峪段全面开工，完成年度投资2亿元。县城至环山旅游路二级公路石井段、南北4号路城市段、东西7号路和太航路改建等工程全面完成。筹资1360万元，硬化出村路110多公里。城市管理逐步规范，严格规范各类户外广告和沿街牌匾，坚决取缔马路市场，积极实施农村"三清三改"（清垃圾、清污水、清路障，改水、改厕、改路）工程，全县城乡面貌明显改观。环保创模工作初见成效，28项考核指标已完成。2005年，户县被评为陕西省城市综合整治工作先进县。

户县人民广场

旅游开发逐步加快

户县是文王故都、汉唐京畿，建制至今已有2000多年历史。106处国家、省、市及县级文物保护单位星罗棋布于县内。千年古刹草堂寺、天下祖庭重阳宫、古建精品公输堂孕育了户县丰厚的历史文化。这里有世界上最早规模最为宏大的汉代国家铸币厂钟官城遗址，世界最早的天文台金峰寺，唐玄奘遗骨至今还埋藏在紫阁峪紫阁寺。户县自然旅游资源丰富，自古就是皇家上林苑，南部山区有42409公顷的天然森林"氧吧"，有亚洲最大的天然石拱桥"仙人桥"，有奇伟瑰丽的朱雀国家森林公园和享有"北方九寨沟"之称的太平国家森林公园。户县农民画享誉中外，1988年首批被文化部授予"中国民间绘画画乡"称号。目前，全县共有农民画作者3000余人，作品先后在世界上60多个国家和地区展出。

大唐户县第二发电厂

2005年，户县加快建设以草堂寺景区为龙头的秦岭北麓旅游带，着力发展休闲娱乐、宗教古迹、民俗风情、农业观光"四大特色旅游"。全年接待游客76.2万人次，实现旅游综合收入3879万元。成功举办了"西安—咸阳中国年"启动仪式和"紫荆花节"、"牡丹花会"，组团参加"迎国庆，西安—咸阳旅游宣传周"宣传推介活动，中央电视台《快乐中国》栏目组对东韩村农民画庄进行了专题拍摄，西安电视台《快乐旅游》栏目摄制了户县风光专题片《走进画乡》，户县的知名度和影响力进一步提升。草堂寺景区已引进项目17个，开发面积达到200公顷，全年完成项目投资1.63亿元，"优胜美地"、"双威高尔夫山庄"、"华府庄园"等项目进展顺利，草堂寺被国家旅游局批准为国家AAA级景点，太平国家森林公园已申报国家AAA级景点。农家乐旅游成为新亮点，年接待游客6万人次、国外团队320个。

社会事业全面发展

2005年，户县成功举办联合国教科文组织"提高中国西部小学教育质量项目评估会"，非洲多国教育部长来户县参观访问，户县被评为省级农村教育综合改革示范县、省市家庭教育示范县。被授予2003—2004年度全国市县科技进步先进县，被科技部确定为全国第一批科技工作试点县。全国第一套农民画个性化邮票首发仪式在户县举行。成功实施新型农村合作医疗制度试点工作，先后有全国60多个市县到户县参观学习。2005年，全县参加新型农村合作医疗的农民达40多万人，共为67033名参合患者报销医药费用近740万元。组队参加西安市第十三届运动会，夺得金牌16枚，银牌20枚，铜牌41枚，荣获郊县第一名。户县被西安市委、市政府命名为精神文明建设先进县。

按照陕西省"一线两带"发展规划及建设西安大都市圈蓝图的需要，户县将全方位融入西安—咸阳经济圈。依据现有的发展基础和优势条件，户县县委、县政府决心在"十一五"期间进一步抢抓机遇，加快发展，以营造最适宜人居住、创业的环境为核心，以彰显山水人文魅力和打造充满生机的现代新区为重点，着力构建经济活力迸发、文化氛围浓厚、生态环境优美、城乡管理文明、人民安居乐业、涵盖社会主义新农村特征的中国第一画乡。在不久的将来将户县建设成为人在画中，画在手中，兼具现代新区和山水人文魅力的新"画乡"。

户县钟楼

陕西省残疾人联合会

党组书记、理事长　洪康喜

2005年,在省委、省政府的正确领导和中国残联的直接指导下，省残联坚持以科学发展观统领残疾人事业发展全局，以保持共产党员先进性教育活动为统揽，以“为全省残疾人做好十件实事”为项目带动，以提高基层残联战斗力为着力点，求真务实，扎实工作，实现了残疾人在康复、教育、就业、扶贫工作上的新突破，确保了我省残疾人事业“十五”计划纲要各项任务的如期完成。

做好十件实事，积极扶残帮困，推动事业发展。在省委、省政府和社会各界支持下，省残联把落实《陕西省人民政府关于2005年为全省残疾人做好十件实事的通知》精神作为一项政治任务对待，作为实施项目带动战略的重点工作来抓，经过层层签定目标责任制，采取强力措施，创造性的开展工作，使十件实事件件得到落实，在白内障复明手术、残疾人“温馨家园”建设，农村贫困残疾人危房改造、假肢装配、为聋儿配发和优惠供应助听器等项目超额完成了任务，建成全国一类省聋儿康复中心，建立起立足陕西辐射西北的残疾人辅具资源中心，使21万残疾人直接受益，享受到经济发展成果，有力的推动了我省残疾人事业持续健康发展。

启动2005年首批中国残联专项彩票公益金贫困残疾儿童矫治手术项目。副省长张伟（左四）中国残联副理事长程凯（右四）、省残联理事长洪康喜（左三）、省民政厅副厅长郭青帆（右三）省卫生厅副厅长黄立勋（左二）、省残联副理事长杨帆（左一）、中国残联社会服务指导中心副主任冯彦侠、西安市残联副理事长易静等领导出席了启动仪式。

陕西省第五届残疾人运动会暨首届特奥运动会胜利开幕

构建长效机构，实施项目带动，全面推进工作。召开了全省扶助贫困残疾人工作会议，出台了《关于进一步加强扶助贫困残疾人工作的实施意见》，不仅使贫困残疾人在扶贫、社会保障、就业、教育、康复、权益保障等方面长期享受政策惠顾，也大幅度提升了我省扶助贫困残疾人的工作水平，使扶助贫困残疾人长效机制建设迈出新步伐。全省各级残联以落实十件实事为工作重点，实施项目带动战略，全面推进各项工作，实现了新的突破。组建陕西省“复明一号”流动医院的设想得以顺利实施；启动全国贫困肢体残疾儿童手术医疗队项目；全年新增按比例安排残疾人就业3494名，集中就业1221名，个体从业4372名；完成“农村残疾人社会保障”、“残疾人法律援助制度构建”理论课题工作；社区创建残疾人工作示范区活动稳步开展；圆满承办了第六届全国残疾人艺术汇演陕西赛区比赛，举办了“第八届陕西省残疾人事业好新闻奖评选”活动；圆满完成全国残疾人游泳锦标赛的组织承办工作，成功举办了陕西省第五届残疾人运动会暨首届特奥运动会；省康复教育研究中心二期工程主体完工。

参观《延安精神永放光芒》大型展览

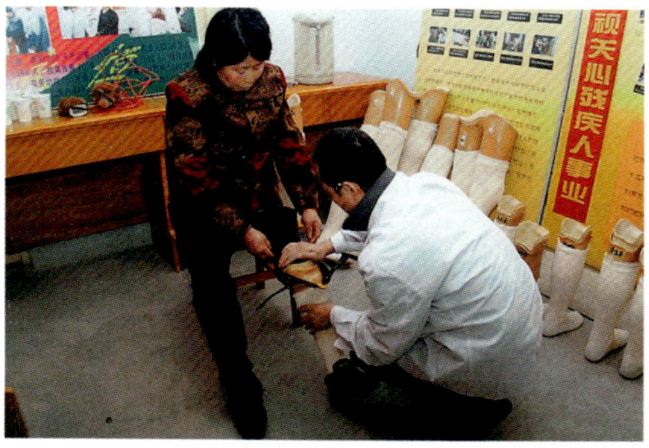

医护人员为残疾人精心安装假肢

鸣谢单位

陕西省发展和改革委员会
陕西省人民政府国有资产监督管理委员会
陕西省食品药品监督管理局
陕西省环境保护局
陕西汽车集团有限责任公司
陕西省公安厅
国家开发银行陕西省分行
西安财经学院
陕西秦龙电力股份有限公司
陕西省地方电力（集团）公司
西安航空发动机（集团）有限公司
庆安集团有限公司
西安北方惠安化学工业有限公司
西光集团
宝鸡石油机械有限责任公司
宝鸡石油钢管有限责任公司
陕西省太白酒业有限责任公司
宝塔区人民政府
汉台区人民政府
户县人民政府
陕西省石化行业管理办公室
陕西省散装水泥办公室
陕西省残疾人联合会

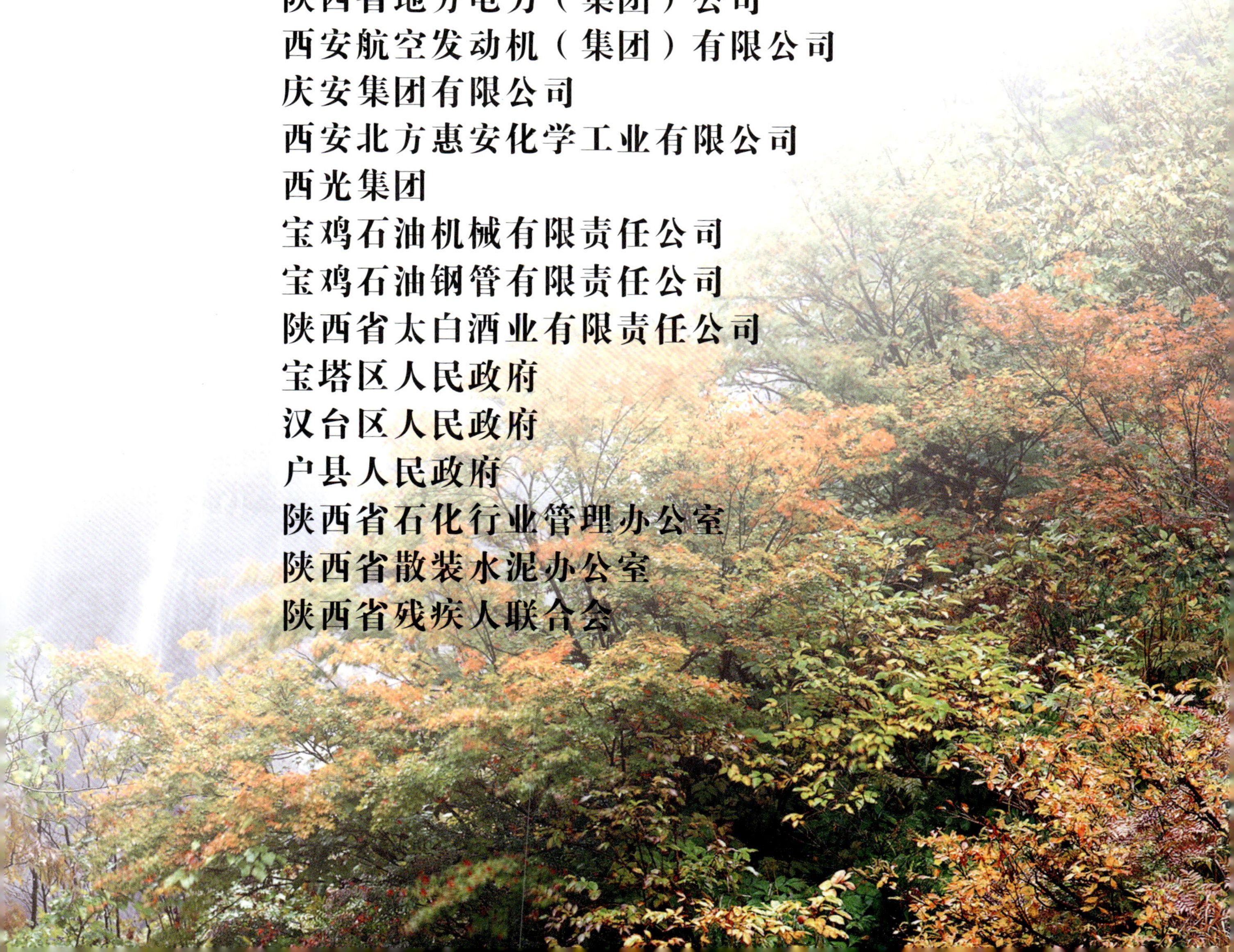

《陕西统计年鉴》2006卷

整体策划　余子荣　宋克卿
责任编辑　宋克卿　晓　莉
版式设计　宋克卿　杜昕邕
文字校对　杜昕邕　晓　莉
美术编辑　陕西华锐广告有限公司

特约编委（排名不分先后）

宋洪武　李晓东　邱世杰　李荣杰
何发理　张玉浦　王　锐　尚　韬
杨学义　胡　健　王　鹏　蔡　毅
曹怀根　刘忠社　刘建民　高汝森
刘建国　雷庆平　钟裕敏　张吉焕
冯振东　张建平　马世生　夏俊山
刘录荣　潘友民　洪康喜